MOMMSEN
WELTREICH
DER RÖMER

THEODOR MOMMSEN

DAS WELTREICH DER RÖMER

DAS LEBEN IN DEN PROVINZEN VON
CAESAR BIS DIOCLETIAN

MAGNUS-VERLAG

Ungekürzte Textausgabe
aus Theodor Mommsen, Römische Geschichte

© Magnus-Verlag mit Genehmigung der Rechteinhaber
Gestaltung Aab-Graphic-Design, Stutgart
Herstellung SVS Stuttgart
Druck und Bindung Salzer - Ueberreuter, Wien

INHALT

DAS LEBEN IN DEN RÖMISCHEN PROVINZEN VON CAESAR BIS
DIOCLETIAN

DAS LEBEN IN DEN RÖMISCHEN PROVINZEN VON CAESAR BIS DIOCLETIAN

EINLEITUNG

Die Geschichte der römischen Kaiserzeit stellt ähnliche Probleme wie diejenige der früheren Republik. Was aus der literarischen Überlieferung unmittelbar entnommen werden kann, ist nicht bloß ohne Farbe und Gestalt, sondern in der Tat meistens ohne Inhalt. Das Verzeichnis der römischen Monarchen ist ungefähr ebenso glaubwürdig wie das der Konsuln der Republik und ungefähr ebenso instruktiv. Die den ganzen Staat erschütternden großen Krisen sind in ihren Umrissen erkennbar; viel besser aber als über die Samnitenkriege sind wir auch nicht unterrichtet über die germanischen unter den Kaisern Augustus und Marcus. Der republikanische Anekdotenschatz ist sehr viel ehrbarer als der gleiche der Kaiserzeit; aber die Erzählungen von Fabricius und die vom Kaiser Gaius sind ziemlich gleich flach und gleich verlogen. Die innerliche Entwickelung des Gemeinwesens liegt vielleicht für die frühere Republik in der Überlieferung vollständiger vor als für die Kaiserzeit; dort bewahrt sie eine wenn auch getrübte und verfälschte Schilderung der schließlich wenigstens auf dem Markte Roms endigenden Wandelungen der staatlichen Ordnung; hier vollzieht sich diese im kaiserlichen Kabinett und gelangt in der Regel nur mit ihren Gleichgültigkeiten in die Öffentlichkeit. Dazu kommt die ungeheure Ausdehnung des Kreises und die Verschiebung der lebendigen Entwickelung vom Zentrum in die Peripherie. Die Geschichte der Stadt Rom hat sich zu der des Landes Italien, diese zu der der Welt des Mittelmeers erweitert, und worauf es am meisten ankommt, davon erfahren wir am wenigsten. Der römische Staat dieser Epoche gleicht einem gewaltigen Baum, um dessen im Absterben begriffenen Hauptstamm mächtige Nebentriebe rings emporstreben. Der römische Senat und die römischen Herrscher entstammen bald jedem andern Reichsland ebensosehr wie Italien; die Quiriten dieser Epoche, welche die nominellen Erben der weltbezwingenden Legionare geworden sind, haben zu den großen Erinnerungen der Vorzeit ungefähr dasselbe Verhältnis wie unsere Johanniter zu Rhodos und Malta und betrachten ihre Erbschaft

als ein nutzbares Recht, als stiftungsmäßige Versorgung arbeits-
scheuer Armen. Wer an die sogenannten Quellen dieser Epoche,
auch die besseren geht, bemeistert schwer den Unwillen über das
Sagen dessen, was verschwiegen zu werden verdiente und das Ver-
schweigen dessen, was notwendig war zu sagen. Denn groß Ge-
dachtes und weithin Wirkendes ist auch in dieser Epoche geschaffen worden; die Führung des Weltregiments ist selten so lange
in geordneter Folge verblieben und die festen Verwaltungsnormen,
wie sie Caesar und Augustus ihren Nachfolgern vorzeichneten,
haben sich im ganzen mit merkwürdiger Festigkeit behauptet,
trotz allem Wechsel der Dynastien und der Dynasten, welcher in
der nur darauf blickenden und bald zu Kaiserbiographien zusam-
menschwindenden Überlieferung mehr als billig im Vordergrunde
steht. Die scharfen Abschnitte, welche in der landläufigen durch
jene Oberflächlichkeit der Grundlage geirrten Auffassung die Re-
gierungswechsel machen, gehören weit mehr dem Hoftreiben an
als der Reichsgeschichte. Das eben ist das Großartige dieser Jahrhunderte, daß das einmal angelegte Werk, die Durchführung der
lateinisch-griechischen Zivilisierung in der Form der Ausbildung
der städtischen Gemeindeverfassung, die allmähliche Einziehung
der barbarischen oder doch fremdartigen Elemente in diesen Kreis,
eine Arbeit, welche ihrem Wesen nach Jahrhunderte stetiger Tätigkeit und ruhiger Selbstentwickelung erforderte, diese lange
Frist und diesen Frieden zu Lande und zur See gefunden hat. Das
Greisenalter vermag nicht neue Gedanken und schöpferische Tätigkeit zu entwickeln, und das hat auch das römische Kaiserregiment
nicht getan; aber es hat in seinem Kreise, den die, welche ihm
angehörten, nicht mit Unrecht als die Welt empfanden, den Frieden und das Gedeihen der vielen vereinigten Nationen länger und
vollständiger gehegt als es irgendeiner anderen Vormacht je gelungen ist. In den Ackerstädten Afrikas, in den Winzerheimstätten
an der Mosel, in den blühenden Ortschaften der lykischen Gebirge und des syrischen Wüstenrandes ist die Arbeit der Kaiserzeit zu suchen und auch zu finden. Noch heute gibt es manche
Landschaft des Orients wie des Okzidents, für welche die Kaiserzeit den an sich sehr bescheidenen, aber doch vorher wie nachher
nie erreichten Höhepunkt des guten Regiments bezeichnet; und
wenn einmal ein Engel des Herrn die Bilanz aufmachen sollte, ob
das von Severus Antonius beherrschte Gebiet damals oder heute
mit größerem Verstande und mit größerer Humanität regiert worden ist, ob Gesittung und Völkerglück im allgemeinen seitdem
vorwärts oder zurückgegangen sind, so ist es sehr zweifelhaft, ob
der Spruch zugunsten der Gegenwart ausfallen würde. Aber wenn

wir finden, daß dieses also war, so fragen wir die Bücher, die uns geblieben sind, meistens umsonst, wie dieses also geworden ist. Sie geben darauf so wenig eine Antwort, wie die Überlieferung der früheren Republik die gewaltige Erscheinung des Rom erklärt, welches in Alexanders Spuren die Welt unterwarf und zivilisierte. Ausfüllen läßt sich die eine Lücke so wenig wie die andere. Aber es schien des Versuches wert, einmal abzusehen sowohl von den Regentenschilderungen mit ihren bald grellen, bald blassen und nur zu oft gefälschten Farben wie auch von dem scheinhaft chronologischen Aneinanderreihen nicht zusammenpassender Fragmente, und dafür zu sammeln und zu ordnen, was für die Darstellung des römischen Provinzialregiments die Überlieferung und die Denkmäler bieten, der Mühe wert durch diese oder durch jene zufällig erhaltene Nachrichten, in dem Gewordenen aufbewahrte Spuren des Werdens, allgemeine Institutionen in ihrer Beziehung auf die einzelnen Landesteile, mit den für jeden derselben durch die Natur des Bodens und der Bewohner gegebenen Bedingungen durch die Phantasie, welche wie aller Poesie so auch aller Historie Mutter ist, nicht zu einem Ganzen, aber zu dem Surrogat eines solchen zusammenzufassen. Über die Epoche Diocletians habe ich dabei nicht hinausgehen wollen, weil das neue Regiment, welches damals geschaffen wurde, höchstens im zusammenfassenden Ausblick den Schlußstein dieser Erzählung bilden kann; seine volle Würdigung verlangt eine besondere Erzählung und einen andern Weltrahmen, ein bei schärferem Verständnis des einzelnen in dem großen Sinn und mit dem weiten Blick Gibbons durchgeführtes selbständiges Geschichtswerk. Italien und seine Inseln sind ausgeschlossen worden, da diese Darstellung von der des allgemeinen Reichsregiments nicht getrennt werden kann. Die sogenannte äußere Geschichte der Kaiserzeit ist aufgenommen als integrierender Teil der Provinzialverwaltung; was wir Reichskriege nennen würden, sind gegen das Ausland unter der Kaiserzeit nicht geführt worden, wenngleich die durch die Arrondierung oder Verteidigung der Grenzen hervorgerufenen Kämpfe einige Male Verhältnisse annahmen, daß sie als Kriege zwischen zwei gleichartigen Mächten erscheinen, und der Zusammensturz der römischen Herrschaft in der Mitte des dritten Jahrhunderts, welcher einige Decennien hindurch ihr definitives Ende werden zu sollen schien, aus der an mehreren Stellen gleichzeitig unglücklich geführten Grenzverteidigung sich entwickelte. Die große Vorschiebung und Regulierung der Nordgrenze, wie sie unter Augustus teilweise ausgeführt ward, teilweise mißlang, leitet die Erzählung ein. Auch sonst sind die Ereignisse auf einem jeden der drei hauptsächlichsten Schauplätze der Grenzverteidigung, des Rheins, der Donau, des Euphrat, zusammengefaßt worden. Im übrigen ist die Darstellung nach den Landschaften geordnet. Im Einzelnen fesselndes Detail, Stimmungsschilderungen und Charakterköpfe hat sie nicht zu bieten; es ist dem Künstler, aber nicht dem Geschichtschreiber erlaubt das Antlitz des Arminius zu erfinden. Mit Entsagung ist dies Buch geschrieben und mit Entsagung möchte es gelesen sein.

KAPITEL I

DIE ZUSTÄNDE IN DEN PROVINZEN UND DIE KULTURELLEN VERHÄLTNISSE ZUR ZEIT JULIUS CAESARS

Die Provinzen, welche Caesar vorfand, waren vierzehn an der Zahl, sieben europäische: das Jenseitige und das Diesseitige Spanien; das Transalpinische Gallien; das Italische Gallien mit Illyricum; Makedonien mit Griechenland; Sizilien, Sardinien mit Korsika; fünf asiatische: Asia; Bithynien und Pontus; Kilikien mit Kypros; Syrien; Kreta; und zwei afrikanische: Kyrene und Afrika; wozu Caesar durch die Einrichtung der beiden neuen Statthalterschaften des Lugdunensischen Galliens und Belgiens und durch Konstituierung Illyricums als einer eigenen Provinz noch drei neue Sprengel hinzufügte. — In dem Regiment über diese Provinzen war die oligarchische Mißwirtschaft auf einem Punkte angekommen, wie ihn wenigstens im Okzident, trotz mancher achtbarer Leistungen in diesem Fach, keine zweite Regierung jemals erreicht hat und wo nach unserer Fassungskraft eine Steigerung nicht mehr möglich scheint. Allerdings traf die Verantwortung hierfür die Römer nicht allein. Fast überall hatte bereits vor ihnen das griechische, phönikische oder asiatische Regiment den Völkern den höheren Sinn und das Rechts- und Freiheitsgefühl besserer Zeiten ausgetrieben. Es war wohl arg, daß jeder angeschuldigte Provinziale auf Verlangen in Rom persönlich zur Verantwortung sich zu stellen verpflichtet war; daß der römische Statthalter beliebig in die Rechtspflege und in die Verwaltung der abhängigen Gemeinden eingriff, Bluturteile fällte und Verhandlungen des Gemeinderats kassierte; daß er im Kriegsfall mit den Milizen nach Gutdünken und oft in schandbarer Weise schaltete, wie zum Beispiel Cotta bei der Belagerung des Pontischen Herakleia der Miliz alle gefährlichen Posten anwies, um seine Italiker zu schonen, und, da die Belagerung nicht nach Wunsch ging,

seinen Werkmeistern den Kopf vor die Füße zu legen befahl. Es
war wohl arg, daß keine Vorschrift der Sittlichkeit oder des Straf-
rechts weder die römischen Vögte noch ihr Gefolge band und daß
Vergewaltigungen, Schändungen und Ermordungen mit oder ohne
Form Rechtens in den Provinzen alltägliche Auftritte waren.
Allein es war dies wenigstens nichts Neues: fast überall war man
sklavischer Behandlung längst gewohnt und es kam am Ende
wenig darauf an, ob ein karthagischer Vogt, ein syrischer Satrap
oder ein römischer Prokonsul den Lokaltyrannen spielte. Das
materielle Wohlbefinden, ziemlich das einzige, wofür man in den
Provinzen noch Sinn hatte, ward durch jene Vorgänge, die zwar
bei den vielen Tyrannen viele, aber doch nur einzelne Individuen
trafen, weit minder gestört als durch die auf allen zugleich lastende
finanzielle Exploitierung, welche mit solcher Energie doch niemals noch aufgetreten war. Die Römer bewährten ihre alte Meisterschaft im Geldwesen jetzt auf diesem Gebiet in einer entsetzlichen
Weise. Es ist früher versucht worden das römische System der
Provinzialbelastung in seinen bescheidenen und verständigen
Grundlagen wie in seiner Steigerung und Verderbung darzustellen.
Daß die letztere progressiv zunahm, versteht sich von selbst. Die
ordentlichen Abgaben wurden weit drückender durch die Ungleich-
heit der Steuerverteilung und durch das verkehrte Hebesystem
als durch ihre Höhe. Über die Einquartierungslast äußerten römische Staatsmänner selbst, daß eine Stadt ungefähr gleich viel
leide, wenn der Feind sie erstürme und wenn ein römisches Heer
Winterquartier in ihr nehme. Während die Besteuerung nach
ihrem ursprünglichen Charakter die Vergütung für die von Rom
übernommene Kriegslast gewesen war und die steuernde Gemeinde
also ein Recht darauf hatte vom ordentlichen Dienst verschont
zu bleiben, wurde jetzt, wie zum Beispiel für Sardinien bezeugt
ist, der Besatzungsdienst größtenteils den Provinzialen aufgebür-
det und sogar in den ordentlichen Heeren außer anderen Leistungen die ganze schwere Last des Reiterdienstes auf sie abgewälzt.
Die außerordentlichen Leistungen, wie zum Beispiel die Korn-
lieferungen gegen geringe oder gar keine Vergütung zum Besten
des hauptstädtischen Proletariats, die häufigen und kostspieligen
Flottenrüstungen und Strandverteidigungen, um der Piraterie zu
steuern, die Aufgaben Kunstwerke, wilde Bestien oder andere
Bedürfnisse des wahnwitzigen römischen Theater- und Tierhetzen-
luxus herbeizuschaffen, die militärischen Requisitionen im Kriegsfall waren ebenso häufig wie erdrückend und unberechenbar. Ein
einzelnes Beispiel mag zeigen, wie weit die Dinge gingen. Während
der dreijährigen Verwaltung Siziliens durch Gaius Verres sank

die Zahl der Ackerwirte in Leontinoi von 84 auf 32, in Motuka
von 187 auf 86, in Herbita von 252 auf 120, in Agyrion von 250
auf 80; so daß in vier der fruchtbarsten Distrikte Siziliens von
hundert Grundbesitzern 59 ihre Äcker lieber brach liegen ließen
als sie unter diesem Regiment bestellen. Und diese Ackerwirte
waren, wie schon ihre geringe Zahl zeigt und auch ausdrücklich
gesagt wird, keineswegs kleine Bauern, sondern ansehnliche Plan-
tagenbesitzer und zum großen Teil römische Bürger! — In den
Klientelstaaten waren die Formen der Besteuerung etwas verschieden, aber die Lasten selbst womöglich noch ärger, da außer
den Römern hier auch noch die einheimischen Höfe erpreßten.
In Kappadokien und Ägypten war der Bauer wie der König
bankerott und jener den Steuereinnehmer, dieser den römischen
Gläubiger zu befriedigen außerstande. Dazu kamen denn die
eigentlichen Erpressungen nicht bloß des Statthalters selbst, sondern auch seiner „Freunde", von denen jeder gleichsam eine Anweisung auf den Statthalter zu haben meinte und ein Anrecht
durch ihn aus der Provinz als ein gemachter Mann zurückzukom-
men. Die römische Oligarchie glich in dieser Beziehung vollständig
einer Räuberbande und betrieb das Plündern der Provinzialen
berufs- und handwerksmäßig: ein tüchtiges Mitglied griff nicht
allzu säuberlich zu, da man ja mit den Sachwaltern und den Ge-
schworenen zu teilen hatte und je mehr, um desto sicherer stahl.
Auch die Diebesehre war bereits entwickelt: der große Räuber
sah auf den kleinen, dieser auf den bloßen Dieb geringschätzig
herab; wer einmal wunderbarerweise verurteilt worden war tat
groß mit der hohen Ziffer der als erpreßt ihm nachgewiesenen
Summen. So wirtschafteten in den Ämtern die Nachfolger jener
Männer, die von ihrer Verwaltung nichts nach Hause zu bringen
gewohnt gewesen als den Dank der Untertanen und den Beifall
der Mitbürger. — Aber womöglich noch ärger und noch weniger
einer Kontrolle unterworfen hausten die italischen Geschäftsmänner unter den unglücklichen Provinzialen. Die einträglichsten
Stücke des Grundbesitzes und das gesamte Handels- und Geldwesen in den Ämtern konzentrierten sich in ihren Händen. Die
Güter in den überseeischen Gebieten, welche italischen Vornehmen
gehörten, waren allem Elend der Verwalterwirtschaft ausgesetzt
und sahen niemals ihren Herrn, ausgenommen etwa die Jagdparke, welche schon in dieser Zeit im Transalpinischen Gallien
mit einem Flächeninhalt bis fast zu einer deutschen Quadratmeile
vorkommen. Die Wucherei florierte wie nie zuvor. Die kleinen
Landeigentümer in Illyricum, Asia, Ägypten wirtschafteten schon
zu Varros Zeiten größtenteils tatsächlich als Schuldknechte ihrer

römischen oder nichtrömischen Gläubiger, eben wie einst die
Plebejer für ihre patrizischen Zinsherren. Es kam vor, daß Kapitalien selbst an Stadtgemeinden zu 4 Prozent monatlich ver-
borgt wurden. Es war etwas Gewöhnliches, daß ein energischer
und einflußreicher Geschäftsmann zu besserer Betreibung seiner
Geschäfte entweder vom Senat sich den Gesandten-* oder auch
vom Statthalter den Offizierstitel geben ließ und womöglich auch
Mannschaft dazu; in beglaubigter Weise wird ein Fall erzählt,
wo einer dieser ehrenwerten kriegerischen Bankiers wegen einer
Forderung an die Stadt Salamis auf Kypros den Gemeinderat
derselben im Rathaus so lange blockiert hielt, bis fünf der Ratsmitglieder Hungers gestorben waren. — Zu dieser gedoppelten
Pressung, von denen jede allein unerträglich war und deren In-
einandergreifen immer besser sich regulierte, kamen dann die allgemeinen Drangsale hinzu, von denen doch auch die römische
Regierung die Schuld zum großen Teil wenigstens mittelbar trug.
In den vielfachen Kriegen wurden bald von den Barbaren, bald
von den römischen Heeren große Kapitalien aus dem Lande weg-
geschleppt und größere verdorben. Bei der Nichtigkeit der römischen Land- und Seepolizei wimmelte es überall von Land- und
Seeräubern. In Sardinien und im inneren Kleinasien war die
Bandenwirtschaft endemisch; in Afrika und im Jenseitigen Spanien machte sie es nötig alle außerhalb der städtischen Ring-
mauern angelegten Gebäude mit Mauern und Türmen zu befestigen. Die Panazeen des Prohibitivsystems, mit denen der römische
Statthalter dazwischenzufahren pflegte, wenn, wie das unter solchen Verhältnissen nicht fehlen konnte, Geldklemme oder Brot-
teuerung eintrat, die Verbote der Gold- und Getreideausfuhr aus
der Provinz, machten denn auch die Sache nicht besser. Die Kom-
munalverhältnisse waren fast überall, außer durch den allgemeinen
Notstand, auch noch durch lokale Wirren und Unterschleife der
Gemeindebeamten zerrüttet. Wo solche Bedrängnisse nicht etwa
vorübergehend, sondern Menschenalter hindurch auf den Gemeinden und den einzelnen mit unabwendbar stetigem, jährlich steigendem Drucke lasteten, mußte wohl der bestgeordnete öffentliche oder Privathaushalt ihnen erliegen und das unsäglichste
Elend über alle Nationen vom Tajo bis zum Euphrat sich aus-
breiten. „Alle Gemeinden", heißt es in einer schon 70 veröffentlichten Schrift, „sind zugrunde gerichtet"; ebendasselbe wird für
Spanien und das Narbonensische Gallien, also die verhältnismäßig ökonomisch noch am leidlichsten gestellten Provinzen, ins-

* Dies ist die sogenannte ‚freie Gesandtschaft' (*libera legatio*), nämlich eine
Gesandtschaft ohne eigentliche öffentliche Aufträge.

besondere bezeugt. In Kleinasien gar standen Städte wie Samos und Halikarnassos fast leer; der rechtliche Sklavenstand schien hier, verglichen mit den Peinigungen, denen der freie Provinziale unterlag, ein Hafen der Ruhe und sogar der geduldige Asiate war, nach den Schilderungen römischer Staatsmänner selbst, des Lebens überdrüssig geworden. Wen zu ergründen gelüstet, wie tief der Mensch sinken kann, sowohl in dem frevelhaften Zufügen wie in dem nicht minder frevelhaften Ertragen alles denkbaren Unrechts, der mag aus den Kriminalakten dieser Zeit zusammenlesen, was römische Große zu tun, was Griechen, Syrer und Phöniker zu leiden vermochten. Selbst die eigenen Staatsmänner räumten öffentlich und ohne Umschweife ein, daß der römische Name durch ganz Griechenland und Asien unaussprechlich verhaßt sei; und wenn die Bürger des Pontischen Herakleia einmal die römischen Zöllner sämtlich erschlugen, so war dabei nur zu bedauern, daß dergleichen nicht öfter geschah. — Die Optimaten spotteten über den neuen Herrn, der seine ‚Meierhöfe‘ einen nach dem andern selbst zu besichtigen kam; in der Tat forderte der Zustand aller Provinzen den ganzen Ernst und die ganze Weisheit eines jener seltenen Männer, denen der Königsname es verdankt, daß er den Völkern nicht bloß gilt als leuchtendes Exempel menschlicher Unzulänglichkeit. Die geschlagenen Wunden mußte die Zeit heilen; daß sie es konnte und daß nicht ferner neue geschlagen wurden, dafür sorgte Caesar. Das Verwaltungswesen ward durchgreifend umgestaltet. Die Sullanischen Prokonsuln und Proprätoren waren in ihrem Sprengel wesentlich souverän und tatsächlich keiner Kontrolle unterworfen gewesen; die Caesarischen waren die wohl in Zucht gehaltenen Diener eines strengen Herrn, der schon durch die Einheit und die lebenslängliche Dauer seiner Macht zu den Untertanen ein natürlicheres und leidlicheres Verhältnis hatte als jene vielen jährlich wechselnden kleinen Tyrannen. Die Statthalterschaften wurden zwar auch ferner unter die jährlich abtretenden zwei Konsuln und sechzehn Prätoren verteilt, aber dennoch, indem der Imperator acht von den letzteren geradezu ernannte und die Verteilung der Provinzen unter die Konkurrenten lediglich von ihm abhing, der Sache nach von dem Imperator vergeben. Auch die Kompetenz der Statthalter ward tatsächlich beschränkt. Es blieb ihnen die Leitung der Rechtspflege und die administrative Kontrolle der Gemeinden, aber ihr Kommando ward paralysiert durch das neue Oberkommando in Rom und dessen dem Statthalter zur Seite gestellte Adjutanten, so daß der Statthalter fortan mit einem Hilfspersonal umringt war, welches entweder durch die Gesetze der militärischen Hier-

archie oder durch die nqch strengeren der häuslichen Zucht unbedingt von dem Imperator abhing. Wenn bisher der Prokonsul
und sein Quästor erschienen waren gleichsam als die zur Einziehung der Brandschatzung abgesandten Mitglieder einer Räuberbande, so waren Caesars Beamte dazu da um den Schwachen
gegen den Starken zu beschützen; und an die Stelle der bisherigen
schlimmer als nichtigen Kontrolle der Ritter- oder senatorischen
Gerichte trat für sie die Verantwortung vor einem gerechten und
unnachsichtigen Monarchen. Das Gesetz über Erpressungen, dessen Bestimmungen Caesar schon in seinem ersten Konsulat verschärft hatte, wurde gegen die Oberkommandanten in den Ämtern
von ihm mit unerbittlicher, selbst über den Buchstaben desselben hinausgehender Schärfe zur Anwendung gebracht; und die
Steuerbeamten gar, wenn sie ja es wagten sich eine Unrecht-
fertigkeit zu erlauben, büßten ihrem Herrn, wie Knechte und
Freigelassene nach dem grausamen Hausrecht jener Zeit zu büßen
pflegten. Die außerordentlichen öffentlichen Lasten wurden auf
das richtige Maß und den wirklichen Notfall zurückgeführt, die
ordentlichen wesentlich vermindert. — Bei weitem schwieriger
als dem Beamtenunwesen zu steuern war es die Provinzialen von
der erdrückenden Übermacht des römischen Kapitals zu befreien.
Geradezu brechen ließ dieselbe sich nicht, ohne Mittel anzuwenden,
die noch gefährlicher waren als das Übel; die Regierung konnte
vorläufig nur einzelne Mißbräuche abstellen, wie zum Beispiel
Caesar die Benutzung des Staatsgesandtentitels zu wucherlichen
Zwecken untersagte, und der offenbaren Vergewaltigung und dem
handgreiflichen Wucher durch scharfe Handhabung der allgemeinen Straf- und der auch auf die Provinzen sich erstreckenden
Wuchergesetze entgegentreten, eine gründlichere Heilung des
Übels aber von dem unter der besseren Verwaltung wiederauf-
blühenden Wohlstand der Provinzialen erwarten. Transitorische
Verfügungen, um der Überschuldung einzelner Provinzen abzuhelfen, waren in den letzten Zeiten mehrfach ergangen. Caesar
selbst hatte 60 als Statthalter des Jenseitigen Spaniens den Gläubigern zwei Drittel der Einnahmen ihrer Schuldner zugewiesen,
um daraus sich bezahlt zu machen. Ähnlich hatte schon Lucius
Lucullus als Statthalter von Kleinasien einen Teil der maßlos
angeschwollenen Zinsreste geradezu kassiert, für den übrigen Teil
die Gläubiger angewiesen auf den vierten Teil des Ertrags der
Ländereien ihrer Schuldner sowie auf eine angemessene Quote
der aus Hausmiete oder Sklavenarbeit denselben zufließenden
Nutzungen. Es ist nicht überliefert, daß Caesar nach dem Bürgerkrieg ähnliche allgemeine Schuldenliquidationen in den Provinzen

veranlaßt hätte; doch kann es, nach dem eben Bemerkten und
nach dem, was für Italien geschah, kaum bezweifelt werden, daß
Caesar darauf ebenfalls hingearbeitet hat oder dies wenigstens
in seinem Plane lag. — Wenn also der Imperator, soweit Men-
schenkraft es vermochte, die Provinzialen der Bedrückungen
durch die Beamten und Kapitalisten Roms entlastete, so durfte
man zugleich von der durch ihn neu erstarkenden Regierung mit
Sicherheit erwarten, daß sie die wilden Grenzvölker verscheuchen
und die Land- und Seepiraten zerstreuen werde, wie die aufstei-
gende Sonne die Nebel verjagt. Wie auch noch die alten Wunden
schmerzten, mit Caesar erschien den vielgeplagten Untertanen
die Morgenröte einer erträglicheren Zeit, seit Jahrhunderten wieder die erste intelligente und humane Regierung und eine Friedens-
politik, die nicht auf der Feigheit, sondern auf der Kraft beruhte.
Wohl mochten mit den besten Römern vor allem die Untertanen
an der Leiche des großen Befreiers trauern.

Allein diese Abstellung der bestehenden Mißbräuche war nicht
die Hauptsache in Caesars Provinzialreform. In der römischen
Republik waren, nach der Ansicht der Aristokratie wie der Demokratie, die Ämter nichts gewesen als wie sie häufig genannt werden: Landgüter des römischen Volkes, und als solche waren sie benutzt und ausgenutzt worden. Damit war es jetzt vorbei. Die Provinzen als solche sollten allmählich untergehen, um der verjüngten helle-
nisch-italischen Nation eine neue und geräumigere Heimat zu bereiten, von deren einzelnen Bezirken keiner nur um eines andern
willen da war, sondern alle für einen und einer für alle; die Leiden
und Schäden der Nation, für die in dem alten Italien keine Hilfe
war, sollte das neue Dasein in der verjüngten Heimat, das fri-
schere, breitere, großartigere Volksleben von selber überwinden.
Bekanntlich waren diese Gedanken nicht neu. Die seit Jahrhunderten stehend gewordene Emigration aus Italien in die Provinzen hatte längst, freilich den Emigranten selber unbewußt, eine
solche Ausdehnung Italiens vorbereitet. In planmäßiger Weise
hatte zuerst Gaius Gracchus, der Schöpfer der römischen demokratischen Monarchie, der Urheber der transalpinischen Eroberungen, der Gründer der Kolonien Karthago und Narbo, die
Italiker über Italiens Grenzen hinausgelenkt, sodann der zweite
geniale Staatsmann, den die römische Demokratie hervorgebracht,
Quintus Sertorius damit begonnen die barbarischen Occidentalen
zur latinischen Zivilisation anzuleiten; er gab der vornehmen
spanischen Jugend römische Tracht und hielt sie an lateinisch

zu sprechen und auf der von ihm gegründeten Bildungsanstalt in Osca sich die höhere italische Bildung anzueignen. Bei Caesars Regierungsantritt war bereits eine massenhafte, freilich der Stetigkeit wie der Konzentration großenteils ermangelnde italische Bevölkerung in allen Provinzen und Klientelstaaten vorhanden — um von den förmlich italischen Städten in Spanien und dem südlichen Gallien zu schweigen, erinnern wir nur an die zahlreichen Bürgertruppen, die Sertorius und Pompeius in Spanien, Caesar in Gallien, Juba in Numidien, die Verfassungspartei in Afrika, Makedonien, Griechenland, Kleinasien und Kreta aushoben; an die freilich übelgestimmte lateinische Leier, auf der die Stadtpoeten von Corduba schon im Sertorianischen Kriege der römischen Feldherren Lob und Preis sangen; an die eben ihrer sprachlichen Eleganz wegen geschätzten Übersetzungen griechischer Poesien, die der älteste namhafte außeritalische Poet, der Transalpiner Publius Terentius Varro von der Aude, kurz nach Caesars Tode veröffentlichte. — Andrerseits war die Durchdringung des latinischen und des hellenischen Wesens man möchte sagen so alt wie Rom. Schon bei der Einigung Italiens hatte die obsiegende latinische Nation alle anderen besiegten Nationalitäten sich assimiliert, nur die einzige griechische, so wie sie war, sich eingefügt ohne sie äußerlich mit sich zu verschmelzen. Wohin der römische Legionar kam, dahin folgte der griechische Schulmeister, in seiner Art nicht minder ein Eroberer, ihm nach; schon früh finden wir namhafte griechische Sprachlehrer ansässig am Guadalquivir, und in der Anstalt von Osca ward so gut griechisch gelehrt wie lateinisch. Die höhere römische Bildung selbst war ja durchaus nichts anderes als die Verkündung des großen Evangeliums hellenischer Art und Kunst im italischen Idiom; gegen die bescheidene Anmaßung der zivilisierenden Eroberer dasselbe zunächst in ihrer Sprache den Barbaren des Westens zu verkündigen konnte der Hellene wenigstens nicht laut protestieren. Schon längst erblickte der Grieche überall, und am entscheidensten ebenda, wo das Nationalgefühl am reinsten und am stärksten war, an den von barbarischer Denationalisierung bedrohten Grenzen, wie zum Beispiel in Massalia, am Nordgestade des Schwarzen Meeres und am Euphrat und Tigris, den Schild und das Schwert des Hellenismus in Rom; und in der Tat nahmen Pompeius' Städtegründungen im fernen Osten nach jahrhundertelanger Unterbrechung Alexanders segensreiches Werk wieder auf. — Der Gedanke eines italisch-hellenischen Reiches mit zweien Sprachen und einer einheitlichen Nationalität war nicht neu — er wäre sonst auch nichts gewesen als ein Fehler; aber daß er aus schwankenden Entwürfen

zu sicherer Fassung, aus zerstreuten Anfängen zu konzentrierter
Grundlegung fortschritt, ist das Werk des dritten und größten
der demokratischen Staatsmänner Roms.

Die erste und wesentlichste Bedingung zu der politischen und
nationalen Nivellierung des Reichs war die Erhaltung und Ausdehnung der beiden zu gemeinschaftlichem Herrschen bestimmten
Nationen unter möglichst rascher Beseitigung der neben ihr
stehenden barbarischen oder barbarisch genannten Stämme. In
gewissem Sinne könnte man allerdings neben Römern und Griechen noch eine dritte Nationalität nennen, die mit denselben in
der damaligen Welt an Ubiquität wetteiferte und auch in dem
neuen Staate Caesars eine nicht unwesentliche Rolle zu spielen
bestimmt war. Es sind dies die Juden. Das merkwürdige nach-
giebig zähe Volk war in der alten wie in der heutigen Welt überall und nirgends heimisch und überall und nirgends mächtig.
Die Diadochen Davids und Salomos bedeuteten für die Juden
jener Zeit kaum mehr als heutzutage Jerusalem für sie bedeutet;
die Nation fand wohl für ihre religiöse und geistige Einheit einen
sichtbaren Anhalt in dem kleinen Königreich von Jerusalem, aber
sie selbst bestand keineswegs in der Untertanenschaft des Hasmonäer, sondern in den zahllos durch das ganze Parthische und
das ganze Römische Reich zerstreuten Judenschaften. In Alexandreia namentlich und ähnlich in Kyrene bildeten die Juden
innerhalb dieser Städte eigene administrativ und selbst lokal ab-
gegrenzte Gemeinwesen, den Judenvierteln unserer Städte nicht
ungleich, aber freier gestellt und von einem ‚Volksherrn' als ober-
stem Richter und Verwalter geleitet. Wie zahlreich selbst in Rom
die jüdische Bevölkerung bereits vor Caesar war und zugleich wie
landsmannschaftlich eng die Juden auch damals zusammenhiel-
ten, beweist die Bemerkung eines Schriftstellers dieser Zeit, daß
es für den Statthalter bedenklich sei den Juden in seiner Provinz
zu nahe zu treten, weil er dann sicher darauf zählen dürfe nach
seiner Heimkehr von dem hauptstädtischen Pöbel ausgepfiffen
zu werden. Auch zu jener Zeit war das vorwiegende Geschäft
der Juden der Handel: mit dem erobernden römischen Kaufmann
zog damals der jüdische Händler ebenso überall hin wie später
mit dem genuesischen und venezianischen, und neben der römischen strömte das Kapital allerorts bei der jüdischen Kaufmannschaft zusammen. Auch zu jener Zeit endlich begegnen wir der
eigentümlichen Antipathie der Okzidentalen gegen diese so gründlich orientalische Rasse und ihre fremdartigen Meinungen und
Sitten. Dies Judentum, obwohl nicht der erfreulichste Zug in
dem nirgends erfreulichen Bilde der damaligen Völkermengung,

war nichtsdestoweniger ein im natürlichen Verlauf der Dinge sich
entwickelndes geschichtliches Moment, das der Staatsmann weder
sich ableugnen noch bekämpfen durfte und dem Caesar vielmehr,
eben wie sein Vorgänger Alexander, in richtiger Erkenntnis der
Verhältnisse möglichst Vorschub tat. Wenn Alexander, der Stifter
des alexandrinischen Judentums, damit nicht viel weniger für
die Nation tat wie ihr eigener David durch den Tempelbau von
Jerusalem, so förderte auch Caesar die Juden in Alexandreia
wie in Rom durch besondere Begünstigungen und Vorrechte und
schützte namentlich ihren eigentümlichen Kult gegen die römischen wie gegen die griechischen Lokalpfaffen. Die beiden großen
Männer dachten natürlich nicht daran der hellenischen oder italisch-hellenischen Nationalität die jüdische ebenbürtig zur Seite
zu stellen. Aber der Jude, der nicht wie der Okzidentale die Pan-
doragabe politischer Organisation empfangen hat und gegen den
Staat sich wesentlich gleichgültig verhält; der ferner ebenso schwer
den Kern seiner nationalen Eigentümlichkeit aufgibt als bereitwillig denselben mit jeder beliebigen Nationalität umhüllt und
bis zu einem gewissen Grad der fremden Volkstümlichkeit sich
anschmiegt — der Jude war ebendarum wie geschaffen für einen
Staat, welcher auf den Trümmern von hundert lebendigen Politien
erbaut und mit einer gewissermaßen abstrakten und von vornherein verschliffenen Nationalität ausgestattet werden sollte. Auch
in der alten Welt war das Judentum ein wirksames Ferment des
Kosmopolitismus und der nationalen Dekomposition und insofern ein vorzugsweise berechtigtes Mitglied in dem Caesarischen
Staate, dessen Politie doch eigentlich nichts als Weltbürgertum,
dessen Volkstümlichkeit im Grunde nichts als Humanität war. —
Indes die positiven Elemente des neuen Bürgertums blieben ausschließlich die latinische und die hellenische Nationalität. Mit
dem spezifisch italischen Staat der Republik war es also zu Ende;
jedoch war es nichts als ein sehr erklärliches, aber auch sehr
albernes Gerede des grollenden Adels, daß Caesar Italien und Rom
absichtlich zugrunde richte, um den Schwerpunkt des Reiches
in den griechischen Osten zu verlegen und zur Hauptstadt desselben Ilion oder Alexandreia zu machen. Vielmehr behielt in
Caesars Organisation die latinische Nationalität immer das Übergewicht; wie sich dies schon darin ausspricht, daß er jede Verfügung in lateinischer, aber die für die griechisch redenden Landschaften bestimmten daneben in griechischer Sprache erließ. Im
allgemeinen ordnete er die Verhältnisse der beiden großen Nationen in seiner Monarchie eben wie sie in dem geeinigten Italien
seine republikanischen Vorgänger geordnet hatten: die helleni-

sche Nationalität wurde geschützt, wo sie bestand, die italische
nach Vermögen erweitert und ihr die Erbschaft der aufzulösenden
Rassen bestimmt. Es war dies schon deshalb notwendig, weil
eine völlige Gleichstellung des griechischen und lateinischen Elements im Staate aller Wahrscheinlichkeit nach in sehr kurzer
Zeit diejenige Katastrophe herbeigeführt haben würde, die manche Jahrhunderte später der Byzantinismus vollzog; denn das
Griechentum war nicht bloß geistig nach allen Richtungen hin
dem römischen Wesen überlegen, sondern auch an Masse, und
hatte in Italien selbst an den Schwärmen der gezwungen oder
freiwillig nach Italien wandernden Hellenen und Halbhellenen
eine Unzahl unscheinbarer, aber in ihrem Einfluß nicht hoch
genug anzuschlagender Apostel. Um nur der eminentesten Erscheinung auf diesem Gebiete zu gedenken, so ist das Regiment
der griechischen Lakaien über die römischen Monarchen so alt
wie die Monarchie: der erste in der ebenso langen wie widerwärti-
gen Liste dieser Individuen ist Pompeius' vertrauter Bedienter
Theophanes von Mytilene, welcher durch seine Gewalt über den
schwachen Herrn wahrscheinlich mehr als irgendein anderer Mann
zu dem Ausbruch des Krieges zwischen Pompeius und Caesar
beigetragen hat. Nicht ganz mit Unrecht ward er nach seinem
Tode von seinen Landsleuten göttlich verehrt: eröffnete er doch
die Kammerdienerregierung der Kaiserzeit, die gewissermaßen
eben auch eine Herrschaft der Hellenen über die Römer war.
Die Regierung hatte demnach allen Grund die Ausbreitung des
Hellenismus wenigstens im Westen nicht noch von oben herab
zu fördern. Wenn Sizilien nicht bloß des Zehntendrucks entlastet,
sondern auch seinen Gemeinden das latinische Recht bestimmt
ward, dem seiner Zeit vermutlich die volle Gleichstellung mit
Italien nachfolgen sollte, so kann Caesars Absicht nur gewesen
sein die herrliche, aber damals verödete und wirtschaftlich zum
größten Teil in italische Hände gelangte Insel, welche die Natur
nicht so sehr zum Nachbarland Italiens bestimmt hat als zu der
schönsten seiner Landschaften, völlig in Italien aufgeben zu lassen. Im übrigen aber ward das Griechentum, wo es bestand, erhalten und geschützt. Wie nahe auch die politischen Krisen es
dem Imperator legten die festen Pfeiler des Hellenismus im Okzident und in Ägypten umzustürzen, Massalia und Alexandreia
wurden weder vernichtet noch denationalisiert. — Dagegen das
römische Wesen ward durch Kolonisierung wie durch Latinisierung mit allen Kräften und an den verschiedensten Punkten des
Reiches von der Regierung gehoben. Der zwar aus einer argen
Vereinigung formeller Rechts- und brutaler Machtentwickelung

hervorgegangene, aber um freie Hand gegen die zur Vernichtung
bestimmten Nationen zu haben unumgänglich notwendige Satz,
daß an allem nicht durch besonderen Akt der Regierung an Gemeinden oder Private abgetretenen Grund und Boden in den Provinzen der Staat das Eigentum, der zeitige Inhaber nur einen geduldeten und jederzeit widerruflichen Erbbesitz habe, wurde auch
von Caesar festgehalten und durch ihn aus einer demokratischen
Parteitheorie zu einem Fundamentalprinzip des monarchischen
Rechts erhoben. In erster Linie kam für die Ausbreitung der
römischen Nationalität natürlich Gallien in Frage. Gallien diesseit der Alpen erhielt durch die längst von der Demokratie als
vollzogen angenommene und nun (49) durch Caesar schließlich
vollzogene Aufnahme der transpadanischen Gemeinden in den
römischen Bürgerverband durchgängig, was ein großer Teil der
Bewohner längst gehabt: politische Gleichberechtigung mit dem
Hauptland. Tatsächlich hatte sich diese Provinz in den vierzig
Jahren, die seit Erteilung des Latinerrechts verflossen waren, bereits vollständig latinisiert. Die Exklusiven mochten spotten über
den breiten und gurgelnden Akzent des Keltenlateins und ein ‚ich
weiß nicht was von hauptstädtischer Anmut' bei dem Insubrer
und Veneter vermissen, der sich als Caesars Legionar mit dem
Schwert einen Platz auf dem römischen Markt und sogar in der
römischen Kurie erobert hatte. Nichtsdestoweniger war das Cisalpinische Gallien mit seiner dichten vorwiegend bauerschaftlichen
Bevölkerung schon vor Caesar der Sache nach eine italische Landschaft und blieb Jahrhunderte lang der rechte Zufluchtsort italischer Sitte und italischer Bildung; wie denn die Lehrer der latinischen Literatur nirgends sonst außerhalb der Hauptstadt so
vielen Zuspruch und Anklang fanden. Wenn also das Cisalpinische
Gallien wesentlich in Italien aufging, so trat zugleich an die
Stelle, die es bisher eingenommen hatte, die transalpinische Provinz, die ja durch Caesars Eroberungen aus einer Grenz- in eine
Binnenprovinz umgewandelt worden war und die durch ihre Nähe
wie durch ihr Klima vor allen anderen Gebieten sich dazu eignete
mit der Zeit gleichfalls eine italische Landschaft zu werden. Dorthin hauptsächlich, nach dem alten Zielpunkt der überseeischen
Ansiedelungen der römischen Demokratie, ward der Strom der
italischen Emigration gelenkt. Es wurden daselbst teils die alte
Kolonie Narbo durch neue Ansiedler verstärkt, teils in Baeterrae
(Béziers) unweit Narbo, in Arelate (Arles) und Arausio (Orange)
an der Rhone und in der neuen Hafenstadt Forum Iulii (Fréjus)
vier neue Bürgerkolonien angelegt, deren Namen zugleich das
Andenken der tapferen Legionen bewahrten, die das nördliche

Gallien zum Reiche gebracht hatten. Die nicht mit Kolonisten
belegten Ortschaften scheinen zugleich, wenigstens größtenteils,
in derselben Art wie einst das transpadanische Keltenland, der
Romanisierung entgegengeführt worden zu sein durch Verleihung
latinischen Stadtrechts; namentlich wurde Nemausus (Nîmes) als
der Hauptort des den Massalioten infolge ihrer Auflehnung gegen
Caesar aberkannten Gebiets aus einem massaliotischen Flecken
in eine latinische Stadtgemeinde umgewandelt und mit ansehn-
lichem Gebiet und selbst mit Münzrecht ausgestattet. Indem also
das Cisalpinische Gallien von der vorbereitenden Stufe zur vollen
Gleichstellung mit Italien fortschritt, rückte gleichzeitig die narbonensische Provinz in jenes vorbereitende Stadium nach; ganz wie
bisher im Cisalpinischen Gallien hatten die ansehnlichsten Gemeinden daselbst das volle Bürger-, die übrigen latinisches
Recht. — In den anderen nichtgriechischen und nichtlatinischen
Landschaften des Reiches, welche der Einwirkung Italiens und
dem Assimilationsprozeß noch ferner standen, beschränkte Caesar sich darauf einzelne Brennpunkte für die italische Zivilisation
zu gründen, wie dies bisher in Gallien Narbo gewesen war, um
durch sie die künftige vollständige Ausgleichung vorzubereiten.
Solche Anfänge lassen, mit Ausnahme der ärmsten und geringsten
von allen, der sardinischen, in sämtlichen Provinzen des Reiches
sich nachweisen. — Im nördlichen Gallien erhielt die lateinische
Sprache, wenn auch noch nicht für alle Zweige des öffentlichen
Verkehrs, durchgängig offizielle Geltung und es entstand am
Lemansee als die nördlichste Stadt italischer Verfassung die Kolonie Noviodunum (Nyon). — In Spanien, vermutlich damals der
am dichtesten bevölkerten Landschaft des Römischen Reiches,
wurden nicht bloß in der wichtigen hellenisch-iberischen Hafenstadt Emporiae neben der alten Bevölkerung Caesarische Kolonisten angesiedelt, sondern, wie neuerdings aufgefundene Urkunden gezeigt haben, auch eine Anzahl wahrscheinlich überwiegend
dem hauptstädtischen Proletariat entnommener Kolonisten in
der Stadt Urso (Osuna) unweit Sevilla im Herzen von Andalusien
und vielleicht noch in mehreren anderen Ortschaften dieser Provinz versorgt. Die alte und reiche Kaufstadt Gades, deren Muni-
zipalwesen Caesar schon als Prätor zeitgemäß umgestaltet hatte,
erhielt jetzt von dem Imperator das volle Recht der italischen
Munizipien und wurde, was in Italien Tuskulum gewesen war, die
erste außeritalische nicht von Rom gegründete Gemeinde, die in
den römischen Bürgerverband eintrat. Einige Jahre nachher (45)
wurde das gleiche Recht auch einigen anderen spanischen Gemeinden und vermutlich noch mehreren das latinische zuteil. —

In Afrika wurde, was Gaius Gracchus nicht hatte zu Ende führen sollen, jetzt ins Werk gesetzt und an derjenigen Stätte, wo die Stadt der Erbfeinde Roms gestanden, 3000 italische Kolonisten und eine große Anzahl der im karthagischen Gebiet ansässigen Pacht- und Bittbesitzer angesiedelt; und zum Erstaunen rasch wuchs unter den unvergleichlich günstigen Lokalverhältnissen die neue ,Venuskolonie', das römische Karthago, wieder empor. Urica, bis dahin die Haupt- und erste Handelsstadt der Provinz, war schon im vorweg, es scheint durch Erteilung des latinischen Rechts, für die Wiedererweckung des überlegenen Konkurrenten einigermaßen entschädigt worden. In dem neu zum Reiche gefügten numidischen Gebiet erhielten das wichtige Cirta und die übrigen dem römischen Condottiere Publius Sittius für sich und die Seinigen überwiesenen Gemeinden das Recht römischer Militärkolonien. Die stattlichen Provinzstädte freilich, die das wahnsinnige Wüten Jubas und der verzweifelten Reste der Verfassungspartei in Schutthaufen verwandelt hatte, erhoben sich nicht so rasch wieder, wie sie eingeäschert worden waren, und manche Trümmerstätte erinnerte noch lange nachher an diese verhängnisvolle Zeit; allein die beiden neuen Julischen Kolonien, Karthago und Cirta, wurden und blieben die Mittelpunkte der afrikanisch-römischen Zivilisation. — In dem verödeten griechischen Land beschäftigte Caesar außer mit anderen Plänen, zum Beispiel der Anlage einer römischen Kolonie in Buthroton (Corfu gegenüber), vor allem sich mit der Wiederherstellung von Korinth; nicht bloß wurde eine ansehnliche Bürgerkolonie dorthin geführt, sondern auch der Plan entworfen durch den Durchstich des Isthmus die gefährliche Umschiffung des Peloponnes abzuschneiden und den ganzen italisch-asiatischen Verkehr durch den Korinthisch-Saronischen Meerbusen zu leiten. Endlich rief selbst in dem entlegenen hellenischen Osten der Monarch italische Ansiedlungen ins Leben: so am Schwarzen Meer in Herakleia und in Sinope, welche Städte die italischen Kolonisten ähnlich wie Emporiae mit den alten Bewohnern teilten; so an der syrischen Küste in dem wichtigen Hafen von Berytos, das wie Sinope italische Verfassung erhielt; ja sogar in Ägypten wurde auf der den Hafen von Alexandreia beherrschenden Leuchtturminsel eine römische Station gegründet.

*

Caesar hielt zwar eine stehende Armee notwendig für seinen Staat, aber nur, weil derselbe seiner geographischen Lage nach einer umfassenden Grenzregulierung und stehender Grenzbesatzungen bedurfte. Teils in früheren Epochen, teils während des letzten Bürgerkrieges hatte er an Spaniens Befriedigung gearbeitet und in Afrika längs der großen Wüste, im Nordwesten des Reichs an der Rheinlinie feste Stellungen für die Grenzverteidigung eingerichtet. Mit ähnlichen Plänen beschäftigte er sich für die Landschaften am Euphrat und an der Donau. Vor allen Dingen gedachte er gegen die Parther zu ziehen und den Tag von Karrhä zu rächen; er hatte drei Jahre für diesen Krieg bestimmt und war entschlossen mit diesen gefährlichen Feinden ein für allemal und ebenso vorsichtig wie gründlich abzurechnen. Ebenso hatte er den Plan entworfen den zu beiden Seiten der Donau gewaltig um sich greifenden Getenkönig Börebistas anzugreifen und auch im Nordosten Italien durch ähnliche Marken zu schützen, wie er sie ihm im Keltenland geschaffen. Dagegen liegen durchaus keine Beweise dafür vor, daß Caesar gleich Alexander einen Siegeslauf in die unendliche Ferne im Sinn hatte; es wird wohl erzählt, daß er von Parthien aus an das Kaspische und von diesem an das Schwarze Meer, sodann an dem Nordufer desselben bis zur Donau zu ziehen, ganz Skythien und Germanien bis an den — nach damaliger Vorstellung vom Mittelmeer nicht allzu fernen — nördlichen Ozean zum Reiche zu bringen und durch Gallien heimzukehren beabsichtigt habe; allein keine irgend glaubwürdige Autorität verbürgt die Existenz dieser fabulosen Projekte. Bei einem Staat, der, wie der römische Caesars, bereits eine schwer zu bewältigende Masse barbarischer Elemente in sich schloß und mit deren Assimilierung noch auf Jahrhunderte hinaus mehr als genug zu tun hatte, wären solche Eroberungen, auch ihre militärische Ausführbarkeit angenommen, doch nichts gewesen als noch weit glänzendere und noch weit schlimmere Fehler als die indische Heerfahrt Alexanders. Sowohl nach Caesars Verfahren in Britannien und Deutschland wie nach dem Verhalten derjenigen, die die Erben seiner politischen Gedanken wurden, ist es in hohem Grade wahrscheinlich, daß Caesar, mit Scipio Aemilianus, die Götter nicht anrief das Reich zu mehren, sondern es zu erhalten und daß seine Eroberungspläne sich beschränkten auf eine, freilich nach seinem großartigen Maßstab bemessene, Grenzregulierung, welche die Euphratlinie sichern und anstatt der völlig schwankenden und militärisch nichtigen nordöstlichen Reichsgrenze die Donaulinie feststellen und verteidigungsfähig machen sollte.

＊

Der Plan zu einer neuen zeitgemäßen Politik, längst von Gaius Gracchus entworfen, war von seinen Anhängern und Nachfolgern wohl mit mehr oder minder Geist und Glück, aber ohne Schwanken festgehalten worden. Caesar, von Haus aus und gleichsam schon nach Erbrecht das Haupt der Popularpartei, hatte seit dreißig Jahren deren Schild hoch emporgehalten, ohne je die Farbe zu wechseln oder auch nur zu decken; er blieb Demokrat auch als Monarch. Wie er die Erbschaft seiner Partei, abgesehen natürlich von den Catilinarischen und Clodischen Verkehrtheiten, unbeschränkt antrat, der Aristokratie und den echten Aristokraten den bittersten selbst persönlichen Haß zollte und die wesentlichen Gedanken der römischen Demokratie: die Milderung der Lage der Schuldner, die überseeische Kolonisation, die allmähliche Nivellierung der unter den Klassen der Staatsangehörigen bestehenden Rechtsverschiedenheiten, die Emanzipierung der exekutiven Gewalt vom Senat, unverändert festhielt, so war auch seine Monarchie so wenig mit der Demokratie im Widerspruch, daß vielmehr diese erst durch jene zur Vollendung und Erfüllung gelangte. Denn diese Monarchie war nicht die orientalische Despotie von Gottes Gnaden, sondern die Monarchie, wie Gaius Gracchus sie gründen wollte, wie Perikles und Cromwell sie gründeten: die Vertretung der Nation durch ihren höchsten und unumschränkten Vertrauensmann. Es waren insofern die Gedanken, die dem Werke Caesars zugrunde lagen, nicht eigentlich neue; aber ihm gehört ihre Verwirklichung, die zuletzt überall die Hauptsache bleibt, und ihm die Großheit der Ausführung, die selbst den genialen Entwerfer, wenn er sie hätte schauen können, überrascht haben möchte und die jeden, dem sie in lebendiger Wirklichkeit oder im Spiegel der Geschichte entgegengetreten ist, welcher geschichtlichen Epoche und welcher politischen Farbe immer er angehöre, je nach dem Maß seiner Fassungskraft für menschliche und geschichtliche Größe mit tiefer und tieferer Bewegung und Bewunderung ergriffen hat und ewig ergreifen wird. — Wohl aber wird es gerade hier am Orte sein das, was der Geschichtschreiber stillschweigend überall voraussetzt, einmal ausdrücklich zu fordern und Einspruch zu tun gegen die der Einfalt und der Perfidie gemeinschaftliche Sitte geschichtliches Lob und geschichtlichen Tadel, von den gegebenen Verhältnissen abgelöst, als allgemein gültige Phrase zu verbrauchen, in diesem Falle das Urteil über Caesar in ein Urteil über den sogenannten Caesarismus umzudeuten. Freilich soll die Geschichte der vergangenen Jahrhunderte die Lehrmeisterin des laufenden sein; aber nicht in dem gemeinen Sinne, als könne man die Konjunkturen der Gegenwart in den Berichten über die Vergangenheit nur einfach wiederaufblättern und aus denselben der politischen Diagnose und Rezeptierkunst die Symptome und Spezi-

fika zusammenlesen; sondern sie ist lehrhaft einzig insofern, als
die Beobachtung der älteren Kulturen die organischen Bedingungen der Zivilisation überhaupt, die überall gleichen Grund-
kräfte und die überall verschiedene Zusammensetzung derselben
offenbart und statt zum gedankenlosen Nachahmen vielmehr zum
selbständigen Nachschöpfen anleitet und begeistert. In diesem
Sinne ist die Geschichte Caesars und des römischen Caesaren-
tums, bei aller unübertroffenen Großheit des Werkmeisters, bei
aller geschichtlichen Notwendigkeit des Werkes, wahrlich eine
schärfere Kritik der modernen Autokratie als eines Menschen
Hand sie zu schreiben vermag. Nach dem gleichen Naturgesetz,
weshalb der geringste Organismus unendlich mehr ist als die
kunstvollste Maschine, ist auch jede noch so mangelhafte Verfassung, die der freien Selbstbestimmung einer Mehrzahl von Bürgern Spielraum läßt, unendlich mehr als der genialste und hu-
manste Absolutismus; denn jene ist der Entwicklung fähig, also
lebendig, dieser ist was er ist, also tot. Dieses Naturgesetz hat
auch an der römischen absoluten Militärmonarchie sich bewährt
und nur um so vollständiger sich bewährt, als sie, unter dem
genialen Impuls ihres Schöpfers und bei der Abwesenheit aller
wesentlichen Verwicklungen mit dem Ausland, sich reiner und
freier als irgend ein ähnlicher Staat gestaltet hat. Von Caesar an
hielt, wie die späteren Bücher dies darlegen werden* und Gibbon
längst es dargelegt hat, das römische Wesen nur noch äußerlich
zusammen und ward nur mechanisch erweitert, während es innerlich eben mit ihm völlig vertrocknete und abstarb. Wenn in den
Anfängen der Autokratie und vor allem in Caesars eigener Seele
noch der hoffnungsreiche Traum einer Vereinigung freier Volks-
entwicklung und absoluter Herrschaft waltet, so hat schon das
Regiment der hochbegabten Kaiser des Julianischen Geschlechts
in schrecklicher Weise gelehrt, inwiefern es möglich ist Feuer und
Wasser in dasselbe Gefäß zu fassen. Caesars Werk war notwendig
und heilsam, nicht weil es an sich Segen brachte oder auch nur
bringen konnte, sondern weil, bei der antiken auf Sklaventum
gebauten von der republikanisch-konstitutionellen Vertretung
völlig abgewandten Volksorganisation und gegenüber der legitimen in der Entwicklung eines halben Jahrtausends zum olig-
archischen Absolutismus herangereiften Stadtverfassung, die ab-
solute Militärmonarchie der logisch notwendige Schlußstein und
das geringste Übel war. Die Geschichte aber wird sich nicht bescheiden dem rechten Caesar deshalb die Ehre zu verkürzen, weil
ein solcher Wahlspruch den schlechten Caesaren gegenüber die

---

* [Diese angekündigten Bücher wurden von Mommsen nie geschrieben.]

Einfalt irren und der Bosheit zu Lug und Trug Gelegenheit geben kann. Sie ist auch eine Bibel, und wenn sie so wenig wie diese weder dem Toren es wehren kann sie mißzuverstehen noch dem Teufel sie zu zitieren, so wird auch sie imstande sein beides zu ertragen wie zu vergüten.

Es ist kaum ein Zug der neuen Monarchie, der nicht in der alten sich wiederfände: die Vereinigung der höchsten militärischen, richterlichen und administrativen Gewalt in der Hand des Fürsten; eine religiöse Vorstandschaft über das Gemeinwesen; das Recht Verordnungen mit bindender Kraft zu erlassen; die Herabdrückung des Senats zum Staatsrat; die Wiedererweckung des Patriziats und der Stadtpräfektur. Aber schlagender noch als diese Analogien ist die innere Gleichartigkeit der Monarchie des Servius Tullius und der Monarchie Caesars: wenn jene alten Könige von Rom bei all ihrer Vollgewalt doch Herren einer freien Gemeinde und ebensie die Schutzmänner des gemeinen Mannes gegen den Adel gewesen waren, so war auch Caesar nicht gekommen um die Freiheit aufzulösen, sondern um sie zu erfüllen, und zunächst um das unerträgliche Joch der Aristokratie zu brechen. Es darf auch nicht befremden, daß Caesar, nichts weniger als ein politischer Antiquarius, ein halbes Jahrtausend zurückgriff, um zu seinem neuen Staat das Muster zu finden; denn da das höchste Amt des römischen Gemeinwesens zu allen Zeiten ein durch eine Anzahl Spezialgesetze eingeschränktes Königtum geblieben war, war auch der Begriff des Königtums selbst keineswegs verschollen. Zu den verschiedensten Zeiten und von sehr verschiedenen Seiten her, in der Dezemviralgewalt, in der Sullanischen und in seiner eigenen Diktatur war man während der Republik praktisch auf denselben zurückgekommen; ja mit einer gewissen logischen Notwendigkeit trat überall, wo das Bedürfnis einer Ausnahmegewalt sich zeigte, im Gegensatz gegen das gewöhnliche beschränkte das unbeschränkte Imperium hervor, welches eben nichts anderes war als die königliche Gewalt. Endlich empfahlen auch äußere Rücksichten dies Zurückgehen auf das ehemalige Königtum. Die Menschheit gelangt zu Neuschöpfungen unsäglich schwer und hegt darum die einmal entwickelten Formen als ein heiliges Erbstück. Darum knüpfte Caesar mit gutem Bedacht an Servius Tullius in ähnlicher Weise an, wie später Karl der Große an ihn angeknüpft hat und Napoleon an Karl den Großen wenigstens anzuknüpfen versuchte. Er tat dies auch nicht etwa auf Umwegen und heimlich, sondern so gut wie seine Nachfahren in möglichst offenkundiger Weise; es war ja eben der Zweck dieser

Anknüpfung eine klare, nationale und populäre Formulierung für
den neuen Staat zu finden. Seit alter Zeit standen auf dem
Capitol die Standbilder derjenigen sieben Könige, welche die
konventionelle Geschichte Roms aufzuführen pflegte; Caesar befahl daneben das seinige als das achte zu errichten. Er erschien
öffentlich in der Tracht der alten Könige von Alba. In seinem
neuen Gesetz über politische Verbrechen war die hauptsächlichste
Abweichung von dem Sullanischen die, daß neben die Volks-
gemeinde und auf eine Linie mit ihr der Imperator als der lebendige und persönliche Ausdruck des Volkes gestellt ward. In der
für die politischen Eide üblichen Formel ward zu dem Jovis und
den Penaten des römischen Volkes der Genius des Imperator
hinzugefügt. Das äußere Kennzeichen der Monarchie war nach
der im ganzen Altertum verbreiteten Ansicht das Bild des Monarchen auf den Münzen: seit dem J. 44 erscheint auf denen des
römischen Staats der Kopf Caesars. Man konnte hiernach wenigstens darüber sich nicht beschweren, daß Caesar das Publikum
über die Auffassung seiner Stellung im Dunkeln ließ; so bestimmt
und so förmlich wie möglich trat er auf nicht bloß als Monarch,
sondern eben als König von Rom. Möglich ist es sogar, obwohl
nicht gerade wahrscheinlich und auf jeden Fall von untergeordneter Bedeutung, daß er im Sinne gehabt hat seine Amtsgewalt
nicht mit dem neuen Imperatoren-, sondern geradezu mit dem
alten Königsnamen zu bezeichnen*. Schon bei seinen Lebzeiten
waren viele seiner Feinde wie seiner Freunde der Ansicht, daß

---

* Über diese Frage läßt sich streiten; dagegen muß die Annahme, daß es
Caesars Absicht gewesen die Römer als Imperator, die Nichtrömer als Rex
zu beherrschen, einfach verworfen werden. Sie stützt sich einzig auf die Erzählung, daß in der Senatssitzung, in welcher Caesar ermordet ward, von einem
der Orakelpriester Lucius Cotta ein Sibyllenspruch, wonach die Parther nur
von einem ‚König' könnten überwunden werden, habe vorgelegt und infolgedessen der Beschluß gefaßt werden sollen Caesar das Königtum über die römischen Provinzen zu übertragen. Diese Erzählung war allerdings schon unmittelbar nach Caesars Tod in Umlauf. Allein nicht bloß findet sie nirgends
irgendwelche auch nur mittelbare Bestätigung, sondern sie wird von dem
Zeitgenossen Cicero (de div. 2, 54, 119) sogar ausdrücklich für falsch erklärt
und von den späteren Geschichtschreibern, namentlich von Sueton (79) und
Dio (44, 15) nur als ein Gerücht berichtet, das sie weit entfernt sind verbürgen
zu wollen; und sie wird denn auch dadurch nicht besser beglaubigt, daß Plutarch
(Caes. 60. 64. Brut. 10) und Appian (b. c. 2, 110) ihrer Gewohnheit gemäß
jener anekdotenhaft, dieser pragmatisierend sie wiederholen. Es ist diese Erzählung aber nicht bloß unbezeugt, sondern auch innerlich unmöglich. Wenn
man auch davon absehen will, daß Caesar zuviel Geist und zuviel politischen
Takt hatte um nach Oligarchenart wichtige Staatsfragen durch einen Schlag
mit der Orakelmaschine zu entscheiden, so konnte er doch nimmermehr daran
denken den Staat, den er nivellieren wollte, also förmlich und rechtlich zu spalten.

er beabsichtige sich ausdrücklich zum König von Rom ernennen
zu lassen; ja einzelne seiner leidenschaftlichsten Anhänger legten
ihm die Aufsetzung der Krone auf verschiedenen Wegen und zu
verschiedenen Zeiten nahe; am auffallendsten Marcus Antonius,
indem er als Konsul vor allem Volke Caesar das Diadem darbot
(15. Febr. 44). Caesar aber wies diese Anträge ohne Ausnahme
von der Hand. Wenn er zugleich gegen diejenigen einschritt, die
diese Vorfälle benutzten um republikanische Opposition zu machen, so folgt daraus noch keineswegs, daß es ihm mit der Zu-
rückweisung nicht Ernst war. Die Annahme nun gar, daß diese
Aufforderungen auf sein Geheiß erfolgt seien, um die Menge auf
das ungewohnte Schauspiel des römischen Diadems vorzubereiten, verkennt völlig die gewaltige Macht der Gesinnungsopposition, mit welcher Caesar zu rechnen hatte und die durch eine
solche öffentliche Anerkennung ihrer Berechtigung von seiten
Caesars selbst nicht nachgiebiger werden konnte, vielmehr notwendig dadurch weiteren Boden gewann. Es kann der unberufene
Eifer leidenschaftlicher Anhänger allein diese Auftritte veranlaßt
haben; es kann auch sein, daß Caesar die Szene mit Antonius
nur zuließ oder auch veranstaltete, um durch die vor den Augen
der Bürgerschaft erfolgte und auf seinen Befehl selbst in die Kalender des Staats eingetragene in der Tat nicht wohl wieder zu-
rückzunehmende Ablehnung des Königstitels dem unbequemen
Klatsch auf möglichst eklatante Weise ein Ende zu machen. Die
Wahrscheinlichkeit spricht dafür, daß Caesar, der den Wert einer
geläufigen Formulierung ebenso würdigte wie die mehr an die
Namen als an das Wesen der Dinge sich heftenden Antipathien
der Menge, entschlossen war den mit uraltem Bannfluch behafte-
ten und den Römern seiner Zeit mehr noch für die Despoten des
Orients als für ihren Numa und Servius geläufigen Königsnamen
zu vermeiden und das Wesen des Königtums unter dem Impera-
torentitel sich anzueignen. — Indes wie auch die definitive Titulatur gedacht gewesen sein mag, der Herr war da und sogleich
richtete denn auch der Hof in obligatem Pomp und obligater
Geschmacklosigkeit und Leerheit sich ein. Caesar erschien öffentlich statt in dem mit Purpurstreifen verbrämten Gewande der
Konsuln in dem ganzpurpurnen, das im Altertum als das Königs-
kleid galt, und empfing, auf seinem Goldsessel sitzend, ohne sich
von demselben zu erheben, den feierlichen Zug des Senats. Die
Geburtstags-, Sieges- und Gelübdefeste zu seinen Ehren füllten
den Kalender. Wenn Caesar nach der Hauptstadt kam, zogen die
vornehmsten seiner Diener scharenweise auf weite Strecken ihm
entgegen ihn einzuholen. Ihm nahe zu sein fing an so viel zu be-

deuten, daß die Mietpreise in dem von ihm bewohnten Stadt-
viertel in die Höhe gingen. Durch die Menge der zur Audienz
sich drängenden Personen ward die persönliche Verhandlung mit
ihm so erschwert, daß Caesar sogar mit seinen Vertrauten vielfach schriftlich zu verkehren sich genötigt sah und daß auch die
Vornehmsten stundenlang im Vorzimmer zu warten hatten. Man
empfand es, deutlicher als es Caesar selber lieb war, daß man
nicht mehr zu einem Mitbürger kam. Es entstand ein monarchischer Adel, welcher in merkwürdiger Weise zugleich neu und alt
war und aus dem Gedanken entsprang den Adel der Oligarchie
durch den des Königtums, die Nobilität durch den Patriziat in
Schatten zu stellen. Noch immer bestand die Patrizierschaft,
wenngleich ohne wesentliche ständische Vorrechte, doch als geschlossene Junkergilde fort; aber da sie keine neuen Geschlechter
aufnehmen konnte, war sie im Laufe der Jahrhunderte mehr und
mehr zusammengestorben: nicht mehr als fünfzehn bis sechzehn
Patriciergeschlechter waren zu Caesars Zeit noch vorhanden. Indem Caesar, selber einem derselben entsprossen, das Recht neue
patrizische Geschlechter zu kreieren durch Volksbeschluß dem
Imperator erteilen ließ, gründete er im Gegensatz zu der republikanischen Nobilität den neuen Adel des Patriziats, der alle Er-
fordernisse eines monarchischen Adels: altersgrauen Zauber, vollständige Abhängigkeit von der Regierung und gänzliche Bedeu-
tungslosigkeit auf das glücklichste vereinigte. Nach allen Seiten
hin offenbarte sich das neue Herrentum.

＊

Aus Rom war zur Zeit Caesars der gute Stamm latinischer Nation längst völlig verschwunden. Es liegt in den Verhältnissen,
daß die Hauptstadt ihr munizipales und selbst ihr nationales Ge-
präge schneller verschleift als jedes untergeordnete Gemeinwesen.
Hier scheiden die höheren Klassen rasch aus dem städtischen Ge-
meinleben aus, um mehr in dem ganzen Staate als in einer einzelnen Stadt ihre Heimat zu finden; hier konzentriert sich unvermeidlich die ausländische Ansiedlung, die fluktuierende Bevölkerung von Vergnügens- und Geschäftsreisenden, die Masse
des müßigen, faulen, verbrecherischen, ökonomisch und mora-
lisch bankerotten und ebendarum kosmopolitischen Gesindels.
Auf Rom fand dies alles in hervorragender Weise Anwendung.
Der wohlhabende Römer betrachtete sein Stadthaus häufig nur
als ein Absteigequartier. Indem aus der städtischen Munizipalität
die Reichsämter hervorgingen, das städtische Vogtding die Versammlung der Reichsbürger ward, kleinere sich selber regierende

Bezirks- oder sonstige Gemeinschaften innerhalb der Hauptstadt nicht geduldet wurden, hörte jedes eigentliche Kommunalleben für Rom auf. Aus dem ganzen Umfange des weitumfassenden Reiches strömte man nach Rom, um zu spekulieren, zu debauchieren, zu intriguieren, zum Verbrecher sich auszubilden oder auch daselbst vor dem Auge des Gesetzes sich zu verbergen. Diese Übel gingen aus dem hauptstädtischen Wesen gewissermaßen mit Notwendigkeit hervor; andere mehr zufällige und vielleicht noch ernstere gesellten sich dazu. Es hat vielleicht nie eine Großstadt gegeben, die so durchaus nahrungslos war wie Rom; teils die Einfuhr, teils die häusliche Fabrikation durch Sklaven machten hier jede freie Industrie von vornherein unmöglich. Die nachteiligen Folgen des Grundübels der Staatenbildung im Altertum überhaupt, des Sklavensystems, traten in der Hauptstadt schärfer als irgendwo sonst hervor. Nirgends häuften solche Sklavenmassen sich an wie in den hauptstädtischen Palästen der großen Familien oder der reichen Emporkömmlinge. Nirgends mischten sich so wie in der hauptstädtischen Sklavenschaft die Nationen dreier Weltteile, Syrer, Phryger und andere Halbhellenen mit Libyern und Mohren, Geten und Iberer mit den immer zahlreicher einströmenden Kelten und Deutschen. Die von der Unfreiheit unzertrennliche Demoralisation und der scheußliche Widerspruch des formellen und des sittlichen Rechts kamen weit greller zum Vorschein bei dem halb oder ganz gebildeten gleichsam vornehmen Stadtsklaven als bei dem Ackerknecht, der das Feld gleich dem gefesselten Stier in Ketten bestellte. Schlimmer noch als die Sklavenmassen waren die der rechtlich oder auch bloß tatsächlich freigegebenen Leute, ein Gemisch bettelhaften Gesindels und schwerreicher Parvenus, nicht mehr Sklaven und doch noch nicht völlig Bürger, ökonomisch und selbst rechtlich von ihrem Herrn abhängig und doch mit den Ansprüchen freier Männer; und eben die Freigelassenen zogen sich vor allem nach der Hauptstadt, wo es Verdienst mancherlei Art gab und der Kleinhandel wie das kleine Handwerk fast ganz in ihren Händen waren. Ihr Einfluß auf die Wahlen wird ausdrücklich bezeugt; und daß sie auch bei den Straßenkrawallen voran waren, zeigt schon das gewöhnliche Signal, wodurch diese von den Demagogen gleichsam angesagt wurden, die Schließung der Buden und Verkaufslokale. Zu allem dem kam, daß die Regierung nicht bloß nichts tat, um dieser Korrumpierung der hauptstädtischen Bevölkerung entgegenzuwirken, sondern sogar ihrer egoistischen Politik zuliebe ihr Vorschub leistete. Die verständige Gesetzvorschrift, welche dem wegen Kapitalverbrechens ver-

urteilten Individuum den Aufenthalt in der Hauptstadt untersagte, ward von der schlaffen Polizei nicht zur Ausführung gebracht. Die dringend nahegelegte polizeiliche Überwachung der
Assoziation des Gesindels ward anfangs vernachlässigt, späterhin
als freiheitswidrige Volksbeschränkung sogar für strafbar erklärt.
Die Volksfeste hatte man so anwachsen lassen, daß die sieben
ordentlichen allein, die römischen, die plebejischen, die der Göt-
termutter, der Ceres, des Apoll, der Flora und der Victoria, zusammen zweiundsechzig Tage währten, wozu dann noch die
Fechterspiele und unzählige andere außerordentliche Lustbarkeiten kamen. Die bei einem solchen durchaus von der Hand in
den Mund lebenden Proletariat unumgängliche Fürsorge für nied-
rige Getreidepreise ward mit dem gewissenlosesten Leichtsinn gehandhabt und die Preisschwankungen des Brotkorns waren fabel-
hafter und unberechenbarer Art*. Endlich die Getreideverteil-
lungen luden das gesamte nahrungslose und arbeitsscheue Bür-
gerproletariat offiziell ein seinen Sitz in der Hauptstadt aufzu-
schlagen. Es war eine arge Saat und die Ernte entsprach ihr.
Das Klub- und Bandenwesen auf dem politischen Gebiet, auf
dem religiösen der Isisdienst und der gleichartig fromme Schwindel hatten hier ihre Wurzeln. Man war beständig im Angesicht
einer Teuerung und nicht selten in voller Hungersnot. Nirgends
war man seines Lebens weniger sicher als in der Hauptstadt: der
gewerbmäßig betriebene Banditenmord war das einzige derselben
eigene Handwerk; es war die Einleitung zur Ermordung, daß das
Schlachtopfer nach Rom gelockt ward; niemand wagte sich ohne
bewaffnetes Gefolge in die Umgegend der Hauptstadt. Auch die
äußere Beschaffenheit derselben entsprach dieser inneren Zerrüttung und schien eine lebendige Satire auf das aristokratische
Regiment. Für die Regulierung des Tiberstroms ward nichts getan; kaum daß man die einzige Brücke, mit der man immer noch
sich behalf, wenigstens bis zur Tiberinsel von Stein aufführen
ließ. Für die Planierung der Siebenhügelstadt war ebensowenig
etwas geschehen, außer wo etwa die Schutthaufen ausgeglichen
hatten. Die Straßen gingen eng und winkelig Hügel auf und ab
und waren elend gehalten, die Trottoirs schmal und schlecht ge-
pflastert. Die gewöhnlichen Häuser waren von Ziegeln ebenso
liederlich wie schwindelnd hoch gebaut, meistens von spekulie-
renden Baumeistern für Rechnung der kleinen Besitzer, wobei

---

* In dem Produktionsland Sicilien ward der römische Scheffel innerhalb
weniger Jahre zu 2 und 20 Sesterzen verkauft; man rechne danach, wie die
Preisschwankungen in Rom sich stellen mußten, das von überseeischem Korn
lebte und der Sitz der Spekulanten war.

jene steinreich, diese zu Bettlern wurden. Wie einzelne Inseln in
diesem Meer von elenden Gebäuden erschienen die glänzenden
Paläste der Reichen, die den kleinen Häusern ebenso den Raum
verengten wie ihre Besitzer den kleinen Leuten ihr Bürgerrecht
im Staat und neben deren Marmorsäulen und griechischen Statuen die verfallenden Tempel mit ihren großenteils noch holzge-
schnitzten Götterbildern eine traurige Figur machten. Von einer
Straßen-, einer Ufer-, Feuer- und Baupolizei war kaum die Rede;
wenn die Regierung um die alljährlich eintretenden Überschwem-
mungen, Feuersbrünste und Häusereinstürze überhaupt sich be-
kümmerte, so geschah es, um von den Staatstheologen Bericht
und Bedenken über den wahren Sinn solcher Zeichen und Wunder zu begehren. Man versuche sich ein London zu denken mit
der Sklavenbevölkerung von New Orleans*, mit der Polizei von
Konstantinopel, mit der Industrielosigkeit des heutigen Rom und
bewegt von einer Politik nach dem Muster der Pariser von 1848,
und man wird eine ungefähre Vorstellung von der republikanischen
Herrlichkeit gewinnen, deren Untergang Cicero und seine Genossen in ihren Schmollbriefen betrauern. — Caesar trauerte nicht,
aber er suchte zu helfen, soweit zu helfen war. Rom blieb natürlich, was es war, eine Weltstadt. Der Versuch ihm wiederum einen
spezifisch italischen Charakter zu geben wäre nicht bloß unausführbar gewesen, sondern hätte auch in Caesars Plan nicht ge-
paßt. Ähnlich wie Alexander für sein griechisch-orientalisches
Reich eine angemessene Hauptstadt in dem hellenisch-jüdisch-
ägyptischen und vor allem kosmopolitischen Alexandreia fand,
so sollte auch die im Mittelpunkt des Orients und Okzidents gelegene Hauptstadt des neuen römisch-hellenischen Weltreichs
nicht eine italische Gemeinde sein, sondern die denationalisierte
Kapitale vieler Nationen. Darum duldete es Caesar, daß neben
dem Vater Jovis die neu angesiedelten ägyptischen Götter verehrt wurden, und gestattete sogar den Juden die freie Übung
ihres seltsam fremdartigen Rituals auch in der Hauptstadt des
Reiches. Wie widerlich bunt immer die parasitische, namentlich
hellenisch-orientalische Bevölkerung in Rom sich mischte, er trat
ihrer Ausbreitung nirgends in den Weg; es ist bezeichnend, daß
er bei seinen hauptstädtischen Volksfesten Schauspiele nicht bloß
in lateinischer und griechischer, sondern auch in andern Zungen,
vermutlich in phönikischer, hebräischer, syrischer, spanischer aufführen ließ. — Aber wenn Caesar den Grundcharakter der Hauptstadt so, wie er ihn fand, mit vollem Bewußtsein akzeptierte, so
wirkte er doch energisch hin auf die Besserung der daselbst ob-

* [Diesen Satz schrieb Mommsen 1857.]

waltenden kläglichen und schimpflichen Zustände. Leider waren eben die Grundübel am wenigsten austilgbar. Die Sklaverei mit ihrem Gefolge von Landplagen konnte Caesar nicht abstellen; es muß dahingestellt bleiben, ob er mit der Zeit versucht haben würde die Sklavenbevölkerung in der Hauptstadt wenigstens zu beschränken, wie er dies auf einem andern Gebiete unternahm. Ebensowenig vermochte Caesar eine freie hauptstädtische Industrie aus dem Boden zu zaubern; doch halfen die ungeheuren Bauten der Nahrungslosigkeit daselbst einigermaßen ab und eröffneten dem Proletariat eine Quelle schmalen, aber ehrlichen Erwerbes. Dagegen wirkte Caesar energisch darauf hin die Masse des freien Proletariats zu vermindern. Der stehende Zufluß von solchen, die die Getreidespenden nach Rom führten, ward durch Verwandlung derselben in eine auf eine feste Kopfzahl beschränkte Armenversorgung wenn nicht ganz verstopft, doch sehr wesentlich beschränkt. Unter dem vorhandenen Proletariat räumten einerseits die Gerichte auf, die angewiesen wurden mit unnachsichtlicher Strenge gegen das Gesindel einzuschreiten, andererseits die umfassende überseeische Kolonisation; von den 80 000 Kolonisten, die Caesar in den wenigen Jahren seiner Regierung über das Meer führte, wird ein sehr großer Teil den unteren Schichten der hauptstädtischen Bevölkerung entnommen sein, wie denn die meisten korinthischen Ansiedler Freigelassene waren. Daß in Abweichung von der bisherigen Ordnung, die dem Freigelassenen jedes städtische Ehrenamt verschloß, Caesar ihnen in seinen Kolonien die Türe des Rathauses eröffnete, geschah ohne Zweifel, um die besser gestellten von ihnen für die Auswanderung zu gewinnen. Diese Auswanderung muß aber auch mehr gewesen sein als eine bloß vorübergehende Veranstaltung; Caesar, überzeugt wie jeder andere verständige Mann, daß die einzige wahrhafte Hilfe gegen das Elend des Proletariats in einem wohlregulierten Kolonisierungssystem besteht, und durch die Beschaffenheit des Reiches in den Stand gesetzt dasselbe in fast ungemessener Ausdehnung zu verwirklichen, wird die Absicht gehabt haben hiermit dauernd fortzufahren und dem stets wieder sich erzeugenden Übel einen bleibenden Abzug zu eröffnen. Maßregeln wurden ferner ergriffen um den argen Preisschwankungen der wichtigsten Nahrungsmittel auf den hauptstädtischen Märkten Grenzen zu setzen. Die neu geordneten und liberal verwalteten Staatsfinanzen lieferten hierzu die Mittel und zwei neu ernannte Beamte, die Getreideädilen, übernahmen die spezielle Beaufsichtigung der Lieferanten und des Marktes der Hauptstadt. Dem Klubwesen wurde wirksamer, als es durch Prohibitivgesetze möglich war, gesteuert durch die veränderte Verfassung, indem mit der Republik und den republikanischen Wahlen und Gerichten die Bestechung und Vergewaltigung der Wahl- und Richterkollegien, überhaupt die politischen Saturnalien der Canaille von selbst ein Ende hatten. Außerdem wurden die durch das Clodische Gesetz ins Leben getretenen Verbindungen aufgelöst und das ganze Assoziationswesen unter die Oberaufsicht der Regierungsbehörden gestellt. Mit Ausnahme der althergebrachten Zünfte und Vergesellschaftungen, der religiösen Vereinigungen der Juden und anderer besonders ausgenommener Kategorien, wofür die einfache Anzeige an den Senat genügt zu haben scheint, wurde die Erlaubnis eine bleibende Gesellschaft mit festen Versammlungsfristen und stehenden Einschüssen zu konstituieren an eine vom Senat und regelmäßig wohl erst nach eingeholter Willensmeinung des Monarchen zu erteilende Konzession geknüpft. Dazu kam eine strengere Kriminalrechtspflege und eine energische Polizei. Die Gesetze, namentlich hinsichtlich des Verbrechens der Vergewaltigung, wurden verschärft und die unvernünftige Bestimmung des republikanischen Rechts, daß der überwiesene Verbrecher befugt sei durch Selbstverbannung einem Teil der verwirkten Strafe sich zu entziehen, wie billig beseitigt. Das detaillierte Regulativ, das Caesar über die hauptstädtische Polizei erließ, ist großenteils noch erhalten und es kann wer da will sich überzeugen, daß der Imperator es nicht verschmähte die Hausbesitzer zur Instandsetzung der Straßen und zur Pflasterung der Trottoirs in ihrer ganzen Breite mit behauenen Steinen anzuhalten und geeignete Bestimmungen über das Tragen der Sänften und das Fahren der Wagen zu erlassen, die bei der Beschaffenheit der Straßen nur zur Abend- und Nachtzeit in der Hauptstadt frei zirkulieren durften. Die Oberaufsicht über die Lokalpolizei blieb wie bisher hauptsächlich den vier Ädilen, welche, wenn nicht schon früher, wenigstens jetzt angewiesen wurden jeder einen bestimmt abgegrenzten Polizeidistrikt innerhalb der Hauptstadt zu überwachen. Endlich das hauptstädtische Bauwesen und die damit zusammenhängende Fürsorge für die gemeinnützigen Anstalten überhaupt nahm durch Caesar, der die Baulust des Römers und des Organisators in sich vereinigte, plötzlich einen Aufschwung, der nicht bloß die Mißwirtschaft der letzten anarchischen Zeiten beschämte, sondern auch alles, was die römische Aristokratie in ihrer besten Zeit geleistet hatte, so weit hinter sich ließ wie Caesars Genie das redliche Bemühen der Marcier und der Aemilier. Es war nicht bloß die Ausdehnung der Bauten an sich und die Größe der darauf verwandten Summen, durch die Caesar seine Vorgänger übertraf, sondern der echt

staatsmännische und gemeinnützige Sinn, der das, was Caesar
für die öffentlichen Anstalten Roms tat, vor allen ähnlichen
Leistungen auszeichnet. Er baute nicht, wie seine Nachfolger
Tempel und sonstige Prachtgebäude, sondern er entlastete den
Markt von Rom, auf dem sich immer noch die Bürgerversamm-
lungen, die Hauptgerichtsstätten, die Börse und der tägliche Geschäftsverkehr wie der tägliche Müßiggang zusammendrängten,
wenigstens von den Versammlungen und den Gerichten, indem
er für jene eine neue Dingstätte, die Saepta Julia auf dem Marsfeld, für diese einen besonderen Gerichtsmarkt, das Forum Julium
zwischen Capitol und Palatin, anlegen ließ. Verwandten Geistes
ist die von ihm herrührende Einrichtung, daß den hauptstädtischen Bädern jährlich 3 Millionen Pfund Öl, größtenteils aus
Afrika, geliefert und diese dadurch in den Stand gesetzt wurden
den Badenden das zum Salben des Körpers erforderliche Öl un-
entgeltlich zu verabfolgen — eine nach der alten wesentlich auf
Baden und Salben gegründeten Diätetik höchst zweckmäßige
Maßregel der Reinlichkeits- und Gesundheitspolizei. Indes diese
großartigen Einrichtungen waren nur die ersten Anfänge einer
vollständigen Umwandlung Roms. Bereits waren die Entwürfe
gemacht zu einem neuen Rathaus, einem neuen prachtvollen
Basar, einem mit dem Pompeischen wetteifernden Theater, einer
öffentlichen lateinischen und griechischen Bibliothek nach dem
Muster der kürzlich zugrunde gegangenen von Alexandreia —
die erste Anstalt derart in Rom —, endlich zu einem Tempel des
Mars, der an Reichtum und Herrlichkeit alles bisher Dagewesene
überboten haben würde. Genialer noch war der Gedanke einmal
durch die Pomptinischen Sümpfe einen Kanal zu legen und deren
Wasser nach Tarracina abzuleiten, sodann den unteren Lauf des
Tiberstroms zu ändern und ihn von dem heutigen Ponte Molle
an, statt zwischen dem Vaticanischen und dem Marsfelde hindurch vielmehr um das Vaticanische Feld und das Janiculum
herum nach Ostia zu führen, wo die schlechte Reede einem voll-
genügenden Kunsthafen Platz machen sollte. Durch diesen Rie-
senplan wurde einerseits der gefährlichste Feind der Hauptstadt,
die böse Luft der Nachbarschaft, gebannt, andrerseits auf einen
Schlag die äußerst beschränkte Baugelegenheit in der Hauptstadt
in der Art erweitert, daß das damit auf das linke Tiberufer verlegte Vaticanische Feld an die Stelle des Marsfeldes treten und
das geräumige Marsfeld für öffentliche und Privatbauten verwendet werden konnte, während sie zugleich den so schmerzlich
vermißten sicheren Seehafen erhielt. Es schien, als wolle der Imperator Berge und Flüsse versetzen und mit der Natur selber

den Wettlauf wagen. Indessen so sehr auch durch die neue Ordnung die Stadt Rom an Bequemlichkeit und Herrlichkeit gewann, ihre politische Suprematie ging ihr, wie schon gesagt ward, durch ebendieselbe unwiederbringlich verloren.

*

Daß der römische Staat mit der Stadt Rom zusammenfalle, war zwar im Laufe der Zeit immer unnatürlicher und verkehrter geworden; aber der Satz war doch so innig mit dem Wesen der römischen Republik verwachsen, daß er nicht vor dieser selbst zugrunde gehen konnte. Erst in dem neuen Staate Caesars ward er, etwa mit Ausnahme einiger legaler Fiktionen, vollständig beseitigt und das hauptstädtische Gemeinwesen rechtlich auf eine Linie mit allen übrigen Municipalitäten gestellt; wie denn Caesar, hier wie überall bemüht nicht bloß die Sache zu ordnen, sondern auch sie offiziell bei dem rechten Namen zu nennen, seine italische Gemeindeordnung, ohne Zweifel absichtlich, zugleich für die Hauptstadt und für die übrigen Stadtgemeinden erließ. Man kann hinzufügen, daß Rom, eben weil es eines lebendigen Kommunalwesens als Hauptstadt nicht fähig war, hinter den übrigen Municipalitäten der Kaiserzeit sogar wesentlich zurückstand. Das republikanische Rom war eine Räuberhöhle, aber zugleich der Staat, das Rom der Monarchie, obwohl es mit allen Herrlichkeiten dreier Weltteile sich zu schmücken und in Gold und Marmor zu schimmern begann, war doch nichts im Staate als das Königsschloß in Verbindung mit dem Armenhaus, das heißt: ein notwendiges Übel.

Wenn es in der Hauptstadt sich nur darum handelte, durch polizeiliche Ordnungen im größten Maßstab handgreifliche Übelstände hinwegzuräumen, so war es dagegen eine bei weitem schwierigere Aufgabe, der tief zerrütteten italischen Volkswirtschaft abzuhelfen. Die Grundleiden waren: das Zusammenschwinden der ackerbauenden und die unnatürliche Vermehrung der kaufmännischen Bevölkerung, woran ein unabsehbares Gefolge anderer Übelstände sich anschloß. Trotz der ernstlichen Versuche der Vernichtung des kleinen Grundbesitzes zu steuern, war doch in dieser Epoche kaum mehr in einer Landschaft des eigentlichen Italien, etwa mit Ausnahme der Apenninen- und Abruzzentäler, die Bauernwirtschaft die vorwiegende Wirtschaftsweise. Was die Gutswirtschaft anlangt, so ist zwischen der früheren, Catonischen und derjenigen, die uns Varro schildert, kein wesentlicher Unterschied wahrzunehmen, nur daß die letztere im Guten wie im Schlimmen von dem gesteigerten großstädtischen

Leben in Rom die Spuren zeigt. ‚Sonst', sagt Varro, ‚war die
Scheune auf dem Gut größer als das Herrenhaus; jetzt pflegt es
umgekehrt zu sein.' In der tuskulanischen und tiburtinischen
Feldmark, an den Gestaden von Tarracina und Baiae erhoben
sich, da, wo die alten latinischen und italischen Bauernschaften
gesäet und geerntet hatten, jetzt in unfruchtbarem Glanz die
Landhäuser der römischen Großen, von denen manches mit den
dazugehörigen Gartenanlagen und Wasserleitungen, den Süß- und
Salzwasserreservoirs zur Aufbewahrung und Züchtung von Fluß-
und Seefischen, den Schnecken- und Siebenschläferzüchtungen,
den Wildschonungen zur Hegung von Hasen, Kaninchen, Hirschen, Rehen und Wildschweinen, und den Vogelhäusern, in
denen selbst Kraniche und Pfauen gehalten wurden, den Raum
einer mäßigen Stadt bedeckte. Aber der großstädtische Luxus
macht auch manche fleißige Hand reich und ernährt mehr Arme
als die almosenspendende Menschenliebe. Jene Vogelhäuser und
Fischteiche der vornehmen Herren waren natürlich in der Regel
eine sehr kostspielige Liebhaberei. Allein extensiv und intensiv
hatte diese Wirtschaft sich so hoch entwickelt, daß zum Beispiel
der Bestand eines Taubenhauses bis auf 100 000 Sesterzen
(7600 Tlr.) geschätzt ward; daß eine rationelle Mästungswirt-
schaft entstanden war und der in den Vogelhäusern gewonnene
Dünger landwirtschaftlich in Betracht kam; daß ein einziger
Vogelhändler auf einmal 5000 Krammetsvögel — denn auch
diese wußte man zu hegen — das Stück zu 3 Denaren (21 Gr.),
ein einziger Fischteichbesitzer 2000 Muränen zu liefern imstande
war und aus den von Lucius Lucullus hinterlassenen Fischen
40 000 Sesterzen (3050 Tlr.) gelöst wurden. Begreiflicherweise
konnte unter solchen Umständen wer diese Wirtschaft geschäft-
lich und intelligent betrieb mit verhältnismäßig geringem Anlage-
kapital sehr hohen Gewinn erzielen. Ein kleiner Bienenzüchter
dieser Zeit verkaufte von seinem nicht mehr als einen Morgen
großen in der Nähe von Falerii gelegenen Thymiangärtchen jahr-
aus jahrein an Honig für mindestens 10 000 Sesterzen (760 Tlr.).
Der Wetteifer der Obstzüchter ging so weit, daß in eleganten
Landhäusern die marmorgetäfelte Obstkammer nicht selten zugleich als Tafelzimmer eingerichtet, auch wohl gekauftes Pracht-
obst dort zur Schau als eigenes Gewächs gestellt ward. In dieser
Zeit wurden auch zuerst die kleinasiatische Kirsche und andere
ausländische Fruchtbäume in den italischen Gärten angepflanzt.
Die Gemüsegärten, die Rosen- und Veilchenbeete in Latium und
Campanien warfen reichen Ertrag ab, und der ‚Naschmarkt' (*forum
cupedinis*) neben der Heiligen Straße, wo Früchte, Honig und

Kränze feilgeboten zu werden pflegten, spielte eine wichtige Rolle
im hauptstädtischen Leben. Überhaupt stand die Gutswirtschaft,
Plantagenwirtschaft wie sie war, ökonomisch auf einer schwer zu
übertreffenden Höhe der Entwickelung. Das Tal von Rieti, die
Umgegend des Fucinersees, die Landschaften am Liris und Vol-
turnus, ja Mittelitalien überhaupt waren landwirtschaftlich in
dem blühendsten Zustand; selbst gewisse Industrien, die geeignet
waren, sich an den Betrieb des Guts mittels Sklaven anzuschließen, wurden von den intelligenten Landwirten mitaufgenommen
und, wo die Verhältnisse günstig waren, Wirtshäuser, Webereien
und besondere Ziegeleien auf dem Gute angelegt. Die italischen
Produzenten namentlich von Wein und Öl versorgten nicht bloß
die italischen Märkte, sondern machten auch in beiden Artikeln
ansehnliche überseeische Ausfuhrgeschäfte. Eine schlichte fach-
wissenschaftliche Schrift dieser Zeit vergleicht Italien einem großen Fruchtgarten; und die Schilderungen, die ein gleichzeitiger
Dichter von seinem schönen Heimatland entwirft, wo die wohl-
bewässerte Wiese, das üppige Kornfeld, der lustige Rebenhügel
von der dunklen Zeile der Ölbäume umsäumt wird, wo der Schmuck
des Landes, lachend in mannigfaltiger Anmut, die holdesten Gärten in seinem Schoße hegt und selber von nahrunggebenden Bäu-
men umkränzt wird,— diese Schilderungen, offenbar treue Gemälde der dem Dichter täglich vor Augen stehenden Landschaft,
versetzen uns in die blühendsten Striche von Toscana und Terra
di lavoro. Die Weidewirtschaft freilich, die aus den früher entwickelten Ursachen besonders im Süden und Südosten Italiens
immer weiter vordrang, war in jeder Beziehung ein Rückschritt;
allein auch sie nahm doch bis zu einem gewissen Grade teil an
der allgemeinen Steigerung des Betriebes, wie denn für die Verbesserung der Rassen vieles geschah und zum Beispiel Zuchtesel
mit 60000 (4600 Tlr.), 100000 (7570 Tlr.), ja 400000 Sesterzen
(30000 Tlr.) bezahlt wurden. Die gediegene italische Bodenwirtschaft erzielte in dieser Zeit, wo die allgemeine Entwickelung der
Intelligenz und die Fülle der Kapitalien sie befruchtete, bei weitem glänzendere Resultate als jemals die alte Bauernwirtschaft
hatte geben können, und ging sogar schon hinaus über die Grenzen Italiens, indem der italische Ökonom auch in den Provinzen
große Strecken viehzüchtend und selbst kornbauend exploi-
tierte. — Welche Dimensionen aber neben dieser auf dem Ruin
der kleinen Bauernschaft unnatürlich gedeihenden Gutswirtschaft
die Geldwirtschaft angenommen, wie die italische Kaufmannschaft
mit den Juden um die Wette in alle Provinzen und Klientelstaaten des Reiches sich ergossen hatte, alles Kapital endlich in

Rom zusammenfloß, dafür wird es, nach dem früher darüber
Gesagten, hier genügen auf die einzige Tatsache hinzuweisen, daß
auf dem hauptstädtischen Geldmarkt der regelmäßige Zinsfuß
in dieser Zeit 6 vom Hundert, das Geld daselbst also um die
Hälfte billiger war als sonst durchschnittlich im Altertume. —
Infolge dieser agrarisch wie merkantil auf Kapitalmassen und
Spekulation begründeten Volkswirtschaft ergab sich das fürch-
terlichste Mißverhältnis in der Verteilung des Vermögens. Die
oft gebrauchte und oft gemißbrauchte Rede von einem aus Mil-
lionären und Bettlern zusammengesetzten Gemeinwesen trifft vielleicht nirgends so vollständig zu wie bei dem Rom der letzten
Zeit der Republik; und nirgends wohl auch ist der Kernsatz
des Sklavenstaats, daß der reiche Mann, der von der Tätigkeit
seiner Sklaven lebt, notwendig respektabel, der arme Mann, der
von seiner Hände Arbeit lebt, notwendig gemein ist, mit so
grauenvoller Sicherheit als der unwidersprechliche Grundgedanke
des ganzen öffentlichen und privaten Verkehrs anerkannt worden*. Einen wirklichen Mittelstand in unserm Sinne gibt es

---

* Charakteristisch ist die folgende Auseinandersetzung in Ciceros ‚Pflichten-
lehre‘ (I 42): „Darüber, welche Geschäfte und Erwerbszweige als anständig
gelten können und welche als gemein, herrschen im allgemeinen folgende Vorstellungen. Bescholten sind zunächst die Erwerbszweige, wobei man den Haß
des Publikums sich zuzieht, wie der der Zolleinnehmer, der der Geldverleiher.
Unanständig und gemein ist auch das Geschäft der Lohnarbeiter, denen ihre
körperliche, nicht ihre Geistesarbeit bezahlt wird; denn für diesen selben Lohn
verkaufen sie gleichsam sich in die Sklaverei. Gemeine Leute sind auch die
von dem Kaufmann zu sofortigem Verschleiß einkaufenden Trödler; denn sie
kommen nicht fort, wenn sie nicht über alle Maßen lügen, und nichts ist minder
ehrenhaft als der Schwindel. Auch die Handwerker treiben sämtlich gemeine
Geschäfte; denn man kann nicht Gentleman sein in der Werkstatt. Am wenigsten ehrbar sind die Handwerker, die der Schlemmerei an die Hand gehen,
zum Beispiel:

Wurstmacher, Salzfischhändler, Koch, Geflügelverkäufer, Fischer

mit Terenz (*Eunuch.* 2, 2, 26) zu reden; dazu noch etwa die Parfümerien-
händler, die Tanzmeister und die ganze Sippschaft der Spielbuden. Diejenigen
Erwerbszweige aber, welche entweder eine höhere Bildung voraussetzen oder
einen nicht geringen Ertrag abwerfen, wie die Heilkunst, die Baukunst, der
Unterricht in anständigen Gegenständen, sind anständig für diejenigen, deren
Stande sie angemessen sind. Der Handel aber, wenn er Kleinhandel ist, ist
gemein; der große Kaufmann freilich, der aus den verschiedensten Ländern
eine Menge von Waren einführt und sie an eine Menge von Leuten ohne
Schwindel absetzt, ist nicht gerade sehr zu schelten; ja wenn er, des Gewinstes
satt oder vielmehr mit dem Gewinste zufrieden, wie oft zuvor vom Meere
in den Hafen, so schließlich aus dem Hafen selbst zu Grundbesitz gelangt,
so darf man wohl mit gutem Recht ihn loben. Aber unter allen Erwerbs-
zweigen ist keiner besser, keiner ergiebiger, keiner erfreulicher, keiner dem
freien Manne anständiger als der Grundbesitz." — Also der anständige Mann

nicht, wie es denn in keinem vollkommen entwickelten Sklavenstaat einen solchen geben kann; was gleichsam als guter Mittelstand erscheint und gewissermaßen es auch ist, sind diejenigen
reichen Geschäftsmänner und Grundbesitzer, die so ungebildet
oder auch so gebildet sind, um sich innerhalb der Sphäre ihrer
Tätigkeit zu bescheiden und vom öffentlichen Leben sich fern-
zuhalten. Unter den Geschäftsmännern, wo die zahlreichen Freigelassenen und sonstigen emporgekommenen Leute in der Regel
von dem Schwindel erfaßt wurden, den vornehmen Mann zu
spielen, gab es solcher Verständigen nicht allzuviel: ein Muster-
bild dieser Gattung ist der in den Berichten aus dieser Zeit
häufig erwähnte Titus Pomponius Atticus, der teils mit der
großen Gutswirtschaft, welche er in Italien und in Epirus betrieb, teils mit seinen durch ganz Italien, Griechenland, Makedonien, Kleinasien sich verzweigenden Geldgeschäften ein unge-
heures Vermögen gewann, dabei aber durchaus der einfache Geschäftsmann blieb, sich nicht verleiten ließ um ein Amt oder
auch nur Staatsgeldgeschäfte zu machen, und, dem geizigen
Knausern ebensofern wie dem wüsten und lästigen Luxus dieser
Zeit — seine Tafel zum Beispiel ward mit 100 Sesterzen (7 Tlr.)
täglich bestritten —, sich genügen ließ an einer bequemen die
Anmut des Land- und des Stadtlebens, die Freuden des Verkehrs mit der besten Gesellschaft Roms und Griechenlands und
jeden Genuß der Literatur und der Kunst sich aneignenden
Existenz. Zahlreicher und tüchtiger waren die italischen Gutsbesitzer alten Schlages. Die gleichzeitige Literatur bewahrt in
der Schilderung des Sextus Roscius, der bei den Proskriptionen
673 mitermordet ward, das Bild eines solchen Landedelmanns
(*pater familias rusticanus*); sein Vermögen, angeschlagen auf
6 Mill. Sesterzen (457000 Tlr.), ist wesentlich angelegt in seinen
dreizehn Landgütern; die Wirtschaft betreibt er selbst rationell
und mit Leidenschaft; nach der Hauptstadt kommt er selten
oder nie, und wenn er dort erscheint, so sticht er mit seinen
ungehobelten Manieren nicht minder von dem feinen Senator ab
wie die zahllosen Scharen seiner rauhen Ackerknechte von dem
zierlichen hauptstädtischen Bedientenschwarm. Mehr als die
kosmopolitisch gebildeten Adelskreise und der überall und nir-

muß streng genommen Gutsbesitzer sein; das Kaufmannsgewerbe passiert
ihm nur, insofern es Mittel zu diesem letzten Zweck ist, die Wissenschaft als
Profession nur den Griechen und den nicht den herrschenden Ständen angehörigen Römern, welche damit sich in den vornehmen Kreisen allenfalls für
ihre Person eine gewisse Duldung erkaufen dürfen. Es ist die vollkommen
ausgebildete Plantagenbesitzeraristokratie, mit einer starken Schattierung von
kaufmännischer Spekulation und einer leisen Nuance von allgemeiner Bildung.

gends heimische Kaufmannsstand bewahrten diese Gutsbesitzer
und die wesentlich durch dieselben gehaltenen ‚Ackerstädte'
(municipia rusticana) sowohl die Zucht und Sitte der Väter als
auch deren reine und edle Sprache. Der Gutsbesitzerstand gilt
als der Kern der Nation; der Spekulant, der sein Vermögen gemacht hat und unter die Notabeln des Landes einzutreten
wünscht, kauft sich an und sucht wenn nicht selbst Squire zu
werden, doch wenigstens einen Sohn dazu zu erziehen. Den
Spuren dieser Gutsbesitzerschaft begegnen wir, wo in der Politik
eine volkstümliche Regung sich zeigt und wo die Literatur einen
grünen Sproß treibt: aus ihr sog die patriotische Opposition gegen
die neue Monarchie ihre beste Kraft; ihr gehören Varro, Lucretius,
Catullus an; und vielleicht nirgends tritt die relative Frische
dieser Gutsbesitzerexistenz charakteristischer hervor als in der
anmutigen arpinatischen Einleitung zu dem zweiten Buche der
Schrift Ciceros von den Gesetzen, einer grünen Oase in der
fürchterlichen Öde dieses ebenso leeren wie voluminösen Skri-
benten. — Aber die gebildete Kaufmannschaft und der tüchtige
Gutsbesitzerstand wird weit überwuchert von den beiden ton-
angebenden Klassen der Gesellschaft: dem Bettelvolk und der
eigentlichen vornehmen Welt. Wir haben keine statistischen Ziffern, um das relative Maß der Armut und des Reichtums für diese
Epoche scharf zu bezeichnen; doch darf hier wohl wieder an die
Äußerung erinnert werden, die etwa fünfzig Jahre früher ein römischer Staatsmann tat: daß die Zahl der Familien von fest-
gegründetem Reichtum innerhalb der römischen Bürgerschaft
nicht auf 2000 sich belaufe. Die Bürgerschaft war seitdem eine
andere geworden; aber daß das Mißverhältnis zwischen arm und
reich sich wenigstens gleichgeblieben war, dafür sprechen deutliche Spuren. Die fortschreitende Verarmung der Menge offenbart
sich nur zu grell in dem Zudrang zu den Getreidespenden und zur
Anwerbung unter das Heer; die entsprechende Steigerung des
Reichtums bezeugt ausdrücklich ein Schriftsteller dieser Generation, indem er, von den Verhältnissen der Marianischen Zeit
sprechend, ein Vermögen von 2 Mill. Sesterzen (152000 Tlr.)
‚nach damaligen Verhältnissen Reichtum' nennt; und ebendahin
führen die Angaben, die wir über das Vermögen einzelner Individuen finden. Der schwerreiche Lucius Domitius Ahenobarbus
verhieß zwanzigtausend Soldaten jedem 4 Jugera Land aus eigenem Besitz; das Vermögen des Pompeius belief sich auf 70 Mill.
Sest. (5300000 Tlr.), das des Schauspielers Aesopus auf 20
(1520000 Tlr.); Marcus Crassus der Reichste der Reichen besaß
am Anfang seiner Laufbahn 7 (530000 Tlr.), am Ausgang der-

selben nach Verspendung ungeheurer Summen an das Volk 170 Millionen Sesterzen (13 Mill. Tlr.). Die Folgen solcher Armut und solchen Reichtums waren nach beiden Seiten eine äußerlich verschiedene, aber wesentlich gleichartige ökonomische und sittliche Zerrüttung. Wenn der gemeine Mann einzig durch die Unterstützung aus Staatsmitteln vor dem Verhungern gerettet ward, so war es die notwendige Folge dieses Bettlerelends, die freilich wechselwirkend auch wieder als Ursache auftrat, daß er der Bettlerfaulheit und dem bettlerhaften Wohlleben sich ergab. Statt zu arbeiten, gaffte der römische Plebejer lieber im Theater; die Schenken und Bordelle hatten solchen Zuspruch, daß die Demagogen ihre Rechnung dabei fanden vorwiegend die Besitzer derartiger Etablissements in ihr Interesse zu ziehen. Die Fechterspiele, die Offenbarung wie die Nahrung der ärgsten Demoralisation in der alten Welt, waren zu solcher Blüte gelangt, daß mit dem Verkauf der Programme derselben ein einträgliches Geschäft gemacht ward, und nahmen in dieser Zeit die entsetzliche Neuerung auf, daß über Leben und Tod des Besiegten nicht das Duellgesetz oder die Willkür des Siegers, sondern die Laune des zuschauenden Publikums entschied und nach dessen Wink der Sieger den daniederliegenden Besiegten entweder verschonte oder durchbohrte. Das Handwerk des Fechters war so im Preise gestiegen oder auch die Freiheit so im Preise gesunken, daß die Unerschrockenheit und der Wetteifer, die auf den Schlachtfeldern dieser Zeit vermißt wurden, in den Heeren der Arena allgemein waren und, wo das Duellgesetz es mit sich brachte, jeder Gladiator lautlos und ohne zu zucken sich durchbohren ließ, ja daß freie Männer nicht selten sich den Unternehmern für Kost und Lohn als Fechtknechte verkauften. Auch die Plebejer des fünften Jahrhunderts hatten gedarbt und gehungert, aber ihre Freiheit hatten sie nicht verkauft; und noch weniger würden die Rechtweiser jener Zeit sich dazu hergegeben haben den ebenso sitten- wie rechtswidrigen Kontrakt eines solchen Fechtknechts ‚sich unweigerlich fesseln, peitschen, brennen oder töten zu lassen, wenn die Gesetze der Anstalt dies mit sich bringen würden' auf unfeinen juristischen Schleichwegen als statthaft und klagbar hinzustellen. — In der vornehmen Welt kam nun dergleichen nicht vor; aber im Grunde war sie kaum anders, am wenigsten besser. Im Nichtstun nahm es der Aristokrat dreist mit dem Proletarier auf; wenn dieser auf dem Pflaster lungerte, dehnte jener sich bis in den hellen Tag hinein in den Federn. Die Verschwendung regierte hier ebenso maß- wie geschmacklos. Sie warf sich auf die Politik wie auf das Theater, natürlich zu beider Ver-

derben: man kaufte das Konsulamt um unglaublichen Preis —
im Sommer 54 ward allein die erste Stimmabteilung mit 10 Mill.
Sesterzen (760000 Tlr.) bezahlt — und verdarb durch den tollen
Dekorationsluxus dem Gebildeten alle Freude am Bühnenspiel.
Die Mietpreise scheinen in Rom durchschnittlich vierfach höher
als in den Landstädten sich gestellt zu haben; ein Haus daselbst
ward einmal für 15 Mill. Sesterzen (1150000 Tlr.) verkauft. Das
Haus des Marcus Lepidus (Konsul 78), als Sulla starb das schönste
in Rom, war ein Menschenalter später noch nicht der hundertste
in der Rangfolge der römischen Paläste. Des mit den Landhäusern
getriebenen Schwindels ward bereits gedacht; wir finden, daß für
ein solches, das hauptsächlich seines Fischteiches wegen geschätzt
war, 4 Mill. Sest. (300000 Tlr.) bezahlt wurden; und der ganz
vornehme Mann bedurfte jetzt schon wenigstens zweier Landhäuser, eines in den Sabiner- oder Albanerbergen bei der Hauptstadt und eines zweiten in der Nähe der campanischen Bäder,
dazu noch womöglich eines Gartens unmittelbar vor den Toren
Roms. Noch unsinniger als diese Villen- waren die Grabpaläste,
von denen einzelne noch bis auf den heutigen Tag es bezeugen,
welches himmelhohen Quaderhaufens der reiche Römer bedurfte, um standesmäßig gestorben zu sein. Die Pferde- und
Hundeliebhaber fehlten auch nicht; für ein Luxuspferd waren
24000 Sest. (1830 Tlr.) ein nicht ungewöhnlicher Preis. Man raffinierte auf Möbel von feinem Holz — ein Tisch von afrikanischem
Cypressenholz ward mit 1 Mill. Sest. (67000 Tlr.) bezahlt —;
auf Gewänder von Purpurstoffen oder durchsichtiger Gaze und
daneben auch auf die zierlich vor dem Spiegel zurechtgelegten
Falten — der Redner Hortensius soll einen Kollegen wegen In-
jurien belangt haben, weil er ihm im Gedränge den Rock zer-
knittert —; auf Edelsteine und Perlen, die zuerst in dieser Zeit
an die Stelle des alten unendlich schöneren und kunstvolleren
Goldschmucks traten: es war schon vollkommenes Barbarentum,
wenn bei Pompeius' Triumph über Mithradates das Bild des
Siegers ganz von Perlen gearbeitet erschien und wenn man im
Speisesaal die Sofas und die Etageren mit Silber beschlagen, ja
das Küchengeschirr von Silber fertigen ließ. Gleicher Art ist es,
wenn die Sammler dieser Zeit aus den alten Silberbechern die
kunstvollen Medaillons herausbrachen um sie in goldene Gefäße
wiedereinzusetzen. Auch der Reiseluxus ward nicht vermißt.
,Wenn der Statthalter reiste', erzählt Cicero von einem der sicilischen, ,was natürlich im Winter nicht geschah, sondern erst mit
Frühlingsanfang, nicht dem des Kalenders, sondern dem Anfang
der Rosenzeit, so ließ er, wie es bei den Königen von Bithynien

Brauch war, sich auf einer Achtträgersänfte befördern, sitzend auf Kissen von maltesischer Gaze und mit Rosenblättern gestopft, einen Kranz auf dem Kopf, einen zweiten um den Hals geschlungen, ein feines leinenes kleingetüpfeltes mit Rosen angefülltes Riechsäckchen an die Nase haltend; und so ließ er bis vor sein Schlafzimmer sich tragen.' Aber keine Gattung des Luxus blühte so wie die roheste von allen, der Luxus der Tafel. Die ganze Villeneinrichtung und das ganze Villenleben lief schließlich hinaus auf das Dinieren; man hatte nicht bloß verschiedene Tafelzimmer für Winter und Sommer, sondern auch in der Bildergalerie, in der Obstkammer, im Vogelhaus wurde serviert oder auf einer im Wildpark aufgeschlagenen Estrade, um welche dann, wenn der bestellte ‚Orpheus' im Theaterkostüm erschien und Tusch blies, die dazu abgerichteten Rehe und Wildschweine sich drängten. So ward für Dekoration gesorgt, aber die Realität darüber durchaus nicht vergessen. Nicht bloß der Koch war ein graduierter Gastronom, sondern oft machte der Herr selbst den Lehrmeister seiner Köche. Längst war der Braten durch Seefische und Austern in den Schatten gestellt; jetzt waren die italischen Flußfische völlig von der guten Tafel verbannt und galten die italischen Delikatessen und die italischen Weine fast für gemein. Es wurden jetzt schon bei Volksfesten außer dem italischen Falerner drei Sorten ausländischen Weines — Sicilianer, Lesbier, Chier — verteilt, während ein Menschenalter zuvor es auch bei großen Schmäusen genügt hatte einmal griechischen Wein herumzugeben; in dem Keller des Redners Hortensius fand sich ein Lager von 10000 Krügen (zu 33 Berl. Quart) fremden Weines. Es war kein Wunder, daß die italischen Weinbauer anfingen über die Konkurrenz der griechischen Inselweine zu klagen. Kein Naturforscher kann eifriger die Länder und Meere nach neuen Tieren und Pflanzen durchsuchen als es von den Eßkünstlern jener Zeit wegen neuer Küchenelegantien geschah*. Wenn dann der Gast,

---

* Wir haben noch (Macrob. 3, 13) den Speisezettel derjenigen Mahlzeit, welche Lucius Lentulus Niger vor 63 bei Antritt seines Pontifikats gab und an der die Pontifices — darunter Caesar —, die Vestalischen Jungfrauen und einige andere Priester und nah verwandte Damen Anteil nahmen. Vor der Mahlzeit kamen Meerigel; frische Austern soviel die Gäste wollten; Gienmuscheln; Lazarusklappen; Krammetsvögel mit Spargeln; gemästetes Huhn; Auster- und Muschelpastete; schwarze und weiße Meereicheln; noch einmal Lazarusklappen; Glykymarismuscheln; Nesselmuscheln; Feigenschnepfen; Rehrippen; Schweinsrippen; Geflügel in Mehl gebacken; Feigenschnepfen; Purpurmuscheln, zwei Sorten. Die Mahlzeit selbst bestand aus Schweinsbrust, Schweinskopf; Fischpastete; Schweinspastete; Enten; Kriechenten gekocht; Hasen; gebratenem Geflügel; Kraftmehlbackwerk; pontischem Backwerk. — Das sind die Kollegienschmäuse, von denen Varro (de r. r. 3, 2, 16) sagt, daß sie die

um den Folgen der ihm vorgesetzten Mannigfaltigkeiten zu entgehen, nach der Mahlzeit ein Vomitiv nahm, so fiel dies niemand
mehr auf. Die Debauche aller Art ward so systematisch und so
schwerfällig, daß sie ihre Professoren fand, die davon lebten, vornehmen Jünglingen theoretisch und praktisch als Lastermeister
zu dienen. Es wird nicht nötig sein bei diesem wüsten Gemälde
eintönigster Mannigfaltigkeit noch länger zu verweilen; um so
weniger als ja auch auf diesem Gebiet die Römer nichts weniger
als originell waren und sich darauf beschränkten von dem hel-
lenisch-orientalischen Luxus eine noch maß- und noch geist-
losere Kopie zu liefern. Natürlich verschlingt Plutos seine Kinder
so gut wie Kronos; die Konkurrenz um alle jene meist nichtigen
Gegenstände vornehmer Begehrlichkeit trieb die Preise so in die
Höhe, daß den mit dem Strome Schwimmenden in kurzer Zeit
das kolossalste Vermögen zerrann und auch diejenigen, die nur
Ehren halber das Notwendigste mitmachten, den ererbten und
festgegründeten Wohlstand rasch sich unterhöhlen sahen. Die
Bewerbung um das Konsulat zum Beispiel war die gewöhnliche
Landstraße zum Ruin angesehener Häuser; und fast dasselbe gilt
von den Spielen, den großen Bauten und all jenen andern zwar
lustigen, aber teuren Metiers. Der fürstliche Reichtum jener Zeit
wird nur von der noch fürstlicheren Verschuldung überboten:
Caesar schuldete um 62 nach Abzug seiner Activa 25 Mill. Sest.
1900000 Tlr.), Marcus Antonius als Vierundzwanzigjähriger
6 Mill. Sest. (460000 Tlr.), vierzehn Jahre später 40 (3 Mill Tlr.),
Curio 60 (4½ Mill. Tlr.), Milo 70 Mill. (5½ Mill. Tlr.). Wie durchgängig jenes verschwenderische Leben und Treiben der vornehmen
römischen Welt auf Kredit beruhte, davon zeugt die Tatsache,
daß durch die Anleihen der verschiedenen Konkurrenten um das
Konsulat einmal in Rom der Monatzins plötzlich von 4 auf 8 vom
Hundert aufschlug. Die Insolvenz, statt rechtzeitig den Konkurs
oder doch die Liquidation herbeizuführen und damit wenigstens
wieder ein klares Verhältnis herzustellen, ward in der Regel von
dem Schuldner, solange es irgend ging, verschleppt; statt seine
Habe, namentlich seine Grundstücke zu verkaufen, fuhr er fort
zu borgen und den Scheinreichen weiter zu spielen, bis denn der
Krach nur um so ärger kam und Konkurse ausbrachen wie zum

Preise aller Delikatessen in die Höhe trieben. Derselbe zählt in einer seiner
Satiren als die namhaftesten ausländischen Delikatessen folgende auf: Pfauen
von Samos. Haselhühner aus Phrygien. Kraniche von Melos. Zicklein von
Ambrakia. Thunfische von Kalchedon. Muränen aus der Gaditanischen Meer-
enge. Edelfische (?) von Pessinus. Austern und Muscheln von Tarent. Störe (?)
von Rhodos. Scarusfische (?) von Kilikien. Nüsse von Thasos. Datteln aus
Ägypten. Spanische Eicheln.

Beispiel der des Milo, bei dem die Gläubiger etwas über 4 vom Hundert der liquidierten Summen erhielten. Es gewann bei diesem rasend schnellen Umschlagen vom Reichtum zum Bankerott und diesem systematischen Schwindel natürlich niemand als der kühle Bankier, der es verstand Kredit zu geben und zu verweigern. So kamen denn die Kreditverhältnisse fast auf demselben Punkt wieder an, wo sie in den schlimmsten Zeiten der sozialen Krise des fünften Jahrhunderts gestanden hatten: die nominellen Grundeigentümer waren gleichsam die Bittbesitzer ihrer Gläubiger, die Schuldner entweder ihren Gläubigern knechtisch untertan, so daß die geringeren von ihnen gleich den Freigelassenen in dem Gefolge derselben erschienen, die vornehmeren selbst im Senat nach dem Wink ihres Schuldherrn sprachen und stimmten, oder auch im Begriff dem Eigentum selbst den Krieg zu erklären und ihre Gläubiger entweder durch Drohungen zu terrorisieren oder gar sich ihrer durch Komplott und Bürgerkrieg zu entledigen. Auf diesen Verhältnissen ruhte die Macht des Crassus; aus ihnen entsprangen die Aufläufe, deren Signal das ‚freie Folium' war, des Cinna und bestimmter noch des Catilina, des Caelius, des Dolabella, vollkommen gleichartig jenen Schlachten der Besitzenden und Nichtbesitzenden, die ein Jahrhundert zuvor die hellenische Welt bewegten. Daß bei so unterhöhlten ökonomischen Zuständen jede finanzielle oder politische Krise die entsetzlichste Verwirrung hervorrief, lag in der Natur der Dinge: es bedarf kaum gesagt zu werden, daß die gewöhnlichen Erscheinungen: das Verschwinden des Kapitals, die plötzliche Entwertung der Grundstücke, zahllose Bankerotte und eine fast allgemeine Insolvenz eben wie während des Bundesgenössischen und Mithradatischen, so auch jetzt während des Bürgerkrieges sich einstellten. — Daß Sittlichkeit und Familienleben unter solchen Verhältnissen in allen Schichten der Gesellschaft zur Antiquität wurden, versteht sich von selbst. Es war nicht mehr der ärgste Schimpf und das schlimmste Verbrechen arm zu sein, sondern das einzige: um Geld verkaufte der Staatsmann den Staat, der Bürger seine Freiheit; um Geld war die Offizierstelle wie die Kugel des Geschwornen feil; um Geld gab die vornehme Dame so gut sich preis wie die gemeine Dirne; Urkundenfälschung und Meineid waren so gemein geworden, daß bei einem Volkspoeten dieser Zeit der Eid ‚das Schuldenpflaster' heißt. Man hatte vergessen, was Ehrlichkeit war; wer eine Bestechung zurückwies, galt nicht für einen rechtschaffenen Mann, sondern für einen persönlichen Feind. Die Kriminalstatistik aller Zeiten und Länder wird schwerlich ein Seitenstück bieten zu einem Schaudergemälde so mannigfaltiger, so entsetzlicher und so widernatürlicher Verbrechen, wie es der Prozeß des Aulus Cluentius in dem Schoß einer der angesehensten Familien einer italischen Ackerstadt vor uns aufrollt. — Wie aber im tiefen Grunde des Volkslebens der Schlamm immer giftiger und immer bodenloser sich sammelte, so legte sich um so viel glatter und gleißender über die Oberfläche der Firnis feiner Sitten und allgemeiner Freundschaft. Alle Welt besuchte sich einander, so daß in den vornehmen Häusern es schon nötig wird die jeden Morgen zum Lever sich einstellenden Personen in einer gewissen von dem Herrn oder gelegentlich auch dem Kammerdiener festgesetzten Reihenfolge vorzulassen, auch nur den namhafteren einzeln Audienz zu geben, die übrigen aber teils in Gruppen, teils schließlich in Masse abzufertigen, mit welcher Scheidung Gaius Gracchus, auch hierin der Pfadfinder der neuen Monarchie, vorangegangen sein soll. Eine ebensogroße Ausdehnung wie die Höflichkeitsbesuche hat auch der Höflichkeitsbriefwechsel gewonnen; zwischen Personen, die weder ein persönliches Verhältnis noch Geschäfte miteinander haben, fliegen dennoch die ‚freundschaftlichen‘ Briefe über Land und Meer und umgekehrt kommen eigentliche und förmliche Geschäftsbriefe fast nur da noch vor, wo das Schreiben an eine Korporation gerichtet ist. In der gleichen Weise werden die Einladungen zur Tafel, die üblichen Neujahrsgeschenke, die häuslichen Feste ihrem Wesen entfremdet und fast in öffentliche Festlichkeiten verwandelt; ja der Tod selbst befreit nicht von diesen Rücksichten auf die unzähligen ‚Nächsten‘, sondern um anständig gestorben zu sein, muß der Römer jeden derselben wenigstens mit einem Andenken bedacht haben. Eben wie in gewissen Kreisen unserer Börsenwelt war der eigentliche innige häusliche und hausfreundliche Zusammenhang dem damaligen Rom so vollständig abhanden gekommen, daß mit den inhaltlos gewordenen Formen und Floskeln desselben der gesamte Geschäfts- und Bekanntenverkehr sich staffieren und denn allmählich an die Stelle der wirklichen jenes Gespenst der ‚Freundschaft‘ treten konnte, welches unter den mancherlei über den Ächtungen und Bürgerkriegen dieser Zeit schwebenden Höllengeistern nicht den letzten Platz einnimmt. — Ein ebenso charakteristischer Zug in dem schimmernden Verfall dieser Zeit ist die Emanzipation der Frauenwelt. Ökonomisch hatten die Frauen längst sich selbständig gemacht; in der gegenwärtigen Epoche begegnen schon eigene Frauenanwälte, die einzelnstehenden reichen Damen bei ihrer Vermögensverwaltung und ihren Prozessen dienstbeflissen zur Hand gehen, durch Geschäfts- und Rechtskenntnis ihnen imponieren und damit reichlichere Trinkgelder

und Erbschaftsquoten herausschlagen als andere Pflastertreter
der Börse. Aber nicht bloß der ökonomischen Vormundschaft des
Vaters oder des Mannes fühlten die Frauen sich entbunden. Lie-
beshändel aller Art waren beständig auf dem Tapet. Ballettänze-
rinnen (*mimae*) nahmen an Mannigfaltigkeit und Virtuosität ihrer
Industrien mit den heutigen es vollkommen auf; ihre Primadonnen,
die Citheris und wie sie weiter heißen, beschmutzen selbst die
Blätter der Geschichte. Indes ihrem gleichsam konzessionierten
Gewerbe tat sehr wesentlichen Abbruch die freie Kunst der Damen der aristokratischen Kreise. Liaisons in den ersten Häusern
waren so häufig geworden, daß nur ein ganz ausnehmendes Ärgernis sie zum Gegenstand besonderen Klatsches machen konnte; ein
gerichtliches Einschreiten nun gar schien beinahe lächerlich. Ein
Skandal ohnegleichen, wie ihn Publius Clodius 61 bei dem Weiber-
fest im Hause des Oberpontifex aufführte, obwohl tausendmal
ärger als die Vorfälle, die noch fünfzig Jahre zuvor zu einer Reihe
von Todesurteilen geführt hatten, ging fast ohne Untersuchung
und ganz ohne Strafe hin. Die Badesaison — im April, wo die
Staatsgeschäfte ruhten und die vornehme Welt in Baiae und Puteoli zusammenströmte — zog ihren Hauptreiz mit aus den erlaubten und unerlaubten Verhältnissen, die neben Musik und Ge-
sang und eleganten Frühstücken im Nachen oder am Ufer die
Gondelfahrten belebten. Hier herrschten die Damen unum-
schränkt; indes begnügten sie sich keineswegs mit dieser ihnen
von Rechts wegen zustehenden Domäne, sondern sie machten
auch Politik, erschienen in Parteizusammenkünften und beteiligten
sich mit ihrem Geld und ihren Intrigen an dem wüsten Koterie-
treiben der Zeit. Wer diese Staatsmänninnen auf der Bühne
Scipios und Catos agieren sah und daneben den jungen Elegant,
wie er mit glattem Kinn, feiner Stimme und trippelndem Gang,
mit Kopf- und Busentüchern, Manschettenhemden und Frauen-
sandalen das lockere Dirnchen kopierte —, dem mochte wohl
grauen vor der unnatürlichen Welt, in der die Geschlechter die
Rollen schienen wechseln zu wollen. Wie man in den Kreisen
dieser Aristokratie über Ehescheidung dachte, läßt das Verfahren
ihres besten und sittlichsten Mannes Marcus Cato erkennen, der
auf Bitten eines heiratslustigen Freundes von seiner Frau sich zu
scheiden keinen Anstand nahm und ebensowenig daran nach dem
Tode dieses Freundes dieselbe Frau zum zweitenmal zu heiraten.
Ehe- und Kinderlosigkeit griffen vornehmlich in den höheren
Ständen immer weiter um sich. Wenn unter diesen die Ehe längst
als eine Last galt, die man höchstens im öffentlichen Interesse
über sich nahm, so begegnen wir jetzt schon auch bei Cato und

Catos Gesinnungsgenossen der Maxime, aus der ein Jahrhundert
zuvor Polybios den Verfall von Hellas ableitete: daß es Bürger-
pflicht sei, die großen Vermögen zusammenzuhalten und darum
nicht zuviel Kinder zu zeugen. Wo waren die Zeiten, als die
Benennung ‚Kinderzeuger' (*proletarius*) für den Römer ein Ehren-
name gewesen war! — Infolge dieser sozialen Zustände schwand
der latinische Stamm in Italien in erschreckender Weise zusammen
und legte sich über die schönen Landschaften teils die parasitische Einwanderung, teils die reine Öde. Ein ansehnlicher Teil
der Bevölkerung Italiens strömte in das Ausland. Schon die
Summe von Kapazitäten und Arbeitskräften, welche die Lieferung von italischen Beamten und italischen Besatzungen für das
gesamte Mittelmeergebiet in Anspruch nahm, überstieg die Kräfte
der Halbinsel, zumal da die also in die Fremde gesandten Elemente zum großen Teil der Nation für immer verloren gingen.
Denn je mehr die römische Gemeinde zu einem viele Nationen
umfassenden Reiche erwuchs, desto mehr entwöhnte sich die
regierende Aristokratie Italien als ihre ausschließliche Heimat zu
betrachten; von der zum Dienst ausgehobenen oder angeworbenen
Mannschaft aber ging ein ansehnlicher Teil in den vielen Kriegen,
namentlich in dem blutigen Bürgerkriege zugrunde und ein
anderer ward durch die lange, zuweilen auf ein Menschenalter
sich erstreckende Dienstzeit der Heimat völlig entfremdet. In
gleicher Weise wie der öffentliche Dienst hielt die Spekulation
einen Teil der Grundbesitzer- und fast die ganze Kaufmannschaft
wenn nicht auf zeitlebens, doch auf lange Zeit außer Landes fest
und entwöhnte namentlich die letztere in dem demoralisierenden
Handelsreiseleben überhaupt der bürgerlichen Existenz im Mutter-
lande und der vielfach bedingten innerhalb der Familie. Als Ersatz dafür erhielt Italien teils das Sklaven- und Freigelassenen-
proletariat, teils die aus Kleinasien, Syrien und Ägypten einströmenden Handwerker und Händler, die vornehmlich in der
Hauptstadt und mehr noch in den Hafenstädten Ostia, Puteoli'
Brundisium wucherten. Aber in dem größten und wichtigsten Teil
Italiens trat nicht einmal ein solcher Ersatz der reinen Elemente
durch unreine ein, sondern schwand die Bevölkerung sichtlich
hin. Vor allem galt dies von den Weidelandschaften, wie denn
das gelobte Land der Viehzucht, Apulien, von Gleichzeitigen der
menschenleerste Teil Italiens genannt wird, und von der Umgegend
Roms, wo die Campagna unter der steten Wechselwirkung des
zurückgehenden Ackerbaues und der zunehmenden bösen Luft
jährlich mehr verödete. Labici, Gabii, Bovillae, einst freundliche
Landstädtchen, waren so verfallen, daß es schwer hielt Vertreter

derselben für die Zeremonie des Latinerfestes aufzutreiben. Tusculum, obwohl immer noch eine der angesehensten Gemeinden Latiums, bestand fast nur noch aus einigen vornehmen Familien, die in der Hauptstadt lebten, aber ihr tusculanisches Heimatrecht festhielten, und stand an Zahl der stimmfähigen Bürger weit zurück selbst hinter kleinen Gemeinden des inneren Italiens. Der Stamm der waffenfähigen Mannschaft war in diesem Landstrich, auf dem einst Roms Wehrhaftigkeit wesentlich beruht hatte, so vollständig ausgegangen, daß man die im Vergleich mit den gegenwärtigen Verhältnissen fabelhaft klingenden Berichte der Chronik von den Äquer- und Volskerkriegen mit Staunen und vielleicht mit Grauen las. Nicht überall war es so arg, namentlich nicht in den übrigen Teilen Mittelitaliens und in Campanien: aber dennoch ,standen', wie Varro klagt, durchgängig ,Italiens einst menschenreiche Städte verödet'. — Es ist ein grauenvolles Bild, dies Bild Italiens unter dem Regiment der Oligarchie. Zwischen der Welt der Bettler und der Welt der Reichen ist der verhängnisvolle Gegensatz durch nichts vermittelt oder gemildert. Je deutlicher und peinlicher er auf beiden Seiten empfunden ward, je schwindelnd höher der Reichtum stieg, je tiefer der Abgrund der Armut gähnte, desto häufiger ward in dieser wechselvollen Welt der Spekulation und des Glücksspiels der einzelne aus der Tiefe in die Höhe und wieder aus der Höhe in die Tiefe geschleudert. Je weiter äußerlich die beiden Welten auseinanderklafften, desto vollständiger begegneten sie sich in der gleichen Vernichtung des Familienlebens, das doch aller Nationalität Keim und Kern ist, in der gleichen Faulheit und Üppigkeit, der gleichen bodenlosen Ökonomie, der gleichen unmännlichen Abhängigkeit, der gleichen nur im Tarif unterschiedenen Korruption, der gleichen Verbrecherentsittlichung, dem gleichen Gelüsten mit dem Eigentum den Krieg zu beginnen. Reichtum und Elend im innigsten Bunde treiben den Italiker aus Italien aus und füllen die Halbinsel halb mit Sklavengewimmel, halb mit schauerlicher Stille. Es ist ein grauenvolles Bild, aber kein eigentümliches; überall, wo das Kapitalistenregiment im Sklavenstaat sich vollständig entwickelt, hat es Gottes schöne Welt in gleicher Weise verwüstet. Wie die Ströme in verschiedenen Farben spiegeln, die Kloake aber überall sich gleich sieht, so gleicht auch das Italien der Ciceronischen Epoche wesentlich dem Hellas des Polybios und bestimmter noch dem Karthago der Hannibalischen Zeit, wo in ganz ähnlicher Weise das allmächtig regierende Kapital den Mittelstand zugrunde gerichtet, den Handel und die Gutswirtschaft zur höchsten Blüte gesteigert und schließlich eine gleißend übertünchte sitt-

liche und politische Verwesung der Nation herbeigeführt hatte.
Alles, was in der heutigen Welt das Kapital an argen Sünden
gegen Nation und Zivilisation begangen hat, bleibt so tief unter
den Greueln der alten Kapitalistenstaaten, wie der freie Mann,
sei er auch noch so arm, über dem Sklaven bleibt; und erst wenn
Nordamerikas Drachensaat reift, wird die Welt wieder ähnliche
Früchte zu ernten haben.

KAPITEL II

DIE NORDGRENZE ITALIENS

Die römische Republik hat ihr Gebiet hauptsächlich auf den
Seeweg gegen Westen, Süden und Osten erweitert; nach derjenigen Richtung hin, in welcher Italien und die von ihm abhängigen beiden Halbinseln im Westen und im Osten mit dem
großen Kontinent Europas zusammenhängen, war dies wenig geschehen. Das Hinterland Makedoniens gehorchte den Römern
nicht und nicht einmal der nördliche Abhang der Alpen; nur das
Hinterland der gallischen Südküste war durch Caesar zum Reiche
gekommen. Bei der Stellung, die das Reich im allgemeinen einnahm, durfte dies so nicht bleiben; die Beseitigung des trägen
und unsicheren Regiments der Aristokratie mußte vor allem an
dieser Stelle sich geltend machen. Nicht so geradezu wie die Eroberung Britanniens hatte Caesar die Ausdehnung des römischen
Gebiets am Nordabhang der Alpen und am rechten Ufer des Rheins
den Erben seiner Machtstellung aufgetragen; aber der Sache nach
war die letztere Grenzerweiterung bei weitem näher gelegt und
notwendiger als die Unterwerfung der überseeischen Kelten und
man versteht es, daß Augustus diese unterließ und jene aufnahm.
Dieselbe zerfiel in drei große Abschnitte: die Operationen an der
Nordgrenze der griechisch-makedonischen Halbinsel im Gebiet
der mittleren und unteren Donau, in Illyricum; die an der Nordgrenze Italiens selbst im oberen Donaugebiet, in Raetien und
Noricum; endlich die am rechten Rheinufer, in Germanien.

＊

Zur Zeit der Diktatur Caesars, als Burebista auf der Höhe seiner
Macht stand, hatten die Daker an der Küste bis hinab nach Apollonia jenen fürchterlichen Verheerungszug ausgeführt, dessen Spuren noch nach anderthalb Jahrhunderten nicht verwischt waren.
Es mag wohl zunächst dieser Einfall gewesen sein, welcher Caesar
den Vater bestimmte den Dakerkrieg zu unternehmen; und nach-

dem der Sohn jetzt auch über Makedonien gebot, mußte er allerdings sich verpflichtet fühlen eben hier sofort und energisch einzugreifen. Die Niederlage, die Ciceros College Antonius bei Istropolis durch die Bastarner erlitten hatte, darf als ein Beweis dafür
genommen werden, daß diese Griechen wieder einmal der Hilfe
der Römer bedurften.

In der Tat wurde bald nach der Schlacht bei Actium (29)
Marcus Licinius Crassus, der Enkel des bei Karrhae gefallenen,
von Caesar als Statthalter nach Makedonien gesandt und beauftragt den zweimal verhinderten Feldzug nun auszuführen. Die
Bastarner, welche eben damals in Thrakien eingefallen waren,
fügten sich ohne Widerstand, als Crassus sie auffordern ließ, das
römische Gebiet zu verlassen; aber ihr Rückzug genügte dem
Römer nicht. Er überschritt seinerseits den Haemus, schlug am
Einfluß des Cibrus (Tzibritza) in die Donau die Feinde, deren
König Deldo auf der Wahlstatt blieb, und nahm was aus der
Schlacht in eine nahe Festung entkommen war mit Hilfe eines zu
den Römern haltenden Dakerfürsten gefangen. Ohne weiteren
Widerstand zu leisten unterwarf sich dem Überwinder der Bastarner das gesamte moesische Gebiet. Diese kamen im nächsten
Jahr wieder, um die erlittene Niederlage wettzumachen; aber sie
unterlagen abermals und mit ihnen, was von den moesischen
Stämmen wieder zu den Waffen gegriffen hatte. Damit waren
diese Feinde von dem rechten Donauufer ein für allemal ausgewiesen und dieses vollständig der römischen Herrschaft unterworfen. Zugleich wurden die noch nicht botmäßigen Thraker gebändigt, den Bessern das nationale Heiligtum des Dionysos genommen und die Verwaltung desselben den Fürsten der Odrysen
übertragen, welche überhaupt seitdem unter dem Schutz der römischen Obergewalt die Oberherrlichkeit über die thrakischen
Völkerschaften südlich vom Haemus führten oder doch führen
sollten. Unter seinen Schutz wurden ferner die griechischen
Küstenstädte am Schwarzen Meere gestellt und auch das übrige
eroberte Gebiet verschiedenen Lehnfürsten zugeteilt, auf die somit zunächst der Schutz der Reichsgrenze überging; eigene Legionen hatte Rom für diese fernen Landschaften nicht übrig.
Makedonien wurde dadurch zur Binnenprovinz, die der militärischen Verwaltung nicht ferner bedurfte. Das Ziel, das bei jenen
dakischen Kriegsplänen ins Auge gefaßt worden war, war erreicht.

*

Italien, das über drei Weltteile gebot, war, wie gesagt, noch
keineswegs unbedingt Herr im eigenen Hause. Die Alpen, die es

gegen Norden beschirmen, waren in ihrer ganzen Ausdehnung
von einem Meer zum andern angefüllt mit kleinen wenig zivilisierten Völkerschaften illyrischer, raetischer, keltischer Nationalität, deren Gebiete zum Teil hart angrenzten an die der großen
Städte der Transpadana und die keineswegs friedliche Nachbarschaft pflogen. Oft genug überwunden und als besiegt auf dem
Capitol proklamiert plünderten diese Stämme, allen Lorbeeren der
vornehmen Triumphatoren zum Trotz, fortwährend die Bauern
und die Kaufleute Oberitaliens. Ernstlich zu steuern war dem
Unwesen nicht, solange die Regierung sich nicht entschloß die
Alpenhöhen zu überschreiten und auch den nördlichen Abhang
in ihre Gewalt zu bringen; denn ohne Zweifel strömten beständig
zahlreiche dieser Raubgesellen über die Berge herüber um das
reiche Nachbarland zu brandschatzen. Auch nach Gallien hin
war noch in gleicher Weise zu tun; die Völkerschaften im oberen
Rhonetal (Wallis und Waadt) waren zwar von Caesar unterworfen worden, aber sind auch unter denen genannt, die den
Feldherren seines Sohnes zu schaffen machten. Andrerseits klagten die friedlichen gallischen Grenzdistrikte über die stetigen Einfälle der Raeter. Eine Geschichtserzählung leiden und fordern
die zahlreichen Expeditionen nicht, welche Augustus dieser Mißstände halber veranstaltet hat; in den Triumphalfasten sind sie
nicht verzeichnet und gehören auch nicht hinein, aber sie gaben
Italien zum erstenmal Befriedung des Nordens.

Der Schauplatz dieser Kämpfe waren die südlichen Abhänge
und die Täler der Alpen. Es folgte die Festsetzung auf dem Nordabhang der Gebirge und in dem nördlichen Vorlande im J. 15.
Die beiden dem kaiserlichen Hause zugezählten Stiefsöhne
Augusts, Tiberius, der spätere Kaiser, und sein Bruder Drusus
wurden damit in die ihnen bestimmte Feldherrnlaufbahn eingeführt — es waren sehr sichere und sehr dankbare Lorbeeren,
die ihnen in Aussicht gestellt wurden. Von Italien aus das Tal
der Etsch hinauf drang Drusus in die raetischen Berge ein und
erfocht hier einen ersten Sieg; für das weitere Vordringen reichte
ihm der Bruder, damals Statthalter Galliens, vom helvetischen
Gebiet aus die Hand; auf dem Bodensee selbst schlugen die römischen Trieren die Boote der Vindeliker; an dem Kaisertag, dem
1. August 15 wurde in der Umgegend der Donauquellen die letzte
Schlacht geschlagen, durch die Raetien und das Vindelikerland,
das heißt Tirol, die Ostschweiz und Baiern, fortan Bestandteile
des römischen Reiches wurden. Kaiser Augustus selbst war nach
Gallien gegangen, um den Krieg und die Einrichtung der neuen
Provinz zu überwachen. Da wo die Alpen am Golf von Genua

endigen, auf der Höhe oberhalb Monaco, wurde einige Jahre
darauf von dem dankbaren Italien dem Kaiser Augustus ein weit
in das tyrrhenische Meer hinausschauendes noch heute nicht ganz
verschwundenes Denkmal dafür errichtet, daß unter seinem Regiment die Alpenvölker alle vom oberen zum unteren Meer —
ihrer sechsundvierzig zählt die Inschrift auf — in die Gewalt
des römischen Volkes gebracht worden waren. Es war nicht mehr
als die einfache Wahrheit, und dieser Krieg das was der Krieg
sein soll, der Schirmer und der Bürge des Friedens.

*

Das Donaugebiet, allem Anschein nach bis zum J. 27 mit Oberitalien zusammen verwaltet, wurde damals bei der Reorganisation
des Reiches ein selbständiger Verwaltungsbezirk Illyricum unter
eigenem Statthalter. Er bestand aus Dalmatien mit seinem Hinterland bis zum Drin, während die Küste weiter südwärts seit langem
zur Statthalterschaft Makedonien gehörte, und den römischen
Besitzungen im Lande der Pannonier an der Save. Das Gebiet
zwischen dem Haemus und der Donau bis zum Schwarzen Meer,
welches kurz zuvor Crassus in Reichsabhängigkeit gebracht hatte,
so wie nicht minder Noricum und Raetien standen im Klientelverhältnis zu Rom, gehörten also zwar nicht zu diesem Sprengel,
aber hingen doch zunächst von dem Statthalter Illyricums ab.
Auch das noch keineswegs beruhigte Thrakien südlich vom Haemus
fiel militärisch in denselben Bereich. Es ist eine bis in späte Zeit
bestehende Fortwirkung dieser ursprünglichen Organisation gewesen, daß das ganze Donaugebiet von Raetien bis Moesien als
ein Zollbezirk unter dem Namen Illyricum im weiteren Sinne
zusammengefaßt worden ist. Legionen standen nur in dem eigentlichen Illyricum, in den übrigen Distrikten wahrscheinlich gar
keine Reichstruppen, höchstens kleinere Detachements, das Oberkommando führte der aus dem Senat hervorgehende Prokonsul
der neuen Provinz, während die Soldaten und die Offiziere selbstverständlich kaiserlich waren. Es zeugt von dem ernsten Charakter der nach der Eroberung Raetiens beginnenden Offensive,
daß zunächst der Nebenherrscher Agrippa das Kommando im
Donaugebiet übernahm, dem der Prokonsul von Illyricum von
Rechts wegen sich unterzuordnen hatte, und dann, als Agrippas
plötzlicher Tod im Frühjahr 12 diese Kombination scheitern
machte, im Jahre darauf Illyricum in kaiserliche Verwaltung
überging, also die kaiserlichen Feldherren hier das Oberkommando
erhielten. Bald bildeten sich hier drei militärische Mittelpunkte,
welche dann auch die administrative Dreiteilung des Donau-

gebiets herbeiführten. Die kleinen Fürstentümer in dem von
Crassus eroberten Gebiet machten der Provinz Moesien Platz,
deren Statthalter fortan in dem heutigen Serbien und Bulgarien
die Grenzwacht hielt gegen Daker und Bastarner. In der bisherigen Provinz Illyricum wurde ein Teil der Legionen an der
Kerka und der Cettina postiert, um die immer noch schwierigen
Dalmater im Zaum zu halten. Die Hauptmacht stand in Pannonien an der damaligen Reichsgrenze, der Save.

Wie die Expeditionen gegen die Pannonier und die Germanen
gleichsam eine Wiederholung des raetischen Feldzuges in erweiter-
tem Maßstab sind, so waren auch die Führer, welche mit dem
Titel kaiserlicher Legaten an die Spitze gestellt wurden, dieselben; wieder die beiden Prinzen des kaiserlichen Hauses: Tiberius, der an Agrippas Stelle das Kommando in Illyricum übernahm, und Drusus, der an den Rhein ging, beide jetzt nicht mehr
unerprobte Jünglinge, sondern Männer in der Blüte ihrer Jahre
und schwerer Arbeit wohl gewachsen. — An nächsten Anlässen
für die Kriegführung fehlte es in der Donaugegend nicht. Raub-
gesindel aus Pannonien und selbst aus dem friedlichen Noricum
plünderte im Jahre 16 bis nach Istrien hinein. Zwei Jahre darauf
ergriffen die illyrischen Provinzialen gegen ihre Herren die Waffen und obwohl sie dann, als Agrippa im Herbst des J. 13 das
Kommando übernahm, ohne Widerstand zu leisten zum Gehorsam zurückkehrten, sollen doch unmittelbar nach seinem Tode die
Unruhen aufs neue begonnen haben. Wir vermögen nicht zu sagen,
wie weit diese römischen Erzählungen der Wahrheit entsprechen;
der eigentliche Grund und Zweck dieses Krieges war gewiß die
durch die allgemeine politische Lage geforderte Vorschiebung der
römischen Grenze. Über die drei Kampagnen des Tiberius in
Pannonien (12 bis 10) sind wir sehr unvollkommen unterrichtet.
Als Ergebnis derselben wurde von der Regierung die Feststellung
der Donaugrenze für die Provinz Illyricum angegeben. Daß diese
seitdem in ihrem ganzen Laufe als die Grenze des römischen
Gebiets angesehen wurde, ist ohne Zweifel richtig, aber eine
eigentliche Unterwerfung oder gar eine Besetzung dieses ganzen
weiten Gebiets ist damals keineswegs erfolgt. Hauptsächlichen
Widerstand gegen Tiberius leisteten die schon früher für römisch
erklärten Völkerschaften, insbesondere die Dalmater; unter den
damals zuerst effektiv unterworfenen ist die namhafteste die der
pannonischen Breuker an der unteren Save. Schwerlich haben
die römischen Heere während dieser Feldzüge die Drau auch nur
überschritten, auf keinen Fall ihre Standlager an die Donau verlegt. Das Gebiet zwischen Save und Drau wurde allerdings be-

setzt und das Hauptquartier der illyrischen Nordarmee von Siscia an der Save nach Poetovio (Pettau) an der mittleren Drau verlegt, während in dem vor kurzem besetzten norischen Gebiet die römischen Besatzungen bis an die Donau bei Carnuntum reichten (Petronell bei Wien), damals die letzte norische Stadt gegen Osten. Das weite und große Gebiet zwischen der Drau und der Donau, das heutige westliche Ungarn ist allem Anschein nach damals nicht einmal militärisch besetzt worden. Es entsprach dies dem Gesamtplan der begonnenen Offensive; man suchte die Fühlung mit dem gallischen Heer und für die neue Reichsgrenze im Nordosten war der natürliche Stützpunkt nicht Ofen, sondern Wien.

Näher noch als von den Pannoniern und den Thrakern ward es den Römern von den Germanen gelegt, daß der damalige Zustand der Dinge auf die Dauer nicht bleiben könne. Die Reichsgrenze war seit Caesar der Rhein vom Bodensee bis zu seiner Mündung. Eine Völkerscheide war er nicht, da schon von alters her im Nordosten Galliens die Kelten sich vielfach mit Deutschen gemischt hatten, die Treverer und die Nervier Germanen wenigstens gern gewesen wären, am mittleren Rhein Caesar selbst die Reste der Scharen des Ariovistus, Triboker (im Elsaß), Nemeter (um Speier), Vangionen (um Worms) seßhaft gemacht hatte. Freilich hielten diese linksrheinischen Deutschen fester zu der römischen Herrschaft als die keltischen Gaue und nicht sie haben den Landsleuten auf dem rechten Ufer die Pforten Galliens geöffnet. Aber diese, seit langem der Plünderzüge über den Fluß gewohnt und der mehrfach halb geglückten Versuche dort sich festzusetzen keineswegs vergessen, kamen auch ungerufen. Die einzige germanische Völkerschaft jenseits des Rheins, die schon in Caesars Zeit sich von ihren Landsleuten getrennt und unter römischen Schutz gestellt hatte, die Ubier hatten vor dem Haß ihrer erbitterten Stammgenossen weichen und auf dem römischen Ufer Schutz und neue Wohnsitze suchen müssen (38); Agrippa, obwohl persönlich in Gallien anwesend, hatte unter dem Druck des damals bevorstehenden sicilischen Krieges nicht vermocht ihnen in anderer Weise zu helfen und den Rhein nur überschritten, um die Überführung zu bewirken. Aus dieser ihrer Siedelung ist später unser Köln erwachsen. Nicht bloß die auf dem rechten Rheinufer Handel treibenden Römer wurden vielfältig von den Germanen geschädigt, so daß sogar im J. 25 deswegen ein Vorstoß über den Rhein ausgeführt ward und Agrippa im J. 20 vom Rhein herübergekommene germanische Schwärme aus Gallien

hinauszuschlagen hatte; es geriet im J. 16 das jenseitige Ufer
in eine allgemeinere auf einen Einbruch in großem Maßstab hin-
auslaufende Bewegung. Die Sugambrer an der Ruhr gingen voran, mit ihnen ihre Nachbaren, nördlich im Lippetal die Usiper,
südlich die Tencterer; sie griffen die bei ihnen verweilenden römischen Händler auf und schlugen sie ans Kreuz, überschritten
dann den Rhein, plünderten weit und breit die gallischen Gaue,
und als ihnen der Statthalter von Germanien den Legaten Marcus
Lollius mit der fünften Legion entgegenschickte, fingen sie erst
deren Reiterei ab und schlugen dann die Legion selbst in schimpfliche Flucht, wobei ihnen sogar deren Adler in die Hände fiel.
Nach allem diesem kehrten sie unangefochten zurück in ihre Heimat. Dieser Mißerfolg der römischen Waffen, wenn auch an sich
nicht von Gewicht, war doch der germanischen Bewegung und
selbst der schwierigen Stimmung in Gallien gegenüber nichts
weniger als unbedenklich; Augustus selbst ging nach der angegriffenen Provinz und es mag dieser Vorgang wohl die nächste
Veranlassung gewesen sein zur Aufnahme jener großen Offensive,
die mit dem raetischen Krieg 15 beginnend weiter zu den Feldzügen des Tiberius in Illyricum und des Drusus in Germanien
führte.

*

Nero Claudius Drusus, geboren im J. 38 von Livia im Hause
ihres neuen Gemahls, des späteren Augustus und von diesem
gleich einem Sohn — die bösen Zungen sagten als sein Sohn —
geliebt und gehalten, ein Bild männlicher Schönheit und von ge-
winnender Anmut im Verkehr, ein tapferer Soldat und ein tüchtiger Feldherr, dazu ein erklärter Lobredner der alten republikanischen Ordnung und in jeder Hinsicht der populärste Prinz
des kaiserlichen Hauses, übernahm bei Augustus' Rückkehr nach
Italien (13) die Verwaltung von Gallien und den Oberbefehl gegen
die Germanen, deren Unterwerfung jetzt ernstlich in das Auge
gefaßt ward. Wir vermögen weder die Stärke der damals am
Rhein stehenden Armee noch die bei den Germanen obwaltenden
Zustände genügend zu erkennen; nur das tritt deutlich hervor,
daß die letzteren nicht imstande waren dem geschlossenen Angriff in entsprechender Weise zu begegnen. Das Neckargebiet,
ehemals von den Helvetiern besessen, dann lange Zeit streitiges
Grenzland zwischen ihnen und den Germanen, lag verödet und
beherrscht einerseits durch die jüngst unterworfene Landschaft
der Vindeliker, andrerseits durch die römisch gesinnten Germanen
um Straßburg, Speier und Worms. Weiter nordwärts in der oberen Maingegend saßen die Marcomanen, vielleicht der mächtigste

der suebischen Stämme, aber mit den Germanen des Mittelrheins seit altersher verfeindet. Nordwärts des Mains folgten zunächst im Taunus die Chatten, weiter rheinabwärts die schon genannten Tencterer, Sugambrer und Usiper; hinter ihnen die mächtigen Cherusker an der Weser, außerdem eine Anzahl Völkerschaften zweiten Ranges. Wie diese mittelrheinischen Stämme, voran die Sugambrer, jenen Angriff auf das römische Gallien ausgeführt hatten, so richtete sich auch der Vergeltungszug des Drusus hauptsächlich gegen sie, und sie auch verbanden sich gegen Drusus zur gemeinschaftlichen Abwehr und zur Aufstellung eines aus dem Zuzug aller dieser Gaue zu bildenden Volksheers. Aber die friesischen Stämme an der Nordseeküste schlossen sich nicht an, sondern verharrten in der ihnen eigenen Isolierung.

Es waren die Germanen, die die Offensive ergriffen. Die Sugambrer und ihre Verbündeten griffen wieder alle Römer auf, deren sie auf ihrem Ufer habhaft werden konnten, und schlugen die Centurionen darunter, ihrer zwanzig an der Zahl, ans Kreuz. Die verbündeten Stämme beschlossen abermals in Gallien einzufallen und teilten auch die Beute im voraus — die Sugambrer sollten die Leute, die Cherusker die Pferde, die suebischen Stämme das Gold und Silber erhalten. So versuchten sie im Anfang des J. 12 wieder den Rhein zu überschreiten und hofften auf die Unterstützung der linksrheinischen Germanen und selbst auf eine Insurrektion der eben damals durch das ungewohnte Schätzungsgeschäft erregten gallischen Gaue. Aber der junge Feldherr traf seine Maßregeln gut: er erstickte die Bewegung im römischen Gebiet, noch ehe sie recht in Gang kam, warf die Eindringenden bei dem Flußübergang selbst zurück und ging dann seinerseits über den Strom, um das Gebiet der Usiper und Sugambrer zu brandschatzen. Dies war eine vorläufige Abwehr; der eigentliche Kriegsplan, in größerem Stil angelegt, ging aus von der Gewinnung der Nordseeküste und der Mündungen der Ems und der Elbe. Der zahlreiche und tapfere Stamm der Bataver im Rheindelta ist, allem Anschein nach damals und durch gütliche Vereinbarung, dem römischen Reiche einverleibt worden; mit ihrer Hilfe wurde vom Rheine zum Zuydersee und aus diesem in die Nordsee eine Wasserverbindung hergestellt, welche der Rheinflotte einen sichreren und kürzeren Weg zur Ems- und Elbemündung eröffnete. Die Friesen an der Nordküste folgten dem Beispiel der Bataver und fügten sich gleichfalls der Fremdherrschaft. Es war wohl mehr noch die maßhaltende Politik als die militärische Übergewalt, die hier den Römern den Weg bahnte: diese Völkerschaften blieben fast ganz steuerfrei und

wurden zum Kriegsdienst in einer Weise herangezogen, die nicht
schreckte, sondern lockte. Von da ging die Expedition an der
Nordseeküste hinauf; im offenen Meer wurde die Insel Burchanis
(vielleicht Borkum vor Ostfriesland) mit stürmender Hand genommen, auf der Ems die Bootflotte der Bructerer von der
römischen Flotte besiegt; bis an die Mündung der Weser zu den
Chaukern ist Drusus gelangt. Freilich geriet die Flotte heim-
kehrend auf die gefährlichen und unbekannten Watten und wenn
die Friesen nicht der schiffbrüchigen Armee sicheres Geleit gewährt hätten, wäre sie in sehr kritische Lage geraten. Nichtsdestoweniger war durch diesen ersten Feldzug die Küste von der
Rhein- zur Wesermündung römisch geworden.

Nachdem also die Küste umfaßt war, begann im nächsten Jahr
(11) die Unterwerfung des Binnenlandes. Sie wurde wesentlich
erleichtert durch den Zwist unter den mittelrheinischen Germanen. Zu dem im Jahre vorher versuchten Angriff auf Gallien
hatten die Chatten den versprochenen Zuzug nicht gestellt; in
begreiflichem, aber noch viel mehr unpolitischem Zorn hatten
die Sugambrer mit gesamter Hand das Chattenland überfallen,
und so wurde ihr eigenes Gebiet so wie das ihrer nächsten Nachbaren am Rhein ohne Schwierigkeit von den Römern besetzt.
Die Chatten unterwarfen sich dann den Feinden ihrer Feinde
ohne Gegenwehr; nichtsdestoweniger wurden sie angewiesen das
Rheinufer zu räumen und dafür dasjenige Gebiet zu besetzen, das
bis dahin die Sugambrer innegehabt hatten. Nicht minder unterlagen weiter landeinwärts die mächtigen Cherusker an der mittleren Weser. Die an der unteren sitzenden Chauker wurden, wie
ein Jahr zuvor von der Seeseite, so jetzt zu Lande angegriffen
und damit das gesamte Gebiet zwischen Rhein und Weser wenigstens an den militärisch entscheidenden Stellen in Besitz genommen. Der Rückweg wäre allerdings, eben wie im vorigen Jahre,
fast verhängnisvoll geworden; bei Arbalo (unbekannter Lage)
sahen sich die Römer in einem Engpaß von allen Seiten von den
Germanen umzingelt und ihrer Verbindungen verlustig; aber die
feste Zucht der Legionäre und daneben die übermütige Sieges-
gewißheit der Deutschen verwandelten die drohende Niederlage
in einen glänzenden Sieg. Im nächsten Jahr (10) standen die Chatten auf, erbittert über den Verlust ihrer alten schönen Heimstatt;
aber jetzt blieben sie ihrerseits allein und wurden nach hartnäckiger Gegenwehr und nicht ohne empfindlichen Verlust von den
Römern überwältigt (9). Die Marcomanen am oberen Main, die
nach der Einnahme des Chattengebiets zunächst dem Angriff
ausgesetzt waren, wichen ihm aus und zogen sich rückwärts in

das Land der Boier, das heutige Böhmen, ohne von hier aus, wo
sie dem unmittelbaren Machtkreise Roms entrückt waren, in die
Kämpfe am Rhein einzugreifen. In dem ganzen Gebiet zwischen
Rhein und Weser war der Krieg zu Ende. Drusus konnte im
J. 9 im Cheruskergau das rechte Weserufer betreten und von da
vorgehen bis an die Elbe, die er nicht überschritt, vermutlich
angewiesen war nicht zu überschreiten. Manches harte Gefecht
wurde geliefert, erfolgreicher Widerstand nirgends geleistet. Aber
auf dem Rückweg, der wie es scheint die Saale hinauf und von
da zur Weser genommen ward, traf die Römer ein schwerer
Schlag, nicht durch den Feind, aber durch einen unberechen-
baren Unglücksfall. Der Feldherr stürzte mit dem Pferd und brach
den Schenkel; nach dreißigtägigen Leiden verschied er in dem fernen Lande zwischen Saale und Weser, das nie vor ihm eine römische Armee betreten hatte, in den Armen des aus Rom herbei-
geeilten Bruders, im dreißigsten Jahre seines Alters, im Vollgefühl
seiner Kraft und seiner Erfolge, von den Seinigen und dem ganzen Volke tief und lange betrauert, vielleicht glücklich zu preisen,
weil die Götter ihm gaben jung aus dem Leben zu scheiden und
den Enttäuschungen und Bitterkeiten zu entgehen, welche die
Höchstgestellten am schmerzlichsten treffen, während in der Erinnerung der Welt noch heute seine glänzende Heldengestalt
fortlebt.

In dem großen Gang der Dinge änderte, wie billig, der Tod
des tüchtigen Feldherrn nichts. Sein Bruder Tiberius kam früh
genug, nicht bloß um ihm die Augen zuzudrücken, sondern auch
um mit seiner sicheren Hand das Heer zurück und die Eroberung
Germaniens weiter zu führen. Er kommandierte dort während
der beiden folgenden Jahre (8. 7); zu größeren Kämpfen ist es
während derselben nicht gekommen, aber weit und breit zwischen
Rhein und Elbe zeigten sich die römischen Truppen und als
Tiberius die Forderung stellte, daß sämtliche Gaue die römische
Herrschaft förmlich anzuerkennen hätten und zugleich erklärte
die Anerkennung nur von sämtlichen Gauen zugleich entgegen-
nehmen zu können, fügten sie sich ohne Ausnahme, zuletzt von
allen die Sugambrer, für die es freilich einen wirklichen Frieden
nicht gab. Wie weit man militärisch gelangt war, beweist die
wenig später fallende Expedition des Lucius Domitius Ahenobarbus. Dieser konnte als Statthalter von Illyricum, wahrscheinlich von Vindelicien aus, einem unsteten Hermundurenschwarm
im Marcomanenlande selbst Sitze anweisen und gelangte bei
dieser Expedition bis an und über die obere Elbe, ohne auf Widerstand zu treffen. Die Marcomanen in Böhmen waren völlig isoliert

und das übrige Germanien zwischen Rhein und Elbe eine wenn
auch noch keineswegs befriedete römische Provinz.

Die militärisch-politische Organisation Germaniens, wie sie damals angelegt ward, vermögen wir nur unvollkommen zu erkennen,
da uns einmal über die in früherer Zeit zum Schutz der gallischen
Ostgrenze getroffenen Einrichtungen jede genaue Kunde fehlt,
andrerseits diejenigen der beiden Brüder durch spätere Entwickelung der Dinge großenteils zerstört worden sind. Eine Verlegung der römischen Grenzhut vom Rhein weg hat keineswegs
stattgefunden; so weit wollte man vielleicht kommen, aber war
man nicht. Ähnlich wie in Illyricum damals die Donau, war die
Elbe wohl die politische Reichsgrenze, aber der Rhein die Linie
der Grenzverteidigung, und von den Rheinlagern liefen die rück-
wärtigen Verbindungen nach den großen Städten Galliens und
nach dessen Häfen. Das große Hauptquartier während dieser Feldzüge ist das spätere sogenannte ‚alte Lager‘, Castra vetera (Birten
bei Xanten), die erste bedeutende Höhe abwärts Bonn am linken
Rheinufer, militärisch etwa dem heutigen Wesel am rechten entsprechend. Dieser Platz, besetzt vielleicht seit den Anfängen der
Römerherrschaft am Rhein, ist von Augustus eingerichtet worden
als Zwingburg für Germanien; und wenn die Festung zu allen Zeiten der Stützpunkt für die römische Defensive am linken Rheinufer gewesen ist, so war sie für die Invasion des rechten nicht
weniger wohl gewählt, gelegen gegenüber der Mündung der weit
hinauf schiffbaren Lippe und mit dem rechten Ufer durch eine
feste Brücke verbunden. Den Gegensatz zu diesem ‚alten Lager‘
an der Mündung der Lippe bildete wahrscheinlich das an der
Mündung des Main, Mogontiacum, das heutige Mainz, allem Anschein nach eine Schöpfung des Drusus; wenigstens zeigen die
schon erwähnten den Chatten auferlegten Gebietsabtretungen, so
wie die weiterhin zu erwähnenden Anlagen im Taunus, daß Drusus die militärische Wichtigkeit der Mainlinie und also auch die
ihres Schlüssels auf dem linken Rheinufer deutlich erkannt hat.
Wenn das Legionslager an der Aar, wie es scheint, eingerichtet
worden ist um die Raeter und Vindeliker im Gehorsam zu erhalten,
so fällt dessen Anlage vermutlich schon in diese Zeit, aber es ist
dann auch mit den gallisch-germanischen Militäreinrichtungen
nur äußerlich verknüpft gewesen. Das Straßburger Legionslager
reicht schwerlich bis in so frühe Zeit hinauf. Die Basis der römischen Heerstellung bildet die Linie von Mainz bis Wesel. Daß
Drusus und Tiberius, abgesehen von der damals nicht mehr
kaiserlichen narbonensischen Provinz, sowohl die Statthalterschaft von ganz Gallien wie auch das Kommando der sämtlichen

rheinischen Legionen gehabt haben, ist ausgemacht; von diesen
Prinzen abgesehen mag damals wohl die Zivilverwaltung Galliens
von dem Kommando der Rheintruppen getrennt gewesen sein,
aber schwerlich war das letztere damals schon in zwei koordinierte
Kommandos geteilt. — Über den Bestand der damaligen Rheinarmee können wir nur etwa sagen, daß die Armee des Drusus
schwerlich stärker, vielleicht geringer war als die, welche zwanzig
Jahre später in Germanien stand, von fünf bis sechs Legionen,
etwa 50 000 bis 60 000 Mann.
Diesen militärischen Einrichtungen am linken Rheinufer sind
die am rechten getroffenen korrelat. Zunächst nahmen die Römer
dieses selbst in Besitz. Es traf dies vor allem die Sugambrer, wobei allerdings die Vergeltung für den erbeuteten Adler und die
ans Kreuz geschlagenen Centurionen mitgewirkt hat. Die zur Erklärung der Unterwerfung abgesandten Boten, die Vornehmsten
der Nation, wurden gegen das Völkerrecht als Kriegsgefangene
behandelt und kamen in den italischen Festungen elend um.
Von der Masse des Volkes wurden 40 000 Köpfe aus ihrer Heimat
entfernt und auf dem gallischen Ufer angesiedelt, wo sie später
vielleicht unter dem Namen der Cugerner begegnen. Nur ein geringer und ungefährlicher Überrest des mächtigen Stammes
durfte in den alten Wohnsitzen bleiben. Auch suebische Haufen
sind nach Gallien übergeführt, andere Völkerschaften weiter landeinwärts gedrängt worden, wie die Marser und ohne Zweifel auch
die Chatten; am Mittelrhein wurde überall die eingeborene Bevölkerung des rechten Ufers verdrängt oder doch geschwächt.
Längs dieses Rheinufers wurden ferner befestigte Posten, fünfzig
an der Zahl, eingerichtet. Vorwärts Mogontiacum wurde das den
Chatten abgenommene Gebiet, seitdem der Gau der Mattiaker
bei dem heutigen Wiesbaden, in die römischen Linien gezogen
und die Höhe des Taunus stark befestigt. Vor allem aber wurde
von Vetera aus die Lippelinie in Besitz genommen; von der
doppelten von Tagemarsch zu Tagemarsch mit Castellen besetzten Militärstraße an den beiden Ufern des Flusses ist wenigstens die rechtsuferige sicher ebenso das Werk des Drusus wie
dies bezeugt ist von der Festung Aliso im Quellgebiet der Lippe,
wahrscheinlich dem heutigen Dorfe Elsen unweit Paderborn.
Dazu kam der schon erwähnte Kanal von der Rheinmündung
zum Zuidersee und ein von Lucius Domitius Ahenobarbus durch
eine längere Sumpfstrecke zwischen der Ems und dem Unterrhein gezogener Damm, die sogenannten ‚langen Brücken‘. Außerdem standen durch das ganze Gebiet zerstreut einzelne römische
Posten; dergleichen werden späterhin erwähnt bei den Friesen

und den Chaukern, und in diesem Sinne mag es richtig sein, daß
die römischen Besatzungen bis zur Weser und bis zur Elbe reichten. Endlich lagerte das Heer wohl im Winter am Rhein, im Sommer aber, auch wenn nicht eigentlich Expeditionen unternommen
wurden, durchgängig im eroberten Lande, in der Regel bei Aliso.
Aber nicht bloß militärisch richteten die Römer in dem neu-
gewonnenen Gebiet sich ein. Die Germanen wurden angehalten
wie andere Provinzialen von dem römischen Statthalter Recht
zu nehmen und die Sommerexpeditionen des Feldherrn entwickelten sich allmählich zu den üblichen Gerichtsreisen des Statthalters.
Anklage und Verteidigung der Angeschuldigten fand in lateinischer
Zunge statt; die römischen Sachwalter und Rechtsbeistände begannen wie diesseits so jenseits des Rheins ihre überall schwer
empfundene, hier die solcher Dinge ungewohnten Barbaren tief
erbitternde Wirksamkeit. Es fehlte viel zur völligen Durchführung
der provinzialen Einrichtung; an förmliche Umlage der Schatzung, an regulierte Aushebung für das römische Heer ward noch
nicht gedacht. Aber wie der neue Gauverband eben jetzt in Gallien im Anschluß an die daselbst eingeführte göttliche Verehrung
des Monarchen eingerichtet ward, so wurde eine ähnliche Einrichtung auch in dem neuen Germanien getroffen; als Drusus
für Gallien den Augustusaltar in Lyon weihte, wurden die zuletzt auf dem linken Rheinufer angesiedelten Germanen, die
Ubier, nicht in diese Vereinigung aufgenommen, sondern in ihrem
Hauptort, der der Lage nach für Germanien ungefähr war, was
Lyon für die drei Gallien, ein gleichartiger Altar für die germanischen Gaue errichtet, dessen Priestertum im Jahre 9 der junge
Cheruskerfürst Segimundus, des Segestes Sohn, verwaltete.

Den vollen militärischen Erfolg brach oder unterbrach doch
die kaiserliche Familienpolitik. Das Zerwürfnis zwischen Tiberius
und seinem Stiefvater führte dazu, daß jener im Anfang des
J. 6 das Kommando niederlegte. Das dynastische Interesse gestattete es nicht, umfassende militärische Operationen anderen
Generalen als Prinzen des kaiserlichen Hauses anzuvertrauen; und
nach Agrippas und Drusus' Tod und Tiberius' Rücktritt gab es
fähige Feldherrn in demselben nicht. Allerdings werden in den
zehn Jahren, wo Statthalter mit gewöhnlicher Befugnis in Illyricum und in Germanien schalteten, die militärischen Operationen
daselbst wohl nicht so vollständig unterbrochen worden sein, wie
es uns erscheint, da die höfisch gefärbte Überlieferung über die
mit und die ohne Prinzen geführten Kampagnen nicht in gleicher Weise berichtet; aber das Stocken ist unverkennbar, und
dieses selbst war ein Rückschritt. Ahenobarbus, der infolge seiner

Verschwägerung mit dem kaiserlichen Hause — seine Gattin war die Schwestertochter Augusts — freiere Hand hatte als andere Beamte und der in seiner illyrischen Statthalterschaft die Elbe überschritten hatte, ohne Widerstand zu finden, erntete später als Statthalter Germaniens dort keine Lorbeeren. Nicht bloß die Erbitterung, auch der Mut der Germanen waren wieder im Steigen und im J. 2 erscheint das Land wieder im Aufstand, die Cherusker und die Chauker unter den Waffen. Inzwischen hatte am Kaiserhofe der Tod sich ins Mittel geschlagen und der Wegfall der jungen Söhne des Augustus diesen und Tiberius ausgesöhnt. Kaum war diese Versöhnung durch die Annahme an Kindesstatt besiegelt und proklamiert (J. 4), so nahm Tiberius das Werk da wieder auf, wo es unterbrochen worden war, und führte abermals in diesem und den beiden folgenden Sommern (J. 5—6) die Heere über den Rhein. Es war eine Wiederholung und Steigerung der früheren Feldzüge. Die Cherusker wurden im ersten Feldzug, die Chauker im zweiten zum Gehorsam zurückgebracht; die den Batavern benachbarten und an Tapferkeit nicht nachstehenden Cannenefaten, die im Quellgebiet der Lippe und an der Ems sitzenden Bructerer und andere Gaue mehr unterwarfen sich, ebenso die hier zuerst erwähnten mächtigen Langobarden, damals hausend zwischen der Weser und Elbe. Der erste Feldzug führte über die Weser hinein in das Innere; in dem zweiten standen an der Elbe selbst die römischen Legionen dem germanischen Landsturm an andern Ufer gegenüber. Vom J. 4 auf 5 nahm, es scheint zum erstenmal, das römische Heer das Winterlager auf germanischem Boden bei Aliso. Alles dies wurde erreicht ohne erhebliche Kämpfe; die umsichtige Kriegführung brach nicht die Gegenwehr, sondern machte sie unmöglich. Diesem Feldherrn war es nicht um unfruchtbare Lorbeeren zu tun, sondern um dauernden Erfolg. Nicht minder wurde die Seefahrt wiederholt; wie die erste Kampagne des Drusus, so ist die letzte des Tiberius ausgezeichnet durch die Beschiffung der Nordsee. Aber die römische Flotte gelangte diesmal weiter: die ganze Küste der Nordsee bis zum Vorgebirge der Cimbrer, das heißt zur jütischen Spitze, ward von ihr erkundet und sie vereinigte sich dann, die Elbe hinauffahrend, mit dem an dieser aufgestellten Landheer. Diese zu überschreiten hatte der Kaiser ausdrücklich untersagt; aber die Völker jenseits der Elbe, die eben genannten Cimbrer im heutigen Jütland, die Charuden südlich von ihnen, die mächtigen Semnonen zwischen Elbe und Oder traten wenigstens in Beziehung zu den neuen Nachbarn.

Man konnte meinen am Ziel zu sein. Aber eines fehlte doch

noch zur Herstellung des eisernen Ringes, der Großdeutschland umklammern sollte: es war die Herstellung der Verbindung zwischen der mittleren Donau und der oberen Elbe, die Besitznahme des alten Boierheims, das in seinem Bergkranz gleich einer gewaltigen Festung zwischen Noricum und Germanien sich einschob. Der König Maroboduus, aus edlem Marcomanengeschlecht, aber in jungen Jahren durch längeren Aufenthalt in Rom eingeführt in dessen straffere Heer- und Staatsordnung, hatte nach der Heimkehr, vielleicht während der ersten Feldzüge des Drusus und der dadurch herbeigeführten Übersiedelung der Marcomanen vom Main an die obere Elbe, sich nicht bloß zum Fürsten seines Volkes erhoben, sondern auch diese seine Herrschaft nicht in der lockeren Weise des germanischen Königtums, sondern man möchte sagen nach dem Muster der augustischen gestaltet. Außer seinem eigenen Volk gebot er über den mächtigen Stamm der Lugier (im heutigen Schlesien) und seine Klientel muß sich über das ganze Gebiet der Elbe erstreckt haben, da die Langobarden und die Semnonen als ihm untertänig bezeichnet werden. Bisher hatte er den Römern wie den übrigen Germanen gegenüber völlige Neutralität beobachtet; er gewährte wohl den flüchtigen Römerfeinden in seinem Lande eine Freistatt, aber tätig mischte er sich in den Kampf nicht, nicht einmal, als die Hermunduren von dem römischen Statthalter auf marcomanischem Gebiet Wohnsitze angewiesen erhielten und als das linke Elbufer den Römern botmäßig ward. Er unterwarf sich ihnen nicht, aber er nahm alle jene Vorgänge hin, ohne darum die freundlichen Beziehungen zu den Römern zu unterbrechen. Durch diese gewiß nicht großartige und schwerlich auch nur kluge Politik hatte er erreicht als der letzte angegriffen zu werden; nach den vollkommen gelungenen germanischen Feldzügen der Jahre 4 und 5 kam die Reihe an ihn. Von zwei Seiten her, von Germanien und Noricum aus rückten die römischen Heere vor gegen den böhmischen Bergring; den Main hinauf, die dichten Wälder vom Spessart zum Fichtelgebirge mit Axt und Feuer lichtend, ging Gaius Sentius Saturninus, von Carnuntum aus, wo die illyrischen Legionen durch den Winter 5 auf 6 gelagert hatten, Tiberius selbst gegen die Marcomanen vor; die beiden Heere, zusammen zwölf Legionen, waren den Gegnern, deren Streitmacht auf 70000 Mann zu Fuß und 4000 Reiter geschätzt wurde, schon der Zahl nach fast um das Doppelte überlegen. Die umsichtige Strategik des Feldherrn schien den Erfolg auch diesmal völlig sichergestellt zu haben, als ein plötzlicher Zwischenfall den weiteren Vormarsch der Römer unterbrach.

Die dalmatinischen Völkerschaften und die pannonischen wenigstens des Savegebietes gehorchten seit kurzem den römischen Statthaltern; aber sie ertrugen das neue Regiment mit immer steigendem Groll, vor allem wegen der ungewohnten und schonungslos gehandhabten Steuern. Als Tiberius später einen der Führer nach den Gründen des Abfalls fragte, antwortete ihm dieser, es sei geschehen, weil die Römer ihren Herden zu Hütern nicht Hunde noch Hirten, sondern Wölfe setzten. Jetzt waren die Legionen aus Dalmatien an die Donau geführt und die wehrhaften Leute aufgeboten worden, um eben dahin zur Verstärkung der Armeen gesendet zu werden. Diese Mannschaften machten den Anfang und ergriffen die Waffen nicht für, sondern gegen Rom; ihr Führer war ein Daesitiate (um Serajevo) Bato. Dem Beispiel folgten die Pannonier unter Führung zweier Breuker, eines anderen Bato und des Pinnes. Mit unerhörter Schnelligkeit und Einträchtigkeit erhob sich ganz Illyricum; auf 200000 zu Fuß und 9000 zu Pferde wurde die Zahl der insurgierten Mannschaften geschätzt. Die Aushebung für die Auxiliartruppen, welche namentlich bei den Pannoniern in bedeutendem Maße stattfand, hatte die Kunde des römischen Kriegswesens zugleich mit der römischen Sprache und selbst der römischen Bildung in weiterem Umfang verbreitet; diese gedienten römischen Soldaten bildeten jetzt den Kern der Insurrektion. Die in den insurgierten Gebieten in großer Zahl angesessenen oder verweilenden römischen Bürger, die Kaufleute und vor allem die Soldaten wurden überall aufgegriffen und erschlagen. Wie die provinzialen Völkerschaften kamen auch die unabhängigen in Bewegung. Die den Römern ganz ergebenen Fürsten der Thraker führten allerdings ihre ansehnlichen und tapferen Scharen den römischen Feldherrn zu; aber vom andern Ufer der Donau brachen die Daker, mit ihnen die Sarmaten in Moesien ein. Das ganze weite Donaugebiet schien sich verschworen zu haben, um der Fremdherrschaft ein jähes Ende zu bereiten.

Die Insurgenten waren nicht gemeint den Angriff abzuwarten, sondern sie planten einen Überfall Makedoniens und sogar Italiens. Die Gefahr war ernst; über die julischen Alpen hinüber konnten die Aufständischen in wenigen Tagen wiederum vor Aquileia und Tergeste stehn — sie hatten den Weg dahin noch nicht verlernt — und in zehn Tagen vor Rom, wie der Kaiser selbst im Senat es aussprach, allerdings um sich der Zustimmung desselben zu den umfassenden und drückenden militärischen Veranstaltungen zu versichern. In schleunigster Eile wurden neue Mannschaften auf die Beine gebracht und die zunächst bedrohten Städte mit Be-

satzung versehen; ebenso was irgendwo von Truppen entbehrlich
war nach den bedrohten Punkten geschickt. Der erste zur Stelle
war der Statthalter von Moesien Aulus Caecina Severus und mit
ihm der thrakische König Rhoemetalkes; bald folgten andere
Truppen aus den überseeischen Provinzen nach. Vor allen Dingen
aber mußte Tiberius, statt in Böhmen einzudringen, zurück-
kehren nach Illyricum. Hätten die Insurgenten abgewartet, bis
die Römer mit Maroboduus im Kampfe lagen oder dieser mit
ihnen gemeinschaftliche Sache gemacht, so konnte die Lage für
die Römer eine sehr kritische werden. Aber jene schlugen zu früh
los, und dieser, getreu seinem System der Neutralität, ließ sich
dazu herbei eben jetzt auf der Basis des Statusquo mit den
Römern Frieden zu schließen. So mußte Tiberius zwar die Rheinlegionen zurücksenden, da Germanien unmöglich von Truppen
entblößt werden konnte, aber sein illyrisches Heer konnte er
mit den aus Moesien, Italien und Syrien anlangenden Truppen
vereinigen und gegen die Insurgenten verwenden. In der Tat war
der Schrecken größer als die Gefahr. Die Dalmater brachen zwar
zu wiederholten Malen in Makedonien ein und plünderten die
Küste bis nach Apollonia hinab; aber zu dem Einfall in Italien
kam es nicht, und bald war der Brand auf seinen ursprünglichen
Herd beschränkt.

Dennoch war die Kriegsarbeit nicht leicht: auch hier wie
überall war die abermalige Niederwerfung der Unterworfenen
mühsamer als die Unterwerfung selbst. Niemals ist in augustischer
Zeit eine gleiche Truppenmasse unter demselben Kommando vereinigt gewesen; schon im ersten Kriegsjahre bestand das Heer
des Tiberius aus zehn Legionen nebst den entsprechenden Hilfsmannschaften, dazu zahlreichen freiwillig wieder eingetretenen
Veteranen und anderen Freiwilligen, zusammen etwa 120000 Mann;
späterhin hatte er fünfzehn Legionen unter seinen Fahnen vereinigt. Im ersten Feldzug (J. 6) wurde mit sehr abwechselndem
Glück gestritten; es gelang wohl die großen Ortschaften, wie
Siscia und Sirmium, gegen die Insurgenten zu schützen, aber der
Dalmatiner Bato focht ebenso hartnäckig und zum Teil glücklich
gegen den Statthalter von Pannonien Marcus Valerius Messalla,
des Redners Sohn, wie sein pannonischer Namensgenosse gegen
den von Moesien Aulus Caecina. Vor allem der kleine Krieg
machte den römischen Truppen viel zu schaffen. Auch das folgende Jahr (7), in welchem neben Tiberius sein Neffe, der junge
Germanicus auf den Kriegsschauplatz trat, brachte kein Ende
der ewigen Kämpfe. Erst im dritten Feldzug (J. 8) gelang es zunächst die Pannonier zu unterwerfen, hauptsächlich, wie es

scheint, dadurch, daß ihr Führer Bato, von den Römern gewonnen, seine Truppen bewog am Fluß Bathinus samt und sonders die Waffen zu strecken und den Kollegen im Oberbefehl Pinnes den Römern auslieferte, wofür er von diesen als Fürst der Breuker anerkannt ward. Zwar traf den Verräter bald die Strafe: sein dalmatinischer Namensgenosse fing ihn und ließ ihn hinrichten, und noch einmal flackerte bei den Breukern der Aufstand auf; aber er ward rasch wieder erstickt und der Dalmater beschränkt auf die Verteidigung der eigenen Heimat. Hier hatte Germanicus und andere Korpsführer in diesem wie noch im folgenden Jahr (9) in den einzelnen Gauen heftige Kämpfe zu bestehen; in dem letzteren wurden die Pirusten (an der epirotischen Grenze) und der Gau, dem der Führer selbst angehörte, die Daesitiaten bezwungen, ein tapfer verteidigtes Kastell nach dem andern gebrochen. Noch einmal im Laufe des Sommers erschien Tiberius selbst wieder im Felde und setzte die gesamten Streitkräfte gegen die Reste der Insurrektion in Bewegung. Auch Bato, in dem festen Andetrium (Much, oberhalb Salonae), seiner letzten Zufluchtsstatt, von dem römischen Heere eingeschlossen, gab die Sache verloren. Er verließ die Stadt, da er nicht vermochte die Verzweifelten zur Unterwerfung zu bestimmen, und unterwarf sich dem Sieger, bei dem er ehrenvolle Behandlung fand; er ist als politischer Gefangener interniert in Ravenna gestorben. Ohne den Führer setzte die Mannschaft den vergeblichen Kampf noch eine Zeitlang fort, bis die Römer das Kastell mit stürmender Hand einnahmen — wahrscheinlich diesen Tag, den 3. August, verzeichnen die römischen Kalender als den Jahrestag des von Tiberius in Illyricum erfochtenen Sieges.

Auch die Daker jenseits der Donau traf die Vergeltung. Wahrscheinlich in dieser Zeit, nachdem der illyrische Krieg sich zugunsten Roms entschieden hatte, führte Gnaeus Lentulus ein starkes römisches Heer über die Donau, gelangte bis an den Marisus (Marosch) und schlug sie nachdrücklich in ihrem eigenen Lande, das damals zuerst eine römische Armee betrat. Fünfzigtausend gefangene Daker wurden in Thrakien ansässig gemacht.

Die Späteren haben den ‚batonischen Krieg‘ der J. 6—9 den schwersten genannt, den Rom seit dem hannibalischen gegen einen auswärtigen Feind zu bestehen gehabt hat. Dem illyrischen Land hat er arge Wunden geschlagen; in Italien war die Siegesfreude grenzenlos, als der junge Germanicus die Botschaft des entscheidenden Erfolges nach der Hauptstadt überbrachte. Lange hat der Jubel nicht gewährt; fast gleichzeitig mit der Kunde von diesem Erfolg kam die Nachricht von einer Niederlage nach Rom,

wie sie Augustus in seiner fünfzigjährigen Regierung nur einmal
erlebt hat und die in ihren Folgen noch viel bedeutsamer war
als in sich selbst.

Die Zustände in der Provinz Germanien sind früher dargelegt
worden. Der Gegenschlag, der auf jede Fremdherrschaft mit der
Unvermeidlichkeit eines Naturereignisses folgt und der soeben in
dem illyrischen Lande eingetreten war, bereitete auch dort in
den mittelrheinischen Gauen sich vor. Die Reste der unmittelbar
am Rhein sitzenden Stämme waren freilich völlig entmutigt, aber
die weiter zurück wohnenden, vornehmlich die Cherusker, Chatten
Bructerer, Marser kaum minder geschädigt und keineswegs ohnmächtig. Wie immer in solchen Lagen bildete sich in jedem Gau
eine Partei der fügsamen Römerfreunde und eine nationale die
Wiedererhebung im Verborgenen vorbereitende. Die Seele von
dieser war ein junger sechsundzwanzigjähriger Mann aus dem
Fürstengeschlecht der Cherusker, Arminius des Sigimer Sohn; er
und sein Bruder Flavus waren vom Kaiser Augustus mit dem
römischen Bürgerrecht und mit Ritterrang beschenkt worden
und beide hatten als Offiziere in den letzten römischen Feldzügen
unter Tiberius mit Auszeichnung gefochten; der Bruder diente
noch im römischen Heer und hatte sich in Italien eine Heimstatt begründet. Begreiflicherweise galt auch Arminius den Römern als ein Mann besonderen Vertrauens; die Anschuldigungen,
die sein besser unterrichteter Landsmann Segestes gegen ihn vor-
brachte, vermochten dies Zutrauen bei der wohlbekannten zwischen beiden bestehenden Verfeindung nicht zu erschüttern. Von
den weiteren Vorbereitungen haben wir keine Kunde; daß der
Adel und vor allem die adlige Jugend auf der Seite der Patrioten
stand, versteht sich von selbst und findet darin deutlichen Ausdruck, daß Segestes' eigene Tochter Thusnelda wider das Verbot
ihres Vaters sich dem Arminius vermählte, auch ihr Bruder Segimundus und Segestes' Bruder Segimer sowie sein Neffe Se-
sithacus bei der Insurrektion eine hervorragende Rolle spielten.
Weiten Umfang hat sie nicht gehabt, bei weitem nicht den der
illyrischen Erhebung; kaum darf sie streng genommen eine germanische genannt werden. Die Bataver, die Friesen, die Chauker
an der Küste waren nicht daran beteiligt, ebensowenig was von
suebischen Stämmen unter römischer Herrschaft stand, noch weniger König Marobod; es erhoben sich in der Tat nur diejenigen
Germanen, die einige Jahre zuvor sich gegen Rom konföderiert
hatten und gegen die Drusus' Offensive zunächst gerichtet gewesen
war. Der illyrische Aufstand hat die Gärung in Germanien ohne
Zweifel gefördert, aber von verbindenden Fäden zwischen den bei-

den gleichartigen und fast gleichzeitigen Insurrektionen fehlt jede
Spur; auch würden, hätten sie bestanden, die Germanen schwerlich mit dem Losschlagen gewartet haben, bis der pannonische
Aufstand überwältigt war und in Dalmatien eben die letzten
Burgen kapitulierten. Arminius war der tapfere und verschlagene
und vor allen Dingen glückliche Führer in dem Verzweiflungs-
kampf um die verlorene nationale Unabhängigkeit; nicht weniger,
aber auch nicht mehr. Es war mehr die Schuld der Römer als das Verdienst der Insurgenten, wenn deren Plan gelang. Insofern hat der illyrische
Krieg hier allerdings eingegriffen. Die tüchtigen Führer und allem
Anschein nach auch die erprobten Truppen waren vom Rhein an
die Donau gezogen worden. Vermindert war das germanische
Heer wie es scheint nicht, aber der größte Teil desselben bestand
aus neuen während des Krieges gebildeten Legionen. Schlimmer
noch war es um die Führerschaft bestellt. Der Statthalter Publius
Quinctilius Varus war wohl der Gemahl einer Nichte des Kaisers
und ein Mann von übel erworbenem, aber fürstlichem Reichtum
und von fürstlicher Hoffart, aber von trägem Körper und stump-
fem Geist und ohne jede militärische Begabung und Erfahrung,
einer jener vielen hochgestellten Römer, welche infolge des Fest-
haltens an der alten Zusammenwerfung der Administrativ- und
der Oberoffizierstellungen die Feldherrnschärpe nach dem Muster
Ciceros trugen. Er wußte die neuen Untertanen weder zu schonen
noch zu durchschauen; Bedrückung und Erpressung wurden geübt, wie er es von seiner früheren Statthalterschaft über das geduldige Syrien her gewohnt war; das Hauptquartier wimmelte
von Advokaten und Klienten, und in dankbarer Demut nahmen
insbesondere die Verschworenen bei ihm Urteil und Recht, während sich das Netz um den hoffärtigen Prätor dichter und dichter
zusammenzog.

Die Lage der Armee war die damals normale. Es standen mindestens fünf Legionen in der Provinz, von denen zwei ihr Winterlager in Mogontiacum, drei in Vetera oder auch in Aliso hatten.
Das Sommerlager hatten die letzteren im J. 9 an der Weser genommen. Die natürliche Verbindungsstraße von der oberen Lippe
zur Weser führt über den niederen Höhenzug des Osnig und des
Lippischen Waldes, welcher das Tal der Ems von dem der Weser
scheidet, durch die Dörenschlucht in das Tal der Werre, die bei
Rehme unweit Minden in die Weser fällt. Hier also ungefähr lagerten damals die Legionen des Varus. Selbstverständlich war
dieses Sommerlager mit Aliso, dem Stützpunkt der römischen
Stellungen am rechten Rheinufer, durch eine Etappenstraße ver-

bunden. Die gute Jahreszeit ging zu Ende und man schickte sich
zum Rückmarsch an. Da kam die Meldung, daß ein benachbarter
Gau im Aufstand sei, und Varus entschloß sich, statt auf jener
Etappenstraße das Heer zurückzuführen, einen Umweg zu nehmen und unterwegs die Abgefallenen zum Gehorsam zurückzubringen*. So brach man auf; das Heer bestand nach zahlreichen
Detachierungen aus drei Legionen und neun Abteilungen der
Truppen zweiter Klasse, zusammen etwa 20000 Mann. Als nun
die Armee sich von ihrer Kommunikationslinie hinreichend entfernt hatte und tief genug in das unwegsame Land eingedrungen
war, standen in den benachbarten Gauen die Konföderierten auf,
machten die bei ihnen stationierten kleinen Truppenabteilungen
nieder und brachen von allen Seiten aus den Schluchten und
Wäldern gegen das marschierende Heer des Statthalters vor.
Arminius und die namhaftesten Führer der Patrioten waren bis
zum letzten Augenblick im römischen Hauptquartier geblieben,
um Varus sicher zu machen; noch am Abend vor dem Tage, an
dem die Insurrektion losbrach, hatten sie im Feldherrnzelt bei
Varus gespeist und Segestes, indem er den bevorstehenden Ausbruch des Aufstandes ankündigte, den Feldherrn beschworen, ihn
selbst sowie die Angeschuldigten sofort verhaften zu lassen und
die Rechtfertigung seiner Anklage von den Tatsachen zu erwarten.
Varus' Vertrauen war nicht zu erschüttern. Von der Tafel weg
ritt Arminius zu den Insurgenten und stand den anderen Tag
vor den Wällen des römischen Lagers. Die militärische Situation
war weder besser noch schlimmer als die der Armee des Drusus
vor der Schlacht bei Arbalo und als sie unter ähnlichen Verhältnissen oftmals für römische Armeen eingetreten ist; die Kommunikationen waren für den Augenblick verloren, die mit schwe-

---

* Der dionische Bericht, der einzige, der diese Katastrophe in einigem
Zusammenhang überliefert, erklärt den Verlauf derselben in genügender Weise,
wenn man nur, was Dio allerdings nicht hervorhebt, das allgemeine Verhältnis
des Sommer- und des Winterlagers hinzunimmt und die von Ranke (Weltgeschichte 3, 2, 275) mit Recht gestellte Frage, wie gegen eine lokale Insurrektion das ganze Heer hat marschieren können, damit beantwortet. Der Bericht des Florus beruht keineswegs auf ursprünglich anderen Quellen, wie
derselbe Gelehrte annimmt, sondern lediglich auf dem dramatischen Zusammen-
rücken der Motive, wie es allen Historikern dieses Schlages eigen ist. Die friedliche Rechtspflege des Varus und die Erstürmung des Lagers kennt die bessere
Überlieferung beide auch und in ihrem ursächlichen Zusammenhang; die lächer-
liche Schilderung, daß, während Varus auf dem Gerichtsstuhl sitzt und der
Herold die Parteien vorladet, die Germanen zu allen Toren in das Lager ein-
brechen, ist nicht Überlieferung, sondern aus dieser verfertigtes Tableau. Daß
dieses außer mit der gesunden Vernunft auch mit Tacitus Schilderung der drei
Marschlager in unlösbarem Widerspruch steht, leuchtet ein.

rem Troß beschwerte Armee in dem pfadlosen Lande und in
schlimmer, regnerischer Herbstzeit durch mehrere Tagemärsche
von Aliso getrennt, die Angreifer der Zahl nach ohne Zweifel
den Römern weit überlegen. In solchen Lagen entscheidet die
Tüchtigkeit der Truppe; und wenn die Entscheidung hier einmal
zuungunsten der Römer fiel, so wird die Unerfahrenheit der jungen Soldaten und vor allen Dingen die Kopf- und Mutlosigkeit
des Feldherrn dabei wohl das meiste getan haben. Nach erfolgtem
Angriff setzte das römische Heer seinen Marsch, jetzt ohne Zweifel
in der Richtung auf Aliso, noch drei Tage fort, unter stetig steigender Bedrängnis und steigender Demoralisation. Auch die höheren Offiziere taten teilweise ihre Schuldigkeit nicht; einer von
ihnen ritt mit der gesamten Reiterei vom Schlachtfeld weg und
ließ das Fußvolk allein den Kampf bestehen. Der erste, der völlig verzagte, war der Feldherr selbst; verwundet im Kampfe gab
er sich den Tod, ehe die letzte Entscheidung gefallen war, so
früh, daß die Seinigen noch den Versuch machten die Leiche
zu verbrennen und der Verunehrung durch den Feind zu entziehen. Seinem Beispiel folgte eine Anzahl der Oberoffiziere. Als
dann alles verloren war, kapitulierte der übriggebliebene Führer
und gab auch das aus der Hand, was diesen letzten noch blieb,
den ehrlichen Soldatentod. So ging in einem der Täler der das
Münsterland begrenzenden Höhenzüge, im Herbst des J. 9 n. Chr.
das „germanische" Heer zugrunde*. Die Adler fielen alle drei in

---

* Da Germanicus, von der Ems kommend, das Gebiet zwischen Ems und
Lippe, das heißt das Münsterland, verheert und nicht weit davon der *Teuto-
burgiensis saltus* liegt, wo Varus' Heer zugrunde ging (Tacitus ann. 1, 61),
so liegt es am nächsten, diese Bezeichnung, welche auf das flache Münsterland nicht paßt, von dem das Münsterland nordöstlich begrenzenden Höhenzug, dem Osning zu verstehen; aber auch an das etwas weiter nördlich parallel
mit dem Osning von Minden zur Huntequelle streichende Wiehengebirge kann
gedacht werden. Den Punkt an der Weser, an dem das Sommerlager stand,
kennen wir nicht; indes ist nach der Lage von Aliso bei Paderborn und nach
den zwischen diesem und der Weser bestehenden Verbindungen wahrscheinlich
dasselbe etwa bei Minden gewesen. Die Richtung des Rückmarsches kann
jede andere, nur nicht die nächste nach Aliso gewesen sein, und die Katastrophe erfolgte also nicht auf der militärischen Verbindungslinie zwischen
Minden und Paderborn selbst, sondern in größerer oder geringerer Entfernung
von dieser. Varus mag von Minden etwa in der Richtung auf Osnabrück marschiert sein, dann nach dem Angriff von dort aus nach Paderborn zu gelangen
versucht und auf diesem Marsch in einem jener beiden Höhenzüge sein Ende
gefunden haben. Seit Jahrhunderten ist in der Gegend von Venne an der
Huntequelle eine auffallend große Anzahl von römischen Gold-, Silber- und
Kupfermünzen gefunden worden, wie sie in augustinischer Zeit umliefen, während spätere Münzen daselbst so gut wie gar nicht vorkommen (vgl. die Nach-
weisungen bei Paul Höfer „Der Feldzug des Germanicus im Jahre 16". Gotha 1884.

Feindeshand. Keine Abteilung schlug sich durch, auch jene Reiter nicht, die ihre Kameraden im Stich gelassen hatten; nur wenige Vereinzelte und Versprengte vermochten sich zu retten. Die Gefangenen, vor allem die Offiziere und die Advokaten, wurden ans Kreuz geschlagen oder lebendig begraben oder bluteten unter dem Opfermesser der germanischen Priester. Die abgeschnittenen Köpfe wurden als Siegeszeichen an die Bäume der heiligen Haine genagelt. Weit und breit stand das Land auf gegen die Fremdherrschaft; man hoffte auf den Anschluß Marobods; die römischen Posten und Straßen fielen auf dem ganzen rechten Rheinufer ohne weiteres in die Gewalt der Sieger. Nur in Aliso leistete der tapfere Kommandant Lucius Caedicius, kein Offizier, aber ein altgedienter Soldat, entschlossenen Widerstand und seine Schützen wußten den Germanen, die Fernwaffen nicht besaßen, das Lagern vor den Wällen so zu verleiden, daß sie die Belagerung in eine Blockade umwandelten. Als die letzten Vorräte der Belagerten erschöpft waren und immer noch kein Entsatz kam, brach Caedicius in einer finsteren Nacht auf und dieser Rest des Heeres erreichte in der Tat, wenn auch beschwert mit zahlreichen Frauen und Kindern und durch die Angriffe der Germanen starke Verluste erleidend, schließlich das Lager von Vetera. Dorthin waren auch die beiden in Mainz stehenden Legionen unter Lucius Nonius Asprenas auf die Nachricht von der Katastrophe gegangen. Die entschlossene Verteidigung von Aliso und Asprenas' rasches Eingreifen verhinderten die Germanen ihren Sieg auf dem linken Rheinufer zu verfolgen, vielleicht die Gallier sich gegen Rom zu erheben.

Die Niederlage war insofern bald wieder ausgeglichen, als die Rheinarmee sofort nicht bloß ergänzt, sondern ansehnlich verstärkt ward. Tiberius übernahm abermals das Kommando derselben und wenn aus dem auf die Varusschlacht folgenden Jahr

---

82 fg.). Einem Münzschatz können diese Funde nicht angehören wegen des zerstreuten Vorkommens und der Verschiedenheit der Metalle; einer Handelsstätte auch nicht wegen der zeitlichen Geschlossenheit; sie sehen ganz aus wie der Nachlaß einer großen aufgeriebenen Armee, und die vorliegenden Berichte über die Varusschlacht lassen sich mit dieser Lokalität vereinigen. — Über das Jahr der Katastrophe hätte nie gestritten werden sollen; die Verschiebung in das Jahr 10 ist ein bloßes Versehen. Die Jahreszahl wird einigermaßen dadurch bestimmt, daß zwischen der Anordnung der illyrischen Siegesfeier und dem Eintreffen der Unglücksbotschaft in Rom nur fünf Tage liegen und jene wahrscheinlich den Sieg vom 3. August zur Voraussetzung hat, wenn sie auch nicht unmittelbar auf diesen gefolgt ist. Danach wird die Niederlage etwa im September oder Oktober stattgefunden haben, was auch dazu stimmt, daß der letzte Marsch des Varus offenbar der Rückmarsch aus dem Sommer- in das Winterlager gewesen ist.

(10) die Kriegsgeschichte Gefechte nicht zu verzeichnen hatte, so ist wahrscheinlich damals die Besetzung der Rheingrenze mit acht Legionen und wohl gleichzeitig die Teilung dieses Kommandos in das der oberen Armee mit dem Hauptquartier Mainz und das der unteren mit dem Hauptquartier Vetera, überhaupt also diejenige Einrichtung daselbst getroffen worden, die dann durch Jahrhunderte maßgebend geblieben ist. Man mußte erwarten, daß auf diese Vermehrung der Rheinarmee die energische Wiederaufnahme der Operationen auf dem rechten Rheinufer gefolgt wäre. Der römisch-germanische Kampf war nicht ein Kampf zwischen zwei in politischem Gleichgewicht stehenden Mächten, in welchem die Niederlage der einen einen ungünstigen Friedensschluß rechtfertigen kann; es war der Kampf eines zivilisierten und organisierten Großstaates gegen eine tapfere, aber politisch und militärisch barbarische Nation, in welchem das schließliche Ergebnis von vornherein feststeht und ein vereinzelter Mißerfolg in dem vorgezeichneten Plan so wenig etwas ändern darf, wie das Schiff darum seine Fahrt aufgibt, weil ein Windstoß es aus der Bahn wirft. Aber es kam anders. Wohl ging Tiberius im folgenden Jahr (11) über den Rhein; aber diese Expedition glich den früheren nicht. Er blieb den Sommer drüben und feierte dort des Kaisers Geburtstag, aber die Armee hielt sich in der unmittelbaren Nähe des Rheins und von Zügen an die Weser und an die Elbe war keine Rede — es sollte offenbar den Germanen nur gezeigt werden, daß die Römer den Weg in ihr Land noch zu finden wußten, vielleicht auch diejenigen Einrichtungen am rechten Rheinufer getroffen werden, welche die veränderte Politik erforderte.

Das große beide Heere umfassende Kommando blieb und es blieb also auch im kaiserlichen Hause. Germanicus hatte es schon im J. 11 neben Tiberius geführt; im folgenden (12), wo ihn die Verwaltung des Konsulats in Rom festhielt, kommandierte Tiberius allein am Rhein; mit dem Anfang des J. 13 übernahm Germanicus den alleinigen Oberbefehl. Man betrachtete sich als im Kriegsstand gegen die Germanen; aber es waren tatenlose Jahre. Ungern ertrug der feurige und ehrgeizige Erbprinz den ihm auferlegten Zwang und man begreift es von dem Offizier, daß er die drei Adler in Feindeshand nicht vergaß, von dem leiblichen Sohn des Drusus, daß er dessen zerstörten Bau wieder aufzurichten wünschte. Bald bot sich ihm dazu die Gelegenheit oder er nahm sie. Am 19. August des J. 14 starb Kaiser Augustus. Der erste Thronwechsel in der neuen Monarchie verlief nicht ohne Krise und Germanicus hatte Gelegenheit durch Taten seinem

Vater zu beweisen, daß er gesonnen war ihm die Treue zu wahren.
Darin aber fand er zugleich die Rechtfertigung die lange ge-
wünschte Invasion Germaniens auch ungeheißen wieder aufzunehmen; er erklärte die nicht unbedenkliche durch den Thronwechsel bei den Legionen hervorgerufene Gärung durch diesen
frischen Kriegszug ersticken zu müssen. Ob dies ein Grund oder
ein Vorwand war, wissen wir nicht und wußte vielleicht er selber
nicht. Dem Kommandanten der Rheinarmee konnte das Überschreiten der Grenze nicht überall gewehrt werden und es hing
immer bis zu einem gewissen Grade von ihm ab, wie weit gegen
die Germanen vorgegangen werden sollte. Vielleicht auch glaubte
er im Sinne des neuen Herrschers zu handeln, der ja wenigstens
ebensoviel Anspruch wie sein Bruder auf den Namen des Besiegers
von Germanien hatte und dessen angekündigtes Erscheinen im
Rheinlager wohl so aufgefaßt werden konnte, als komme er, um
die auf Augustus' Geheiß abgebrochene Eroberung Germaniens
wieder aufzunehmen. Wie dem auch sei, die Offensive jenseits
des Rheins begann aufs neue. Noch im Herbst des J. 14 führte
Germanicus selbst Detachements aller Legionen bei Vetera über
den Rhein und drang an der Lippe hinauf ziemlich tief in das
Binnenland vor, weit und breit das Land verheerend, die Eingeborenen niedermachend, die Tempel — so den hochgeehrten
der Tanfana — zerstörend. Die Betroffenen, es waren vornehmlich
Bructerer, Tubanten und Usiper, suchten dem Kronprinzen auf
der Heimkehr das Schicksal des Varus zu bereiten; aber an der
energischen Haltung der Legionen prallte der Angriff ab. Da dieser
Vorstoß keinen Tadel fand, vielmehr dem Feldherrn dafür Dank-
sagungen und Ehrenbezeugungen dekretiert wurden, ging er weiter. Im Frühling des J. 15 versammelte er seine Hauptmacht zunächst am Mittelrhein und ging selbst von Mainz vor gegen die
Chatten bis an die oberen Zuflüsse der Weser, während das untere
Heer weiter nordwärts die Cherusker und die Marser angriff.
Eine gewisse Rechtfertigung für dies Vorgehen lag darin, daß die
römisch gesinnten Cherusker, welche unter dem unmittelbaren
Eindruck der Katastrophe des Varus sich den Patrioten hatten
anschließen müssen, jetzt wieder mit der viel stärkeren National-
partei in offenem Kampfe lagen und die Intervention des Germanicus anriefen. In der Tat gelang es den von seinen Landsleuten hart bedrängten Römerfreund Segestes zu befreien und
dabei dessen Tochter, die Gattin des Arminius in die Gewalt zu
bekommen; auch des Segestes Bruder Segimerus, einst neben Arminius der Führer der Patrioten, unterwarf sich; die inneren Zerwürfnisse der Germanen ebneten einmal mehr der Fremdherr-

schaft die Wege. Noch im selben Jahre unternahm Germanicus
den Hauptzug nach dem Emsgebiet; Caecina rückte von Vetera
aus an die obere Ems, er selbst ging mit der Flotte von der Rheinmündung aus eben dorthin; die Reiterei zog die Küste entlang
durch das Gebiet der treuen Friesen. Wieder vereinigt verwüsteten
die Römer das Land der Bructerer und das ganze Gebiet zwischen
Ems und Lippe und machten von da aus einen Zug nach der
Unglücksstätte, wo sechs Jahre zuvor das Heer des Varus ge-
endigt hatte, um den gefallenen Kameraden das Grabmal zu errichten. Bei dem weiteren Vormarsch wurde die römische Reiterei
von Arminius und den erbitterten Patriotenscharen in einen
Hinterhalt gelockt und wäre aufgerieben worden, wenn nicht die
anrückende Infanterie größeres Unheil verhindert hätte. Schwerere
Gefahren brachte die Heimkehr von der Ems, welche auf denselben Wegen angetreten ward wie der Hinmarsch. Die Reiterei
gelangte unbeschädigt in das Winterlager. Da für das Fußvolk
der vier Legionen die Flotte bei der schwierigen Fahrt — es war
um die Zeit der Herbstnachtgleiche — nicht genügte, so schiffte
Germanicus zwei derselben wieder aus und ließ sie am Strande
zurückgehen; aber mit dem Verhältnis von Ebbe und Flut in
dieser Jahreszeit ungenügend bekannt, verloren sie ihr Gepäck
und gerieten in Gefahr massenweise zu ertrinken. Der Rückmarsch der vier Legionen des Caecina von der Ems zum Rhein
glich genau dem des Varus, ja das schwere sumpfige Land bot
wohl noch größere Schwierigkeiten als die Schluchten der Wald-
gebirge. Die ganze Masse der Eingebornen, an ihrer Spitze die
beiden Cheruskerfürsten, Arminius und dessen hochangesehener
Oheim Inguiomerus, warf sich auf die abziehenden Truppen, in
der sicheren Hoffnung ihnen das gleiche Schicksal zu bereiten,
und füllte ringsum die Sümpfe und Wälder. Der alte Feldherr
aber, in vierzigjährigem Kriegsdienst erprobt, blieb kaltblütig
auch in der äußersten Gefahr und hielt seine verzagenden und
hungernden Mannschaften fest in der Hand. Dennoch hätte auch
er vielleicht das Unheil nicht abwenden können, wenn nicht nach
einem glücklichen Angriff während des Marsches, bei dem die Römer einen großen Teil ihrer Reiterei und fast das ganze Gepäck
einbüßten, die siegesgewissen und beutelustigen Deutschen gegen
Arminius' Rat dem anderen Führer gefolgt wären und statt der
weiteren Umstellung des Feindes geradezu den Sturm auf das
Lager versucht hätten. Caecina ließ die Germanen bis an die
Wälle herankommen, brach aber dann aus allen Toren und Pforten mit solcher Gewalt auf die Stürmenden ein, daß sie eine
schwere Niederlage erlitten und infolgedessen der weitere Rück-

zug ohne wesentliche Hinderung stattfand. Am Rhein hatte man
die Armee schon verloren gegeben und war im Begriff gewesen
die Brücke bei Vetera abzuwerfen, um wenigstens das Eindringen
der Germanen in Gallien zu verhindern; nur die entschlossene
Einrede einer Frau, der Gattin des Germanicus, der Tochter
Agrippas, hatte den verzagten und schimpflichen Entschluß ver-
eitelt. — Die Wiederaufnahme der Unterwerfung Germaniens begann also nicht gerade mit Glück. Das Gebiet zwischen Rhein
und Weser war wohl wieder betreten und durchschritten worden,
aber entscheidende Erfolge hatten die Römer nicht aufzuzeigen,
und der ungeheure Verlust an Material, namentlich an Pferden,
wurde schwer empfunden, so daß, wie in Scipios Zeiten, die
Städte Italiens und der westlichen Provinzen bei dem Ersatz des
Verlorenen mit patriotischen Beisteuern sich beteiligten.

Germanicus änderte für den nächsten Feldzug (J. 16) seinen
Kriegsplan: er versuchte die Unterwerfung Germaniens auf die
Nordsee und die Flotte zu stützen, teils weil die Völkerschaften
an der Küste, die Bataver, Friesen, Chauker mehr oder minder
zu den Römern hielten, teils um die zeitraubenden und verlust-
vollen Märsche vom Rhein zur Weser und zur Elbe und wieder
zurück abzukürzen. Nachdem er dieses Frühjahr wie das vorige
zu raschen Vorstößen am Main und an der Lippe verwendet hatte,
schiffte er im Anfang des Sommers auf der inzwischen fertig-
gestellten gewaltigen Transportflotte von 1000 Segeln sein gesamtes Heer an der Rheinmündung ein und gelangte in der Tat
ohne Verlust bis an die der Ems, wo die Flotte blieb, und weiter,
vermutlich die Ems hinauf bis an die Haasemündung und dann
an dieser hinauf in das Werretal, durch dieses an die Weser.
Damit war die Durchführung der bis 80000 Mann starken Armee
durch den Teutoburger Wald, welche namentlich für die Verpflegung mit großen Schwierigkeiten verbunden war, vermieden,
in dem Flottenlager für die Zufuhr ein sicherer Rückhalt gegeben,
und die Cherusker auf dem rechten Ufer der Weser statt von
vorn in der Flanke angegriffen. Auf diesem trat den Römern das
Gesamtaufgebot der Germanen entgegen, wiederum geführt von
den beiden Häuptern der Patriotenpartei Arminius und Inguiomerus; über welche Streitkräfte dieselben geboten, beweist, daß
sie im Cheruskerland zunächst an der Weser selbst, dann etwas
weiter landeinwärts*, zweimal kurz nacheinander gegen das ge-

---

* Die Annahme Schmidts (Westfäl. Zeitschrift 20, S. 301), daß die erste
Schlacht auf dem idistavisischen Feld etwa bei Bückeburg geschlagen sei,
die zweite, wegen der dabei erwähnten Sümpfe, vielleicht am Steinhudersee,
bei dem südlich von diesem liegenden Dorf Bergkirchen, wird von der Wahr-

samte römische Heer in offener Feldschlacht schlugen und in beiden den Sieg hart bestritten. Allerdings fiel dieser den Römern zu und von den germanischen Patrioten blieb ein beträchtlicher Teil auf den Schlachtfeldern — Gefangene wurden nicht gemacht und von beiden Seiten mit äußerster Erbitterung gefochten; das zweite Tropaeum des Germanicus sprach von der Niederwerfung aller germanischen Völker zwischen Rhein und Elbe; der Sohn stellte diese seine Kampagne neben die glänzenden des Vaters und berichtete nach Rom, daß er im nächsten Feldzug die Unterwerfung Germaniens vollendet haben werde. Aber Arminius entkam, obwohl verwundet, und blieb auch ferner an der Spitze der Patrioten, und ein unvorhergesehenes Unheil verdarb den Waffenerfolg. Auf der Heimkehr, die von dem größten Teil der Legionen zu Schiff gemacht wurde, geriet die Transportflotte in die Herbststürme der Nordsee; die Schiffe wurden nach allen Seiten über die Inseln der Nordsee und bis an die brittische Küste hin geschleudert, ein großer Teil ging zugrunde und die sich retteten, hatten größtenteils Pferde und Gepäck über Bord werfen und froh sein müssen das nackte Leben zu bergen. Der Fahrtverlust kam, wie in den Zeiten der punischen Kriege, einer Niederlage gleich; Germanicus selbst, mit dem Admiralschiff einzeln verschlagen an den öden Strand der Chauker, war in Verzweiflung über diesen Mißerfolg drauf und dran seinen Tod in demselben Ozean zu suchen, dessen Beistand er im Beginn dieses Feldzuges so ernstlich und so vergeblich angerufen hatte. Wohl erwies sich späterhin der Menschenverlust nicht ganz so groß, wie es anfänglich geschienen hatte, und einige erfolgreiche Schläge, die der Feldherr nach der Rückkehr an den Rhein den nächstwohnenden Barbaren versetzte, hoben den gesunkenen Mut der Truppen. Aber im ganzen genommen endigte der Feldzug des J. 16, verglichen mit dem des vorigen, wohl mit glänzenderen Siegen, aber auch mit viel empfindlicherer Einbuße.

Germanicus' Abberufung war zugleich die Aufhebung des Oberkommandos der rheinischen Armee. Die bloße Teilung des Kommandos setzte der bisherigen Kriegführung ein Ziel; daß Germanicus nicht bloß abberufen ward, sondern keinen Nachfolger erhielt, kam hinaus auf die Anordnung der Defensive am Rhein. So ist denn auch der Feldzug des J. 16 der letzte gewesen, den die Römer geführt haben, um Germanien zu unterwerfen und die Reichsgrenze vom Rhein an die Elbe zu verlegen. Daß die Feld-

_____

heit sich nicht weit entfernen und kann wenigstens als Veranschaulichung gelten. Auf ein gesichertes Ergebnis muß bei diesem wie bei den meisten taciteischen Schlachtberichten verzichtet werden.

züge des Germanicus dieses Ziel hatten, lehrt ihr Verlauf selbst und das die Elbgrenze feiernde Tropaeon. Auch die Wiederherstellung der rechtsrheinischen militärischen Anlagen, der Taunuskastelle sowohl wie der Festung Aliso und der diese mit Vetera verbindenden Linie, gehört nur zum Teil zu derjenigen Besetzung des rechten Rheinufers, wie sie auch mit dem beschränkten Operationsplan nach der Varusschlacht sich vertrug, zum Teil griff sie weit über denselben hinaus. Aber was der Feldherr wollte, wollte der Kaiser nicht oder nicht ganz. Es ist mehr als wahrscheinlich, daß Tiberius die Unternehmungen des Germanicus am Rhein von Haus aus mehr hat geschehen lassen, und gewiß, daß er durch dessen Abberufung im Winter 16/7 denselben ein Ziel hat setzen wollen. Ohne Zweifel ist zugleich ein guter Teil des Erreichten aufgegeben, namentlich aus Aliso die Besatzung zurückgezogen worden. Wie Germanicus von dem im Teutoburger Walde errichteten Siegesdenkmal schon das Jahr darauf keinen Stein mehr fand, so sind auch die Ergebnisse seiner Siege wie ein Schlag ins Wasser verschwunden und keiner seiner Nachfolger hat auf diesem Grunde weitergebaut.

Wenn Augustus das eroberte Germanien nach der Varusschlacht verlorengegeben hatte, wenn Tiberius jetzt, nachdem die Eroberung abermals in Angriff genommen worden war, sie abzubrechen befahl, so ist die Frage wohl berechtigt, welche Motive die beiden bedeutenden Regenten hierbei geleitet haben und was diese wichtigen Vorgänge für die allgemeine Reichspolitik bedeuten.

Die Varusschlacht ist ein Rätsel, nicht militärisch, aber politisch, nicht in ihrem Verlauf, aber in ihren Folgen. Augustus hatte nicht unrecht, wenn er seine verlorenen Legionen nicht von dem Feind oder dem Schicksal, sondern von dem Feldherrn zurückforderte; es war ein Unglücksfall, wie ungeschickte Korpsführer sie von Zeit zu Zeit für jeden Staat herbeiführen; schwer begreift man, daß die Aufreibung einer Armee von 20000 Mann ohne weitere unmittelbare militärische Konsequenzen der großen Politik eines einsichtig regierten Weltstaates eine entscheidende Wendung gegeben hat. Und doch haben die beiden Herrscher jene Niederlage mit einer beispiellosen und für die Stellung der Regierung der Armee wie den Nachbarn gegenüber bedenklichen und gefährlichen Geduld ertragen; doch haben sie den Friedensschluß mit Marobod, der ohne Zweifel eigentlich nur eine Waffenruhe sein sollte, zu einem definitiven werden lassen und nicht weiter versucht das obere Elbtal in die Hand zu bekommen. Es muß Tiberius nicht leicht angekommen sein den großen mit dem Bruder gemeinschaftlich begonnenen, dann nach dessen Tode von ihm fast vollendeten Bau zusammenstürzen zu sehen; der gewaltige Eifer, womit er, so wie er in das Regiment wieder eingetreten war, den vor zehn Jahren begonnenen germanischen Krieg aufgenommen hatte, läßt ermessen, was diese Entsagung ihm gekostet haben muß. Wenn dennoch nicht bloß Augustus bei derselben beharrte, sondern auch nach dessen Tode er selbst, so ist dafür ein anderer Grund nicht zu finden, als daß sie die durch zwanzig Jahre hindurch verfolgten Pläne zur Veränderung der Nordgrenze als unausführbar erkannten und die Unterwerfung und Behauptung des Gebietes zwischen dem Rhein und der Elbe ihnen die Kräfte des Reiches zu übersteigen schien.

Wenn die bisherige Reichsgrenze von der mittleren Donau bis an deren Quelle und den oberen Rhein und dann rheinabwärts lief, so wurde sie allerdings durch die Verlegung an die in ihrem Quellgebiet der mittleren Donau sich nähernde Elbe und an deren ganzen Lauf wesentlich verkürzt und verbessert; wobei wahrscheinlich außer dem evidenten militärischen Gewinn auch noch das politische Moment in Betracht kam, daß die möglichst weite Entfernung der großen Kommandos von Rom und Italien eine der leitenden Maximen der augustischen Politik war und ein Elbheer in der weiteren Entwickelung Roms schwerlich dieselbe Rolle gespielt haben würde, wie sie die Rheinheere nur zu bald übernahmen. Die Vorbedingungen dazu, die Niederwerfung der germanischen Patriotenpartei und des Suebenkönigs in Böhmen, waren keine leichten Aufgaben; indes man hatte dem Gelingen derselben schon einmal ganz nahe gestanden und bei richtiger Führung konnten diese Erfolge nicht verfehlt werden. Aber eine andere Frage war es, ob nach der Einrichtung der Elbgrenze die Truppen aus dem zwischenliegenden Gebiet weggezogen werden konnten; diese Frage hatte der dalmatisch-pannonische Krieg in sehr ernster Weise der römischen Regierung gestellt. Wenn schon das bevorstehende Einrücken der römischen Donauarmee in Böhmen einen mit Anstrengung aller militärischen Hilfsmittel erst nach vierjährigem Kampf niedergeworfenen Volksaufstand in Illyricum hervorgerufen hatte, so durfte weder zur Zeit noch auf lange Jahre hinaus dies weite Gebiet sich selbst überlassen werden. Ähnlich stand es ohne Zweifel am Rhein. Das römische Publikum pflegte wohl sich zu rühmen, daß der Staat ganz Gallien in Unterwürfigkeit halte durch die 1200 Mann starke Besatzung von Lyon; aber die Regierung konnte nicht vergessen, daß die beiden großen Armeen am Rhein nicht bloß die Germanen abwehrten, sondern auch für die keineswegs durch Fügsamkeit sich auszeichnenden gallischen Gaue gar sehr in Betracht kamen.

An der Weser oder gar an der Elbe aufgestellt, hätten sie diesen
Dienst nicht in gleichem Maße geleistet; und sowohl den Rhein
wie die Elbe besetzt zu halten vermochte man nicht. So mochte
Augustus wohl zu dem Schluß kommen, daß mit dem damaligen,
allerdings seit kurzem erheblich verstärkten, aber immer noch
tief unter dem Maß des wirklich Erforderlichen stehenden Heer-
bestand jene große Grenzregulierung nicht auszuführen sei; die
Frage ward damit aus einer militärischen zu einer Frage der
inneren Politik und insonderheit zu einer Finanzfrage. Die Kosten
der Armee noch weiter zu steigern hat weder Augustus noch Tiberius sich getraut. Man kann dies tadeln. Der lähmende Doppel-
schlag der illyrischen und der germanischen Insurrektion mit ihren
schweren Katastrophen, das hohe Alter und die erlahmende Kraft
des Herrschers, die zunehmende Abneigung des Tiberius gegen
frisches Handeln und große Initiative und vor allem gegen jede
Abweichung von der Politik des Augustus, haben dabei ohne
Zweifel bestimmend mit, und vielleicht zum Nachteil des Staates
gewirkt. Man fühlt es in dem nicht zu billigenden, aber wohl
erklärlichen Auftreten des Germanicus, wie das Militär und die
Jugend das Aufgeben der neuen Provinz Germanien empfanden.
Man erkennt in dem dürftigen Versuch mit Hilfe der paar linksrheinischen deutschen Gaue wenigstens dem Namen nach das verlorene Germanien festzuhalten, in den zweideutigen und unsicheren
Worten, mit denen Augustus selbst in seinem Rechenschaftsbericht
Germanien als römisch in Anspruch nimmt oder auch nicht, wie
verlegen die Regierung in dieser Sache der öffentlichen Meinung
gegenüberstand. Der Griff nach der Elbgrenze war ein gewaltiger,
vielleicht überkühner gewesen; vielleicht von Augustus, dessen
Flug im allgemeinen so hoch nicht ging, erst nach jahrelangem
Zaudern und wohl nicht ohne den bestimmenden Einfluß des ihm
vor allen nahestehenden jüngeren Stiefsohns unternommen. Aber
einen allzu kühnen Schritt zurückzutun ist in der Regel nicht eine
Verbesserung des Fehlers, sondern ein zweiter. Die Monarchie
brauchte die unbefleckte kriegerische Ehre und den unbedingten
kriegerischen Erfolg in ganz anderer Weise als das ehemalige
Bürgermeisterregiment; das Fehlen der seit der Varusschlacht
niemals ausgefüllten Nummern 17, 18 und 19 in der Reihe der
Regimenter paßte wenig zu dem militärischen Prestige und den
Frieden mit Marobod auf Grund des Status quo konnte die lo-
yalste Rhetorik nicht in einen Erfolg umreden. Anzunehmen, daß
Germanicus einem eigentlichen Befehl seiner Regierung zuwider
jene weit aussehenden Unternehmungen begonnen hat, verbietet
seine ganze politische Stellung; aber den Vorwurf, daß er seine

doppelte Stellung als Höchstkommandierender der ersten Armee
des Reiches und als künftiger Thronfolger dazu benutzt hat, um
seine politisch-militärischen Pläne auf eigene Faust durchzuführen,
wird man ihm so wenig ersparen können wie dem Kaiser den nicht
minder schweren, zurückgescheut zu sein vielleicht vor dem Fassen, vielleicht auch nur vor dem klaren Aussprechen und dem
scharfen Durchführen der eigenen Entschlüsse. Wenn Tiberius
die Wiederaufnahme der Offensive wenigstens geschehen ließ, so
muß er empfunden haben, wieviel für eine kräftigere Politik
sprach; wie es überbedächtige Leute wohl tun, mag er wohl sozusagen dem Schicksal die Entscheidung überlassen haben, bis
dann der wiederholte und schwere Mißerfolg des Kronprinzen die
Politik der Verzagtheit abermals rechtfertigte. Leicht war es für
die Regierung nicht, einer Armee Halt zu gebieten, die von den
verlorenen drei Adlern zwei zurückgebracht hatte; aber es geschah. Was immer die sachlichen und die persönlichen Motive
gewesen sein mögen, wir stehen hier an einem Wendepunkt der
Völkergeschicke. Auch die Geschichte hat ihre Flut und ihre
Ebbe; hier tritt nach der Hochflut des römischen Weltregiments
die Ebbe ein. Nordwärts von Italien hatte wenige Jahre hindurch
die römische Herrschaft bis an die Elbe gereicht; seit der Varusschlacht sind ihre Grenzen der Rhein und die Donau. Ein Märchen,
aber ein altes, berichtet, daß dem ersten Eroberer Germaniens,
dem Drusus, auf seinem letzten Feldzug an der Elbe eine gewaltige
Frauengestalt germanischer Art erschienen sei und ihm in seiner
Sprache das Wort zugerufen habe „zurück"! Es ist nicht gesprochen worden, aber es hat sich erfüllt.

Indes die Niederlage der augustischen Politik, wie der Friede
mit Maroboduus und die Hinnahme der Teutoburger Katastrophe
wohl bezeichnet werden darf, war kaum ein Sieg der Germanen.
Nach der Varusschlacht muß wohl durch die Gemüter der Besten
die Hoffnung gegangen sein, daß der Nation aus dem herrlichen
Sieg der Cherusker und ihrer Verbündeten und aus dem Zurück-
weichen des Feindes im Westen wie im Süden eine gewisse Einigung erwachsen werde. Den sonst sich fremd gegenüberstehenden Sachsen und Sueben mag vielleicht eben in diesen Krisen
das Gefühl der Einheit aufgegangen sein. Daß die Sachsen vom
Schlachtfelde weg den Kopf des Varus an den Suebenkönig schick-
ten, kann nichts sein als der wilde Ausdruck des Gedankens, daß
für alle Germanen die Stunde gekommen sei in gemeinschaftlichem Ansturm sich auf das römische Reich zu stürzen und des
Landes Grenze und des Landes Freiheit so zu sichern, wie sie
allein gesichert werden können, durch Niederschlagen des Erb-

feindes in seinem eigenen Heim. Aber der gebildete Mann und
staatskluge König nahm die Gabe der Insurgenten nur an, um
den Kopf dem Kaiser Augustus zur Beisetzung zu senden; er tat
nichts für, aber auch nichts gegen die Römer und beharrte un-
erschütterlich in seiner Neutralität. Unmittelbar nach dem Tode
des Augustus hatte man in Rom den Einbruch der Marcomanen
in Raetien gefürchtet, aber, wie es scheint, ohne Ursache, und als
dann Germanicus die Offensive gegen die Germanen vom Rhein
aus wieder aufnahm, hatte der mächtige Marcomanenkönig un-
tätig zugesehen. Diese Politik der Feinheit oder der Feigheit in
der wild bewegten von patriotischen Erfolgen und Hoffnungen
trunkenen germanischen Welt grub sich ihr eigenes Grab. Die
entfernteren nur lose mit dem Reich verknüpften Suebenstämme,
die Semnonen Langobarden und Gothonen, sagten dem König
ab und machten gemeinschaftliche Sache mit den sächsischen
Patrioten; es ist nicht unwahrscheinlich, daß die ansehnlichen
Streitkräfte, über welche Arminius und Inguiomerus in den Kämpfen gegen Germanicus offenbar geboten, ihnen großenteils von
daher zugeströmt sind. Als bald darauf der römische Angriff
plötzlich abgebrochen ward, wendeten sich die Patrioten (J.17)
zum Angriff gegen Maroboduus, vielleicht zum Angriff auf das
Königtum überhaupt, wenigstens wie dieser es nach römischem
Muster verwaltete. Aber auch unter ihnen selbst waren Spal-
tungen eingetreten; die beiden nah verwandten cheruskischen
Fürsten, die in den letzten Kämpfen die Patrioten wenn nicht
siegreich, doch tapfer und ehrenvoll geführt und bisher stets
Schulter an Schulter gefochten hatten, standen in diesem Krieg
nicht mehr zusammen. Der Oheim Inguiomerus ertrug es nicht
noch länger neben dem Neffen der zweite zu sein und trat bei dem
Ausbruch des Krieges auf Maroboduus Seite. So kam es zur Ent-
scheidungsschlacht zwischen Germanen und Germanen, ja zwischen denselben Stämmen; denn in beiden Armeen fochten sowohl Sueben wie Cherusker. Lange schwankte der Kampf; beide
Heere hatten von der römischen Taktik gelernt und auf beiden
Seiten war die Leidenschaft und die Erbitterung gleich. Einen
eigentlichen Sieg erfocht Arminius nicht, aber der Gegner überließ ihm das Schlachtfeld, und da Maroboduus den Kürzeren gezogen zu haben schien, verließen ihn die bisher noch zu ihm gehalten hatten und fand er sich auf sein eigenes Reich beschränkt.
Als er römische Hilfe gegen die übermächtigen Landsleute er-
bat, erinnerte ihn Tiberius an sein Verhalten nach der Varusschlacht und erwiderte, daß jetzt die Römer ebenfalls neutral
bleiben würden. Es ging nun schleunig mit ihm zu Ende. Schon

im folgenden Jahr (18) wurde er von einem Gothonenfürsten
Catualda, den er früher persönlich beleidigt hatte und der dann
mit den übrigen außerböhmischen Sueben von ihm abgefallen
war, in seinem Königssitz selbst überfallen und rettete, von den
Seinigen verlassen, mit Not sich zu den Römern, die ihm die erbetene Freistatt gewährten — als römischer Pensionär ist er viele
Jahre später in Ravenna gestorben.

Also waren Arminius Gegner wie seine Nebenbuhler flüchtig geworden und die germanische Nation sah auf keinen andern als
auf ihn. Aber diese Größe war seine Gefahr und sein Verderben.
Seine eigenen Landsleute, vor allem sein eigenes Geschlecht schul-
digte ihn an, den Weg Marobods zu gehen und nicht bloß der
Erste, sondern auch der Herr und der König der Germanen sein
zu wollen — ob mit Grund oder nicht und ob, wenn er dies wollte,
er damit nicht vielleicht das Rechte wollte, wer vermag es zu
sagen? Es kam zum Bürgerkrieg zwischen ihm und diesen Ver-
tretern der Volksfreiheit; zwei Jahre nach Maroboduus Verbannung fiel er auch, gleich Caesar, durch den Mordstahl ihm nahe-
stehender republikanisch gesinnter Adliger. Seine Gattin Thusnelda und sein in der Gefangenschaft geborener Sohn Thume-
licus, den er nie mit Augen gesehen hat, zogen bei dem Triumph
des Germanicus (26. Mai 17) unter den anderen vornehmen Germanen gefesselt mit auf das Kapitol; der alte Segestes ward für
seine Treue gegen die Römer mit einem Ehrenplatz bedacht, von
wo aus er dem Einzug seiner Tochter und seines Enkels zuschauen
durfte. Sie alle sind im Römerreich gestorben; mit Maroboduus
fanden auch Gattin und Sohn seines Gegners im Exil von Ravenna sich zusammen. Wenn Tiberius bei Abberufung des Germanicus bemerkte, daß es gegen die Deutschen der Kriegführung
nicht bedürfe und daß sie das für Rom Erforderliche schon weiter
selber besorgen würden, so kannte er seine Gegner; darin allerdings hat die Geschichte ihm Recht gegeben. Aber dem hoch-
sinnigen Mann, der sechsundzwanzigjährig seine sächsische Heimat von der italischen Fremdherrschaft erlöst hatte, der dann
in siebenjährigem Kampfe für die wiedergewonnene Freiheit Feldherr wie Soldat gewesen war, der nicht bloß Leib und Leben, sondern auch Weib und Kind für seine Nation eingesetzt hatte, um
dann siebenunddreißigjährig von Mörderhand zu fallen, diesem
Mann gab sein Volk, was es zu geben vermochte, ein ewiges Gedächtnis im Heldenlied.

KAPITEL III

SPANIEN

Die Zufälligkeiten der äußeren Politik bewirkten es, daß die Römer früher als in irgend einem anderen Teil des überseeischen Kontinents sich auf der pyrenäischen Halbinsel festsetzten und hier ein zwiefaches ständiges Kommando einrichteten. Auch hatte die Republik hier nicht, wie in Gallien und in Illyricum, sich darauf beschränkt die Küsten des italischen Meeres zu unterwerfen, vielmehr gleich von Anfang an nach dem Vorgang der Barkiden die Eroberung der ganzen Halbinsel in das Auge gefaßt. Mit den Lusitanern (in Portugal und Estremadura) hatten die Römer gestritten, seit sie sich Herren von Spanien nannten; die ,entferntere Provinz' war recht eigentlich gegen diese, und zugleich mit der näheren eingerichtet worden; die Callaeker (Galicia) wurden ein Jahrhundert vor der aktischen Schlacht den Römern botmäßig; kurz vor derselben hatte in seinem ersten Feldzug der spätere Diktator Caesar die römischen Waffen bis nach Brigantium (Coruña) getragen und die Zugehörigkeit dieser Landschaft zu der entfernteren Provinz aufs neue befestigt. Es haben dann in den Jahren zwischen Caesars Tod bis auf Augustus' Einherrschaft die Waffen in Nordspanien niemals geruht: nicht weniger als sechs Statthalter haben in dieser kurzen Zeit dort den Triumph gewonnen und vielleicht erfolgte die Unterwerfung des südlichen Abhangs der Pyrenäen vorzugsweise in dieser Epoche. Die Kriege mit den stammverwandten Aquitanern an der Nordseite des Gebirges, die in die gleiche Epoche fallen und von denen der letzte im Jahre 27 siegreich zu Ende ging, werden damit in Zusammenhang stehen. Bei der Reorganisation der Verwaltung im J. 27 kam die Halbinsel an Augustus, weil dort ausgedehnte militärische Operationen in Aussicht genommen waren und sie einer dauernden Besatzung bedurfte. Obgleich das südliche Drittel der entfernteren Provinz, seitdem benannt vom Baetisfluß (Guadalquivir), dem Regiment des Senats bald zurückgegeben wurde, blieb doch der bei weitem größere Teil der Halbinsel stets in kaiserlicher Verwaltung, sowohl der größere Teil der entfernteren Provinz, Lusitanien und Callaecien, wie die ganze große nähere. Unmittelbar nach Einrichtung der neuen Oberleitung begab sich Augustus persönlich nach Spanien, um in zweijährigem Aufenthalt (26. 25) die neue Verwaltung zu ordnen und die Okkupation der noch nicht botmäßigen Landesteile zu leiten. Er tat dies von Tarraco aus, und es wurde damals über-

haupt der Sitz der Regierung der näheren Provinz von Neukarthago nach Tarraco verlegt, von welcher Stadt diese Provinz
auch seitdem gewöhnlich genannt wird. Wenn es einerseits notwendig erschien den Sitz der Verwaltung nicht von der Küste zu
entfernen, so beherrschte andererseits die neue Hauptstadt das
Ebrogebiet und die Kommunikationen mit dem Nordwesten und
den Pyrenäen. Gegen die Asturer (in den Provinzen Asturien und
Leon) und vor allem die Cantabrer (im Vaskenland und der Provinz Santander), welche sich hartnäckig in ihren Bergen behaupteten und die benachbarten Gaue überliefen, zog sich mit Unterbrechungen, die die Römer Siege nannten, der schwere und ver-
lustvolle Krieg acht Jahre hin, bis es endlich Agrippa gelang
durch Zerstörung der Bergstädte und Verpflanzung der Bewohner
in die Täler den offenen Widerstand zu brechen.

Wenn, wie Kaiser Augustus sagt, seit seiner Zeit die Küste des
Ozeans von Cadiz bis zur Elbmündung den Römern gehorchte,
so war in diesem Winkel derselben der Gehorsam recht unfreiwillig und von geringem Verlaß. Zu einer eigentlichen Befriedigung scheint es im nordwestlichen Spanien noch lange nicht gekommen zu sein. Noch in Neros Zeit ist von Kriegszügen gegen
die Asturer die Rede. Deutlicher noch spricht die Besetzung des
Landes, wie Augustus sie angeordnet hat. Callaecien wurde von
Lusitanien getrennt und mit der tarraconensischen Provinz vereinigt, um den Oberbefehl in Nordspanien in einer Hand zu kon-
zentrieren. Diese Provinz ist nicht bloß damals die einzige gewesen, welche, ohne an Feindesland zu grenzen, ein legionares
Militärkommando erhalten hat, sondern es wurden von Augustus
nicht weniger als drei Legionen dorthin gelegt, zwei nach Asturien,
eine nach Cantabrien, und trotz der militärischen Bedrängnis in
Germanien und in Illyricum ward diese Besatzung nicht vermindert. Das Hauptquartier ward zwischen der alten Metropole
Asturiens Lancia und der neuen Asturica Augusta (Astorga) eingerichtet, in dem noch heute von ihm den Namen führenden Leon.
Mit dieser starken Besetzung des Nordwestens hängen wahrscheinlich die daselbst in der früheren Kaiserzeit in bedeutendem Umfange vorgenommenen Straßenanlagen zusammen, obwohl wir,
da die Dislokation dieser Truppen in der augustischen Zeit uns
unbekannt ist, den Zusammenhang im Einzelnen nicht nachzuweisen vermögen. So ist von Augustus und Tiberius für die Hauptstadt Callaeciens Bracara (Braga) eine Verbindung mit Asturica, das heißt mit dem großen Hauptquartier, nicht minder mit
den nördlich, nordöstlich und südlich benachbarten Städten hergestellt worden. Ähnliche Anlagen machte Tiberius im Gebiet

der Vasconen und in Cantabrien. Allmählich konnte die Besatzung verringert, unter Claudius eine Legion, unter Nero eine zweite anderswo verwendet werden. Doch wurden diese nur als abkommandiert angesehen und noch zu Anfang der Regierung Vespasians hatte die spanische Besatzung wieder ihre frühere Stärke; eigentlich reduziert haben sie erst die Flavier, Vespasian auf zwei, Domitian auf eine Legion. Von da an bis in die diokletianische Zeit hat eine einzige Legion, die 7. Gemina und eine gewisse Zahl von Hilfskontingenten in Leon garnisoniert.

Keine Provinz ist unter dem Prinzipat weniger von den äußeren wie von den inneren Kriegen berührt worden als dieses Land des fernen Westens. Wenn in dieser Epoche die Truppenkommandos gleichsam die Stelle der rivalisierenden Parteien übernahmen, so hat das spanische Heer auch dabei durchaus eine Nebenrolle gespielt; nur als Helfer seines Kollegen trat Galba in den Bürgerkrieg ein und der bloße Zufall trug ihn an die erste Stelle. Die vergleichungsweise auch nach der Reduktion noch auffallend starke Besatzung des Nordwestens der Halbinsel läßt darauf schließen, daß diese Gegend noch im zweiten und dritten Jahrhundert nicht vollständig botmäßig gewesen ist; indes vermögen wir über die Verwendung der spanischen Legion innerhalb der Provinz, die sie besetzt hielt, nichts Bestimmtes anzugeben. Der Krieg gegen die Cantabrer ist mit Hilfe von Kriegsschiffen geführt worden; nachher haben die Römer keine Veranlassung gehabt hier eine dauernde Flottenstation einzurichten. — Erst in der nachdiokletianischen Zeit finden wir die pyrenäische Halbinsel wie die italische und die griechisch-makedonische ohne ständige Besatzung.

Daß die Provinz Baetica wenigstens seit dem Anfang des zweiten Jahrhunderts von der gegenüberliegenden Küste aus durch die Mauren — die Piraten des Rif — vielfach heimgesucht wurde, wird in der Darstellung der afrikanischen Verhältnisse näher auszuführen sein. Vermutlich ist es daraus zu erklären, daß, obwohl sonst in den Provinzen des Senats kaiserliche Truppen nicht zu stehen pflegten, ausnahmsweise Italica (bei Sevilla) mit einer Abteilung der Legion von Leon belegt war. Hauptsächlich aber lag es dem in der Provinz von Tingi (Tanger) stationierten Kommando ob, das reiche südliche Spanien vor diesen Einfällen zu schützen. Dennoch ist es vorgekommen, daß Städte wie Italica und Singili (unweit Antequera) von den Piraten belagert wurden.

Wenn dem weltgeschichtlichen Werke der Kaiserzeit, der Romanisierung des Occidents, von der Republik irgendwo vorgearbeitet war, so war dies in Spanien geschehen. Was das Schwert begonnen, führte der friedliche Verkehr weiter; das römische Silbergeld hat in Spanien geherrscht lange bevor es sonst außerhalb Italien gangbar ward und die Bergwerke, der Wein- und Ölbau, die Handelsbeziehungen bewirkten an der Küste, namentlich im Südwesten ein stetiges Einströmen italischer Elemente. Neukarthago, die Schöpfung der Barkiden und von seiner Entstehung an bis in die augustische Zeit die Hauptstadt der diesseitigen Provinz und der erste Handelsplatz Spaniens, umschloß schon im siebenten Jahrhundert eine zahlreiche römische Bevölkerung; Carteia, gegenüber dem heutigen Gibraltar, ein Menschenalter vor der Gracchenzeit gegründet, ist die erste überseeische Stadtgemeinde mit einer Bevölkerung römischen Ursprungs; die altberühmte Schwesterstadt Karthagos, Gades, das heutige Cadiz, die erste fremdländische Stadt außerhalb Italien, welche römisches Recht und römische Sprache annahm. Hatte also an dem größten Teil der Küste des mittelländischen Meeres die alteinheimische wie die phönikische Zivilisation bereits unter der Republik in die Art und Weise des herrschenden Volkes eingelenkt, so wurde in der Kaiserzeit in keiner Provinz die Romanisierung so energisch von oben herab gefördert wie in Spanien. Vor allem die südliche Hälfte der Baetica zwischen dem Baetis und dem Mittelmeer hat zum Teil schon unter der Republik oder durch Caesar, zum Teil in den J. 15 und 14 durch Augustus eine stattliche Reihe von römischen Vollbürgergemeinden erhalten, die hier nicht etwa vorzugsweise die Küste, sondern vor allem das Binnenland füllen, voran Hispalis (Sevilla) und Corduba (Cordova) mit Kolonialrecht, mit Munizipalrecht Italica (bei Sevilla) und Gades (Cadiz). Auch im südlichen Lusitanien begegnet eine Reihe gleichberechtigter Städte, namentlich Olisipo (Lissabon), Pax Julia (Beja) und die von Augustus während seines Aufenthalts in Spanien gegründete und zur Hauptstadt dieser Provinz gemachte Veteranenkolonie Emerita (Merida). In der Tarraconensis finden sich die Bürgerstädte überwiegend an der Küste, Karthago nova, Ilici (Elche), Valentia, Dertosa (Tortosa), Tarraco, Barcino (Barcelona); im Binnenland tritt nur hervor die Kolonie im Ebrotal Caesaraugusta (Sarogossa). Vollbürgergemeinden zählte man in ganz Spanien unter Augustus fünfzig; gegen fünfzig andere hatten bis dahin latinisches Recht empfangen und standen hinsichtlich der inneren Ordnung den Bürgergemeinden gleich. Bei den übrigen hat dann Kaiser Vespasianus bei Gelegenheit der von ihm im J. 74 veranstalteten allgemeinen Reichsschätzung die latinische Gemeindeordnung ebenfalls eingeführt. Die Verleihung des Bürgerrechts ist weder damals noch überhaupt in der besseren Kaiserzeit

viel weiter ausgedehnt worden als sie in augustischer Zeit gediehen war, wobei wahrscheinlich hauptsächlich die Rücksicht
auf das den Reichsbürgern gegenüber beschränkte Aushebungs-
recht maßgebend gewesen ist.

Die einheimische Bevölkerung Spaniens, welche also teils mit
italischen Ansiedlern vermischt, teils zu italischer Sitte und Sprache
hingeleitet ward, tritt in der Geschichte der Kaiserzeit nirgends
deutlich erkennbar hervor. Wahrscheinlich hat derjenige Stamm,
dessen Reste und dessen Sprache sich bis auf den heutigen Tag
in den Bergen Vizcayas, Guipuzcoas und Navarras behaupten,
einstmals die ganze Halbinsel in ähnlicher Weise erfüllt, wie
die Berbern das nordafrikanische Land. Ihr Idiom, von den indogermanischen grundverschieden und flexionslos wie das der
Finnen und Mongolen, beweist ihre ursprüngliche Selbständigkeit,
und ihre wichtigsten Denkmäler, die Münzen, umfassen in dem
ersten Jahrhundert der Herrschaft der Römer in Spanien die
Halbinsel mit Ausnahme der Südküste von Cadiz bis Granada,
wo damals die phoenikische Sprache herrschte, und des Gebietes
nördlich von der Mündung des Tajo und westlich von den Ebro-
quellen, welches damals wahrscheinlich großenteils faktisch unabhängig und gewiß durchaus unzivilisiert war; in diesem iberischen Gebiet unterscheidet sich wohl die südspanische Schrift
deutlich von der der Nordprovinz, aber nicht minder deutlich
sind beide Äste eines Stammes. Die phoenikische Einwanderung
hat sich hier auf noch engere Grenzen beschränkt als in Afrika
und die keltische Mischung die allgemeine Gleichförmigkeit der
nationalen Entwickelung nicht in einer für uns erkennbaren Weise
modifiziert. Aber die Konflikte der Römer mit den Iberern gehören überwiegend der republikanischen Epoche an. Nach den
letzten Waffengängen unter der ersten Dynastie verschwinden
die Iberer völlig aus unseren Augen. Auch auf die Frage, wie weit
sie in der Kaiserzeit sich romanisiert haben, gibt die uns gebliebene Kunde keine befriedigende Antwort. Daß sie im Verkehr
mit den fremden Herren von jeher veranlaßt sein werden sich der
römischen Sprache zu bedienen, bedarf des Beweises nicht; aber
auch aus dem öffentlichen Gebrauch innerhalb der Gemeinden
schwindet unter dem Einfluß Roms die nationale Sprache und
die nationale Schrift. Schon im letzten Jahrhundert der Republik
ist die anfänglich in weitem Umfange gestattete einheimische
Prägung in der Hauptsache beseitigt worden; aus der Kaiserzeit
gibt es keine spanische Stadtmünze mit anderer als lateinischer
Aufschrift. Wie die römische Tracht war die römische Sprache
auch bei denjenigen Spaniern, die des italischen Bürgerrechts

entbehrten, in großem Umfang verbreitet und die Regierung begünstigte die faktische Romanisierung des Landes. Als Augustus starb, überwog römische Sprache und Sitte in Andalusien, Granada, Murcia, Valencia, Catalonien, Arragonien, und ein guter Teil davon kommt auf Rechnung nicht der Kolonisierung, sondern der Romanisierung. Durch die vorher erwähnte Anordnung Vespasians ward die einheimische Sprache von Rechtswegen auf den Privatverkehr beschränkt. Daß sie in diesem sich behauptet hat, beweist ihr heutiges Dasein; was jetzt auf die Berge sich beschränkt, welche weder die Gothen noch die Araber je besetzt haben, wird in der römischen Zeit sicher über einen großen Teil Spaniens, besonders den Nordwesten sich erstreckt haben. Dennoch ist die Romanisierung in Spanien sicher sehr viel früher und stärker eingetreten als in Afrika; Denkmäler mit einheimischer Schrift aus der Kaiserzeit sind in Afrika in ziemlicher Anzahl, in Spanien kaum nachzuweisen, und die Berbersprache beherrscht heute noch halb Nordafrika, die iberische nur die engen Täler der Vasken.* Es konnte das nicht anders kommen, teils weil in Spanien die römische Zivilisation viel früher und viel kräftiger auftrat als in Afrika, teils weil die Eingeborenen dort nicht wie hier den Rückhalt an den freien Stämmen hatten.

Für die Finanzen des Staates ist dies reiche Land ohne Zweifel eine der sichersten und ergiebigsten Quellen gewesen; Näheres ist darüber nicht überliefert. — Auf die Bedeutung des Verkehrs dieser Provinzen gestattet die Fürsorge der Regierung für das spanische Straßenwesen einigermaßen einen Schluß. Zwischen den Pyrenäen und Tarraco haben sich römische Meilensteine schon aus der letzten republikanischen Zeit gefunden, wie sie keine andere Provinz des Occidents aufweist. Daß Augustus und Tiberius den Straßenbau in Spanien hauptsächlich aus militärischen Rücksichten förderten, ist schon bemerkt worden; aber die bei Karthago nova von Augustus gebaute Straße kann nur des Verkehrs wegen angelegt sein, und hauptsächlich dem Verkehr diente auch die von ihm benannte und teilweise regulierte, teilweise neu angelegte durchgehende Reichsstraße, welche, die italisch-gallische Küstenstraße fortführend und die Pyrenäen bei dem Paß .von Puycerda überschreitend von da nach Tarraco ging, dann über Valentia hinaus bis zur Mündung des Jucar ungefähr der Küste folgte, von da aber quer durch das Binnenland das Tal des Baetis aufsuchte, sodann von dem Augustusbogen an, der die Grenze der beiden Provinzen bezeichnete und mit dem eine neue Milienzählung anhob, durch die Provinz Baetica bis an die

---

* [Basken, Vaskonier.]

Mündung des Flusses lief und also Rom mit dem Ozean verband. Dies ist allerdings die einzige Reichsstraße in Spanien. Später hat die Regierung für die Straßen Spaniens nicht viel getan; die Kommunen, welchen dieselben bald wesentlich überlassen wurden, scheinen, soviel wir sehen, abgesehen von dem inneren Hochplateau, überall die Kommunikationen in dem Umfang hergestellt zu haben, wie der Kulturstand der Provinz sie verlangte. Denn gebirgig wie Spanien ist, und nicht ohne Steppen und Ödland, gehört es doch zu den ertragreichsten Ländern der Erde, sowohl durch die Fülle der Bodenfrucht wie durch den Reichtum an Wein und Öl und an Metallen. Hinzu trat früh die Industrie vorzugsweise in Eisenwaren und in wollenen und leinenen Geweben. Bei den Schätzungen unter Augustus hatte keine römische Bürgergemeinde, Patavium ausgenommen, eine solche Anzahl von reichen Leuten aufzuweisen wie das spanische Gades mit seinen durch die ganze Welt verbreiteten Großhändlern; und dem entsprach die raffinierte Üppigkeit der Sitten, die dort heimischen Kastagnettenschlägerinnen und die den eleganten Römern gleich den alexandrinischen geläufigen gaditanischen Lieder. Die Nähe Italiens und der bequeme und billige Seeverkehr gaben für diese Epoche besonders der spanischen Süd- und Ostküste die Gelegenheit ihre reichen Produkte auf den ersten Markt der Welt zu bringen, und wahrscheinlich hat Rom mit keinem Lande der Welt einen so umfassenden und stetigen Großhandel betrieben wie mit Spanien.

Daß die römische Zivilisation Spanien früher und stärker durchdrungen hat als irgend eine andere Provinz, bestätigt sich nach verschiedenen Seiten, insbesondere in dem Religionswesen und in der Literatur.

Zwar in dem noch später iberischen von Einwanderung ziemlich freigebliebenen Gebiet, in Lusitanien, Callaecien, Asturien, haben die einheimischen Götter mit ihren seltsamen meist auf -icus und -ecus ausgehenden Namen, der Endovellicus, der Eaecus, Vagodonnaegus und wie sie weiter heißen auch unter dem Prinzipat noch sich in den alten Stätten behauptet. Aber in der ganzen Baetica ist nicht ein einziger Votivstein gefunden worden, der nicht ebenso gut auch in Italien hätte gesetzt sein können; und von der eigentlichen Tarraconensis gilt dasselbe, nur daß von dem keltischen Götterwesen am oberen Duero vereinzelte Spuren begegnen. Eine gleich energische sakrale Romanisierung weist keine andere Provinz auf.

Die lateinischen Poeten in Corduba nennt Cicero nur um sie zu tadeln; und das augustische Zeitalter der Literatur ist auch noch wesentlich das Werk der Italiener, wenngleich einzelne Provinzialen daran mithalfen und unter anderen der gelehrte Bibliothekar des Kaisers, der Philolog Hyginus als Unfreier in Spanien geboren war. Aber von da an übernahmen die Spanier darin fast die Rolle wenn nicht des Führers, so doch des Schulmeisters. Die Cordubenser Marcus Porcius Latro, der Lehrer und das Muster Ovids, und sein Landsmann und Jugendfreund Annaeus Seneca, beide nur etwa ein Decennium jünger als Horaz, aber längere Zeit in ihrer Vaterstadt als Lehrer der Beredsamkeit tätig, bevor sie ihre Lehrtätigkeit nach Rom verlegten, sind recht eigentlich die Vertreter der die republikanische Redefreiheit und Redefrechheit ablösenden Schulrhetorik. Als der erstere einmal in einem wirklichen Prozeß aufzutreten nicht umhin konnte, blieb er mit seinem Vortrag stecken und kam erst wieder in Fluß, als das Gericht dem berühmten Mann zu Gefallen vom Tribunal weg in den Schulsaal verlegt ward. Auch Senecas Sohn, der Minister Neros und der Modephilosoph der Epoche, und sein Enkel, der Poet der Gesinnungsopposition gegen den Prinzipat, Lucanus haben eine literarisch ebenso zweifelhafte wie geschichtlich unbestreitbare Bedeutung, die doch auch in gewissem Sinn Spanien zugerechnet werden darf. Ebenfalls in der frühen Kaiserzeit haben zwei andere Provinzialen aus der Baetica, Mela unter Claudius, Columella unter Nero, jener durch seine kurze Erdbeschreibung, dieser durch eine eingehende zum Teil auch poetische Darstellung des Ackerbaus einen Platz unter den anerkannten stilisierenden Lehrschriftstellern gewonnen. Wenn in der domitianischen Zeit der Poet Canius Rufus aus Gades, der Philosoph Decianus aus Emerita und der Redner Valerius Licinianus aus Bilbilis (Calatayud unweit Saragossa) als literarische Größen neben Vergil und Catull und neben den drei cordubensischen Sternen gefeiert werden, so geschieht dies allerdings ebenfalls von einem Bilbilitaner Valerius Martialis*, welcher selbst an Fein-

---

* Die Hink-Jamben (1, 61) lauten:

Hoch schätzt des feinen Dichters Lieder Verona;
Des Maro freut sich Mantua.
Pataviums großer Livius macht der Stadt Ruhm aus
Und Stella wie ihr Flaccus auch.
Apollodoren rauscht Beifall des Nils Woge;
Von Nasos Ruhm ist Sulmo voll.
Die beiden Seneca und den einzigen Lucanus
Rühmt das beredte Corduba.
Das lustige Gades wird den Canius sein nennen,
Emerita meinen Decian.
Also wird unser Bilbilis auf dich stolz sein,
Licinian, und auch auf mich.

heit und Mache, freilich aber auch an Feilheit und Leere unter
den Dichtern dieser Epoche keinem weicht, und man wird mit
Recht dabei die Landsmannschaft in Anrechnung bringen; doch
zeigt schon die bloße Möglichkeit einen solchen Dichterstrauß
zu binden die Bedeutung des spanischen Elements in der damaligen Literatur. Aber die Perle der spanisch-lateinischen Schriftstellerei ist Marcus Fabius Quintilianus (35—95) aus Calagurris
am Ebro. Schon sein Vater hatte als Lehrer der Beredtsamkeit
in Rom gewirkt; er selbst wurde durch Galba nach Rom gezogen
und nahm namentlich unter Domitian als Erzieher der kaiserlichen Neffen eine angesehene Stellung ein. Sein Lehrbuch der
Rhetorik und bis zu einem Grade der römischen Literaturge-
schichte ist eine der vorzüglichsten Schriften, die wir aus dem
römischen Altertum besitzen, von feinem Geschmack und siche-
rem Urteil getragen, einfach in der Empfindung wie in der Darstellung, lehrhaft ohne Langweiligkeit, anmutig ohne Bemühung,
in scharfem und bewußtem Gegensatz zu der phrasenreichen und
gedankenleeren Modeliteratur. Nicht am wenigsten ist es sein
Werk, daß die Richtung sich wenn nicht besserte, so doch änderte.
Späterhin tritt in der allgemeinen Nichtigkeit der Einfluß der
Spanier nicht weiter hervor. Was bei ihrer lateinischen Schriftstellerei geschichtlich besonders ins Gewicht fällt, ist das vollständige Anschmiegen dieser Provinzialen an die literarische Entwickelung des Mutterlandes. Cicero freilich spottet über den Un-
geschick und die Provinzialismen der spanischen Dichtungsbe-
flissenen; und noch Latros Latein fand nicht den Beifall des römisch geborenen ebenso vornehmen wie korrekten Messalla Cor-
vinus. Aber nach der augustischen Zeit wird nichts Ähnliches
wieder vernommen. Die gallischen Rhetoren, die großen afrikanischen Kirchenschriftsteller sind auch als lateinische Schriftsteller einigermaßen Ausländer geblieben; die Seneca und Martialis würde an ihrem Wesen und Schreiben niemand als solche
erkennen; an inniger Liebe zu der eigenen Literatur und an feinem Verständnis derselben hat nie ein Italiener es dem cala-
gurritanischen Sprachlehrer zuvorgetan.

KAPITEL IV

DIE GALLISCHEN PROVINZEN

Wie Spanien, war auch das südliche Gallien bereits in republikanischer Zeit ein Teil des römischen Reiches geworden, jedoch
weder so früh noch so vollständig wie jenes. Die beiden spanischen
Provinzen sind in der hannibalischen, die Provinz Narbo in der

gracchischen Zeit eingerichtet worden; und wenn dort Rom die
ganze Halbinsel an sich nahm, so begnügte es sich hier nicht bloß
bis in die letzte Zeit der Republik mit dem Besitz der Küste,
sondern es nahm auch von dieser unmittelbar nur die kleinere
und die entferntere Hälfte. Nicht mit Unrecht bezeichnete die Republik diesen ihren Besitz als das Stadtgebiet Narbo (Narbonne);
der größere Teil der Küste, etwa von Montpellier bis Nizza, gehörte der Stadt Massalia. Diese Griechengemeinde war mehr ein
Staat als eine Stadt, und das von Alters her bestehende gleiche
Bündnis mit Rom erhielt durch ihre Machtstellung eine reale
Bedeutung, wie sie bei keiner zweiten Bundesstadt je vorgekommen ist. Freilich waren nichtsdestoweniger die Römer für diese
benachbarten Griechen mehr noch als für die entfernteren des
Ostens der Schild wie das Schwert. Die Massalioten hatten wohl
das untere Rhonegebiet bis nach Avignon hinauf in ihrem Besitz;
aber die ligurischen und die keltischen Gaue des Binnenlandes
waren ihnen keineswegs botmäßig, und das römische Standlager
bei Aquae Sextiae (Aix) einen Tagemarsch nordwärts von Massalia
ist recht eigentlich zum dauernden Schutz der reichen griechischen
Kaufstadt eingerichtet worden. Es war eine der schwerwiegend-
sten Konsequenzen des römischen Bürgerkrieges, daß mit der
legitimen Republik zugleich ihre treueste Verbündete, die Stadt
Massalia, politisch vernichtet, aus einem mitherrschenden Staat
umgewandelt ward in eine auch ferner reichsfreie und griechische,
aber ihre Selbständigkeit und ihren Hellenismus in den bescheidenen Verhältnissen einer provinzialen Mittelstadt bewahrende
Gemeinde. In politischer Hinsicht ist nach der Einnahme im Bürgerkrieg nicht weiter von Massalia die Rede; die Stadt ist fortan
nur für Gallien was Neapolis für Italien, das Zentrum griechischer
Bildung und griechischer Lehre. Insofern als der größere Teil
der späteren Provinz Narbo erst damals unter unmittelbare römische Verwaltung trat, gehört auch deren Einrichtung gewissermaßen erst dieser Epoche an.

So weit wie die Romanisierung Südspaniens war die des gallischen Südens in republikanischer Zeit nicht vorgeschritten. Die
zwischen den beiden Eroberungen liegenden achtzig Jahre waren
nicht rasch einzuholen; die Truppenlager in Spanien waren bei
weitem stärker und stetiger als die gallischen, die Städte latinischer Art dort zahlreicher als hier. Wohl war auch hier in der Zeit
der Gracchen und unter ihrem Einfluß Narbo gegründet worden,
die erste eigentliche Bürgerkolonie jenseit des Meeres; aber sie
blieb vereinzelt und im Handelsverkehr zwar Rivalin von Massalia, aber allem Anscheine nach an Bedeutung ihr keineswegs

gleich. Aber als Caesar anfing die Geschicke Roms zu leiten, wurde
vor allem hier, in diesem Lande seiner Wahl und seines Sterns,
das Versäumte nachgeholt. Die Kolonie Narbo wurde verstärkt
und zwar unter Tiberius die volkreichste Stadt im gesammten
Gallien. Dann wurden, hauptsächlich auf dem von Massalia abgetretenen Gebiet, vier neue Bürgergemeinden angelegt, darunter
die bedeutendsten; militärisch Forum Julii (Fréjus), Hauptstation
der neuen Reichsflotte, für den Verkehr Arelate (Arles) an der
Rhonemündung, das bald, als Lyon sich hob und der Verkehr
sich wieder mehr nach der Rhone zog, Narbo überflügelnd die
rechte Erbin Massalias und das große Emporium des gallisch-
italischen Handels ward. Was er selbst noch und was sein Sohn
in diesem Sinne geschaffen hat, ist nicht bestimmt zu unterscheiden und geschichtlich kommt darauf auch wenig an; wenn irgendwo, war hier Augustus nichts als der Testamentsvollstrecker Caesars. Überall weicht die keltische Gauverfassung der italischen
Gemeinde. Der Gau der Volker im Küstengebiet, früher den Massalioten untertänig, empfing durch Caesar latinische Gemeindeverfassung in der Weise, daß die ‚Prätoren' der Volker dem ganzen
24 Ortschaften umfassenden Bezirk vorstanden, bis dann bald
darauf die alte Ordnung auch dem Namen nach verschwand und
an die Stelle des Gaus der Volker die latinische Stadt Nemausus
(Nimes) trat. Ähnlich erhielt der ansehnlichste aller Gaue dieser
Provinz, der der Allobrogen, welche das Land nördlich der Isère
und östlich der mittleren Rhone von Valence und Lyon bis in die
savoyischen Berge und an den Lemansee in Besitz hatten, wahrscheinlich bereits durch Caesar eine gleiche städtische Organisation
und italisches Recht, bis dann Kaiser Gaius der Stadt Vienna das
römische Bürgerrecht gewährte. Ebenso wurden in der gesammten
Provinz die größeren Zentren durch Caesar oder in der ersten
Kaiserzeit nach latinischem Recht organisiert, so Ruscino (Rous-
sillon), Avennio (Avignon), Aquae Sextiae (Aix), Apta (Apt).
Schon am Schluß der augustischen Zeit war die Landschaft an
beiden Ufern der unteren Rhone in Sprache und Sitte vollständig
romanisiert, die Gauverfassung wahrscheinlich in der gesamten
Provinz bis auf geringe Überreste beseitigt. Die Bürger der Gemeinden, denen das Reichsbürgerrecht verliehen war, und nicht
minder die Bürger derjenigen latinischen Rechts, welche durch
den Eintritt in das Reichsheer oder durch Bekleidung von Ämtern in ihrer Heimatstadt für sich und ihre Nachkommen das
Reichsbürgerrecht erworben hatten, standen rechtlich den Italienern vollständig gleich und gelangten gleich ihnen im Reichs-
dienst zu Ämtern und Ehren.

Dagegen in den drei Gallien gab es Städte römischen und latinischen Rechts nicht, oder vielmehr es gab dort nur eine solche, die eben darum auch zu keiner der drei Provinzen oder zu allen gehörte, die Stadt Lugudunum (Lyon). Am äußersten Südrand des kaiserlichen Gallien, unmittelbar an der Grenze der städtisch geordneten Provinz, am Zusammenfluß der Rhone und der Saone, an einer militärisch wie kommerziell gleich wohlgewählten Stelle war während der Bürgerkriege, zunächst infolge der Vertreibung einer Anzahl in Vienna ansässiger Italiener, im J. 43 diese Ansiedlung entstanden, nicht hervorgegangen aus einem Keltengau und daher auch immer mit eng beschränktem Gebiet, sondern von Haus aus von Italienern gebildet und im Besitz des vollen römischen Bürgerrechts, einzig in ihrer Art dastehend unter den Gemeinden der drei Gallien, den Rechtsverhältnissen nach einigermaßen wie Washington in dem nordamerikanischen Bundesstaat. Diese einzige Stadt der drei Gallien wurde zugleich die gallische Hauptstadt. Eine gemeinschaftliche Oberbehörde hatten die drei Provinzen nicht und von hohen Reichsbeamten hatte dort nur der Statthalter der mittleren oder der lugudunensischen Provinz seinen Sitz; aber wenn Kaiser oder Prinzen in Gallien verweilten, residierten sie regelmäßig in Lyon. Lyon war neben Karthago die einzige Stadt der lateinischen Reichshälfte, welche nach dem Muster der hauptstädtischen Garnison eine ständige Besatzung erhielt*. Die einzige Münzstätte für Reichsgeld, die wir im Westen für die frühere Kaiserzeit mit Sicherheit nachweisen können, ist die von Lyon. Hier war die Zentralstelle des ganz Gallien umfassenden Grenzzolles, hier der Knotenpunkt des gallischen Straßennetzes. Aber nicht bloß alle Regierungsanstalten, welche Gallien gemeinschaftlich waren, hatten ihren geborenen Sitz in Lyon, sondern diese Römerstadt wurde auch, wie wir weiterhin sehen werden, der Sitz des keltischen Landtags der drei Provinzen und aller daran sich knüpfenden politischen und religiösen Institutionen, seiner Tempel und seiner Jahresfeste. Also blühte Lugudunum rasch empor, gefördert durch die mit der Metropolenstellung verbundene reiche Dotation und die für den Handel ungemein günstige Lage. Ein Schriftsteller aus Tiberius' Zeit bezeichnet sie als die zweite in Gallien nach Narbo; späterhin nimmt sie daselbst den Platz neben oder vor ihrer Rhoneschwester Arelate. Bei der Feuersbrunst, die im J. 64 einen großen Teil Roms in Asche legte, sandten die Lugudunenser den Abgebrannten eine

---

* Dies sind die 1200 Soldaten, mit welchen, wie der Judenkönig Agrippa bei Josephus (bell. 2, 16, 4) sagt, die Römer das gesamte Gallien in Botmäßigkeit halten.

Beihilfe von 4 Mill. Sesterzen (870000 M.), und als ihre eigene Stadt im nächsten Jahr dasselbe Schicksal in noch härterer Weise traf, steuerte auch ihnen das ganze Reich seinen Beitrag und sandte der Kaiser die gleiche Summe aus seiner Schatulle. Glänzender als zuvor erstand die Stadt aus ihren Ruinen, und sie ist fast durch zwei Jahrtausende unter allen Zeitläuften eine Großstadt geblieben bis auf den heutigen Tag. In der späteren Kaiserzeit freilich tritt sie zurück hinter Trier. Die Stadt der Treverer, Augusta genannt wahrscheinlich von dem ersten Kaiser, gewann bald in der Belgica den ersten Platz; wenn noch in Tiberius' Zeit Durocortorum der Remer (Reims) die volkreichste Ortschaft der Provinz und der Sitz der Statthalter genannt wird, so teilt bereits ein Schriftsteller aus der des Claudius den Primat daselbst dem Hauptort der Treverer zu. Aber die Hauptstadt Galliens*, man darf vielleicht sagen des Occidents, ist Trier erst geworden durch die Umgestaltung der Reichsverwaltung unter Diocletian. Seit Gallien, Britannien und Spanien unter einer Oberverwaltung stehen, hat diese ihren Sitz in Trier, und seitdem ist Trier auch, wenn die Kaiser in Gallien verweilen, deren regelmäßige Residenz und, wie ein Grieche des 5. Jahrh. sagt, die größte Stadt jenseit der Alpen. Indes die Epoche, wo dieses Rom des Nordens seine Mauern und seine Thermen empfing, die wohl genannt werden dürfen neben den Stadtmauern der römischen Könige und den Bädern der kaiserlichen Reichshauptstadt, liegt jenseits unserer Darstellung. Durch die ersten drei Jahrhunderte der Kaiserzeit ist Lyon das römische Zentrum des Keltenlandes geblieben, und nicht bloß weil es an Volkszahl und Reichtum den ersten Platz einnahm, sondern weil es, wie keine andere des gallischen Nordens und nur wenige des Südens, eine von Italien aus gegründete und nicht nur dem Recht, sondern dem Ursprung und dem Wesen nach römische Stadt war.

Wie der hellenischen Nation, so verlieh Augustus der gallischen eine organisierte Gesamtvertretung, welche dort wie hier in der Epoche der Freiheit und der Zerfahrenheit wohl erstrebt, aber nie erreicht worden war. Unter dem Hügel, den die Hauptstadt Galliens krönte, da wo die Saone ihr Wasser mit dem der Rhone mischt, weihte am 1. August des J. 12 der kaiserliche Prinz Dru-

---

* Nichts ist so bezeichnend für die Stellung Triers in dieser Zeit als die Verordnung des Kaisers Gratianus vom J. 376, daß den Professoren der Rhetorik und der Grammatik beider Sprachen in sämtlichen Hauptstädten der damaligen siebzehn gallischen Provinzen zu ihrem städtischen Gehalt die gleiche Zulage aus der Staatskasse gegeben, für Trier aber diese höher bemessen werden solle.

sus als Vertreter der Regierung in Gallien der Roma und dem
Genius des Herrschers den Altar, an welchem fortan jedes Jahr
an diesem Tage diesen Göttern von der Gemeinschaft der Gallier
die Festfeier abgehalten werden sollte. Die Vertreter der sämtlichen Gaue wählten aus ihrer Mitte Jahr für Jahr den ‚Priester
der drei Gallien' und dieser brachte am Kaisertag das Kaiseropfer
dar und leitete die dazu gehörigen Festspiele.

Kaiser Claudius, selbst in Lyon geboren und, wie die Spötter
von ihm sagten, ein richtiger Gallier, hat die Schranken, die die
Gallier vom latinischen Bürgerrecht trennten, zum guten Teil
beseitigt. Die erste Stadt in Gallien, welche sicher italisches Recht
empfangen hat, ist die der Ubier, wo der Altar des römischen Germaniens angelegt war; dort im Feldlager ihres Vaters, des Germanicus, wurde die nachmalige Gemahlin des Claudius Agrippina geboren und sie hat im J. 50 ihrem Geburtsort das wahrscheinlich latinische Kolonialrecht erwirkt, dem heutigen Köln.
Vielleicht gleichzeitig, vielleicht schon früher ist dasselbe für die
Stadt der Treverer Augusta geschehen, das heutige Trier. Auch
noch einige andere gallische Gaue sind in dieser Weise dem Römertum näher gerückt worden, so der der Helvetier durch Vespasian, ferner der der Sequaner (Besancon); große Ausdehnung aber
scheint das latinische Recht in diesen Gegenden nicht gefunden
zu haben. Noch weniger ist in der früheren Kaiserzeit in dem kaiserlichen Gallien ganzen Gemeinden das volle Bürgerrecht beigelegt
worden. Wohl aber hat Claudius mit der Aufhebung der Rechts-
beschränkung den Anfang gemacht, welche die zum persönlichen
Reichsbürgerrecht gelangten Gallier von der Reichsbeamtenlauf-
bahn ausschloß; es wurde zunächst für die ältesten Verbündeten
Roms, die Haeduer, bald wohl allgemein diese Schranke beseitigt.
Damit war wesentlich die Gleichstellung erreicht. Denn nach den
Verhältnissen dieser Epoche hatte das Reichsbürgerrecht für die
durch ihre Lebensstellung von der Ämterlaufbahn ausgeschlossenen Kreise kaum einen besonderen praktischen Wert und war für
vermögende Peregrinen guter Herkunft, die diese Laufbahn zu
betreten wünschten und deshalb seiner bedurften, leicht zu erlangen; wohl aber war es eine empfindliche Zurücksetzung, wenn
dem römischen Bürger aus Gallien und seinen Nachkommen von
Rechtswegen die Ämterlaufbahn verschlossen blieb.

Wenn in der Organisation der Verwaltung das nationale Wesen
der Kelten so weit geschont ward, als dies mit der Reichseinheit
sich irgend vertrug, so ist dies hinsichtlich der Sprache nicht geschehen. Auch wenn es praktisch ausführbar gewesen wäre den
Gemeinden die Führung ihrer Verwaltung in einer Sprache zu

gestatten, deren die kontrollierenden Reichsbeamten nur ausnahmsweise mächtig sein konnten, lag es unzweifelhaft nicht in
den Absichten der römischen Regierung diese Schranke zwischen
den Herrschenden und Beherrschten aufzurichten. Der Gebrauch
der Landessprache wurde übrigens nicht gehindert; wir finden sowohl in der Südprovinz wie in den nördlichen Denkmäler mit
keltischer Aufschrift, dort immer mit griechischem, hier immer
mit lateinischem Alphabet geschrieben und wahrscheinlich gehören wenigstens manche von jenen, sicher diese sämtlich der
Epoche der Römerherrschaft an. Wenn die keltische Sprache
sich in der Bretagne, ähnlich wie in Wales, bis auf den heutigen
Tag behauptet hat, so hat die Landschaft zwar ihren heutigen
Namen von den im fünften Jahrhundert dorthin vor den Sachsen
flüchtenden Inselbritten erhalten, aber die Sprache ist schwerlich
erst mit diesen eingewandert, sondern allem Anschein nach hier
seit Jahrtausenden von einem Geschlecht dem andern überliefert.
In dem übrigen Gallien hat natürlich im Laufe der Kaiserzeit
das römische Wesen schrittweise Boden gewonnen; ein Ende
gemacht hat aber dem keltischen Idiom hier wohl nicht so
sehr die germanische Einwanderung als die Christianisierung,
welche in Gallien nicht, wie in Syrien und Ägypten, die von
der Regierung beiseite geschobene Landessprache aufnahm und
zu ihrem Träger machte, sondern das Evangelium lateinisch ver-
kündigte.

In dem Vorschreiten der Romanisierung, welche in Gallien, abgesehen von der Südprovinz, wesentlich der inneren Entwickelung
überlassen blieb, zeigt sich eine bemerkenswerte Verschiedenheit
zwischen dem östlichen Gallien und dem Westen und Norden,
die wohl mit, aber nicht allein auf dem Gegensatz der Germanen
und der Gallier beruht. In den Vorgängen bei und nach Neros
Sturz tritt diese Verschiedenheit selbst politisch bestimmend hervor. Die nahe Berührung der östlichen Gaue mit den Rheinlagern
und die hier vorzugsweise stattfindende Rekrutierung der Rheinlegionen hat dem römischen Wesen hier früher und vollständiger
Eingang verschafft als im Gebiet der Loire und der Seine. Bei
jenen Zerwürfnissen gingen die rheinischen Gaue, die keltischen
Lingonen und Treverer sowohl wie die germanischen Ubier oder
vielmehr die Agrippinenser mit der Römerstadt Lugudunum und
hielten fest zu der legitimen römischen Regierung, während die,
wie bemerkt ward, wenigstens in gewissem Sinn nationale Insurrektion von den Sequanern, Haeduern und Arvernern ausgeht.
In einer späteren Phase desselben Kampfes finden wir unter veränderten Parteiverhältnissen dieselbe Spaltung, jene östlichen

Gaue mit den Germanen im Bunde, während der Landtag von
Reims den Anschluß an diese verweigert.

Wurde somit das gallische Land in betreff der Sprache im wesentlichen ebenso behandelt wie die übrigen Provinzen, so begegnet wiederum die Schonung seiner alten Institutionen bei den
Bestimmungen über Maß und Gewicht. Allerdings haben neben
der allgemeinen Reichsordnung, welche in dieser Hinsicht von
Augustus erlassen ward, entsprechend dem toleranten oder vielmehr indifferenten Verhalten der Regierung in dergleichen Dingen,
die örtlichen Bestimmungen vielerorts fortbestanden, aber nur
in Gallien hat die örtliche Ordnung späterhin die des Reiches verdrängt. Die Straßen sind im ganzen römischen Reich gemessen
und bezeichnet nach der Einheit der römischen Meile (1,48 km),
und bis zum Ende des zweiten Jahrhunderts trifft dies auch für
diese Provinzen zu. Aber von Severus an tritt in den drei Gallien
und den beiden Germanien an deren Stelle eine zwar der römischen
angefügte, aber doch verschiedene und gallisch benannte Meile,
die Leuga (2,22 km), gleich anderthalb römischen Meilen. Unmöglich kann Severus damit den Kelten eine nationale Konzession
haben machen wollen; es paßt dies weder für die Epoche noch insbesondere für diesen Kaiser, der eben diesen Provinzen in ausge-
sprochener Feindseligkeit gegenüber stand; ihn müssen Zweck-
mäßigkeitsrücksichten bestimmt haben. Diese können nur darauf
beruhen, daß das nationale Wegemaß, die Leuga oder auch die
Doppelleuga, die germanische Rasta, welche letztere der franzö-
sischen Lieue entspricht, in diesen Provinzen nach der Einführung des einheitlichen Wegemaßes in ausgedehnterem Umfang
fortbestanden haben als dies in den übrigen Reichsländern der
Fall war. Augustus wird die römische Meile formell auf Gallien
erstreckt und die Postbücher und die Reichsstraßen darauf gestellt, aber der Sache nach dem Lande das alte Wegemaß gelassen
haben; und so mag es gekommen sein, daß die spätere Verwaltung
es weniger unbequem fand die zwiefache Einheit im Postverkehr
sich gefallen zu lassen* als noch länger sich eines praktisch im Lande
unbekannten Wegemaßes zu bedienen.

Von weit größerer Bedeutung ist das Verhalten der römischen
Regierung zu der Landesreligion; ohne Zweifel hat das gallische
Volkstum seinen festesten Rückhalt an dieser gefunden. Selbst
in der Südprovinz muß die Verehrung der nicht römischen Gottheiten lange, viel länger als zum Beispiel in Andalusien sich behauptet haben. Die große Handelsstadt Arelate freilich hat keine

---

* Die Postbücher und Straßentafeln verfehlen nicht bei Lyon und Toulouse
anzumerken, daß hier die Leugen beginnen.

anderen Weihungen aufzuweisen als an die auch in Italien verehrten Götter; aber in Fréjus, Aix, Nimes und überhaupt der
ganzen Küstenlandschaft sind die alten keltischen Gottheiten
in der Kaiserepoche nicht viel weniger verehrt worden als im
inneren Gallien. Auch in dem iberischen Teil Aquitaniens begegnen zahlreiche Spuren des einheimischen von dem keltischen
durchaus verschiedenen Kultus. Indes tragen alle im Süden Galliens zum Vorschein gekommenen Götterbilder einen minder von
dem gewöhnlichen abweichenden Stempel als die Denkmäler des
Nordens, und vor allem war es leichter mit den nationalen Göttern
auszukommen als mit dem nationalen Priestertum, das uns nur
im kaiserlichen Gallien und auf den britannischen Inseln begegnet,
den Druiden. Es würde vergebliche Mühe sein, von dem inneren
Wesen der aus Spekulation und Imagination wunderbar zu-
sammengestellten Druidenlehre eine Vorstellung geben zu wollen;
nur die Fremdartigkeit und die Fruchtbarkeit derselben sollen
einige Beispiele erläutern. Die Macht der Rede wurde symbolisch
dargestellt in einem kahlköpfigen runzligen von der Sonne verbrannten Greis, der Keule und Bogen führt und von dessen durch-
bohrter Zunge zu den Ohren des ihm folgenden Menschen feine
goldene Ketten laufen — das heißt es fliegen die Pfeile und schmet-
tern die Schläge des redegewaltigen Alten und willig folgen ihm
die Herzen der Menge. Das ist der Ogmius der Kelten; den Griechen erschien er wie ein als Herakles staffierter Charon. Ein in
Paris gefundener Altar zeigt uns drei Götterbilder mit Beischrift,
in der Mitte den Jovis, zu seiner Linken den Vulkan, ihm zur
Rechten den Esus, „den Entsetzlichen mit seinen grausen Al-
tären", wie ihn ein römischer Dichter nennt, aber dennoch ein
Gott des Handelsverkehrs und des friedlichen Schaffens; er ist
zur Arbeit geschürzt wie Vulkan, und wie dieser Hammer und
Zange führt, so behaut er mit dem Beil einen Weidenbaum. Eine
öfter wiederkehrende Gottheit, wahrscheinlich Cernunnos genannt, wird kauernd mit untergeschlagenen Beinen dargestellt;
auf dem Kopf trägt sie ein Hirschgeweih, an dem eine Halskette
hängt, und hält auf dem Schoß den Geldsack; vor ihr stehen zuweilen Rinder und Hirsche — es scheint, als solle damit der Erd-
boden als die Quelle des Reichtums ausgedrückt werden. Die
ungeheure Verschiedenheit dieses aller Reinheit und Schönheit
baaren, in barocken und phantastischen Mengen sehr irdischer
Dinge sich gefallenden keltischen Olymp von den einfach menschlichen Formen der griechischen und den einfach menschlichen Begriffen der römischen Religion gibt eine Ahnung der Schranke,
die zwischen diesen Besiegten und ihren Siegern stand. Daran

hingen weiter sehr bedenkliche praktische Konsequenzen: ein umfassender Geheimmittel- und Zauberkram, bei dem die Priester zugleich die Ärzte spielten und wo neben dem Besprechen und Besegnen auch Menschenopfer und Krankenheilung durch das Fleisch der also Geschlachteten vorkam. Daß direkte Opposition gegen die Fremdherrschaft in dem Druidentum dieser Zeit gewaltet hat, läßt sich wenigstens nicht erweisen; aber auch wenn dies nicht der Fall war, ist es wohl begreiflich, daß die römische Regierung, welche sonst alle örtlichen Besonderheiten der Gottesverehrung mit gleichgültiger Duldung gewähren ließ, diesem Druidenwesen nicht bloß in seinen Ausschreitungen, sondern überhaupt mit Apprehension gegenüber stand. Die Einrichtung des gallischen Jahrfestes in der rein römischen Landeshauptstadt und unter Ausschluß aller Anknüpfung an den nationalen Kultus ist offenbar ein Gegenzug der Regierung gegen die alte Landesreligion mit ihrem jährlichen Priesterkonzil in Chartres, dem Mittelpunkt des gallischen Landes. Unmittelbar aber ging Augustus gegen das Druidentum nicht weiter vor, als daß er jedem römischen Bürger die Beteiligung an dem gallischen Nationalkult untersagte. Tiberius in seiner energischeren Weise griff durch und verbot dieses Priestertum mit seinem Anhang von Lehrern und Heilkünstlern überhaupt; aber es spricht nicht gerade für den praktischen Erfolg dieser Verfügung, daß dasselbe Verbot abermals unter Claudius erging — von diesem wird erzählt, daß er einen vornehmen Gallier lediglich deshalb köpfen ließ, weil er überwiesen ward für guten Erfolg bei Verhandlungen vor dem Kaiser das landübliche Zaubermittel in Anwendung gebracht zu haben. Daß die Besetzung Britanniens, welches von Alters her der Hauptsitz dieses Priestertreibens gewesen war, zum guten Teil beschlossen ward, um damit dieses an der Wurzel zu fassen, wird weiterhin ausgeführt werden. Trotz alle dem hat noch in dem Abfall, den die Gallier nach dem Sturz der claudischen Dynastie versuchten, dies Priestertum eine bedeutende Rolle gespielt; der Brand des Capitols, so predigten die Druiden, verkünde den Umschwung der Dinge und den Beginn der Herrschaft des Nordens über den Süden. Indes wenn auch dies Orakel späterhin in Erfüllung ging, durch diese Nation und zugunsten ihrer Priester ist es nicht geschehen. Die Besonderheiten der gallischen Gottesverehrung haben sowohl auch später noch ihre Wirkung geübt; als im dritten Jahrhundert für einige Zeit ein gallisch-römisches Sonderreich ins Leben trat, spielt auf dessen Münzen die erste Rolle der Herkules teils in seiner griechisch-römischen Gestalt, teils auch als gallischer Deusoniensis oder Magusanus.

Von den Druiden aber ist nur noch etwa insofern die Rede, als die klugen Frauen in Gallien bis in die diokletianische Zeit unter dem Namen der Druidinnen gehen und orakeln, und daß die alten ad-lichen Häuser noch lange nachher in ihrer Ahnenreihe sich druidischer Altvordern berühmen. Wohl rascher noch als die Landessprache ging die Landesreligion zurück und das eindringende Christentum hat kaum noch an dieser ernstlichen Widerstand gefunden.

Das südliche Gallien, mehr als irgend eine andere Provinz durch seine Lage jedem feindlichen Angriff entzogen und gleich Italien und Andalusien ein Land der Olive und der Feige, gedieh unter dem Kaiserregiment zu hohem Wohlstand und reicher städtischer Entwickelung. Das Amphitheater und das Sarkophagfeld von Arles, der ,Mutter ganz Galliens', das Theater von Orange, die in und bei Nimes noch heute aufrecht stehenden Tempel und Brücken sind davon bis in die Gegenwart lebendige Zeugen. Auch in den nördlichen Provinzen stieg der alte Wohlstand des Landes weiter durch den dauernden Frieden, der, allerdings mit dem dauernden Steuerdruck, durch die Fremdherrschaft in das Land kam. ,In Gallien', sagt ein Schriftsteller der vespasianischen Zeit, ,sind die Quellen des Reichtums heimisch und ihre Fülle strömt über die ganze Erde'*. Vielleicht nirgends sind gleich zahlreiche und gleich prächtige Landhäuser zum Vorschein gekommen, vor allen Dingen im Osten Galliens, am Rhein und seinen Zuflüssen; man erkennt deutlich den reichen gallischen Adel. Berühmt ist das Testament des vornehmen Lingonen, welcher anordnet ihm das Grabdenkmal und die Bildsäule aus italischem Marmor oder bester Bronze zu errichten und unter anderem sein sämtliches Gerät für Jagd und Vogelfang mit ihm zu verbrennen — es erinnert dies an die anderweitig erwähnten meilenlangen eingefriedigten Jagdparke im Keltenland und an die hervorragende

---

* Josephus bell. Iud. 2, 16, 4. Ebenda sagt König Agrippa zu seinen Juden, ob sie sich etwa einbildeten reicher zu sein als die Gallier, tapferer als die Germanen, klüger als die Hellenen. Damit stimmen alle andern Zeugnisse überein. Nero vernimmt den Aufstand nicht ungern *occasione nata spoliandarum iure belli opulentissimarum provinciarum* (Sueton Nero 40 Plutarch Galb. 5); die dem Insurgentenheer des Vindex abgenommene Beute ist unermeßlich (Tacitus hist. 1, 51). Tacitus hist. 3, 46 nennt die Haeduer *pecunia dites et voluptatibus opulentos*. Nicht mit Unrecht sagt der Feldherr Vespasians zu den abgefallenen Galliern bei Tacitus hist. 4, 74: *regna bellaque per Gallias semper fuere donec in nostrum ius concederetis; nos quamquam totiens lacessiti iure victoriae id solum vobis addidimus quo pacem tueremur, nam neque quies gentium sine armis neque arma sine stipendiis neque stipendia sine tributis haberi queunt.* Die Steuern drückten wohl schwer, aber nicht so schwer wie der alte Fehde- und Faustrechtzustand.

Rolle, welche die keltischen Jagdhunde und keltische Waid-
mannsart bei dem Xenophon der hadrianischen Zeit spielen,
welcher nicht verfehlt hinzuzufügen, daß dem Xenophon des
Gryllos Sohn das Jagdwesen der Kelten nicht habe bekannt sein
können. Nicht minder gehört in diesen Zusammenhang die merkwürdige Tatsache, daß in dem römischen Heerwesen der Kaiserzeit die Kavallerie eigentlich keltisch ist, nicht bloß insofern diese
vorzugsweise aus Gallien sich rekrutiert, sondern auch indem die
Manöver und selbst die technischen Ausdrücke zum guten Teil
den Kelten entlehnt sind; man erkennt hier, wie nach dem Hin-
schwinden der alten Bürgerreiterei unter der Republik die Kavallerie durch Caesar und Augustus mit gallischen Mannschaften
und in gallischer Weise reorganisiert worden ist. Die Grundlage
dieses vornehmen Wohlstandes war der Ackerbau, auf dessen
Hebung auch Augustus selbst energisch hinwirkte und der in
ganz Gallien, etwa abgesehen von der Steppengegend an der aquitanischen Küste, reichen Ertrag gab. Einträglich war auch die
Viehzucht, besonders im Norden, namentlich die Zucht von
Schweinen und Schafen, welche bald für die Industrie und die
Ausfuhr von Bedeutung wurden — die menapischen Schinken
(aus Flandern) und die atrebatischen und nervischen Tuchmäntel
(bei Arras und Tournay) gingen in späterer Zeit in das gesamte
Reich. Von besonderem Interesse ist die Entwickelung des Weinbaus. Weder das Klima noch die Regierung waren demselben
günstig. Der ‚gallische Winter‘ blieb lange Zeit bei den Südländern
sprichwörtlich; wie denn in der Tat das römische Reich nach
dieser Seite hin am weitesten gegen Norden sich ausdehnt. Aber
engere Schranken zog der gallischen Weinkultur die italische
Handelskonkurrenz. Allerdings hat der Gott Dionysos seine Welteroberung überhaupt langsam vollbracht und nur Schritt vor
Schritt ist der aus der Halmfrucht bereitete Trank dem Saft der
Rebe gewichen; aber es beruht auf dem Prohibitivsystem, daß
in Gallien das Bier sich wenigstens im Norden als das gewöhnliche geistige Getränk die ganze Kaiserzeit hindurch behauptete
und noch Kaiser Julianus bei seinem Aufenthalt in Gallien mit
diesem falschen Bacchus in Konflikt kam*. So weit freilich, wie

---

* Sein Epigramm ‚auf den Gerstenwein‘ ist erhalten (anthol. Pal. 9, 368):
  Du, Dionysos, von wo kommst du? Bei dem richtigen Bacchus!
  Ich erkenne dich nicht; Zeus' Sohn kenn' ich allein.
  Jener duftet nach Nektar; du riechst nach dem Bocke. Die Kelten,
    Denen die Rebe versagt, braueten dich aus dem Halm,
  Scheuer-, nicht Feuersohn, Erdkind, nicht Kind dich des Himmels,
    Nur für das Futtern gemacht, nicht für den lieblichen Trunk.
Auf einem in Paris gefundenen irdenen Ring, der hohl und zum Füllen der

die Republik, welche den Wein- und Ölbau an der gallischen Südküste polizeilich untersagte, ging das Kaiserregiment nicht; aber
die Italiener dieser Zeit waren doch die rechten Söhne ihrer Väter.
Die Blüte der beiden großen Rhoneemporien Arles und Lyon beruhte zu einem nicht geringen Teil auf dem Vertrieb des italie-
nischen Weins nach Gallien; daran mag man ermessen, welche
Bedeutung der Weinbau damals für Italien selbst gehabt haben
muß. Wenn einer der sorgfältigsten Verwalter, die das Kaiser-
amt gehabt hat, Domitianus den Befehl erließ in sämtlichen Provinzen mindestens die Hälfte der Rebstöcke zu vertilgen*, was
freilich so nicht zur Ausführung kam, so darf daraus geschlossen
werden, daß die Ausbreitung des Weinbaus allerdings von Re-
gierungswegen ernstlich eingeschränkt ward. Noch in augustischer Zeit war er in dem nördlichen Teil der narbonensischen Provinz unbekannt, und wenn er auch hier bald in Aufnahme kam,
scheint er doch durch Jahrhunderte auf die Narbonensis und das
südliche Aquitanien beschränkt geblieben zu sein; von gallischen
Weinen kennt die bessere Zeit nur den allobrogischen und den
biturigischen, nach unserer Redeweise den Burgunder und den
Bordeaux**. Erst als die Zügel des Reiches den Händen der Italiener entfielen, im Laufe des dritten Jahrhunderts, änderte sich
dies und Kaiser Probus (276—282) gab endlich den Provinzialen
den Weinbau frei. Wahrscheinlich erst infolgedessen hat die Rebe
festen Fuß gefaßt an der Seine wie an der Mosel. ‚Ich habe‘,
schreibt Kaiser Julianus, ‚einen Winter‘ (es war der von 357 auf
358) ‚in dem lieben Lutetia verlebt, denn so nennen die Gallier
das Städtchen der Pariser, eine kleine Insel im Flusse gelegen und
rings ummauert; das Wasser ist dort trefflich und rein zu schauen
und zu trinken. Die Einwohner haben einen ziemlich milden Winter, und es wächst bei ihnen guter Wein; ja einige ziehen sogar
auch Feigen, indem sie sie im Winter mit Weizenstroh wie mit
einem Rocke zudecken‘. Und nicht viel später schildert dann der

---

Becher eingerichtet ist, sagt der Trinkende zu dem Wirt: *copo, conditu(m)*
abes; est reple(n)da — Wirt, du hast mehr im Keller; die Flasche ist leer, —
und zu der Kellnerin: *ospita, reple lagona(m) cervesa* — Mädchen, fülle die
Flasche mit Bier.

* Sueton Dom. 7. Wenn als Grund angegeben ward, daß die hohen Korn-
preise durch das Umwandeln des Ackerlandes in Weinberge veranlaßt seien,
so war das natürlich ein auf den Unverstand des Publikums berechneter Vorwand.

** Wenn noch Hehn (Kulturpflanzen S. 76) für den Weinbau der Arverner
und der Sequaner außerhalb der Narbonensis sich auf Plinius h. n. 14, 1, 18
beruft, so folgt er beseitigten Textinterpolationen. Es ist möglich, daß das
straffere kaiserliche Regiment in den drei Gallien den Weinbau mehr zurück-
hielt als das schlaffe senatorische in der Narbonensis.

Dichter von Bordeaux in der anmutigen Beschreibung der Mosel,
wie die Weinberge diesen Fluß an beiden Ufern einfassen „Gleich
wie die eigenen Reben mir kränzen die gelbe Garonne".
Der innere Verkehr so wie der mit den Nachbarländern, besonders mit Italien, muß ein sehr reger gewesen sein und das
Straßennetz entwickelt und gepflegt. Die große Reichsstraße von
Rom nach der Mündung des Baetis, war die Hauptader für den
Landhandel der Südprovinz; die ganze Strecke, in republikanischer Zeit von den Alpen bis zur Rhone durch die Massalioten
von da bis zu den Pyrenäen durch die Römer in Stand gehalten,
wurde von Augustus neu chaussiert. Im Norden führten die
Reichsstraßen hauptsächlich teils nach der gallischen Hauptstadt,
teils nach den großen Rheinlagern; doch scheint auch außerdem
für die übrige Kommunikation in ausreichender Weise gesorgt
gewesen zu sein.

Wenn die Südprovinz in der älteren Zeit auf dem geistigen Gebiet zu dem hellenischen Kreise gehörte, so hat der Rückgang
von Massalia und das gewaltige Vordringen des Römertums im
südlichen Gallien darin freilich eine Änderung herbeigeführt; dennoch aber ist dieser Teil Galliens immer, wie Campanien, ein Sitz
hellenischen Wesens geblieben. Daß Nemausus, eine der Teilerben von Massalia, auf seinen Münzen aus augustischer Zeit
alexandrinische Jahreszahlen und das Wappen Ägyptens zeigt,
ist nicht ohne Wahrscheinlichkeit darauf bezogen worden, daß
durch Augustus selbst in dieser dem Griechentum nicht fremd
gegenüberstehenden Stadt Veteranen aus Alexandreia angesiedelt
worden sind. Es darf wohl auch mit dem Einfluß Massalias in
Verbindung gebracht werden, daß dieser Provinz, wenigstens der
Abstammung nach, derjenige Historiker angehörte, welcher, es
scheint im bewußten Gegensatz zu der national-römischen Geschichtsschreibung und gelegentlich mit scharfen Ausfällen gegen
deren namhafteste Vertreter, Sallustius und Livius, die hellenische vertrat, der Vocontier Pompeius Trogus, Verfasser einer
von Alexander und den Diadochenreichen ausgehenden Weltgeschichte, in welcher die römischen Dinge nur innerhalb dieses
Rahmens oder anhangsweise dargestellt werden. Ohne Zweifel
gab er damit nur wieder, was eigentlich der literarischen Opposition des Hellenismus angehörte; immer bleibt es bemerkenswert, daß diese Tendenz ihren lateinischen Vertreter, und einen
geschickten und sprachgewandten Vertreter, hier in augustischer
Zeit fand. Aus späterer ist erwähnenswert Favorinus aus einem
angesehenen Bürgerhaus von Arles, einer der Hauptträger der
Polymathie der hadrianischen Welt; Philosoph mit aristotelischer

und skeptischer Tendenz, daneben Philolog und Kunstredner,
Schüler des Dion von Prusa, Freund des Plutarchos und des
Herodes Atticus, polemisch auf dem wissenschaftlichen Gebiet
angegriffen von Galenus, feuilletonistisch von Lucian, überhaupt
in lebhaften Beziehungen mit den namhaften Gelehrten des zweiten Jahrhunderts und nicht minder mit Kaiser Hadrian. Seine
mannigfaltigen Forschungen unter anderm über die Namen der
Genossen des Odysseus, die die Scylla verschlang, und über den
des ersten Menschen, der zugleich ein Gelehrter war, lassen ihn
als den rechten Vertreter des damals beliebten gelehrten Klein-
krams erscheinen und seine Vorträge für ein gebildetes Publikum
über Thersites und das Wechselfieber so wie seine zum Teil uns
aufgezeichneten Unterhaltungen über alles und noch etwas mehr
gewähren kein erfreuliches, aber ein charakteristisches Bild des
damaligen Literatentreibens. Hier ist hervorzuheben, was er selbst
unter die Merkwürdigkeiten seines Lebenslaufes rechnete, daß er
geborner Gallier und zugleich griechischer Schriftsteller war. Obwohl die Literaten des Occidents häufig nebenbei auch griechisch
speziminierten, so haben doch nur wenige sich dieser als ihrer
eigentlichen Schriftstellersprache bedient; hier wird dies mit durch
die Heimat des Gelehrten bedingt sein. Im Übrigen war Süd-
gallien an der augustischen Literaturblüte insofern beteiligt, als
einige der namhaftesten Gerichtsredner der späteren augustischen
Zeit, Votienus Montanus († 27 n. Chr.) aus Narbo — der Ovid der
Redner genannt — und Gnaeus Domitius Afer (Konsul 39 n. Chr.)
aus Nemausus dieser Provinz angehörten. Überhaupt erstreckt
die römische Literatur ihre Kreise natürlich auch über diese Landschaft; die Dichter der domitianischen Zeit sandten ihre Frei-
exemplare den Freunden in Tolosa und Vienna. Plinius unter
Traian ist erfreut, daß seine kleinen Schriften auch in Lugudunum nicht bloß günstige Leser, sondern auch Buchhändler finden,
die sie vertreiben. Einen besonderen Einfluß aber, wie ihn die
Baetica in der früheren, das nördliche Gallien in der späteren
Kaiserzeit auf die geistige und literarische Entwickelung Rom
ausgeübt hat, vermögen wir für den Süden nicht nachzuweisen.
Wein und Früchte gediehen in dem schönen Land; aber weder
Soldaten noch Denker sind dem Reiche von dort hergekommen.
    Das eigentliche Gallien ist im Gebiet der Wissenschaft das ge-
lobte Land des Lehrens und des Lernens; vermutlich geht dies
zurück auf die eigentümliche Entwickelung und den mächtigen
Einfluß des nationalen Priestertums. Das Druidentum war keineswegs ein naiver Volksglaube, sondern eine hoch entwickelte und
anspruchsvolle Theologie, die nach guter Kirchensitte alle Ge-

biete des menschlichen Denkens und Tuns, Physik und Metaphysik, Rechts- und Heilkunde bestrebt war zu erleuchten oder doch zu beherrschen, die von ihren Schülern unermüdliches, man sagt zwanzigjähriges Studium forderte und diese ihre Schüler vor allem in den adlichen Kreisen suchte und fand. Die Unterdrückung der Druiden durch Tiberius und seine Nachfolger muß in erster Reihe diese Priesterschulen betroffen und deren wenigstens öffentliche Beseitigung herbeigeführt haben; aber wirksam konnte dies nur dann geschehen, wenn der nationalen Jugendbildung die römisch-griechische ebenso gegenübergestellt ward wie dem karnutischen Druidenkonzil der Romatempel in Lyon. Wie früh dies, ohne Frage unter dem bestimmenden Einfluß der Regierung, in Gallien eingetreten ist, zeigt die merkwürdige Tatsache, daß bei dem früher erwähnten Aufstand unter Tiberius die Insurgenten vor allen Dingen versuchten sich der Stadt Augustodunum (Autun) zu bemächtigen, um die dort studierende vornehme Jugend in ihre Gewalt zu bekommen und dadurch die großen Familien zu gewinnen oder zu schrecken. Zunächst mögen wohl diese gallischen Lyzeen trotz ihres keineswegs nationalen Bildungskursus dennoch ein Ferment des spezifisch gallischen Volkstums gewesen sein; schwerlich zufällig hat das damals bedeutendste derselben nicht in dem römischen Lyon seinen Sitz, sondern in der Hauptstadt der Haeduer, des vornehmsten unter den gallischen Gauen. Aber die römisch-hellenische Bildung, wenn auch vielleicht der Nation aufgenötigt und zunächst mit Opposition aufgenommen, drang, wie allmählich der Gegensatz sich verschliff, in das keltische Wesen so sehr ein, daß mit der Zeit die Schüler sich ihr eifriger zuwandten als die Lehrmeister. Die Gentlemanbildung, etwa in der Art, wie sie heute in England besteht, ruhend auf dem Studium des Lateinischen und in zweiter Reihe des Griechischen und in der Entwickelung der Schulrede mit ihren Schnitzelpointen und Glanzphrasen lebhaft an neuere demselben Boden entstammende literarische Erscheinungen erinnernd, ward allmählich im Occident eine Art Privilegium der Galloromanen. Besser bezahlt als in Italien wurden dort die Lehrer wohl von jeher, und vor allen Dingen auch besser behandelt. Schon Quintilianus nennt mit Achtung unter den hervorragenden Gerichtsrednern mehrere Gallier; und nicht ohne Absicht macht Tacitus in dem feinen Dialog über die Redekunst den gallischen Advokaten Marcus Aper zum Verteidiger der modernen Beredsamkeit gegen die Verehrer Ciceros und Caesars. Den ersten Platz unter den gallischen Universitäten nahm späterhin Burdigala ein, wie denn überall Aquitanien hinsichtlich der Bildung dem mittleren und nördlichen Gallien weit voran war — in einem dort geschriebenen Dialog aus dem Anfang des 5. Jahrh. wagt einer der Mitsprechenden, ein Geistlicher aus Châlon-sur-Saone, kaum den Mund aufzutun vor dem gebildeten aquitanischen Kreise. Hier wirkte der früher erwähnte von Kaiser Valentinianus zum Lehrer seines Sohnes Gratianus (geb. 359) berufene Professor Ausonius, der in seinen vermischten Gedichten einer großen Anzahl seiner Kollegen ein Denkmal gestiftet hat; und als sein Zeitgenosse Symmachus, der berühmteste Redner dieser Epoche, für seinen Sohn einen Hofmeister suchte, ließ er in Erinnerung an seinen alten an der Garonne heimischen Lehrer sich einen aus Gallien kommen. Daneben ist Augustodunum immer einer der großen Mittelpunkte der gallischen Studien geblieben; wir haben noch die Reden, welche wegen der Wiederherstellung dieser Lehranstalt bittend und dankend vor dem Kaiser Constantin gehalten worden sind. — Die literarische Vertretung dieser eifrigen Schultätigkeit ist untergeordneter Art und geringen Wertes: Prunkreden, die namentlich durch die spätere Umwandlung von Trier in eine kaiserliche Residenz und das häufige Verweilen des Hofes im gallischen Land gefördert worden sind, und Gelegenheitsgedichte mannigfaltiger Art. Wie die Redeleistung war das Versemachen ein notwendiges Attribut des Lehramts und der öffentliche Lehrer der Literatur zugleich nicht gerade geborener, aber doch bestallter Dichter. Wenigstens die Geringschätzung der Poesie, welche der übrigens gleichartigen hellenischen Literatur der gleichen Epoche eigen ist, hat sich auf diese Occidentalen nicht übertragen. In den Versen herrscht die Schulreminiszenz und das Pedantenkunststück vor* und nur selten begegnen, wie in der Moselfahrt des Ausonius, lebendige und empfundene Schilderungen. Die Reden, die wir freilich nur nach einigen späten am kaiserlichen Hoflager gehaltenen Vorträgen zu beurteilen in der Lage sind, sind Musterstücke in der Kunst mit vielen Worten wenig zu sagen und die unbedingte

---

* Eines der Professorengedichte des Ausonius ist vier griechischen Grammatikern gewidmet:

> *Alle fleißig walteten sie des Lehramts;*
> *Schmal nur war der Sold ja und dünn der Vortrag;*
> *Aber da sie lehrten zu meinen Zeiten,*
> *Will ich sie nennen.*

Dies ist um so verdienstlicher, da er nichts Rechtes bei ihnen gelernt hat:

> *Wohl, weil mich gehindert die allzu schwache*
> *Fassungskraft des Geistes und mich von Hellas'*
> *Bildung fernhielt leider damals des Knaben*
> *Trauriger Irrtum.*

Diese Gedanken sind öfter, aber selten in sapphischem Maße vorgetragen worden.

Loyalität in gleich unbedingter Gedankenlosigkeit zum Ausdruck zu bringen. Wenn eine vermögende Mutter ihren Sohn, nachdem er die Fülle und den Schmuck der gallischen Rede sich angeeignet hat, weiter nach Italien schickt um auch die römische Würde zu gewinnen, so war diesen gallischen Rhetoren allerdings diese schwieriger abzulernen als der Wortpomp. Für das frühe Mittelalter sind diese Leistungen bestimmend gewesen; durch sie ist in der ersten christlichen Zeit Gallien die eigentliche Stätte der frommen Verse und doch auch der letzte Zufluchtsort der Schulliteratur geworden, während die große geistige Bewegung innerhalb des Christentums ihre Hauptvertreter nicht hier gefunden hat.

In dem Kreise der bauenden und der bildenden Künste rief schon das Klima manche Erscheinung hervor, welche der eigentliche Süden nicht oder nur in den Anfängen kennt; so ist die in Italien nur bei Bädern gebräuchliche Luftheizung und der dort ebenfalls wenig verbreitete Gebrauch der Glasfenster in der gallischen Baukunst in umfassender Weise zur Anwendung gekommen. Aber auch von einer diesem Gebiet eigenen Kunstentwickelung darf vielleicht insofern gesprochen werden, als die Bildnisse und in weiterer Entwickelung die Darstellung der Szenen des täglichen Lebens in dem keltischen Gebiet relativ häufiger auftreten als in Italien und die abgenutzten mythologischen Darstellungen durch erfreulichere ersetzen. Wir können diese Richtung auf das Reale und das Genre allerdings fast nur an den Grabmonumenten erkennen, aber sie hat wohl in der Kunstübung überhaupt vorgeherrscht. Der Bogen von Arausio (Orange) aus der frühen Kaiserzeit mit seinen gallischen Waffen und Feldzeichen, die bei Vetera gefundene Bronzestatue des Berliner Museums, wie es scheint den Ortgott mit Gerstenähren im Haar darstellend, das wahrscheinlich zum Teil aus gallischen Werkstätten hervorgegangene Hildesheimer Silbergerät beweisen eine gewisse Freiheit in der Aufnahme und Umbildung der italischen Motive. Das Juliergrabmal von St. Remy bei Avignon, ein Werk augustischer Zeit, ist ein merkwürdiges Zeugnis für die lebendige und geistreiche Rezeption der hellenischen Kunst im südlichen Gallien sowohl in seinem kühnen architektonischen Aufbau zweier quadratischer Stockwerke, welche ein Säulenkreis mit konischer Kuppel krönt, wie auch in seinen Reliefs, welche, im Stil den pergamenischen nächst verwandt, figurenreiche Kampf- und Jagdszenen, wie es scheint dem Leben der Geehrten entnommen, in malerisch bewegter Ausführung darstellen. Merkwürdigerweise liegt der Höhepunkt dieser Entwickelung neben der Südprovinz in der Gegend der Mosel und der Maas; diese Landschaft, nicht so völlig unter römischem Ein-

fluß stehend wie Lyon und die rheinischen Lagerstädte und wohl-
habender und zivilisierter als die Gegenden an der Loire und der
Seine, scheint diese Kunstübung einigermaßen aus sich selbst erzeugt zu haben. Das unter dem Namen der Igeler Säule bekannte
Grabdenkmal eines vornehmen Trierers gibt ein deutliches Bild
der hier einheimischen turmartigen mit spitzem Dach gekrönten
auf allen Seiten mit Darstellungen aus dem Leben des Verstorbenen bedeckten Denkmäler. Häufig sehen wir auf denselben den
Gutsherrn, dem seine Kolonen Schafe, Fische, Geflügel, Eier darbringen. Ein Grabstein aus Arlon bei Luxemburg zeigt außer den
Portraits der beiden Gatten auf der einen Seite einen Karren und
eine Frau mit einem Fruchtkorb, auf der andern über zwei auf
dem Boden hockenden Männern einen Äpfelverkauf. Ein anderer
Grabstein aus Neumagen bei Trier hat die Form eines Schiffes:
in diesem sitzen sechs Schiffer die Ruder führend; die Ladung
besteht aus großen Fässern, neben denen der lustig blickende
Steuermann, man möchte meinen, sich des darin geborgenen
Weines zu freuen scheint. Wir dürfen sie wohl in Verbindung
bringen mit dem heiteren Bilde, das der Poet von Bordeaux uns
vom Moseltal bewahrt hat mit den prächtigen Schlössern, den
lustigen Rebgeländen und dem regen Fischer- und Schiffertreiben,
und den Beweis darin finden, daß in diesem schönen Lande bereits
vor anderthalb Jahrtausenden friedliche Tätigkeit, heiterer Genuß und warmes Leben pulsiert hat.

KAPITEL IV
DAS RÖMISCHE GERMANIEN UND DIE
FREIEN GERMANEN

Die beiden römischen Provinzen Ober- und Untergermanien
sind das Ergebnis derjenigen Niederlage der römischen Waffen
und der römischen Staatskunst unter der Regierung des Augustus.
Die ursprüngliche Provinz Germanien, die das Land vom Rhein
bis zur Elbe umfaßte, hat nur zwanzig Jahre vom ersten Feldzug
der Drusus, 12 v. Chr., bis zur Varusschlacht und dem Falle Alisos
9 n. Chr. bestanden; da sie aber einerseits die Militärlager auf dem
linken Rheinufer, Vindonissa, Mogontiacum, Vetera in sich schloß,
andererseits auch nach jener Katastrophe mehr oder minder beträchtliche Teile des rechten Ufers römisch blieben, so wurden
durch jene Katastrophe die Statthalterschaft und das Kommando
nicht eigentlich aufgehoben, obwohl sie so zu sagen in der Luft
standen.

Es war die Absicht gewesen die germanischen Gaue zwischen
Rhein und Elbe zu einer ähnlichen Gemeinschaft unter römischer
Hoheit zusammenzufassen, wie dies mit den gallischen geschehen
war, und denselben in dem Augustusaltar der Ubierstadt, dem
Keim des heutigen Köln, einen ähnlichen exzentrischen Mittelpunkt zu verleihen, wie der Augustusaltar von Lyon ihn für Gallien
bildete; für die fernere Zukunft war wohl auch die Verlegung der
Hauptlager auf das rechte Rheinufer und die Rückgabe des linken
wenigstens im Wesentlichen an den Statthalter der Belgica in
Aussicht genommen. Allein diese Entwürfe gingen mit den Legionen des Varus zugrunde; der germanische Augustusaltar am
Rhein ward oder blieb der Altar der Ubier; die Legionen behielten
dauernd ihre Standquartiere in dem Gebiet, welches eigentlich
zur Belgica gehörte, aber, da eine Trennung der Militär- und Zivilverwaltung nach der römischen Ordnung ausgeschlossen war,
so lange, als die Truppen hier standen, auch administrativ unter
den Kommandanten der beiden Heere gelegt war. Denn, wie schon
früher angegeben worden ist, Varus ist wahrscheinlich der letzte
Kommandant der vereinigten Rheinarmee gewesen; bei der Vermehrung der Armee auf acht Legionen, welche diese Katastrophe
im Gefolge gehabt hat, ist allem Anschein nach auch deren Teilung eingetreten. Es sind also in diesem Abschnitt nicht eigentlich die Zustände einer römischen Landschaft zu schildern, sondern die Geschicke einer römischen Armee, und, was damit aufs
engste zusammenhängt, die der Nachbarvölker und der Gegner,
so weit sie in die Geschichte Roms verflochten sind.

Die beiden Hauptquartiere der Rheinarmee waren von jeher
Vetera bei Wesel und Mogontiacum, das heutige Mainz, beide
wohl älter als die Teilung des Kommandos und eine der Ursachen,
daß dieselbe eintrat. Die beiden Armeen zählten jede im ersten
Jahrhundert n. Chr. 4 Legionen, also ungefähr 30000 Mann; in
oder zwischen jenen beiden Punkten lag die Hauptmasse der rö-
mischen Truppen, außerdem eine Legion bei Noviomagus (Nim-
wegen), eine andere in Argentoratum (Straßburg), eine dritte bei
Vindonissa (Windisch unweit Zürich) nicht weit von der raetischen
Grenze. Zu dem unteren Heere gehörte die nicht unbeträchtliche
Rheinflotte. Die Grenze zwischen der oberen und der unteren
Armee liegt zwischen Andernach und Remagen bei Brohl, so daß
Koblenz und Bingen in das obere, Bonn und Köln in das untere
Militärgebiet fielen. Auf dem linken Ufer gehörten zu dem ober-
germanischen Verwaltungsbezirk die Distrikte der Helvetier
(Schweiz), der Sequaner (Besançon), der Lingonen (Langres), der
Rauriker (Basel), der Triboker (Elsaß), der Nemeter (Speier) und

der Vangionen (Worms); zu dem beschränkteren untergermanischen der Distrikt der Ubier oder vielmehr die Kolonie Agrippina (Köln), der Tungrer (Tongern), der Menapier (Brabant) und der Bataver, während die weiter westlich gelegenen Gaue mit Einschluß von Metz und Trier unter den verschiedenen Statthaltern der drei Gallien standen. Wenn diese Scheidung nur administrative Bedeutung hat, so fällt dagegen die wechselnde Ausdehnung der beiden Sprengel auf dem rechten Ufer mit den wechselnden Beziehungen zu den Nachbarn und der dadurch bedingten Vor- und Zurückschiebung der Grenzen der römischen Herrschaft zusammen. Diesen Nachbaren gegenüber sind die unterrheinischen und die oberrheinischen Verhältnisse in so verschiedener Weise geordnet worden und die Ereignisse in so durchaus anderer Richtung verlaufen, daß hier die provinziale Trennung geschichtlich von der eingreifendsten Bedeutung wurde. Betrachten wir zunächst die Entwickelung der Dinge am Unterrhein.

Es ist früher dargestellt worden, wieweit die Römer zu beiden Seiten des Unterrheins die Germanen sich unterworfen hatten. Die germanischen Bataver sind nicht durch Caesar, aber nicht lange nachher, vielleicht durch Drusus, auf friedlichem Wege mit dem Reiche vereinigt worden. Sie saßen im Rheindelta, das heißt auf dem linken Rheinufer und auf den durch die Rheinarme gebildeten Inseln aufwärts bis wenigstens an den alten Rhein, also etwa von Antwerpen bis Utrecht und Leyden in Seeland und dem südlichen Holland, auf ursprünglich keltischem Gebiet — wenigstens sind die Ortsnamen überwiegend keltisch; ihren Namen führt noch die Betuwe, die Niederung zwischen Waal und Leck mit der Hauptstadt Noviomagus, jetzt Nimwegen. Sie waren, insbesondere verglichen mit den unruhigen und störrigen Kelten, gehorsame und nützliche Untertanen und nahmen daher im römischen Reichsverband und namentlich im Heerwesen eine Sonderstellung ein. Sie blieben gänzlich steuerfrei, wurden aber dagegen so stark wie kein anderer Gau bei der Rekrutierung angezogen; der eine Gau stellte zu dem Reichsheer 1000 Reiter und 9000 Fußsoldaten; außerdem wurden die kaiserlichen Leibwächter vorzugsweise aus ihnen genommen. Das Kommando dieser batavischen Abteilungen wurde ausschließlich an geborene Bataver vergeben. Die Bataver galten unbestritten nicht bloß als die besten Reiter und Schwimmer der Armee, sondern auch als das Muster treuer Soldaten, wobei allerdings der gute Sold der batavischen Leibwächter sowohl wie der bevorzugte Offiziersdienst der Adligen die Loyalität erheblich befestigte. Diese Germanen waren denn auch bei der Varuskatastrophe weder vorbereitend noch nachfolgend beteiligt; und wenn Augustus unter dem ersten Eindruck der Schreckensnachricht seine batavischen Leibwächter verabschiedete, so überzeugte er sich bald selbst von der Grundlosigkeit seines Argwohns und die Truppe wurde kurze Zeit darauf wieder hergestellt.

Am andern Ufer des Rheines wohnten den Batavern zunächst, im heutigen Kennemerland (Nordholland über Amsterdam), die ihnen eng verwandten, aber weniger zahlreichen Cannenefaten; sie werden nicht bloß unter den durch Tiberius unterworfenen Völkerschaften genannt, sondern sind auch in der Stellung von Mannschaften wie die Bataver behandelt worden. — Die weiterhin sich anschließenden Friesen in dem noch heute nach ihnen benannten Küstenland bis zu der unteren Ems unterwarfen sich dem Drusus und erhielten eine ähnliche Stellung wie die Bataver; es wurde ihnen anstatt der Steuer nur die Ablieferung einer Anzahl von Rindshäuten für die Bedürfnisse des Heeres auferlegt; dagegen hatten auch sie verhältnismäßig zahlreiche Mannschaften für den römischen Dienst zu stellen. Sie waren seine so wie später des Germanicus treueste Bundesgenossen, ihm nützlich sowohl bei dem Kanalbau wie besonders nach den unglücklichen Nordseefahrten. — Auf sie folgen östlich die Chauker, ein weitausgedehntes Schiffer- und Fischervolk an der Nordseeküste zu beiden Seiten der Weser, vielleicht von der Ems bis zur Elbe; sie wurden durch Drusus zugleich mit den Friesen, aber nicht wie diese ohne Gegenwehr, den Römern botmäßig. — Alle diese germanischen Küstenvölker fügten sich entweder durch Vertrag oder doch ohne schweren Kampf der neuen Herrschaft, und wie sie an dem Cheruskeraufstand keinen Teil gehabt haben, blieben sie nach der Varusschlacht gleichfalls in den früheren Verhältnissen zum römischen Reich; selbst aus den entfernter liegenden Gauen der Friesen und der Chauker sind die Besatzungen damals nicht herausgezogen worden und noch zu den Feldzügen des Germanicus haben die letzteren Zuzug gestellt. Bei der abermaligen Räumung Germaniens im J. 17 scheint allerdings das arme und ferne, schwer zu schützende Chaukerland aufgegeben worden zu sein; wenigstens gibt es für die Fortdauer der römischen Herrschaft daselbst keine späteren Belege und einige Dezennien nachher finden wir sie unabhängig. Aber alles Land westwärts der unteren Ems blieb bei dem Reiche, dessen Grenze also die heutigen Niederlande einschloß. Die Verteidigung dieses Teils der Reichsgrenze gegen die nicht zum Reich gehörigen Germanen blieb in der Hauptsache den botmäßigen Seegauen selber überlassen.

Weiter stromaufwärts wurde anders verfahren; hier ward eine

Grenzstraße abgesteckt und das Zwischenland entvölkert. An die in größerer oder geringerer Entfernung vom Rhein bezogene Grenzstraße, den Limes*, knüpfte sich die Kontrolle des Grenzverkehrs, indem die Überschreitung dieser Straße zur Nachtzeit überhaupt, am Tage den Bewaffneten untersagt und den übrigen in der Regel nur unter besonderen Sicherheitsmaßregeln und unter Erlegung der vorgeschriebenen Grenzzölle gestattet war. Eine solche Straße hat gegenüber dem unterrheinischen Hauptquartier im heutigen Münsterland Tiberius nach der Varusschlacht gezogen, in einiger Entfernung vom Rhein, da zwischen ihr und dem Fluß der seiner Lage nach nicht näher bekannte ,caesische Wald' sich erstreckte. Ähnliche Anstalten müssen gleichzeitig in den Tälern der Ruhr und der Sieg bis zu dem der Wied hin, wo die unterrheinische Provinz endigte, getroffen worden sein. Militärisch besetzt und zur Verteidigung eingerichtet brauchte diese Straße

* *Limes* (von *limus* quer) ist ein unseren Rechtsverhältnissen fremder und daher auch in unserer Sprache nicht wiederzugebender technischer Ausdruck, davon hergenommen, daß die römische Ackerteilung, die alle Naturgrenzen ausschließt, die Quadrate, in welche der in Privateigentum stehende Boden geteilt wird, durch Zwischenwege von einer bestimmten Breite trennt; diese Zwischenwege sind die *limites* und insofern bezeichnet das Wort immer zugleich sowohl die von Menschenhand gezogene Grenze wie die von Menschenhand gebaute Straße. Diese Doppelbedeutung behält das Wort auch in der Anwendung auf den Staat; *limes* ist nicht jede Reichsgrenze, sondern nur die von Menschenhand abgesteckte und zugleich zum Begehen und Postenstellen für die Grenzverteidigung eingerichtete, wie wir sie in Germanien und in Afrika finden. Darum ist der *limes* nicht bloß eine Längenlinie, sondern auch von einer gewissen Breite (Tacitus ann. 1, 50: *castra in limite locat*). Daher verbindet sich die Anlage des *limes* oft mit derjenigen des *agger*, das heißt des Straßendammes (Tacitus ann. 2, 7: *cuncta novis limitibus aggeribusque permunita*) und die Verschiebung desselben mit der Verlegung der Grenzposten (Tacitus Germ. 29: *limite acto promotisque praesidiis*). Der Limes ist also die Reichsgrenzstraße, bestimmt zur Regulierung des Grenzverkehrs dadurch, daß ihre Überschreitung nur an gewissen den Brücken der Flußgrenze entsprechenden Punkten gestattet, sonst untersagt wird. Zunächst ist dies ohne Zweifel herbeigeführt worden durch Abpatrouillierung der Linie, und solange dies geschah, blieb der *limes* ein Grenzweg. Er blieb dies auch, wenn er an beiden Seiten befestigt ward, wie dies in Britannien und an der Donaumündung geschah; auch der britannische Wall heißt *limes*. Es konnten aber auch an den gestatteten Überschreitungspunkten Posten aufgestellt und die Zwischenstrecken der Grenzwege in irgendeiner Weise unwegsam gemacht werden. Damit verwandelt sich die Grenzstraße in eine mit gewissen Durchgängen versehene Grenzbarrikade, und das ist der Limes Obergermaniens in der entwickelten Gestalt. Übrigens wird das Wort in diesem Werte in republikanischer Zeit nicht gebraucht und ist ohne Zweifel dieser Begriff des *limes* erst entstanden mit der Einrichtung der den Staat, wo Naturgrenzen fehlen, umschließenden Postenkette, welcher Reichsgrenzschutz der Republik fremd, aber das Fundament des augustischen Militär- und vor allem des augustischen Zollsystems ist.

nicht notwendig zu sein, obwohl natürlich die Grenzverteidigung und die Grenzbefestigung immer darauf hinausgingen die Grenzstraße möglichst sicher zu stellen. Ein hauptsächliches Mittel für den Grenzschutz war die Entvölkerung des Landstrichs zwischen dem Fluß und der Straße. „Vom rechten Rheinufer", sagt ein kundiger Schriftsteller der tiberischen Zeit, „haben teils die Römer die Völkerschaften auf das linke übergeführt, teils diese selbst sich in das Innere zurückgezogen". Dies traf im heutigen Münsterland die daselbst früher ansässigen germanischen Stämme der Usiper, Tencterer, Tubanten. In den Zügen des Germanicus erscheinen dieselben vom Rhein abgedrängt, aber noch in der Gegend der Lippe, später, wahrscheinlich eben infolge jener Expeditionen, weiter südwärts Mainz gegenüber. Ihr altes Heim lag seitdem öde und bildete das ausgedehnte für die Herden der niedergermanischen Armee reservierte Triftland, auf welchem im J. 58 erst die Friesen und dann die heimatlos irrenden Amsivarier sich niederzulassen gedachten, ohne dazu die Erlaubnis der römischen Behörden auswirken zu können. Weiter südwärts blieb von den Sugambrern, die ebenfalls zum großen Teil derselben Behandlung unterlagen, wenigstens ein Teil am rechten Ufer ansässig, während andere kleinere Völkerschaften ganz verdrängt wurden. Die spärliche innerhalb des Limes geduldete Bevölkerung war selbstverständlich reichsuntertänig, wie dies die bei den Sugambrern stattfindende römische Aushebung bestätigt.

In dieser Weise wurden nach dem Aufgeben der weiter greifenden Entwürfe die Verhältnisse am Unterrhein geordnet, immer also noch ein nicht unbeträchtliches Gebiet am rechten Ufer von den Römern gehalten. Aber es knüpften sich daran mancherlei unbequeme Verwickelungen. Gegen das Ende der Regierung des Tiberius (J. 28) fielen die Friesen infolge der unerträglichen Bedrückung bei der Erhebung der an sich geringen Abgabe vom Reiche ab, erschlugen die bei der Erhebung beschäftigten Leute und belagerten den hier fungierenden römischen Kommandanten mit dem Reste der im Gebiet verweilend n römischen Soldaten und Zivilpersonen in dem Kastell Flevum, da wo vor der im Mittelalter erfolgten Ausdehnung des Zuidersees die östlichste Rheinmündung war, bei der heutigen Insel Vlieland neben dem Texel. Der Aufstand nahm solche Verhältnisse an, daß beide Rheinheere gemeinschaftlich gegen die Friesen marschierten; aber der Statthalter Lucius Apronius richtete dennoch nichts aus. Die Belagerung des Kastells gaben die Friesen auf, als die römische Flotte die Legionen herantrug; aber ihnen selbst war in dem durchschnittenen Lande schwer beizukommen; mehrere römische Heerhaufen wurden vereinzelt aufgerieben und die römische Vorhut so gründlich geschlagen, daß selbst die Leichen der Gefallenen in der Gewalt des Feindes blieben. Zu einer entscheidenden Aktion kam es nicht, aber auch nicht zu rechter Unterwerfung; größeren Unternehmungen, die dem kommandierenden Feldherrn eine Machtstellung gaben, war Tiberius, je älter er wurde, immer weniger geneigt. Damit steht in Zusammenhang, daß in den nächsten Jahren die Nachbaren der Friesen, die Chauker, den Römern sehr unbequem wurden, im J. 41 der Statthalter Publius Gabinius Secundus gegen sie eine Expedition unternehmen mußte und sechs Jahre später (47) sie sogar unter Führung des römischen Überläufers Gannascus, eines geborenen Cannenefaten, mit ihren leichten Priatenschiffen die gallische Küste weithin brandschatzten. Gnaeus Domitius Corbulo, von Claudius zum Statthalter Niedergermaniens ernannt, legte mit der Rheinflotte diesen Vorgängern der Sachsen und Normannen das Handwerk und brachte dann die Friesen energisch zum Gehorsam zurück, indem er ihr Gemeinwesen neu ordnete und römische Besatzung dort hinlegte. Er hatte die Absicht weiter die Chauker zu züchtigen; auf sein Anstiften wurde Gannascus aus dem Wege geräumt — gegen den Überläufer hielt er sich auch dazu berechtigt — und er war im Begriff die Ems überschreitend in das Chaukerland einzurücken, als er nicht bloß Gegenbefehl von Rom erhielt, sondern die römische Regierung überhaupt ihre Stellung am Unterrhein vollständig änderte. Kaiser Claudius wies den Statthalter an, alle römischen Besatzungen vom rechten Ufer wegzunehmen. Es ist begreiflich, daß der kaiserliche General die freien Feldherren des ehemaligen Rom mit bitteren Worten glücklich pries; es wurde allerdings damit die nach der Varusschlacht nur halb gezogene Konsequenz der Niederlage vervollständigt. Wahrscheinlich ist diese durch keine unmittelbare Nötigung veranlaßte Einschränkung der römischen Okkupation Germaniens hervorgerufen worden durch den eben damals gefaßten Entschluß Britannien zu besetzen, und findet darin ihre Rechtfertigung, daß die Truppen beidem zugleich nicht genügten. Daß der Befehl ausgeführt ward und es auch später dabei blieb, beweist das Fehlen der römischen Militärinschriften am ganzen rechten Unterrhein. Nur einzelne Übergangspunkte und Ausfallstore, wie insbesondere Deutz gegenüber Köln, machen Ausnahmen von dieser allgemeinen Regel. Auch die Militärstraße hält sich hier auf dem linken Ufer und streng an den Rheinlauf, während der hinter derselben herlaufende Verkehrsweg die Krümmungen abschneidend die gerade Verbindung verfolgt. Auf dem rechten Rheinufer sind hier nirgends,

weder durch aufgefundene Meilensteine noch anderweitig, römische
Militärstraßen bezeugt. Einen eigentlichen Verzicht auf den Besitz des rechten Ufers in
dieser Provinz schließt die Zurückziehung der Besatzungen nicht
ein. Dasselbe galt den Römern seitdem etwa wie dem Festungs-
kommandanten das unter seinen Kanonen liegende Terrain. Die
Cannenefaten und wenigstens ein Teil der Friesen sind nach wie
vor reichsuntertänig gewesen. Daß auch später noch im Münsterland die Herden der Legionen weideten und den Germanen nicht
gestattet wurde sich dort niederzulassen, ist schon bemerkt worden. Aber die Regierung hat seitdem für den Schutz des Grenz-
gebietes auf dem rechten Ufer, das es in dieser Provinz auch ferner
gab, im Norden sich auf die Cannenefaten und die Friesen verlassen, weiter stromaufwärts im Wesentlichen der Ödgrenze ver-
traut und auch die römische Ansiedelung hier, wenn nicht geradezu
untersagt, doch nicht aufkommen lassen. Der in Altenberg (Kreis
Mülheim) am Dhünfluß gefundene Altarstein eines Privaten ist
fast das einzige Zeugnis römischer Einwohnerschaft in diesen
Gegenden. Es ist dies um so bemerkenswerter, als das Aufblühen
von Köln, wenn hier nicht besondere Hindernisse im Wege gestanden hätten, die römische Zivilisation von selber weithin auf
das andere Ufer getragen haben würde. Oft genug werden römische Truppen diese ausgedehnten Gebiete betreten, vielleicht selbst
die gerade hier in augustischer Zeit zahlreich angelegten Straßen
einigermaßen gangbar gehalten, auch wohl neue angelegt haben;
spärliche Ansiedler, teils Überreste der alten germanischen Bevölkerung, teils Kolonisten aus dem Reich werden hier gesessen
haben, ähnlich wie wir sie bald in der früheren Kaiserzeit am
rechten Ufer des Oberrheins finden werden; aber den Wegen wie
den Besitzungen fehlte der Stempel der Dauerhaftigkeit. Man
wollte hier nicht eine Arbeit von gleicher Ausdehnung und gleicher Schwierigkeit unternehmen, wie wir sie weiterhin in der
oberen Provinz kennenlernen werden, nicht hier, wie es dort geschah, die Reichsgrenze militärisch schützen und befestigen. Darum hat den Unterrhein wohl die römische Herrschaft, aber nicht,
wie den Oberrhein, auch die römische Kultur überschritten.

Ihrer doppelten Aufgabe das benachbarte Gallien in Gehorsam und die Germanen des rechten Rheinufers von Gallien abzu-
halten, hatte die Armee am Unterrhein auch nach dem Verzicht
auf Besetzung des rechtsrheinischen Gebietes ausreichend genügt; und es wäre die Ruhe nach außen und innen voraussicht-
lich nicht unterbrochen worden, wenn nicht der Sturz der julisch-
claudischen Dynastie und der dadurch hervorgerufene Bürger-

oder vielmehr Korpskrieg in diese Verhältnisse in verhängnisvoller Weise eingegriffen hätte. Die Insurrektion des Keltenlandes
unter Führung des Vindex wurde zwar von den beiden germanischen Armeen niedergeschlagen; aber Neros Sturz erfolgte dennoch, und als sowohl das spanische Heer wie die Kaisergarde in
Rom ihm einen Nachfolger bestellten, taten auch die Rheinarmeen das Gleiche und im Anfang des J. 69 überschritt der größte
Teil dieser Truppen die Alpen, um auf den Schlachtfeldern Italiens auszumachen, ob dessen Herrscher Marcus oder Aulus heißen
werde. Im Mai desselben Jahres folgte der neue Kaiser Vitellius,
nachdem die Waffen für ihn entschieden hatten, begleitet von
dem Rest der guten kriegsgewohnten Mannschaften. Durch eilig
in Gallien ausgehobene Rekruten waren allerdings die Lücken
in den Rheinbesatzungen notdürftig ausgefüllt worden; aber daß
es nicht die alten Legionen waren, wußte das ganze Land, und bald
zeigte es sich auch, daß jene nicht zurückkamen. Hätte der neue
Herrscher die Armee, die ihn auf den Thron gesetzt hatte, in
seiner Gewalt gehabt, so hätte gleich nach der Niederwerfung
Othos im April wenigstens ein Teil derselben an den Rhein zu-
rückkehren müssen; aber mehr noch die Unbotmäßigkeit der
Soldaten als die bald eintretende neue Verwickelung mit dem im
Osten zum Kaiser ausgerufenen Vespasian hielt die germanischen
Legionen in Italien zurück.

Gallien war in der furchtbarsten Aufregung. Die Insurrektion
des Vindex war, wie früher bemerkt ward, an sich nicht gegen die
Herrschaft Roms, sondern gegen den dermaligen Herrscher gerichtet; aber darum war sie nicht weniger eine Kriegführung gewesen zwischen den Rheinarmeen und dem Landsturm der großen
Mehrzahl der keltischen Gaue, und diese nicht weniger gleich Besiegten geplündert und mißhandelt worden. Die Stimmung, die
zwischen den Provinzialen und den Soldaten bestand, zeigt zum
Beispiel die Behandlung, welche der Gau der Helvetier bei dem
Durchmarsch der nach Italien bestimmten Truppen erfuhr: weil
hier ein von den Vitellianern nach Pannonien abgesandter Ku-
rier aufgegriffen worden war, rückten die Marschkolonnen von
der einen Seite, von der anderen die in Raetien in Garnison stehenden Römer in den Gau ein, plünderten weit und breit die Ortschaften, namentlich das heutige Baden bei Zürich, jagten die in
die Berge Flüchtenden aus ihrem Versteck auf und machten sie zu
Tausenden nieder oder verkauften die Gefangenen nach Kriegs-
recht. Obwohl die Hauptstadt Aventicum (Avenches bei Murten)
sich ohne Gegenwehr unterwarf, forderten die Agitatoren der
Armee ihre Schleifung und alles, was der Feldherr gewährte, war

die Verweisung der Frage nicht etwa an den Kaiser, sondern an
die Soldaten des großen Hauptquartiers; diese saßen über das
Schicksal der Stadt zu Gericht und nur der Umschlag ihrer Laune
rettete den Ort vor der Zerstörung. Dergleichen Mißhandlungen
brachten die Provinzialen aufs Äußerste; noch bevor Vitellius Gallien
verließ, trat ein gewisser Mariccus aus dem von den Haeduern abhängigen Gau der Boier auf, ein Gott auf Erden, wie er sagte, und
bestimmt, die Freiheit der Kelten wieder herzustellen; und scharenweise strömten die Leute unter seine Fahnen. Indes kam auf
die Erbitterung im Keltenland nicht allzuviel an. Eben der Aufstand des Vindex hatte auf das Deutlichste gezeigt, wie völlig unfähig die Gallier waren sich der römischen Umklammerung zu entwinden. Aber die Stimmung der zu Gallien gerechneten germanischen Distrikte in den heutigen Niederlanden, der Bataver, der
Cannenefaten, der Friesen, deren Sonderstellung schon hervorgehoben ward, hatte etwas mehr zu bedeuten; und es traf sich,
daß eben diese einerseits aufs Äußerste erbittert worden waren,
andrerseits ihre Kontingente zufällig sich in Gallien befanden. Die
Masse der batavischen Truppen, 8000 Mann, der 14. Legion beige-
geben, hatte längere Zeit mit dieser bei dem oberen Rheinheere
gestanden und war dann unter Claudius bei der Besetzung Britanniens nach dieser Insel gekommen, wo dieses Korps kurz zuvor
die entscheidende Schlacht unter Paullinus durch seine unver-
gleichliche Tapferkeit für die Römer gewonnen hatte; von diesem
Tag an nahm dasselbe unter allen römischen Heeresabteilungen
unbestritten den ersten Platz ein. Eben dieser Auszeichnung wegen
von Nero abberufen, um mit ihm zum Kriege in den Orient abzugehen, hatte die in Gallien ausbrechende Revolution ein Zerwürfnis zwischen der Legion und ihren Hilfsmannschaften herbeigeführt; jene, dem Nero treu ergeben, eilte nach Italien, die Bataver dagegen weigerten sich zu folgen. Vielleicht hing dies damit zusammen, daß zwei ihrer angesehensten Offiziere, die Brüder
Paulus und Civilis, ohne jeden Grund und ohne Rücksicht auf
vieljährige treue Dienste und ehrenvolle Wunden, kurz vorher
als des Hochverrats verdächtig in Untersuchung gezogen, der
erstere hingerichtet, der zweite gefangen gesetzt worden war. Nach
Neros Sturz, zu welchem der Abfall der batavischen Kohorten
wesentlich beigetragen hatte, gab Galba den Civilis frei und sandte
die Bataver in ihr altes Standquartier nach Britannien zurück.
Während sie auf dem Marsch dahin bei den Lingonen (Langres)
lagerten, fielen die Rheinlegionen von Galba ab und riefen den
Vitellius zum Kaiser aus. Die Bataver schlossen nach längerem
Schwanken schließlich sich an; dieses Schwanken vergab ihnen

Vitellius nicht, doch wagte er nicht den Führer des mächtigen Korps geradezu zur Verantwortung zu ziehen. So waren die Bataver mit den Legionen von Untergermanien nach Italien marschiert und hatten mit gewohnter Tapferkeit in der Schlacht von Betriacum für Vitellius gefochten, während ihre alten Legionskameraden ihnen in dem Heere Othos gegenüberstanden. Aber der Übermut dieser Germanen erbitterte ihre römischen Siegesgenossen, wie sehr sie ihre Tapferkeit im Kampf anerkannten; auch die kommandierenden Generale trauten ihnen nicht und machten sogar einen Versuch durch Detachierung sie zu teilen, was freilich in diesem Krieg, in dem die Soldaten kommandierten und die Generale gehorchten, nicht durchzuführen war und fast dem General das Leben gekostet hätte. Nach dem Siege wurden sie beauftragt, ihre feindlichen Kameraden von der vierzehnten Legion nach Britannien zu eskortieren; aber da es zwischen beiden in Turin zum Handgemenge gekommen war, gingen diese allein dorthin und sie selbst nach Germanien. Inzwischen war im Orient Vespasianus zum Kaiser ausgerufen worden und während infolgedessen Vitellius sowohl den batavischen Kohorten Marschbefehl nach Italien gab wie auch bei den Batavern neue umfassende Aushebungen anordnete, knüpften Vespasians Beauftragte mit den batavischen Offizieren an, um diesen Abmarsch zu verhindern und in Germanien selbst einen Aufstand hervorzurufen, der die Truppen dort festhielte. Civilis ging darauf ein. Er begab sich in seine Heimat und gewann leicht die Zustimmung der Seinigen, sowie der benachbarten Cannenefaten und Friesen. Bei jenen brach der Aufstand aus; die beiden Kohortenlager in der Nähe wurden überfallen und die römischen Posten aufgehoben; die römischen Rekruten schlugen sich schlecht; bald warf Civilis mit seiner Kohorte, die er hatte nachkommen lassen, um sie angeblich gegen die Insurgenten zu gebrauchen, sich selbst offen in die Bewegung, sagte mit den drei germanischen Gauen dem Vitellius auf und forderte die übrigen eben damals von Mainz zum Abmarsch nach Italien aufbrechenden Bataver und Cannenefaten auf, sich ihm anzuschließen.

Das alles war mehr ein Soldatenaufstand als eine Insurrektion der Provinz oder gar ein germanischer Krieg. Wenn damals die Rheinlegionen mit denen von der Donau und weiter mit diesen und der Euphratarmee schlugen, so war es nur folgerichtig, daß auch die Soldaten zweiter Klasse, und vor allem die angesehenste Truppe derselben, die batavische, selbständig in diesen Korpskrieg eintrat. Wer diese Bewegung bei den Kohorten der Bataver und den linksrheinischen Germanen mit der Insurrektion der

rechtsrheinischen unter Augustus zusammenstellt, der darf nicht
übersehen, daß in jener die Alen und Kohorten die Rolle des
Landsturms der Cherusker übernahmen; und wenn der treulose
Offizier des Varus seine Nation aus der Römerherrschaft erlöste,
so handelte der batavische Führer im Auftrag Vespasians, ja
vielleicht auf geheime Anweisung des im Stillen Vespasian geneigten Statthalters seiner Provinz, und richtete sich der Aufstand zunächst lediglich gegen Vitellius. Freilich war die Lage
der Dinge von der Art, daß dieser Soldatenaufstand jeden Augenblick in einen Germanenkrieg gefährlichster Art sich verwandeln
konnte. Dieselben römischen Truppen, die den Rhein gegen die
Germanen des rechten Ufers deckten, standen infolge der Korps-
kriege den linksrheinischen Germanen feindlich gegenüber; die
Rollen waren solcher Art, daß es fast leichter schien sie zu wechseln als sie durchzuführen. Civilis selbst mag es wohl auf den Erfolg haben ankommen lassen, ob die Bewegung auf einen Kaiser-
wechsel oder auf die Vertreibung der Römer aus Gallien durch
die Germanen hinauslaufen werde.

Das Kommando über die beiden Rheinarmeen führte damals,
nachdem der Statthalter von Untergermanien Kaiser geworden
war, sein bisheriger Kollege in Obergermanien Hordeonius Flaccus, ein hochbejahrter podagrischer Mann, ohne Energie und ohne
Autorität, dazu entweder in der Tat im Geheimen zu Vespasian
haltend oder doch bei den eifrig dem Kaiser ihrer Mache an-
hängenden Legionen solcher Treulosigkeit sehr verdächtig. Es
zeichnet ihn und seine Stellung, daß er, um sich von dem Verdacht des Verrats zu reinigen, Befehl gab die einlaufenden Re-
gierungsdepeschen uneröffnet den Adlerträgern der Legionen
zuzustellen und diese sie zunächst den Soldaten vorlasen, bevor
sie dieselben an ihre Adresse beförderten. Von den vier Legionen
des unteren Heeres, das zunächst mit den Aufständischen zu
tun hatte, standen zwei, die 5. und die 15., unter dem Legaten
Munius Lupercus im Hauptquartier zu Vetera, die 16. unter
Numisius Rufus in Novaesium (Neuß), die 1. unter Herennius
Gallus in Bonna (Bonn). Von dem oberen Heer, das damals nur
drei Legionen zählte*, blieb die eine, die 21., in ihrem Standquartier Vindonissa diesen Vorgängen fern, wenn sie nicht vielmehr ganz nach Italien gezogen worden war; die beiden anderen,
die 4. mazedonische und die 22., standen im Hauptquartier Mainz,
wo auch Flaccus sich befand und faktisch der tüchtige Legat
des letzteren Dillius Vocula den Oberbefehl führte. Die Legionen

* Die vierte obergermanische Legion war im J. 58 nach Kleinasien geschickt wegen des armenisch-parthischen Krieges (Tacitus ann. 13, 35).

hatten durchgängig nur die Hälfte der vollen Zahl, und die meisten Soldaten waren Halbinvalide oder Rekruten.

Civilis, an der Spitze einer kleinen Zahl regulärer Truppen, aber des Gesamtaufgebots der Bataver, Cannenefaten und Friesen, ging aus der Heimat zum Angriff vor. Zunächst am Rhein stieß er auf Reste der aus den nördlichen Gauen vertriebenen römischen Besatzungen und eine Abteilung der römischen Rheinflotte; als er angriff, lief nicht bloß die großenteils aus Batavern bestehende Schiffsmannschaft zu ihm über, sondern auch eine Kohorte der Tungrer — es war der erste Abfall einer gallischen Abteilung; was von italischen Mannschaften dabei war, wurde erschlagen oder gefangen. Dieser Erfolg brachte endlich die rechtsrheinischen Germanen in Bewegung. Was sie seit langem vergeblich gehofft hatten, die Erhebung der römischen Untertanen auf dem andern Ufer ging nun in Erfüllung und sowohl die Chauker und die Friesen an der Küste wie vor allem die Bructerer zu beiden Seiten der oberen Ems bis hinab zur Lippe, und am Mittelrhein Köln gegenüber die Tencterer, in minderem Maße die südlich an diese sich anschließenden Völkerschaften, Usiper, Mattiaker, Chatten, warfen sich in den Kampf. Als auf Befehl des Flaccus die beiden schwachen Legionen von Vetera gegen die Insurgenten ausrückten, konnten ihnen diese schon mit zahlreichem überrheinischem Zuzug entgegentreten; und die Schlacht endigte wie das Gefecht am Rhein, mit einer Niederlage der Römer durch den Abfall der batavischen Reiterei, welche zu der Garnison von Vetera gehörte, und durch die schlechte Haltung der Reiter der Ubier wie der Treverer. Die insurgierten wie die zuströmenden Germanen schritten dazu, das Hauptquartier des unteren Heeres zu umstellen und zu belagern. Während dieser Belagerung erreichte die Kunde der Vorgänge am Unterrhein die übrigen batavischen Kohorten in der Nähe von Mainz; sie machten sofort Kehrt gegen Norden. Statt sie zusammenhauen zu lassen, ließ der schwachmütige Oberfeldherr sie ziehen und als der Legionskommandant in Bonn sich ihnen entgegenwarf, unterstützte Flaccus diesen nicht, wie er es gekonnt und sogar anfänglich zugesagt hatte. So sprengten die tapferen Germanen die Bonner Legion auseinander und gelangten glücklich zu Civilis, fortan der geschlossene Kern seines Heeres, in welchem jetzt die römischen Kohortenfahnen neben den Tierstandarten aus den heiligen Hainen der Germanen standen. Noch immer aber hielt der Bataver wenigstens angeblich an Vespasian; er schwur die römischen Truppen auf dessen Namen ein und forderte die Besatzung von Vetera auf sich mit ihm für diesen zu erklären. Indes diese Mannschaften sahen darin, vermutlich mit

Recht, nur einen Versuch der Überlistung und wiesen diesen
ebenso entschlossen ab wie die anstürmenden Scharen der Feinde,
die bald durch die überlegene römische Taktik sich gezwungen
sahen die Belagerung in eine Blockade zu verwandeln. Aber da
die römische Heerleitung durch diese Vorgänge überrascht worden war, waren die Vorräte knapp und baldiger Entsatz dringend
geboten. Um diesen zu bringen, brachen Flaccus und Vocula mit
ihrer gesamten Mannschaft von Mainz auf, zogen unterwegs die
beiden Legionen aus Bonna und Novaesium sowie die auf den erhaltenen Befehl zahlreich sich einstellenden Hilfstruppen der
gallischen Gaue an sich und näherten sich Vetera. Aber statt sofort die gesamte Macht von innen und außen auf die Belagerer
zu werfen, mochte deren Überzahl noch so gewaltig sein, schlug
Vocula sein Lager bei Gelduba (Gellep am Rhein unweit Krefeld),
einen starken Tagemarsch entfernt von Vetera, während Flaccus
weiter zurückstand. Die Nichtigkeit des sogenannten Feldherrn
und die immer steigende Demoralisation der Truppen, vor allem
das oft bis zu Mißhandlungen und Mordanschlägen sich steigernde
Mißtrauen gegen die Offiziere kann allein dies Einhalten wenigstens erklären. Also zog sich das Unheil immer dichter von allen
Seiten zusammen. Ganz Germanien schien sich an dem Krieg beteiligen zu wollen; während die belagernde Armee beständig neuen
Zuzug von dort erhielt, gingen andere Schwärme über den in
diesem trocknen Sommer ungewöhnlich niedrigen Rhein teils in
den Rücken der Römer in die Gaue der Ubier und der Treverer
das Moseltal zu brandschatzen, teils unterhalb Vetera in das Gebiet der Maas und der Schelde; weitere Haufen erschienen vor
Mainz und machten Miene dies zu belagern. Da kam die Nachricht von der Katastrophe in Italien. Auf die Kunde von der
zweiten Schlacht bei Betriacum im Herbst des J. 69 gaben die
germanischen Legionen die Sache des Vitellius verloren und
schwuren, wenn auch widerwillig, dem Vespasian; vielleicht in
der Hoffnung, daß Civilis, der ja auch den Namen Vespasians
auf seine Fahnen geschrieben hatte, dann seinen Frieden machen
werde. Aber die germanischen Schwärme, die inzwischen über ganz
Nordgallien sich ergossen hatten, waren nicht gekommen, um
die flavische Dynastie einzusetzen; selbst wenn Civilis dies einmal gewollt hatte, jetzt hätte er es nicht mehr gekonnt. Er warf
die Maske weg und sprach es offen aus, was freilich längst feststand, daß die Germanen Nordgalliens sich mit Hilfe der freien
Landsleute der römischen Herrschaft zu entwinden gedachten.
    Aber das Kriegsglück schlug um. Civilis versuchte das Lager
von Gelduba zu überrumpeln; der Überfall begann glücklich und

der Abfall der Kohorten der Nervier brachte Voculas kleine Schar in eine kritische Lage. Da fielen plötzlich zwei spanische Kohorten den Germanen in den Rücken; die drohende Niederlage verwandelte sich in einen glänzenden Sieg; der Kern der angreifenden Armee blieb auf dem Schlachtfeld. Vocula rückte zwar nicht sofort gegen Vetera vor, was er wohl gekonnt hatte, aber drang einige Tage später nach einem abermaligen heftigen Gefecht mit den Feinden in die belagerte Stadt. Freilich Lebensmittel brachte er nicht; und da der Fluß in der Gewalt des Feindes war, mußten diese auf dem Landweg von Novaesium herbeigeschafft werden, wo Flaccus lagerte. Der erste Transport kam durch; aber die inzwischen wieder gesammelten Feinde griffen die zweite Proviantkolonne unterwegs an und nötigten sie sich nach Gelduba zu werfen. Zu ihrer Unterstützung ging Vocula mit seinen Truppen und einem Teil der alten Besatzung von Vetera dorthin ab. In Gelduba angelangt weigerten sich die Mannschaften nach Vetera zurückzukehren und die Leiden der abermals in Aussicht stehenden Belagerung weiter auf sich zu nehmen; statt dessen marschierten sie nach Novaesium, und Vocula, welcher den Rest der alten Garnison von Vetera einigermaßen verproviantiert wußte, mußte wohl oder übel folgen. In Novaesium war inzwischen die Meuterei zum Ausbruch gelangt. Die Soldaten hatten in Erfahrung gebracht, daß ein von Vitellius für sie bestimmtes Donativ an den Feldherrn gelangt sei und erzwangen dessen Verteilung auf den Namen Vespasians. Kaum hatten sie es, so brach in den wüsten Gelagen, welche die Spende im Gefolg hatte, der alte Soldatengroll wieder hervor; sie plünderten das Haus des Feldherrn, der die Rheinarmee an den General der syrischen Legionen verraten hatte, erschlugen ihn und hätten auch dem Vocula das gleiche Schicksal bereitet, wenn dieser nicht in Vermummung entkommen wäre. Darauf riefen sie abermals den Vitellius zum Kaiser aus, nicht wissend, daß dieser damals schon tot war. Als diese Kunde ins Lager kam, kam der bessere Teil der Soldaten, namentlich die beiden obergermanischen Legionen einigermaßen zur Besinnung; sie vertauschten an ihren Standarten das Bildnis des Vitellius wieder mit dem Vespasians und stellten sich unter Voculas Befehle; dieser führte sie nach Mainz, wo er den Rest des Winters 69—70 verblieb. Civilis besetzte Gelduba und schnitt damit Vetera ab, das aufs neue eng blockiert ward; die Lager von Novaesium und Bonna wurden noch gehalten.

Bisher hatte das gallische Land, abgesehen von den wenigen insurgierten germanischen Gauen im Norden, fest an Rom gehalten. Allerdings ging die Parteiung durch die einzelnen Gaue;

unter den Tungrern zum Beispiel hatten die Bataver starken Anhang, und die schlechte Haltung der gallischen Hilfsmannschaften
während des ganzen Feldzugs wird wohl zum Teil durch dergleichen römerfeindliche Stimmungen hervorgerufen sein. Aber
auch unter den Insurgierten gab es eine ansehnliche römisch gesinnte Partei; ein vornehmer Bataver Claudius Labeo führte gegen
seine Landsleute in seiner Heimat und der Nachbarschaft einen
Parteigängerkrieg nicht ohne Erfolg und Civilis Schwestersohn
Julius Briganticus fiel in einem dieser Gefechte an der Spitze einer
römischen Reiterschar. Dem Befehl Zuzug zu senden hatten alle
gallischen Gaue ohne weiteres Folge geleistet; die Ubier, obwohl
germanischer Herkunft, waren auch in diesem Kriege lediglich
ihres Römertums eingedenk und sie wie die Treverer hatten den
in ihr Gebiet einbrechenden Germanen tapferen und erfolgreichen
Widerstand geleistet. Es war das begreiflich. Die Dinge lagen in
Gallien noch so wie in den Zeiten Caesars und Ariovists; eine Befreiung der gallischen Heimat von der römischen Herrschaft durch
diejenigen Schwärme, welche, um dem Civilis landsmannschaft-
lichen Beistand zu leisten, eben damals das Mosel-, Maas- und
Scheldetal ausraubten, war ebenso sehr eine Auslieferung des
Landes an die germanischen Nachbarn; in diesem Krieg, der aus
einer Fehde zwischen zwei römischen Truppenkorps zu einem
römisch-germanischen sich entwickelt hatte, waren die Gallier
eigentlich nichts als der Einsatz und die Beute. Daß die Stimmung
der Gallier, trotz aller wohlbegründeten allgemeinen und besonderen Beschwerden über das römische Regiment, überwiegend
antigermanisch war und für jene aufflammende und rücksichtslose nationale Erhebung, wie sie vor Zeiten wohl durch das Volk
gegangen war, in diesem inzwischen halb romanisierten Gallien
der Zündstoff fehlte, hatten die bisherigen Vorgänge auf das Deutlichste gezeigt. Aber unter den beständigen Mißerfolgen der römischen Armee wuchs allmählich den römerfeindlichen Galliern der
Mut und ihr Abfall vollendete die Katastrophe. Zwei vornehme
Treverer, Julius Classicus, der Befehlshaber der treverischen Reiterei, und Julius Tutor, der Kommandant der Uferbesatzungen am
Mittelrhein, der Lingone Julius Sabinus, Nachkomme, wie er
wenigstens sich berühmte, eines Bastards Caesars, und einige
andere gleichgesinnte Männer aus verschiedenen Gauen glaubten
in der fahrigen keltischen Weise zu erkennen, daß der Untergang
Roms in den Sternen geschrieben und durch den Brand des Capitols (Dez. 69) der Welt verkündigt sei. So beschlossen sie die
Römerherrschaft zu beseitigen und ein gallisches Reich zu errichten. Dazu gingen sie den Weg des Arminius. Vocula ließ sich

wirklich durch gefälschte Rapporte dieser römischen Offiziere
bestimmen mit den unter ihrem Kommando stehenden Kontin-
genten und einem Teil der Mainzer Besatzung im Frühjahre 70
nach dem Unterrhein aufzubrechen, um mit diesen Truppen und
den Legionen von Bonna und Novaesium das hart bedrängte
Vetera zu entsetzen. Auf dem Marsch von Novaesium nach Vetera verließen Classicus und die mit ihm einverstandenen Offiziere
das römische Heer und proklamierten das neue gallische Reich.
Vocula führte die Legionen zurück nach Novaesium; unmittelbar
davor schlug Classicus sein Lager auf. Vetera konnte sich nicht
mehr lange halten; die Römer mußten erwarten nach dessen Fall
die gesamte Macht des Feindes sich gegenüber zu finden. Dies vor
Augen versagten die römischen Truppen und kapitulierten mit
den abgefallenen Offizieren. Vergeblich versuchte Vocula noch
einmal die Bande der Zucht und der Ehre anzuziehen; die Legionen Roms ließen es geschehen, daß ein römischer Überläufer
von der ersten Legion auf Befehl des Classicus den tapferen Feldherrn niederstieß und lieferten selbst die übrigen Oberoffiziere
gefesselt an den Vertreter des Reiches Gallien aus, der dann die
Soldaten auf dieses Reich in Eid und Pflicht nahm. Denselben
Schwur leistete in die Hände der eidbrüchigen Offiziere die Besatzung von Vetera, die, durch Hunger bezwungen, sofort sich
ergab und ebenso die Besatzung von Mainz, wo nur wenige Einzelne der Schande sich durch Flucht oder Tod entzogen. Das
ganze stolze Rheinheer, die erste Armee des Reiches, hatte vor
seinen eigenen Auxilien, Rom vor Gallien kapituliert.

Es war ein Trauerspiel und zugleich eine Posse. Das gallische
Reich verlief wie es mußte. Civilis und seine Germanen ließen es
zunächst sich wohl gefallen, daß der Zwist im römischen Lager
ihnen die eine wie die andere Hälfte der Feinde in die Hände
lieferte, aber er dachte nicht daran jenes Reich anzuerkennen,
und noch weniger seine rechtsrheinischen Genossen.

Ebenso wenig wollten die Gallier selbst davon etwas wissen, wobei allerdings der schon bei dem Aufstand des Vindex hervorgetretene Riß zwischen den östlichen Distrikten und dem übrigen
Lande mit ins Gewicht fiel. Die Treverer und die Lingonen, deren
leitende Männer jene Lagerverschwörung angezettelt hatten,
standen zu ihren Führern, aber sie blieben so gut wie allein, nur
die Vangionen und Triboker schlossen sich an. Die Sequaner, in
deren Gebiet die benachbarten Lingonen einrückten, um sie zum
Beitritt zu bestimmen, schlugen dieselben kurzweg zum Lande
hinaus. Die angesehenen Remer, der führende Gau in der Belgica
riefen den Landtag der drei Gallien ein und obwohl es an poli-

tischen Freiheitsrednern auf demselben nicht mangelte, so beschloß derselbe lediglich die Treverer von der Auflehnung abzumahnen. — Wie die Verfassung des neuen Reiches ausgefallen sein würde, wenn es zustande gekommen wäre, ist schwer zu sagen; wir erfahren nur, daß jener Sabinus, der Urenkel der Kebse Caesars, sich auch Caesar nannte und in dieser Eigenschaft sich von den Sequanern schlagen ließ, Classicus dagegen, dem solche Aszendenz nicht zu Gebote stand, die Abzeichen der römischen Magistratur anlegte, also wohl den republikanischen Prokonsul spielte. Dazu paßt eine Münze, die von Classicus oder seinen Anhängern geschlagen sein muß, welche den Kopf der Gallia zeigt, wie die Münzen der römischen Republik den der Roma, und daneben das Legionssymbol mit der recht verwegenen Umschrift der ‚Treue‘ (fides). — Zunächst am Rhein freilich hatten die Reichsmänner in Gemeinschaft mit den insurgierten Germanen freie Hand. Die Reste der beiden Legionen, die in Vetera kapituliert hatten, wurden gegen die Kapitulation und gegen Civilis Willen niedergemacht, die beiden von Novaesium und Bonna nach Trier geschickt, die sämtlichen römischen Rheinlager, große und kleine, mit Ausnahme von Mogontiacum niedergebrannt. In der schlimmsten Lage fanden sich die Agrippinenser. Die Reichsmänner hatten sich allerdings darauf beschränkt von ihnen den Treueid zu fordern; aber ihnen vergaßen es die Germanen nicht, daß sie eigentlich die Ubier waren. Eine Botschaft der Tencterer vom rechten Rheinufer — es war dies einer der Stämme, deren alte Heimat die Römer öde gelegt hatten und als Viehtrift benutzten und die infolgedessen sich andere Wohnsitze hatten suchen müssen — forderte die Schleifung dieses Hauptsitzes der germanischen Apostaten und die Hinrichtung aller ihrer Bürger römischer Herkunft. Dies wäre auch wohl beschlossen worden, wenn nicht sowohl Civilis, der ihnen persönlich verpflichtet war, wie auch die germanische Prophetin, Veleda im Bructerergau, welche diesen Sieg vorhergesagt hatte und deren Autorität das ganze Insurgentenheer anerkannte, ihr Fürwort eingelegt hätten.

Lange Zeit blieb den Siegern nicht, über die Beute zu streiten. Die Reichsmänner versicherten allerdings, daß der Bürgerkrieg in Italien ausgebrochen, alle Provinzen vom Feinde überzogen und Vespasianus wahrscheinlich tot sei; aber der schwere Arm Roms wurde bald genug empfunden. Das neu befestigte Regiment konnte die besten Feldherren und zahlreiche Legionen an den Rhein entsenden, und es bedurfte allerdings hier einer imposanten Machtentwickelung. Annius Gallus übernahm das Kommando in der oberen, Petillius Cerialis in der unteren Provinz, der letztere, ein

ungestümer und oft unvorsichtiger, aber tapferer und fähiger
Offizier, die eigentliche Aktion. Außer der 21. Legion von Vindonissa kamen fünf aus Italien, drei aus Spanien, eine nebst der
Flotte aus Britannien, dazu ein weiteres Korps von der raetischen
Besatzung. Dieses und die 21. Legion trafen zuerst ein. Die Reichsmänner hatten wohl davon geredet die Alpenpässe zu sperren;
aber geschehen war nichts und das ganze oberrheinische Land
bis nach Mainz lag offen da. Die beiden Mainzer Legionen hatten
zwar dem gallischen Reich geschworen und leisteten anfänglich
Widerstand; aber sowie sie erkannten, daß eine größere römische Armee ihnen gegenüberstand, kehrten sie zum Gehorsam
zurück und ihrem Beispiel folgten sofort die Vangionen und die
Triboker. Sogar die Lingonen unterwarfen sich ohne Schwert-
streich, bloß gegen Zusage milder Behandlung, ihrer 70000 waffenfähige Männer. Fast hätten die Treverer selbst das Gleiche getan; doch wurden sie daran durch den Adel verhindert. Die beiden von der niederrheinischen Armee übriggebliebenen Legionen,
die hier standen, hatten auf die erste Kunde von dem Annahen
der Römer die gallischen Insignien von ihren Feldzeichen ge-
rissen und rückten ab zu den treugebliebenen Mediomatrikern
(Metz), wo sie sich der Gnade des neuen Feldherrn unterwarfen.
Als Cerialis bei dem Heer eintraf, fand er schon ein gutes Stück
der Arbeit getan. Die Insurgentenführer freilich boten das Äußerste auf — damals sind auf ihr Geheiß die bei Novaesium ausge-
lieferten Legionslegaten umgebracht worden — aber militärisch
waren sie ohnmächtig und ihr letzter politischer Schachzug dem
römischen Feldherrn selber die Herrschaft des gallischen Reiches
anzutragen des Anfangs würdig. Nach kurzem Gefecht besetzte
Cerialis die Hauptstadt der Treverer, nachdem die Führer und
der ganze Rat zu den Germanen geflüchtet waren; das war das
Ende des gallischen Reiches. — Ernster war der Kampf mit den
Germanen. Civilis überfiel mit seiner gesamten Streitmacht, den
Batavern, dem Zuzug der Germanen und den landflüchtigen
Scharen der gallischen Insurgenten die viel schwächere römische
Armee in Trier selbst; schon war das römische Lager in seiner Gewalt und die Moselbrücke von ihm besetzt, als seine Leute, statt
den gewonnenen Sieg zu verfolgen, vorzeitig zu plündern begannen und Cerialis, seine Unvorsichtigkeit durch glänzende
Tapferkeit wieder gut machend, den Kampf wiederherstellte
und schließlich die Germanen aus dem Lager und der Stadt hinaus-
schlug. Es gelang nichts mehr von Bedeutung. Die Agrippinenser
schlugen sich sofort wieder zu den Römern und brachten die bei
ihnen weilenden Germanen in den Häusern um; eine ganze dort

lagernde germanische Kohorte wurde eingesperrt und in ihrem
Quartier verbrannt. Was in der Belgica noch zu den Germanen
hielt, brachte die aus Britannien eintreffende Legion zum Gehorsam zurück; ein Sieg der Cannenefaten über die römischen
Schiffe, die die Legion gelandet hatten, andere einzelne Erfolge
der tapferen germanischen Haufen und vor allem der zahlreiche-
ren und besser geführten germanischen Schiffe änderten die allgemeine Kriegslage nicht. Auf den Ruinen von Vetera bot Civilis
dem Feind die Stirn; aber dem inzwischen verdoppelten römischen Heere mußte er weichen, dann endlich auch die eigene Heimat nach verzweifelter Gegenwehr dem Feind überlassen. Wie
immer stellte im Gefolge des Unglücks die Zwietracht sich ein;
Civilis war seiner eigenen Leute nicht mehr sicher und suchte
und fand Schutz vor ihnen bei den Feinden. Im Spätherbst des
J. 70 war der ungleiche Kampf entschieden; die Auxilien kapitulierten nun ihrerseits vor den Bürgerlegionen und die Priesterin
Veleda kam als Gefangene nach Rom.

Blicken wir zurück auf diesen Krieg, einen der seltsamsten und
einen der entsetzlichsten aller Zeiten, so ist kaum je einer Armee
eine gleichschwere Aufgabe gestellt worden wie den beiden
römischen Rheinheeren in den Jahren 69 und 70. Im Laufe weniger
Monate Soldaten Neros, dann des Senats, dann Galbas, dann des
Vitellius, dann Vespasians; die einzige Stütze der Herrschaft
Italiens über die zwei mächtigen Nationen der Gallier und der
Germanen, und die Soldaten der Auxilien fast ganz, die der Legionen großenteils aus eben diesen Nationen genommen; ihrer
besten Mannschaften beraubt, meist ohne Löhnung und oft
hungernd und über alle Maßen elend geführt, ist ihnen allerdings
innerlich wie äußerlich Übermenschliches zugemutet worden. Sie
haben die schwere Probe übel bestanden. Es ist dieser Krieg
weniger einer gewesen zwischen zwei Armeekorps, wie die anderen Bürgerkriege dieser entsetzlichen Zeit, als ein Krieg der
Soldaten und vor allem der Offiziere zweiter Klasse gegen die der
ersten, verbunden mit einer gefährlichen Insurrektion und Invasion der Germanen und einer beiläufigen und unbedeutenden
Auflehnung einiger keltischer Distrikte. In der römischen Militär-
geschichte sind Cannae und Karrhae und der Teutoburger Wald
Ruhmesblätter verglichen mit der Doppelschmach von Novaesium; nur wenige einzelne Männer, keine einzige Truppe hat in
der allgemeinen Verunehrung sich reinen Schild bewahrt. Die
grauenhafte Zerrüttung des Staats- und vor allem des Heer-
wesens, welche bei dem Untergang der julisch-claudischen Dynastie uns entgegentritt, erscheint deutlicher noch als in der

führerlosen Schlacht von Betriacum in diesen Vorgängen am
Rhein, derengleichen die Geschichte Roms nie vorher und nie
nachher aufweist. Bei dem Umfang und der Allgemeinheit dieser Frevel war ein
entsprechendes Strafgericht unmöglich. Es verdient Anerkennung,
daß der neue Herrscher, der glücklicherweise persönlich all diesen
Vorgängen ferngeblieben war, in echt staatsmännischer Weise
das Vergangene vergangen sein ließ und nur bemüht war der
Wiederholung ähnlicher Auftritte vorzubeugen. Daß die hervorragenden Schuldigen sowohl aus den Reihen der Truppen wie aus
den Insurgenten für ihre Verbrechen zur Rechenschaft gezogen
wurden, versteht sich von selbst; man mag das Strafgericht daran
messen, daß, als fünf Jahre später einer der gallischen Insurgentenführer in einem Versteck aufgefunden wurde, in dem seine
Gattin ihn bis dahin verborgen gehalten hatte, Vespasian ihn wie
sie dem Henker übergab. Aber man gestattete den abtrünnigen
Legionen mit gegen die Deutschen zu kämpfen und in den heißen
Schlachten bei Trier und bei Vetera ihre Schuld einigermaßen
zu sühnen. Allerdings wurden nichts destoweniger die vier Legionen des unterrheinischen Heeres alle und von den beiden beteiligten oberrheinischen die eine kassiert — gern möchte man
glauben, daß die 22. verschont ward in ehrender Erinnerung an
ihren tapferen Legaten. Auch von den batavischen Kohorten ist
wahrscheinlich eine beträchtliche Anzahl von dem gleichen Schicksal betroffen worden, nicht minder, wie es scheint, das Reiter-
regiment der Treverer und vielleicht noch manche andere besonders hervorgetretene Truppe. Noch viel weniger als gegen die abtrünnigen Soldaten konnte gegen die insurgierten keltischen und
germanischen Gaue mit der vollen Schärfe des Gesetzes eingeschritten werden; daß die römischen Legionen die Schleifung der
treverischen Augustuskolonie forderten, diesmal nicht der Beute,
sondern der Rache wegen, ist wenigstens ebenso begreiflich wie
die von den Germanen begehrte Zerstörung der Ubierstadt; aber
wie Civilis diese, so schützte jene Vespasian. Selbst den linksrheinischen Germanen wurde ihre bisherige Stellung im ganzen
gelassen. Wahrscheinlich aber trat — wir sind hier ohne sichere
Überlieferung — in der Aushebung und der Verwendung der
Auxilien eine wesentliche Änderung ein, welche die in dem Auxi-
lienwesen liegende Gefahr minderte. Den Batavern blieb die
Steuerfreiheit und ein immer noch bevorzugtes Dienstverhältnis;
hatte doch ein nicht ganz geringer Teil derselben die Sache der
Römer mit den Waffen verfochten. Aber die batavischen Truppen
wurden beträchtlich verringert, und wenn ihnen bisher, wie es

scheint von Rechtswegen, die Offiziere aus dem eigenen Adel
gesetzt worden waren, und auch gegenüber den sonstigen germanischen und keltischen das Gleiche wenigstens häufig geschehen
war, so werden die Offiziere der Alen und Kohorten späterhin
überwiegend aus dem Stande genommen, dem Vespasian selber
entstammte, aus dem guten städtischen Mittelstand Italiens und
der italisch geordneten Provinzialstädte. Offiziere von der Stellung
des Cheruskers Arminius, des Batavers Civilis, des Treverers
Classicus begegnen seitdem nicht wieder. Die bisherige Geschlossenheit der aus dem gleichen Gau ausgehobenen Truppen findet
sich später ebensowenig, sondern die Leute dienen ohne Unterschied ihrer Herkunft in den verschiedensten Abteilungen; es
ist das wahrscheinlich eine Lehre, welche die römische Militär-
verwaltung sich aus diesem Kriege gezogen hat. Eine andere durch
diesen Krieg gewiesene Änderung wird es sein, daß, wenn bis dahin die in Germanien verwendeten Auxilien der Mehrzahl nach
aus den germanischen und den benachbarten Gauen genommen
waren, seitdem eben wie die dalmatischen und pannonischen infolge des batonischen Krieges, fortan auch die germanischen
Auxiliartruppen überwiegend außerhalb ihrer Heimat Verwendung fanden. Vespasian war ein einsichtiger und erfahrener Militär; es ist wahrscheinlich zum guten Teil sein Verdienst, wenn
von Auflehnung der Auxilien gegen ihre Legionen kein späteres
Beispiel begegnet.

Daß die eben berichtete Insurrektion der linksrheinischen Germanen, obwohl sie, infolge der zufälligen Vollständigkeit der darüber erhaltenen Berichte, allein uns einen deutlichen Einblick
in die politischen und militärischen Verhältnisse am Unterrhein
und Galliens überhaupt gewährt und darum auch eine ausführ-
liche Erzählung verdiente, dennoch mehr durch äußere und zufällige Ursachen als durch die innere Notwendigkeit der Dinge
hervorgerufen wurden, beweist die nun folgende anscheinend vollständige Ruhe daselbst und der, so viel wir sehen, ununterbro-
chene Statusquo eben in dieser Gegend. Die römischen Germanen
sind in dem Reiche nicht minder vollständig aufgegangen als die
römischen Gallier; von Insurrektionsversuchen jener ist nie wieder
die Rede. Am Ausgang des dritten Jahrhunderts wird von den
über den Unterrhein in Gallien einbrechenden Franken auch das
batavische Gebiet mit erfaßt; doch haben sich die Bataver in
ihren alten, wenn auch geschmälerten Sitzen und ebenso die
Friesen selbst während der Wirren der Völkerwanderung behauptet und soviel wir wissen auch dem baufälligen Reichsganzen
die Treue bewahrt.

Wenden wir uns von den römischen zu den freien Germanen östlich vom Rhein, so ist für diese mit ihrer Beteiligung an jener batavischen Insurrektion das offensive Vorgehen nicht minder vorbei wie mit den Expeditionen des Germanicus die Versuche der Römer zu Ende sind eine Grenzveränderung im großen Stil in diesen Gebieten herbeizuführen.

Unter den freien Germanen sind die dem römischen Gebiet nächstwohnenden die Bructerer an beiden Ufern der mittleren Ems und in dem Quellgebiet der Ems und der Lippe, weshalb sie auch vor allen übrigen Germanen sich an der batavischen Insurrektion beteiligten. Aus ihrem Gau war das Mädchen Veleda, die ihre Landsleute in den Krieg gegen Rom entsandte und ihnen den Sieg verhieß, deren Ausspruch über das Schicksal der Ubierstadt entschied, zu deren hohem Turm die gefangenen Senatoren und das erbeutete Admiralschiff der Rheinflotte gesendet wurden. Die Niederwerfung der Bataver traf auch sie, vielleicht noch ein besonderer Gegenschlag der Römer, da jene Jungfrau späterhin gefangen nach Rom geführt ward. Diese Katastrophe sowie Fehden mit den benachbarten Völkern brachen ihre Macht; unter Nerva ist ihnen ein König, den sie nicht wollten, von ihren Nachbarn unter passiver Assistenz des römischen Legaten mit den Waffen aufgezwungen worden.

Die Cherusker im oberen Wesergebiet, zu Augustus' und Tiberius' Zeit der führende Gau in Mitteldeutschland, werden seit Armins Tode selten genannt; immer aber als in guten Beziehungen zu den Römern stehend. Als der Bürgerkrieg, der bei ihnen auch nach Arminius' Fall weiter gewütet haben muß, ihr ganzes Fürstengeschlecht hingerafft, erbaten sie sich den letzten des Hauses, den in Italien lebenden Brudersohn Armins Italicus, von der römischen Regierung zum Herrscher; freilich entzündete die Heimkehr des tapferen, aber mehr seinem Namen als seiner Herkunft entsprechenden Mannes die Fehde abermals und, von den Seinen vertrieben, setzten ihn noch einmal die Langobarden auf den wankenden Herrschersitz. Einer seiner Nachfolger, der König Chariomerus, ergriff in dem Chattenkrieg Domitians so ernstlich für die Römer Partei, daß er nach dessen Beendigung, von den Chatten vertrieben, zu den Römern flüchtete und deren Intervention freilich vergebens anrief. Durch diese ewigen inneren und äußeren Fehden ward das Cheruskervolk so geschwächt, daß es seitdem aus der aktiven Politik verschwindet. Der Name der Marser wird seit den Zügen des Germanicus überhaupt nicht mehr gefunden. Daß die weiter östlich an der Elbe wohnenden Völkerschaften wie alle entfernteren Germanen an den Kämpfen der

Bataver und ihrer Genossen in den J. 69 und 70 sich so wenig
beteiligt haben wie diese an den germanischen Kriegen unter
Augustus und Tiberius, darf bei der Ausführlichkeit des Berichtes
als sicher bezeichnet werden. Wo sie späterhin einmal begegnen,
erscheinen sie nie in feindlicher Haltung gegen die Römer. Daß
die Langobarden den römischen Cheruskerkönig wieder einsetzten,
wurde schon erwähnt. Der König der Semnonen Masuus, und
merkwürdigerweise mit ihm die Prophetin Ganna, welche bei
diesem wegen besonderer Gläubigkeit berühmten Stamme in
hohem Ansehen stand, besuchten den Kaiser Domitianus in Rom
und wurden an dessen Hofe freundlich aufgenommen. Es mag in
den Gegenden von der Weser bis zur Elbe in diesen Jahrhunderten
manche Fehde getobt, manche Machtstellung sich verschoben,
mancher Gau den Namen gewechselt oder sich anderer Verbindung eingefügt haben; den Römern gegenüber trat, nachdem
der feste Verzicht derselben auf Unterwerfung dieser Landschaft
allgemein empfunden ward, ein dauernder Grenzfriede ein. Auch
Invasionen aus dem fernen Osten können denselben in dieser
Epoche nicht wesentlich gestört haben; denn der Rückschlag
davon auf die römische Grenzwacht hätte nicht ausbleiben können
und von ernsteren Krisen auf diesem Gebiet würde die Kunde
nicht fehlen. Zu allem diesem gibt das Siegel die Reduktion der
niederrheinischen Armee auf die Hälfte des früheren Bestandes,
welche, wir wissen nicht genau wann, aber in dieser Epoche eingetreten ist. Das niederrheinische Heer, mit welchem Vespasian
zu kämpfen hatte, zählte vier Legionen, das der traianischen Zeit
vermutlich die gleiche Zahl, mindestens drei; wahrscheinlich schon
unter Hadrian, gewiß unter Marcus standen daselbst nicht mehr
als zwei, die 1. minervische und die 30. Traians.

In anderer Weise entwickelten sich die germanischen Verhältnisse in der oberen Provinz. Von den linksrheinischen Germanen,
die dieser angehörten, den Tribokern, Nemetern, Vangionen, ist
geschichtlich nichts hervorzuheben als daß sie, seit langem unter
den Kelten ansässig, die Schicksale Galliens teilten. Die hauptsächliche Verteidigungslinie der Römer ist auch hier der Rhein
immer geblieben. Alle Standlager der Legionen finden sich zu
aller Zeit auf dem linken Rheinufer; nicht einmal das von Argentoratum ist auf das rechte verlegt worden, als das ganze Neckargebiet römisch war. Auch wenn in der unteren Provinz die römische Herrschaft auf dem rechten Rheinufer im Laufe der Zeit
beschränkt wird, so wird sie umgekehrt hier erweitert. Die von
Augustus beabsichtigte Verknüpfung der Rheinlager mit denen an
der Donau durch Vorschiebung der Reichsgrenze in östlicher Rich-

tung, welche, wenn sie zur Ausführung gekommen wäre, mehr
Ober- als Untergermanien erweitert haben würde, ist in diesem
Kommando wohl niemals völlig aufgegeben und späterhin, wenn
auch in bescheidenerem Maßstabe, wieder aufgenommen worden.
Die Überlieferung gestattet uns nicht die in diesem Sinne durch
Jahrhunderte fortgeführten Operationen, die dazu gehörigen
Straßen- und Wallbauten, die deshalb geführten Kriege in ihrem
Zusammenhang darzulegen; und auch der noch vorhandene große
Militärbau, dessen gleichfalls Jahrhunderte umfassende Ent-
stehung einen guten Teil jener Geschichte in sich schließen muß,
ist bisher nicht so, wie es wohl geschehen könnte, von militärisch
geschärften Augen in seiner Gesamtheit untersucht worden —
die Hoffnung, daß das geeinigte Deutschland sich auch zu der
Erforschung dieses seines ältesten geschichtlichen Gesamtdenk-
mals vereinigen werde, ist fehlgeschlagen. Was zur Zeit aus den
Trümmern der römischen Annalen oder der römischen Kastelle
darüber ans Licht gekommen ist, soll hier versucht werden zusammenzufassen.

Auf dem rechten Ufer legt sich nicht weit von dem nördlichen
Ende der Provinz dem ebenen oder hügeligen niederrheinischen
Land in westöstlicher Richtung die Taunuskette vor, die gegenüber Bingen auf den Rhein stößt. Diesem Bergzug parallel, auf
der anderen Seite abgeschlossen durch die Ausläufer des Odenwaldes, erstreckt sich die Ebene des unteren Maintales, der rechte
Zugang zum inneren Deutschland, beherrscht von der Schlüssel-
stellung an der Mündung des Mains in den Rhein, Mogontiacum
oder Mainz, seit Drusus' Zeit bis zum Ausgang Roms der Ausfalls-
burg der Römer aus Gallien gegen Germanien wie heutzutage dem
rechten Riegel Deutschlands gegen Frankreich. Hier behielten
die Römer, auch nachdem sie auf die Herrschaft im überrheini-
schen Land im allgemeinen verzichtet hatten, nicht bloß den
Brückenkopf am anderen Ufer, das *castellum Mogontiacense* (Ca-
stel), sondern jene Mainebene selbst in ihrem Besitz; und in diesem
Gebiet durfte auch die römische Zivilisation sich festsetzen.
Es war dies ursprünglich chattisches Land und ein chattischer
Stamm, die Mattiaker sind auch unter römischer Herrschaft hier
ansässig geblieben; aber nachdem die Chatten diesen Distrikt an
Drusus hatten abtreten müssen, ist derselbe ein Teil des Reiches
geblieben. Die warmen Quellen in der nächsten Nähe von Mainz
(aquae Mattiacae, Wiesbaden) wurden erweislich in Vespasians
Zeit und sicher schon lange vorher von den Römern benutzt; unter
Claudius wurde hier auf Silber gebaut; die Mattiaker haben schon
früh wie andere Untertanendistrikte Truppen zur Armee gestellt.

An der allgemeinen Auflehnung der Germanen unter Civilis nahmen sie Anteil; aber nach der Besiegung stellten die früheren Verhältnisse sich wieder her. Seit dem Ende des zweiten Jahrhunderts finden wir die Gemeinde der taunensischen Mattiaker unter römisch geordneten Behörden.

Die Chatten, obwohl also vom Rhein abgedrängt, erscheinen in der folgenden Zeit als der mächtigste Stamm unter denen des germanischen Binnenlandes, die mit den Römern in Beziehung kamen; die Führung, die unter Augustus und Tiberius die Cherusker an der mittleren Weser gehabt hatten, ging in der stetigen Fehde mit diesen ihren stammverwandten südlichen Nachbarn auf die letzteren über. Alle Kriege zwischen Römern und Germanen, von denen wir aus der Zeit nach Arminius' Tod bis auf die beginnende Völkerverschiebung am Ende des 3. Jahrhunderts Kunde haben, sind gegen die Chatten geführt worden; so im J. 41 unter Claudius durch den späteren Kaiser Galba, im J. 50 unter demselben Kaiser durch den als Dichter gefeierten Publius Pomponius Secundus. Dies waren die üblichen Grenzeinfälle, und an dem großen batavischen Kriege waren die Chatten zwar auch, aber nur nebenbei beteiligt. Aber in dem Feldzug, den der Kaiser Domitianus im J. 83 unternahm, waren die Römer die Angreifenden und dieser Krieg führte zwar nicht zu glänzenden Siegen, aber wohl zu einer bedeutenden und folgenreichen Vorschiebung der römischen Grenze. Damals wird die Grenzlinie so, wie wir sie seitdem gezogen finden, geordnet und in dieselbe, welche in ihrem nördlichsten Stück sich nicht weit vom Rhein entfernte, hier ein großer Teil des Taunus und das Maingebiet bis oberhalb Friedberg hineingezogen worden sein. Die Usiper, die nach ihrer schon berichteten Vertreibung aus dem Lippegebiet um die Zeit Vespasians in der Nähe von Mainz auftreten und östlich von den Mattiakern an der Kinzig oder im Fuldischen neue Sitze gefunden haben mögen, sind damals zum Reiche gezogen worden, und zugleich mit ihnen eine Anzahl kleinerer von den Chatten abgesprengter Völkerschaften. Als dann im J. 88 unter dem Statthalter Lucius Antonius Saturninus das obergermanische Heer gegen Domitian sich erhob, hätte fast der Krieg sich erneuert; die abgefallenen Truppen machten gemeinschaftliche Sache mit den Chatten und nur die Unterbrechung der Kommunikationen, indem das Eis auf dem Rhein aufging, machte den treugebliebenen Regimentern möglich mit den abgefallenen fertig zu werden, bevor der gefährliche Zuzug eintraf. Es wird berichtet, daß die römische Herrschaft von Mainz landeinwärts 80 Leugen weit, also noch über Fulda hinaus, sich erstreckt hat; und diese Nachricht erscheint glaubwürdig, wenn dabei in Betracht gezogen wird, daß die militärische Grenzlinie, die allerdings nicht weit über Friedberg hinausgegangen zu sein scheint, sich wohl auch hier innerhalb der Gebietsgrenze hielt.

Aber nicht bloß das untere Maintal vorwärts Mainz ist in die militärische Grenzlinie hineingezogen worden; auch im südwestlichen Deutschland wurde die Grenze noch in größerem Maßstab vorgeschoben. Das Neckargebiet, einst von den keltischen Helvetiern eingenommen, dann lange Zeit streitiges Grenzland zwischen diesen und den vordringenden Germanen und darum das helvetische Ödland genannt, späterhin vielleicht teilweise von den Marcomanen besetzt, bevor diese nach Böhmen zurückwichen, kam bei der Regulierung der germanischen Grenzen nach der Varusschlacht in die gleiche Verfassung wie der größte Teil des rechten unterrheinischen Ufers. Es wird auch hier schon damals eine Grenzlinie bezeichnet worden sein, innerhalb deren germanische Ansiedelungen nicht geduldet wurden. Wie auf nicht eingedeichter Marsch ließen dann einzelne meist gallische Einwanderer, die nicht viel zu verlieren hatten, in diesen fruchtbaren, aber wenig geschützten Strichen, dem damals sogenannten Dekumatenland sich nieder*. Dieser vermutlich von der Regierung nur geduldeten privaten Okkupation folgte die förmliche Besetzung wahrscheinlich unter Vespasian. Da schon um das J. 74 von Straßburg aus eine Chaussee auf das rechte Rheinufer wenigstens bis nach Offenburg geführt worden ist, so wird um diese Zeit in diesem Gebiet ein ernstlicherer Grenzschutz eingerichtet worden sein, als ihn das bloße Verbot germanischer Siedelung gewährte. Was der Vater begonnen hatte, führten die Söhne durch. Vielleicht ist sogar, sei es von Vespasian, sei es von Titus oder Domitian, durch die Anlegung der ,flavischen Altäre' an der Neckarquelle bei dem heutigen Rottweil, von welcher Ansiedlung wir freilich nichts als den Namen kennen, für das rechtsrheinische neue Obergermanien ein ähnlicher Mittelpunkt ge-

---

* Was die nur bei Tacitus Germ. 29 vorkommende Benennung *agri decumates* (denn mit *agri* wird das letztere Wort doch zu verbinden sein) bedeutet, ist ungewiß; möglich ist es, daß das in der früheren Kaiserzeit gewiß als Eigentum des Staats oder vielmehr des Kaisers betrachtete Gebiet, wie der alte *ager occupatorius* der Republik, von dem zuerst Besitz Ergreifenden gegen Abgabe des Zehnten benutzt werden konnte; aber weder ist es sprachlich erwiesen, daß *decumas* ,zehntpflichtig' heißen kann, noch kennen wir derartige Einrichtungen der Kaiserzeit. Übrigens sollte man nicht übersehen, daß die Schilderung des Tacitus sich auf die Zeit vor der Einrichtung der Neckarlinie bezieht; auf die spätere paßt sie so wenig wie die zwar nicht klare, aber doch sicher mit dem früheren Rechtsverhältnis zusammenhängende Benennung.

schaffen worden, wie es früher der ubische Altar für Großgermanien hatte werden sollen und bald nachher für das neu eroberte Dacien der Altar von Sarmizegetusa wurde. Die erste Einrichtung der weiterhin zu schildernden Grenzwehr, durch welche das Neckartal in die römische Linie hineingezogen wurde, ist also das Werk der Flavier, hauptsächlich wohl Domitians, welcher damit die Anlage am Taunus weiterführte. Die rechtsrheinische Militärstraße von Mogontiacum über Heidelberg und Baden in der Richtung auf Offenburg, die notwendige Konsequenz dieser Einziehung des Neckargebiets, ist, wie wir jetzt wissen, im J. 100 von Traian angelegt und ein Teil der von demselben Kaiser hergestellten direkteren Verbindung Galliens mit der Donaulinie. Die Soldaten sind bei diesen Werken tätig gewesen, aber schwerlich die Waffen; germanische Völkerschaften wohnten im Neckargebiet nicht, und noch weniger kann der schmale Streifen am linken Ufer der Donau, welcher dadurch mit in die Grenzlinie gezogen ward, ernstliche Kämpfe gekostet haben. Das nächste namhafte germanische Volk daselbst, die Hermunduren, waren den Römern freundlich gesinnt wie kein anderes und führten in der Vindelikerstadt Augusta mit ihnen lebhaften Handelsverkehr; daß bei ihnen diese Vorschiebung keinen Widerstand gefunden hat, davon werden wir weiterhin die Spuren finden. Unter den folgenden Regierungen, des Hadrian, des Pius, des Marcus, ist dann an diesen militärischen Einrichtungen weitergebaut worden.

Den Grenzschutz zwischen Rhein und Donau, wie er zum großen Teil in seinen Fundamenten noch heute besteht, vermögen wir nicht in seiner Entstehungsgeschichte zu verfolgen, wohl aber zu erkennen nicht bloß, wie er lief, sondern auch, wozu er diente. Die Anlage ist nach Art und Zweck eine andere in Obergermanien und eine andere in Raetien. Der obergermanische Grenzschutz, in der Gesamtlänge von etwa 250 römischen Milien (368 Kil.)*, beginnt unmittelbar an der Nordgrenze der Provinz, umfaßt, wie schon gesagt ward, den Taunus und die Mainebene bis in die Gegend von Friedberg und wendet sich von da südwärts dem Main zu, auf welchen er bei Großkrotzenburg oberhalb Hanau trifft. Dem Main von da bis Wörth folgend, schlägt er hier die Richtung nach dem Neckar ein, den er etwas unterhalb Wimpfen erreicht

---

* Dies Maß gilt für die Kastellinie von Rheinbrohl bis Lorch (Cohausen, der röm. Grenzwall S. 7f.). Für den Erdwall kommt die Mainstrecke von Miltenberg bis Großkrotzenburg, von etwa 30 röm. Milien, in Abzug. Bei der älteren Neckarlinie ist der Erdwall beträchtlich kürzer, da statt desjenigen von Miltenberg bis Lorch hier der viel kürzere des Odenwaldes von Wörth bis Wimpfen eintritt.

und nicht wieder verläßt. Später ist der südlichen Hälfte dieser
Grenzlinie eine zweite vorgelegt worden, die dem Main über
Wörth hinaus bis nach Miltenberg folgt und von da, zum größeren
Teil in schnurgerader Richtung, auf Lorch zwischen Stuttgart
und Aalen geführt ist. Hier schließt an den obergermanischen
der raetische Grenzschutz an von nur 120 Milien (174 Kil.) Länge;
er verläßt die Donau bei Kelheim oberhalb Regensburg und läuft
von da, zweimal die Altmühl überschreitend, im Bogen nach
Westen zu, ebenfalls bis Lorch. — Der obergermanische Limes
besteht aus einer Reihe von Kastellen, die höchstens einen halben
Tagemarsch (15 Kil.) voneinander entfernt sind. Wo die Ver-
bindungslinien zwischen den Kastellen nicht durch den Main
oder den Neckar, wie angegeben, gesperrt sind, ist eine künstliche Sperrung angebracht, anfangs vielleicht bloß durch Ver-
haue, späterhin durch einen fortlaufenden Wall von mäßiger
Höhe mit außen vorgelegtem Graben und in kurzen Entfernungen
auf der inneren Seite eingebauten Wachttürmen. Die Kastelle
sind in den Wall nicht eingezogen, aber unmittelbar hinter ihm
angelegt, nicht leicht über einen halben Kilometer von ihm entfernt. — Der raetische Grenzschutz ist eine bloße durch Auf-
schüttung von Bruchsteinen bewirkte Sperrung; Graben und
Wachttürme fehlen und die hinter dem Limes ohne regelrechte
Folge und in ungleichen Abständen (keines näher als 4—5 Kil.)
angelegten Kastelle stehen mit der Sperrlinie in keiner unmittelbaren Verbindung. Über die zeitliche Folge der Anlagen fehlen
bestimmte Zeugnisse; erwiesen ist, daß die obergermanische
Neckarlinie unter Pius, die ihr vorgelegte von Miltenberg nach
Lorch unter Marcus bestand. Gemeinschaftlich ist beiden sonst
so verschiedenen Anlagen die Grenzsperrung; daß in dem einen
Fall die Erdaufschüttung vorgezogen ist, durch welche der Graben sich meistens von selber ergab, in dem andern die Stein-
schichtung, beruht wahrscheinlich nur auf der Verschiedenartig-
keit des Bodens und des Baumaterials. Gemeinschaftlich ist ihnen
ferner, daß weder die eine noch die andere angelegt ist zur Gesamtverteidigung der Grenze. Nicht bloß ist das Hindernis, welches die Erd- oder Steinschüttung dem Angreifer entgegenstellt,
an sich geringfügig, sondern es begegnen auf der Linie überall
überhöhende Stellungen, hinterliegende Sümpfe, Verzicht auf den
Ausblick in das Vorland und ähnliche deutliche Spuren davon,
daß bei deren Trazierung an Kriegszwecke überhaupt nicht gedacht ist. Die Kastelle sind natürlich jedes für sich zur Verteidigung eingerichtet, aber sie sind nicht durch chaussierte Quer-
straßen verbunden; also stützte die einzelne Besatzung sich nicht

auf die der benachbarten Kastelle, sondern auf den Rückhalt, zu welchem die Straße führte, welche eine jede besetzt hielt. Es waren ferner diese Besatzungen nicht eingefügt in ein militärisches System der Grenzverteidigung, mehr befestigte Stellungen für den Notfall als strategisch gewählte für die Okkupation des Gebiets, wie denn auch schon die Ausdehnung der Linie selbst, verglichen mit der disponiblen Truppenzahl, die Möglichkeit einer Gesamtverteidigung ausschließt*. Also haben diese ausgedehnten militärischen Anlagen nicht den Zweck gehabt wie die britanni-

---

* Über die Dislokation der obergermanischen Truppen fehlt es zwar an genügender Kunde, doch nicht ganz an Anhaltspunkten. Von den beiden Hauptquartieren in Obergermanien ist das von Straßburg nach der Einrichtung der Neckarlinie erweislich nur schwach belegt und wahrscheinlich mehr administratives als militärisches Zentrum gewesen. Dagegen hat die Besatzung von Mainz immer einen beträchtlichen Teil der Gesamtstärke in Anspruch genommen, um so mehr als dieselbe wahrscheinlich der einzige größere geschlossene Truppenkörper in ganz Obergermanien war. Die übrigen Truppen verteilen sich teils auf den Limes, dessen Kastelle nach Cohausens (röm. Grenzwall S. 335) Schätzung durchschnittlich 8 Kilometer voneinander entfernt, also insgesamt gegen 50 waren, teils auf die inneren Kastelle, insbesondere an der Odenwaldlinie von Gundelsheim bis Wörth; daß die letzteren wenigstens zum Teil auch nach Anlegung des äußeren Limes besetzt blieben, ist mindestens wahrscheinlich. Bei der ungleichen Größe der noch meßbaren Kastelle ist es schwer zu sagen, welche Truppenzahl erforderlich war, um sie verteidigungsfähig zu machen. Cohausen rechnet auf ein mittelgroßes Kastell einschließlich der Reserve 720 Mann. Da die gewöhnliche Kohorte der Legion wie der Auxilien 500 Mann zählt und die Kastellbauten notwendig auf diese Zahl haben Rücksicht nehmen müssen, wird die Besatzung des Kastells für den Fall der Belagerung durchschnittlich mindestens auf diese Zahl angesetzt werden müssen. Unmöglich hat nach der Reduktion die obergermanische Armee die Kastelle auch nur des Limes gleichzeitig in dieser Stärke besetzen können. Noch weit weniger konnte sie, selbst vor der Reduktion, mit ihren 30 000 Mann die zwischen den Kastellen befindlichen Linien auch nur besetzt halten; wenn aber dies nicht möglich war, so hatte die gleichzeitige Besetzung auch der sämtlichen Kastelle in der Tat keinen Zweck. Allem Anschein nach ist wohl jedes Kastell in der Weise angelegt worden, daß es, gehörig besetzt, gehalten werden konnte, aber der Regel nach — und an dieser Grenze war der Friedensstand Regel — war das einzelne Kastell nicht nach Kriegsfuß, sondern nur insoweit mit Truppen belegt, daß die Posten in den Wachttürmen ausgesetzt und die Straßen so wie die Schleichwege unter Aufsicht gehalten werden konnten. Die ständigen Besatzungen der Kastelle sind vermutlich sehr viel schwächer gewesen als gewöhnlich angenommen wird. Wir besitzen aus dem Altertum ein einziges Verzeichnis einer derartigen Besatzung; es ist vom J. 155 und betrifft das Kastell von Kutlowitza nördlich von Sofia, wofür die Armee von Untermoesien und zwar die 11. Legion die Besatzung stellte. Diese Truppe zählte damals außer dem kommandierenden Zenturionen nur 76 Mann. — Die raetische Armee war wenigstens vor Marcus noch viel weniger imstande ausgedehnte Linien zu besetzen: sie zählte damals höchstens 10 000 Mann und hatte außer dem raetischen Limes noch die Donaulinie von Regensburg bis Passau zu belegen.

sche Wall dem Feinde den Einbruch zu wehren. Es sollten vielmehr wie an den Flußgrenzen die Brücken, so an den Landgrenzen
die Straßen durch die Kastelle beherrscht werden, im übrigen
aber wie an den Wassergrenzen der Fluß, so an den Landgrenzen
der Wall die nicht kontrollierte Überschreitung der Grenzen
hindern. Anderweitige Benutzung mochte sich damit verbinden;
die oft hervortretende Bevorzugung der geradlinigen Richtung
deutet auf Verwendung für Signale, und gelegentlich mag die Anlage auch geradezu für Kriegszwecke benutzt worden sein. Aber
der eigentliche und nächste Zweck der Anlage war die Verhinde-
rung der Grenzüberschreitung. Daß dabei nicht an der raetischen,
wohl aber an der obergermanischen Grenze Wachtposten und
Forts eingerichtet worden sind, erklärt sich aus dem verschiedenen Verhältnis zu den Nachbarn, dort den Hermunduren,
hier den Chatten. Die Römer standen in Obergermanien ihren
Nachbarn nicht so gegenüber wie den britannischen Hochlän-
dern, gegen die die Provinz sich stets im Belagerungsstand befand; aber die Abwehr räuberischer Einbrecher sowie die Erhebung der Grenzzölle forderten doch bereite und nahe militärische Hilfe. Man konnte die obergermanische Armee und dementsprechend die Besatzungen am Limes allmählich reduzieren,
aber entbehrlich ward das römische Pilum im Neckarlande nie.
Wohl aber war es entbehrlich gegenüber den Hermunduren, welchen in traianischer Zeit allein von allen Germanen das Überschreiten der Reichsgrenze ohne besondere Kontrolle und der
freie Verkehr im römischen Gebiet, namentlich in Augsburg frei
stand, und mit denen, soviel wir wissen, niemals Grenzkolli-
sionen stattgefunden haben. Es war also für diese Zeit zu einer
ähnlichen Anlage an der raetischen Grenze keine Veranlassung;
die Kastelle nordwärts der Donau, welche erweislich bereits in
traianischer Zeit bestanden, genügten hier für den Schutz der
Grenze und die Kontrolle des Grenzverkehrs. Dem kommt die
Wahrnehmung entgegen, daß der raetische Limes, wie er uns vor
Augen steht, allein mit der jüngeren vielleicht erst unter Marcus
angelegten obergermanischen Sperrlinie korrespondiert. Damals
fehlte dazu die Veranlassung nicht. Die Chattenkriege ergriffen,
in dieser Zeit auch Raetien; auch die Verstärkung der Besatzung
der Provinz kann füglich mit der Einrichtung dieses Limes in
Verbindung stehen, welcher, wie wenig er für militärische Zwecke
eingerichtet ist, doch wohl ebenfalls einer wenn auch milderen
Grenzsperre wegen angelegt wurde.

Militärisch wie politisch ist die verlegte Grenze oder vielmehr
der verstärkte Grenzschutz eingreifend und nützlich gewesen.

Wenn früher die römische Postenkette in Obergermanien und Raetien wahrscheinlich rheinaufwärts über Straßburg nach Basel und an Vindonissa vorbei an den Bodensee, dann von da zu der oberen Donau gegangen war, so wurden jetzt das obergermanische Hauptquartier in Mainz und das raetische in Regensburg und überhaupt die beiden Hauptarmeen des Reiches einander beträchtlich genähert. Das Legionslager von Vindonissa (Windisch bei Zürich) wurde dadurch überflüssig. Das oberrheinische Heer konnte, wie das benachbarte, nach einiger Zeit auf die Hälfte seines früheren Bestandes herabgesetzt werden. Die anfängliche Zahl von vier Legionen, welche während des batavischen Krieges nur zufällig auf drei vermindert war, bestand allerdings wahrscheinlich noch unter Traian; unter Marcus aber war die Provinz nur mit zwei Legionen besetzt, der achten und der zweiundzwanzigsten, von denen die erste in Straßburg stand, die zweite in dem Hauptquartier Mainz, während die meisten Truppen in kleinere Posten aufgelöst an dem Grenzwall lagerten. Innerhalb der neuen Linie blühte das städtische Leben auf, fast wie links vom Rheinlauf: Sumelocenna (Rottenburg am Neckar), Aquae (*civitas Aurelia Aquensis*, Baden), Lopodunum (Ladenburg) hatten, wenn man von Köln und Trier absieht, in römisch-städtischer Entwickelung den Vergleich mit keiner Stadt der Belgica zu scheuen. Das Emporkommen dieser Ansiedelungen ist hauptsächlich das Werk Traians, welcher sein Regiment mit dieser Friedenstat eröffnete; ‚den auf beiden Ufern römischen Rhein' fleht ein römischer Dichter an, den noch nicht gesehenen Herrscher ihnen bald zuzusenden. Die große und fruchtbare Landschaft, die auf diese Weise unter den Schutz der Legionen gestellt ward, war dieses Schutzes bedürftig, aber auch wert gewesen. Wohl bezeichnet die Varusschlacht die beginnende Ebbe der römischen Macht, aber nur insofern, als das Vorschreiten damit ein Ende hat und die Römer seitdem sich im allgemeinen begnügten das damals Festgehaltene stärker und dauernder zu schirmen.

Bis in den Anfang des 3. Jahrhunderts zeigt die römische Macht am Rhein keine Spuren des Schwankens. Während des Marcomanenkrieges unter Marcus blieb in der unteren Provinz alles ruhig. Wenn ein Legat der Belgica damals den Landsturm gegen die Chauker aufbieten mußte, so ist dies vermutlich ein Piratenzug gewesen, wie sie die Nordküste oftmals, in dieser Zeit ebenso wie früher und später, heimgesucht haben. An die Donauquellen und selbst bis in das Rheingebiet reichte der Wellenschlag der großen Völkerbewegung; aber die Fundamente erschütterte er hier nicht. Die Chatten, das einzige bedeutende ger-

manische Volk an der obergermanisch-raetischen Grenzwacht,
brachen in beiden Richtungen vor und sind wahrscheinlich damals selbst unter den in Italien einfallenden Germanen gewesen,
wie dies weiterhin bei der Darstellung dieses Krieges gezeigt
werden soll. Auf jeden Fall kann die von Marcus damals verfügte
Verstärkung der raetischen Armee und ihre Umwandlung in ein
Kommando erster Klasse mit Legion und Legaten nur erfolgt
sein, um den Angriffen der Chatten zu steuern und beweist, daß
man sie auch für die Zukunft nicht leicht nahm. Die schon erwähnte Verstärkung der Grenzverteidigung wird damit ebenfalls
in Verbindung stehen. Für das nächste Menschenalter müssen
diese Maßregeln ausgereicht haben.

Unter Antoninus dem Sohn des Severus brach (J. 213) abermals in Raetien ein neuer und schwererer Krieg aus. Auch dieser
ist gegen die Chatten geführt worden; aber neben ihnen wird
ein zweites Volk genannt, das hier zum erstenmal begegnet, das
der Alamannen. Woher sie kamen, wissen wir nicht. Einem
wenig später schreibenden Römer zufolge war es zusammengelau-
fenes Mischvolk; auf einen Gemeindebund scheint auch die Benennung hinzuweisen, so wie daß später noch die verschiedenen
unter diesem Namen zusammengefaßten Stämme mehr als bei
den sonstigen großen germanischen Völkern in ihrer Besonderheit
hervortreten und die Juthungen, die Lentienser und andere Ala-
mannenvölker nicht selten selbständig handeln. Aber daß es
nicht die Germanen dieser Gegend sind, welche unter dem neuen
Namen verbündet und durch den Bund verstärkt hier auftreten,
zeigt sowohl die Nennung der Alamannen neben den Chatten wie
die Meldung von der ungewohnten Geschicklichkeit der Alamannen
im Reitergefecht. Vielmehr sind es der Hauptsache nach sicher
aus dem Osten nachrückende Scharen gewesen, die dem fast er-
loschenen Widerstand der Germanen am Rhein neue Kraft verliehen haben; es ist nicht unwahrscheinlich, daß die in früherer
Zeit an der mittleren Elbe hausenden mächtigen Semnonen, deren
seit dem Ende des 2. Jahrh. nicht wieder gedacht wird, zu den
Alamannen ein starkes Kontingent gestellt haben. Das stetig sich
steigernde Mißregiment im römischen Reich hat natürlich auch,
wenn gleich nur in zweiter Reihe, zu der Machtverschiebung seinen Teil beigetragen. Der Kaiser zog persönlich gegen die neuen
Feinde ins Feld; im August des J. 213 überschritt er die römische
Grenze und ein Sieg über sie am Main wurde erfochten oder wenigstens gefeiert; es wurden noch Kastelle angelegt; die Völkerschaften von der Elbe und der Nordsee beschickten den römischen
Herrscher und verwunderten sich, wenn er sie in ihrer eigenen

Tracht empfing, in silberbeschlagener Jacke, und Haar und Bart
nach deutscher Art gefärbt und geordnet. Aber von da an hören
die Kriege am Rhein nicht auf, und die Angreifer sind die Germanen; die sonst so fügsamen Nachbarn waren wie ausgetauscht.
Zwanzig Jahre später wurden an der Donau wie am Rhein die
Einfälle der Barbaren so stetig und so ernsthaft, daß Kaiser
Alexander deswegen den weniger unmittelbar gefährlichen persischen Krieg abbrechen und sich persönlich in das Lager von
Mainz begeben mußte, nicht so sehr um das Gebiet zu verteidigen als um von den Deutschen den Frieden durch hohe Geld-
summen zu erkaufen. Die Erbitterung der Soldaten darüber
führte zu seiner Ermordung (J. 235) und damit zu dem Untergang der severischen Dynastie, der letzten, die es bis auf die
Regeneration des Staats überhaupt gegeben hat. Sein Nachfolger Maximinus, ein roher, aber tapferer vom gemeinen Soldaten
aufgedienter Thraker, machte das feige Verhalten seines Vor-
gängers wieder gut durch einen nachdrücklichen Feldzug tief in
Germanien hinein. Noch wagten die Barbaren nicht einem starken
und wohlgeführten Römerheere die Spitze zu bieten; sie wichen
in ihre Wälder und Sümpfe und auch dahin ihnen folgend focht
im Handgemenge der tapfere Kaiser allen voran. Von diesen
Kämpfen, die ohne Zweifel von Mainz aus zunächst gegen die
Alamannen sich richteten, durfte er mit Recht sich Germanicus
nennen; und auch für die Zukunft hat die Expedition vom J. 236,
auf lange hinaus der letzte große Sieg, den die Römer am Rhein
gewannen, wohl einiges gefruchtet. Obwohl die stetigen und blutigen Thronwechsel und die schweren Katastrophen im Osten
und an der Donau die Römer nicht zu Atem kommen ließen, ist
doch durch die nächsten zwanzig Jahre am Rhein wenn nicht
eigentlich die Ruhe erhalten worden, doch eine größere Katastrophe nicht eingetreten. Es scheint sogar damals eine der obergermanischen Legionen nach Afrika geschickt worden zu sein,
ohne daß dafür Ersatz kam, also Obergermanien als wohl gesichert gegolten zu haben. Aber als im J. 253 wieder einmal die
verschiedenen Feldherren Roms um die Kaiserwürde unterein-
ander schlugen und die Rheinlegionen nach Italien marschierten,
um ihren Kaiser Valerianus gegen den Aemilianus der Donauarmee durchzufechten, scheint dies das Signal gewesen zu sein
für das Vorbrechen der Germanen namentlich auch gegen den
Unterrhein. Diese Germanen sind die hier zuerst auftretenden
Franken, allerdings vielleicht nur dem Namen nach neue Gegner;
denn obwohl die schon im späteren Altertum begegnende Identi-
fikation derselben mit früher am Unterrhein genannten Völker-

schaften, teils den neben den Bructerern sitzenden Chamavern,
teils den früher genannten den Römern untertänigen Sugambrern,
unsicher und mindestens unzulänglich ist, so hat es hier größere
Wahrscheinlichkeit als bei den Alamannen, daß die bisher von
Rom abhängigen Germanen am rechten Rheinufer und die früher
vom Rhein abgedrängten germanischen Stämme damals unter
dem Gesamtnamen der ‚Freien' gemeinschaftlich die Offensive
gegen die Römer ergriffen haben. Solange Gallienus selbst am
Rhein blieb, hielt er trotz der geringen ihm zur Verfügung stehenden Streitkräfte die Gegner einigermaßen im Zaum, ver-
hinderte sie am Überschreiten des Flusses oder schlug die Eingedrungenen wieder hinaus, räumte auch wohl einem der germanischen Führer einen Teil des begehrten Ufergebiets ein, unter
der Bedingung die römische Herrschaft anzuerkennen und seinen
Besitz gegen seine Landsleute zu verteidigen, was freilich schon
fast auf eine Kapitulation hinauskam. Aber als der Kaiser, abgerufen durch die noch gefährlichere Lage der Dinge an der
Donau, sich dorthin begab und in Gallien als Repräsentanten
seinen noch im Knabenalter stehenden älteren Sohn zurückließ,
ließ einer der Offiziere, denen er die Verteidigung der Grenze
und die Hut seines Sohnes anvertraut hatte, Marcus Cassianius
Latinius Postumus sich von seinen Leuten zum Kaiser ausrufen
und belagerte in Köln den Hüter des Kaisersohnes Silvanus. Es
gelang ihm die Stadt einzunehmen und seinen früheren Kollegen
so wie den kaiserlichen Knaben in seine Gewalt zu bekommen,
worauf er beide hinrichten ließ. Aber während dieser Wirren brachen die Franken über den Rhein und überschwemmten nicht
bloß ganz Gallien, sondern drangen auch in Spanien ein, ja plünderten selbst die afrikanische Küste. Bald nachher, nachdem
Valerians Gefangennahme durch die Perser das Maß des Unheils
voll gemacht hatte, ging in der oberrheinischen Provinz alles
römische Land auf dem linken Rheinufer verloren, ohne Zweifel
an die Alamannen, deren Einbruch in Italien in den letzten Jahren
des Gallienus diesen Verlust notwendig voraussetzt. Dieser ist der
letzte Kaiser, dessen Name auf rechtsrheinischen Denkmälern
gefunden wird. Seine Münzen feiern ihn wegen fünf großer Siege
über die Germanen, und nicht minder sind die seines Nachfolgers
in der gallischen Herrschaft, des Postumus, voll des Preises der
deutschen Siege des Retters von Gallien. Gallienus hatte in seinen früheren Jahren nicht ohne Energie den Kampf am Rhein
aufgenommen, und Postumus war sogar ein vorzüglicher Offizier
und wäre gern auch ein guter Regent gewesen. Aber bei der Meister-
losigkeit, welche damals in dem römischen Staat oder vielmehr

in der römischen Armee waltete, nützte Talent und Tüchtigkeit des Einzelnen weder ihm noch dem Gemeinwesen. Eine Reihe blühender römischer Städte wurde damals von den einfallenden Barbaren öde gelegt und das rechte Rheinufer ging den Römern auf immer verloren. Die Wiederherstellung der Ruhe und Ordnung in Gallien hing zunächst ab von dem Zusammenhalten des Reichs überhaupt; solange die italischen Kaiser ihre Truppen in der Narbonensis aufstellten, um den gallischen Rivalen zu beseitigen und dieser wieder Miene machte die Alpen zu überschreiten, war eine wirksame Operation gegen die Germanen von selber ausgeschlossen. Erst nachdem um das J. 272 der damalige Herrscher Galliens Tetricus, seiner undankbaren Rolle müde, selbst dazu getan hatte, daß seine Truppen sich dem vom römischen Senat anerkannten Kaiser Aurelianus unterwarfen, konnte wieder daran gedacht werden den Germanen zu wehren. Den Zügen der Alamannen, die fast ein Jahrzehnt hindurch das obere Italien bis nach Ravenna hinab heimgesucht hatten, setzte derselbe tüchtige Herrscher, der Gallien wieder zum Reich gebracht hatte, für lange Zeit ein Ziel und schlug an der oberen Donau nachdrücklich einen ihrer Stämme, die Juthungen. Hätte sein Regiment Dauer gehabt, so würde er wohl auch in Gallien den Grenzschutz erneuert haben; nach seinem baldigen und jähen Ende (275) überschritten die Germanen abermals den Rhein und verheerten weit und breit das Land. Sein Nachfolger Probus (seit 276), auch ein tüchtiger Soldat, warf sie nicht bloß wieder hinaus — siebzig Städte soll er ihnen abgenommen haben —, sondern ging auch wieder angreifend vor, überschritt den Rhein und trieb die Deutschen über den Neckar zurück; aber die Linien der früheren Zeit erneuerte er nicht*, sondern begnügte sich an den wichtigeren Rheinpositionen Brückenköpfe auf dem anderen Ufer einzurichten und zu besetzen — das heißt er kam etwa auf die Einrichtungen zurück, wie sie hier vor Vespasian bestanden hatten. Gleichzeitig wurden durch seine Feldherren in der nördlichen Provinz die Franken niedergeschlagen. Große Massen der überwundenen Germanen wurden als gezwungene Ansiedler nach Gallien und vor

---

* Nach dem Biographen c. 14. 15 hat Probus die Germanen des rechten Rheinufers in Abhängigkeit gebracht, so daß sie den Römern tributpflichtig sind und die Grenze für sie verteidigen (*omnes iam barbari vobis arant, vobis iam serviunt et contra interiores gentes militant*); das Recht der Waffenführung wird ihnen vorläufig gelassen, aber daran gedacht bei weiteren Erfolgen die Grenze vorzuschieben und eine Provinz Germanien einzurichten. Auch als freie Phantasien eines Römers des vierten Jahrhunderts — mehr ist es nicht — haben diese Äußerungen ein gewisses Interesse.

allem nach Britannien gesandt. In dieser Weise wurde die Rheingrenze wiedergewonnen und auf das spätere Kaiserreich übertragen. Freilich war wie die Herrschaft am rechten Rheinufer
so auch der Friede am linken unwiederbringlich dahin. Drohend
standen die Alamannen gegenüber Basel und Straßburg, die
Franken gegenüber Köln. Daneben melden sich andere Stämme.
Daß auch die Burgundionen, einst jenseits der Elbe seßhaft, westwärts vorrückend bis an den oberen Main, Gallien bedrohen,
davon ist zuerst unter Kaiser Probus die Rede; wenige Jahre
später beginnen die Sachsen in Gemeinschaft mit den Franken
ihre Angriffe zur See auf die gallische Nordküste wie auf das römische Britannien. Aber unter den größtenteils tüchtigen und
fähigen Kaisern des diocletianisch-constantinischen Hauses und
noch unter den nächsten Nachfolgern hielt der Römer die drohende Völkerflut in gemessenen Schranken.

Die Germanen in ihrer nationalen Entwickelung darzustellen
ist nicht die Aufgabe des Geschichtschreibers der Römer; für ihn
erscheinen sie nur hemmend oder auch zerstörend. Eine Durchdringung der beiden Nationalitäten und eine daraus hervorgehende Mischkultur, wie das romanisierte Keltenland, hat das
römische Germanien nicht aufzuweisen oder sie fällt für unsere
Auffassung mit der römisch-gallischen um so mehr zusammen,
als die längere Zeit in römischem Besitz gebliebenen germanischen
Gebiete auf dem linken Rheinufer durchaus mit keltischen Elementen durchsetzt waren und auch die auf dem rechten, ihrer
ursprünglichen Bevölkerung größtenteils beraubt, die Mehrzahl
der neuen Ansiedler aus Gallien erhielten. Dem germanischen
Element fehlten die kommunalen Zentren, wie sie das Keltentum
zahreich besaß. Teils deswegen, teils in Folge äußerer Umstände
konnte, wie schon hervorgehoben worden ist, in dem germanischen Osten das römische Element sich eher und voller entwickeln als in den keltischen Gegenden. Von wesentlichstem Einfluß darauf sind die Heerlager der Rheinarmee geworden, die alle
auf das römische Germanien fallen. Die größeren derselben erhielten teils durch die Handelsleute, die dem Heere sich anschlossen, teils und vor allem durch die Veteranen, die in ihren gewohn-
ten Quartieren auch nach der Entlassung verblieben, einen städtischen Anhang, eine von den eigentlichen Militärquartieren ge-
sonderte Budenstadt (*canabae*); überall und namentlich in Germanien sind aus diesen bei den Legionslagern und besonders den
Hauptquartieren mit der Zeit eigentliche Städte erwachsen. An
der Spitze steht die römische Ubierstadt, ursprünglich das zweit-
größte Lager der niederrheinischen Armee, dann seit dem J. 50

römische Kolonie und von bedeutendster Wirksamkeit für die Hebung der römischen Zivilisation im Rheinland. Hier wich die Lagerstadt der römischen Pflanzstadt; späterhin erhielten ohne Verlegung der Truppen Stadtrecht die zu den beiden großen unterrheinischen Lagern gehörenden Ansiedlungen Ulpia Noviomagus im Bataverland und Ulpia Traiana bei Vetera durch Traianus, im dritten Jahrhundert die Militärhauptstadt Obergermaniens Mogontiacum. Freilich haben diese Zivilstädte neben den davon unabhängigen militärischen Verwaltungszentren immer eine untergeordnete Stellung behalten.

Blicken wir über die Grenze hinüber, wo diese Erzählung abschließt, so begegnet uns allerdings anstatt der Romanisierung der Germanen gewissermaßen eine Germanisierung der Romanen. Die letzte Phase des römischen Staats ist bezeichnet durch dessen Barbarisierung und speziell dessen Germanisierung; und die Anfänge reichen weiter zurück. Sie beginnt mit der Bauerschaft in dem Kolonat, geht weiter zu der Truppe, wie Kaiser Severus sie gestaltete, erfaßt dann die Offiziere und Beamten end endigt mit den römisch-germanischen Mischstaaten der Westgoten in Spanien und Gallien, der Vandalen in Afrika, vor allem dem Italien Theoderichs. Für das Verständnis dieser letzten Phase bedarf es allerdings der Einsicht in die staatliche Entwickelung der einen wie der anderen Nation. Freilich steht in dieser Beziehung die germanische Forschung sehr im Nachteil. Die staatlichen Einrichtungen, in welche diese Germanen dienend oder mitherrschend eintraten, sind wohlbekannt, weit besser als die pragmatische Geschichte der gleichen Epoche; aber über den germanischen Anfängen liegt ein Dunkel, mit dem verglichen die Anfänge von Rom und von Hellas lichte Klarheit sind. Während die nationale Gottesverehrung der antiken Welt relativ erkennbar ist, ist die Kunde des deutschen Heidentums, vom fernen Norden abgesehen, vor der historischen Zeit untergegangen. Die Anfänge der staatlichen Entwickelung der Germanen schildert uns teils die schillernde und in der Gedankenschablone des sinkenden Altertums befangene, die eigentlich entscheidenden Momente nur zu oft auslassende Darstellung des Tacitus, teils müssen wir sie den auf ehemals römischem Boden entstandenen überall mit römischen Elementen durchsetzten Zwitterstaaten entnehmen. Wie die germanischen Worte hier überall fehlen und wir fast ausschließlich auf lateinische notwendig inadaequate Bezeichnungen angewiesen sind, so versagen auch durchgängig die scharfen Grundanschauungen, derer unsere Kunde des klassischen Altertums nicht entbehrt. Es gehört zur Signatur unserer Nation, daß es ihr versagt geblieben ist sich aus sich selbst zu entwickeln; und dazu gehört es mit, daß deutsche Wissenschaft vielleicht weniger vergeblich bemüht gewesen ist die Anfänge und die Eigenart anderer Nationen zu erkennen als die der eigenen.

KAPITEL VI

BRITANNIEN

Siebenundneunzig Jahre waren vergangen, seitdem römische Truppen das große Inselland im nordwestlichen Ozean betreten und unterworfen und wiederum verlassen hatten, bevor die römische Regierung sich entschloß die Fahrt zu wiederholen und Britannien bleibend zu besetzen. Allerdings war Caesars britannische Expedition nicht bloß, wie seine Züge gegen die Germanen, ein defensiver Vorstoß gewesen. So weit sein Arm reichte, hatte er die einzelnen Völkerschaften reichsuntertänig gemacht und ihre Jahresabgabe an das Reich hier wie in Gallien geordnet. Auch die führende Völkerschaft, welche durch ihre bevorzugte Stellung fest an Rom geknüpft und somit der Stützpunkt der römischen Herrschaft werden sollte, war gefunden: die Trinovanten (Essex) sollten auf der keltischen Insel dieselbe mehr vorteilhafte als ehrenvolle Rolle übernehmen wie auf dem gallischen Kontinent die Haeduer und die Remer. Die blutige Fehde zwischen dem Fürsten Cassivellaunus und dem Fürstenhaus von Camalodunum (Colchester) hatte unmittelbar die römische Invasion herbeigeführt; dieses wieder einzusetzen, war Caesar gelandet und der Zweck ward für den Augenblick erreicht. Ohne Zweifel hat Caesar sich nie darüber getäuscht, daß jene Tribute ebenso wie diese Schutzherrschaft zunächst nur Worte waren; aber diese Worte waren ein Programm, das die bleibende Besetzung der Insel durch römische Truppen herbeiführen mußte und herbeiführen sollte.

Caesar selbst kam nicht dazu die Verhältnisse der unterworfenen Insel bleibend zu ordnen; und für seine Nachfolger war Britannien eine Verlegenheit. Die reichsuntertänig gewordenen Britten entrichteten den schuldigen Tribut gewiß nicht lange, vielleicht überhaupt niemals; das Protektorat über die Dynastie von Camalodunum wird noch weniger respektiert worden sein und hatte lediglich zur Folge, daß Fürsten und Prinzen dieses Hauses wieder und wieder in Rom erschienen und die Intervention der römischen Regierung gegen Nachbaren und Rivalen anriefen — so kam König Dubnovellaunus, wahrscheinlich der Nachfolger des von Caesar bestätigten Trinovantenfürsten, als Flüchtling nach

Rom zu Kaiser Augustus, so später einer der Prinzen desselben
Hauses zu Kaiser Gaius.

In der Tat war die Expedition nach Britannien ein notwendiger
Teil der caesarischen Erbschaft; es hatte auch schon während
der Zweiherrschaft Caesar der Sohn zu einer solchen einen An-
lauf genommen und nur davon abgesehen wegen der dringen-
deren Notwendigkeit in Illyricum Ruhe zu schaffen oder auch
wegen des gespannten Verhältnisses zu Antonius, das zunächst
den Parthern sowohl wie den Britannern zustatten kam. Die
höfischen Poeten aus Augustus' früheren Jahren haben die britannische Eroberung vielfach antizipierend gefeiert; das Programm Caesars also nahm der Nachfolger an und auf. Als dann
die Monarchie feststand, erwartete ganz Rom, daß der Beendigung des Bürgerkrieges die britannische Expedition auf dem
Fuße folgen werde; die Klagen der Poeten über den schrecklichen Hader, ohne welchen längst die Britanner im Siegeszug
zum Capitol geführt worden wären, verwandelten sich in die stolze
Hoffnung auf die neu zum Reich hinzutretende Provinz Britannien. Die Expedition wurde auch zu wiederholten Malen an-
gekündigt (27. 26); dennoch stand Augustus, ohne das Unternehmen förmlich fallen zu lassen, bald von der Durchführung ab,
und Tiberius hielt seiner Maxime getreu auch in dieser Frage an
dem System des Vaters fest. Die nichtigen Gedanken des letzten
julischen Kaisers schweiften wohl auch über den Ozean hinüber;
aber ernste Dinge vermochte er nicht einmal zu planen. Erst die
Regierung des Claudius nahm den Plan des Diktators wieder auf
und führte ihn durch.

Welche Motive nach der einen wie nach der andern Seite hin
bestimmend waren, läßt sich teilweise wenigstens erkennen.
Augustus selbst hat geltend gemacht, daß die Besetzung der
Insel militärisch nicht nötig sei, da ihre Bewohner nicht imstande seien die Römer auf dem Kontinent zu belästigen, und für
die Finanzen nicht vorteilhaft; was aus Britannien zu ziehen sei,
fließe in Form des Einfuhr- und Ausfuhrzolles der gallischen
Häfen in die Kasse des Reiches; als Besatzung werde wenigstens
eine Legion und etwas Reiterei erforderlich sein und nach Abzug
der Kosten derselben von den Tributen der Insel nicht viel
übrigbleiben. Dies alles war unbestreitbar richtig, ja noch keineswegs genug; die Erfahrung erwies später, daß eine Legion bei
weitem nicht ausreichte, um die Insel zu halten. Hinzuzunehmen
ist, was die Regierung zu sagen allerdings keine Veranlassung hatte,
daß bei der Schwäche des römischen Heeres, wie sie durch die
innere Politik Augusts einmal herbeigeführt war, es sehr be-

denklich erscheinen mußte einen erheblichen Bruchteil desselben
ein für allemal auf eine ferne Insel des Nordmeers zu bannen.
Man hatte vermutlich nur die Wahl von Britannien abzusehen
oder deswegen das Heer zu vermehren; und bei Augustus hat dies
Rücksicht auf die innere Politik stets die auf die äußere überwogen.
Aber dennoch muß die Überzeugung von der Notwendigkeit
der Unterwerfung Britanniens bei den römischen Staatsmännern
vorgewogen haben. Caesars Verhalten würde unbegreiflich sein,
wenn man sie nicht bei ihm voraussetzt. Augustus hat das von
Caesar gesteckte Ziel trotz seiner Unbequemlichkeit zuerst förmlich anerkannt und niemals förmlich verleugnet. Gerade die weit-
sichtigsten und folgerichtigsten Regierungen, die des Claudius,
des Nero, des Domitian haben zu der Eroberung Britanniens
den Grund gelegt oder sie erweitert; und sie ist, nachdem sie erfolgt war, nie betrachtet worden wie etwa die traianische von
Dacien und Mesopotamien. Wenn die sonst so gut wie unverbrüch-
lich festgehaltene Regierungsmaxime, daß das römische Reich
seine Grenzen nur zu erfüllen, nicht aber auszudehnen habe, allen
in betreff Britanniens dauernd beiseite gesetzt worden ist, so
liegt die Ursache darin, daß die Kelten so, wie Roms Interesse
es erheischte, auf dem Kontinent allein nicht unterworfen werden
konnten. Diese Nation war allem Anschein nach durch den
schmalen Meeresarm, der England und Frankreich trennt, mehr
verbunden als geschieden; dieselben Völkernamen begegnen
hüben und drüben; die Grenzen der einzelnen Staaten griffen
öfter über den Kanal hinüber; der Hauptsitz des hier mehr wie
irgendwo sonst das ganze Volkstum durchdringenden Priestertums waren von je her die Inseln der Nordsee. Den römischen
Legionen das Festland Galliens zu entreißen vermochten diese
Insulaner freilich nicht; aber wenn der Eroberer Galliens selbst
und weiter die römische Regierung in Gallien andere Zwecke verfolgte als in Syrien und Aegypten, wenn die Kelten der italischen
Nation angegliedert werden sollten, so war diese Aufgabe wohl
unausführbar, solange das unterworfene und das freie Keltengebiet über das Meer hin sich berührten und der Römerfeind wie
der römische Deserteur in Britannien eine Freistatt fand. Zunächst genügte dafür schon die Unterwerfung der Südküste, obwohl die Wirkung natürlich sich steigerte, je weiter das freie
Keltengebiet zurückgeschoben ward. Claudius' besondere Rücksicht auf seine gallische Heimat und seine Kenntnis gallischer
Verhältnisse mag auch hierbei mit im Spiel gewesen sein. Den
Anlaß zum Kriege gab, daß eben dasjenige Fürstentum, welches

von Rom in einer gewissen Abhängigkeit stand, unter der Führung seines Königs Cunobelinus — es ist dies Shakespeares Cymbeline — seine Herrschaft weit ausbreitete und sich von der römischen Schutzherrschaft emanzipierte. Einer der Söhne desselben, Adminius, der gegen den Vater sich aufgelehnt hatte, kam schutzbegehrend zum Kaiser Gaius, und darüber, daß dessen Nachfolger sich weigerte dem brittischen Herrscher diese seine Untertanen auszuliefern, entspann sich der Krieg zunächst gegen den Vater und die Brüder dieses Adminius. Der eigentliche Grund desselben freilich war der unerläßliche Abschluß der Unterwerfung einer bisher nur halb besiegten eng zusammenhaltenden Nation.

Daß die Besetzung Britanniens nicht erfolgen könne ohne gleichzeitige Vermehrung des stehenden Heeres, war auch die Ansicht derjenigen Staatsmänner, die sie veranlaßten; es wurden drei der Rhein-, eine der Donaulegionen dazu bestimmt, gleichzeitig aber zwei neu errichtete Legionen den germanischen Heeren zugeteilt. Zum Führer dieser Expedition und zugleich zum ersten Statthalter der Provinz wurde ein tüchtiger Soldat, Aulus Plautius ausersehen; sie ging im J. 43 nach der Insel ab. Die Soldaten zeigten sich schwierig, wohl mehr wegen der Verbannung auf die ferne Insel als aus Furcht vor dem Feinde. Einer der leitenden Männer, vielleicht die Seele des Unternehmens, der kaiserliche Kabinettssekretär Narcissus wollte ihnen Mut einsprechen — sie ließen den Sklaven vor höhnendem Zuruf nicht zu Worte kommen, aber taten wie er wollte und schifften sich ein.

Besondere Schwierigkeit hatte die Besetzung der Insel nicht. Die Eingeborenen standen politisch wie militärisch auf derselben niedrigen Entwickelungsstufe, welche Caesar auf der Insel vorgefunden hatte. Könige oder Königinnen regierten in den einzelnen Gauen, die kein äußeres Band zusammenschloß und die in ewiger Fehde miteinander lagen. Die Mannschaften waren wohl von ausdauernder Körperkraft und von todesverachtender Tapferkeit und namentlich tüchtige Reiter. Aber der homerische Streitwagen, der hier noch eine Wirklichkeit war und auf dem die Fürsten des Landes selber die Zügel führten, hielt den geschlossenen römischen Reiterschwadronen ebensowenig stand wie der Infanterist ohne Panzer und Helm, nur durch den kleinen Schild verteidigt, mit seinem kurzen Wurfspieß und seinem breiten Schwert im Nahkampf dem kurzen römischen Messer gewachsen war oder gar dem schweren Pilum des Legionärs und dem Schleuderblei und dem Pfeil der leichten römischen Truppen. Der Heermasse von etwa 40000 wohlgeschulten Soldaten hatten die Eingebornen überall keine entsprechende Abwehr entgegenzustellen. Die Ausschiffung traf nicht einmal auf Widerstand; die Britten hatten Kunde von der schwierigen Stimmung der Truppen und die Landung nicht mehr erwartet. König Cunobelinus war kurz vorher gestorben; die Gegenwehr führten seine beiden Söhne Caratacus und Togodumnus. Der Marsch des Invasionsheeres ward sofort auf Camalodunum gerichtet und in raschem Siegeslauf gelangte es bis an die Themse; hier wurde haltgemacht, vielleicht hauptsächlich um dem Kaiser die Gelegenheit zu geben den leichten Lorbeer persönlich zu pflücken. Sobald er eintraf, ward der Fluß überschritten, das britische Aufgebot geschlagen, wobei Togodumnus den Tod fand, Camalodunum selber genommen. Wohl setzte der Bruder Caratacus den Widerstand hartnäckig fort und gewann sich siegend oder geschlagen einen stolzen Namen bei Freund und Feind; aber das Vorschreiten der Römer war dennoch unaufhaltsam. Ein Fürst nach dem andern ward geschlagen und abgesetzt — elf britische Könige nennt der Ehrenbogen des Claudius als von ihm besiegt; und was den römischen Waffen nicht erlag, das ergab sich den römischen Spenden. Zahlreiche vornehme Männer nahmen die Besitzungen an, die auf Kosten ihrer Landsleute der Kaiser ihnen verlieh; auch manche Könige fügten sich in die bescheidene Lehnstellung, wie denn der der Regner (Chichester) Cogidumnus und der der Icener (Norfolk) Prasutagus eine Reihe von Jahren als Lehnfürsten die Herrschaft geführt haben. Aber in den meisten Distrikten der bis dahin durchgängig monarchisch regierten Insel führten die Eroberer ihre Gemeindeverfassung ein und gaben was noch zu verwalten blieb den örtlichen Vornehmen in die Hand; was denn freilich schlimme Parteiungen und innere Zerwürfnisse im Gefolge hatte. Noch unter dem ersten Statthalter scheint das gesamte Flachland bis etwa zum Humber hinauf in römische Gewalt gekommen zu sein; die Icener zum Beispiel haben bereits ihm sich ergeben. Aber nicht bloß mit dem Schwert bahnten die Römer sich den Weg. Unmittelbar nach der Einnahme wurden nach Camalodunum Veteranen geführt und die erste Stadt römischer Ordnung und römischen Bürgerrechts, die ‚claudische Siegeskolonie‘ in Britannien gegründet, bestimmt zur Landeshauptstadt. Unmittelbar nachher begann auch die Ausbeutung der britannischen Bergwerke, namentlich der ergiebigen Bleigruben; es gibt britannische Bleibarren aus dem sechsten Jahre nach der Invasion. Offenbar hat in gleicher Schleunigkeit der Strom römischer Kaufleute und Industrieller sich über das neu erschlossene Gebiet ergossen; wenn Camalodunum römische Kolonisten empfing, so bildeten anderswo im Süden der Insel namentlich an den warmen

Quellen der Sulis (Bath), in Verulamium (St. Albans nordwestlich von London) und vor allem in dem natürlichen Emporium des Großverkehrs, in Londinium an der Themsemündung bloß infolge des freien Verkehrs und der Einwanderung sich römische Ortschaften, die bald auch formell städtische Organisation erhielten. Die vordringende Fremdherrschaft machte nicht bloß in den neuen Abgaben und Aushebungen, sondern vielleicht mehr noch in Handel und Gewerbe überall sich geltend. Als Plautius nach vierjähriger Verwaltung abberufen ward, zog er, der letzte Private, der zu solcher Ehre gelangt ist, triumphierend in Rom ein und Ehren und Orden strömten herab auf die Offiziere und Soldaten der siegreichen Legionen; dem Kaiser wurden in Rom und danach in anderen Städten Triumphbogen errichtet wegen des ‚ohne irgendwelche Verluste‘ errungenen Sieges; der kurz vor der Invasion geborene Kronprinz erhielt anstatt des großväterlichen den Namen Britannicus. Man wird hierin die unmilitärische, der Siege mit Verlust entwöhnte Zeit und die der politischen Altersschwäche angemessene Überschwenglichkeit erkennen dürfen; aber wenn die Invasion Britanniens vom militärischen Standpunkt aus nicht viel bedeuten will, so muß doch den leitenden Männern das Zeugnis gegeben werden, daß sie das Werk in energischer und folgerichtiger Weise angriffen und die peinliche und gefahrvolle Zeit des Übergangs von der Unabhängigkeit zur Fremdherrschaft in Britannien eine ungewöhnlich kurze war.

Nach dem ersten raschen Erfolg freilich entwickelten auch hier sich die Schwierigkeiten und selbst die Gefahren, welche die Besetzung der Insel nicht bloß den Eroberten brachte, sondern auch den Eroberern.

Des Flachlandes war man Herr, aber nicht der Berge noch des Meeres. Vor allem der Westen machte den Römern zu schaffen. Zwar im äußersten Südwest, im heutigen Cornwall hielt sich das alte Volkstum wohl mehr, weil die Eroberer sich um diese entlegene Ecke wenig kümmerten als weil es geradezu sich gegen sie auflehnte. Aber die Siluren im Süden des heutigen Wales und ihre nördlichen Nachbaren, die Ordoviker, trotzten beharrlich den römischen Waffen; die den letzteren anliegende Insel Mona (Anglesey) war der rechte Herd der nationalen und religiösen Gegenwehr. Nicht die Bodenverhältnisse allein hemmten das Vordringen der Römer; was Britannien für Gallien gewesen, das war jetzt für Britannien und insbesondere für diese Westküste die große Insel Ivernia; die Freiheit drüben ließ die Fremdherrschaft hüben nicht feste Wurzel fassen. Deutlich erkennt man an der Anlegung der Legionslager, daß die Invasion hier zum Stehen kam. Unter Plautius' Nachfolger wurde das Lager für die vierzehnte Legion am Einfluß des Tern in den Severn bei Viroconium (Wroxeter unweit Shrewsbury angelegt), vermutlich um dieselbe Zeit südlich davon das von Isca (Caerleon = *castra legionis*) für die zweite, nördlich das von Deva (Chester = *castra*) für die zwanzigste; diese drei Lager schlossen das wallisische Gebiet ab gegen Süden, Norden und Westen und schützten also das befriedete Land gegen das frei gebliebene Gebirge. Dorthin warf sich, nachdem seine Heimat römisch geworden war, der letzte Fürst von Camalodunum Caratacus. Er wurde von dem Nachfolger des Plautius, Plubius Ostorius Scapula im Ordovikergebiet geschlagen und bald darauf von den geschreckten Briganten, zu denen er geflüchtet war, den Römern ausgeliefert (51) und mit all den Seinen nach Italien geführt. Verwundert fragte er, als er die stolze Stadt sah, wie es die Herren solcher Paläste nach den armen Hütten seiner Heimat verlangen könne. Aber damit war der Westen keineswegs bezwungen; die Siluren vor allem verharrten in hartnäckiger Gegenwehr, und daß der römische Feldherr ankündigte, sie bis auf den letzten Mann ausrotten zu wollen, trug auch nicht dazu bei sie fügsamer zu machen. Der unternehmende Statthalter Gaius Suetonius Paullinus versuchte einige Jahre später (61) den Hauptsitz des Widerstandes, die Insel Mona in römische Gewalt zu bringen und trotz der wütenden Gegenwehr, welche ihn hier empfing und in der die Priester und die Weiber vorangingen, fielen die heiligen Bäume, unter denen mancher römische Gefangene geblutet hatte, unter den Äxten der Legionäre. Aber aus der Besetzung dieses letzten Asyls der keltischen Priesterschaft entwickelte sich eine gefährliche Krise in dem unterworfenen Gebiete selbst, und die Eroberung Monas zu vollenden war dem Statthalter nicht beschieden.

Auch in Britannien hatte die Fremdherrschaft die Probe der nationalen Insurrektion zu bestehen. Was Mithradates in Kleinasien, Vercingetorix bei den Kelten des Kontinents, Civilis bei den unterworfenen Germanen unternahmen, das versuchte bei den Inselkelten eine Frau, die Gattin eines jener von Rom bestätigten Vasallenfürsten, die Königin der Icener Boudicca. Ihr verstorbener Gatte hatte, um seiner Frau und seiner Töchter Zukunft zu sichern, seine Herrschaft dem Kaiser Nero vermacht, sein Vermögen zwischen ihm und den Seinigen geteilt. Der Kaiser nahm die Erbschaft an, aber was ihm nicht zufallen sollte, dazu; die fürstlichen Vettern wurden in Ketten gelegt, die Witwe geschlagen, die Töchter in schändlicherer Weise mißhandelt. Dazu kam andere Unbill des späteren neronischen Regiments. Die in

Camalodunum angesiedelten Veteranen jagten die früheren Besitzer von Haus und Hof, wie es ihnen beliebte, ohne daß die Behörden dagegen einschritten. Die vom Kaiser Claudius verliehenen Geschenke wurden als widerrufliche Gaben eingezogen. Römische Minister, die zugleich Geldgeschäfte machten, trieben auf diesem Wege die britannischen Gemeinden eine nach der anderen zum Bankerott. Der Moment war günstig. Der mehr tapfere als vorsichtige Statthalter Paullinus befand sich, wie gesagt wurde, mit dem Kern der römischen Armee auf der entlegenen Insel Mona, und dieser Angriff auf den heiligsten Sitz der nationalen Religion erbitterte ebenso die Gemüter wie er dem Aufstande den Weg ebnete. Der alte gewaltige Keltenglaube, der den Römern so viel zu schaffen gemacht, loderte noch einmal, zum letztenmal, in mächtiger Flamme empor. Die geschwächten und weitgetrennten Legionslager im Westen und im Norden gewährten dem ganzen Südosten der Insel mit seinen aufblühenden römischen Städten keinen Schutz. Vor allem die Hauptstadt Camalodunum war völlig wehrlos, eine Besatzung nicht vorhanden, die Mauern nicht vollendet, wohl aber der Tempel ihres kaiserlichen Stifters, des neuen Gottes Claudius. Der Westen der Insel, wahrscheinlich niedergehalten durch die dort stehenden Legionen, scheint sich bei der Schilderhebung nicht beteiligt zu haben und ebensowenig der nicht botmäßige Norden; aber, wie das bei keltischen Aufständen öfter vorgekommen ist, es erhob sich im J. 61 auf die vereinbarte Losung das ganze übrige unterworfene Gebiet auf einen Schlag gegen die Fremden, voran die aus ihrer Hauptstadt vertriebenen Trinovanten. Der zweite Befehlshaber, der zur Zeit den Statthalter vertrat, der Prokurator Decianus Catus, hatte im letzten Augenblick, was er von Soldaten hatte, dieser zum Schutz gesandt: es waren 200 Mann. Sie wehrten sich mit den Veteranen und den sonstigen waffenfähigen Römern zwei Tage im Tempel; dann wurden sie überwältigt und was in der Stadt römisch war, umgebracht bis auf den letzten. Das gleiche Schicksal erfuhr das Hauptemporium des römischen Handels Londinium und eine dritte aufblühende römische Stadt Verulamium (St. Albans nordwestlich von London), nicht minder die auf der Insel zerstreuten Ausländer — es war eine nationale Vesper gleich jener mithradatischen und die Zahl der Opfer — angeblich 70000 — nicht geringer. Der Prokurator gab die Sache Roms verloren und flüchtete nach dem Kontinent. Auch die römische Armee ward in die Katastrophe verwickelt. Eine Anzahl zerstreuter Detachements und Besatzungen erlag den Angriffen der Insurgenten. Quintus Petillius Cerialis, der im Lager von Lindum den Befehl führte, marschierte auf Camalodunum mit der neunten Legion; zur Rettung kam er zu spät und verlor, von ungeheurer Übermacht angegriffen, in der Feldschlacht sein gesamtes Fußvolk; das Lager erstürmten die Briganten. Es fehlte nicht viel, daß den obersten Feldherrn das gleiche Schicksal erreichte. Eilig zurückkehrend von der Insel Mona rief er die bei Isca stehende zweite Legion heran; aber sie gehorchte dem Befehle nicht und mit nur etwa 10000 Mann mußte Paullinus den ungleichen Kampf gegen das zahllose und siegreiche Insurgentenheer aufnehmen. Wenn je der Soldat die Fehler der Führung gutgemacht hat, so war es an dem Tage, wo dieser kleine Haufen, hauptsächlich die seitdem gefeierte 14. Legion, wohl zu seiner eigenen Überraschung den vollen Sieg erfocht und die römische Herrschaft in Britannien abermals festigte; viel fehlte nicht, daß Paullinus' Name neben dem des Varus genannt worden wäre. Aber der Erfolg entscheidet, und hier blieb er den Römern[*]. Der schuldige Kommandant der ausgebliebenen Legion kam dem Kriegsgericht zuvor und stürzte sich in sein Schwert. Die Königin Boudicca trank den Giftbecher. Der übrigens tapfere Feldherr wurde zwar nicht in Untersuchung gezogen, wie anfangs die Absicht der Regierung zu sein schien, aber bald unter einem schicklichen Vorwand abgerufen.

Die Unterwerfung der westlichen Teile der Insel wurde von Paullinus' Nachfolgern nicht sogleich fortgesetzt. Erst der tüchtige Feldherr Sextus Iulius Frontinus unter Vespasian zwang die Siluren zur Anerkennung der römischen Herrschaft; sein Nachfolger Gnaeus Iulius Agricola führte nach harten Kämpfen mit

---

[*] Eine schlechtere Relation als die des Tacitus über diesen Krieg 14, 31—39 ist selbst bei diesem unmilitärischsten aller Schriftsteller kaum aufzufinden. Wo die Truppen standen und wo die Schlachten geliefert wurden, hören wir nicht, dafür aber von Zeichen und Wundern genug und leere Worte nur zuviel. Die wichtigen Tatsachen, die im Leben des Agricola 31 erwähnt werden, fehlen im Hauptbericht, insonderheit die Erstürmung des Lagers. Daß Paullinus von Mona kommend nicht bedacht ist die Römer im Südosten zu retten, sondern seine Truppen zu vereinigen, begreift sich, aber nicht, warum er, wenn er Londinium aufopfern wollte, deswegen dahin marschiert. Ist er wirklich dorthin gekommen, so kann er nur mit einer persönlichen Bedeckung ohne das Korps, das er auf Mona bei sich gehabt, dort erschienen sein; was freilich auch keinen Sinn hat. Das Gros der römischen Truppen, sowohl der von Mona zurückgeführten wie der sonst noch vorhandenen, kann nach Aufreibung der neunten Legion nur auf der Linie Deva—Viroconium—Isca gestanden haben; Paullinus schlug die Schlacht mit den beiden in den beiden ersten dieser Lager stehenden Legionen, der 14. und der (unvollständigen) 20. Daß Paullinus schlug, weil er schlagen mußte, sagt Dio 62, 1—12, und wenngleich dessen Erzählung sonst auch nicht gebraucht werden kann, um die des Tacitus zu bessern, so scheint dies durch die Sachlage selbst gefordert.

den Ordovikern das aus, was Paullinius nicht erreicht hatte, und besetzte im J. 78 die Insel Mona. Nachher ist von aktivem Widerstand in diesen Gegenden nicht die Rede; das Lager von Viroconium konnte, wahrscheinlich um diese Zeit, aufgehoben, die dadurch freigewordene Legion im nördlichen Britannien verwendet werden. Aber die anderen beiden Legionslager von Isca und von Deva sind noch bis in die diocletianische Zeit an Ort und Stelle geblieben und erst in dem späteren Besatzungsstand verschwunden. Wenn dabei auch politische Rücksichten mitgewirkt haben mögen, so ist doch der Widerstand des Westens wahrscheinlich, vielleicht gestützt auf Verbindungen mit Ivernia, auch später noch fortgeführt worden. Dafür spricht ferner das völlige Fehlen römischer Spuren in dem inneren Wales und das daselbst bis auf den heutigen Tag sich behauptende keltische Volkstum.

Im Norden bildete den Mittelpunkt der römischen Stellung östlich von Viroconium das Lager der neunten spanischen Legion in Lindum (Lincoln). Zunächst mit diesem berührte sich in Nordengland das mächtigste Fürstentum der Insel, das der Briganten (Yorkshire); es hatte sich nicht eigentlich unterworfen, aber die Königin Cartimandus suchte doch mit den Eroberern Frieden zu halten und erwies sich ihnen gefügig. Die Partei der Römerfeinde hatte hier im J. 50 loszuschlagen versucht, aber der Versuch war rasch unterdrückt worden. Caratacus, im Westen geschlagen, hatte gehofft seinen Widerstand im Norden fortführen zu können, aber die Königin lieferte ihn, wie schon gesagt ward, den Römern aus. Diese inneren Zwistigkeiten und häuslichen Händel müssen dann in dem Aufstand gegen Paullinus, bei dem wir die Briganten in einer führenden Stellung fanden und der eben die Legion des Nordens mit seiner ganzen Schwere traf, mit im Spiel gewesen sein. Indes war die römische Partei der Briganten einflußreich genug, um nach Niederwerfung des Aufstandes die Wiederherstellung des Regiments der Cartimandus zu erlangen. Aber einige Jahre nachher bewirkte die Patriotenpartei daselbst, getragen durch die Losung des Abfalles von Rom, welche während des Bürgerkrieges nach Neros Katastrophe den ganzen Westen erfüllte, eine neue Schilderhebung der Briganten gegen die Fremdherrschaft, an deren Spitze Cartimandus früherer von ihr beseitigter und beleidigter Gemahl, der kriegserfahrene Venutius stand; erst nach längeren Kämpfen bezwang Petillius Cerialis das mächtige Volk, derselbe, der unter Paullinus nicht glücklich gegen eben diese Briten gefochten hatte, jetzt einer der namhaftesten Feldherren Vespasians und der erste von ihm ernannte Statthalter der Insel. Der allmählich nachlassende Widerstand des Westens machte es möglich die eine der drei bisher dort stationierten Legionen mit der in Lindum stehenden zu vereinigen und das Lager selbst von Lindum nach dem Hauptort der Briganten Eburacum (York) vorzuschieben. Indes solange der Westen ernstliche Gegenwehr leistete, geschah im Norden nichts weiter für die Ausdehnung der römischen Grenze; am caledonischen Walde, sagt ein Schriftsteller vespasianischer Zeit, stocken seit dreißig Jahren die römischen Waffen. Erst Agricola griff, nachdem er im Westen fertig war, die Unterwerfung auch des Nordens energisch an. Er schuf vor allem sich eine Flotte, ohne welche die Verpflegung der Truppen in diesen wenige Hilfsmittel darbietenden Gebirgen unmöglich gewesen sein würde. Gestützt auf diese gelangte er unter Titus (J. 80) bis an die Tava-Bucht (Frith of Tay) in die Gegend von Perth und Dundee und wandte die drei folgenden Feldzüge daran die weiten Landstriche zwischen dieser Bucht und der bisherigen römischen Grenze an beiden Meeren genau zu erkunden, den örtlichen Widerstand überall zu brechen und an den geeigneten Stellen Verschanzungen anzulegen, wobei namentlich die natürliche Verteidigungslinie, welche durch die beiden tief einschneidenden Buchten Clota (Frith of Clyde) bei Glasgow und Bodotria (Frith of Forth) bei Edinburgh gebildet wird, zum Rückhalt ausersehen ward. Dieser Vorstoß rief das gesamte Hochland unter die Waffen; aber die gewaltige Schlacht, welche die vereinigten caledonischen Stämme den Legionen zwischen den beiden Buchten Forth und Tay an den graupischen Bergen lieferten, endigte mit dem Siege Agricolas. Nach seiner Ansicht mußte die Unterwerfung der Insel, einmal begonnen, auch vollendet, ja auch auf Ivernia ausgedehnt werden; und es ließ sich dafür mit Rücksicht auf das römische Britannien geltend machen, was mit Rücksicht auf Gallien die Besetzung der Insel herbeigeführt hatte; hinzu kam, daß bei energischer Durchführung der Besetzung des gesamten Inselkomplexes der Aufwand an Menschen und Geld für die Zukunft wahrscheinlich sich verringert haben würde.

Die römische Regierung folgte diesen Ratschlägen nicht. Wie weit bei der Rückberufung des siegreichen Feldherrn im J. 85, der übrigens länger, als sonst der Fall zu sein pflegte, im Amte geblieben war, persönliche und gehässige Motive mitgewirkt haben, muß dahingestellt bleiben; das Zusammentreffen der letzten Siege des Generals in Schottland und der ersten Niederlagen des Kaisers im Donauland war allerdings in hohem Grade peinlich. Aber für das Einstellen der Operationen in Britannien und für die wie es scheint damals erfolgte Abberufung einer der vier Legionen, mit denen Agricola seine Feldzüge ausgeführt hatte, nach Pannonien, gibt die damalige militärische Lage des Staats, die Ausdehnung der römischen Herrschaft auf dem rechten Rheinufer in Obergermanien und der Ausbruch der gefährlichen Kriege in Pannonien, eine völlig hinreichende Erklärung. Das freilich ist damit nicht erklärt, warum hiermit dem Vordringen gegen Norden überhaupt ein Ziel gesetzt und Nordschottland sowohl wie Irland sich selber überlassen wurden. Daß seitdem die Regierung, nicht wegen Zufälligkeiten der augenblicklichen Lage, sondern ein für allemal von der Vorschiebung der Reichsgrenze absah und daran bei allem Wechsel der Persönlichkeiten festhielt, lehrt die gesamte spätere Geschichte der Insel und lehren insbesondere die gleich zu erwähnenden mühsamen und kostspieligen Wallbauten. Ob sie im rechten Interesse des Staates auf die Vollendung der Eroberung verzichtet hat, ist eine andere Frage. Daß die Reichsfinanzen bei dieser Erweiterung der Grenzen nur einbüßen würden, wurde auch jetzt ebenso geltend gemacht wie früher gegen die Besetzung der Insel selbst, konnte aber freilich nicht entscheiden. Militärisch durchführbar war die Besetzung so, wie Agricola sie gedacht hatte, ohne Zweifel ohne wesentliche Schwierigkeit. Aber ins Gewicht mochte die Erwägung fallen, daß die Romanisierung der noch freien Gebiete große Schwierigkeit bereitet haben würde wegen der Stammesverschiedenheit. Die Kelten im eigentlichen England gehörten durchaus zu denen des Festlands; Volksname, Glaube, Sprache waren beiden gemeinsam. Wenn die keltische Nationalität des Kontinents einen Rückhalt an der Insel gefunden hatte, so griff umgekehrt die Romanisierung Galliens notwendig auch nach England hinüber, und diesem vornehmlich verdankte es Rom, daß in so überraschender Schnelligkeit Britannien sich gleichfalls romanisierte. Aber die Bewohner Irlands und Schottlands gehörten einem andern Stamme an und redeten eine andere Sprache; ihr Gadhelisch verstand der Brite wahrscheinlich so wenig wie der Germane die Sprache der Skandinaven. Als Barbaren wildester Art werden die Caledonier — mit den Ivernern haben die Römer sich kaum berührt — durchaus geschildert. Andererseits waltete der Eichenpriester (Derwydd, *Druida*) seines Amtes an der Rhone wie in Anglesey, aber nicht auf der Insel des Westens noch in den Bergen des Nordens. Wenn die Römer den Krieg hauptsächlich geführt hatten, um das Druidengebiet ganz in ihre Gewalt zu bringen, so war dieses Ziel einigermaßen erreicht. Ohne Frage hätten in anderer Zeit alle diese Erwägungen die Römer nicht vermocht auf die so nahe

gerückte Seegrenze im Norden zu verzichten und wenigstens Ca-
ledonien wäre besetzt worden. Aber weitere Landschaften mit
römischem Wesen zu durchdringen vermochte das damalige Rom
nicht mehr; die zeugende Kraft und der vorschreitende Volksgeist
waren aus ihm entwichen. Wenigstens diejenige Eroberung, die
nicht durch Verordnungen und Märsche erzwungen werden kann,
wäre, wenn man sie versucht hätte, schwerlich gelungen.
Es kam also darauf an, die Nordgrenze für die Verteidigung
in geeigneter Weise einzurichten; und darum dreht sich fortan
hier die militärische Arbeit. Der militärische Mittelpunkt blieb
Eburacum. Das weite von Agricola besetzte Gebiet wurde festgehalten und mit Kastellen belegt, die als vorgeschobene Posten
für das zurückliegende Hauptquartier dienten; wahrscheinlich ist
der größte Teil der nicht legionaren Truppen zu diesem Zweck
verwendet worden. Später folgte die Anlage zusammenhängender
Befestigungslinien. Die erste der Art rührt von Hadrian her und
ist auch insofern merkwürdig, als sie in gewissem Sinn bis auf
den heutigen Tag noch besteht und vollständiger bekannt ist als
irgendeine andere der großen militärischen Bauten der Römer.
Es ist genau genommen eine von Meer zu Meer in der Länge
von etwa 16 deutschen Meilen westlich an den Solway Frith,
östlich an die Mündung der Tyne führende nach beiden Seiten
hin festungsmäßig geschützte Heerstraße. Die Verteidigung bildet nördlich eine gewaltige ursprünglich mindestens 16 Fuß hohe
und 8 Fuß dicke an beiden Außenseiten aus Quadersteinen erbaute, dazwischen mit Bruchsteinen und Mörtel ausgefüllte
Mauer, vor welcher ein nicht minder imponierender 9 Fuß tiefer,
oben bis 34 Fuß und mehr breiter Graben sich hinzieht. Gegen
Süden ist die Straße geschützt durch zwei parallele noch jetzt
6—7 Fuß hohe Erddämme, zwischen denen ein 7 Fuß tiefer Graben mit einem nach Süden aufgehöhten Rande sich hinzieht, so
daß die Anlage von Damm zu Damm eine Gesamtbreite von
24 Fuß hat. Zwischen der Steinmauer und den Erddämmen auf
der Straße selbst liegen die Lagerplätze und Wachthäuser, nämlich in der Entfernung einer kleinen Meile voneinander die Kohortenlager, angelegt als selbständig wehrfähige Kastelle mit Tor-
öffnungen nach allen vier Seiten; zwischen je zweien derselben
eine kleinere Anlage ähnlicher Art mit Ausfallstoren nach Norden
und Süden; zwischen je zweien von diesen vier kleinere Wachthäuser in Rufweite voneinander. Diese Anlage von großartiger
Solidität, welche als Besatzung 10000—12000 Mann erfordert
haben muß, bildete seitdem das Fundament der militärischen
Operationen im nördlichen England. Eigentlicher Grenzwall war

sie nicht; vielmehr haben nicht bloß die schon seit Agricolas Zeit weit darüber hinaus vorgeschobenen Posten daneben fortbestanden, sondern es ist späterhin, zuerst unter Pius, dann in umfassenderer Weise unter Severus gleichsam als Vorposten für den Hadrianswall die schon von Agricola mit einer Postenreihe besetzte um die Hälfte kürzere Linie vom Frith of Clyde zum Frith of Forth in ähnlicher, aber schwächerer Weise befestigt worden. Der Anlage nach war diese Linie von der hadrianischen nur insofern verschieden, als sie sich auf einen ansehnlichen Erdwall mit Graben davor und Straße dahinter beschränkte, nach Süden also nicht zur Verteidigung eingerichtet war; im übrigen schloß auch sie eine Anzahl kleinerer Lager in sich. An dieser Linie endigten die römischen Reichsstraßen, und obwohl auch jenseits dieser noch römische Posten standen — der nördlichste Punkt, auf dem der Grabstein eines römischen Soldaten sich gefunden hat, ist Ardoch zwischen Stirling und Perth —, kann die Grenze der Züge Agricolas, der Frith of Tay, auch später noch als die Grenze des römischen Reiches angesehen werden.

Weniger als von diesen imponierenden Verteidigungsanlagen wissen wir von der Anwendung, die sie gefunden haben und überhaupt den späteren Ereignissen auf diesem fernen Kriegsschauplatz. Unter Hadrian ist eine schwere Katastrophe hier eingetreten, allem Anschein nach ein Überfall des Lagers von Eburacum und die Vernichtung der dort stehenden Legion, derselben neunten, die im Boudiccakrieg so unglücklich gefochten hatte. Wahrscheinlich ist diese nicht durch feindlichen Einfall herbeigeführt, sondern durch den Abfall der nördlichen als reichsuntertänig geltenden Völkerschaften, insbesondere der Briganten. Damit wird in Verbindung zu bringen sein, daß der Hadrianswall ebenso gegen Süden wie gegen Norden Front macht; offenbar war er auch dazu bestimmt das nur oberflächlich unterworfene Nordengland niederzuhalten. Auch unter Hadrians Nachfolger Pius haben hier Kämpfe stattgefunden, an denen die Briganten wieder beteiligt waren; doch läßt sich Genaueres nicht erkennen. Der erste Angriff auf diese Reichsgrenze und die erste nachweisliche Überschreitung der Mauer — ohne Zweifel derjenigen des Pius — erfolgte unter Marcus und weiter unter Commodus; wie denn auch Commodus der erste Kaiser ist, der den Siegesbeinamen des Britannikers angenommen hat, nachdem der tüchtige General Ulpius Marcellus die Barbaren zu Paaren getrieben hatte. Aber das Sinken der römischen Macht tritt seitdem hier ebenso hervor wie an der Donau und am Euphrat. In den unruhigen Anfangsjahren des Severus hatten die Caledonier ihre Zusage sich nicht

mit den römischen Untertanen einzulassen gebrochen und auf sie
gestützt ihre südlichen Nachbarn, die Maeaten, den römischen
Statthalter Lupus genötigt gefangene Römer mit großen Summen zu lösen. Dafür traf sie Severus' schwerer Arm nicht lange
vor seinem Tode; er drang in ihr eigenes Gebiet ein und zwang
sie zur Abtretung beträchtlicher Strecken, aus welchen freilich,
nachdem der alte Kaiser im J. 211 im Lager von Eburacum gestorben war, seine Söhne die Besatzungen sofort freiwillig zurück-
zogen, um der lästigen Verteidigung überhoben zu sein. — Aus
dem dritten Jahrhundert wird von den Schicksalen der Insel kaum
etwas gemeldet. Da keiner der Kaiser bis auf Diocletian und seine
Kollegen den Siegernamen von der Insel geführt hat, mögen
ernstere Kämpfe hier nicht stattgefunden haben, und wenn auch
in dem Landstrich zwischen den Wällen des Pius und des Hadrianus das römische Wesen wohl nie festen Fuß gefaßt hat,
scheint doch wenigstens der Hadrianswall was er sollte, auch
damals geleistet und hinter ihm die fremdländische Zivilisation
gesichert sich entwickelt zu haben. In der Zeit Diocletians finden
wir den Bezirk zwischen beiden Wällen geräumt, aber den Hadrianswall nach wie vor besetzt und das übrige römische Heer
zwischen ihm und dem Hauptquartier Eburacum kantonnierend
zur Abwehr der seitdem oft erwähnten Raubzüge der Caledonier,
oder wie sie jetzt gewöhnlich heißen, der Tätowierten (*picti*) und
der von Ivernia her einströmenden Scoten. — Eine ständige Flotte
haben die Römer in Britannien gehabt; aber wie das Seewesen
immer die schwache Seite der römischen Wehrordnung geblieben
ist, war auch die britische Flotte nur unter Agricola vorübergehend von Bedeutung.

Wenn, wie dies wahrscheinlich ist, die Regierung darauf gerechnet hatte, nach erfolgter Besetzung der Insel den größten
Teil der dorthin gesandten Truppen zurücknehmen zu können,
so erfüllte diese Hoffnung sich nicht; nur eine der entsendeten
vier Legionen ist, wie wir sahen, unter Domitian abberufen worden; die drei anderen müssen unentbehrlich gewesen sein, denn
es ist nie der Versuch gemacht worden sie zu verlegen. Dazu
kamen die Auxilien, die zu dem wenig einladenden Dienst auf
der abgelegenen Nordseeinsel dem Anschein nach im Verhältnis
stärker als die Bürgertruppen herangezogen wurden. In der
Schlacht am graupischen Berge im J. 84 fochten außer den vier
Legionen 8000 zu Fuß und 3000 zu Pferde von den Hilfssoldaten.
Für die Zeit von Traian und Hadrian, wo von diesen in Britannien
6 Alen und 21 Cohorten, zusammen etwa 15000 Mann standen,
wird man das gesamte britannische Heer auf etwa 30000 Mann

anzuschlagen haben. Britannien war von Haus aus ein Kommandobezirk ersten Ranges, den beiden rheinischen und dem syrischen vielleicht im Rang, aber nicht an Bedeutung nachstehend, gegen das Ende des zweiten Jahrhunderts wahrscheinlich die angesehenste aller Statthalterschaften. Es lag nur an der weiten Entfernung, daß die britannischen Legionen in der Korpsparteiung der früheren Kaiserzeit in zweiter Reihe erscheinen; bei dem Korpskrieg nach dem Erlöschen des antoninischen Hauses fochten sie in der ersten. Darum aber war es auch eine der Konsequenzen des Sieges des Severus, daß die Statthalterschaft geteilt ward. Seitdem standen die beiden Legionen von Isca und Deva unter dem Legaten der oberen, die eine von Eburacum und die Truppen an den Wällen, also die Hauptmasse der Auxilien, unter dem der unteren Provinz. Wahrscheinlich ist die Verlegung der ganzen Besatzung nach dem Norden, die, wie oben bemerkt ward, nach bloß militärischen Rücksichten wohl zweckmäßig gewesen sein würde, mit deswegen unterblieben, weil sie einem Statthalter drei Legionen in die Hand gegeben hätte.

Daß finanziell die Provinz mehr kostete als sie eintrug, kann hiernach nicht verwundern. Für die Wehrkraft des Reiches dagegen kam Britannien erheblich in Betracht; das Kompensationsverhältnis von Besteuerung und Aushebung wird auch für die Insel in Anwendung gekommen sein und die britischen Truppen galten neben den illyrischen für die besten der Armee. Gleich anfänglich sind dort sieben Cohorten aus den Eingeborenen aufgestellt und diese weiter bis auf Hadrian stetig vermehrt worden; nachdem dieser das System aufgebracht hatte, die Truppen möglichst aus ihren Garnisonbezirken zu rekrutieren, scheint Britannien dies für seine starke Besatzung wenigstens zum großen Teil geleistet zu haben. Es war ein ernster und tapferer Sinn in den Leuten; sie trugen die Steuern und die Aushebung willig, nicht aber Hoffart und Brutalität der Beamten.

Die inneren Zustände Britanniens müssen, trotz der allgemeinen Gebrechen des Reichsregiments, wenigstens im Vergleich mit anderen Gebieten nicht ungünstige gewesen sein. Kannte man im Norden nur Jagd und Weide und waren hier die Einwohner wie die Anwohner zu Fehde und Raub jederzeit bei der Hand, so entwickelte sich der Süden in dem ungestörten Friedensstand vor allem durch Ackerbau, daneben durch Viehzucht und Bergwerksbetrieb zu mäßiger Wohlfahrt: die gallischen Redner der diocletianischen Zeit preisen den Reichtum der fruchtbaren Insel und oft genug haben die Rheinlegionen ihr Getreide aus Britannien empfangen. — Das Straßennetz der Insel, das ungemein entwickelt ist und für das namentlich Hadrian in Verbindung mit seinem Wallbau viel getan hat, hat natürlich zunächst militärischen Zwecken gedient; aber neben, ja vor den Legionslagern nimmt Londinium darin einen Platz ein, welcher seine leitende Stellung im Verkehr deutlich vor Augen bringt. Nur in Wales gab es Reichsstraßen allein in der nächsten Nähe der römischen Lager, von Isca nach Nidum (Neath) und von Deva zur Überfahrt nach Mona. — Zu der Romanisierung verhielt sich das römische Britannien ähnlich wie das nördliche und mittlere Gallien. Die nationalen Gottheiten, der Mars Belatucadrus oder Cocidius, die der Minerva gleichgesetzte Göttin Sulis, nach welcher die heutige Stadt Bath hieß, sind auch in lateinischer Sprache noch vielfach auf der Insel verehrt worden. Ein exotisches Gewächs ist die aus Italien eindringende Sprache und Sitte auf der Insel noch mehr gewesen als auf dem Kontinent; noch gegen das Ende des ersten Jahrhunderts lehnten die angesehenen Familien dort sowohl die lateinische Sprache ab wie die römische Tracht. Die großen städtischen Zentren, die eigentlichen Herde der neuen Kultur, sind in Britannien schwächer entwickelt; wir wissen nicht bestimmt, welche englische Stadt für das Konzilium der Provinz und die gemeinschaftliche Kaiserverehrung als Sitz gedient und in welchem der drei Legionslager der Statthalter der Provinz residiert hat; wenn, wie es scheint, die Zivilhauptstadt Britanniens Camalodunum gewesen ist, die Militärhauptstadt Eburacum, so kann dieses sich so wenig mit Mainz messen wie jenes mit Lyon. Die Trümmerstätten auch der namhaften Ortschaften, der claudischen Veteranenstadt Camalodunum und der volkreichen Kaufstadt Londinium, nicht minder die vielhundertjährigen Legionslager von Deva, Isca, Eburacum haben Inschriftsteine nur in geringfügiger Zahl, namhafte Städte römischen Rechts wie die Kolonie Glevum (Gloucester), das Municipium Verulamium bis jetzt nicht einen einzigen ergeben; die Sitte des Denksteinsetzens, auf deren Ergebnisse wir für solche Fragen großenteils angewiesen sind, hat in Britannien nie recht durchgeschlagen. Im inneren Wales und in anderen weniger zugänglichen Strichen sind römische Denkmäler überhaupt nicht zum Vorschein gekommen. Daneben aber stehen deutliche Zeugen des von Tacitus hervorgehobenen regen Handels und Verkehrs, so die zahlreichen Trinkschalen, die aus den Ruinen Londons hervorgegangen sind, und das Londoner Straßennetz. Wenn Agricola bemüht war den munizipalen Wetteifer in der Ausschmückung der eigenen Stadt durch Bauten und Denkmäler, wie er von Italien sich auf Afrika und Spanien übertragen hatte, auch nach Britannien zu verpflanzen und die vornehmen Insulaner zu bestimmen in ihrer Heimat die Märkte zu schmücken und Tempel und Paläste zu errichten, wie dies anderswo üblich war, so ist ihm das für die Gemeindebauten nur in geringem Umfang gelungen. Aber in der Privatwirtschaft ist es anders; die stattlichen römisch angelegten und geschmückten Landhäuser, von denen jetzt nur noch die Mosaikfußböden übriggeblieben sind, finden sich im südlichen Britannien bis in die Gegend von York hinauf ebenso häufig wie im Rheinland. Die höhere schulmäßige Jugendbildung drang von Gallien aus allmählich in Britannien ein. Unter Agricolas administrativen Erfolgen wird angeführt, daß der römische Hofmeister in die vornehmen Häuser der Insel anfange seinen Weg zu finden. In hadrianischer Zeit wird Britannien als ein von den gallischen Schulmeistern erobertes Gebiet bezeichnet, und ‚schon spricht Thule davon sich einen Professor zu mieten'. Diese Schulmeister waren zunächst Lateiner, aber es kamen auch Griechen; Plutarchos erzählt von einer Unterhaltung, die er in Delphi pflog mit einem aus Britannien heimkehrenden griechischen Sprachlehrer aus Tarsos. Wenn im heutigen England, abgesehen von Wales und bis vor kurzem von Cornwall, die alte Landessprache verschwunden ist, so ist sie nicht den Angeln oder den Sachsen, sondern dem römischen Idiom gewichen; und wie es in Grenzländern zu geschehen pflegt, in der späteren Kaiserzeit stand keiner treuer zu Rom als der britannische Mann. Nicht Britannien hat Rom aufgegeben, sondern Rom Britannien — das letzte, was wir von der Insel erfahren, sind die flehentlichen Bitten der Bevölkerung bei Kaiser Honorius um Schutz gegen die Sachsen, und dessen Antwort, daß sie sich selber helfen möchten wie sie könnten.

KAPITEL VII

DIE DONAULÄNDER UND DIE KRIEGE AN DER DONAU

Wie die Rheingrenze Caesars, so ist die Donaugrenze das Werk des Augustus. Als er an das Ruder kam, waren die Römer auf der italischen Halbinsel kaum Herren der Alpen, auf der griechischen kaum des Haemus (Balkan) und der Küstenstreifen am adriatischen und am schwarzen Meer; nirgends reichte ihr Gebiet an den mächtigen Strom, der das südliche Europa vom nördlichen scheidet; sowohl das nördliche Italien wie auch die illyrischen und pontischen Handelsstädte und mehr noch die zivilisierten Landschaften Makedoniens und Thrakiens waren den Raubzügen der rohen und unruhigen Nachbarstämme stetig ausgesetzt. Als Augustus starb, waren an die Stelle der einen kaum

zu selbständiger Verwaltung gelangten Provinz Illyricum fünf
große römische Verwaltungsbezirke getreten, Raetien, Noricum,
Unterillyrien oder Pannonien, Oberillyrien oder Dalmatien und
Moesien, und die Donau in ihrem ganzen Lauf wenn nicht überall
die militärische, doch die politische Reichsgrenze geworden. Die
verhältnismäßig leichte Unterwerfung dieser weiten Gebiete sowie
die schwere Insurrektion der J. 6—9 und das dadurch veranlaßte
Aufgeben der früher beabsichtigten Verlegung der Grenzlinie
von der oberen Donau nach Böhmen und an die Elbe sind früher
dargestellt worden.

*

Nach den bei der Insurrektion gemachten Erfahrungen schien es
erforderlich nicht bloß die in Illyricum ausgehobenen Mannschaften statt wie bisher in ihrer Heimat vielmehr auswärts zu verwenden, sondern auch die Dalmater wie die Pannonier durch ein
Kommando ersten Ranges in Botmäßigkeit zu halten. Dasselbe
hat seinen Zweck rasch erfüllt. Der Widerstand, den die Illyriker
unter Augustus der ungewohnten Fremdherrschaft entgegen-
setzten, hat sich ausgetobt mit dem einen gewaltigen Sturm;
späterhin verzeichnen unsere Berichte keine ähnliche auch nur
partielle Bewegung. Für das südliche oder nach dem römischen
Ausdruck das obere Illyricum, die Provinz Dalmatien, wie sie
seit der Zeit der Flavier gewöhnlich heißt, begann mit dem Kaiserregiment eine neue Epoche. Die griechischen Kaufleute hatten
wohl auf der ihnen nächstliegenden Küste die beiden großen
Emporien Apollonia (bei Valona) und Dyrrachium (Durazzo) gegründet; eben darum war dieser Teil schon unter der Republik der
griechischen Verwaltung überwiesen worden. Aber weiter nordwärts hatten die Hellenen nur auf den vorliegenden Inseln Issa
(Lissa), Pharos (Lesina), Schwarz-Kerkyra (Curzola) sich angesiedelt und von da aus den Verkehr mit den Eingeborenen namentlich an der Küste von Narona und in den Salonae vorliegenden Ortschaften unterhalten. Unter der römischen Republik hatten
die italischen Händler, welche hier die Erbschaft der griechischen antraten, in den Haupthäfen Epitaurum (Ragusa vecchia),
Narona, Salonae, Iader (Zara) sich in solcher Zahl niedergelassen,
daß sie in dem Kriege zwischen Caesar und Pompeius eine nicht
unwesentliche Rolle spielen konnten. Aber Verstärkung durch
dort angesiedelte Veteranen und, was die Hauptsache war, städti-
sches Recht empfingen diese Ortschaften erst durch Augustus
und zugleich kam teils die energische Unterdrückung der auf den
Inseln noch bestehenden Piratenschlupfwinkel, teils die Unterwerfung des Binnenlandes und die Vorschiebung der römischen

Grenze gegen die Donau insbesondere diesen auf der Ostküste des adriatischen Meeres angesiedelten Italikern zugute. Vor allem die Hauptstadt des Landes, der Sitz des Statthalters und der gesamten Verwaltung, Salonae blühte rasch auf und überflügelte weit die älteren griechischen Ansiedlungen Apollonia und Dyrrachium, obwohl in die letztere Stadt ebenfalls unter Augustus italische Kolonisten, freilich nicht Veteranen, sondern expropriierte Italiker gesendet und die Stadt als römische Bürgergemeinde eingerichtet wurde. Vermutlich hat bei dem Aufblühen Dalmatiens und dem Verkümmern der illyrisch-makedonischen Küste der Gegensatz des kaiserlichen und des Senatsregimentes eine wesentliche Rolle gespielt, die bessere Verwaltung sowohl wie die Bevorzugung bei dem eigentlichen Machthaber. Damit wird weiter zusammenhängen, daß die illyrische Nationalität sich in dem Bereich der makedonischen Statthalterschaft besser behauptet hat als in dem der dalmatischen: in jenem lebt sie heute noch fort und es muß in der Kaiserzeit, abgesehen von dem griechischen Apollonia und der italischen Kolonie Dyrrachium, neben den beiden Reichssprachen im Binnenland die des Volkes die illyrische geblieben sein. In Dalmatien dagegen wurden die Küste und die Inseln, soweit sie irgend sich eigneten — die unwirtliche Strecke nordwärts von Iader blieb in der Entwickelung notwendig zurück — nach italischer Ordnung kommunalisiert, und bald sprach die ganze Küste lateinisch, etwa wie heutzutage venezianisch. Dem Vordringen der Zivilisation in das Binnenland traten örtliche Schwierigkeiten entgegen. Dalmatiens bedeutende Ströme bilden mehr Wasserfälle als Wasserstraßen; und auch die Herstellung der Landstraßen stößt bei der Beschaffenheit seines Bergnetzes auf ungewöhnliche Schwierigkeiten. Die römische Regierung hat ernstliche Anstrengungen gemacht das Land aufzuschließen. Unter dem Schutz des Legionslagers von Burnum entwickelte im Kerkatal, in dem der Cettina unter dem des Lagers von Delminium, welche Lager auch hier die Träger der Zivilisierung und der Latinisierung gewesen sein werden, sich die Bodenbestellung nach italischer Art, auch die Pflanzung der Rebe und der Olive und überhaupt italische Ordnung und Gesittung. Dagegen jenseit der Wasserscheide zwischen dem adriatischen Meer und der Donau sind die auch für den Ackerbau wenig günstigen Täler von der Kulpa bis zum Drin in römischer Zeit in ähnlichen primitiven Verhältnissen verblieben, wie sie das heutige Bosnien aufweist. Kaiser Tiberius allerdings hat durch die Soldaten der dalmatinischen Lager von Salonae bis in die Täler Bosniens verschiedene Chausseen geführt; aber die späteren Regierungen ließen, wie es scheint, die schwierige Aufgabe fallen. An der Küste und in den der Küste nähergelegenen Strichen bedurfte Dalmatien bald keiner weiteren militärischen Hut; die Legionen des Kerka- und des Cettinatales konnte schon Vespasian von dort wegziehen und anderweitig verwenden. Unter dem allgemeinen Verfall des Reiches im dritten Jahrhundert hat Dalmatien verhältnismäßig wenig gelitten, ja Salonae wohl erst damals seine höchste Blüte erreicht. Freilich ist dies zum Teil dadurch veranlaßt, daß der Regenerator des römischen Staates, Kaiser Diocletianus, ein geborener Dalmatiner war und sein auf die Dekapitalisierung Roms gerichtetes Streben der Hauptstadt seines Heimatlandes vorzugsweise zugute kommen ließ: er baute neben derselben den gewaltigen Palast, von dem die heutige Hauptstadt der Provinz den Namen Spalato trägt, innerhalb dessen sie zum größten Teil Platz gefunden hat und dessen Tempel ihr heute als Dom und als Baptisterium* dienen. Aber zur Großstadt hat nicht erst Diocletian Salonae gemacht, sondern weil sie es war, sie für seine Privatresidenz gewählt; Handel und Schiffahrt und Gewerbe müssen damals in diesen Gewässern vorzugsweise in Aquileia und in Salonae sich konzentriert haben und die Stadt eine der volkreichsten und wohlhabendsten des Okzidents gewesen sein. Die reichen Eisengruben Bosniens waren wenigstens in der späteren Kaiserzeit in starkem Betrieb; ebenso lieferten die Wälder der Provinz massenhaftes und vorzügliches Bauholz; auch von der blühenden Textilindustrie des Landes bewahrt die priesterliche Dalmatica noch heute eine Erinnerung. Überhaupt ist die Zivilisierung und die Romanisierung Dalmatiens eine der eigensten und eine der bedeutendsten Erscheinungen der Kaiserzeit. Die Grenze Dalmatiens und Makedoniens ist zugleich die politische und die sprachliche Scheide des Okzidents und des Orients. Bei Skodra berühren sich wie die Herrschaftsgebiete Caesars und Marc Antons, so auch nach der Reichsteilung des vierten Jahrhunderts die von Rom und Byzanz. Hier grenzt die lateinische Provinz Dalmatien mit der griechischen Provinz Makedonien; und kräftig emporstrebend und überlegen, mit gewaltig treibender Propaganda, steht hier die jüngere neben der älteren Schwester.

Wenn die südliche illyrische Provinz und ihr Friedensregiment bald in geschichtlicher Beziehung nicht ferner hervortritt, so bildet das nördliche Illyricum oder, wie es gewöhnlich heißt, Pannonien in der Kaiserzeit eines der großen militärischen und somit auch politischen Zentren. In dem Donauheer haben die pannonischen Lager die führende Stellung wie im Westen die rheini-

* Das Baptisterium ist vielleicht das Grabmal des Kaisers.

schen, und die dalmatischen und die moesischen schließen ihnen
in ähnlicher Weise sich an und ordnen ihnen sich unter wie den
rheinischen die Legionen Spaniens und Britanniens. Die römische
Zivilisation steht und bleibt hier unter dem Einfluß der Lager,
die in Pannonien nicht wie in Dalmatien nur einige Generationen
hindurch, sondern dauernd verblieben. Nach der Überwältigung
des batonischen Aufstandes belief die regelmäßige Besatzung der
Provinz sich zuerst auf drei, später, wie es scheint, nur auf zwei
Legionen, und durch deren Standlager und ihre Vorschiebung
ist die weitere Entwickelung bedingt. Wenn Augustus nach dem
ersten Kriege gegen die Dalmatier Siscia an der Mündung der
Kulpa in die Save zum Hauptwaffenplatz ausersehen hatte, so
waren, nachdem Tiberius Pannonien mindestens bis an die Drau
unterworfen hatte, die Lager an diese vorgeschoben worden und
wenigstens eines der pannonischen Hauptquartiere befand sich
seitdem in Poetovio (Pettau) an der norischen Grenze. Die Ursache, weshalb die pannonische Armee ganz oder zum Teil im
Drautal verblieb, kann nur die gleiche gewesen sein, welche zu
der Anlage der dalmatinischen Legionslager geführt hat: man
brauchte hier die Truppen um die Untertanen sowohl in dem
nahen Noricum wie vor allem im Draugebiet selbst in Gehorsam
zu halten. Auf der Donau hielt die römische Flotte Wacht, die
schon im J. 50 erwähnt wird und vermutlich mit der Einrichtung
der Provinz entstanden war. Legionslager gab es am Flusse selbst
unter der julisch-claudischen Dynastie vielleicht noch nicht,
wobei in Betracht kommt, daß der zunächst der Provinz vor-
liegende Suebenstaat von Rom damals vollständig abhängig war
und für die Grenzdeckung einigermaßen genügte. Wie die dalmatinischen hat dann, wie es scheint, Vespasian auch die Lager
an der Drau aufgehoben und sie an die Donau selbst verlegt;
seitdem ist das große Hauptquartier der pannonischen Armee
das früher norische Carnuntum (Petronell östlich von Wien) und
daneben Vindobona (Wien).

Das letzte Stück des rechten Donauufers, das Bergland zu
beiden Seiten des Margus (Morawa) und das zwischen dem Haemus und der Donau lang sich hinstreckende Flachland, war bewohnt von thrakischen Völkerschaften; und es erscheint zunächst
erforderlich, auf diesen großen Stamm als solchen einen Blick
zu werfen. Er geht dem illyrischen in gewissem Sinne parallel.
Wie die Illyrier einst die Landschaften vom adriatischen Meer
bis zur mittleren Donau erfüllten, so saßen ehemals die Thraker
östlich von ihnen vom ägäischen Meer bis zur Donaumündung
und nicht minder einerseits auf dem linken Donauufer namentlich

in dem heutigen Siebenbürgen, andererseits jenseit des Bosporus
wenigstens in Bithynien und bis nach Phrygien; nicht mit Unrecht nennt Herodot die Thraker das größte der ihm bekannten
Völker nach den Indern. Wie der illyrische ist auch der thrakische
Stamm zu keiner vollen Entwickelung gelangt und erscheint mehr
gedrängt und verdrängt als in eigener geschichtliche Erinnerung
hinterlassender Entwickelung. Aber während Sprache und Sitte
der Illyrier sich in einer wenn gleich im Laufe der Jahrhunderte
verschliffenen Form bis auf den heutigen Tag erhalten haben und
wir mit einigem Recht das Bild der Palikaren aus der neueren
Geschichte in die der römischen Kaiserzeit übertragen, so gilt
das Gleiche von den thrakischen Stämmen nicht. Vielfach und
sicher ist es bezeugt, daß die Völkerschaften des Gebiets, welchem
infolge der römischen Provinzialteilung schließlich der Name
Thrakien geblieben ist, so wie die moesischen zwischen dem Balkan und der Donau und nicht minder die Geten oder Daker am
anderen Donauufer alle eine und dieselbe Sprache redeten. Es
hatte diese Sprache in dem römischen Kaiserreich eine ähnliche
Stellung wie die der Kelten und der Syrer. Der Historiker und
Geograph der augustischen Zeit Strabo erwähnt die Gleichheit
der Sprache der genannten Völker; in botanischen Schriften der
Kaiserzeit werden von einer Anzahl Pflanzen die dakischen Benennungen angegeben. Als seinem Zeitgenossen, dem Poeten
Ovidius Gelegenheit gegeben wurde über seinen allzu flotten Le-
benswandel fern in der Dobrudscha nachzudenken, benutzte er
seine Muße um getisch zu lernen und wurde fast ein Getenpoet.

Und ich schrieb, o weh! ein Gedicht in getischer Sprache,
Gratulierst du mir nicht, daß ich den Geten gefiel?

Aber wenn die irischen Barden, die syrischen Missionäre, die Berg-
täler Albaniens anderen Idiomen der Kaiserzeit eine gewisse Fortdauer gewahrt haben, so ist das thrakische unter dem Völkerge-
woge des Donaugebiets und dem übermächtigen Einfluß Konstantinopels verschollen, und wir vermögen nicht einmal die Stelle
zu bestimmen, welche ihm in dem Völkerstammbaum zukommt.
Die Schilderungen von Sitten und Gebräuchen einzelner dazu
gehöriger Völkerschaften, über welche mancherlei Notizen sich
erhalten haben, ergeben keine für den ganzen Stamm gültigen
individuellen Züge und heben meistens nur Einzelheiten hervor,
wie sie bei allen Völkern auf niederer Kulturstufe sich zeigen.
Aber ein Soldatenvolk sind sie gewesen und geblieben, als Reiter
nicht minder brauchbar wie für die leichte Infanterie, von den
Zeiten des peloponnesischen Krieges und Alexanders bis hinab
in die der römischen Caesaren, mochten sie gegen diese sich stem-

men oder später für sie fechten. Auch die wilde, aber großartige
Weise der Götterverehrung darf vielleicht als ein diesem Stamm
eigentümlicher Grundzug aufgefaßt werden, der gewaltige Ausbruch der Frühlings- und der Jugendlust, die nächtlichen Berg-
feste fackelschwingender Mädchen, die rauschende sinnverwir-
rende Musik, der strömende Wein und das strömende Blut, der
in Aufregung aller sinnlichen Leidenschaften zugleich rasende
Taumel der Feste. Dionysos, der herrliche und der schreckliche,
ist ein thrakischer Gott, und was der Art in dem hellenischen
und dem römischen Kult besonders hervortritt, knüpft an thrakische oder phrygische Sitte an.

Kaiser Tiberius benutzte die in dem thrakischen Königshause
entstandenen Zerwürfnisse, um in der Form der Vormundschaftsführung über die unmündigen Prinzen im J. 19 einen römischen
Statthalter Titus Trebellenus Rufus nach Thrakien zu schicken.
Doch vollzog sich diese Okkupation nicht ohne freilich erfolg-
losen, aber ernstlichen Widerstand des Volkes, das namentlich
in den Bergtälern sich um die von Rom gesetzten Herrscher wenig
kümmerte und dessen Mannschaften, von ihren Stammhäuptern
geführt, sich kaum als königliche, noch weniger als römische Soldaten fühlten. Die Sendung des Trebellenus rief im J. 21 einen
Aufstand hervor, an dem nicht bloß die angesehensten thrakischen
Völkerschaften sich beteiligten, sondern der größere Verhältnisse
anzunehmen drohte; Boten der Insurgenten gingen über den
Haemus, um in Moesien und vielleicht noch weiter hin den Na-
tionalkrieg zu entfachen. Indes die moesischen Legionen erschienen rechtzeitig, um Philippolis, das die Aufständischen belagerten,
zu entsetzen und die Bewegung zu unterdrücken. Aber als einige
Jahre später (J. 25) die römische Regierung in Thrakien Aushebungen anordnete, weigerten sich die Mannschaften außerhalb
des eigenen Landes zu dienen. Da keine Rücksicht darauf genommen wurde, stand das ganze Gebirge auf und es folgte ein Ver-
zweiflungskampf, in welchem die Insurgenten, endlich durch
Durst und Hunger bezwungen, zum großen Teil teils in die Schwer-
ter der Feinde, teils in die eigenen sich stürzten und lieber dem
Leben entsagten als der altgewohnten Freiheit. Das unmittelbare
Regiment dauerte in der Form der Vormundschaftsführung in
Thrakien bis zum Tode des Tiberius; und wenn Kaiser Gaius
bei dem Antritt der Regierung dem thrakischen Jugendfreund
ebenso wie dem jüdischen die Herrschaft zurückgab, so machte
wenige Jahre darauf im J. 46 die Regierung des Claudius ihr
definitiv ein Ende. Auch diese schließliche Einziehung des Königreichs und Umwandlung in einen römischen Bezirk traf noch auf

eine gleich hoffnungslose und gleich hartnäckige Gegenwehr. Aber mit der Einführung der unmittelbaren Verwaltung ist der Widerstand gebrochen. Eine Legion hat der Statthalter, anfangs von Ritter-, seit Traian von Senatorenrang, niemals gehabt; die in das Land gelegte Besatzung, wenn sie auch nicht stärker war als 2000 Mann nebst einem kleinen bei Perinthos stationierten Geschwader, genügte in Verbindung mit den sonst von der Regierung getroffenen Vorsichtsmaßregeln, um die Thraker niederzuhalten. Mit der Anlegung der Militärstraßen wurde gleich nach der Einziehung begonnen; wir finden, daß die bei dem Zustand des Landes erforderlichen Stationsgebäude für die Unterkunft der Reisenden im J. 61 von der Regierung eingerichtet und dem Verkehr übergeben wurden. Thrakien ist seitdem eine gehorsame und wichtige Reichsprovinz; kaum hat irgendeine andere für alle Teile der Kriegsmacht, insbesondere auch für die Reiterei und die Flotte, so zahlreiche Mannschaften gestellt wie dieses alte Heimatland der Fechter und der Lohnsoldaten.

Daß das Volk der Marcomanen oder, wie die Römer sie in früherer Zeit gewöhnt waren, der Sueben, nachdem es in augustischer Zeit in dem alten Boierland, dem heutigen Böhmen, neue Sitze gefunden und durch den König Maroboduus eine festere staatliche Organisation sich gegeben hatte, während der römisch-germanischen Kriege zwar Zuschauer blieb, aber doch durch die Dazwischenkunft der rheinischen Germanen vor der drohenden römischen Invasion bewahrt ward, ist bereits erzählt worden; nicht minder, daß der Rückschlag des abermaligen Abbruchs der römischen Offensive am Rhein diesen allzu neutralen Staat über den Haufen warf. Die Vormachtstellung, welche die Marcomanen unter Maroboduus über die entfernteren Völker im Elbegebiet gewonnen hatten, ging damit verloren und der König selbst ist als vertriebener Mann auf römischer Erde gestorben. Die Marcomanen und ihre stammverwandten östlichen Nachbarn, die Quaden in Mähren, gerieten insofern in römische Klientel, als hier, ungefähr wie in Armenien, die um die Herrschaft streitenden Prätendenten sich teilweise auf die Römer stützten und diese das Belehnungsrecht in Anspruch nahmen und je nach Umständen auch ausübten. Der Gotonenfürst Catualda, der zunächst den Maroboduus gewöhnlich nennen, konnte als dessen Nachfolger sich nicht lange behaupten, zumal da der König der benachbarten Hermunduren Vibilius gegen ihn eintrat; auch er mußte auf römisches Gebiet übertreten und gleich Maroboduus die kaiserliche Gnade anrufen. Tiberius bewirkte dann, daß ein vornehmer Quade Vannius an seine Stelle kam; dem zahlreichen Gefolge der beiden

verbannten Könige, das auf dem rechten Donauufer nicht bleiben
durfte, verschaffte Tiberius Sitze auf dem linken im Marchtal
und dem Vannius die Anerkennung von seiten der mit Rom befreundeten Hermunduren. Nach dreißigjähriger Herrschaft wurde
dieser im J. 50 gestürzt durch seine beiden Schwestersöhne Vangio
und Sido, die sich gegen ihn auflehnten und die Nachbarvölker,
die Hermunduren im Fränkischen, die Lugier in Schlesien für sich
gewannen. Die römische Regierung, die Vannius um Unterstützung anging, blieb der Politik des Tiberius getreu: sie gewährte dem gestürzten König das Asylrecht, intervenierte aber
nicht, da zumal die Nachfolger, die das Gebiet unter sich teilten,
bereitwillig die römische Oberherrschaft anerkannten. Der neue
Suebenfürst Sido und sein Mitherrscher Italicus, vielleicht der
Nachfolger Vangios, fochten in der Schlacht, die zwischen Vitellius und Vespasian entschied, mit der römischen Donauarmee
auf der Seite der Flavianer. In den großen Krisen der römischen
Herrschaft an der Donau unter Domitian und Marcus werden
wir ihren Nachfolgern wieder begegnen. Zum römischen Reich
haben die Donausueben nicht gehört; die wahrscheinlich von denselben geschlagenen Münzen zeigen wohl lateinische Aufschriften,
aber nicht römischen Fuß, geschweige denn das Bildnis des Kaisers; eigentliche Abgaben und Aushebungen für Rom haben hier
nicht stattgefunden. Aber in dem Machtbereich Roms ist namentlich im ersten Jahrhundert der Suebenstaat in Böhmen und Mähren einbegriffen gewesen und, wie schon bemerkt ward, ist dies
auch auf die Aufstellung der römischen Grenzwacht nicht ohne
Einfluß geblieben.

In der Ebene zwischen Donau und Theiß ostwärts von dem
römischen Pannonien hat zwischen dieses und die thrakischen
Daker sich ein Splitter geschoben des wahrscheinlich zum me-
disch-persischen Stamm gehörigen Volkes der Sarmaten, das
nomadisch lebend als Hirten- und Reitervolk die zweite osteuro-
päische Ebene zum großen Teil füllte; es sind dies die Jazygen,
die ‚ausgewanderten‘ genannt zum Unterschied von dem am
schwarzen Meer zurückgebliebenen Hauptstamm. Die Benennung
zeigt, daß sie erst verhältnismäßig spät in diese Gegenden vorgedrungen sind; vielleicht gehört ihre Einwanderung mit zu den
Stößen, unter denen um die Zeit der aktischen Schlacht das
Dakerreich des Burebista zusammenbrach. Uns begegnen sie
hier zuerst unter Kaiser Claudius; dem Suebenkönig Vannius
stellten die Jazygen für seine Kriege die Reiterei. Die römische
Regierung war auf der Hut vor den flinken und räuberischen
Reiterscharen, stand aber übrigens zu ihnen nicht in feindlichen

Beziehungen. Als die Donaulegionen im J. 70 nach Italien marschierten, um Vespasian auf den Thron zu setzen, lehnten sie den
von den Jazygen angebotenen Reiterzuzug ab und führten nur
in schicklicher Form eine Anzahl der Vornehmsten mit sich,
damit diese inzwischen für die Ruhe an der entblößten Grenze
bürgten.

Ernstlicher und dauernder Wacht bedurfte es weiter abwärts
an der unteren Donau. Jenseit des mächtigen Stromes, der jetzt
des Reiches Grenze war, saßen hier in den Ebenen der Walachei
und dem heutigen Siebenbürgen die Daker, in dem östlichen Flachland, in der Moldau, Bessarabien und weiter hin zunächst die germanischen Bastarner, alsdann sarmatische Stämme, wie die Roxolaner, ein Reitervolk gleich den Jazygen, anfänglich zwischen
Dnjepr und Don, dann am Meeresufer entlang vorrückend. In
den ersten Jahren des Tiberius verstärkte der Lehnfürst von
Thrakien seine Truppen, um die Bastarner und Skythen abzuwehren; in Tiberius' späteren Jahren wurde unter anderen Beweisen seines mehr und mehr alles gehen lassenden Regiments
geltend gemacht, daß er die Einfälle der Daker und der Sarmaten
ungestraft hinnehme. Wie es in den letzten Jahren Neros diesseit
und jenseit der Donaumündung zuging, zeigt ungefähr der zufällig erhaltene Bericht des damaligen Statthalters von Moesien
Tiberius Plautius Silvanus Aelianus. Dieser „führte über 100000
jenseit der Donau wohnhafte Männe r mit ihren Weibern und Kindern und ihren Fürsten oder Königen über den Fluß, so daß sie
der Steuerentrichtung unterlagen. Eine Bewegung der Sarmaten
unterdrückte er, bevor sie zum Ausbruch kam, obwohl er einen
großen Teil seiner Truppen zur Kriegführung in Armenien (an
Corbulo) abgegeben hatte. Eine Anzahl bis dahin unbekannter
oder mit den Römern in Fehde stehender Könige führte er über
auf das römische Ufer und nötigte sie, vor den römischen Feldzeichen den Fußfall zu tun. Den Königen der Bastarner und der
Roxolaner sandte er die gefangenen oder den Feinden wieder abgenommenen Söhne, denen der Daker die gefangenen Brüder
zurück und nahm von mehreren derselben Geiseln. Dadurch wurde
der Friedensstand der Provinz sowohl befestigt wie weiter erstreckt. Auch den König der Skythen bestimmte er abzustehen
von der Belagerung der Stadt Chersonesus (Sevastopol) jenseit
des Borysthenes. Er war der erste, der durch große Getreide-
sendungen aus dieser Provinz das Brot in Rom wohlfeiler machte".
Man erkennt hier deutlich sowohl den unter der julisch-claudischen Dynastie am linken Donauufer gärenden Völkerstrudel
wie auch den starken Arm der Reichsgewalt, der selbst über den

Strom hinüber die Griechenstädte am Dnjepr und in der Krim
noch zu schützen suchte und einigermaßen auch zu schützen vermochte, wie dies bei der Darstellung der griechischen Verhält-
nisse weiter dargelegt werden wird. Indes die Streitkräfte, über welche Rom hier verfügte, waren
mehr als unzulänglich. Die geringfügige Besatzung Kleinasiens
und die ebenfalls geringe Flotte auf dem Schwarzen Meer kamen
höchstens für die griechischen Anwohner der nördlichen und der
westlichen Küste desselben in Betracht. Dem Statthalter von
Moesien, der mit seinen beiden Legionen das Donauufer von Bel-
grad bis zur Mündung zu schirmen hatte, war eine sehr schwierige
Aufgabe gestellt; und die Beihilfe der wenig botmäßigen Thraker
war unter Umständen eine Gefahr mehr. Insbesondere nach der
Mündung der Donau zu mangelte ein genügendes Bollwerk gegen
die hier mit steigender Wucht andrängenden Barbaren. Der zwei-
malige Abzug der Donaulegionen nach Italien in den Wirren nach
Neros Tod rief mehr noch an der Donaumündung als am Unterrhein Einfälle der Nachbarvölker hervor, zuerst der Roxolaner,
dann der Daker, dann der Sarmaten, das heißt wohl der Jazygen.
Es waren schwere Kämpfe; in einem dieser Gefechte, wie es scheint
gegen die Jazygen, blieb der tapfere Statthalter von Moesien
Gaius Fonteius Agrippa. Dennoch schritt Vespasian nicht zu
einer Vermehrung der Donauarmee; die Notwendigkeit die asiatischen Garnisonen zu verstärken muß noch dringender erschienen sein und die damals besonders gebotene Sparsamkeit
verbot jede Erhöhung der Gesamtarmee. Er begnügte sich, wie
es die Befriedung des Binnenlandes erlaubte und die an der
Grenze bestehenden Verhältnisse sowie die durch die Einziehung
Thrakiens herbeigeführte Auflösung der thrakischen Truppen
gebieterisch verlangten, die großen Lager der Donauarmee an
die Reichsgrenze vorzuschieben. So kamen die pannonischen von
der Drau weg dem Suebenreich gegenüber nach Carnuntum und
Vindobona und die dalmatischen von der Kerka und der Cettina
an die moesischen Donauufer, so daß der Statthalter von Moesien
seitdem über die doppelte Zahl von Legionen verfügte.

Eine Verschiebung der Machtverhältnisse zuungunsten Roms
trat unter Domitian ein oder es wurden vielmehr damals die Konsequenzen der ungenügenden Grenzverteidigung gezogen. Nach
dem wenigen, was wir darüber wissen, knüpfte die Wandelung
der Dinge, ganz wie die gleiche in Caesars Zeit, an einen einzelnen
dakischen Mann an; was König Burebista geplant hatte, schien
König Decebalus ausführen zu sollen. Wie sehr in seiner Persönlichkeit die eigentliche Triebfeder lag, beweist die Erzählung,

daß der Dakerkönig Duras, um den rechten Mann an die rechte Stelle zu bringen, zugunsten des Decebalus von seinem Amt zurücktrat. Daß Decebalus um zu schlagen, vor allem organisierte, beweisen die Berichte über seine Einführung der römischen Disziplin bei der dakischen Armee und die Anwerbung tüchtiger Leute unter den Römern selbst, und selbst die nach dem Siege von ihm den Römern gestellte Bedingung, ihm zur Unterweisung der Seinigen in den Handwerken des Friedens wie des Krieges die nötigen Arbeiter zu liefern. In welchem großen Stil er sein Werk ergriff, beweisen die Verbindungen, die er nach Westen und Osten anknüpfte, mit den Sueben und den Jazygen und sogar mit den Parthern. Die Angreifenden waren die Daker. Der Statthalter der Provinz Moesien, der ihnen zuerst entgegentrat, Oppius Sabinus ließ sein Leben auf dem Schlachtfelde. Eine Reihe kleinerer Lager wurde erobert, die großen bedroht, der Besitz der Provinz selbst stand in Frage. Domitianus selbst begab sich zu der Armee und sein Stellvertreter — er selbst war kein Feldherr und blieb zurück — der Gardekommandant Cornelius Fuscus führte das Heer über die Donau; aber er büßte das unbedachte Vorgehen mit einer schweren Niederlage und auch er, der zweite Höchstkommandierende, blieb vor dem Feind. Sein Nachfolger Julianus, ein tüchtiger Offizier, schlug die Daker in ihrem eigenen Gebiet in einer großen Schlacht bei Tapae und war auf dem Wege dauernde Erfolge zu erreichen. Aber während der Kampf gegen die Daker schwebte, hatte Domitianus die Sueben und die Jazygen mit Krieg überzogen, weil sie es unterlassen hatten, ihm Zuzug gegen jene zu senden; die Boten, die dies zu entschuldigen kamen, ließ er hinrichten. Auch hier verfolgte das Mißgeschick die römischen Waffen. Die Marcomanen erfochten einen Sieg über den Kaiser selbst; eine ganze Legion ward von den Jazygen umzingelt und niedergehauen. Durch diese Niederlage erschüttert schloß Domitian trotz der von Julianus über die Daker gewonnenen Vorteile mit diesen voreilig einen Frieden, der ihn zwar nicht hinderte dem Vertreter des Decebalus in Rom Diegis, gleich als wäre dieser Lehnsträger der Römer, die Krone zu verleihen und als Sieger auf das Capitol zu ziehen, der aber in Wirklichkeit einer Kapitulation gleich kam. Wozu Decebalus bei dem Einrücken des römischen Heeres in Dakien sich höhnisch erboten hatte, jeden Mann, für den ihm eine jährliche Zahlung von 2 Assen zugesichert werde, ungeschädigt nach Hause zu entlassen, das wurde beinahe wahr; in dem Frieden wurden mit einer jährlich zu entrichtenden Abstandssumme die Einfälle in Moesien abgekauft.

Hier mußte Wandel geschafft werden. Auf Domitian, der wohl
ein guter Reichsverwalter, aber stumpf für die Forderungen der
militärischen Ehre war, folgte nach dem kurzen Regiment Nervas
Kaiser Traianus, der, zuerst und vor allem Soldat, nicht bloß
jenen Vertrag zerriß, sondern auch die Maßregeln danach traf,
daß ähnliche Dinge sich nicht wiederholten. Der Krieg gegen die
Sueben und Sarmaten, der bei Domitians Tod (96) noch dauerte,
ward, wie es scheint, unter Nerva im J. 97, glücklich beendigt.
Der neue Kaiser ging, noch bevor er in die Hauptstadt des Reiches
seinen Einzug hielt, vom Rhein an die Donau, wo er im Winter
98—99 verweilte, aber nicht um sofort die Daker anzugreifen,
sondern um den Krieg vorzubereiten; in diese Zeit gehört die an
die Straßenbauten in Obergermanien anschließende Anlage der
am rechten Donauufer in der Gegend von Orsowa im J. 100 vollendeten Straße. Zum Kriege gegen die Daker, in dem er wie in
allen seinen Feldzügen selbst kommandierte, ging er erst im Frühjahr 101 ab. Er überschritt die Donau unterhalb Viminacium und
rückte gegen die nicht weit davon entfernte Hauptstadt des
Königs Sarmizegetusa vor. Decebalus mit seinen Verbündeten —
die Burer und andere nordwärts wohnende Stämme beteiligten
sich an diesem Kampf — leistete entschlossenen Widerstand und
nur mit heftigen und blutigen Gefechten bahnten die Römer sich
den Weg; die Zahl der Verwundeten war so groß, daß der Kaiser
seine eigene Garderobe den Ärzten zur Verfügung stellte. Aber
der Sieg schwankte nicht. Eine feste Burg nach der anderen fiel;
die Schwester des Königs, die Gefangenen aus dem vorigen Krieg,
die den Heeren Domitians abgenommenen Feldzeichen fielen den
Römern in die Hände; durch Traianus selbst und durch den tapferen Lusius Quietus in die Mitte genommen blieb dem König
nichts übrig als vollständige Ergebung (102). Auch verlangte
Traianus nichts geringeres als den Verzicht auf die souveräne Gewalt und den Eintritt des dakischen Reiches in die römische Klientel. Die Überläufer, die Waffen, die Kriegsmaschinen, die einst
für diese von Rom gestellten Arbeiter mußten abgeliefert werden
und der König persönlich vor dem Sieger den Fußfall tun; er
begab sich des Rechts auf Krieg und Frieden und versprach die
Heerfolge; die Festungen wurden entweder geschleift oder den
Römern ausgeliefert und in diesen, vor allem in der Hauptstadt,
blieb römische Besatzung. Die mächtige steinerne Brücke, die
Traian bei Drobetae (gegenüber Turnu Severinului) über die
Donau schlagen ließ, stellte die Verbindung auch in der schlimmen Jahreszeit sicher und gab den dakischen Besatzungen an den
nahen Legionen Obermoesiens einen Rückhalt. Aber die dakische

Nation und vor allem der König selbst wußten sich in die Abhängigkeit nicht so zu fügen, wie es die Könige von Kappadokien
und Mauretanien verstanden hatten, oder hatten vielmehr das
Joch nur auf sich genommen in der Hoffnung bei erster Gelegenheit sich desselben wieder zu entledigen. Die Anzeichen dafür
traten bald hervor. Ein Teil der auszuliefernden Waffen wurde
zurückgehalten, die Kastelle nicht wie es bedungen war übergeben, römischen Überläufern auch ferner noch eine Freistatt
gewährt, den mit den Dakern verfeindeten Jazygen Gebiets-
stücke entrissen oder vielleicht auch nur deren Grenzverletzungen
nicht hingenommen, mit den entfernteren noch freien Nationen
ein lebhafter und bedenklicher Verkehr unterhalten. Traianus
mußte sich überzeugen, daß er halbe Arbeit gemacht, und kurz
entschlossen wie er war, erklärte er, ohne auf weitere Verhandlungen sich einzulassen, drei Jahre nach dem Friedensschluß (105)
dem König abermals den Krieg. Gern hätte dieser ihn abgewandt;
aber die Forderung sich gefangen zu geben sprach allzu deutlich.
Es blieb nichts als der Kampf der Verzweiflung, und dazu waren
nicht alle bereit; ein großer Teil der Daker unterwarf sich ohne
Gegenwehr. Der Aufruf an die Nachbarvölker in die Abwehr für
die auch ihrer Freiheit und ihrem Volkstum drohende Gefahr
mit einzutreten verhallte ohne Wirkung; Decebalus und die ihm
treugebliebenen Daker standen in diesem Krieg allein. Die Versuche den kaiserlichen Feldherrn durch Überläufer aus dem Wege
zu schaffen oder mit der Losgebung eines gefangengenommenen
hohen Offiziers erträgliche Bedingungen zu erkaufen scheiterten
ebenfalls. Der Kaiser zog abermals als Sieger in die feindliche
Hauptstadt ein und Decebalus, der bis zum letzten Augenblick
mit dem Verhängnis gerungen hatte, gab, als alles verloren war,
sich selber den Tod (107). Diesmal machte Traianus ein Ende; der
Krieg galt nicht mehr der Freiheit des Volkes, sondern seiner
Existenz. Aus dem besten Teile des Landes wurde die eingeborne
Bevölkerung ausgetrieben und diese Striche mit einer für die Bergwerke aus den Gebirgen Dalmatiens, sonst überwiegend, wie es
scheint, aus Kleinasien herangezogenen nationslosen Bevölkerung
wieder besetzt. In manchen Gegenden freilich blieb dennoch die
alte Bevölkerung und behauptete sich sogar die Landessprache;
diese Daker sowohl wie die außerhalb der Grenzen hausenden
Splitter haben auch nachher noch, zum Beispiel unter Commodus
und Maximinus, den Römern zu schaffen gemacht; aber sie standen vereinzelt und verkamen. Die Gefahr, mit der der kräftige
Thrakerstamm mehrmals die römische Herrschaft bedroht hatte,
durfte nicht wiederkehren, und dies Ziel hat Traianus erreicht.

Das traianische Rom war nicht mehr das der hannibalischen Zeit; aber es war immer noch gefährlich die Römer besiegt zu haben. Die stattliche Säule, welche sechs Jahre darauf dem Kaiser von dem Reichssenat auf dem neuen Traiansmarkt der Hauptstadt errichtet ward und die ihn heute noch schmückt, ist ein Zeugnis der verwüsteten Geschichtsüberlieferung der römischen Kaiserzeit, wie wir kein zweites besitzen. In ihrer ganzen Höhe von genau 100 römischen Fuß ist sie bedeckt mit einzelnen Darstellungen — man zählt deren hundertvierundzwanzig; ein gemeißeltes Bilderbuch der dakischen Kriege, zu welchem uns fast überall der Text fehlt. Wir sehen die Wachttürme der Römer mit ihrem spitzen Dach, ihrem pallisadierten Hof, ihrem oberen Umgang, ihren Feuersignalen. Die Stadt am Ufer des Donaustroms, dessen Flußgott den römischen Kriegern zuschaut, wie sie unter ihren Feldzeichen auf der Schiffbrücke entlangziehen. Den Kaiser selbst im Kriegsrat, dann vor den Wällen des Lagers am Altar opfernd. Es wird erzählt, daß die den Dakern verbündeten Burer den Traian vom Kriege abmahnten in einem lateinischen auf einen gewaltigen Pilz geschriebenen Spruch: man meint diesen Pilz zu erkennen, auf ein Saumtier geladen, von dem gestürzt ein Barbar mit der Keule auf dem Boden liegend dem heranschreitenden Kaiser mit dem Finger den Pilz weist. Wir sehen das Lager schlagen, die Bäume fällen, Wasser holen, die Brücke legen. Die ersten gefangenen Daker, leicht kenntlich an ihren langärmligen Kitteln und ihren weiten Hosen, werden, die Hände auf den Rücken gebunden und an ihrem langen Haarbusch von den Soldaten gefaßt, vor den Kaiser geführt. Wir sehen die Gefechte, die Speer- und Steinschleuderer, die Sichelträger, die Bogenschützen zu Fuß, die auch den Bogen führenden schweren Panzerreiter, die Drachenfahne der Daker, die feindlichen Offiziere geschmückt mit dem Zeichen ihres Ranges, der runden Mütze, den Fichtenwald, in den die Daker ihre Verwundeten tragen, die abgehauenen Köpfe der Barbaren vor dem Kaiser niedergelegt. Wir sehen das dakische Pfahldorf mitten im See, in dessen runde Hütten mit spitzem Dach die Brandfackeln fliegen. Frauen und Kinder flehen den Kaiser um Gnade an. Die Verwundeten werden gepflegt und verbunden, Ehrenzeichen an Offiziere und Soldaten ausgeteilt. Dann geht es weiter im Kampf: die feindlichen Verschanzungen, teils von Holz, teils Steinmauern, werden angegriffen, das Belagerungsgeschütz fährt auf, die Leitern werden herangetragen, unter dem Schilderdach greift die Sturmkolonne an. Endlich liegt der König mit seinem Gefolge zu den Füßen Traians; die Drachenfahnen sind in Römerhand; die Truppen begrüßen jubelnd den

Imperator; vor den aufgetürmten Waffen der Feinde steht die
Viktoria und beschreibt die Tafel des Sieges. Es folgen die Bilder
des zweiten Krieges, im ganzen der ersten Reihe gleichartig;
bemerkenswert ist eine große Darstellung, welche, nachdem die
Königsburg in Flammen aufgegangen ist, die Fürsten der Daker
zu zeigen scheint, sitzend um einen Kessel und einer nach dem
andern den Giftbecher leerend; eine andere, wo des tapfern Daker-
königs Haupt auf einer Schüssel dem Kaiser gebracht wird; endlich das Schlußbild, die lange Reihe der Besiegten mit Frauen,
Kindern und Heerden aus der Heimat abziehend. Die Geschichte
dieses Krieges hat der Kaiser selbst geschrieben, wie Friedrich
der Große die des Siebenjährigen, und nach ihm viele andere;
uns ist alles dies verloren, und wie niemand es wagen würde nach
Menzels Bildern die Geschichte des Siebenjährigen Krieges zu
erfinden, so bleibt auch uns nur mit dem Einblick in halb ver-
ständliche Einzelheiten die schmerzliche Empfindung einer bewegten und großen auf ewig verblaßten und selbst für die Erinnerung vergangenen geschichtlichen Katastrophe.

Die sechzig Jahre nach den Dakerkriegen Traians sind für die
Donauländer eine Zeit des Friedens und der friedlichen Entwickelung gewesen. Ganz zur Ruhe kam es freilich namentlich an den
Donaumündungen nie, und auch das bedenkliche Hilfsmittel von
den angrenzenden unruhigen Nachbarn, ähnlich wie es mit Decebalus geschehen war, durch Aussetzung jährlicher Gratiale die
Grenzsicherheit zu erkaufen ist ferner angewandt worden; dennoch zeigen die Reste des Altertums eben in dieser Zeit überall
das Aufblühen städtischen Lebens, und nicht wenige Gemeinden
namentlich Pannoniens nennen als ihren Stifter Hadrian oder
Pius. Aber auf diese Stille folgte ein Sturm, wie das Kaisertum
noch keinen bestanden hatte, und der, obwohl eigentlich auch nur
ein Grenzkrieg, durch seine Ausdehnung über eine Reihe von
Provinzen und durch seine dreizehnjährige Dauer das Reich selbst
erschütterte.

Den nach den Marcomanen benannten Krieg hat nicht eine einzelne Persönlichkeit vom Schlage des Hannibal und des Decebalus angefacht. Ebensowenig haben Übergriffe römischerseits
diesen Krieg heraufbeschworen; Kaiser Pius verletzte keinen Nachbar, weder den mächtigen noch den geringen, und hielt den Frieden fast mehr als billig hoch. Das Reich des Maroboduus und des
Vannius hatte sich seitdem, vielleicht infolge der Teilung unter
Vangio und Sido, in das Königtum der Marcomanen im heutigen
Böhmen und das der Quaden in Mähren und Oberungarn geschieden. Konflikte mit den Römern scheinen hier nicht statt-

gefunden zu haben; das Lehnsverhältnis der Quadenfürsten wurde sogar unter Pius Regierung durch die erbetene Bestätigung in förmlicher Weise anerkannt. Völkerschiebungen, die jenseit des römischen Horizonts liegen, sind die nächste Ursache des großen Krieges gewesen. Bald nach Pius Tode († 161) erschienen Haufen von Germanen, namentlich Langobarden von der Elbe her, aber auch Marcomanen und andere Mannschaften in Pannonien, es scheint um neue Wohnsitze am rechten Ufer zu gewinnen. Gedrängt von den römischen Truppen, die ihnen entgegengeschickt wurden, entsandten sie den Marcomanenfürsten Ballomarius und mit ihm je einen Vertreter der zehn beteiligten Stämme, um ihre Bitte um Landanweisung zu erneuern. Aber der Statthalter ließ es bei dem Bescheid und zwang sie über die Donau zurückzugehen. Dies ist der Anfang des großen Donaukrieges. Auch der Statthalter von Obergermanien Gaius Aufidius Victorinus, der Schwiegersohn des literarisch bekannten Fronto, hatte bereits um das J. 162 einen Ansturm der Chatten abzuschlagen, welcher ebenfalls durch nachdrängende Völkerschaften von der Elbe her veranlaßt sein mag. Wäre gleich energisch eingeschritten worden, so hätte größerem Unheil vorgebeugt werden können. Aber eben damals hatte der armenische Krieg begonnen, in den bald die Parther eintraten; wenn auch die Truppen nicht gerade von der bedrohten Grenze weg nach dem Osten geschickt wurden, wofür wenigstens keine Beweise vorliegen, so fehlte es doch an Mannschaft, um den zweiten Krieg sofort energisch aufzunehmen. Dies Temporisieren hat sich schwer gerächt. Eben als in Rom über die Könige des Ostens triumphiert ward, brachen an der Donau die Chatten, die Marcomanen, die Quaden, die Jazygen wie mit einem Schlag ein in das römische Gebiet. Raetien, Noricum, beide Pannonien, Dacien waren im selben Augenblick überschwemmt; im dacischen Grubendistrikt können noch wir die Spuren dieses Einbruchs verfolgen. Welche Verheerungen sie in diesen Landschaften, die seit langem keinen Feind gesehen hatten, damals anrichteten, zeigt die Tatsache, daß mehrere Jahre später die Quaden erst 13000 dann noch 50000, die Jazygen gar 100000 römische Gefangene zurückgaben. Es blieb nicht einmal bei der Schädigung der Provinzen. Es geschah, was seit drei Jahrhunderten nicht geschehen war und anfing als unmöglich zu gelten: die Barbaren durchbrachen den Alpenwall und fielen in Italien selbst ein; von Raetien aus zerstörten sie Opitergium (Oderzo), die Scharen von der julischen Alpe berannten Aquileia. Niederlagen einzelner römischer Armeekorps müssen mehrfach stattgefunden haben; wir erfahren nur, daß einer der Gardekommandanten Victorinus' vor dem Feind

blieb und die Reihen der römischen Heere sich in arger Weise
lichteten.

Der schwere Angriff traf den Staat zur unglücklichsten Stunde.
Zwar der orientalische Krieg war beendigt; aber in seinem Gefolge hatte eine Seuche sich in Italien und dem ganzen Westen
verbreitet, die dauernder als der Krieg und in entsetzlicherem
Maße die Menschen hinraffte. Wenn die Truppen, wie es notwendig war, zusammengezogen wurden, so fielen der Pest die
Opfer nur um so zahlreicher. Wie zu der Pestilenz immer die teure
Zeit gehört, so erschien auch hier mit ihr Mißwachs und Hungersnot und schwere Finanzkalamität — die Steuern gingen nicht
ein und im Laufe des Krieges sah sich der Kaiser veranlaßt die
Kleinodien seines Palastes in öffentlicher Auktion zu veräußern.
Es fehlte an einem geeigneten Leiter. Eine so ausgedehnte und
so verwickelte militärisch-politische Aufgabe konnte, wie die
Dinge in Rom lagen, kein beauftragter Feldherr, sondern allein
der Herrscher selbst auf sich nehmen. Marcus hatte, in richtiger
und bescheidener Erkenntnis dessen, was ihm abging, bei der
Thronbesteigung sich seinen jüngeren Adoptivbruder Lucius
Verus gleichberechtigt zur Seite gestellt, in der wohlwollenden
Voraussetzung, daß der flotte junge Mann, wie er ein tüchtiger
Fechter und Jäger war, so auch zum fähigen Feldherrn sich entwickeln werde. Aber den scharfen Blick des Menschenkenners
besaß der ehrliche Kaiser nicht; die Wahl war so unglücklich wie
möglich ausgefallen; der eben beendigte parthische Krieg hatte
den nominellen Feldherrn als eine wüste Persönlichkeit und einen
unfähigen Offizier gezeigt. Verus' Mitregentschaft war nichts als
eine Kalamität mehr, die freilich durch seinen nicht lange nach
dem Ausbruch des marcomanischen Krieges erfolgten Tod (169)
in Wegfall kam. Marcus, seinen Neigungen nach mehr reflektiv
als dem praktischen Leben zugewandt und ganz und gar kein
Soldat, überhaupt keine hervorragende Persönlichkeit, übernahm
die ausschließliche und persönliche Leitung der erforderlichen
Operationen. Er mag dabei im einzelnen Fehler genug gemacht
haben und vielleicht geht die lange Dauer der Kämpfe darauf
mit zurück; aber die Einheit des Oberbefehls, die klare Einsicht
in den Zweck der Kriegführung, die Folgerichtigkeit des staats-
männischen Handelns, vor allem die Rechtschaffenheit und Festigkeit des seines schweren Amtes mit selbstvergessener Treue waltenden Mannes haben schließlich den gefährlichen Ansturm gebrochen. Es ist dies ein um so höheres Verdienst, als der Erfolg
mehr dem Charakter als dem Talent verdankt wird.

Worauf man sich gefaßt machte, zeigt die Tatsache, daß die Regierung, trotz des Mangels an Menschen und an Geld, in dem ersten Jahre dieses Krieges mit ihren Soldaten und auf ihre Kosten die Mauern der Hauptstadt Dalmatiens Salonae und der Hauptstadt Thrakiens Philippopolis herstellen ließ; sicher sind dies nicht vereinzelte Anordnungen gewesen. Man mußte sich darauf vorbereiten die Nordländer überall die großen Städte des Reiches berennen zu sehen; die Schrecken der Gothenzüge pochten schon an die Pforten und wurden vielleicht für diesmal nur dadurch abgewandt, daß die Regierung sie kommen sah. Die unmittelbare Oberleitung der militärischen Operationen und die durch die Sachlage geforderte Regulierung der Beziehungen zu den Grenzvölkern und Reformierung der bestehenden Ordnungen an Ort und Stelle durfte weder fehlen, noch dem charakterlosen Bruder oder Einzelführern überlassen werden. In der Tat änderte sich die Lage der Dinge, sowie die beiden Kaiser in Aquileia eintrafen, um von dort mit dem Heer nach dem Kriegsschauplatz abzugehen. Die Germanen und Sarmaten, wenig in sich geeinigt und ohne gemeinschaftliche Leitung, fühlten sich solchem Gegenschlag nicht gewachsen. Die eingedrungenen Haufen zogen überall sich zurück; die Quaden sandten den kaiserlichen Statthaltern ihre Unterwerfung ein und vielfach büßten die Führer der gegen die Römer gerichteten Bewegung diesen Rückschlag mit dem Leben. Lucius meinte, daß der Krieg Opfer genug gefordert habe und riet zur Rückkehr nach Rom. Aber die Marcomanen verharrten in trotzigem Widerstand und die Kalamität, die über Rom gekommen war, die Hunderttausende der weggeschleppten Gefangenen, die von den Barbaren errungenen Erfolge forderten gebieterisch eine kräftigere Politik und die offensive Fortsetzung des Krieges. Marcus' Schwiegersohn Tiberius Claudius Pompeianus übernahm außerordentlicher Weise das Kommando in Raetien und Noricum; sein tüchtiger Unterbefehlshaber, der spätere Kaiser Publius Helvius Partinax, säuberte ohne Schwierigkeit mit der aus Pannonien herbeigerufenen ersten Hilfslegion das römische Gebiet. Trotz der Finanznot wurden namentlich aus illyrischen Mannschaften, bei deren Aushebung freilich mancher bisherige Straßenräuber zum Landesverteidiger gemacht ward, zwei neue Legionen gebildet und die bisher geringfügige Grenzwacht dieser beiden Provinzen durch die neuen Legionslager von Regensburg und Enns verstärkt. In die oberpannonischen Lager begaben sich die Kaiser selbst. Vor allen Dingen kam es darauf an den Herd des Kriegsfeuers einzuschränken. Die von Norden kommenden Barbaren, die ihre Hilfe anboten, wurden nicht zurückgewiesen und fochten in römischem Sold, soweit sie nicht, was auch vorkam, ihr

Wort brachen und mit dem Feind gemeinschaftliche Sache machten. Den Quaden, welche um Frieden und um die Bestätigung des neuen Königs Furtius baten, wurde diese bereitwillig zugestanden und nichts gefordert als Rückgabe der Überläufer und der Gefangenen. Es gelang einigermaßen, den Krieg auf die beiden Hauptgegner, die Marcomanen und die von altersher ihnen verbündeten Jazygen zu beschränken. Gegen diese beiden Völker wurde in den folgenden Jahren in schweren Kämpfen und nicht ohne Niederlage gestritten. Wir wissen davon nur Einzelheiten, die sich nicht in festen Zusammenhang bringen lassen. Marcus Claudius Fronto, dem die außerordentlicherweise vereinigten Kommandos von Obermoesien und Dacien anvertraut waren, fiel um das J. 171 im Kampfe gegen Germanen und Jazygen. Ebenso fiel vor dem Feind der Gardekommandant Marcus Macrinius Vindex. Sie und andere hochgestellte Offiziere erhielten in diesen Jahren Ehrendenkmäler in Rom an der Säule Traians, weil sie in Verteidigung des Vaterlandes den Tod gefunden hatten. Die barbarischen Stämme, die sich für Rom erklärt hatten, fielen zum Teil wieder ab, so die Cotiner und vor allem die Quaden, welche den flüchtigen Marcomanen eine Freistatt gewährten und ihren Vasallenkönig Furtius vertrieben, worauf Kaiser Marcus auf den Kopf seines Nachfolgers Ariogaesus einen Preis von 1000 Goldstücken setzte. Erst im sechsten Kriegsjahr (172) scheint die völlige Überwindung der Marcomanen erreicht worden zu sein und danach Marcus den wohlverdienten Siegestitel Germanicus angenommen zu haben. Es folgte dann die Niederwerfung der Quaden, endlich im J. 175 die der Jazygen, infolge deren der Kaiser den weiteren Beinamen des Sarmatensiegers empfing. Die Bedingungen, welche den überwundenen Völkerschaften gestellt wurden, zeigen, daß Marcus nicht zu strafen beabsichtigte, sondern zu unterwerfen. Den Marcomanen und den Jazygen, wahrscheinlich auch den Quaden, wurde auferlegt einen Grenzstreifen am Flusse in der Breite von zwei, nach späterer Milderung von einer deutschen Meile zu räumen. In die festen Plätze am rechten Donauufer wurden römische Besatzungen gelegt, die allein bei den Marcomanen und Quaden zusammen sich auf nicht weniger als 20000 Mann beliefen. Alle Unterworfenen hatten Zuzug zum römischen Heer zu stellen, die Jazygen zum Beispiel 8000 Reiter. Wäre der Kaiser nicht durch die Insurrektion Syriens abgerufen worden, so hätte er die letzteren ganz aus ihrer Heimat getrieben, wie Traianus die Daker. Daß Marcus die abgefallenen Transdanuvianer nach diesem Muster zu behandeln gedachte, bestätigt der weitere Verlauf. Kaum war jenes Hindernis beseitigt, so ging der Kaiser wieder an die Donau und begann, eben wie Traianus, im J. 178 den zweiten abschließenden Krieg. Die Motivierung dieser Kriegserklärung ist nicht bekannt; der Zweck wird ohne Zweifel richtig dahin angegeben, daß er zwei neue Provinzen Marcomania und Sarmatia einzurichten gedachte. Den Jazygen, die sich den Absichten des Kaisers fügsam gezeigt haben werden, wurden die lästigen Auflagen größtenteils erlassen, ja ihnen für den Verkehr mit ihren östlich von Dacien hausenden Stammverwandten, den Roxolanen, der Durchgang durch Dacien unter angemessener Aufsicht gewährt — wahrscheinlich auch nur, weil sie schon als römische Untertanen betrachtet wurden. Die Marcomanen wurden durch Schwert und Hunger fast aufgerieben. Die verzweifelnden Quaden wollten nach Norden auswandern und bei den Semnonen sich Sitze suchen; aber auch dies wurde ihnen nicht gestattet, da sie die Äcker zu bestellen hatten, um die römischen Besatzungen zu versorgen. Nach vierzehnjähriger fast ununterbrochener Waffenarbeit stand der Kriegsfürst wider Willen am Ziel und die Römer zum zweiten Male vor der Gewinnung der oberen Elbe; jetzt fehlte in der Tat nur die Ankündigung das Gewonnene festhalten zu wollen. Da starb er, noch nicht sechzig Jahre alt, im Lager von Vindobona am 17. März 180.

Man wird nicht bloß die Entschlossenheit und die Konsequenz des Herrschers anerkennen, sondern auch einräumen müssen, daß er tat, was die richtige Politik gebot. Die Eroberung Daciens durch Traian war ein zweifelhafter Gewinn, obwohl eben in dem marcomanischen Krieg der Besitz Daciens nicht bloß ein gefährliches Element aus den Reihen der Gegner Roms entfernt, sondern wahrscheinlich auch bewirkt hat, daß der Völkerschwarm an der unteren Donau, die Bastarner, die Roxolaner und andere mehr in den Marcomanenkrieg nicht eingegriffen haben. Aber nachdem der gewaltige Ansturm der Transdanuvianer westlich von Dacien die Niederwerfung derselben zur Notwendigkeit gemacht hatte, konnte diese nur in abschließender Weise ausgeführt werden, indem Böhmen, Mähren und die Theißebene in die römische Verteidigungslinie eingezogen wurden, wenn auch diesen Gebieten wohl nur, wie Dacien, eine Vorpostenstellung zugedacht war und die strategische Grenzlinie sicher die Donau bleiben sollte.

Des Marcus Nachfolger, Kaiser Commodus war im Lager anwesend, als der Vater starb, und trat, da er die Krone schon seit mehreren Jahren dem Namen nach mit dem Vater teilte, mit dessen Tode sofort in den Besitz der unumschränkten Gewalt.

Nur kurze Zeit ließ der neunzehnjährige Nachfolger die Vertrauensmänner des Vaters, seinen Schwager Pompeianus und andere, die mit Marcus die schwere Last des Krieges getragen hatten, im Sinne desselben schalten. Commodus war in jeder Hinsicht das Gegenteil seines Vaters; kein Gelehrter, sondern ein Fechtmeister, so feig und charakterschwach wie dieser entschlossen und konsequent, so träge und pflichtvergessen wie dieser tätig und gewissenhaft. Er gab nicht bloß die Einverleibung des gewonnenen Gebiets auf, sondern gewährte auch den Marcomanen freiwillig Bedingungen, wie sie sie nicht hatten hoffen dürfen. Die Regulierung des Grenzverkehrs unter römischer Kontrolle und die Verpflichtung ihre den Römern befreundeten Nachbarn nicht zu schädigen verstanden sich von selbst; aber die Besatzungen wurden aus ihrem Lande zurückgezogen und nur das Gebot den Grenzstreifen nicht zu besiedeln festgehalten. Die Leistung von Abgaben und die Stellung von Rekruten wurde wohl ausbedungen, aber jene bald erlassen und diese sicher nie gestellt. Ähnlich ward mit den Quaden abgeschlossen und wird mit den übrigen Transdanuvianern abgeschlossen worden sein. Damit waren die gemachten Eroberungen aufgegeben und die vieljährige Kriegsarbeit war umsonst; wenn man nicht mehr wollte, so war eine ähnliche Ordnung der Dinge schon viel früher zu erreichen. Dennoch hat der marcomanische Krieg die Suprematie Roms in diesen Landschaften für die Folgezeit sichergestellt, trotzdem Rom den Siegespreis aus der Hand gab. Nicht von den Stämmen, welche dabei beteiligt waren, ist der Stoß geführt worden, dem die römische Weltmacht erlag.

Eine andere bleibende Folge dieses Krieges hängt zusammen mit den durch denselben veranlaßten Überführungen der Transdanuvianer in das römische Reich. An sich waren derartige Umsiedelungen zu aller Zeit vorgekommen; die unter Augustus nach Gallien verpflanzten Sugambrer, die nach Thrakien gesandten Daker waren nichts als neue zu den früher vorhandenen hinzutretende Untertanen oder Untertanengemeinden, und etwas anderes sind wohl auch die 3000 Naristen nicht gewesen, denen Marcus gestattete ihre Sitze westlich von Böhmen mit solchen im Reich zu vertauschen, während den sonst unbekannten Astingern an der dakischen Nordgrenze die gleiche Bitte abgeschlagen ward. Aber die nicht bloß im Donauland, sondern in Italien selbst bei Ravenna von ihm angesiedelten Germanen waren weder freie Untertanen noch eigentlich unfreie Leute; es sind dies die Anfänge der römischen Leibeigenschaft, des Kolonats, dessen Eingreifen in die Bodenwirtschaft des gesamten Staats in anderem

Zusammenhang darzulegen ist. Jene ravennatische Ansiedlung hat indes keinen Bestand gehabt; die Leute lehnten sich auf und mußten wieder weggeschafft werden, so daß der neue Kolonat zunächst auf die Provinzen, namentlich die Donaulandschaften, beschränkt blieb.

Wiederum folgte auf den großen Krieg an der mittleren Donau eine fast sechzigjährige Friedenszeit, deren Segen durch das während derselben stetig steigende innere Mißregiment nicht vollständig aufgehoben werden konnte. Wohl zeigt manche vereinzelte Nachricht, daß die Grenze, namentlich die am meisten exponierte dacische, nicht ohne Anfechtung blieb; aber vor allem das straffe Militärregiment des Severus tat hier seine Schuldigkeit und wenigstens Marcomanen und Quaden erscheinen auch unter dessen nächsten Nachfolgern in unbedingter Abhängigkeit, so daß der Sohn des Severus einen Quadenfürsten vor sich zitieren und ihm den Kopf vor die Füße legen konnte. Auch die in dieser Epoche an der unteren Donau gelieferten Kämpfe sind von untergeordnetem Belang. Aber wahrscheinlich hat in dieser Zeit eine umfassende Völkerverschiebung von Nordosten her gegen das Schwarze Meer stattgefunden und die römische Grenzwacht an der unteren Donau neuen und gefährlicheren Gegnern gegenübergestellt. Bis auf diese Zeit hatten den Römern dort vorzugsweise sarmatische Völkerschaften gegenübergestanden, unter denen sich die Roxolaner mit den Römern am nächsten berührten; von Germanen saßen damals hier nur die seit langem in dieser Gegend heimischen Bastarner. Jetzt verschwinden die Roxolaner, vielleicht unter den dem Anschein nach ihnen stammverwandten Karpern, welche fortan an der unteren Donau, etwa in den Tälern des Seret und Prut, die nächsten Nachbaren der Römer sind. Neben die Karper, ebenfalls als unmittelbare Nachbarn der Römer an der Donaumündung, tritt das Volk der Gothen. Dieser germanische Stamm ist nach der einheimischen Erzählung, die uns erhalten ist, von Skandinavien über die Ostsee nach der Weichselgegend und aus dieser zum Schwarzen Meer gewandert; damit übereinstimmend kennen die römischen Geographen des 2. Jahrhunderts sie an der Weichsel und die römische Geschichte seit dem ersten Drittel des dritten an der nordwestlichen Küste des Schwarzen Meeres. Von da an erscheinen sie hier in stetigem Anschwellen; die Reste der Bastarner sind unter Kaiser Probus, die Reste der Karper unter Kaiser Diocletian vor ihnen auf das rechte Donauufer gewichen, während ohne Zweifel ein großer Teil dieser wie jener sich unter die Gothen mischten und ihnen sich anschlossen. Überall darf diese Katastrophe nur in dem Sinne als die des Gothenkrieges bezeichnet werden, wie die unter Marcus eingetretene von den Marcomanen heißt; die ganze Masse der durch den Wanderstrom vom Nordosten zum Schwarzen Meer in Bewegung gesetzten Völkerschaften ist daran beteiligt, und um so mehr beteiligt, als diese Angriffe ebenso zu Lande über die untere Donau wie zu Wasser von der Nordküste des Schwarzen Meeres aus in einer unentwirrbaren Verschlingung der Land- und der Seepiraterie erfolgten. Nicht unpassend nennt darum der gelehrte Athener, der in ihm gefochten und ihn erzählt hat, diesen Krieg vielmehr den skythischen, indem er unter diesem, gleich dem pelasgischen die Verzweiflung der Historiker machenden Namen alle germanischen und nichtgermanischen Reichsfeinde zusammenfaßt. Was über diese Züge zu berichten ist, soll, soweit die der Verwirrung dieser schrecklichen Zeiten nur zu sehr entsprechende Verwirrung der Überlieferung es gestattet, hier zusammengefaßt werden.

Das Jahr 238, auch ein Vierkaiserjahr des Bürgerkriegs, wird bezeichnet als dasjenige, in dem der Krieg gegen die hier zuerst genannten Gothen begann. Da die Münzen von Tyra und Olbia mit Alexander († 235) aufhören, so sind diese außerhalb der Reichsgrenze gelegenen römischen Besitzungen wohl schon einige Jahre früher eine Beute der neuen Feinde geworden. In jenem Jahr überschritten sie zuerst die Donau und die nördlichste der moesischen Küstenstädte Istros war das erste Opfer. Gordian, der aus den Wirren dieser Zeit als Herrscher hervorging, wird als Besieger der Gothen bezeichnet; gewisser ist es, daß die römische Regierung wenn nicht schon früher, so doch unter ihm sich dazu verstand die gothischen Einfälle abzukaufen. Begreiflicherweise forderten die Karper das gleiche, was der Kaiser den schlechteren Gothen bewilligt habe; als die Forderung nicht gewährt ward, fielen sie im J. 245 in das römische Gebiet ein. Kaiser Philippus — Gordianus war damals schon tot — schlug sie zurück und eine energische Aktion mit der vereinigten Kraft des großen Reiches würde den Barbaren wohl hier Halt geboten haben. Aber in diesen Jahren fand der Kaisermörder so sicher den Thron wie wiederum seinen Mörder und Nachfolger; eben in den gefährdeten Donaulandschaften rief die Armee gegen Kaiser Philippus erst den Marinus Pacatianus und nach dessen Beseitigung den Traianus Decius aus, welcher letztere in der Tat in Italien seinen Gegner überwand und als Herrscher anerkannt ward. Er war ein tüchtiger und tapferer Mann, nicht unwert der beiden Namen, die er trug, und trat, so wie er konnte, entschlossen in die Kämpfe an der Donau ein; aber was der inzwischen geführte Bürgerkrieg verdorben hatte, ließ sich nicht mehr einbringen. Während die Römer miteinander schlugen, hatten die Gothen und die Karper sich geeinigt und waren unter dem Gothenfürsten Cniva in das von Truppen entblößte Moesien eingefallen. Der Statthalter der Provinz Trebonianus Gallus warf sich mit seiner Mannschaft nach Nikopolis am Haemus und wurde hier von den Goten belagert; diese raubten zugleich Thrakien aus und belagerten dessen Hauptstadt, das große und feste Philippopolis; ja sie gelangten bis nach Makedonien und berannten Thessalonike, wo der Statthalter Priscus eben diesen Moment geeignet fand, um sich zum Kaiser ausrufen zu lassen. Als Decius anlangte, um zugleich den Nebenbuhler und den Landesfeind zu bekämpfen, wurde wohl jener ohne Mühe beseitigt und gelang auch der Entsatz von Nikopolis, wo 30000 Gothen gefallen sein sollen. Aber die nach Thrakien zurückweichenden Gothen siegten ihrerseits bei Beroë (Alt-Zagora), warfen die Römer nach Moesien zurück und bezwangen sowohl Nikopolis daselbst wie in Thrakien Anchialos und sogar Philippopolis, wo 100000 Menschen in ihre Gewalt gekommen sein sollen. Darauf zogen sie nordwärts, um die ungeheure Beute in Sicherheit zu bringen. Decius entwarf den Plan, dem Feind bei dem Übergang über die Donau einen Schlag zu versetzen. Er stellte eine Abteilung unter Gallus am Ufer auf und hoffte die Gothen auf diese werfen und ihnen den Rückzug abschneiden zu können. Aber bei dem moesischen Grenzort Abrittus entschied das Kriegsglück oder auch der Verrat des Gallus gegen ihn; Decius kam mit seinem Sohn um und Gallus, der als sein Nachfolger ausgerufen ward, begann sein Regiment damit, den Gothen die jährlichen Geldzahlungen abermals zuzusichern (251). Diese völlige Niederlage der römischen Waffen wie der römischen Politik, der Fall des Kaisers, des ersten, der im Kampf gegen die Barbaren das Leben verlor, eine Kunde, welche selbst in dieser in der Gewohnheit des Unheils erschlaffenden Zeit tief die Gemüter erregte, die darauffolgende schimpfliche Kapitulation stellte in der Tat die Integrität des Reiches in Frage. Ernste Krisen an der mittleren Donau, wahrscheinlich der drohende Verlust Daciens müssen die nächste Folge gewesen sein. Noch einmal ward dieser abgewandt: der Statthalter von Pannonien Marcus Aemilius Aemilianus, ein guter Soldat, errang einen bedeutenden Waffenerfolg und trieb die Feinde über die Grenze. Aber die Nemesis waltete. Die Konsequenz dieses auf Gallus' Namen erfochtenen Sieges war, daß die Armee dem Verräter des Decius den Gehorsam aufkündigte und ihren Feldherrn zu seinem Nachfolger erkor. Abermals ging also der Bürgerkrieg der Grenz-

verteidigung vor, und während Aemilianus in Italien zwar den
Gallus überwand, aber bald darauf dem Feldherrn desselben
Valerianus unterlag (254), ging Dacien, wie und an wen wissen
wir nicht, dem Reiche verloren. Die letzte von dieser Provinz
geschlagene Münze und die jüngste dort gefundene Inschrift sind
vom J. 255, die letzte Münze des benachbarten Viminacium in
Obermoesien vom folgenden Jahre; in den ersten Jahren Valerians und Gallienus' also besetzten die Barbaren das römische Gebiet am linken Ufer der Donau und drangen sicher auch hinüber
auf das rechte.

Bevor wir die Entwickelung der Dinge an der unteren Donau
weiterverfolgen, erscheint es notwendig einen Blick zu werfen auf
die Piraterie, wie sie in der östlichen Hälfte des Mittelmeeres
damals im Gange war, und die daraus hervorgegangenen Seezüge
der Gothen und ihrer Genossen.

Daß auf dem Schwarzen Meer die römische Flotte zu keiner
Zeit entbehrlich, die Piraterie daselbst wahrscheinlich nie aus-
gerottet worden ist, liegt im Wesen der Römerherrschaft, wie
sie an seinen Küsten sich gestaltet hatte. In festem Besitz waren
sie nur etwa von der Donaumündung abwärts bis Trapezunt.
Römisch waren freilich auch einerseits Tyra an der Mündung des
Dnjestr und Olbia an der Bucht der Dnjeprmündung, andererseits die kaukasischen Hafenorte in der Gegend des heutigen
Suchum-Kaleh, Dioskurias und Pityus. Auch das dazwischen-
liegende bosporanische Königreich in der Krim stand in römischem Schutz und hatte römische, dem Statthalter von Moesien
unterstehende Besatzung. Aber es waren an diesen größtenteils
wenig einladenden Gestaden nur jene Hafenplätze entweder als
alte griechische Ansiedelungen oder als römische Festungen in
festem Besitz, die Küste selbst öde oder in den Händen der das
Binnenland erfüllenden Eingeborenen, die unter dem allgemeinen
Namen der Skythen zusammengefaßt, meistens sarmatischer Abkunft, den Römern niemals botmäßig wurden noch werden sollten; man war zufrieden, wenn sie sich nicht geradezu an den
Römern oder deren Schutzbefohlenen vergriffen. Danach ist es
nicht zu verwundern, daß schon in Tiberius' Zeit die Piraten der
Ostküste nicht bloß das Schwarze Meer unsicher machten, sondern auch landeten und die Dörfer und die Städte der Küste
brandschatzten. Wenn unter Pius oder Marcus eine Schar der
an dem nordwestlichen Ufer hausenden Kostoboker die im Herzen von Phokis gelegene Binnenstadt Elateia überfiel und unter
deren Mauern mit den Bürgern sich herumschlug, so zeigt dieser
gewiß nur zufällig für uns einzeln dastehende Vorgang, daß die-

selben Erscheinungen, welche dem Sturz des Senatsregiments
voraufgingen, jetzt sich erneuerten und noch bei äußerlich uner-
schüttert aufrechtstehender Reichsgewalt nicht bloß einzelne Pi-
ratenschiffe, sondern Piratengeschwader im Schwarzen und selbst
im Mittelmeere kreuzten. Das nach dem Tode des Severus und
vor allem nach dem Ausgang der letzten Dynastie deutlich erkennbare Sinken des Regiments offenbarte sich dann, wie billig,
vor allem in dem weiteren Verfall der Seepolizei. Die im einzelnen
wenig zuverlässigen Berichte melden bereits in der Zeit vor Decius das Erscheinen einer großen Piratenflotte im Ägäischen Meer;
dann unter Decius die Plünderung der pamphylischen Küste und
der griechisch-asiatischen Inseln, unter Gallus Piratenstreifereien
in Kleinasien bis nach Pessinus und Ephesos. Dies waren Räuber-
züge. Diese Gesellen plünderten die Küsten weit und breit, und
machten auch, wie man sieht, dreiste Züge in das Binnenland;
aber von zerstörten Städten wird nichts gemeldet und die Piraten vermieden es, mit den römischen Truppen zusammen-
zustoßen; vorzugsweise richtete sich der Angriff gegen solche
Landschaften, in denen keine Truppen standen.

Unter Valerianus nehmen diese Expeditionen einen andern Charakter an. Die Art der Züge weicht von den früheren so sehr ab,
daß der an sich nicht besonders wichtige Zug der Boraner gegen
Pityus unter Valerianus von kundigen Berichterstattern geradezu
als der Anfang dieser Bewegung bezeichnet werden konnte und
daß die Piraten eine Zeitlang in Kleinasien mit dem Namen dieser
uns sonst nicht bekannten Völkerschaft genannt wurden. Nicht
mehr von den alten einheimischen Anwohnern des Schwarzen
Meeres gehen diese Züge aus, sondern von den nachdrängenden
Schwärmen. Was bis dahin Seeraub gewesen war, fängt an ein
Stück derjenigen Völkerverschiebung zu werden, welcher das
Vordringen der Gothen an die untere Donau angehört. Die beteiligten Völker sind sehr mannigfach und zum Teil wenig bekannt; bei den späteren Zügen scheinen die germanischen Heruler, damals Anwohner der Maeotis, eine führende Rolle gespielt zu haben. Beteiligt sind auch die Gothen, indes, soweit es
sich um eigentliche Seefahrten handelt und über diese leidlich
genaue Berichte vorliegen, nicht in hervorragender Weise; recht
eigentlich heißen diese Züge richtiger skythische als gothische.
Der maritime Mittelpunkt dieser Angriffe ist die Dnjestrmündung,
der Hafen von Tyra. Die griechischen Städte des Bosporus, durch
den Bankerott der Reichsgewalt schutzlos den andrängenden Haufen preisgegeben und der Belagerung durch dieselben gewärtig,
ließen halb gezwungen, halb freiwillig sich dazu herbei die unbe-

quemen neuen Nachbarn auf ihren Schiffen und durch ihre Seeleute nach den nächstgelegenen römischen Besitzungen an der
Nordküste des Pontus überzuführen, wofür diesen selbst die nötigen Mittel und das nötige Geschick mangelte. So kam jene Expedition gegen Pityus zustande. Die Boraner wurden gelandet
und sandten, auf den Erfolg vertrauend, die Schiffe zurück. Aber
der entschlossene Befehlshaber von Pityus Successianus wies den
Angriff ab und die Angreifer, den Anmarsch der übrigen römischen Besatzungen befürchtend, zogen eilig ab, wozu sie mühsam
die nötigen Fahrzeuge beschafften. Aufgegeben aber war der Plan
nicht; im nächsten Jahr kamen sie wieder, und da der Kommandant inzwischen gewechselt war, ergab sich die Festung. Die
Boraner, welche diesmal die bosporanischen Schiffe festgehalten
hatten und aus gepreßten Schiffsleuten und gefangenen Römern
deren Bemannung beschafften, bemächtigten sich weithin der
Küste und gelangten bis nach Trapezunt. In diese gut befestigte
und stark besetzte Stadt hatte alles sich geflüchtet und zu einer
wirklichen Belagerung waren die Barbaren nicht imstande. Aber
die Führung der Römer war schlecht und die Kriegszucht so verfallen, daß nicht einmal die Mauer besetzt wurde; so erstiegen
die Barbaren dieselbe bei Nachtzeit, ohne auch nur Gegenwehr
zu finden, und in der großen und reichen Stadt fiel ungeheure
Beute, darunter auch eine Anzahl von Schiffen in ihre Hände.
Glücklich kehrten sie aus dem fernen Lande zurück an die Maeotis.

Ein zweiter durch diesen Erfolg angeregter Zug anderer, aber
benachbarter skythischer Haufen im folgenden Winter richtete
sich gegen Bithynien; es ist bezeichnend für die zerrütteten Verhältnisse, daß der Anstifter dieses Zuges ein Grieche aus Nikomedeia Chrysogonos war und daß er für den glücklichen Erfolg
von den Barbaren hochgeehrt ward. Diese Expedition wurde, da
die nötige Zahl von Schiffen nicht zu beschaffen war, teils zu
Lande, teils zu Wasser unternommen; erst in der Nähe von Byzanz gelang es den Piraten sich einer beträchtlichen Zahl von
Fischerbooten zu bemächtigen und so gelangten sie an die asiatische Küste nach Kalchedon, dessen starke Besatzung auf diese
Kunde davonlief. Nicht bloß diese Stadt geriet in ihre Hand,
sondern auch an der Küste Nikomedeia, Kios, Apamea, im Binnenland Nikaea und Prusa. Nikomedeia und Nikaea brannten sie
nieder und gelangten bis zum Rhyndakos. Von da aus fuhren sie
heim, beladen mit den Schätzen des reichen Landes und seiner
ansehnlichen Städte.

Schon der Zug gegen Bithynien war zum Teil auf dem Landweg unternommen worden; um so mehr setzten die Angriffe, die

gegen das europäische Griechenland gerichtet wurden, sich aus
Land- und Seeraubfahrten zusammen. Wenn Moesien und Thrakien auch nicht dauernd von den Gothen besetzt wurden, so kamen
und gingen sie doch hier, gleich als wären sie zu Hause, und
streiften von da aus weit nach Makedonien hinein. Selbst Achaia
erwartete unter Valerianus von dieser Seite her den Einbruch;
die Thermopylen und der Isthmos wurden verrammelt und die
Athener gingen daran ihre seit Sullas Belagerung in Trümmern
liegenden Mauern wiederherzustellen. Damals und auf diesem
Wege kamen die Barbaren nicht. Aber unter Gallienus erschien
eine Flotte von 500 Segeln, diesmal vornehmlich Heruler, vor dem
Hafen von Byzanz, das indes seine Wehrhaftigkeit noch nicht
eingebüßt hatte; die Schiffe der Byzantier schlugen glücklich die
Räuber ab. Diese fuhren weiter, zeigten sich an der asiatischen
Küste vor dem früher nicht angegriffenen Kyzikos und gelangten
von da über Lemnos und Imbros nach dem eigentlichen Griechenland. Athen, Korinth, Argos, Sparta wurden geplündert und zerstört. Es war immer etwas, daß, wie in den Zeiten der Perser-
kriege, die Bürger des zerstörten Athen, 2000 an der Zahl, den
abziehenden Barbaren einen Hinterhalt legten und unter Führung
ihres ebenso gelehrten wie tapferen Vormanns Publius Herennius
Dexippus aus dem altadligen Geschlecht der Keryken, mit Unterstützung der römischen Flotte, den Piraten einen namhaften Verlust beibrachten. Auf der Heimkehr, die zum Teil auf dem Landweg erfolgte, griff Kaiser Gallienus sie in Thrakien am Fluß
Nestos an und tötete ihnen eine beträchtliche Anzahl Leute.

Um das Maß des Unheils vollständig zu übersehen, muß man
hinzunehmen, daß in diesem in Scherben gehenden Reiche und
vor allem in den vom Feind überschwemmten Provinzen ein
Offizier nach dem andern nach der Krone griff, die es kaum noch
gab. Es lohnt der Mühe nicht, die Namen dieser ephemeren Pur-
purträger zu verzeichnen; die Lage zeichnet, daß nach der Verwüstung Bithyniens durch die Piraten Kaiser Valerian es unterließ einen außerordentlichen Kommandanten dorthin zu schicken,
weil ihm jeder General, nicht ohne Grund, als Rival galt. Dies
hat mitgewirkt bei dem fast durchaus passiven Verhalten der
Regierung gegenüber dieser schweren Not. Doch ist andererseits
unzweifelhaft ein guter Teil dieser unverantwortlichen Passivität
auf die Persönlichkeit der Herrscher zurückzuführen; Valerianus
war schwach und bejahrt, Gallienus fahrig und wüst, und der
Lenkung des Staatsschiffs im Sturme weder jener noch dieser
gewachsen. Marcianus, dem Gallienus nach dem Einfall in Achaia
das Kommando in diesen Gegenden übertragen hatte, operierte

nicht ohne Erfolg; aber zu einer wirklichen Wendung zum Besseren kam es nicht, solange Gallienus den Thron einnahm.

Nach Gallienus' Ermordung (268), vielleicht auf die Kunde von dieser, unternahmen die Barbaren, wieder unter Führung der Heruler, aber diesmal mit vereinigten Kräften, einen Ansturm gegen die Reichsgrenzen, wie er also noch nicht dagewesen war, mit einer mächtigen Flotte und wahrscheinlich gleichzeitig zu Lande von der Donau aus. Die Flotte hatte in der Propontis viel von Stürmen zu leiden; dann teilte sie sich und es gingen die Gothen teils gegen Thessalien und Griechenland vor, teils gegen Kreta und Rhodos; die Hauptmasse begab sich nach Makedonien und drang von da in das Binnenland ein, ohne Zweifel in Verbindung mit den in Thrakien eingerückten Haufen. Aber den oft belagerten, jetzt bis aufs äußerste gebrachten Thessalonikern brachte Kaiser Claudius, der persönlich mit starker Macht heranrückte, endlich Entsatz; er trieb die Gothen vor sich her das Tal des Axios (Vardar) hinauf und weiter über die Berge hinüber, nach Obermoesien; nach mancherlei Kämpfen mit wechselndem Kriegsglück erfocht er hier im Moravethal bei Naissus einen glänzenden Sieg, in welchem 50000 Feinde gefallen sein sollen. Die Gothen wichen in Auflösung zurück, in der Richtung erst auf Makedonien, dann durch Thrakien zum Haemus, um die Donau zwischen sich und den Feind zu bringen. Fast hätte ihnen ein Zwist im römischen Lager, diesmal zwischen Infanterie und Reiterei, noch einmal Luft gemacht; aber als es zum Schlagen kam, ertrugen die Reiter es doch nicht ihre Kameraden im Stich zu lassen und so siegte die vereinigte Armee abermals. Eine schwere Seuche, welche in all den Jahren der Not, aber besonders damals in diesen Gegenden und vor allem in den Heeren wütete, tat zwar auch den Römern großen Schaden — Kaiser Claudius selbst erlag ihr —, aber das große Heer der Nordländer wurde völlig aufgerieben und die zahlreichen Gefangenen in die römischen Heere eingereiht oder zu Leibeigenen gemacht. Auch die Hydra der Militärrevolutionen wurde einigermaßen gebändigt; Claudius und nach ihm Aurelianus waren in anderer Weise Herren im Reich, als dies von Gallienus gesagt werden kann. Die Erneuerung der Flotte, wozu unter Gallienus ein Anfang gemacht worden war, wird nicht gefehlt haben. Das traianische Dacien war und blieb verloren; Aurelianus zog die dort sich noch haltenden Posten heraus und gab den vertriebenen oder zur Auswanderung geneigten Besitzern neue Wohnstätten auf dem moesischen Ufer. Aber Thrakien und Moesien, die eine Zeitlang mehr den Gothen als den Römern gehört hatten, kehrten unter römische Herrschaft zurück und wenigstens die Donaugrenze ward wieder befestigt.

Man wird diesen Gothen- und Skythenzügen zu Lande und zur See, welche die zwanzig Jahre 250—269 ausfüllen, nicht die Bedeutung beilegen dürfen, daß die ausschwärmenden Haufen darauf bedacht gewesen wären die Landschaften, die sie betraten, in bleibenden Besitz zu nehmen. Ein solcher Plan ist nicht einmal für Moesien und Thrakien nachweisbar, geschweige denn für die entfernteren Küsten; schwerlich waren auch die Angreifer zahlreich genug, um eigentliche Invasionen zu unternehmen. Wie das schlechte Regiment der letzten Herrscher und vor allem die Unzuverlässigkeit der Truppen viel mehr als die Übermacht der Barbaren die Überflutung des Gebietes durch Land- und Seeräuber hervorriefen, so zog die Wiederherstellung der inneren Ordnung und das energische Auftreten der Regierung von selbst die Befreiung desselben nach sich. Noch konnte der römische Staat nicht gebrochen werden, wenn er nicht sich selber brach. Immer aber war es ein großes Werk das Regiment so wieder zusammenzunehmen, wie Claudius es getan hat. Wir wissen noch etwas weniger von ihm, als von den meisten Regenten dieser Zeit, da die wahrscheinlich fiktive Zurückführung des constantinischen Stammbaumes auf ihn sein Bild nach der platten Vollkommenheitsschablone übermalt hat; aber diese Anknüpfung selbst, sowie die zahllosen nach seinem Tode ihm zu Ehren geschlagenen Münzen beweisen, daß er der nächsten Generation als der Retter des Staates galt, und sie wird darin nicht geirrt haben. Ein Vorspiel der späteren Völkerwanderung sind diese Skythenzüge allerdings; und die Städtezerstörung, welche sie vor den gewöhnlichen Piratenfahrten auszeichnet, hat damals in einem Umfang stattgefunden, daß der Wohlstand wie die Bildung Griechenlands und Kleinasiens sich niemals davon erholt haben.

An der wiederhergestellten Donaugrenze befestigte Aurelianus den erfochtenen Sieg, indem er die Defensive wiederum offensiv führte und die Donau an ihrer Mündung überschreitend jenseits derselben sowohl die Carper schlug, die seitdem zu den Römern im Schutzverhältnis standen, wie auch die Gothen unter ihrem König Canabaudes. Sein Nachfolger Probus nahm, wie schon angegeben ward, die Überreste der von den Gothen bedrängten Bastarner herüber auf das römische Ufer, ebenso im J. 295 Diocletian die Reste der Carper. Dies deutet darauf hin, daß jenseits des Flusses das Reich der Gothen sich konsolidierte; aber weiter kamen sie auch nicht. Die Grenzbefestigungen wurden verstärkt; Gegen-Aquincum (*contra Aquincum*, Pest) ist im J. 294 angelegt

worden. Die Piratenfahrten verschwanden nicht völlig. Unter Tacitus zeigten sich Schwärme von der Maeotis in Kilikien. Die
Franken, die Probus am Schwarzen Meer angesiedelt hatte, ver-
schafften sich Fahrzeuge und fuhren heim nach ihrer Nordsee,
nachdem sie unterwegs an der sizilischen und der afrikanischen
Küste geplündert hatten. Auch zu Lande ruhten die Waffen nicht,
wie denn die zahlreichen Sarmatensiege Diocletians alle und ein
Teil seiner germanischen auf die Donaugegenden fallen werden;
aber erst unter Constantin kam es wieder zu einem ernsthaften
Kriege mit den Gothen, der glücklich verlief. Das Übergewicht
Roms stand seit Claudius' gothischem Siege wieder so fest wie
vorher.

KAPITEL VIII

DAS GRIECHISCHE EUROPA

Mit der allgemeinen geistigen Entwickelung der Hellenen hatte
die politische ihrer Republiken sich nicht im Gleichgewicht gehalten oder vielmehr die Überschwenglichkeit jener hatte, wie die
allzu volle Blüte den Kelch sprengt, keinem einzelnen Gemeinwesen verstattet diejenige Ausdehnung und Stetigkeit zu gewinnen, welche für die staatliche Ausgestaltung vorbedingend ist.
Die Kleinstaaterei der einzelnen Städte oder Städtebünde mußte
in sich verkümmern oder den Barbaren verfallen; nur der Panhellenismus verbürgte wie den Fortbestand der Nation so ihre
Weiterentwickelung gegenüber den stammfremden Umwohnern.
Er ward verwirklicht durch den Vertrag, den König Philipp von
Makedonien der Vater Alexanders in Korinth mit den Staaten
von Hellas abschloß. Es war dies dem Namen nach ein Bundes-
vertrag, in der Tat die Unterwerfung der Republiken unter die
Monarchie, aber eine Unterwerfung, welche nur dem Ausland
gegenüber sich vollzog, indem die unumschränkte Feldherrnschaft
gegen den Nationalfeind von fast allen Städten des griechischen
Festlandes dem makedonischen Feldherrn übertragen, sonst ihnen
die Freiheit und die Autonomie gelassen ward, und es war, wie
die Verhältnisse lagen, dies die einzig mögliche Realisierung des
Panhellenismus und die im wesentlichen für die Zukunft Griechenlands maßgebende Form. Philipp und Alexander gegenüber hat
sie Bestand gehabt, wenn auch die hellenischen Idealisten wie
immer das realisierte Ideal als solches anzuerkennen sich sträub-
ten. Als dann Alexanders Reich zerfiel, war es wie mit dem Panhellenismus selbst, so auch mit der Einigung der griechischen
Städte unter der monarchischen Vormacht vorbei und rieben

diese in Jahrhunderten ziellosen Ringens ihre letzte geistige und materielle Macht auf, hin- und hergezogen zwischen der wechselnden Herrschaft der übermächtigen Monarchien und vergeblichen Versuchen unter dem Schutz des Haders derselben den alten Partikularismus zu restaurieren.

Als dann die mächtige Republik des Westens in den bisher einigermaßen gleichgewogenen Kampf der Monarchien des Ostens eintrat und bald sich mächtiger als jeder der dort miteinander ringenden griechischen Staaten erwies, erneuerte sich mit der festen Vormachtstellung auch die panhellenische Politik. Hellenen im vollen Sinn des Wortes waren weder die Makedonier noch die Römer; es ist nun einmal der tragische Zug der griechischen Entwickelung, daß das attische Seereich mehr eine Hoffnung als eine Wirklichkeit war und das Einigungswerk nicht aus dem eigenen Schoß der Nation hat hervorgehen dürfen. Wenn in nationaler Hinsicht die Makedonier den Griechen näher standen als die Römer, so war das Gemeinswesen Roms den hellenischen politisch bei weitem mehr wahlverwandt als das makedonische Erbkönigtum. Was aber die Hauptsache ist, die Anziehungskraft des griechischen Wesens ward von den römischen Bürgern wahrscheinlich nachhaltiger und tiefer empfunden als von den Staatsmännern Makedoniens, eben weil jene ihm ferner standen als diese. Das Begehren sich wenigstens innerlich zu hellenisieren, der Sitte und der Bildung, der Kunst und der Wissenschaft von Hellas teilhaftig zu werden, auf den Spuren des großen Makedoniers Schild und Schwert der Griechen des Ostens sein und diesen Osten nicht italisch, sondern hellenisch weiterzivilisieren zu dürfen, dieses Verlangen durchdringt die späteren Jahrhunderte der römischen Republik und die bessere Kaiserzeit mit einer Macht und einer Idealität, welche fast nicht minder tragisch ist als jenes nicht zum Ziel gelangende politische Mühen der Hellenen. Denn auf beiden Seiten wird Unmögliches erstrebt: dem hellenischen Panhellenismus ist die Dauer versagt und dem römischen Hellenismus der Vollgehalt. Indes hat er darum nicht weniger die Politik der römischen Republik wie die der Kaiser wesentlich bestimmt. Wie sehr auch die Griechen, namentlich im letzten Jahrhundert der Republik, den Römern es bewiesen, daß ihre Liebesmühe eine verlorene war, es hat dies weder an der Mühe noch an der Liebe etwas geändert.

Die Griechen Europas waren von der römischen Republik zu einer einzigen nach dem Hauptlande Makedonien benannten Statthalterschaft zusammengefaßt worden. Wenn diese mit dem Beginn der Kaiserzeit administrativ aufgelöst ward, so wurde da-

mals gleichzeitig dem gesamten griechischen Namen eine religiöse
Gemeinschaft verliehen, die sich anschloß an die alte des Gottes-
friedens wegen eingeführte und dann zu politischen Zwecken miß-
brauchte delphische Amphiktionie. Unter der römischen Republik
war dieselbe im wesentlichen auf die ursprünglichen Grundlagen
zurückgeführt worden: Makedonien sowohl wie Aetolien, die sich
beide usurpatorisch eingedrängt hatten, wurden wieder ausge-
schieden und die Amphiktionie umfaßte abermals nicht alle, aber
die meisten Völkerschaften Thessaliens und des eigentlichen Griechenlands. Augustus veranlaßte die Erstreckung des Bundes auf
Epirus und Makedonien und machte ihn dadurch im wesentlichen
zum Vertreter des hellenischen Landes in dem weiteren dieser
Epoche allein angemessenen Sinne. Eine bevorzugte Stellung
nahmen in diesem Verein neben dem altheiligen Delphi die beiden
Städte Athen und Nikopolis ein, jene die Kapitale des alten, diese
nach Augustus' Absicht die des neuen kaiserlichen Hellenentums.
Diese neue Amphiktionie hat eine gewisse Ähnlichkeit mit der
Landesversammlung der drei Gallien; in ähnlicher Weise wie für
diese der Kaiseraltar bei Lyon war der Tempel des pythischen
Apollon der religiöse Mittelpunkt der griechischen Provinzen. Indes während jenem daneben eine geradezu politische Wirksamkeit zugestanden hat, so besorgten die Amphiktionen dieser Epoche
außer der eigentlich religiösen Feier lediglich die Verwaltung des
delphischen Heiligtums und seiner immer noch beträchtlichen
Einkünfte*. Wenn ihr Vorsteher sich in späterer Zeit die ‚Hellad-
archie' zuschreibt, so ist diese Herrschaft über Griechenland lediglich ein idealer Begriff. Immer aber bleibt die offizielle Kon-
servierung der griechischen Nationalität ein Kennzeichen der Haltung, welche das neue Kaisertum gegen dieselbe einnimmt, und
seines den republikanischen weit überbietenden Philhellenismus.

    Die ursprüngliche Absicht der Römer, die Gesamtheit der grie-
hischen Stadtgemeinden in ähnlicher Weise an das eigene Gemeinwesen anzuschließen, wie dies mit den italischen geschehen
war, hatte infolge des Widerstandes, auf den diese Einrichtungen
trafen, insbesondere infolge der Auflehnung des achaeischen Bundes im J. 608 und des Abfalls der meisten Griechenstädte zu
König Mithradates im J. 666 wesentliche Einschränkungen erfahren. Die Städtebünde, das Fundament aller Machtentwicklung

---

    * Die stehenden Zusammenkünfte in Delphi und an den Thermopylen wäh-
ten fort und natürlich auch die Ausrichtung der pythischen Spiele nebst der
Erteilung der Preise durch das Kollegium der Amphiktionen; dasselbe hat die
Verwaltung der ‚Zinsen und Einkünfte' des Tempels und legt aus denselben
zum Beispiel in Delphi eine Bibliothek an oder setzt daselbst Bildsäulen.

in Hellas wie in Italien, und von den Römern anfänglich akzeptiert, waren sämtlich, namentlich der wichtigste der Peloponnesier oder, wie er sich nannte, der Achaeer, aufgelöst und die einzelnen Städte angehalten worden ihr Gemeinwesen für sich zu ordnen. Es wurden ferner für die einzelnen Gemeindeverfassungen von der Vormacht gewisse allgemeine Normen aufgestellt und nach diesem Schema dieselben in antidemokratischer Tendenz reorganisiert. Nur innerhalb dieser Schranken blieb der einzelnen Gemeinde die Autonomie und die eigene Magistratur. Es blieben ihr auch die eigenen Gerichte; aber daneben stand der Grieche von Rechts wegen unter den Ruten und Beilen des Prätors und wenigstens konnte wegen eines jeden Vergehens, das als Auflehnung gegen die Vormacht sich betrachten ließ, von den römischen Beamten auf Geldbuße oder Ausweisung oder auch Lebensstrafe erkannt werden*. Die Gemeinden besteuerten sich selbst; aber sie hatten durchgängig eine bestimmte, im ganzen wie es scheint nicht hochgegriffene Summe nach Rom zu entrichten. Besatzungen wurden nicht so, wie einst in makedonischer Zeit, in die Städte gelegt, da die in Makedonien stehenden Truppen nötigenfalls in der Lage waren auch in Griechenland einzuschreiten. Aber schwerer als die Zerstörung Thebens auf dem Andenken Alexanders lastet auf der römischen Aristokratie die Schleifung Korinths. Die übrigen Maßregeln, wie gehässig und erbitternd sie auch teilweise waren, namentlich als von der Fremdherrschaft oktroyiert, mochten im ganzen genommen unvermeidlich sein und vielfach heilsam wirken; sie waren die unvermeidliche Palinodie der ursprünglichen zum Teil recht unpolitischen römischen Politik des Verzeihens und Verziehens gegenüber den Hellenen. Aber in der Behandlung Korinths hatte sich der kaufmännische Egoismus in unheimlicher Weise mächtiger erwiesen als alles Philhellenentum.

Bei allem dem war der Grundgedanke der römischen Politik die griechischen Städte dem italischen Städtebund anzugliedern nie vergessen worden; gleich wie Alexander niemals Griechenland hat beherrschen wollen wie Illyrien und Ägypten, so haben auch seine römischen Nachfolger das Untertanenverhältnis nie vollständig auf Griechenland angewandt und schon in republikanischer

---

* Nichts gibt von der Lage der Griechen des letzten Jahrhunderts der römischen Republik ein deutlicheres Bild als das Schreiben eines dieser Statthalter an die achäische Gemeinde Dyme. Weil diese Gemeinde sich Gesetze gegeben hat, welche der im allgemeinen den Griechen geschenkten Freiheit und der von den Römern den Achaeern gegebenen Ordnung zuwiderliefen, worüber es allerdings auch zu Aufläufen gekommen war, zeigt der Statthalter der Gemeinde an, daß er die beiden Rädelsführer habe hinrichten lassen und ein minder schuldiger Dritter nach Rom exiliert sei.

Zeit von dem strengen Recht des den Römern aufgezwungenen
Krieges wesentlich nachgelassen. Insbesondere geschah dies gegenüber Athen. Keine griechische Stadt hat vom Standpunkt der
römischen Politik aus so schwer gegen Rom gefehlt wie diese;
ihr Verhalten im mithradatischen Kriege hätte bei jedem andern
Gemeinwesen unvermeidlich die Schleifung herbeigeführt. Aber
vom philhellenischen Standpunkt aus freilich war Athen das Mei-
sterstück der Welt und es knüpften sich an dasselbe für die vornehme Welt des Auslandes ähnliche Neigungen und Erinnerungen
wie für unsere gebildeten Kreise an Pforta und an Bonn; dies
überwog damals wie früher. Athen hat nie unter den Beilen der
römischen Statthalter gestanden und niemals nach Rom gesteuert, hat immer mit Rom beschworenes Bündnis gehabt und
nur außerordentlicher- und wenigstens der Form nach freiwilliger-
weise den Römern Beihilfe gewährt. Die Kapitulation nach der
sullanischen Belagerung führte wohl eine Änderung der Gemeindeverfassung herbei, aber das Bündnis ward erneuert, ja sogar alle
auswärtigen Besitzungen zurückgegeben; selbst die Insel Delos,
welche, als Athen zu Mithradates übertrat, sich losgemacht und
als selbständiges Gemeinwesen konstituiert hatte und zur Strafe
für ihre Treue gegen Rom von der pontischen Flotte ausgeraubt
und zerstört worden war. — Mit ähnlicher Rücksicht, und wohl
auch zum guten Teil seines großen Namens wegen, ist Sparta
behandelt worden. Auch einige andere Städte der später zu nennenden befreiten Gemeinden hatten diese Stellung bereits unter
der Republik. Wohl kamen dergleichen Ausnahmen in jeder römischen Provinz vor; aber dem griechischen Gebiet ist dies von
Haus aus eigen, daß eben die beiden namhaftesten Städte desselben außerhalb des Untertanenverhältnisses standen und dieses
demnach nur die geringeren Gemeinwesen traf.

Auch für die untertänigen Griechenstädte traten schon unter
der Republik Milderungen ein. Die anfänglich untersagten Städtebünde lebten allmählich wieder auf, insbesondere die kleineren
und machtlosen, wie der boetische, sehr bald; mit der Gewöh-
nung an die Fremdherrschaft schwanden die oppositionellen Ten-
denzen, welche ihre Aufhebung herbeigeführt hatten, und ihre
enge Verknüpfung mit dem sorgfältig geschonten althergebrachten Kultus wird ihnen weiter zugute gekommen sein, wie denn
schon bemerkt worden ist, daß die römische Republik die Amphiktionie in ihren ursprünglichen nichtpolitischen Funktionen
wiederherstellte und schützte. Gegen das Ende der republikanischen Zeit scheint die Regierung den Boeotern sogar gestattet zu
haben mit den kleinen nördlich angrenzenden Landschaften und

der Insel Euboea eine Gesamtverbindung einzugehen. — Den
Schlußstein der republikanischen Epoche macht die Sühnung der
Schleifung Korinths durch den größten aller Römer und aller
Philhellenen, den Diktator Caesar, und die Erneuerung des Ster-
nes von Hellas in der Form einer selbständigen Gemeinde römischer Bürger, der neuen ‚julischen Ehre‘.
Diese Verhältnisse fand das eintretende Kaiserregiment in
Griechenland vor, und diese Wege ist es weitergegangen. Die von
dem unmittelbaren Eingreifen der Provinzialregierung und von
der Steuerzahlung an das Reich befreiten Gemeinden, denen die
Kolonien der römischen Bürger in vieler Hinsicht gleichstehen,
begreifen weitaus den größten und besten Teil der Provinz Achaia:
im Peloponnes Sparta, mit seinem zwar geschmälerten, aber doch
jetzt wieder die nördliche Hälfte Lakoniens umfassenden Gebiet,
immer noch das Gegenbild Athens sowohl in den versteinerten
altfränkischen Institutionen wie in der wenigstens äußerlich bewahrten Ordnung und Haltung; ferner die achtzehn Gemeinden
der freien Lakonen, die südliche Hälfte der lakonischen Landschaft, einst spartanische Untertanen, nach dem Kriege gegen
Nabis von den Römern als selbständiger Städtebund organisiert
und von Augustus gleich Sparta mit der Freiheit beliehen; endlich in der Landschaft der Achaeer außer Dyme, das schon von
Pompeius mit Piratenkolonisten belegt worden war und dann
durch Caesar neue römische Ansiedler empfangen hatte, vor allem
Patrae, aus einem herabgekommenen Flecken von Augustus, seiner
für den Handel günstigen Lage wegen, teils durch Zusammen-
ziehung der umliegenden kleinen Ortschaften, teils durch Ansiedelung zahlreicher italischer Veteranen zu der volkreichsten und
blühendsten Stadt der Halbinsel umgeschaffen und als römische
Bürgerkolonie konstituiert, unter die auch auf der gegenüberliegenden lokrischen Küste Naupaktos (italienisch Lepanto) gelegt ward. Auf dem Isthmos war Korinth, wie es einst das Opfer
der Gunst seiner Lage geworden war, so jetzt nach seiner Wiederherstellung, ähnlich wie Karthago, rasch emporgekommen und
die gewerb- und volkreichste Stadt Griechenlands, überdies der
regelmäßige Sitz der Regierung. Wie die Korinther die ersten
Griechen gewesen waren, welche die Römer als Landsleute anerkannt hatten durch Zulassung zu den isthmischen Spielen, so
leitete dieselbe Stadt jetzt, obgleich römische Bürgergemeinde,
dieses hohe griechische Nationalfest. Auf dem Festlande gehörten
zu den befreiten Distrikten nicht bloß Athen mit seinem ganz
Attika und zahlreiche Inseln des ägäischen Meeres umfassenden
Gebiet, sondern auch Tanagra und Thespiae, damals die beiden

ansehnlichsten Städte der boeotischen Landschaft, ferner Plataeae; in Phokis Delphi, Abae, Elateia, sowie die ansehnlichste der lokrischen Städte Amphissa. Was die Republik begonnen hatte, das vollendete Augustus in der eben dargelegten wenigstens in den Hauptzügen von ihm festgestellten und auch später im wesentlichen festgehaltenen Ordnung. Wenngleich die dem Prokonsul unterworfenen Gemeinden der Provinz der Zahl nach gewiß und vielleicht auch nach der Gesamtbevölkerung überwogen, so sind in echt philhellenischem Geiste die durch materielle Bedeutung oder durch große Erinnerungen ausgezeichneten Städte Griechenlands befreite.

Weiter, als in dieser Richtung Augustus gegangen war, ging der letzte Kaiser des claudischen Hauses, einer vom Schlage der verdorbenen Poeten und insofern allerdings ein geborener Philhellene. Zum Dank für die Anerkennung die seine künstlerischen Leistungen in dem Heimatlande der Musen gefunden hatten, sprach Nero, wie einst Titus Flaminius und wieder in Korinth bei den isthmischen Spielen, die sämtlichen Griechen des römischen Regiments ledig, frei von Tributen und gleich den Italikern keinem Statthalter untertan. Sofort entstanden in ganz Griechenland Bewegungen, welche Bürgerkriege gewesen sein würden, wenn diese Leute mehr hätten fertigbringen können als Schlägereien; und nach wenigen Monaten stellte Vespasian mit der trockenen Bemerkung, daß die Griechen verlernt hätten frei zu sein, die Provinzialverfassung wieder her*, soweit sie reichte.

*

Wenn die Kaiserherrschaft in dem ganzen weiten Reich die Verwüstungen eines zwanzigjährigen Bürgerkrieges vorfand und vielerorts die Folgen desselben niemals völlig verwunden wurden, so ist wohl kein Gebiet davon so schwer betroffen worden wie die griechische Halbinsel. Das Schicksal hatte es so gefügt, daß die drei großen Entscheidungsschlachten dieser Epoche, Pharsalos,

---

* Aber dankbar blieben die hellenischen Literaten ihrem Kollegen und Patron. In dem Apolloniusroman (5, 41) schlägt der große Weise aus Kappadokien Vespasian die Ehre seiner Begleitung ab, weil er die Hellenen zu Sklaven gemacht habe, wie sie eben im Begriff waren wieder ionisch und dorisch zu reden, und schreibt ihm verschiedene Billetts von ergötzlicher Grobheit. Ein Mann aus Soloi, der den Hals brach und dann wieder auflebte und bei dieser Gelegenheit alles sah, was Dante schaute, berichtete, daß er Neros Seele getroffen habe, in welche die Arbeiter des Weltgerichts Flammennägel getrieben hatten und beschäftigt waren sie in eine Natter umzugestalten; allein eine himmlische Stimme habe Einspruch getan und geboten, den Mann wegen seines irdischen Philhellenismus in eine minder abscheuliche Bestie zu verwandeln (Plutarch de sera num. vind. a. E.).

Philippi, Aktion auf ihrem Boden oder an ihrer Küste geschlagen wurden; und die militärischen Operationen, welche bei beiden
Parteien dieselben einleiteten, hatten ihre Opfer von Menschenleben und Menschenglück hier vor allem gefordert. Noch dem
Plutarch erzählte sein Ältervater, wie die Offiziere des Antonius
die Bürger von Chaeroneia gezwungen hätten, da sie Sklaven
und Lasttiere nicht mehr besaßen, ihr letztes Getreide auf den
eigenen Schultern nach dem nächsten Hafenort zu schleppen zur
Verschiffung für das Heer; und wie dann, als eben der zweite
Transport abgehen sollte, die Nachricht von der aktischen Schlacht
wie eine erlösende Freudenbotschaft eingetroffen sei. Das erste,
was nach diesem Siege Caesar tat, war die Verteilung der in seine
Gewalt geratenen feindlichen Getreidevorräte unter die hungernde
Bevölkerung Griechenlands. Dieses schwerste Maß des Leidens
traf auf vorzugsweise schwache Widerstandskraft. Schon mehr
als ein Jahrhundert vor der aktischen Schlacht hatte Polybios
ausgesprochen, daß über ganz Griechenland in seiner Zeit Un-
fruchtbarkeit der Ehen und Einschwinden der Bevölkerung gekommen sei, ohne daß Seuchen oder schwere Kriege das Land
betroffen hätten. Nun hatten diese Geißeln in furchtbarer Weise
sich eingestellt; und Griechenland blieb verödet für alle Folgezeit. Im ganzen Römerreich, meint Plutarch, sei infolge der verwüstenden Kriege die Bevölkerung zurückgegangen, am meisten
aber in Griechenland, das jetzt nicht imstande sei aus den besseren Kreisen der Bürgerschaften die 3000 Hopliten zu stellen,
mit denen einst die kleinste der griechischen Landschaften Megara bei Plataeae gestritten hatte*. Caesar und Augustus haben
versucht dieser auch für die Regierung erschreckenden Entvölkerung durch Entsendung italischer Kolonisten aufzuhelfen, und in
der Tat sind die beiden blühendsten Städte Griechenlands eben
diese Kolonien; die späteren Regierungen haben solche Ent-
sendungen nicht wiederholt. Zu der anmutigen euboischen Bauern-
idylle des Dion von Prusa bildet den Hintergrund eine entvölkerte
Stadt, in der zahlreiche Häuser leerstehen, die Herden am Rathaus und am Stadtarchiv weiden, zwei Drittel des Gebiets aus
Mangel an Händen unbestellt liegen; und wenn dies der Erzähler
als Selbsterlebtes berichtet, so schildert er damit sicher zutref-

---

* Ohne Zweifel will Plutarch mit diesen Worten (de defectu orac. 8) nicht
sagen, daß Griechenland überhaupt nicht 3000 Waffenfähige zu stellen ver-
möge, sondern daß, wenn Bürgerheere nach alter Art gebildet würden, man
nicht imstande sein würde 3000 ‚Hopliten‘ aufzustellen. In diesem Sinn mag
die Äußerung wohl soweit richtig sein, als dies bei dergleichen allgemeinen
Klagen überhaupt erwartet werden kann. Die Zahl der Gemeinden der Provinz
beläuft sich ungefähr auf hundert.

fend die Zustände zahlreicher kleiner griechischer Landstädte in der Zeit Traians. ‚Theben in Boeotien', sagt Strabon in der augustischen Zeit, ‚ist jetzt kaum noch ein stattliches Dorf zu nennen, und mit Ausnahme von Tanagra und Thespiae gilt dasselbe von sämtlichen boeotischen Städten'. Aber nicht bloß der Zahl nach schwanden die Menschen zusammen, auch der Schlag verkam. Schöne Frauen gibt es wohl noch, sagt einer der feinsten Beobachter um das Ende des 1. Jahrhunderts, aber schöne Männer sieht man nicht mehr; die olympischen Sieger der neueren Zeit erscheinen verglichen mit den älteren niedrig und gemein, zum Teil freilich durch die Schuld der Künstler, aber hauptsächlich weil sie eben sind wie sie sind. Die körperliche Ausbildung der Jugend ist in diesem gelobten Lande der Epheben und Athleten in einer Ausdehnung gefördert worden, als ob es der Zweck der Gemeindeverfassung sei die Knaben zu Turnern und die Männer zu Boxern zu erziehen; aber wenn keine Provinz so viele Ringkünstler besaß, so stellte auch keine so wenig Soldaten zur Reichsarmee. Selbst aus dem athenischen Jugendunterricht, der in älterer Zeit das Speerwerfen, das Bogenschießen, die Geschützbedienung, das Ausmarschieren und das Lagerschlagen einschloß, verschwindet jetzt dieses Soldatenspiel der Knaben. Die griechischen Städte des Reiches werden überhaupt bei der Aushebung so gut wie gar nicht berücksichtigt, sei es weil diese Rekruten physisch untauglich erscheinen, sei es weil dieses Element im Heere bedenklich erschien; es war ein kaiserlicher Launscherz, daß der karikierte Alexander, Severus Antoninus die römische Armee für den Kampf gegen die Perser durch einige Lochen Spartiaten verstärkte. Was für die innere Ordnung und Sicherheit überhaupt geschah, muß von den einzelnen Gemeinden ausgegangen sein, da römische Truppen in der Provinz nicht standen; Athen zum Beispiel unterhielt Besatzung auf der Insel Delos und wahrscheinlich lag eine Milizabteilung auch auf der Burg. In den Krisen des dritten Jahrhunderts haben der Landsturm von Elateia und derjenige von Athen die Kostoboker und die Gothen tapfer zurückgeschlagen und in würdigerer Weise, als die Enkel der Kämpfer von Thermopylae in Caracallas Perserkrieg, haben in dem gothischen die Enkel der Marathonsieger ihren Namen zum letztenmal in die Annalen der alten Geschichte eingezeichnet. Aber wenn auch dergleichen Vorgänge davon abhalten müssen die Griechen dieser Epoche schlechtweg zu dem verkommenen Gesindel zu werfen, so hat das Sinken der Bevölkerung an Zahl wie an Kraft auch in der besseren Kaiserzeit stetig angehalten, bis dann seit dem Ende des 2. Jahrhunderts die diese Landschaften ebenfalls

schwer heimsuchenden Seuchen, die namentlich die Ostküste tref-
fenden Einfälle der Land- und Seepiraten, endlich das Zusammenbrechen der Reichsgewalt in der gallienischen Zeit das chronische
Leiden zur akuten Katastrophe steigerten.

In ergreifender Weise tritt das Sinken von Hellas und treten
die Stimmungen, die dasselbe bei den Besten hervorrief, uns entgegen in der Ansprache, die einer von diesen, der Bithyner Dion
um die Zeit Vespasians an die Rhodier richtete. Diese galten nicht
mit Unrecht als die trefflichsten unter den Hellenen. In keiner
Stadt war besser für die niedere Bevölkerung gesorgt und trug
diese Fürsorge mehr den Stempel nicht des Almosens, sondern
des Arbeitgebens. Als nach dem großen Bürgerkriege Augustus
im Orient alle Privatschulden klaglos machte, wiesen allein die
Rhodier die bedenkliche Vergünstigung zurück. War auch die
große Epoche des rhodischen Handels vorüber, so gab es dort
immer noch zahlreiche blühende Geschäfte und vermögende Häuser. Aber viele Mißstände waren auch hier eingerissen, und deren
Abstellung fordert der Philosoph, nicht so sehr, wie er sagt, um
der Rhodier willen, als um der Hellenen insgemein. ‚Einst ruhte
die Ehre von Hellas auf vielen und viele mehrten seinen Ruhm,
ihr, die Athener, die Lakedaemonier, Theben, eine Zeitlang Korinth, ferner in Zeit Argos. Nun aber ist es mit den anderen
nichts; denn einige sind gänzlich heruntergekommen und zerstört,
andere führen sich wie ihr wißt und sind entehrt und ihres alten
Ruhmes Zerstörer. Ihr seid übrig; ihr allein seid noch etwas und
werdet nicht völlig verachtet; denn wie es jene treiben, wären
längst alle Hellenen tiefer gesunken als die Phryger und die
Thraker. Wie wenn ein großes und reiches Geschlecht auf zwei
Augen steht und was dieser letzte des Hauses sündigt, alle Vorfahren mit entehrt, so stehet ihr in Hellas. Glaubt nicht die ersten
der Hellenen zu sein; ihr seid die einzigen. Sieht man auf jene
erbärmlichen Schandbuben, so werden selbst die großen Geschicke
der Vergangenheit unbegreiflich; die Steine und die Städtetrüm-
mer zeigen deutlicher den Stolz und die Größe von Hellas als
diese nicht einmal mysischer Ahnen würdigen Nachfahren; und
besser als den von diesen bewohnten ist es den Städten ergangen,
welche in Trümmern liegen, denn deren Andenken bleibt in Ehren
und ihr wohlerworbener Ruhm unbefleckt — besser die Leiche
verbrennen als sie faulend liegenlassen.‘

Man wird diesem hohen Sinn eines Gelehrten, welcher die kleine
Gegenwart an der großen Vergangenheit maß und, wie dies nicht
ausbleiben kann, jene mit widerwilligen Augen, diese in der Verklärung des Dagewesenseins anschaute, nicht zu nahe treten mit

dem Hinweis darauf, daß die alte gute hellenische Sitte damals und nicht lange nachher denn doch nicht bloß in Rhodos zu finden, vielmehr in vieler Hinsicht noch allerorts lebendig war. Die innerliche Selbständigkeit, das wohl berechtigte Selbstgefühl der immer noch an der Spitze der Zivilisation stehenden Nation ist bei aller Schmiegsamkeit des Untertanen- und aller Demut des Parasitentums den Hellenen auch dieser Zeit nicht abhandengekommen. Die Römer entlehnen die Götter von den alten Hellenen und die Verwaltungsform von den Alexandrinern; sie suchen sich der griechischen Sprache zu bemächtigen und die eigene in Maß und Stil zu hellenisieren. Die Hellenen auch der Kaiserzeit tun nicht das gleiche; die nationalen Gottheiten Italiens, wie Silvanus und die Laren, werden in Griechenland nicht verehrt und keiner griechischen Stadtgemeinde ist es je in den Sinn gekommen die von ihrem Polybios als die beste gefeierte politische Ordnung bei sich einzuführen. Insofern die Kenntnis des Lateinischen für die höhere wie die niedere Ämterlaufbahn bedingend war, haben die Griechen, die diese betraten, sich dieselbe angeeignet; denn wenn es auch praktisch nur dem Kaiser Claudius einfiel den Griechen, die kein Lateinisch verstanden, das römische Bürgerrecht zu entziehen, so war allerdings die wirkliche Ausübung der mit diesem verknüpften Rechte und Pflichten nur dem möglich, der der Reichssprache mächtig war. Aber von dem öffentlichen Leben abgesehen ist nie in Griechenland so Lateinisch gelernt worden wie in Rom Griechisch; Plutarchos, der schriftstellerisch die beiden Reichshälften gleichsam vermählte und dessen Parallelbiographien römischer und griechischer berühmter Männer vor allem durch diese Nebeneinanderstellung sich empfahlen und wirkten, verstand nicht sehr viel mehr Lateinisch als Diderot Russisch, und beherrschte wenigstens, wie er selbst sagt, die Sprache nicht; die des Lateinischen wirklich mächtigen griechischen Literaten waren entweder Beamte, wie Appianus und Cassis Dion, oder Neutrale, wie König Juba. In der Tat war Griechenland in sich selbst weit weniger verändert als in seiner äußeren Stellung. Das Regiment von Athen war recht schlecht, aber auch in der Zeit von Athens Größe war es gar nicht musterhaft gewesen. ‚Es ist‘, sagt Plutarchos, ‚derselbe Volksschlag, dieselben Unruhen, der Ernst und der Scherz, die Anmut und die Bosheit wie bei den Vorfahren.‘ Auch diese Epoche weist in dem Leben des griechischen Volkes noch einzelne Züge auf, die seines zivilisatorischen Prinzipats würdig sind. Die Fechterspiele, die von Italien aus sich überallhin, namentlich auch nach Kleinasien und Syrien verbreiteten, haben am spätesten von allen Land-

schaften in Griechenland Eingang gefunden; längere Zeit beschränkten sie sich auf das halb italische Korinth, und als die
Athener, um hinter diesen nicht zurückzustehen, sie auch bei sich
einführten, ohne auf die Stimme eines ihrer Besten zu hören,
der sie fragte, ob sie nicht zuvor dem Gotte des Erbarmens einen
Altar setzen möchten, da wandten manche der Edelsten unwillig
sich weg von der sich selber entehrenden Vaterstadt. In keinem
Lande der antiken Welt sind die Sklaven mit solcher Humanität
behandelt worden wie in Hellas; nicht das Recht, aber die Sitte
verbot dem Griechen seine Sklaven an einen nicht griechischen
Herrn zu verkaufen und verbannte somit aus dieser Landschaft
den eigentlichen Sklavenhandel. Nur hier finden wir in der Kaiserzeit bei den Bürgerschmäusen und den Ölspenden an die Bürgerschaft auch die unfreien Leute mitbedacht. Nur hier konnte ein
unfreier Mann, wie Epiktetos unter Traian, in seiner mehr als
bescheidenen äußeren Existenz in dem epirotischen Nikopolis mit
angesehenen Männern senatorischen Standes in der Weise verkehren wie Sokrates mit Kritias und Alkibiades, so daß sie seiner
mündlichen Belehrung wie Schüler dem Meister lauschten und
die Gespräche aufzeichneten und veröffentlichten. Die Milderungen der Sklaverei durch das Kaiserrecht gehen wesentlich zurück
auf den Einfluß der griechischen Anschauungen zum Beispiel bei
Kaiser Marcus, der zu jenem nikopolitanischen Sklaven wie zu
seinem Meister und Muster emporsah. Unübertrefflich schildert
der Verfasser eines unter den lukianischen erhaltenen Dialogs das
Verhalten des feinen athenischen Stadtbürgers in seinen engen
Verhältnissen gegenüber dem vornehmen und reichen reisenden
Publikum zweifelhafter Bildung oder auch unzweifelhafter Roheit:
wie man es dem reichen Ausländer abgewöhnt im öffentlichen
Bade mit einem Heer von Bedienten aufzuziehen, als ob er seines
Lebens in Athen nicht ohnehin sicher und nicht Frieden im Lande
sei, wie man es ihm abgewöhnt auf der Straße mit dem Purpurgewand sich zu zeigen, indem die Leute sich freundlich erkun-
digen, ob es nicht das seiner Mama sei. Er zieht die Parallele
zwischen römischer und athenischer Existenz: dort die beschwerlichen Gastereien und die noch beschwerlicheren Bordelle, die
unbequeme Bequemlichkeit der Bedientenschwärme und des häuslichen Luxus, die Lästigkeiten der Liederlichkeit, die Qualen des
Ehrgeizes, all das Übermaß, die Vielfältigkeit, die Unruhe des
hauptstädtischen Treibens; hier die Anmut der Armut, die freie
Rede im Freundeskreis, die Muße für geistigen Genuß, die Möglichkeit des Lebensfriedens und der Lebensfreude — ‚wie konn-
test du‘, fragt ein Grieche in Rom den andern, ‚das Licht der

Sonne, Hellas und sein Glück und seine Freiheit um dieses Ge-
dränges willen verlassen?' In diesem Grundakkord begegnen sich
alle feiner und reiner organisierten Naturen dieser Epoche; eben
die besten Hellenen mochten nicht mit den Römern tauschen.
Kaum gibt es etwas gleich Erfreuliches in der Literatur der
Kaiserzeit wie Dios' schon erwähnte euboische Idylle: sie schil-
dert die Existenz zweier Jägerfamilien im einsamen Walde, deren
Vermögen acht Ziegen sind, eine Kuh ohne Horn und ein schönes
Kalb, vier Sicheln und drei Jagdspeere, welche weder von Geld
noch von Steuern etwas wissen, und die dann, vor die tobende
Bürgerversammlung der Stadt gestellt, von dieser schließlich un-
behelligt entlassen werden zum Freuen und zum Freien. Die reale
Durchführung dieser poetisch verklärten Lebensauffassung ist
Plutarchos von Chaeroneia, einer der anmutigsten und belesensten
und nicht minder einer der wirksamsten Schriftsteller des Altertums. Einer vermögenden Familie jener kleinen boeotischen Land-
stadt entsprossen und erst daheim, dann in Athen und in Alexandreia in die volle hellenische Bildung eingeführt, auch durch seine
Studien und vielfältige persönliche Beziehungen sowie durch Rei-
sen in Italien mit römischen Verhältnissen wohlvertraut, verschmähte er es nach der üblichen Weise der begabten Griechen
in den Staatsdienst zu treten oder die Professorenlaufbahn ein-
zuschlagen; er blieb seiner Heimat treu, mit der trefflichen Frau
und den Kindern und mit den Freunden und Freundinnen des
häuslichen Lebens im schönsten Sinne des Wortes genießend, sich
bescheidend mit den Ämtern und Ehren, die sein Boeotien ihm
zu bieten vermochte, und mit dem mäßigen angeerbten Vermögen. In diesem Chaeroneer drückt der Gegensatz der Hellenen
und der Hellenisierten sich aus; ein solches Griechentum war
weder in Smyrna möglich noch in Antiocheia; es gehörte zum
Boden wie der Honig vom Hymettos. Es gibt genug mächtigere
Talente und tiefere Naturen, aber schwerlich einen zweiten Schriftsteller, der mit so glücklichem Maß sich in das Notwendige mit
Heiterkeit zu finden und so wie er den Stempel seines Seelen-
friedens und seines Lebensglückes seinen Schriften aufzuprägen
gewußt hat.
Die Selbstbeherrschung des Hellenismus kann auf dem Boden
des öffentlichen Lebens sich nicht in der Reinheit und Schönheit
offenbaren wie in der stillen Heimstatt, nach der die Geschichte
und sie nach der Geschichte glücklicherweise nicht fragt. Wenden
wir uns den öffentlichen Verhältnissen zu, so ist mehr vom Mißregiment als vom Regiment zu berichten sowohl der römischen
Regierung wie der griechischen Autonomie. An gutem Willen

fehlte es dort insofern nicht, als der römische Philhellenismus die
Kaiserzeit noch viel entschiedener beherrscht als die republikanische. Er äußert sich überall im großen wie im kleinen, in der
Fortführung der Hellenisierung der östlichen Provinzen und der
Anerkennung der doppelten offiziellen Reichssprache wie in den
höflichen Formen, in welchen die Regierung auch mit der klein-
sten griechischen Gemeinde verkehrt und ihre Beamten zu verkehren anhält. Auch haben es die Kaiser an Gaben und Bauten
zugunsten dieser Provinz nicht fehlen lassen; und wenn auch das
meiste derart nach Athen kam, so baute doch Hadrian eine große
Wasserleitung zum Besten von Korinth, Pius die Heilanstalt von
Epidauros. Aber die rücksichtsvolle Behandlung der Griechen insgemein und die besondere Huld, welche dem eigentlichen Hellas
von der kaiserlichen Regierung zuteil wurde, weil es in gewissem
Sinn gleich wie Italien als Mutterland galt, sind weder dem Regiment noch der Landschaft recht zum Vorteil ausgeschlagen.
Der jährliche Wechsel der Oberbeamten und die schlaffe Kontrolle der Zentralstelle ließen alle senatorischen Provinzen, soweit das Statthalterregiment reichte, mehr den Druck als den
Segen einheitlicher Verwaltung empfinden, und diese doppelt bei
ihrer Kleinheit und ihrer Armut. Noch unter Augustus selbst
machten diese Mißstände sich in dem Grade geltend, daß es eine
der ersten Regierungshandlungen seines Nachfolgers war sowohl
Griechenland wie Makedonien in eigene Verwaltung zu nehmen,
wie es hieß, vorläufig, in der Tat auf die ganze Dauer seiner Regierung. Es war sehr konstitutionell, aber vielleicht nicht ebenso weise, daß Kaiser Claudius, als er zur Gewalt gelangte, die
alte Ordnung wiederherstellte. Seitdem hat es dann bei dieser
sein Bewenden gehabt und ist Achaia nicht von ernannten, sondern von erlosten Beamten verwaltet worden, bis diese Verwaltungsform überhaupt abkam.

Aber bei weitem übler noch stand es um die von dem Statthalterregiment eximierten Gemeinden Griechenlands. Die Absicht diese Gemeinwesen zu begünstigen, durch die Befreiung
vom Tribut und Aushebung wie nicht minder durch die möglichst geringe Beschränkung der Rechte des souveränen Staates,
hat wenigstens in vielen Fällen zu dem Gegenteil geführt. Die
innere Unwahrheit der Institutionen rächte sich. Zwar bei den
weniger bevorrechteten oder besser verwalteten Gemeinden mag
die kommunale Autonomie ihren Zweck erfüllt haben; wenigstens
vernehmen wir nicht, daß es mit Sparta, Korinth, Patrae besonders übel bestellt gewesen sei. Aber Athen war nicht geschaffen
sich selbst zu verwalten und bietet das abschreckende Bild eines

von der Obergewalt verhätschelten und finanziell wie sittlich verkommenen Gemeinwesens. Von Rechts wegen hätte dasselbe in
blühendem Zustande sich befinden müssen. Wenn es den Athenern
mißlang die Nation unter ihrer Hegemonie zu vereinigen, so ist
diese Stadt doch die einzige Griechenlands wie Italiens gewesen,
welche die landschaftliche Einigung vollständig durchgeführt hat;
ein eigenes Gebiet, wie es die Attike ist, von etwa 40 Quadratmeilen, der doppelten Größe der Insel Rügen, hat keine Stadt
des Altertums sonst besessen. Aber auch außerhalb Attikas blieb
ihnen, was sie besaßen, sowohl nach dem mithradatischen Kriege
durch Sullas Gnade wie nach der pharsalischen Schlacht, in der
sie auf Seiten des Pompeius gestanden hatten, durch die Gnade
Caesars — er fragte sie nur, wie oft sie noch sich selber zugrunde
richten und dann durch den Ruhm ihrer Vorfahren retten lassen
wollten. Der Stadt gehörte immer noch nicht bloß das ehemals
haliartische Gebiet in Boeotien, sondern auch an ihrer eigenen
Küste Salamis, der alte Ausgangspunkt ihrer Seeherrschaft, im
thrakischen Meer die einträglichen Inseln Skyros, Lemnos und
Imbros sowie im ägyptischen Delos; freilich war diese Insel seit
dem Ende der Republik nicht mehr das zentrale Emporium des
Handels mit dem Osten, nachdem der Verkehr sich von da weg
nach den Häfen der italischen Westküste gezogen hatte, und es
war dies für die Athener ein unersetzlicher Verlust. Von den
weiteren Verleihungen, die sie Antonius abzuschmeicheln gewußt
hatten, nahm ihnen Augustus, gegen den sie Partei ergriffen hatten, allerdings Aegina und Eretria auf Euboea, aber die kleineren
Inseln des thrakischen Meeres, Ikos Peparethos Skiathos, ferner
Keos vor der sunischen Landspitze durften sie behalten; und
Hadrian gab ihnen weiter den besten Teil der großen Insel Ke-
phallonia im ionischen Meer. Erst durch den Kaiser Severus, der
ihnen nicht wohlwollte, wurde ihnen ein Teil dieser auswärtigen
Besitzungen entzogen. Hadrian gewährte ferner den Athenern die
Lieferung eines gewissen Quantums von Getreide auf Kosten des
Reiches und erkannte durch die Erstreckung dieses bisher der
Reichshauptstadt vorbehaltenen Privilegiums Athen gleichsam an
als eine der Reichsmetropolen. Nicht minder wurde das segens-
reiche Institut der Alimentarstiftungen, dessen Italien sich seit
Traian erfreute, von Hadrian auf Athen ausgedehnt und das dazu
erforderliche Kapital sicher aus seiner Schatulle den Athenern
geschenkt. Eine Wasserleitung, die er ebenfalls seinem Athen
widmete, wurde erst nach seinem Tode von Pius vollendet. Dazu
kam der Zusammenfluß der Reisenden und der Studierenden und
die in immer steigender Zahl von den römischen Großen und den

auswärtigen Fürsten der Stadt verliehenen Stiftungen. Dennoch war die Gemeinde in stetiger Bedrängnis. Mit dem Bürgerrecht wurde nicht bloß das überall übliche Geschäft auf Nehmen und Geben, sondern förmlich und offenkundig Schacher getrieben, so daß Augustus mit einem Verbot dagegen einschritt. Einmal über das andere beschloß der Rat von Athen diese oder jene seiner Inseln zu verkaufen, und nicht immer fand sich ein opferwilliger Reicher gleich dem Iulius Nikanor, der unter Augustus den bankerotten Athenern die Insel Salamis zurückkaufte und dafür von dem Rat derselben den Ehrentitel des ‚neuen Themistokles' sowie, da er auch Verse machte, nebenbei den des ‚neuen Homer' und mit den edlen Ratsherren zusammen von dem Publikum den wohlverdienten Hohn erntete. Die prachtvollen Bauten, mit denen Athen fortfuhr sich zu schmücken, erhielt es ohne Ausnahme von den Fremden, unter anderen von den reichen Königen Antiochos von Kommagene und Herodes von Judäa, vor allen aber von dem Kaiser Hadrian, der eine völlige ‚Neustadt' (novae Athenae) am Ilisos anlegte und außer zahllosen anderen Gebäuden, darunter dem schon erwähnten Panhellenion, das Wunder der Welt, den von Peisistratos begonnenen Riesenbau des Olympieion mit seinen 120 zum Teil noch stehenden Säulen, den größten von allen, die heute aufrecht sind, sieben Jahrhunderte nach seinem Beginn in würdiger Weise abschloß. Selbst hatte diese Stadt kein Geld nicht bloß für ihre Hafenmauern, die jetzt allerdings entbehrlich waren, sondern nicht einmal für den Hafen. Zu Augustus' Zeit war der Peiraeeus ein geringes Dorf von wenigen Häusern, nur besucht wegen der Meisterwerke der Malerei in den Tempelhallen. Handel und Industrie gab es in Athen fast nicht mehr, oder für die Bürgerschaft insgemein wie für den einzelnen Bürger nur ein einziges blühendes Gewerbe, den Bettel. Auch blieb es nicht bei der Finanzbedrängnis. Die Welt hatte wohl Frieden, aber nicht die Straßen und Plätze von Athen. Noch unter Augustus hat ein Aufstand in Athen solche Verhältnisse angenommen, daß die römische Regierung gegen die Freistadt einschreiten mußte; und wenn auch dieser Vorgang vereinzelt steht, so gehörten Aufläufe auf der Gasse wegen der Brotpreise und aus anderen geringfügigen Anlässen in Athen zur Tagesordnung. Viel besser wird es in zahlreichen anderen Freistädten nicht ausgesehen haben, von denen weniger die Rede ist. Einer solchen Bürgerschaft die Kriminaljustiz unbeschränkt in die Hand zu geben, war kaum zu verantworten; und doch stand dieselbe den zu internationaler Föderation zugelassenen Gemeinden, wie Athen und Rhodos, von Rechts wegen zu. Wenn der athenische Areopag in augustischer

Zeit sich weigerte, einen wegen Fälschung verurteilten Griechen
auf die Verwendung eines vornehmen Römers hin von der Strafe
zu entbinden, so wird er in seinem Recht gewesen sein; aber daß
die Kyzikener unter Tiberius römische Bürger einsperrten, unter
Claudius gar die Rhodier einen römischen Bürger ans Kreuz schlugen, waren auch formale Rechtsverletzungen, und ein ähnlicher
Vorgang hat unter Augustus den Thessalern ihre Autonomie gekostet. Übermut und Übergriff wird durch die Machtlosigkeit nicht
ausgeschlossen, nicht selten von den schwachen Schutzbefohlenen
eben daraufhin gewagt. Bei aller Achtung für große Erinnerungen
und beschworene Verträge mußten doch jeder gewissenhaften Regierung diese Freistaaten nicht viel minder als ein Bruch in die
allgemeine Rechtsordnung erscheinen, wie das noch viel alt-
heiligere Asylrecht der Tempel.

Schließlich griff die Regierung durch und stellte die freien
Städte hinsichtlich ihrer Wirtschaft unter die Oberaufsicht von
Beamten kaiserlicher Ernennung, die allerdings zunächst als
außerordentliche Kommissarien ‚zur Korrektur der bei den Frei-
städten eingerissenen Übelstände' charakterisiert werden und da-
von späterhin die Bezeichnung Korrektoren als Titulare führen.
Die Anfänge derselben lassen sich bis in die traianische Zeit ver-
folgen; als stehende Beamte finden wir sie in Achaia im dritten
Jahrhundert. Diese neben den Prokonsuln fungierenden vom
Kaiser bestellten Beamten finden in keinem Teil des römischen
Reichs so früh sich ein und sind in keinem so früh ständig geworden wie in dem halb aus Freistädten bestehenden Achaia.

Das an sich wohlberechtigte und durch die Haltung der römischen Regierung wie vielleicht noch mehr durch die des römischen Publikums genährte Selbstgefühl der Hellenen, das Bewußtsein des geistigen Primats rief daselbst einen Kultus der
Vergangenheit ins Leben, der sich zusammensetzt aus dem treuen
Festhalten an den Erinnerungen größerer und glücklicherer Zeiten
und dem barocken Zurückdrehen der gereiften Zivilisation auf
ihre zum Teil sehr primitiven Anfänge. Zu den ausländischen
Kulten, wenn man absieht von dem schon früher durch die Han-
delsverbindungen eingebürgerten Dienst der ägyptischen Gottheiten, namentlich der Isis, haben die Griechen im eigentlichen
Hellas sich durchgehend ablehnend verhalten; wenn dies von
Korinth am wenigsten gilt, so ist dies auch die am wenigsten
griechische Stadt von Hellas. Die alte Landesreligion schützt nicht
der innige Glaube, von dem diese Zeit sich längst gelöst hatte*;

* Dem Beamten, auch dem gebildeten, das heißt dem Freidenker, wird
angeraten, die Spenden, die er mache, an die religiösen Feste anzuknüpfen;

aber die heimische Weise und das Gedächtnis der Vergangenheit
haften vorzugsweise an ihr und darum wird sie nicht bloß mit
Zähigkeit festgehalten, sondern sie wird auch, zum guten Teil
durch gelehrte Repristination, im Laufe der Zeit immer starrer
und altertümlicher, immer mehr ein Sonderbesitz der Studierten.
— Ähnlich verhält es sich mit dem Kultus der Stammbäume, in
welchem die Hellenen dieser Zeit ungemeines geleistet und die
adelsstolzesten Römer weit hinter sich gelassen haben. In Athen
spielt das Geschlecht der Eumolpiden eine hervorragende Rolle
bei der Reorganisierung des eleusinischen Festes unter Marcus.
Dessen Sohn Commodus verlieh dem Haupt des Geschlechtes der
Keryken das römische Bürgerrecht, und aus demselben stammt
der tapfere und gelehrte Athener, der, fast wie Thukydides, mit
den Gothen schlug und dann den Gothenkrieg beschrieb. Des
Marcus Zeitgenosse, der Professor und Konsular Herodes Atticus
gehörte eben diesem Geschlechte an und sein Hofpoet singt von
ihm, daß dem hochgeborenen Athener, dem Nachkommen des
Hermes und der Kekropstochter Herse, der rote Schuh des römischen Patriziats wohl angestanden habe, während einer seiner
Lobredner in Prosa ihn als Aeakiden feiert und zugleich als Ab-
kömmling von Miltiades und Kimon. Aber auch Athen wurde
hierin noch weit überboten von Sparta; mehrfach begegnen Spartiaten, die sich der Herkunft von den Dioskuren, dem Herakles,
dem Poseidon und des weit vierzig und mehr Generationen in
ihrem Hause erblichen Priestertums dieser Altvordern berühmen.
Es ist charakteristisch für dieses Adeltum, daß es sich hauptsächlich erst mit dem Ende des zweiten Jahrhunderts einstellt;
die Heraldiker, welche diese Geschlechtstafeln entwarfen, werden
für die Beweisstücke weder in Athen noch in Sparta die Gold-
waage angewandt haben.

Die Schadhaftigkeit der hellenischen Existenz lag in der Be-
schränktheit ihres Kreises: es mangelte dem hohen Ehrgeiz an dem
entsprechenden Ziel und darum überwucherte die niedere und er-
niedrigende Ambition. Auch in Hellas fehlte es nicht an einheimischen Familien von großem Reichtum und bedeutendem Einfluß.
Das Land war wohl im ganzen arm, aber es gab doch Häuser von
ausgedehntem Grundbesitz und altbefestigtem Wohlstand. In
Sparta zum Beispiel hat das des Lachares von Augustus bis wenigstens in die hadrianische Zeit eine Stellung eingenommen,
welche tatsächlich von dem Fürstentum nicht allzuweit abstand.

---

denn die Menge werde in ihrem Glauben bestärkt, wenn sie sehe, daß auch
die Vornehmen der Stadt auf die Götterverehrung etwas geben und sogar
dafür etwas aufwenden (Plutarch praec. ger. reip. 30).

Den Lachares hatte Antonius wegen Erpressung hinrichten lassen. Dafür war dessen Sohn Eurykles einer der entschiedensten Parteigänger Augusts und einer der tapfersten Kapitäne in der entscheidenden Seeschlacht, der fast den besiegten Feldherrn persönlich zum Gefangenen gemacht hätte; er empfing von dem Sieger unter anderen reichen Gaben als Privateigentum die Insel Kythera (Cerigo). Später spielte er eine hervorragende und bedenkliche Rolle nicht bloß in seinem Heimatland, über welches er eine dauernde Vorstandschaft ausgeübt haben muß, sondern auch an den Höfen von Jerusalem und Caesarea, wobei das dem Spartiaten von den Orientalen gezollte Ansehen nicht wenig mitwirkte. Deswegen von dem Kaisergericht mehrfach zur Verantwortung gezogen, wurde er schließlich verurteilt und ins Exil gesandt; aber der Tod entzog ihn rechtzeitig den Folgen des Urteilsspruches und sein Sohn Lakon trat in das Vermögen und wesentlich auch, wenn gleich in vorsichtigerer Form, in die Machtstellung des Vaters ein. Ähnlich stand in Athen das Geschlecht des oft genannten Herodes; wir können dasselbe aufsteigend durch vier Generationen bis in die Zeit Caesars zurückverfolgen, und über des Herodes Großvater ist, ähnlich wie über den Spartaner Eurykles, wegen seiner übergreifenden Machtstellung in Athen die Konfiskation verhängt worden. Die ungeheuren Latifundien, welche der Enkel in seiner armen Heimat besaß, die zu Grabzwecken seiner Lustknaben verwendeten weiten Flächen erregten den Unwillen selbst der römischen Statthalter. Derartige mächtige Familien gab es vermutlich in den meisten Landschaften von Hellas und wenn sie auf dem Landtag der Provinz in der Regel entschieden, so waren sie auch in Rom nicht ohne Verbindungen und Einfluß. Aber obwohl diejenigen rechtlichen Schranken, welche den Gallier und den Alexandriner noch nach erlangtem Bürgerrecht vom Reichssenat ausschlossen, diesen vornehmen Griechen schwerlich entgegenstanden, vielmehr unter den Kaisern diejenige politische und militärische Laufbahn, welche dem Italiker sich darbot, von Rechts wegen dem Hellenen gleichfalls offen stand, so sind dieselben doch tatsächlich erst in später Zeit und in beschränktem Umfang in den Staatsdienst eingetreten, zum Teil wohl, weil die römische Regierung der früheren Kaiserzeit die Griechen als Ausländer ungern zuließ, zum Teil, weil diese selbst die mit dem Eintritt in diese Laufbahn verknüpfte Übersiedelung nach Rom scheuten und es vorzogen statt einer mehr unter den vielen Senatoren daheim die ersten zu sein. Erst des Lachares Urenkel Herklanos ist in traianischer Zeit und in der Familie des Herodes wahrscheinlich zuerst dessen Vater um die-

selbe Zeit in den römischen Senat eingetreten. — Die andere Laufbahn, welche erst in der Kaiserzeit sich auftat, der persönliche
Dienst des Kaisers, gab wohl im günstigen Fall Reichtum und
Einfluß und ist auch früher und häufiger von den Griechen betreten worden; aber da die meisten und wichtigsten dieser Stellungen an den Offizierdienst geknüpft waren, scheint auch für
diese längere Zeit ein faktischer Vorzug der Italiker bestanden zu
haben und war der gerade Weg auch hier den Griechen einigermaßen verlegt. In untergeordneten Stellungen sind Griechen am
kaiserlichen Hofe von jeher und in großer Anzahl verwendet worden und auf Umwegen oftmals zu Vertrauen und Einfluß gelangt;
aber dergleichen Persönlichkeiten kamen mehr aus den hellenisierten Landschaften als aus Hellas selbst und am wenigsten
aus den besseren hellenischen Häusern. Für die legitime Ambition
des jungen Mannes von Herkunft und Vermögen gab es, wenn er
ein Grieche war, im römischen Kaiserreich nur beschränkten
Spielraum.

Es blieb ihm die Heimat, und in dieser für das gemeine Wohl
tätig zu sein war allerdings Pflicht und Ehre. Aber es waren sehr
bescheidene Pflichten und noch viel bescheidenere Ehren. ‚Eure
Aufgabe‘, sagt Dion weiter seinen Rhodiern, ‚ist eine andere als
die der Vorfahren war. Sie konnten ihre Tüchtigkeit nach vielen
Seiten hin entwickeln, nach dem Regiment streben, den Unterdrückten beistehen, Bundesgenossen gewinnen, Städte gründen,
kriegen und siegen; von allem dem vermögt ihr nichts mehr zu
tun. Es bleibt euch die Führung des Hauswesens, die Verwaltung
der Stadt, die Verleihung von Ehren und Auszeichnungen mit
Wahl und Maß, der Sitz im Rat und im Gericht, der Gottesdienst
und die Feier der Feste; in allem diesem könnt ihr euch vor andern Städten auszeichnen. Auch das ist nichts geringes, die anständige Haltung, die Sorgfalt für Haar und Bart, der gesetzte
Gang auf der Straße, so daß bei euch selbst die anders gewöhnten
Fremden sich es abgewöhnen zu rennen, die schickliche Tracht,
sogar, wenn es auch lächerlich erscheinen mag, der schmale und
knappe Purpursaum, die Ruhe im Theater, das Maßhalten im
Klatschen: das alles macht die Ehre eurer Stadt, und mehr als
in euren Häfen und Mauern und Docks zeigt sich hierin das gute
alte hellenische Wesen und erkennt hierin auch der Barbar, der
den Namen der Stadt nicht weiß, daß er in Griechenland ist und
nicht in Syrien oder Kilikien.‘ Das traf alles zu; aber wenn es
jetzt nicht mehr von dem Bürger verlangt ward für die Vaterstadt zu sterben, so war doch die Frage nicht ohne Berechtigung,
ob es noch der Mühe wert sei für diese Vaterstadt zu leben. Es

gibt von Plutarchos eine Auseinandersetzung über die Stellung
der griechischen Gemeindebeamten zu seiner Zeit, worin er mit
der ihm eigenen Billigkeit und Umsicht diese Verhältnisse erörtert.
Die alte Schwierigkeit die gute Verwaltung der öffentlichen Angelegenheiten zu führen mittelst der Majoritäten der unsicheren,
launenhaften, oft mehr den eigenen Vorteil als den des Gemeinwesens bedenkenden Bürgerschaft oder auch der sehr zahlreichen
Ratsversammlung — die athenische zählte in der Kaiserzeit erst
600, dann 500, später 750 Stadträte — bestand wie früher so
auch jetzt; es ist die Pflicht des tüchtigen Beamten zu verhindern,
daß das ‚Volk' nicht dem einzelnen Bürger Unrecht tut, nicht das
Privatvermögen unerlaubterweise an sich zieht, nicht das Ge-
meindegut unter sich verteilt — Aufgaben, die dadurch nicht
leichter werden, daß der Beamte kein Mittel dafür hat als die
verständige Ermahnung und die Kunst des Demagogen, daß ihm
ferner geraten wird in kleinen Dingen nicht allzu spröde zu sein
und wenn bei einem Stadtfest eine mäßige Spende an die Bürgerschaft in˙Antrag kommt, es nicht solcher Kleinigkeit wegen mit
den Leuten zu verderben. Im übrigen aber hatten die Verhältnisse
sich völlig verändert, und es muß der Beamte in die gegenwärtigen
sich schicken lernen. Vor allem hat er die Machtlosigkeit der
Hellenen sich selbst wie den Mitbürgern jeden Augenblick gegen-
wärtig zu halten. Die Freiheit der Gemeinde reicht so weit die
Herrscher sie gestatten, und ein Mehr würde auch wohl vom Übel
sein. Wenn Perikles die Amtstracht anlegte, so rief er sich zu nicht
zu vergessen, daß er über Freie und Griechen herrsche; heute
hat der Beamte sich zu sagen, daß er unter einem Herrscher
herrsche, über eine den Prokonsuln und den kaiserlichen Prokuratoren untergebene Stadt, daß er nichts sein könne und dürfe
als das Organ der Regierung, daß ein Federstrich des Statthalters
genüge um jedes seiner Dekrete zu vernichten. Darum ist es die
erste Pflicht eines guten Beamten sich mit den Römern in gutes
Einvernehmen zu setzen und womöglich einflußreiche Verbindungen in Rom anzuknüpfen, damit diese der Heimat zugute
kommen. Freilich warnt der rechtschaffene Mann eindringlich
vor der Servilität; nötigenfalls soll der Beamte mutig dem schlechten Statthalter entgegentreten und als die höchste Leistung erscheint die entschlossene Vertretung der Gemeinde in solchen
Konflikten in Rom vor dem Kaiser. In bezeichnender Weise tadelt
er scharf diejenigen Griechen, die — ganz wie in den Zeiten des
achäischen Bundes — bei jedem örtlichen Hader die Intervention des römischen Statthalters herbeiführen, und mahnt dringend
die Gemeindeangelegenheiten lieber innerhalb der Gemeinde zu

erledigen als durch Appellation sich nicht so sehr der Oberbehörde
als den bei ihr tätigen Sachwaltern und Advokaten in die Hände
zu liefern. Alles dieses ist verständig und patriotisch, so verständig
und so patriotisch wie einstmals die Politik des Polybios, auf die
auch ausdrücklich hingewiesen wird. In dieser Epoche des völligen
Weltfriedens, wo es weder einen Griechen- noch einen Barbaren-
krieg irgendwo gibt, wo die städtischen Kommandos, die städtischen Friedensschlüsse und Bündnisse lediglich der Geschichte
angehören, war der Rat sehr am Platze Marathon und Plataeae
den Schulmeistern zu überlassen und nicht die Köpfe der Ekklesia
mit dergleichen großen Worten zu erhitzen, vielmehr in dem engen
Kreise der noch gestatteten freien Bewegung sich zu bescheiden.
Aber die Welt gehört nicht dem Verstande, sondern der Leidenschaft. Der hellenische Bürger konnte auch jetzt noch gegen das
Vaterland seine Pflicht tun, aber für den rechten politischen nach
Großem ringenden Ehrgeiz, für die perikleische und alkibiadische
Leidenschaft war in diesem Hellas, vom Schreibtisch etwa abgesehen, nirgends ein Raum, und in der Lücke wucherten die Gift-
kräuter, die da, wo das hohe Streben erstickt ist, die Menschenbrust versehren und das Menschenherz vergiften.

Darum ist Hellas auch das Mutterland der heruntergekommenen
inhaltlosen Ambition, unter den vielen schweren Schäden der
sinkenden antiken Zivilisation vielleicht des am meisten allgemeinen und sicher eines der verderblichsten. Dabei stehen in erster
Reihe die Volksfeste mit ihrer Preiskonkurrenz. Die olympischen
Wettkämpfe stehen dem jugendlichen Volk der Hellenen wohl an;
das allgemeine Turnerfest der griechischen Stämme und Städte
und der nach dem Spruch der ,Hellasrichter' dem tüchtigsten
Wettläufer aus den Zweigen des Ölbaums geflochtene Kranz ist
der unschuldige und einfache Ausdruck der Zusammengehörigkeit
der jungen Nation. Aber die politische Entwickelung hatte bald
über diese Morgenröte hinausgeführt. Schon in den Tagen des
athenischen Seebundes und gar erst der Alexandermonarchie war
jenes Hellenenfest ein Anachronismus, ein im Mannesalter fort-
geführtes Kinderspiel; daß der Besitzer jenes Ölkranzes wenigstens sich und seinen Mitbürgern als Inhaber des nationalen Primats galt, kam ungefähr darauf hinaus, wie wenn man in England
die Sieger der Studentenregatten mit Pitt und Beaconsfield in
eine Linie stellen wollte. Die Ausdehnung der hellenischen Nation
durch Kolonisierung und Hellenisierung fand in ihrer idealen
Einheit und realen Zerfahrenheit in diesem traumhaften Reich
des Olivenkranzes ihren rechten Ausdruck; und die griechische
Realpolitik der Diadochenzeit hat sich denn auch um dasselbe

wie billig wenig bekümmert. Aber als die Kaiserzeit in ihrer Weise
den panhellenischen Gedanken aufnahm und die Römer in die
Rechte und die Pflichten der Hellenen eintraten, da blieb oder
ward für das römische Allhellas Olympia das rechte Symbol; erscheint doch unter Augustus der erste römische Olympionike,
und zwar kein geringerer als Augustus' Stiefsohn, der spätere
Kaiser Tiberius. Das nicht reinliche Ehebündnis, welches das
Allhellenentum mit dem Dämon des Spiels einging, machte aus
diesen Festen eine ebenso mächtige und dauernde wie im allgemeinen und besonders für Hellas schädliche Institution. Die gesamte hellenische und hellenisierende Welt beteiligte sich daran,
sich beschickend und sie nachahmend; überall sprangen ähnliche
für die ganze griechische Welt bestimmte Feste aus dem Boden
und die eifrige Anteilnahme der breiten Massen, das allgemeine
Interesse für den einzelnen Wettkämpfer, der Stolz des Siegers
nicht bloß, sondern seines Anhangs und seiner Heimat ließen fast
vergessen, um welche Dinge eigentlich gestritten ward. Die römische Regierung ließ diesem Wetturnen und den sonstigen Wett-
kämpfen nicht bloß freien Lauf, sondern beteiligte das Reich
an denselben; das Recht der feierlichen Einholung des Siegers
in seine Heimatstadt hing in der Kaiserzeit nicht von dem Belieben der betreffenden Bürgerschaft ab, sondern wurde den einzelnen Spielinstituten durch kaiserliches Privilegium verliehen
und in diesem Fall auch die dem Sieger zustehende jährliche
Pension (σίτησις) auf die Reichskasse übernommen, die bedeutenderen Spielinstitute also geradezu als Reichseinrichtungen behandelt. Dieses Spielwesen erfaßte wie das Reich selbst so alle
Provinzen; immer aber war das eigentliche Griechenland der
ideale Mittelpunkt solcher Kämpfe und Siege, hier ihre Heimat
am Alpheios, hier der Sitz der ältesten Nachbildungen, der noch
der großen Zeit des hellenischen Namens angehörigen und von
ihren klassischen Dichtern verherrlichten Pythien, Isthmien und
Nemeen, nicht minder einer Anzahl jüngerer, aber reich ausge-
statteter ähnlicher Feste, der Eurykleen, die der oben erwähnte
Herr von Sparta unter Augustus gegründet, der athenischen
Panathenaeen, der von Hadrian mit kaiserlicher Munifizenz do-
tierten ebenfalls in Athen gefeierten Panhellenien. Man dürfte
sich verwundern, daß die ganze Welt des weiten Reiches sich
um diese Turnfeste zu drehen schien, aber nicht darüber, daß an
diesem seltsamen Zauberbecher vor allem die Hellenen sich be-
rauschten, und daß das politische Stilleben, das ihre besten Männer
ihnen anempfahlen, durch die Kränze und die Statuen und die
Privilegien der Festsieger in schädlichster Weise verwirrt ward.

Einen ähnlichen Weg gingen die städtischen Institutionen, allerdings im ganzen Reich, aber wiederum vorzugsweise in Hellas. Als es dort noch große Ziele und einen Ehrgeiz gab, hatte in Hellas, eben wie in Rom, die Bewerbung um die Gemeindeämter und die Gemeindeehren den Mittelpunkt des politischen Wetteifers gebildet und neben vielem Leeren, Lächerlichen, Bösartigen auch die tüchtigsten und edelsten Leistungen hervorgerufen. Jetzt war der Kern verschwunden, die Schale geblieben; in Panopeus im Phokischen standen zwar die Häuser ohne Dach und wohnten die Bürger in Hütten, aber es war noch eine Stadt, ja ein Staat, und bei dem Aufzug der phokischen Gemeinden fehlten die Panopeer nicht. Diese Städte trieben mit ihren Ämtern und Priestertümern, mit den Belobigungsdekreten durch Heroldsruf und den Ehrensitzen bei den öffentlichen Versammlungen, mit dem Purpurgewand und dem Diadem, mit den Statuen zu Fuß und zu Roß ein Eitelkeits- und Geldgeschäft schlimmer als der kleinste Duodezfürst der neueren Zeit mit seinen Orden und Titeln. Es wird ja auch in diesen Vorgängen das wirkliche Verdienst und die ehrliche Dankbarkeit nicht gefehlt haben; aber durchgängig war es ein Handel auf Geben und Nehmen oder, mit Plutarch zu reden, ein Geschäft wie zwischen der Courtisane und ihren Kunden. Wie heutzutage die private Munifizenz im Positiv den Orden und im Superlativ den Adel bewirkt, so verschaffte sie damals den priesterlichen Purpur und die Bildsäule auf dem Markt; und nicht ungestraft treibt der Staat mit seinen Ehren Falschmünzerei. In der Massenhaftigkeit derartiger Prozeduren und der Rohheit ihrer Formen stehen die heutigen Leistungen hinter denen der alten Welt beträchtlich zurück, wie natürlich, da die durch den Staatsbegriff nicht genügend gebändigte scheinhafte Autonomie der Gemeinde auf diesem Gebiet ungehindert schaltete und die dekretierenden Behörden durchgängig die Bürgerschaften oder die Räte von Kleinstädten waren. Die Folgen waren nach beiden Seiten verderblich: die Gemeindeämter wurden mehr nach der Zahlungsfähigkeit als nach der Tüchtigkeit der Bewerber vergeben; die Schmäuse und Spenden machten die Beschenkten nicht reicher und den Schenker oftmals arm; an dem Zunehmen der Arbeitsscheu und dem Vermögensverfall der guten Familien trägt diese Unsitte ihren vollgemessenen Anteil. Auch die Wirtschaft der Gemeinden selbst litt schwer unter dem Umsichgreifen der Adulation. Zwar waren die Ehren, mit welchen die Gemeinde dem einzelnen Wohltäter dankte, großenteils nach demselben verständigen Prinzip der Billigkeit bemessen, welches heutzutage die ähnlichen dekorativen Vergünstigungen beherrscht; und wo

das nicht der Fall war, fand häufig der Wohltäter sich bereit zum
Beispiel die ihm zu setzende Bildsäule selber zu bezahlen. Aber
nicht dasselbe gilt von den Ehrenbezeigungen, welche die Gemeinde vornehmen Ausländern, vor allem den Statthaltern und
den Kaisern wie den Gliedern des kaiserlichen Hauses erwies.
Die Richtung der Zeit auf Wertschätzung auch der inhaltlosen
und obligaten Huldigung beherrschte den kaiserlichen Hof und
die römischen Senatoren nicht so wie die Kreise des kleinstädt-
schen Ehrgeizes, aber doch auch in sehr fühlbarer Weise; und selbstverständlich wuchsen die Ehren und die Huldigungen einmal im
Laufe der Zeit durch die ihnen eigene Vernutzung, und ferner
in demselben Maß, wie die Geringhaltigkeit der regierenden oder
an der Regierung beteiligten Persönlichkeiten. Begreiflicherweise
war in dieser Hinsicht das Angebot immer stärker als die Nachfrage und diejenigen, die solche Huldigungen richtig würdigten,
um davon verschont zu bleiben, genötigt sie abzuwehren, was im
einzelnen Fall oft genug*, aber konsequenterweise selten geschehen zu sein scheint — für Tiberius darf die geringe Anzahl
der ihm errichteten Bildsäulen vielleicht unter seinen Ruhmes-
titeln verzeichnet werden. Die Ausgaben für Ehrendenkmäler,
die oft weit über die einfache Statue hinausgingen, und für Ehren-
gesandtschaften** sind ein Krebsschaden gewesen und immer mehr
geworden an dem Gemeindehaushalt aller Provinzen. Aber keine
wohl hat im Verhältnis zu ihrer geringen Leistungsfähigkeit so
große Summen unnütz aufgewandt wie die Provinz von Hellas,
das Mutterland wie der Festsieger- so auch der Gemeindeehren
und in einem Prinzipat in dieser Zeit unübertroffen, in dem der
Bedientendemut und untertänigen Huldigung.
    Daß die wirtschaftlichen Zustände Griechenlands nicht günstig
waren, braucht kaum noch besonders ausgeführt zu werden. Das
Land, im ganzen genommen, ist nur von mäßiger Fruchtbarkeit,
die Ackerfluren von beschränkter Ausdehnung, der Weinbau auf

---

* Kaiser Gaius zum Beispiel verbittet sich in seinem Schreiben an den
Landtag von Achaia die ‚große Zahl‘ der ihm zuerkannten Bildsäulen und
begnügt sich mit den vier von Olympia, Nemea, Delphi und dem Isthmos.
Derselbe Landtag beschließt dem Kaiser Hadrian in jeder seiner Städte eine
Bildsäule zu setzen, von welchen die Basis der in Abea in Messenien aufgestellten sich erhalten hat. Kaiserliche Autorisation ist für solche Setzungen von jeher gefordert worden.
** Bei der Revision der Stadtrechnungen von Byzantion fand Plinius, daß
jährlich 12000 Sesterzen (2500 M.) für den dem Kaiser und 3000 Sesterzen
(650 M.) für den dem Statthalter von Moesien durch eine besondere Deputation
zu überreichenden Neujahrsglückwunsch angesetzt waren. Plinius weist die
Behörde an, diese Glückwünsche fortan nur schriftlich einzusenden, was Traian
billigt.

dem Kontinent nicht von hervorragender Bedeutung, mehr die
Kultur der Olive. Da die Brüche des berühmten Marmors, des
glänzend weißen attischen wie des grünen karystischen, wie die
meisten übrigen zum Domanialbesitz gehörten, kam deren Ausbeutung durch die kaiserlichen Sklaven der Bevölkerung wenig
zugute. — Die gewerbfleißigste der griechischen Landschaften
war die der Achäer, wo die seit langem bestehende Fabrikation
von Wollenstoffen sich behauptete und in der wohl bevölkerten
Stadt Patrae zahlreiche Spinnereien den feinen elischen Flachs
zu Kleidern und Kopfnetzen verarbeiteten. Die Kunst und das
Kunsthandwerk blieben auch jetzt noch vorzugsweise den Griechen, und von den Massen besonders pentelischen Marmors, welche
die Kaiserzeit verbraucht hat, muß ein nicht geringer Teil an
Ort und Stelle verarbeitet worden sein. Überwiegend aber übten
die Griechen beide im Ausland; von dem früher so bedeutenden
Export des griechischen Kunstgewerbes ist in dieser Zeit wenig die
Rede. Den regsten Verkehr hatte die Stadt der beiden Meere,
Korinth, die allen Hellenen gemeinsame, stets von Fremden wim-
melnde Metropole, wie ein Redner sie bezeichnet. In den beiden
römischen Kolonien Korinth und Patrae, und außerdem in dem
stets von schauenden und lernenden Ausländern gefüllten Athen
konzentrierte sich das größere Bankiergeschäft der Provinz, welches in der Kaiserzeit wie in der republikanischen zum großen
Teil in den Händen dort ansässiger Italiker lag. Auch in Plätzen
zweiten Ranges, wie in Argos, Elis, Mantineia im Peloponnes,
bilden die ansässigen römischen Kaufleute eigene neben der
Bürgerschaft stehende Genossenschaften. Im allgemeinen lag
in Achaia Handel und Verkehr darnieder, namentlich seit Rhodos und Delos aufgehört hatten Stapelplätze für den Zwischen-
verkehr zwischen Asien und Europa zu sein und dieser sich nach
Italien gezogen hatte. Die Piraterie war gebändigt und auch die
Landstraßen wohl leidlich sicher*, aber damit kehrte die alte

---

* Daß die Landstraßen in Griechenland besonders unsicher gewesen seien,
erfahren wir nicht; der Aufstand in Achaia unter Pius (vita 5, 4) ist seiner
Art nach völlig dunkel. Wenn der Räuberhauptmann überhaupt — nicht eben
gerade der griechische — in der geringen Literatur der Epoche eine hervorragende Rolle spielt, so ist dies Vehikel den schlechten Romanschreibern aller
Zeiten gemein. Das euboeische Ödland des feineren Dion ist nicht ein Räuber-
nest, sondern es sind die Trümmer einer großen Gutswirtschaft, deren Inhaber
seines Reichtums wegen vom Kaiser verurteilt worden ist und die seitdem
wüst liegt. Übrigens zeigt sich hier, was freilich wenigstens für Nicht-Gelehrte
keines Beweises bedarf, daß diese Geschichte gerade ebenso wahr ist wie die
meisten, welche damit anfangen, daß der Erzähler sie selbst von den Beteiligten
habe; wäre die Konfiskation historisch, so würde der Besitz an den Fiskus

glückliche Zeit noch nicht zurück. Der Verödung des Peiraeeus
wurde schon gedacht; es war ein Ereignis, wenn eines der großen
ägyptischen Getreideschiffe sich einmal dorthin verirrte. Nauplia,
der Hafen von Argos, nach Patrae der bedeutendsten Küsten-
stadt des Peloponnes, lag eben wüst*. — Dem entspricht es, daß
für die Straßen dieser Provinz in der Kaiserzeit so gut wie nichts
geschehen ist; römische Meilensteine haben sich nur in der nächsten Nähe von Patrae und von Athen gefunden und auch diese
gehören den Kaisern aus dem Ende des dritten und dem vierten
Jahrhundert; offenbar haben die früheren Regierungen darauf
verzichtet hier Kommunikationen herzustellen. Nur Hadrian unternahm es wenigstens die so wichtige wie kurze Landverbindung
zwischen Korinth und Megara über den schlimmen skironischen
Klippenpaß durch gewaltige ins Meer geworfene Dämme zu einer
fahrbaren Straße zu machen. — Der seit langem verhandelte
Plan die korinthische Landenge zu durchstechen, den der Diktator Caesar aufgefaßt hatte, ist späterhin erst von Kaiser Gaius,
dann von Nero in Angriff genommen worden. Letzterer hat sogar bei seinem Aufenthalt in Griechenland persönlich zu dem Kanal den ersten Stich getan und eine Reihe von Monaten hindurch
6000 jüdische Kriegsgefangene an demselben arbeiten lassen. Bei
den in unseren Tagen wieder aufgenommenen Durchsticharbeiten
sind bedeutende Reste dieser Bauten zum Vorschein gekommen,
welche zeigen, daß die Arbeiten ziemlich weit vorgeschritten
waren, als man sie abbrach, wahrscheinlich nicht infolge der einige
Zeit nachher im Westen ausbrechenden Revolution, sondern weil
man hier, eben wie bei dem ähnlichen ägyptischen Kanal, infolge des irrigerweise vorausgesetzten verschiedenen Höhestandes

---

gekommen sein, nicht an die Stadt, welche der Erzähler denn auch sich wohl
hütet zu nennen.

* Des ägyptischen Kaufmanns aus Constantins Zeit naive Schilderung
Achaias mag hier noch Platz finden: ‚Das Land Achaia, Griechenland und
Lakonien hat viel Gelehrsamkeit, aber für die übrigen Bedürfnisse ist es
unzulänglich: denn es ist eine kleine und gebirgige Provinz und kann nicht
viel Getreide liefern, erzeugt aber etwas Öl und den attischen Honig, und
kann mehr wegen der Schulen und der Beredsamkeit gepriesen werden, nicht
aber so in den meisten übrigen Beziehungen. Von Städten hat es Korinth
und Athen. Korinth hat viel Handel und ein schönes Gebäude, das Amphitheater, Athen aber die alten Bilder (*historias antiquas*) und ein erwähnens-
wertes Werk, die Burg, wo viele Bildsäulen stehen und wunderbar die Kriegs-
taten der Vorfahren darstellen (*ubi multis statuis stantibus mirabile est videre
dicendum antiquorum bellum*). Lakonien soll allein den Marmor von Krokeae
aufzuweisen haben, den man den lakedaemonischen nennt.‘ Die Barbarei des
Ausdrucks kommt nicht auf Rechnung des Schreibers, sondern auf die des
viel späteren Übersetzers.

der beiden Meere bei Vollendung des Kanals den Untergang der Insel Aegina und weiteres Unheil befürchtete. Freilich würde dieser Kanal, wenn er vollendet worden wäre, wohl den Verkehr zwischen Asien und Italien abgekürzt haben, aber Griechenland selbst nicht vorwiegend zugute gekommen sein.

KAPITEL IX

DAS GRIECHISCHE KLEINASIEN

Für die geschichtliche Entwickelung Kleinasiens in der Kaiserzeit gibt es daselbst nur zwei aktive Nationalitäten, die beiden zuletzt eingewanderten, in den Anfängen der geschichtlichen Zeit die Hellenen, und während der Wirren der Diadochenzeit die Kelten. In der fernen Zeit, wo die Küsten des Mittelmeeres zuerst befahren und besiedelt wurden und die Welt anfing unter die vorgeschrittenen Nationen auf Kosten der zurückgebliebenen aufgeteilt zu werden, hatte die Hochflut der hellenischen Auswanderung sich zwar über alle Ufer des mittelländischen Meeres, aber doch nirgend hin, selbst nicht nach Italien und Sizilien in so breitem Strom ergossen wie über das inselreiche ägäische Meer und die nahe hafenreiche liebliche Küste Vorderasiens. Die vorderasiatischen Griechen hatten dann selbst vor allen übrigen sich tätig an der weiteren Welteroberung beteiligt, von Miletos aus die Küsten des Schwarzen Meeres, von Phokaea und Knidos aus die der Westsee besiedeln helfen. In Asien ergriff die hellenische Zivilisation wohl die Bewohner des Binnenlandes, die Myser, Lydier, Karer, Lykier und selbst die persische Großmacht blieb von ihr nicht unberührt. Aber die Hellenen selber besaßen nichts als den Küstensaum, höchstens mit Einschluß des unteren Laufs der größeren Flüsse, und die Inseln. Kontinentale Eroberung und eigene Landmacht vermochten sie hier gegenüber den mächtigen einheimischen Fürsten nicht zu gewinnen; auch lud das hochgelegene und großenteils wenig kulturfähige Binnenland Kleinasiens nicht so wie die Küsten zur Ansiedelung ein und die Verbindungen dieser mit dem Innern sind schwierig. Wesentlich in Folge dessen brachten es die asiatischen Hellenen noch weniger als die europäischen zur inneren Einigung und zur eigenen Großmacht und lernten früh die Fügsamkeit gegenüber den Herren des Kontinents. Der national hellenische Gedanke kam ihnen erst von Athen; sie wurden dessen Bundesgenossen nur nach dem Siege und blieben es nicht in der Stunde der Gefahr. Was Athen diesen Schutzbefohlenen der Nation hatte leisten wollen und nicht hatte leisten können, das vollbrachte Alexander; Hellas mußte er besiegen, Kleinasien sah in dem Eroberer nur den Befreier. Alexanders Sieg sicherte in der Tat nicht bloß das asiatische Hellenentum, sondern öffnete ihm eine weite fast ungemessene Zukunft; die Besiedelung des Kontinents, welche im Gegensatz der bloß litoralen dieses zweite Stadium der hellenischen Welteroberung bezeichnet, ergriff auch Kleinasien in bedeutendem Umfang. Doch von den Knotenpunkten der neuen Staatenbildung kam keiner nach den alten Griechenstädten der Küste. Die neue Zeit forderte wie überhaupt neue Gestaltung, so vor allem auch neue Städte, zugleich griechische Königsresidenzen und Mittelpunkte bisher ungriechischer und dem Griechentum zuzuführender Bevölkerungen. Die große staatliche Entwickelung bewegt sich um die Städte königlicher Gründung und königlichen Namens, Thessalonike, Antiocheia, Alexandreia. Mit ihren Herren hatten die Römer zu ringen; den Besitz Kleinasiens gewannen sie fast durchaus, wie man von Verwandten oder Freunden ein Landgut erwirbt, durch Vermächtnis im Testament; und wie schwer auf den also gewonnenen Landschaften zeitweise das römische Regiment gelastet hat, der Stachel der Fremdherrschaft trat hier nicht hinzu. Eine nationale Opposition hat wohl der Achaemenide Mithradates den Römern in Kleinasien entgegengestellt und das römische Mißregiment die Hellenen in seine Arme getrieben; aber diese selbst haben nie etwas Ähnliches unternommen.

Die römische Verwaltung Kleinasiens wurde nie in systematischer Weise geordnet, sondern die einzelnen Gebiete so, wie sie zum Reich kamen, ohne wesentliche Veränderung der Grenzen als römische Verwaltungsbezirke eingerichtet. Die Staaten, welche König Attalos III. von Pergamon den Römern vermacht hatte, bilden die Provinz Asia; die ebenfalls durch Erbgang ihnen zugefallenen des Königs Nikomedes die Provinz Bithynien; das dem Mithradates Eupator abgenommene Gebiet die mit Bithynien vereinigte Provinz Pontus. Kreta wurde bei Gelegenheit des großen Piratenkrieges von den Römern besetzt; Kyrene, das gleich hier mit erwähnt werden mag, nach dem letzten Willen seines Herrschers von ihnen übernommen. Derselbe Rechtstitel gab der Republik die Insel Kypros; hinzu kam hier die notwendige Unterdrückung der Piraterie. Diese hatte auch zu der Bildung der Statthalterschaft Kilikien den Grund gelegt; vollständig kam das Land an Rom durch Pompeius mit Syrien zugleich und beide sind während des ersten Jahrhunderts gemeinschaftlich verwaltet worden. All dieser Länderbesitz war bereits von der Republik erworben. In der Kaiserzeit traten eine Anzahl Gebiete hinzu, welche früher nur mittelbar zum Reich gehört hatten: im J. 729 d. St. = 25 v. Chr. das Königreich Galatien, mit welchem ein Teil Phrygiens, Lykaonien, Pisidien, Pamphylien vereinigt worden war; im J. 747 = 7 v. Chr. die Herrschaft des Königs Deiotarus Kastors Sohn, welche Gangra in Paphlagonien und wahrscheinlich auch Amaseia und andere benachbarte Orte umfaßte; im J. 17 n. Chr. das Königreich Kappadokien; im J. 43 das Gebiet der Konföderation der lykischen Städte; im J. 63 das nordöstliche Kleinasien vom Tal des Iris bis zur armenischen Grenze; Klein-Armenien und einige kleinere Fürstentümer in Kilikien wahrscheinlich durch Vespasian. Damit war die unmittelbare Reichsverwaltung in ganz Kleinasien durchgeführt.

*

Den außereuropäischen Hellenen gehören ferner noch die beiden großen Eilande des östlichen Mittelmeeres Kreta und Kypros an so wie die zahlreichen des Inselmeers zwischen Griechenland und Kleinasien; auch die kyrenäische Pentapolis an der gegenüberliegenden afrikanischen Küste ist durch die umliegende Wüste von dem Binnenlande so geschieden, daß sie jenen griechischen Inseln einigermaßen gleichgestellt werden kann. Indes der allgemeinen geschichtlichen Auffassung fügen diese Elemente der ungeheuren unter dem Szepter der Kaiser vereinigten Ländermasse wesentlich neue Züge hinzu. Die kleineren Inseln, früher und vollständiger hellenisiert als der Kontinent, gehören ihrem Wesen nach mehr zum europäischen Griechenland als zum kleinasiastischen Kolonialgebiet; wie denn des hellenischen Musterstaats Rhodos bei jenem schon mehrfach gedacht worden ist. In dieser Epoche werden die Inseln hauptsächlich genannt, insofern es in der Kaiserzeit üblich ward Männer aus den besseren Ständen zur Strafe nach denselben zu verbannen. Man wählte, wo der Fall besonders schwer war, die Klippen wie Gyaros und Donussa; aber auch Andros, Kythnos, Amorgos, einst blühende Zentren griechischer Kultur, waren jetzt Strafplätze, während in Lesbos und Samos nicht selten vornehme Römer und selbst Glieder des kaiserlichen Hauses freiwillig längeren Aufenthalt nahmen. Kreta und Kypros, deren alter Hellenismus unter der persischen Herrschaft oder auch in völliger Isolierung die Fühlung mit der Heimat verloren hatte, ordneten sich, Kypros als Dependenz Ägyptens, die kretischen Städte autonom, in der hellenistischen und später in der römischen Epoche nach den allgemeinen Formen der griechischen Politie. In den kyrenäischen Städten überwog das System der Lagiden; wir finden in ihnen nicht bloß, wie in den eigentlich griechischen, die hellenischen Bürger und Metöken, sondern es stehen neben beiden, wie in Alexandreia die Ägypter, die ‚Bauern‘, das heißt die eingeborenen Afrikaner, und

unter den Metöken bilden, wie ebenfalls in Alexandreia, die Juden
eine zahlreiche und privilegierte Klasse.

＊

Die Landtage der verschiedenen kleinasiatischen Provinzen,
welche hier wie in dem gesamten Reich als feste Einrichtung von
Augustus ins Leben gerufen sein werden, sind von denen der übrigen Provinzen an sich nicht verschieden. Doch hat diese Institution
sich hier in eigenartiger Weise entwickelt oder vielmehr denaturiert.
Mit dem nächsten Zweck dieser Jahresversammlungen der städtischen Deputierten einer jeden Provinz die Wünsche derselben dem
Statthalter oder der Regierung zur Kenntnis zu bringen und überhaupt als Organ dieser Provinz zu dienen, verband sich hier zuerst
die jährliche Festfeier für den regierenden Kaiser und das Kaisertum überhaupt: Augustus gestattete im J. 29 den Landtagen von
Asia und Bithynien an ihren Versammlungsorten Pergamon und
Nikomedeia ihm Tempel zu errichten und göttliche Ehre zu erweisen. Die neue Einrichtung dehnte sich bald auf das ganze Reich
aus und die Verschmelzung der sakralen Institution mit der administrativen wurde ein leitender Gedanke der provinzialen Organisation der Kaiserzeit. Aber in Priester- und Festpomp und
städtischen Rivalitäten hat diese Einrichtung doch nirgends sich
so entwickelt wie in der Provinz Asia und analog in den übrigen
kleinasiatischen Provinzen und nirgends also neben und über die
munizipale sich eine provinziale Ambition mehr noch der Städte als
der Individuen gestellt, wie sie in Kleinasien das gesamte öffentliche Leben beherrscht. Der von Jahr zu Jahr in der Provinz bestellte Hohepriester (ἀρχιερεύς) des neuen Tempels ist nicht bloß
der vornehmste Würdenträger der Provinz, sondern es wird auch in
der ganzen Provinz das Jahr nach ihm bezeichnet. Das Fest- und
Spielwesen nach dem Muster der olympischen Feier, welches bei den
Hellenen allen, wie wir sahen, mehr und mehr um sich griff, knüpfte
in Kleinasien überwiegend an die Feste und Spiele des provinzialen
Kaiserkultus an. Die Leitung derselben fiel dem Landtagspräsiden-
ten, in Asia dem Asiarchen, in Bithynien dem Bithyniarchen und
so weiter zu, und nicht minder trug er hauptsächlich die Kosten des
Jahrfestes, obwohl ein Teil derselben, wie die übrigen dieses so
glänzenden wie loyalen Gottesdienstes, durch freiwillige Gaben und
Stiftungen gedeckt oder auch auf die einzelnenen Städte repartiert
wurden. Daher waren diese Präsidenturen nur reichen Leuten zu-
gänglich; die Wohlhabenheit der Stadt Tralleis wird dadurch bezeichnet, daß an Asiarchen — der Titel blieb auch nach Ablauf des
Amtjahrs — es nie daselbst fehlte, die Geltung des Apostels Paulus

in Ephesos durch seine Verbindung mit verschiedenen dortigen Asiarchen. Trotz der Kosten war dies eine viel umworbene Ehrenstellung, nicht wegen der daran geknüpften Privilegien, zum Beispiel der Befreiung von der Vormundschaft, sondern wegen ihres äußeren Glanzes; der festliche Einzug in die Stadt, im Purpurgewand und den Kranz auf dem Haupt, unter Vortritt der das Rauchfaß schwingenden Prozessionsknaben, war im Horizont der Kleinasiaten, was bei den Hellenen der Ölzweig von Olympia. Mehrfach rühmt sich dieser oder jener vornehme Asiate nicht bloß selber Asiarch gewesen zu sein, sondern auch von Asiarchen abzustammen. Wenn sich dieser Kultus anfänglich auf die Provinzialhauptstädte beschränkte, so sprengte die munizipale Ambition, die namentlich in der Provinz Asia unglaubliche Verhältnisse annahm, sehr bald diese Schranken. Hier wurde schon im J. 23 dem damals regierenden Kaiser Tiberius so wie seiner Mutter und dem Senat ein zweiter Tempel von der Provinz dekretiert und nach langem Hader der Städte durch Beschluß des Senats in Smyrna errichtet. Die anderen größeren Städte folgten bei späteren Gelegenheiten nach. Hatte bis dahin die Provinz wie nur einen Tempel, so auch nur einen Vorsteher und einen Oberpriester gehabt, so mußten jetzt nicht bloß so viele Oberpriester bestellt werden, als es Provinzialtempel gab, sondern es wurden auch, da die Leitung des Tempelfestes und die Ausrichtung der Spiele nicht dem Oberpriester, sondern dem Landesvorsteher zustand und es den rivalisierenden Großstädten hauptsächlich um die Feste und Spiele zu tun war, sämtlichen Oberpriestern zugleich der Titel und das Recht der Vorsteherschaft gegeben, so daß wenigstens in Asia die Asiarchie und das Oberpriestertum der Provinzialtempel zusammenfielen. Damit traten der Landtag und die bürgerlichen Geschäfte, von welchen die Institution ihren Ausgang genommen hatte, in den Hintergrund; der Asiarch war bald nichts mehr als der Ausrichter eines an die göttliche Verehrung der gewesenen und des gegenwärtigen Kaisers angeknüpften Volksfestes, weshalb denn auch die Gemahlin desselben die Asiarchin, sich an der Feier beteiligen durfte und eifrig beteiligte.

Auch eine praktische und in Kleinasien durch das hohe Ansehen dieser Institution gesteigerte Bedeutung mag das provinziale Oberpriestertum für den Kaiserkultus gehabt haben durch die damit verknüpfte religiöse Oberaufsicht. Nachdem der Landtag den Kaiserkultus einmal beschlossen und die Regierung eingewilligt hatte, folgten selbstverständlich die städtischen Vertretungen nach; in Asia hatten bereits unter Augustus wenigstens alle Vororte der Gerichtssprengel ihr Caesareum und ihr Kaiserfest. Recht und Pflicht des Oberpriesters war es, in seinem Sprengel die Ausführung dieser provinzialen und munizipalen Dekrete und die Übung des Kultus zu überwachen; was dies zu bedeuten hatte, erläutert die Tatsache, daß der freien Stadt Kyzikos in Asia unter Tiberius die Autonomie unter anderem auch darum aberkannt ward, weil sie den dekretierten Bau des Tempels des Gottes Augustus hatte liegenlassen — vielleicht eben, weil sie als freie Stadt nicht unter dem Landtag stand. Wahrscheinlich hat sogar diese Oberaufsicht, obwohl sie zunächst dem Kaiserkultus galt, sich auf die Religionsangelegenheiten überhaupt erstreckt. Als dann der alte und der neue Glaube im Reiche um die Herrschaft zu ringen begannen, ist deren Gegensatz wohl zunächst durch das provinziale Oberpriestertum zum Konflikt geworden. Diese aus den vornehmen Provinzialen von dem Landtag der Provinz bestellten Priester waren durch ihre Traditionen wie durch ihre Amtspflichten weit mehr als die Reichsbeamten berufen und geneigt auf Vernachlässigung des anerkannten Gottesdienstes zu achten und, wo Abmahnung nicht half, da sie selber eine Strafgewalt nicht hatten, die nach bürgerlichem Recht strafbare Handlung bei den Orts- oder den Reichsbehörden zur Anzeige zu bringen und den weltlichen Arm zu Hilfe zu rufen, vor allem den Christen gegenüber die Forderungen des Kaiserkultus geltend zu machen. In der späteren Zeit schreiben die altgläubigen Regenten diesen Oberpriestern sogar ausdrücklich vor, selbst und durch die ihnen unterstellten städtischen Priester die Kontraventionen gegen die bestehende Glaubensordnung zu ahnden und weisen denselben genau die Rolle zu, welche unter den Kaisern des neuen Glaubens der Metropolit und seine städtischen Bischöfe einnehmen*. Wahrscheinlich hat hier nicht die heidnische Ordnung die

* Maximinus stellte zu diesem Zweck dem Oberpriester der einzelnen Provinz militärische Hilfe zur Verfügung (Eusebius hist. eccl. 8, 14, 9); und der berühmte Brief Julians (ep. 49; vgl. ep. 63) an die damaligen Galatarchen gibt ein deutliches Bild der Obliegenheiten desselben. Er soll das ganze Religionswesen der Provinz beaufsichtigen; dem Statthalter gegenüber seine Selbständigkeit wahren, nicht bei ihm antichambrieren, ihm nicht gestatten mit militärischer Eskorte im Tempel aufzutreten, ihn nicht vor, sondern in dem Tempel empfangen, innerhalb dessen er der Herr und der Statthalter Privatmann ist; von den Unterstützungen, die die Regierung für die Provinz ausgeworfen hat (30000 Scheffel Getreide und 60000 Sextarien Wein) den fünften Teil an die in die Klientel der heidnischen Priester tretenden Armen spenden, das übrige sonst zu mildtätigen Zwecken verwenden; in jeder Stadt der Provinz womöglich mit Beihilfe der Privaten Verpflegungshäuser (ξενοδοχεῖα) nicht bloß für Heiden, sondern für jedermann ins Leben rufen und den Christen nicht ferner das Monopol der guten Werke gestatten; die sämtlichen Priester der Provinz durch Beispiel und Ermahnung überhaupt zum gottesfürchtigen Wandel und zur Vermeidung des Besuchs der Theater und der Schenken anhalten und insbesondere zum fleißigen Besuch der Tempel mit ihrer Familie und ihrem Gesinde, oder, wenn sie nicht zu bessern sind, sie absetzen. Er ist

christlichen Institutionen kopiert, sondern umgekehrt die siegende christliche Kirche ihr hierarchisches Rüstzeug dem feindlichen Arsenal entnommen. Alles dies galt, wie bemerkt, für das ganze Reich; aber die sehr praktischen Konsequenzen der provinzialen Regulierung des Kaiserkultus, die religiöse Aufsichtführung und die Verfolgung der Andersgläubigen, sind vorzugweise in Kleinasien gezogen worden.

Neben dem Kaiserkultus fand auch die eigentliche Gottesverehrung in Kleinasien in bevorzugter Weise ihre Statt und namentlich alle ihre Auswüchse eine Freistatt. Das Unwesen der Asyle und der Wunderkuren hatte ganz besonders hier seinen Sitz. Unter Tiberius wurde die Beschränkung der ersteren vom römischen Senat angeordnet; der Heilgott Asklepios tat nirgends mehr und größere Wunder als in seiner vielgeliebten Stadt Pergamon, die ihn geradezu als Zeus Asklepios verehrte und ihre Blüte in der Kaiserzeit zum guten Teil ihm verdankte. Die wirksamsten Wundertäter der Kaiserzeit, der später kanonisierte Kappadokier Apollonios von Tyana, so wie der paphlagonische Drachenmann Alexandros von Abonuteichos sind Kleinasiaten. Wenn das allgemeine Verbot der Assoziationen, wie wir sehen werden, in Kleinsaien mit besonderer Strenge durchgeführt ward, so wird die Ursache wohl hauptsächlich in den religiösen Verhältnissen zu suchen sein, die den Mißbrauch solcher Vereinigungen dort besonders nahe legten.

Die öffentliche Sicherheit ruhte im wesentlichen auf dem Lande selbst. In der früheren Kaiserzeit stand, abgesehen von dem das östliche Kilikien einschließenden syrischen Kommando, in ganz Kleinasien nur ein Detachement von 5000 Mann Auxiliartruppen, die in der Provinz Galatien garnisonierten, nebst einer Flotte von 40 Schiffen; es war dies Kommando bestimmt teils die unruhigen Pisidier niederzuhalten, teils die nordöstliche Reichsgrenze zu dekken und die Küste des schwarzen Meeres bis zur Krim unter Aufsicht zu halten. Vespasian brachte diese Truppe auf den Stand eines Armeekorps von zwei Legionen und legte deren Stäbe in die Provinz Kappadokien an den oberen Euphrat. Außer diesen für die Grenzhut bestimmten Mannschaften gab es damals namhafte Garnisonen in Vorderasien nicht; in der kaiserlichen Provinz Lykien und Pamphylien zum Beispiel stand eine einzige Kohorte von

---

ein Hirtenbrief in bester Form, nur mit veränderter Adresse und mit Zitaten aus Homer statt aus der Bibel. So deutlich diese Anordnungen den Stempel des bereits zusammenbrechenden Heidentums an sich tragen und so gewiß sie in dieser Ausdehnung der früheren Epoche fremd sind, so erscheint doch das Fundament, die allgemeine Oberaufsicht des Oberpriesters der Provinz über das Kultwesen, keineswegs als eine neue Einrichtung.

500 Mann, in den senatorischen Provinzen höchstens einzelne aus
der kaiserlichen Garde oder aus den benachbarten Kaiserprovinzen
zu speziellen Zwecken abkommandierte Soldaten. Wenn dies einerseits für den inneren Frieden dieser Provinzen auf das nachdrück-
lichste zeugt und den ungeheuren Abstand der kleinasiatischen Bürgerschaften von den ewig unruhigen Hauptstädten Syriens und
Ägyptens deutlich vor Augen führt, so erklärt es andererseits die
schon in anderer Verbindung hervorgehobene Stabilität des Räuberwesens in dem durchaus gebirgigen und im Innern zum Teil öden
Lande, namentlich an der mysisch-bithynischen Grenze und in den
Bergtälern Pisidiens und Isauriens. Eigentliche Bürgerwehren gab
es in Kleinasien nicht. Trotz des Florierens der Turnanstalten für
Knaben, Jünglinge und Männer blieben die Hellenen dieser Zeit
in Asia so unkriegerisch wie in Europa. Man beschränkte sich darauf für die Aufrechterhaltung der öffentlichen Sicherheit städtische
Eirenarchen, Friedensmeister zu kreieren und ihnen eine Anzahl zum
Teil berittener städtischer Gendarmen zur Verfügung zu stellen,
gedungene Mannschaften von geringem Ansehen, welche aber doch
brauchbar gewesen sein müssen, da Kaiser Marcus es nicht verschmähte, bei dem bitteren Mangel an gedienten Leuten während
des Marcomanenkrieges diese kleinasiatischen Stadtsoldaten in
die Reichstruppen einzureihen.

Die Justizpflege sowohl der städtischen Behörden wie der Statthalter ließ auch in dieser Epoche vieles zu wünschen übrig; doch
bezeichnet das Eintreten der Kaiserherrschaft darin eine Wendung
zum Besseren. Das Eingreifen der Reichsgewalt hatte unter der
Republik sich auf die strafrechtliche Kontrolle der Reichsbeamten
beschränkt und diese besonders in späterer Zeit schwächlich und
parteiisch geübt oder vielmehr nicht geübt. Jetzt wurden nicht
bloß in Rom die Zügel schärfer angezogen, indem die strenge Beaufsichtigung der eigenen Beamten von dem einheitlichen Militärregiment unzertrennlich war und auch der Reichssenat zu schär-
ferer Überwachung der Amtspflege seiner Mandatare veranlaßt
wurde, sondern es wurde jetzt möglich, die Mißgriffe der Provinzial-
gerichte im Wege der neu eingeführten Appellation zu beseitigen
oder auch, wo unparteiisches Gericht in der Provinz nicht erwartet
werden konnte, den Prozeß nach Rom vor das Kriegsgericht zu
ziehen. Beides kam auch den senatorischen Provinzen zugute und
ist allem Anschein nach überwiegend als Wohltat empfunden worden.

Wie bei den Hellenen Europas, so ist in Kleinasien die römische
Provinz wesentlich ein Komplex städtischer Gemeinden. Wie in
Hellas werden auch hier die überkommenen Formen der demokra-

tischen Politie im allgemeinen festgehalten, die Beamten zum Beispiel auch ferner von den Bürgerschaften gewählt, überall aber der bestimmende Einfluß in die Hände der Begüterten gelegt und dem Belieben der Menge so wie dem ernstlichen politischen Ehrgeiz kein Spielraum gestattet. Unter den Beschränkungen der munizipalen Autonomie ist den kleinasiatischen Städten eigentümlich, daß den schon erwähnten Eirenarchen, den städtischen Polizeimeister, späterhin der Statthalter aus einer von dem Rat der Stadt aufgestellten Liste von zehn Personen ernannte. Die Regierungskuratel der städtischen Finanzverwaltung, die kaiserliche Bestellung eines nicht der Stadt selbst angehörigen Vermögenspflegers (*curator rei publicae*, λογιστής), dessen Konsens die städtischen Behörden bei wichtigeren Vermögenshandlungen einzuholen haben, ist niemals allgemein, sondern nach Bedürfnis für diese oder jene Stadt angeordnet worden, in Kleinasien aber entsprechend der Bedeutung seiner städtischen Entwickelung besonders früh, das heißt seit dem Anfang des zweiten Jahrhunderts, und besonders umfassend eingetreten. Wenigstens im 3. Jahrhundert mußten auch hier wie anderswo sonstige wichtige Beschlüsse der Gemeindeverwaltung dem Statthalter zur Bestätigung unterbreitet werden. Uniformierung der Gemeindeverfassung hat die römische Regierung nirgends und am wenigsten in den hellenischen Landschaften durchgeführt; auch in Kleinasien herrschte darin große Mannigfaltigkeit und vermutlich vielfach das Belieben der einzelnen Bürgerschaften, obwohl für die derselben Provinz angehörigen Gemeinden das eine jede Provinz organisierende Gesetz allgemeine Normen vorschrieb. Was der Art von Institutionen als in Kleinasien verbreitet und vorherrschend diesem Landesteil eigentümlich angesehen werden kann, trägt keinen politischen Charakter, sondern ist nur etwa für die sozialen Verhältnisse bezeichnend, wie die über ganz Kleinasien verbreiteten Verbände teils der älteren, teils der jüngeren Bürger, die Gerusia und die Neoi, Ressourcen für die beiden Altersklassen mit entsprechenden Turnplätzen und Festen. Autonome Gemeinden gab es in Kleinasien von Haus aus bei weitem weniger als in dem eigentlichen Hellas und namentlich die bedeutendsten kleinasiatischen Städte haben diese zweifelhafte Auszeichnung niemals gehabt oder doch früh verloren, wie Kyzikos unter Tiberius, Samos durch Vespasian. Kleinasien war eben altes Untertanengebiet und unter den persischen wie unter den hellenischen Herrschern an monarchische Ordnung gewöhnt; weniger als in Hellas führte hier unnützes Erinnern und unklares Hoffen hinaus über den beschränkten munizipalen Horizont der Gegenwart und nicht vieles der Art störte den friedlichen Genuß des unter den bestehenden Verhältnissen möglichen Lebensglückes.

Solchen Lebensglückes gab es in Kleinasien unter dem römischen
Kaiserregiment die Fülle. ‚Keine Provinz von allen‘, sagt ein in
Smyrna unter den Antoninen lebender Schriftsteller, ‚hat so viele
Städte aufzuweisen wie die unsrige und keine solche wie unsere
größten. Ihr kommen zugute die reizende Gegend, die Gunst des
Klimas, die mannigfaltigen Produkte, die Lage im Mittelpunkt des
Reiches, ein Kranz ringsum befriedeter Völker, die gute Ordnung,
die Seltenheit der Verbrechen, die milde Behandlung der Sklaven,
die Rücksicht und das Wohlwollen der Herrscher‘. Asia hieß, wie
schon gesagt ward, die Provinz der fünfhundert Städte, und wenn
das wasserlose zum Teil nur zur Weide geeignete Binnenland Phrygiens, Lykaoniens, Galatiens, Kappadokiens auch in jener Zeit nur
dünn bevölkert war, stand die übrige Küste hinter Asia nicht weit
zurück. Die dauernde Blüte der kulturfähigen Landschaften Kleinasiens erstreckt sich nicht bloß auf die Städte glänzenden Namens,
wie Ephesos, Smyrna, Laodikeia, Apameia; wo immer ein von der
Verwüstung der anderthalb Jahrtausende, die uns von jener Zeit
trennen, vergessener Winkel des Landes sich der Forschung er-
schließt, da ist das erste und das mächtigste Gefühl das Entsetzen,
fast möchte man sagen die Scham über den Kontrast der elenden
und jammervollen Gegenwart mit dem Glück und dem Glanz der
vergangenen Römerzeit. Auf einer abgelegenen Bergspitze unweit
der lykischen Küste, da wo nach der griechischen Fabel die Chi-
maera hauste, lag das alte Kragos, wahrscheinlich nur aus Balken
und Lehmziegeln gebaut und darum spurlos verschwunden bis auf
die zyklopische Festungsmauer am Fuß des Hügels. Unter der
Kuppe breitet ein anmutiges fruchtbares Tal sich aus, mit frischer
Alpenluft und südlicher Vegetation, umgeben von wald- und wild-
reichen Bergen. Als unter Kaiser Claudius Lykien Provinz ward,
verlegte die römische Regierung die Bergstadt, das ‚grüne Kragos‘
des Horaz, in diese Ebene; auf dem Marktplatz der neuen Stadt
Sidyma stehen noch die Reste des viersäuligen dem Kaiser damals
gewidmeten Tempels und einer stattlichen Säulenhalle, welche ein
von dort gebürtiger als Arzt zu Vermögen gelangter Bürger in seiner
Vaterstadt baute. Statuen der Kaiser und verdienter Mitbürger
schmückten den Markt; es gab in der Stadt einen Tempel ihrer
Schutzgötter, der Artemis und des Apollon, Bäder, Turnanstalten
(γυμνάσια) für die ältere wie für die jüngere Bürgerschaft; von den
Toren zogen sich an der Hauptstraße, die steil am Gebirge hinab
nach dem Hafen Kalabatia führte, zu beiden Seiten Reihen hin
von steinernen Grabmonumenten, stattlicher und kostbarer als
die Pompeiis und großenteils noch aufrecht, während die, vermutlich wie die der Altstadt aus vergänglichem Material gebauten Häu-

ser verschwunden sind. Auf den Stand und die Art der einstmaligen Bewohner gestattet einen Schluß ein kürzlich dort aufgefundener wahrscheinlich unter Commodus gefaßter Gemeindebeschluß über die Konstituierung der Ressource für die älteren Bürger; dieselbe wurde zusammengesetzt aus hundert zur Hälfte dem Stadtrat, zur Hälfte der übrigen Bürgerschaft entnommenen Mitgliedern, darunter nicht mehr als drei Freigelassene und ein Bastardkind, alle übrigen in rechter Ehe erzeugt und zum Teil nachweislich alten und wohlhabenden Bürgerhäusern angehörig. Einzelne dieser Familien sind zum römischen Bürgerrecht gelangt, eine sogar in den Reichssenat. Aber auch im Ausland blieb dieses senatorische Haus sowohl wie verschiedene aus Sidyma gebürtige auswärts und selbst am kaiserlichen Hof beschäftigte Ärzte der Heimat eingedenk und mehrere derselben haben ihr Leben daselbst beschlossen; einer dieser angesehenen Stadtbürger hat in einem nicht gerade vortrefflichen, aber sehr gelehrten und sehr patriotischen Elaborat die Legenden der Stadt und die sie betreffenden Weissagungen zusammengefaßt und diese Memorabilien öffentlich aufstellen lassen. Dies Kragos-Sidyma stimmte auf dem Landtag der kleinen lykischen Provinz nicht unter den Städten erster Klasse, war ohne Theater, ohne Ehrentitel und ohne jene allgemeinen Feste, die in der damaligen Welt die Großstadt bezeichnen, auch nach der Auffassung der Alten eine kleine Provinzialstadt und durchaus eine Schöpfung der römischen Kaiserzeit. Aber im ganzen Vilajet Aïdin ist heute kein Binnenort, der für zivilisierte Existenz auch nur entfernt diesem Bergstädtchen, wie es war, an die Seite gestellt werden könnte. Was in diesem abgeschiedenen Fleck noch heute lebendig vor Augen steht, das ist in einer ungezählten Menge anderer Städte unter der verwüstenden Menschenhand bis auf geringe Reste oder auch spurlos verschwunden. Einen gewissen Überblick dieser Fülle gewährt die den Städten in Kupfer freigegebene Münzprägung der Kaiserzeit: keine Provinz kann in der Zahl der Münzstätten und der Mannigfaltigkeit der Darstellungen sich auch nur von weitem mit Asia messen.

Kleinasien, insbesondere Vorderasien, war eines der reichsten Gebiete des großen Römerstaats. Wohl hatte das Mißregiment der Republik, die dadurch hervorgerufenen Katastrophen der mithradatischen Zeit, dann das Piratenunwesen, endlich die vieljährigen Bürgerkriege, welche fianziell wenige Provinzen so schwer betroffen hatten wie diese, die Vermögensverhältnisse der Gemeinden und der Einzelnen daselbst so vollständig zerrüttet, daß Augustus zu dem äußersten Mittel der Niederschlagung aller Schuldforderungen griff; auch machten mit Ausnahme der Rhodier alle Asiaten von

diesem gefährlichen Heilmittel Gebrauch. Aber das wieder eintretende Friedensregiment glich vieles aus. Nicht überall — die Inseln des ägäischen Meers zum Beispiel haben sich nie seitdem wieder
erholt —, aber in den meisten Orten waren, schon als Augustus
starb, die Wunden wie die Heilmittel vergessen, und in diesem Zustand blieb das Land drei Jahrhunderte bis auf die Epoche der
Gothenkriege. Die Summen, zu welchen die Städte Kleinasiens angesetzt waren und die sie selbst, allerdings unter Kontrolle des
Statthalters, zu repartieren und aufzubringen hatten, bildeten eine
der bedeutendsten Einnahmequellen der Reichskasse. Wie die
Steuerlast sich zu der Leistungsfähigkeit der Besteuerten verhielt,
vermögen wir nicht zu konstatieren; eigentliche dauernde Überbür-
dung aber verträgt sich nicht mit den Zuständen, in denen wir das
Land bis gegen die Mitte des dritten Jahrhunderts finden. Mehr
vielleicht noch die Schlaffheit des Regiments als absichtliche Schonung mag die fiskalische Beschränkung des Verkehrs und die nicht
bloß für den Besteuerten unbequeme Anziehung der Steuerschraube
in Schranken gehalten haben. Bei großen Kalamitäten, namentlich
bei den Erdbeben, welche unter Tiberius zwölf blühende Städte
Asias, vor allem Sardes, unter Pius eine Anzahl karischer und ly-
kischer und die Inseln Kos und Rhodos entsetzlich heimsuchten,
trat die Privat- und vor allem die Reichshilfe mit großartiger Frei-
gebigkeit ein und spendete den Kleinasiaten den vollen Segen des
Großstaats, die Samtverbürgung aller für alle. Der Wegebau, den
die Römer bei der ersten Einrichtung der Provinz Asia durch Ma-
nius Aquillius in Angriff genommen hatten, ist in der Kaiserzeit in
Kleinasien nur da ernstlich gefördert worden, wo größere Besatzungen standen, namentlich in Kappadokien und dem benachbarten
Galatien, seit Vespasian am mittleren Euphrat Legionslager eingerichtet hatte. In den übrigen Provinzen ist dafür nicht viel geschehen, zum Teil ohne Zweifel infolge der Schlaffheit des senatorischen Regiments; wo immer hier Wege von Staats wegen gebaut
wurden, geschah es auf kaiserliche Anordnung. — Diese Blüte
Kleinasiens ist nicht das Werk einer Regierung von überlegener
Einsicht und energischer Tatkraft. Die politischen Einrichtungen,
die gewerblichen und kommerziellen Anregungen, die literarische
und künstlerische Initiative gehören in Kleinasien durchaus den
alten Freistädten oder den Attaliden. Was die römische Regierung
dem Lande gegeben hat, war wesentlich der dauernde Friedensstand und die Duldung des Wohlstandes im Innern, die Abwesenheit derjenigen Regierungsweisheit, die jedes gesunde Paar Arme
und jedes ersparte Geldstück betrachtet als ihren unmittelbaren
Zwecken von Rechts wegen verfallen — negative Tugenden keines-

wegs hervorragender Persönlichkeiten, aber oftmals dem gemeinen
Gedeihen ersprießlicher als die Großtaten der selbstgesetzten Vor-
münder der Menschheit.

Der Wohlstand Kleinasiens beruhte in schönem Gleichgewicht
ebenso auf der Bodenkultur wie auf der Industrie und dem Handel.
Die Gunst der Natur ist insbesondere den Küstenlandschaften
zu Teil geworden, und vielfach zeigt es sich, mit wie emsigem
Fleiß auch unter schwierigeren Verhältnissen, zum Beispiel in
dem felsigen Tal des Eurymedon in Pamphylien von den Bürgern
von Selge, jedes irgend brauchbare Bodenstück ausgenutzt ward.
Die Erzeugnisse der kleinasiatischen Industrie sind zu zahlreich
und zu mannigfaltig, um bei den einzelnen zu verweilen; erwähnt
mag werden, daß die ungeheuren Triften des Binnenlandes mit ihren
Schaf- und Ziegenherden Kleinasien zum Hauptland der Wollindu-
strie und der Weberei überhaupt gemacht haben — es genügt zu erinnern an die milesische und die galatische, das ist die Angorawolle,
die attalischen Goldstickereien, die nach nervischer, das heißt flan-
drischer Art in den Fabriken des phrygischen Laodikeia gefertigten
Tuche. Daß in Ephesos fast ein Aufstand ausgebrochen wäre, weil
die Goldschmiede von dem neuen Christenglauben Beschädigung
ihres Absatzes von Heiligenbildern befürchteten, ist bekannt. In
Philadelphia, einer bedeutenden Stadt Lydiens, kennen wir von den
sieben Quartieren die Namen zweier: es sind die der Wollenweber
und der Schuster. Wahrscheinlich tritt hier zu Tage, was bei den
übrigen Städten unter älteren und vornehmeren Namen sich ver-
steckt, daß die bedeutenderen Städte Asias durchgängig nicht bloß
eine Menge Handwerker, sondern auch eine zahlreiche Fabrikbe-
völkerung in sich schlossen. Der Geld- und Handelsverkehr ruhte
in Kleinasien hauptsächlich auf der eigenen Produktion. Der große
ausländische Import und Export Syriens und Ägyptens war hier
in der Hauptsache ausgeschlossen, wenn auch aus den östlichen
Ländern mancherlei Artikel, zum Beispiel durch die galatischen
Händler eine beträchtliche Zahl von Sklaven nach Kleinasien eingeführt wurden. Aber wenn die römischen Kaufleute hier wie es
scheint in jeder großen und kleinen Stadt, selbst in Orten wie Ilion
und Assos in Mysien, Prymnessos und Traianupolis in Phrygien in
solcher Zahl zu finden waren, daß ihre Vereine neben der Stadt-
bürgerschaft bei öffentlichen Akten sich zu beteiligen pflegen; wenn
in Hierapolis im phrygischen Binnenland ein Fabrikant (ἐργαστής)
auf sein Grab schreiben ließ, daß er zweiundsiebzigmal in seinem
Leben um Cap Malea nach Italien gefahren sei und ein römischer
Dichter den Kaufmann der Hauptstadt schildert, welcher nach dem
Hafen eilt, um den Geschäftsfreund aus dem nicht weit von Hiera-

polis entfernten Kibyra nicht in die Hände von Konkurrenten fallen zu lassen, so öffnet sich damit ein Einblick in ein reges gewerbliches und kaufmännisches Treiben nicht bloß in den Häfen. Von dem stetigen Verkehr mit Italien zeugt auch die Sprache; unter den in Kleinasien gangbar gewordenen lateinischen Wörtern rühren nicht wenige aus solchem Verkehr her, wie denn in Ephesos sogar die Gilde der Wollenweber sich lateinisch benennt*. Lehrer aller Art und Ärzte kamen nach Italien und den übrigen Ländern lateinischer Zunge vorzugsweise von hier und gewannen nicht bloß oftmals bedeutendes Vermögen, sondern brachten dies auch in ihre Heimat zurück; unter denen, welchen die Städte Kleinasiens Bauwerke oder Stiftungen verdanken, nehmen die reich gewordenen Ärzte und Literaten einen hervorragenden Platz ein. Endlich die Auswanderung der großen Familien nach Italien hat Kleinasien weniger und später betroffen als den Okcident; aus Vienna und Narbo siedelte man leichter nach der Hauptstadt des Reiches über als aus den griechischen Städten und auch die Regierung war in früherer Zeit nicht eben geneigt die vornehmen Munizipalen Kleinasiens an den Hof zu ziehen und sie in die römische Aristokratie einzuführen.

Wenn wir absehen von der wunderbaren Frühblüte, in welcher das ionische Epos und die aeolische Lyrik, die Anfänge der Geschichtsschreibung und der Philosophie, der Plastik und der Ma-

---

* Einer von diesen ist Xenophon des Herakleitos Sohn von Kos, bekannt aus Tacitus (ann. 12, 61. 67) und Plinius n. h. 29, 1, 7 und einer Reihe von Denkmälern seiner Heimat (Bull. de corr. hell. 5, 468). Als Leibarzt (ἀρχιατρός, welcher Titel hier zuerst begegnet) des Kaisers Claudius gewann er solchen Einfluß, daß er mit seiner ärztlichen Tätigkeit die einflußreiche Stellung des kaiserlichen Kabinettssekretärs für die griechische Korrespondenz verband und nicht bloß für seinen Bruder und Oheim das römische Bürgerrecht und Offiziersstellen von Ritterrang und für sich außer dem Ritterpferd und dem Offiziersrang noch die Dekoration des Goldkranzes und des Speers bei dem britannischen Triumph erwirkte, sondern auch für seine Heimat die Steuerfreiheit. Sein Grabmal steht auf der Insel und seine dankbaren Landsleute setzten ihm und den Seinigen Statuen und schlugen zu seinem Gedächtnis Münzen mit seinem Bildnis. Er ist es, der den todkranken Claudius durch weitere Vergiftung umgebracht haben soll und demgemäß, als ihm wie seinem Nachfolger gleich wert, auf seinen Denkmälern nicht bloß wie üblich ‚Kaiserfreund' (φιλοσεβαστός) heißt, sondern speziell Freund des Claudius (φιλοκλαύδιος) und des Nero (φιλονέρων, dies nach sicherer Restitution). Sein Bruder, dem er in dieser Stellung folgte, bezog ein Gehalt von 500000 Sesterzen (100000 M.), versicherte aber dem Kaiser, daß er nur ihm zuliebe die Stellung angenommen hätte, da seine Stadtpraxis ihm 100000 Sesterzen mehr eingetragen habe. Trotz der enormen Summen, die die Brüder außer für Kos namentlich für Neapel aufgewendet hatten, hinterließen sie ein Vermögen von 30 Mill. Sesterzen (6¹⁄₂ Mill. Mark).

lerei an diesen Gestaden keimten, so war in der Wissenschaft wie in der Kunstübung die große Zeit Kleinasiens die der Attaliden, welche die Erinnerung jener noch größeren Epoche treulich pflegte. Wenn Smyrna seinem Bürger Homeros göttliche Verehrung erwies, auch Münzen auf ihn schlug und nach ihm nannte, so drückt sich darin die Empfindung aus, die ganz Ionien und ganz Kleinasien beherrschte, daß die göttliche Kunst überhaupt in Hellas und im besondern in Ionien auf die Erde niedergestiegen sei. Wie früh und in welchem Umfang für den Elementarunterricht in diesen Gegenden öffentlich gesorgt worden ist, veranschaulicht ein denselben betreffender Beschluß der Stadt Teos in Lydien. Danach soll, nachdem die Kapitalschenkung eines reichen Bürgers die Stadt dazu in Stand gesetzt hat, in Zukunft neben dem Turninspektor (γυμνασιάρχης) weiter das Ehrenamt eines Schulinspektors (παιδονόμος) eingerichtet werden. Ferner sollen mit Besoldung angestellt werden drei Schreiblehrer mit Gehalten, je nach den drei Klassen, von 600, 550 und 500 Drachmen, damit im Schreiben sämtliche freie Knaben und Mädchen unterwiesen werden können; ebenfalls zwei Turnmeister mit je 500 Drachmen Gehalt, ein Musiklehrer mit Gehalt von 700 Drachmen, welcher die Knaben der beiden letzten Schuljahre und die aus der Schule entlassenen Jünglinge im Lautenschlagen und Zitherspielen unterweist, ein Fechtlehrer mit 300 und ein Lehrer für Bogenschießen und Speerwerfen mit 250 Drachmen Besoldung. Die Schreib- und der Musiklehrer sollen jährlich im Rathaus ein öffentliches Examen der Schüler abhalten. Das ist das Kleinasien der Attalidenzeit; aber die römische Republik hat deren Arbeit nicht fortgesetzt. Sie ließ ihre Siege über die Galater nicht durch den Meißel verewigen und die pergamenische Bibliothek kam kurz vor der aktischen Schlacht nach Alexandreia; viele der besten Keime sind in der Verwüstung der mithradatischen und der Bürgerkriege zugrunde gegangen. Erst in der Kaiserzeit regenerierte sich mit dem Wohlstande Kleinasiens wenigstens äußerlich die Pflege der Kunst und vor allem der Literatur. Einen eigentlichen Primat, wie ihn als Universitätsstadt Athen besaß, im Kreise der wissenschaftlichen Forschung Alexandreia, für Schauspiel und Ballet die leichtfertige Hauptstadt Syriens, kann keine der zahlreichen Städte Kleinasiens nach irgendeiner Richtung hin in Anspruch nehmen; aber die allgemeine Bildung ist wahrscheinlich nirgends weiter verbreitet und eingreifender gewesen. Den Lehrern und den Ärzten Befreiung von den mit Kosten verbundenen städtischen Ämtern und Aufträgen zu gewähren muß in Asia früh üblich geworden sein; an diese Provinz ist der Erlaß des Kaisers Pius gerichtet (S. 303), welcher, um der für die städtischen Finanzen offenbar sehr beschwerlichen Exemtion Schranken zu setzen, Maximalzahlen dafür vorschreibt, zum Beispiel den Städten erster Klasse gestattet bis zu zehn Ärzten, fünf Lehrmeistern der Rhetorik und fünf der Grammatik diese Immunität zu gewähren. Daß in dem Literatentum der Kaiserzeit Kleinasien in erster Reihe steht, beruht auf dem Rhetoren- oder, nach dem späterhin üblichen Ausdruck, dem Sophistenwesen der Epoche, das wir Neueren uns nicht leicht vergegenwärtigen. An die Stelle der Schriftstellerei, die ziemlich aufgehört hat etwas zu bedeuten, ist der öffentliche Vortrag getreten, von der Art etwa unserer heutigen Universitäts- und akademischen Reden, ewig sich neu erzeugend und nur ausnahmsweise gelagert, einmal gehört und beklatscht und dann auf immer vergessen. Den Inhalt gibt häufig die Gelegenheit, der Geburtstag des Kaisers, die Ankunft des Statthalters, jedes öffentliche oder private analoge Ereignis; noch häufiger wird ohne jede Veranlassung ins Blaue hinein über alles geredet, was nicht praktisch und nicht lehrhaft ist. Politische Rede gibt es für diese Zeit überhaupt nicht, nicht einmal im römischen Senat. Die Gerichtsrede ist den Griechen nicht mehr der Zielpunkt der Redekunst, sondern steht neben der Rede um der Rede willen als vernachlässigte und plebejische Schwester, zu der sich ein Meister jener gelegentlich einmal herabläßt. Der Poesie, der Philosophie, der Geschichte wird entnommen, was sich gemeinplätzig behandeln läßt, während sie alle selbst überhaupt wenig und am wenigsten in Kleinasien gepflegt und noch weniger geachtet neben der reinen Wortkunst und von ihr durchseucht verkümmern. Die große Vergangenheit der Nation betrachten diese Redner sozusagen als Sondergut; sie verehren und behandeln den Homer einigermaßen wie die Rabbiner die Bücher Moses, und auch in der Religion befleißigen sie sich eifrigster Orthodoxie. Getragen werden diese Vorträge durch alle erlaubten und unerlaubten Hilfsmittel des Theaters, die Kunst der Gestikulation und der Modulation der Stimme, die Pracht des Rednerkostüms, die Kunstgriffe des Virtuosentums, das Faktionswesen, die Konkurrenz, die Claque. Dem grenzenlosen Selbstgefühl dieser Wortkünstler entspricht die lebhafte Teilnahme des Publikums, welche derjenigen für die Rennpferde nur wenig nachsteht, und der völlig nach Theaterart dieser Teilnahme gegebene Ausdruck; und die Stetigkeit, womit dergleichen Exhibitionen in den größeren Orten den Gebildeten vorgeführt werden, fügt sie, ebenfalls wie das Theater, überall in die städtischen Lebensgewohnheiten ein. Wenn vielleicht an den Eindruck, welchen in unseren bewegtesten Großstädten die obligaten Reden ihrer gelehrten Körperschaften hervorrufen, sich dies untergegangene Phänomen für unser Verständnis einigermaßen anknüpfen läßt, so fehlt doch in den heutigen Verhältnissen ganz, was der alten Welt weit die Hauptsache war: das didaktische Moment und die Verknüpfung des zwecklosen öffentlichen Vortrags mit dem höheren Jugendunterricht. Wenn dieser heute, wie man sagt, den Knaben der gebildeten Klasse zum Professor der Philologie erzieht, so erzog er ihn damals zum Professor der Eloquenz, und zwar dieser Eloquenz. Denn die Schulung lief mehr und mehr darauf hinaus dem Knaben die Fertigkeit beizubringen eben solche Vorträge, wie sie eben geschildert wurden, selber, wo möglich in beiden Sprachen, zu halten und wer mit Nutzen den Kursus absolviert hatte, beklatschte in den analogen Leistungen die Erinnerung an die eigene Schulzeit. Diese Produktion umspannt zwar den Orient wie den Okzident; aber Kleinasien steht voran und gibt den Ton an. Als in der augustischen Zeit die Schulrhetorik in dem lateinischen Jugendunterricht der Hauptstadt Fuß faßte, waren die Hauptträger neben Italienern und Spaniern zwei Kleinasiaten, Arellius Fuscus und Cestius Pius. Ebendaselbst, wo die ernsthafte Gerichtsrede sich in der besseren Kaiserzeit neben diesem Parasiten behauptete, weist ein geistvoller Advokat der flavischen Zeit auf die ungeheure Kluft hin, welche den Niketes von Smyrna und die andern in Ephesos und Mytilene beklatschten Redeschulmeister von Aeschines und Demosthenes trennt. Bei weitem die meisten und namhaftesten der gefeierten Rhetoren dieser Art sind von der Küste Vorderasiens. Wie sehr für die Finanzen der kleinasiatischen Städte die Schulmeisterlieferung für das ganze Reich ins Gewicht fiel, ist schon bemerkt worden. Im Laufe der Kaiserzeit steigt die Zahl und die Geltung dieser Sophisten beständig und mehr und mehr gewinnen sie Boden auch im Okzident. Die Ursache davon liegt zum Teil wohl in der veränderten Haltung der Regierung, die im zweiten Jahrhundert, insbesondere seit der nicht so sehr hellenisierenden als übel kosmopolitisierenden hadrianischen Epoche, sich weniger ablehnend gegen das griechische und das orientalische Wesen verhielt als im ersten; hauptsächlich aber in der immer zunehmenden Verallgemeinerung der höheren Bildung und der rasch sich vermehrenden Zahl der Anstalten für den höheren Jugendunterricht. Es gehört also die Sophistik allerdings besonders nach Kleinasien und besonders in das Kleinasien des zweiten und dritten Jahrhunderts; nur darf in diesem Literatenprimat keine spezielle Eigentümlichkeit dieser Griechen und dieser Epoche oder gar eine nationale Besonderheit gefunden werden. Die Sophistik sieht sich überall gleich, in Smyrna und Athen wie in Rom und Karthago; die Eloquenzmeister wurden verschickt wie die Lampenformen und das Fabrikat überall in gleicher Weise, nach Verlangen griechisch oder lateinisch, hergestellt,

die Fabrikation dem Bedarf entsprechend gesteigert. Aber freilich
lieferten diejenigen griechischen Landschaften, die an Wohlstand
und Bildung voranstanden, diesen Exportartikel in bester Qualität
und in größter Quantität; von Kleinasien gilt dies für die Zeiten
Sullas und Ciceros nicht minder wie für die Hadrians und der An-
tonine. Indes ist auch hier nicht alles Schatten.

Eben diese Landschaften
besitzen zwar nicht unter den professionellen Sophisten, aber doch
unter den Literaten anderer Richtung, die auch noch dort verhältnismäßig zahlreich sich finden, die besten Vertreter des Hellenismus, welche diese Epoche überhaupt aufweist, den Lehrer der Philosophie Dion von Prusa in Bithynien unter Vespasian und Traian
und den Mediziner Galenos aus Pergamon, kaiserlichen Leibarzt
am Hofe des Marcus und des Severus. Bei Galenos erfreut namentlich die feine Weise des Welt- und des Hofmanns in Verbindung mit
einer allgemeinen literarischen und philosophischen Bildung, wie
sie bei den Ärzten dieser Zeit überhaupt häufig hervortritt*. An
Reinheit der Gesinnung und Klarheit über die Lage der Dinge gibt
der Bithyner Dion dem Gelehrten von Chaeronea nichts nach, an
Gestaltungskraft, an Feinheit und Schlagfertigkeit der Rede, an
ernstem Sinn bei leichter Form, an praktischer Energie ist er ihm
überlegen. Die besten seiner Schriften, die Phantasien von dem
idealen Hellenen vor der Erfindung der Stadt und des Geldes, die
Ansprache an die Rhodier, die einzigen übriggebliebenen Vertreter
des echten Hellenismus, die Schilderung der Hellenen seiner Zeit
in der Verlassenheit von Olbia wie in der Üppigkeit von Nikomedeia
und von Tarsos, die Mahnungen an den Einzelnen zu ernster Lebensführung und an alle zu einträchtigem Zusammenhalten sind das
beste Zeugnis dafür, daß auch von dem kleinasiatischen Hellenismus
der Kaiserzeit das Wort des Dichters gilt: untergehend sogar ist's
immer dieselbige Sonne.

* Ein Arzt aus Smyrna, Hermogenes des Charidemos Sohn, schrieb nicht
bloß 77 Bände medizinischen Inhalts, sondern daneben, wie sein Grabstein
berichtet, historische Schriften: über Smyrna, über Homers Vaterland, über
Homers Weisheit, über die Städtegründungen in Asia, in Europa, auf den
Inseln, Itinerarien von Asia und von Europa, über Kriegslisten, chronologische
Tabellen über die Geschichte Roms und Smyrnas. Ein kaiserlicher Leibarzt
Menekrates, dessen Herkunft nicht angegeben wird, begründete, wie seine
römischen Verehrer ihm bescheinigen, die neue logische und zugleich empi-
rische Medizin (ἰδίας λογικῆς ἐναργοῦς ἰατρικῆς κτίστης) in seinen auf hun-
dertsechsundfünfzig Bände sich belaufenden Schriften.

KAPITEL X
PERSIEN UND DAS REICH PALMYRA

Der einzige Großstaat, mit welchem das römische Reich grenzte, war das Reich von Iran*, ruhend auf derjenigen Nationalität, die im Altertum wie heutzutage am bekanntesten ist unter dem Namen der Perser, staatlich zusammengefaßt durch das altpersische Königsgeschlecht der Achaemeniden und seinen ersten Großkönig Kyros, religiös geeinigt durch den Glauben des Ahura Mazda und des Mithra. Keines der alten Kulturvölker hat das Problem der nationalen Einigung gleich früh und gleich vollständig gelöst. Südlich reichten die iranischen Stämme bis an den indischen Ozean, nördlich bis zum kaspischen Meer; nordöstlich war die innerasiatische Steppe der stete Kampfplatz der seßhaften Perser und der nomadischen Stämme Turans. Östlich schieden mächtige Grenzgebirge sie von den Indern. Im westlichen Asien trafen früh drei große Nationen jede ihrerseits vordrängend aufeinander: die von Europa aus auf die kleinasiatische Küste übergreifenden Hellenen, die von Arabien und Syrien aus in nördlicher und nordöstlicher Richtung vorschreitenden und das Euphrattal wesentlich ausfüllenden aramäischen Völkerschaften, endlich die nicht bloß bis zum Tigris wohnenden, sondern selbst nach Armenien und Kappadokien vorgedrungenen Stämme von Iran, während andersartige Urbewohner dieser weitgedehnten Landschaften unter diesen Vormächten erlagen und verschwanden. Über dieses weite Stammgebiet ging in der Epoche der Achaemeniden, dem Höhepunkt der Herrlichkeit Irans, die iranische Herrschaft nach allen Seiten, insbesondere aber nach Westen weit hinaus. Abgesehen von den Zeiten, wo Turan über Iran die Oberhand gewann und die Seldschuken und Mongolen den Persern geboten, ist eigentliche Fremdherrschaft über den Kern der irianischen Stämme nur zweimal gekommen, durch den großen

---

* Die Vorstellung, daß das Römer- und das Partherreich zwei nebeneinanderstehende Großstaaten sind und zwar die einzigen, die es gibt, beherrscht den ganzen römischen Orient, namentlich die Grenzprovinzen. Greifbar tritt sie uns in der johanneischen Apokalypse entgegen, in dem Nebeneinanderstellen wie des Reiters auf dem weißen Roß mit dem Bogen und des auf dem roten mit dem Schwert (6, 2. 3), so der Megistanen und der Chiliarchen (6, 15 vgl. 18, 23. 19, 18). Auch die Schlußkatastrophe ist gedacht als Überwältigung der Römer durch die den Kaiser Nero zurückführenden Parther (c. 9, 14. 16, 12) und Armagedon, was immer damit gemeint sein mag, als der Sammelplatz der Orientalen zu dem Gesamtangriff auf den Okzident. Allerdings deutet der im römischen Reich schreibende Verfasser diese wenig patriotischen Hoffnungen mehr an als er sie ausspricht.

Alexander und seine nächsten Nachfolger und durch die arabischen
Kalifen, und beide Male nur auf verhältnismäßig kurze Zeit; die
östlichen Landschaften, in jenem Fall die Parther, in diesem die
Bewohner des alten Baktrien warfen nicht bloß bald das Joch des
Ausländers wieder ab, sondern verdrängten ihn auch aus dem
stammverwandten Westen.

Das durch die Parther regenerierte Perserreich fanden die Römer
vor, als sie in der letzten Zeit der Republik infolge der Besetzung
Syriens in unmittelbare Berührung mit Iran traten. Wir haben dieses Staats schon mehrfach früherhin zu gedenken gehabt; hier ist
der Ort das Wenige zusammenzufassen, was über die Eigentümlichkeit des auch für die Geschicke des Nachbarstaats so vielfach aus-
schlaggebenden Reiches sich erkennen läßt. Allerdings hat auf die
meisten Fragen, die der Geschichtsforscher hier zu stellen hat, die
Überlieferung keine Antwort. Die Okzidentalen geben über die inneren Verhältnisse ihrer parthischen Nachbarn und Feinde nur ge-
legentliche in der Vereinzelung leicht irreführende Notizen; und
wenn die Orientalen es überhaupt kaum verstanden haben die geschichtliche Überlieferung zu fixieren und zu bewahren, so gilt dies
doppelt von der Arsakidenzeit, da diese den späteren Iraniern mit
der vorhergehenden Fremdherrschaft der Seleukiden zusammen als
unberechtigte Usurpation zwischen der alt- und der neupersischen
Herrschaftsperiode, den Achaemeniden und den Sassaniden gegolten hat; dies halbe Jahrtausend wird sozusagen aus der Geschichte
Irans herauskorrigiert* und ist wie nicht vorhanden.

Der Standpunkt, den die Hofhistoriographen der Sassaniden-
dynastie damit einnahmen, ist mehr der legitimistisch-dynastische
des persischen Adels als derjenige der iranischen Nationalität. Freilich bezeichnen die Schriftsteller der ersten Kaiserzeit die Sprache
der Parther, deren Heimat etwa dem heutigen Chorasan entspricht,
als mitten innestehend zwischen der medischen und der skythischen,
das heißt als einen unreinen iranischen Dialekt; dem entsprechend
galten sie als Einwanderer aus dem Land der Skythen und in diesem
Sinne wird ihr Name auf flüchtige Leute gedeutet und der Gründer
der Dynastie Arsakes zwar von einigen für einen Baktrer, von den
andern dagegen für einen Skythen von der Maeotis erklärt. Daß
ihre Fürsten nicht in Seleukeia am Tigris ihre Residenz nahmen,
sondern in der unmittelbaren Nähe bei Ktesiphon ihr Winterlager
aufschlugen, wird darauf zurückgeführt, daß sie die reiche Kaufstadt nicht mit skythischen Truppen hätten belegen wollen. Vieles

---

* Dies gilt sogar einigermaßen für die Chronologie. Die offizielle Historiographie der Sassaniden reduziert den Zeitraum zwischen dem letzten Dareios
und dem ersten Sassaniden von 558 auf 266 Jahre (Nöldeke Tabari S. 1).

in der Weise und den Ordnungen der Parther entfernt sich von der iranischen Sitte und erinnert an nomadische Lebensgewohnheiten: zu Pferde handeln und essen sie und nie geht der freie Mann zu Fuß. Es läßt sich wohl nicht bezweifeln, daß die Parther, deren Namen allein von allen Stämmen dieser Gegend die heiligen Bücher der Perser nicht nennen, dem eigentlichen Iran fernstehen, in welchem die Achaemeniden und die Magier zu Hause sind. Der Gegensatz dieses Iran gegen das aus einem unzivilisierten und halb fremdartigen Distrikt herstammende Herrschergeschlecht und dessen nächstes Gefolge, dieser Gegensatz, den die römischen Schriftsteller nicht ungern von den persischen Nachbarn übernahmen, hat allerdings die ganze Arsakidenherrschaft hindurch bestanden und gegährt, bis er schließlich ihren Sturz herbeiführte. Darum aber darf die Herrschaft der Arsakiden noch nicht als Fremdherrschaft gefaßt werden. Dem parthischen Stamm und der parthischen Landschaft wurden keine Vorrechte eingeräumt. Als Residenz der Arsakiden wird zwar auch die parthische Stadt Hekatompylos genannt; aber hauptsächlich verweilten sie im Sommer in Ekbatana (Hamadan) oder auch in Rhagae gleich den Achaemeniden, im Winter, wie bemerkt, in der Lagerstadt Ktesiphon oder auch in Babylon an der äußersten westlichen Grenze des Reiches. Das Erbbegräbnis in der Partherstadt Nisaea blieb; aber später diente dafür häufiger Arbela in Assyrien. Die arme und ferne parthische Heimatlandschaft war für die üppige Hofhaltung und die wichtigen Beziehungen zu dem Westen besonders der späteren Arsakiden in keiner Weise geeignet. Das Hauptland blieb auch jetzt Medien, eben wie unter den Achaemeniden. Mochten immer die Arsakiden skythischer Herkunft sein, mehr als auf das, was sie waren, kam darauf an, was sie sein wollten; und sie selber betrachteten und gaben sich durchaus als die Nachfolger des Kyros und des Dareios. Wie die sieben persischen Stammfürsten den falschen Achaemeniden beseitigt und durch die Erhebung des Dareios die legitime Herrschaft wiederhergestellt hatten, so mußten andere Sieben die makedonische Fremdherrschaft gestürzt und den König Arsakes auf den Thron gesetzt haben. Mit dieser patriotischen Fiktion wird weiter zusammenhängen, daß dem ersten Arsakes statt der skythischen die baktrische Heimat beigelegt ward. Die Tracht und die Etikette am Hof der Arsakiden war die des persischen; nachdem König Mithradates I seine Herrschaft bis zum Indus und Tigris ausgedehnt hatte, vertauschte die Dynastie den einfachen Königstitel mit dem des Königs der Könige, wie ihn die Achaemeniden geführt hatten, und die spitze skythische Kappe mit der hohen perlengeschmückten Tiara; auf den Münzen führt

der König den Bogen wie Dareios. Auch die mit den Arsakiden
in das Land gekommene ohne Zweifel vielfach mit der altein-
heimischen gemischte Aristokratie nahm persische Sitte und
Tracht, meistens auch persische Namen an; von dem Parther-
heer, das mit Crassus stritt, heißt es, daß die Soldaten noch das
struppige Haar nach skythischer Weise trugen, der Feldherr
aber nach medischer Art mit in der Mitte gescheiteltem Haar
und geschminktem Gesicht erschien.

Die staatliche Ordnung, wie sie durch den ersten Mithradates
festgestellt wurde, ist dementsprechend wesentlich diejenige der
Achaemeniden. Das Geschlecht des Begründers der Dynastie ist
mit allem Glanz und mit aller Weihe angestammter und göttlich
verordneter Herrschaft umkleidet: sein Name überträgt sich von
Rechts wegen auf jeden seiner Nachfolger und es wird ihm göttliche Ehre erwiesen; seine Nachfolger heißen darum auch Gottes-
söhne und außerdem ‚Brüder des Sonnengottes und der Mond-
göttin', wie noch heute der Schah von Persien die Sonne im Titel
führt; das Blut eines Gliedes des Königsgeschlechts auch nur
durch Zufall zu vergießen ist ein Sacrilegium — alles Ordnungen,
die mit wenigen Abminderungen bei den römischen Caesaren
wiederkehren und vielleicht zum Teil von diesen der älteren Groß-
herrschaft entlehnt sind.

Obwohl die königliche Würde also fest an das Geschlecht geknüpft ist, besteht dennoch eine gewisse Königswahl. Da der
neue Herrscher sowohl dem Kollegium der ‚Verwandten des königlichen Hauses' wie dem Priesterrat angehören muß, um den Thron
besteigen zu können, so wird ein Akt stattgefunden haben, wodurch vermutlich eben diese Kollegien selbst den neuen Herrscher anerkannten. Unter den ‚Verwandten' sind wohl nicht bloß
die Arsakiden selbst zu verstehen, sondern die ‚sieben Häuser'
der Achaemenidenordnung, Fürstengeschlechter, welchen nach
dieser die Ebenbürtigkeit und der freie Eintritt bei dem Großkönig zukommt und die auch unter den Arsakiden ähnliche Privilegien gehabt haben werden. Diese Geschlechter waren zugleich
Inhaber von erblichen Kronämtern; die Surên zum Beispiel —
der Name ist wie der Name Arsakes zugleich Personen- und Amt-
bezeichnung —, das zweite Geschlecht nach dem Königshaus,
setzten als Kronmeister jedesmal dem neuen Arsakes die Tiara
aufs Haupt. Aber wie die Arsakiden selbst der parthischen Provinz angehörten, so waren die Surên in Sakastane (Sedjistân)
zu Hause und vielleicht Saker, also Skythen; ebenso stammten
die Karên aus dem westlichen Medien, während die höchste
Aristokratie unter den Achaemeniden rein persisch war.

Die Verwaltung liegt in den Händen der Unterkönige oder der Satrapen; nach den römischen Geographen der vespasianischen Zeit besteht der Staat der Parther aus achtzehn ‚Königreichen‘. Einige dieser Satrapien sind Sekundogenituren des Herrscherhauses; insbesondere scheinen die beiden nordwestlichen Provinzen, das atropatenische Medien (Aderbeidjan) und, sofern es in der Gewalt der Parther stand, Armenien den dem zeitigen Herrscher nächststehenden Prinzen zur Verwaltung übertragen worden zu sein. Im übrigen ragen unter den Satrapen hervor der König der Landschaft Elymais oder von Susa, dem eine besondere Macht- und Ausnahmestellung eingeräumt war, demnächst derjenige der Persis, des Stammlandes der Achaemeniden. Die wenn nicht ausschließliche, so doch überwiegende und den Titel bedingende Verwaltungsform war im Partherreich, anders als in dem der Caesaren, das Lehnkönigtum, so daß die Satrapen nach Erbrecht eintraten, aber der großherrlichen Bestätigung unterlagen. Allem Anschein nach hat sich dies nach unten hin fortgesetzt, so daß kleinere Dynasten und Stammhäupter zu dem Unterkönig in demselben Verhältnis standen, wie dieser zu dem Großkönig. Somit war das Großkönigtum der Parther äußerst beschränkt zugunsten der hohen Aristokratie durch die ihm anhaftende Gliederung der erblichen Landesverwaltung. Dazu paßt recht wohl, daß die Masse der Bevölkerung aus halb oder ganz unfreien Leuten bestand und Freilassung nicht statthaft war. In dem Heer, das gegen Antonius focht, sollen unter 50000 nur 400 Freie gewesen sein. Der vornehmste unter den Vasallen des Orodes, welcher als Feldherr desselben den Crassus schlug, zog ins Feld mit einem Harem von 200 Weibern und einer von 1000 Lastkamelen getragenen Bagage; er selber stellte 10000 Reiter zum Heer aus seinen Klienten und Sklaven. Ein stehendes Heer haben die Parther niemals gehabt, sondern zu allen Zeiten blieb hier die Kriegführung angewiesen auf das Aufgebot der Lehnsfürsten und der ihnen untergeordneten Lehnsträger sowie der großen Masse der Unfreien, über welche diese geboten.

Allerdings fehlte das städtische Element in der politischen Ordnung des Partherreichs nicht ganz. Zwar die aus der eigenen Entwickelung des Ostens hervorgegangenen größeren Ortschaften sind keine städtischen Gemeinwesen, wie denn selbst die parthische Residenz Ktesiphon im Gegensatz zu der benachbarten griechischen Gründung Seleukeia ein Flecken genannt wird; sie hatten keine eigenen Vorsteher und keinen Gemeinderat und die Verwaltung lag hier wie in den Landbezirken ausschließlich bei den königlichen Beamten. Aber von den Gründungen der griechi-

schen Herrscher war ein freilich verhältnismäßig geringer Teil
unter parthische Herrschaft gekommen. In den ihrer Nationalität
nach aramäischen Provinzen Mesopotamien und Babylonien hatte
das griechische Städtewesen unter Alexander und seinen Nachfolgern festen Fuß gefaßt. Mesopotamien war mit griechischen
Gemeinwesen bedeckt und in Babylonien war die Nachfolgerin
des alten Babylon, die Vorläuferin Bagdads, eine Zeitlang die
Residenz der griechischen Könige Asiens, Seleukeia am Tigris
durch ihre günstige Handelslage und ihre Fabriken emporgeblüht
zu der ersten Kaufstadt außerhalb der römischen Grenzen, angeblich von mehr als einer halben Million Einwohner. Ihre freie
hellenische Ordnung, auf der ohne Zweifel ihr Gedeihen vor allem
beruhte, wurde im eigenen Interesse auch von den parthischen
Herrschern nicht angetastet, und die Stadt bewahrte sich nicht
bloß ihren Stadtrat von 300 erwählten Mitgliedern, sondern auch
griechische Sprache und griechische Sitte mitten im ungriechi-
schen Osten. Freilich bildeten in diesen Städten die Hellenen nur
das herrschende Element; neben ihnen lebten zahlreiche Syrer
und als dritter Bestandteil gesellten sich dazu die nicht viel
weniger zahlreichen Juden, so daß die Bevölkerung dieser Griechenstädte des Partherreichs, ähnlich wie die von Alexandreia, sich
aus drei gesondert nebeneinanderstehenden Nationalitäten zu-
sammensetzte. Zwischen diesen kam es, eben wie in Alexandreia,
nicht selten zu Konflikten, wie zum Beispiel zur Zeit der Regierung des Gaius unter den Augen der parthischen Regierung die
drei Nationen miteinander handgemein und schließlich die Juden
aus den größeren Städten ausgetrieben wurden. — Insofern ist
das parthische Reich zu dem römischen das rechte Gegenstück.
Wie in diesem das orientalische Unterkönigtum ausnahmsweise
vorkommt, so in jenem die griechische Stadt; dem allgemeinen
orientalisch-aristokratischen Charakter des Partherregiments tun
die griechischen Kaufstädte an der Westgrenze so wenig Eintrag
wie die Lehnkönigtümer Kappadokien und Armenien dem städtisch
gegliederten Römerstaat. Während in dem Staat der Caesaren das
römisch-griechische städtische Gemeinwesen weiter und weiter um
sich greift und allmählich zur allgemeinen Verwaltungsform wird,
so reißt die Städtegründung, das rechte Merkzeichen der
hellenisch-römischen Zivilisation, welche die griechischen Kaufstädte und die Militärkolonien Roms ebenso umspannt wie
die großartigen Ansiedelungen Alexanders und der Alexandriden, mit dem Eintreten des Partherregiments im Osten plötzlich ab, und auch die bestehenden Griechenstädte des Partherreichs verkümmern im weiteren Lauf der Entwickelung.

Dort wie hier drängt die Regel mehr und mehr die Ausnahmen
zurück.

Irans Religion, mit ihrer dem Monotheismus sich nähernden
Verehrung des ‚höchsten der Götter, der Himmel und Erde und
die Menschen und für diese alles Gute geschaffen hat‘, mit ihrer
Bildlosigkeit und Geistigkeit, mit ihrer strengen Sittlichkeit und
Wahrhaftigkeit, ihrer Hinwirkung auf praktische Tätigkeit und
energische Lebensführung, hat die Gemüter ihrer Bekenner in
ganz anderer und tieferer Weise gepackt, als die Religionen des
Okzidents es je vermochten, und wenn vor der entwickelten Zivilisation weder Zeus noch Jupiter standgehalten haben, ist der
Glaube bei den Parsen ewig jung geblieben, bis er einem andern
Evangelium, dem der Bekenner des Mohammed erlag oder doch
vor ihm nach Indien entwich. Wie sich der alte Mazda-Glaube
zu dem die Achaemeniden sich bekannten und dessen Entstehung
in die vorgeschichtliche Zeit fällt, zu demjenigen verhielt, den als
Lehre des weisen Zarathustra die wahrscheinlich unter den späteren Achaemeniden entstandenen heiligen Bücher der Perser, das
Awestâ verkünden, ist nicht unsere Aufgabe darzustellen; für die
Epoche, wo der Okzident mit dem Orient in Berührung steht,
kommt nur die spätere Religionsform in Betracht, wie sie, entstanden vielleicht im Osten Irans, in Baktrien, insbesondere vom
Westen her, von Medien aus dem Okzident gegenübertrat und in
ihn eindrang. Enger aber als selbst bei den Kelten sind in Iran
die nationale Religion und der nationale Staat miteinander verwachsen. Es ist schon hervorgehoben worden, daß das legitime
Königtum in Iran zugleich eine religiöse Institution, der oberste
Herrscher des Landes als durch die oberste Landesgottheit besonders zum Regiment berufen und selbst gewissermaßen göttlich
gedacht wird. Auf den Münzen nationalen Gepräges erscheint
regelmäßig der große Feueraltar und über ihm schwebend der
geflügelte Gott Ahura Mazda, neben ihm in kleinerer Gestalt und
in betender Stellung der König und dem König gegenüber das
Reichsbanner. Dementsprechend geht auch die Übermacht des
Adels im Partherreich Hand in Hand mit der privilegierten Stellung des Klerus. Die Priester dieser Religion, die Magier erscheinen
schon in den Urkunden der Achaemeniden und in den Erzählungen
Herodots und haben, wahrscheinlich mit Recht, den Okzidentalen
immer als national persische Institution gegolten. Das Priestertum ist erblich und wenigstens in Medien, vermutlich auch in anderen Landschaften galt die Gesamtheit der Priester, etwa wie
die Leviten in dem späteren Israel, als ein besonderer Volksteil.
Auch unter der Herrschaft der Griechen haben die alte Religion

des Staates und das nationale Priestertum ihren Platz behauptet. Als der erste Seleukos die neue Hauptstadt seines Reiches, das schon erwähnte Seleukeia gründen wollte, ließ er die Magier Tag und Stunde dafür bestimmen, und erst nachdem diese Perser, nicht gern, das verlangte Horoskop gestellt hatten, vollzogen ihrer Anweisung gemäß der König und sein Heer die feierliche Grundsteinlegung der neuen Griechenstadt. Also auch ihm standen beratend die Priester des Ahura Mazda zur Seite und sie, nicht die des hellenischen Olymp wurden bei den öffentlichen Angelegenheiten insoweit befragt, als diese göttliche Dinge betrafen. Selbstverständlich gilt dies um so mehr von den Arsakiden. Daß bei der Königswahl neben dem Adelsrat der der Priester mitwirkte, wurde schon bemerkt. König Tiridates von Armenien, aus dem Haus der Arsakiden, kam nach Rom unter Geleit eines Gefolges von Magiern und nach deren Vorschrift reiste und speiste er, auch in Gemeinschaft mit dem Kaiser Nero, der gern sich von den fremden Weisen ihre Lehre verkünden und die Geister beschwören ließ. Daraus folgt allerdings noch nicht, daß der Priesterstand als solcher auf die Führung des Staats wesentlich bestimmend eingewirkt hat; aber keineswegs ist der Mazda-Glaube erst durch die Sassaniden wiederhergestellt worden; vielmehr ist bei allem Wechsel der Dynastien und bei aller eigenen Entwickelung die Landesreligion in Iran in ihren Grundzügen die gleiche geblieben.

Die Landessprache im Partherreich ist die einheimische Irans. Keine Spur führt darauf, daß unter den Arsakiden jemals eine Fremdsprache in öffentlichem Gebrauch gewesen ist. Vielmehr ist es der iranische Landesdialekt Babyloniens und die diesem eigentümliche Schrift, wie beide vor und in der Arsakidenzeit unter dem Einfluß von Sprache und Schrift der aramaeischen Nachbarn sich entwickelten, welche mit der Benennung Pahlavi, das heißt Parthava belegt und damit bezeichnet werden als die des Reiches der Parther. Auch das Griechische ist in demselben nicht Reichssprache geworden. Keiner der Herrscher führt auch nur als zweiten Namen einen griechischen; und hätten die Arsakiden diese Sprache zu der ihrigen gemacht, so würden uns griechische Inschriften in ihrem Reiche nicht fehlen. Allerdings zeigen ihre Münzen bis auf die Zeit des Claudius ausschließlich und auch später überwiegend griechische Aufschrift, wie sie auch keine Spur der Landesreligion aufweisen und im Fuß sich der örtlichen Prägung der römischen Ostprovinzen anschließen, ebenso die Jahrteilung sowie die Jahrzählung so beibehalten haben, wie sie unter den Seleukiden geregelt worden waren. Aber es wird dies vielmehr dahin aufzufassen sein, daß die Großkönige selber überhaupt nicht prägten und diese Münzen, die ja wesentlich für den Verkehr mit den westlichen Nachbarn dienten, von den griechischen Städten des Reiches auf den Namen des Landesherrn geschlagen worden sind. Die Bezeichnung des Königs auf diesen Münzen als ‚Griechenfreund‘ (φιλέλλην), die schon früh begegnet und seit Mithradates I., das heißt seit der Ausdehnung des Staates bis an den Tigris, stehend wird, hat einen Sinn nur, wenn auf diesen Münzen die parthische Griechenstadt redet. Vermutlich war der griechischen Sprache im Partherreich neben der persischen eine ähnliche sekundäre Stellung im öffentlichen Gebrauch eingeräumt, wie sie sie im Römerstaat neben der lateinischen besaß. Das allmähliche Schwinden des Griechentums unter der parthischen Herrschaft läßt sich auf diesen städtischen Münzen deutlich verfolgen, sowohl in dem Auftreten der einheimischen Sprache neben und statt der griechischen wie auch in der mehr und mehr hervortretenden Sprachzerrüttung.

Dem Umfang nach stand das Reich der Arsakiden weit zurück nicht bloß hinter dem Weltstaat der Achaemeniden, sondern auch hinter dem ihrer unmittelbaren Vorgänger, dem Seleukidenstaat. Von dessen ursprünglichem Gebiet besaßen sie nur die größere östliche Hälfte; nach der Schlacht, in welcher König Antiochos Sidetes, ein Zeitgenosse der Gracchen, gegen die Parther fiel, haben die syrischen Könige nicht wieder ernstlich versucht ihre Herrschaft jenseit des Euphrat geltend zu machen; aber das Land diesseit des Euphrat blieb den Okzidentalen.

Von dem persischen Meerbusen waren beide Küsten, auch die arabische, im Besitz der Parther, die Schiffahrt auf demselben also vollständig in ihrer Gewalt; die übrige arabische Halbinsel gehorchte weder den Parthern noch den über Ägypten gebietenden Römern.

Das Ringen der Nationen um den Besitz des Industals und der westlich und östlich angrenzenden Landschaften zu schildern, soweit die gänzlich zerrissene Überlieferung überhaupt eine Schilderung zuläßt, ist die Aufgabe unserer Darstellung nicht; aber die Hauptzüge dieses Kampfes, welcher dem um das Euphrattal geführten stetig zur Seite geht, dürfen auch in diesem Zusammenhang um so weniger fehlen, als unsere Überlieferung uns nicht gestattet die Verhältnisse Irans nach Osten in ihrem Eingreifen in die westlichen Beziehungen im einzelnen zu verfolgen und es daher notwendig erscheint wenigstens die Grundlinien derselben uns zu vergegenwärtigen. Bald nach dem Tode des großen Alexander wurde durch das Abkommen seines Marschalls und Teilerben

Seleukos mit dem Gründer des Inderreiches Tschandragupta oder griechisch Sandrakottos die Grenze zwischen Iran und Indien gezogen. Danach herrschte der letztere nicht bloß über das Gangestal in seiner ganzen Ausdehnung und das gesamte nördliche Vorderindien, sondern im Gebiet des Indus wenigstens über einen Teil des Hochtals des heutigen Kabul, ferner über Arachosien oder Afghanistan, vermutlich auch über das wüste und wasserarme Gedrosien, das heutige Balutschistan, sowie über das Delta und die Mündungen des Indus; die in Stein gehauenen Urkunden, durch welche Tschandraguptas Enkel, der gläubige Buddhaverehrer Asoka das allgemeine Sittengesetz seinen Untertanen einschärfte, sind wie in diesem ganzen weit ausgedehnten Gebiet, so namentlich noch in der Gegend von Pischawar gefunden worden. Der Hindukusch, der Parapanisos der Alten, und dessen Fortsetzung nach Osten und Westen schieden also mit ihrer gewaltigen nur von wenigen Pässen durchsetzten Kette Iran und Indien. Aber langen Bestand hat dies Abkommen nicht gehabt.

In der früheren Diadochenzeit brachten die griechischen Herrscher des Reiches von Baktra, das von dem Seleukidenstaat gelöst einen mächtigen Aufschwung nahm, das Grenzgebirge überschreitend einen großen Teil des Industals in ihre Gewalt und setzten vielleicht noch weiter hinein in Vorderindien sich fest, so daß das Schwergewicht dieses Reiches sich aus dem westlichen Iran nach dem östlichen Indien verschob und der Hellenismus dem Indertum wich. Die Könige dieses Reiches heißen indische und führen späterhin ungriechische Namen; auf den Münzen erscheint neben und statt der griechischen die einheimisch indische Sprache und Schrift, ähnlich wie in der parthisch-persischen Prägung neben dem Griechischen das Pahlavi emporkommt.

Es trat dann eine Nation mehr in den Kampf ein: die Skythen oder, wie sie in Iran und in Indien heißen, die Saker brachen aus ihren Stammsitzen am Jaxartes über das Gebirge nach Süden vor. Die baktrische Landschaft kam wenigstens großenteils in ihre Gewalt und etwa im letzten Jahrhundert der römischen Republik müssen sie sich in dem heutigen Afghanistan und Balutschistan festgesetzt haben. Darum heißt in der frühen Kaiserzeit die Küste zu beiden Seiten der Indusmündung um Minnagara Skythien und führt im Binnenlande die westlich von Kandahar gelegene Landschaft der Dranger später den Namen ‚Sakerland‘, Sakastane, das heutige Sedjistan. Diese Einwanderung der Skythen in die Landschaften des baktro-indischen Reiches hat dasselbe wohl eingeschränkt und geschädigt, etwa wie die ersten Wanderungen der Germanen das römische, aber es nicht zerstört; noch unter Vespasian hat ein wahrscheinlich selbständiger baktrischer Staat bestanden.

Unter den Juliern und den Claudiern scheinen dann an der Indusmündung die Parther die Vormacht gewesen zu sein. Ein zuverlässiger Berichterstatter aus augustischer Zeit führt eben jenes Sakastane unter den parthischen Provinzen auf und nennt den König der Saker-Skythen einen Unterkönig der Arsakiden; als letzte parthische Provinz gegen Osten bezeichnet er Arachosien mit der Hauptstadt Alexandropolis, wahrscheinlich Kandahar. Ja bald darauf in vespasianischer Zeit herrschen in Minnagara parthische Fürsten. Indes war dies für das Reich am Indusstrom mehr ein Wechsel der Dynastie als eine eigentliche Annexion an den Staat von Ktesiphon. Der Partherfürst Gondopharos, den die christliche Legende mit dem Apostel der Parther und der Inder, dem heiligen Thomas, verknüpft, hat allerdings von Minnagara aus bis nach Pischawar und Kabul hinauf geherrscht; aber diese Herrscher gebrauchen, wie ihre Vorherrscher im indischen Reich, neben der griechischen die indische Sprache und nennen sich Großkönige wie diejenigen von Ktesiphon; sie scheinen mit den Arsakiden darum nicht weniger rivalisiert zu haben, weil sie demselben Fürstengeschlecht angehörten. — Auf diese parthische Dynastie folgt dann in dem indischen Reich nach kurzer Zwischenzeit die in der indischen Überlieferung als die der Saker oder die des Königs Kanerku oder Kanischka bezeichnete, welche mit dem J. 78 n. Chr. beginnt und wenigstens bis in das dritte Jahrhundert bestanden hat. Sie gehören zu den Skythen, deren Einwanderung früher erwähnt ward und auf ihren Münzen tritt an die Stelle der indischen die skythische Sprache. So haben im Indusgebiet nach den Indern und den Hellenen in den ersten drei Jahrhunderten unserer Zeitrechnung Parther und Skythen das Regiment geführt. Aber auch unter den ausländischen Dynastien hat dort dennoch eine national-indische Staatenbildung sich vollzogen und behauptet und der parthisch-persischen Machtentwickelung im Osten eine nicht minder dauernde Schranke entgegengestellt wie der Römerstaat im Westen.

Gegen Norden und Nordosten grenzte Iran mit Turan. Wie das westliche und südliche Ufer des Kaspischen Meeres und die oberen Täler des Oxos und Jaxartes der Zivilisation eine geeignete Stätte bieten, so gehört die Steppe um den Aralsee und das dahinter sich ausbreitende weite Flachland von Rechts wegen den schweifenden Leuten. Es sind unter diesen Nomaden wohl einzelne den Iraniern verwandte Völkerschaften gewesen; aber auch diese haben keinen Teil an der iranischen Zivilisation, und es ist das bestimmende Moment für die geschichtliche Stellung Irans, daß es die Vormauer der Kulturvölker bildet gegen diejenigen Horden, die als Skythen, Saken, Hunnen, Mongolen, Türken keine andere weltgeschichtliche Bestimmung zu haben scheinen als die der Kulturvernichtung. Baktra, das große Bollwerk Irans gegen Turan, hat in der nachalexandrischen Epoche unter seinen griechischen Herrschern längere Zeit dieser Abwehr genügt; aber es ist schon erwähnt worden, daß es späterhin zwar nicht unterging, aber das Vordringen der Skythen nach Süden nicht länger zu hindern vermochte. Mit dem Rückgang der baktrischen Macht ging die gleiche Aufgabe über auf die Arsakiden. Wieweit dieselben ihr entsprochen haben, ist schwierig zu sagen. In der ersten Kaiserzeit scheinen die Großkönige von Ktesiphon, wie südlich vom Hindukusch so auch in den nördlichen Landschaften, die Skythen zurückgedrängt oder sich botmäßig gemacht zu haben; einen Teil des baktrischen Gebiets haben sie ihnen wieder entrissen. Aber welche und ob überhaupt dauernde Grenzen hier sich feststellten, ist zweifelhaft. Der Kriege der Parther und der Skythen wird oft gedacht. Die letzteren, hier zunächst die Umwohner des Aralsees, die Vorfahren der heutigen Turkmenen, sind regelmäßig die Angreifenden, indem sie teils zu Wasser über das Kaspische Meer in die Täler des Kyros und des Araxes einfallen, teils von ihrer Steppe aus die reichen Fluren Hyrkaniens und die fruchtbare Oase der Margiana (Merw) ausrauben. Die Grenzgebiete verstanden sich dazu, die willkürliche Brandschatzung mit Tributen abzukaufen, welche regelmäßig in festen Terminen eingefordert wurden, wie heute die Beduinen Syriens von den Bauern daselbst die Kubba erheben. Das parthische Regiment also vermochte wenigstens in der früheren Kaiserzeit so wenig wie das heutige türkische, hier dem friedlichen Untertan die Früchte seiner Arbeit zu sichern und einen dauernden Friedensstand an der Grenze herzustellen. Auch für die Reichsgewalt selbst blieben diese Grenzwirren eine offene Wunde, oftmals haben sie in die Sukzessionskriege der Arsakiden sowie in ihre Streitigkeiten mit Rom eingegriffen.

*

Artahschatr oder neupersisch Ardaschir, so berichtet die offizielle Historiographie der Sassaniden, trat auf, um das Blut des von Alexander ermordeten Dara zu rächen und um die Herrschaft an die legitime Familie zurückzubringen und sie so wiederherzustellen, wie sie zur Zeit seiner Vorfahren, vor den Teilkönigen gewesen war. In dieser Legende steckt ein gutes Stück

Wirklichkeit. Die Dynastie, welche von dem Großvater Ardaschirs Sasan den Namen führt, ist keine andere als die königliche
der persischen Landschaft; Ardaschirs Vater Papak oder Pabek
und eine lange Reihe seiner Ahnen hatten unter der Obergewalt
der Arsakiden in diesem Stammlande der iranischen Nation das
Szepter geführt, in Istachr unweit des alten Persepolis residiert
und ihre Münzen mit iranischer Sprache und iranischer Schrift
und mit den heiligen Emblemen des persischen Landesglaubens
bezeichnet, während die Großkönige in dem halb griechischen
Grenzland ihren Sitz hatten und ihre Münzen in griechischer
Sprache und griechischer Weise prägen ließen. Die Grundordnung
des iranischen Staatensystems, das den Teilkönigen übergeordnete
Großkönigtum, ist unter den beiden Dynastien ebensowenig eine
verschiedene gewesen, wie die des Reiches deutscher Nation unter
den sächsischen und den schwäbischen Kaisern. Nur darum wird
in jener offiziellen Version die Arsakidenzeit als die der Teilkönige
und Ardaschir als das erste gemeinsame Haupt von ganz Iran
nach dem letzten Dareios bezeichnet, weil im alten persischen
Reich die persische Landschaft wie zu den übrigen, so auch zu
den Parthern sich verhält wie im römischen Staat Italien zu den
Provinzen und der Perser dem Parther die Legitimation für das
von Rechts wegen mit seiner Landschaft verbundene Großkönigtum bestritt.

Wie dem Umfange nach das Sassanidenreich sich zu dem der
Arsakiden verhielt, ist eine Frage, auf die die Überlieferung keine
genügende Antwort gibt. Die Provinzen des Westens sind, seit
die neue Dynastie fest im Sattel saß, sämtlich derselben unter-
tänig geblieben und die Ansprüche, die die letztere gegen die
Römer erhob, gingen, wie wir sehen werden, weit hinaus über die
Prätensionen der Arsakiden. Aber wie weit die Herrschaft der
Sassaniden gegen den Osten gereicht hat und wann sie bis zum
Oxos vorgedrungen ist, der später als die legitime Grenze zwischen Iran und Turan gilt, entzieht sich unseren Blicken*.

---

* Nach den in der arabischen Chronik des Tabarî erhaltenen persischen
Aufzeichnungen aus der letzten Sassanidenzeit erobert Ardaschir, nachdem er
Ardawan eigenhändig den Kopf abgehauen und den Titel Schahan-Schah,
König der Könige angenommen hat, zuerst Hamadhan (Ekbatana) in Groß-
medien, dann Adharbaidjan (Atropatene), Armenien, Mosul (Adiabene); ferner
Suristan oder Sawad (Babylonien). Von da geht er nach Istachr in seine per-
sische Heimat zurück und erobert dann von neuem ausziehend Sagistan, Gurgan
(Hyrkanien), Abraschahr (Nisapur im Partherland), Marw (Margiane), Balch
(Baktra) und Charizm (Chiwa) bis zu den äußersten Grenzen von Chorasan.
„Nachdem er viele Leute getötet und ihre Köpfe nach dem Feuertempel der
Anahedh (in Istachr) geschickt hatte, kehrte er von Marw nach Pars zurück

Das Staatssystem Irans hat infolge des Eintritts der neuen
Dynastie sich nicht gerade prinzipiell umgestaltet. Die offizielle
Titulatur des ersten Sassanidenherrschers, wie sie unter dem
Felsrelief von Nakschi-Rustam in drei Sprachen gleichmäßig angegeben ist: ,der Mazda-Diener Gott Artaxares, König der Könige
der Arianer, göttlicher Abstammung', ist im wesentlichen die der
Arsakiden, nur daß die iranische Nation, wie schon in der alt-
einheimischen Königstitulatur, und der einheimische Gott jetzt
ausdrücklich genannt werden. Daß eine in der Persis heimische
Dynastie an die Stelle einer ursprünglich stammfremden und nur
nationalisierten trat, war ein Werk und ein Sieg nationaler Reaktion; aber den daraus sich ergebenden Konsequenzen setzte die
Macht der Verhältnisse vielfach unübersteigliche Schranken. Persepolis oder, wie es jetzt heißt, Istachr wird wieder dem Namen
nach die Hauptstadt des Reiches und neben den gleichartigen des
Dareios verkünden dort auf derselben Felsenwand die merkwürdigen Bildwerke und noch merkwürdigeren eben erwähnten Inschriften den Ruhm Ardaschirs und Schapurs; aber die Verwaltung konnte von dieser entlegenen Örtlichkeit aus nicht wohl geführt werden und ihr Mittelpunkt blieb auch ferner Ktesiphon.
Den rechtlichen Vorzug der Perser, wie er unter den Achämeniden
bestanden hatte, nahm die neupersische Regierung nicht wieder
auf; wenn Dareios sich ,einen Perser, Sohn eines Persers, einen
Arier aus arischem Stamm' nannte, so nannte Ardaschir sich,
wie wir sahen, lediglich den König der Arianer. Ob in die großen
Geschlechter, abgesehen von dem königlichen, persische Elemente
neu eingeführt worden sind, wissen wir nicht; auf jeden Fall sind
mehrere von ihnen geblieben, wie die Surên und die Karên; nur
unter den Achaemeniden, nicht unter den Sassaniden sind dieselben ausschließlich persisch gewesen.

Auch in religiöser Beziehung trat ein eigentlicher Wechsel nicht
ein; wohl aber gewann der Glaube und gewannen die Priester
unter den persischen Großkönigen einen Einfluß und eine Macht,
wie sie sie unter den parthischen niemals besessen hatten. Es
mag wohl sein, daß die zwiefache Propaganda fremder Kulte
gegen Iran, des Buddhatums vom Osten her und des jüdisch-
christlichen Glaubens aus dem Westen, der alten Mazda-Religion
eben durch die Fehde eine Regeneration brachten. Der Stifter
der neuen Dynastie Ardaschir war, wie glaubhaft berichtet wird,
ein eifriger Feueranbeter und nahm selbst die Weihen des Priestertums; darum, heißt es weiter, wurde von da an der Stand der

und ließ sich in Gor (Feruzabad) nieder.' Wieviel hiervon Legende ist, wissen
wir nicht (vgl. Nöldeke Tabarî S. 17. 116).

Magier einflußreich und anmaßend, während er bis dahin keineswegs solche Ehre und solche Freiheit gehabt, sondern bei den
Machthabern nicht eben viel gegolten hatte. ‚Seitdem ehren und
verehren die Perser alle die Priester; die öffentlichen Angelegenheiten werden nach ihren Ratschlägen und Orakeln geordnet;
jeder Vertrag und jeder Rechtsstreit unterliegt ihrer Aufsicht
und ihrem Urteil und nichts erscheint den Persern recht und
gesetzlich, was nicht von einem Priester bestätigt worden ist.‘
Dementsprechend begegnen wir einer Ordnung der geistlichen
Verwaltung, die an die Stellung des Papstes und der Bischöfe
neben dem Kaiser und den Fürsten erinnert. Jeder Kreis steht
unter einem Obermagier (Magupat, Magierherr, neupersisch Mo-
bedh) und diese alle wieder unter dem Obersten der Obermagier
(Mobedhan-Mobedh), dem Abbild des ‚Königs der Könige‘, und
er ist es jetzt, der den König krönt. Die Folgen dieser Priesterherrschaft blieben nicht aus: das starre Ritual, die beengenden
Vorschriften über Schuld und Sühne, die in wüstes Orakelwesen
und Zauberkunst sich auflösende Wissenschaft haften zwar dem
Parsentum von jeher an, sind aber doch vermutlich erst in dieser
Epoche zu voller Entwickelung gelangt.

Auch in dem Gebrauch der Landessprache und den Landes-
gebräuchen zeigen sich die Spuren der nationalen Reaktion. Die
größte Griechenstadt des Partherreiches, die alte Seleukeia, blieb
bestehen, aber sie heißt seitdem nicht nach dem Namen des griechischen Marschalls, sondern nach dem ihres neuen Herrn Beh,
das heißt gut, Ardaschir. Die griechische Sprache, bisher, wenn
auch zerrüttet und nicht mehr alleinherrschend, doch immer noch
in Gebrauch, verschwindet mit dem Eintritt der neuen Dynastie
mit einem Schlag von den Münzen, und nur auf den Inschriften
der ersten Sassaniden begegnet sie noch neben und hinter der
eigentlichen Landessprache. Die ‚Partherschrift‘, das Pahlavi, behauptet sich, aber neben sie tritt eine zweite wenig verschiedene
und zwar, wie die Münzen beweisen, als eigentlich offizielle, wahrscheinlich die bis dahin in der persischen Provinz gebrauchte, so
daß die ältesten Denkmäler der Sassaniden, ähnlich wie die der
Achämeniden, dreisprachig sind, etwa wie im deutschen Mittelalter lateinisch, sächsisch und fränkisch nebeneinander Anwendung gefunden haben. Nach König Sapor I. († 272) verschwindet
die Zwiesprachigkeit und behauptet die zweite Schreibweise allein
den Platz, den Namen Pahlavi erbend. Das Jahr der Seleukiden
und die dazugehörigen Monatsnamen verschwinden mit dem
Wechsel der Dynastie; dafür treten nach altem persischen Herkommen die Regentenjahre ein und die einheimischen persischen

Monatsnamen. Selbst die altpersische Legende wird auf das neue
Persien übertragen. Die noch vorhandene ‚Geschichte von Ardaschir Papaks Sohn‘, welche diesen Sohn eines persischen Hirten
an den medischen Hof geraten, dort Knechtsdienste tun und
dann den Befreier seines Volkes werden läßt, ist nichts als das
alte Märchen vom Kyros auf die neuen Namen umgeschrieben.
Ein anderes Fabelbuch der indischen Parsen weiß zu berichten,
wie König Iskander Rumi, das heißt ‚Alexander der Römer‘ ‚die
heiligen Bücher Zaráthustras habe verbrennen lassen, dann aber
sie hergestellt worden seien von dem frommen Ardaviraf, als
König Ardaschir den Thron bestiegen habe. Hier steht der Römer-
Hellene gegen den Perser; den arsakidischen Bastard hat die
Sage, wie billig, vergessen.

*

Es wird hier, wo der römische Orient im Ringen mit dem persischen auf sich selber angewiesen ist, am Platz sein eines merkwürdigen Staates zu gedenken, der durch und für den Wüsten-
handel geschaffen jetzt für kurze Zeit in der politischen Geschichte
eine führende Rolle übernimmt. Die Oase Palmyra, in der einheimischen Sprache Thadmor, liegt auf halbem Wege zwischen
Damaskos und dem Euphrat. Von Bedeutung ist sie lediglich als
Zwischenstation zwischen dem Euphratgebiet und dem Mittelmeer, und hat auch diese Bedeutung erst spät gewonnen und
früh wieder verloren, so daß Palmyras Blütezeit ungefähr mit
derjenigen Periode zusammenfällt, die wir hier schildern. Über
das Emporkommen der Stadt fehlt es an jeder Überlieferung*.
Erwähnt wird sie zuerst bei Gelegenheit des Aufenthaltes des
Antonius in Syrien im J. 41, wo dieser einen vergeblichen Versuch machte sich ihrer Reichtümer zu bemächtigen; auch die
dort gefundenen Denkmäler — die älteste datierte palmyrenische
Inschrift ist vom J. 9 — reichen schwerlich viel weiter zurück.
Es ist nicht unwahrscheinlich, daß ihr Aufblühen mit der Festsetzung der Römer im syrischen Küstenland zusammenhängt.
Solange die Nabataeer und die Städte der Osrhoene nicht unmittelbar römisch waren, hatten die Römer ein Interesse daran
eine andere direkte Verbindung mit dem Euphrat herzustellen,
und diese führte dann notwendig über Palmyra. Eine römische

---

* Der biblische Bericht (1. Kön. 9, 18) über die Erbauung der Stadt Tha-
mar in Idumaea durch König Salomo ist nur durch ein freilich altes Mißverständnis auf Thadmor übertragen worden; immerhin enthält die irrige Beziehung desselben auf diese Stadt bei den späteren Juden (Chron. 2, 8, 4 und
die griechische Übersetzung von 1. Kön. 9, 4) das älteste Zeugnis für deren
Existenz.

Gründung ist Palmyra nicht; als Veranlassung für jenen Raubzug
nahm Antonius die Neutralität der zwischen den beiden Großstaaten den Verkehr vermittelnden Kaufleute, und die römischen
Reiter kehrten unverrichteter Sache um vor der Schützenkette,
die die Palmyrener dem Angriff entgegenstellten. Aber schon in
der ersten Kaiserzeit muß die Stadt zum Reiche gerechnet worden sein, da die für Syrien ergangenen Steuerverordnungen des
Germanicus und des Corbulo auch für Palmyra zur Anwendung
kamen; in einer Inschrift vom J. 80 begegnet eine claudische
Phyle daselbst; seit Hadrian nennt sich die Stadt Hadriana Palmyra und im dritten Jahrhundert bezeichnet sie sich sogar als
Kolonie.

Indes war die Reichsuntertänigkeit der Palmyrener anderer Art
als die gewöhnliche und einigermaßen dem Klientelverhältnis der
abhängigen Königreiche ähnlich. Noch in Vespasians Zeit heißt
Palmyra ein Zwischengebiet zwischen den beiden Großmächten,
und wurde bei jedem Zusammenstoß der Römer und der Parther
gefragt, welche Politik die Palmyrener einhalten würden. Den
Schlüssel für die Sonderstellung müssen wir in den Grenzverhält-
nissen und den für den Grenzschutz getroffenen Ordnungen suchen.
Die syrischen Truppen, soweit sie am Euphrat selbst standen,
haben ihre Hauptstellung bei Zeugma, Biredjik gegenüber an der
großen Euphratpassage gehabt. Weiter stromabwärts schiebt sich
zwischen das unmittelbar römische und das parthische Gebiet das
von Palmyra, das bis zum Euphrat reicht und die nächste bedeutende Übergangsstelle bei Sura gegenüber der mesopotami-
schen Stadt Nikephorion (später Kallinikon, heute er-Rakka) ein-
schließt. Es ist mehr als wahrscheinlich, daß die Hut dieser wichtigen Grenzfestung sowie die Sicherung der Wüstenstraße zwischen dem Euphrat und Palmyra, auch wohl eines Teils der
Straße von Palmyra nach Damaskos der Gemeinde Palmyra überlassen ward und daß sie also berechtigt und verpflichtet war die
für diese nicht geringe Aufgabe erforderlichen militärischen Einrichtungen zu treffen. Späterhin sind wohl die Reichstruppen
näher an Palmyra herangezogen und ist eine der syrischen Legionen nach Danava zwischen Palmyra und Damaskos, die arabische
nach Bostra gelegt worden; seit Severus Mesopotamien mit dem
Reich vereinigt hatte, waren sogar hier beide Ufer des Euphrat
in römischer Gewalt und endigte das römische Gebiet am Euphrat
nicht mehr bei Sura, sondern bei Kirkesion an der Mündung des
Chaboras in den Euphrat oberhalb Mejâdîn. Auch wurde damals
Mesopotamien stark mit Reichstruppen belegt. Aber die mesopo-
tamischen Legionen standen an der großen Straße im Norden bei

Resaina und Nisibis, und auch die syrischen und die arabischen
Truppen machten die Mitwirkung der palmyrenischen nicht entbehrlich. Es mag sogar die Hut von Kirkesion und dieses Teils
des Euphratufers eben den Palmyrenern anvertraut worden sein.
Erst nach dem Untergang Palmyras und vielleicht in Ersatz desselben ist Kirkesion von Diocletian zu der starken Festung gemacht worden, die seitdem hier der Stützpunkt der Grenzverteidigung gewesen ist.

Die Spuren dieser Sonderstellung Palmyras sind auch in den
Institutionen nachweisbar. Das Fehlen des Kaisernamens auf den
palmyrenischen Münzen ist wohl nicht aus ihr zu erklären, sondern daraus, daß die Gemeinde fast nur kleine Scheidemünze aus-
gegeben hat. Deutlich aber spricht die Behandlung der Sprache.
Von der sonst bei den Römern fast ausnahmslos befolgten Regel
in dem unmittelbaren Gebiet nur den Gebrauch der beiden Reichssprachen zu gestatten, ist Palmyra ausgenommen. Hier hat diejenige Sprache, welche im übrigen Syrien und nicht minder seit
dem Exil in Judäa die gewöhnliche im privaten Verkehr, aber
auf diesen beschränkt war, sich im öffentlichen Gebrauch behauptet, solange die Stadt überhaupt bestanden hat. Wesentliche
Verschiedenheiten des palmyrenischen Syrisch von dem der übrigen oben genannten Gegenden lassen sich nicht nachweisen; die
nicht selten arabisch oder jüdisch, auch persisch geformten Eigennamen zeigen die starke Völkermischung, und zahlreiche grie-
chisch-römische Lehnwörter die Einwirkung der Okzidentalen. Es
wird späterhin Regel dem syrischen Text einen griechischen bei-
zufügen, welcher in einem Beschluß des palmyrenischen Gemeinderats vom J.137 dem palmyrenischen nach, später gewöhnlich voran-
steht; aber bloß griechische Inschriften eingeborener Palmyrener
sind seltene Ausnahmen. Sogar in Weihinschriften, welche Palmyrener ihren heimischen Gottheiten in Rom gesetzt haben, und
in Grabschriften der in Afrika oder Britannien verstorbenen palmyrenischen Soldaten ist die palmyrenische Fassung zugefügt.
Ebenso wurde in Palmyra zwar das römische Jahr wie im übrigen
Reiche der Datierung zugrunde gelegt, aber die Monatnamen sind
nicht die im römischen Syrien offiziell rezipierten makedonischen,
sondern diejenigen, welche in demselben wenigstens bei den Juden
im gemeinen Verkehr galten und außerdem bei den unter assyri-
scher und später persischer Herrschaft lebenden aramäischen
Stämmen in Gebrauch waren*.

---

* Woher diese Monatsnamen rühren, ist dunkel; sie treten zuerst in der
assyrischen Keilschrift auf, sind aber nicht assyrischen Ursprungs. Infolge der
assyrischen Herrschaft sind sie dann in dem Bereich der syrischen Sprache

Die Bedeutung Palmyras ruht auf dem Karawanenverkehr. Die Häupter der Karawanen (συνοδιάρχαι), welche von Palmyra nach den großen Entrepots am Euphrat gingen, nach Vologasias, der schon erwähnten parthischen Gründung unweit der Stätte des alten Babylon, und nach Forath oder Charax Spasinu, Zwillingsstädten an der Mündung nahe am Persischen Meerbusen, erscheinen in den Inschriften als die angesehensten Stadtbürger, und bekleiden nicht bloß die Ämter ihrer Heimat, sondern zum Teil Reichsämter; auch die Großhändler (ἀρχέμποροε) und die Zunft der Gold- und Silberarbeiter zeugen von der Bedeutung der Stadt für den Handel und die Fabrikation, nicht minder für ihren Wohlstand die noch heute stehenden Tempel der Stadt und die langen Säulenreihen der städtischen Hallen sowie die massenhaften reich verzierten Grabmäler. Dem Feldbau ist das Klima wenig günstig — der Ort liegt nahe an der Nordgrenze der Dattelpalme und führt nicht von dieser seinen griechischen Namen; aber es finden sich in der Umgegend die Reste großer unterirdischer Wasserleitungen und ungeheurer künstlich aus Quadern angelegter Wasserreservoirs, mit deren Hilfe der jetzt aller Vegetation bare Boden einst eine reiche Kultur künstlich entwickelt haben muß. Dieser Reichtum und diese auch in der Römerherrschaft nicht ganz beseitigte nationale Eigenart und administrative Selbständigkeit erklären einigermaßen Palmyras Rolle in der großen Krise um die Mitte des dritten Jahrhunderts.

Nachdem Kaiser Decius im J. 251 gegen die Gothen in Europa gefallen war, überließ die Regierung des Reiches, wenn es überhaupt damals ein Reich und eine Regierung noch gab, den Osten völlig seinem Schicksal. Während die Piraten vom Schwarzen Meer her weit und breit die Küsten und selbst das Binnenland verheerten, ging auch der Perserkönig Sapor wieder angriffsweise vor. Wenn sein Vater sich damit begnügt hatte sich den Herrn von Iran zu nennen, so hat er zuerst wie nach ihm die folgenden Herrscher sich bezeichnet als den Großkönig von Iran und Nicht-Iran, und damit gleichsam das Programm seiner Eroberungspolitik hingestellt. Im J. 252 oder 253 besetzte er Armenien, oder es unterwarf sich ihm freiwillig, ohne Zweifel mit ergriffen von jenem

in Gebrauch geblieben. Abweichungen finden sich; der zweite Monat, der Dios der griechisch redenden Syrier, unser November, heißt bei den Juden Markeschwan, bei den Palmyrenern Kanun. Übrigens sind diese Monatsnamen, soweit sie innerhalb des römischen Reiches zur Anwendung kommen, wie die makedonischen dem julianischen Kalender angepaßt, so daß nur die Monatsbenennung differiert, der Jahranfang (1. Oktober) des syrisch-römischen Jahres auf die griechischen wie auf die aramäischen Benennungen gleichmäßig Anwendung findet.

Aufflammen des alten Perserglaubens und Perserwesens; der recht-
mäßige König Tiridates suchte Zuflucht bei den Römern, die übrigen Glieder des königlichen Hauses stellten sich unter die Fahnen
des Persers. Nachdem also Armenien persisch geworden war, überschwemmten die Scharen der Orientalen Mesopotamien, Syrien
und Kappadokien; sie verwüsteten weit und breit das platte Land,
aber die Bewohner der größeren Städte wiesen den Angriff der
auf Belagerung wenig eingerichteten Feinde ab, voran die tapferen
Edessener. Im Okzident war inzwischen wenigstens eine anerkannte
Regierung hergestellt worden. Der Kaiser Publius Licinius Valerianus, ein rechtschaffener und wohlgesinnter Herrscher, aber kein
entschlossener und schwierigen Verhältnissen gewachsener Charakter, erschien endlich im Osten und begab sich nach Antiocheia.
Von da aus ging er nach Kappadokien, das die persischen Streif-
scharen räumten. Aber die Pest dezimierte sein Heer und er zögerte
lange den entscheidenden Kampf in Mesopotamien aufzunehmen.
Endlich entschloß er sich dem schwer bedrängten Edessa Hilfe
zu bringen und überschritt mit seinen Scharen den Euphrat.
Hier unweit Edessa trat die Katastrophe ein, welche für den
römischen Orient ungefähr das zu bedeuten hat, was für den
Okzident der Sieg der Gothen an der Donaumündung und der
Fall des Decius: die Gefangennahme des Kaisers Valerianus durch
die Perser (Ende 259 oder Anfang 260). Über die näheren Umstände gehen die Berichte auseinander. Nach der einen Version
wurde er, als er mit einer schwachen Schar versuchte nach Edessa
zu gelangen, von den weit überlegenen Persern umzingelt und
gefangen. Nach einer andern gelangte er, wenn auch geschlagen,
in die belagerte Stadt, fürchtete aber, da er keine ausreichende
Hilfe brachte und die Lebensmittel nur um so rascher zu Ende
gingen, den Ausbruch einer Militärinsurrektion und lieferte sich
darum freiwillig dem Feind in die Hände. Nach einer dritten
knüpfte er, aufs äußerste bedrängt, Verhandlungen wegen der
Übergabe Edessas mit Sapor an; da der Perserkönig es ablehnte
mit Gesandten zu verhandeln, erschien er persönlich im feindlichen Lager und ward wortbrüchigerweise zum Gefangenen gemacht.

Welche immer von den Erzählungen der Wahrheit am nächsten
kommen mag, der Kaiser ist in feindlicher Gefangenschaft gestorben, und die Folge dieser Katastrophe war der Verlust des Orients
an die Perser. Vor allem Antiocheia, die größte und reichste Stadt
des Ostens, geriet zum erstenmal, seit sie römisch war, in die Gewalt des Landesfeindes, und zum guten Teil durch die Schuld der
eigenen Bürger. Ein vornehmer Antiochener Mareades, den wegen

unterschlagener öffentlicher Gelder der Rat ausgestoßen hatte, führte die persische Armee nach seiner Vaterstadt; mag es auch Fabel sein, daß die Bürgerschaft im Theater selbst von den anrückenden Feinden überrascht ward, daran ist kein Zweifel, daß sie nicht bloß keinen Widerstand leistete, sondern ein großer Teil der niederen Bevölkerung, teils mit Rücksicht auf Mareades, teils in der Hoffnung auf Anarchie und Raub das Eindringen der Perser gern sah. So wurde die Stadt mit allen ihren Schätzen die Beute des Feindes, und entsetzlich in derselben gehaust, freilich auch Mareades, wir wissen nicht warum, von König Sapor zum Feuertode verurteilt. Das gleiche Schicksal erlitten außer zahllosen kleineren Ortschaften die Hauptstädte von Kilikien und Kappadokien, Tarsos und Caesarea, letztere angeblich eine Stadt von 400000 Einwohnern. Die endlosen Züge der Gefangenen, die wie das Vieh einmal am Tage zur Tränke geführt wurden, bedeckten die Wüstenstraßen des Ostens. Auf der Heimkehr sollen die Perser, um eine Schlucht rascher zu überschreiten, sie mit den Leibern der mitgeführten Gefangenen ausgefüllt haben. Glaublicher ist es, daß der große Kaiserdamm (Bend-i-Kaiser) bei Sostra (Schuschter) in Susiana, durch welchen noch heute das Wasser des Pasitigris den höher gelegenen Gegenden zugeführt wird, von diesen Gefangenen gebaut ward; wie ja auch Kaiser Neros Architekten die Hauptstadt von Armenien bauen geholfen und überhaupt auf diesem Gebiet die Okzidentalen stets ihre Überlegenheit behauptet haben. Auf eine Gegenwehr des Reiches stießen die Perser nirgends; aber Edessa hielt sich noch immer und auch Caesarea hatte sich tapfer verteidigt und war nur durch Verrat gefallen. Die örtliche Gegenwehr ging allmählich hinaus über die Abwehr hinter den städtischen Wällen, und die durch die weite Ausdehnung des eroberten Gebiets herbeigeführte Auflösung der persischen Haufen war dem kühnen Parteigänger günstig. Einem selbstbestellten römischen Führer Kallistos gelang ein glücklicher Handstreich: mit den Schiffen, die er in den kilikischen Häfen zusammengebracht hatte, fuhr er nach Pompeiupolis, das die Perser eben belagerten, während sie gleichzeitig Lykaonien brandschatzten, erschlug mehrere Tausend Mann und bemächtigte sich des königlichen Harems. Dies bestimmte den König unter dem Vorwand einer nicht aufzuschiebenden Festfeier sofort nach Hause zu gehen, in solcher Eile, daß er, um nicht aufgehalten zu werden, von den Edessenern freien Durchzug durch ihr Gebiet gegen alles von ihm erbeutete römische Goldgeld erkaufte. Den von Antiocheia heimkehrenden Scharen brachte der Fürst von Palmyra Odaenathos, bevor sie den Euphrat überschritten, empfindlichere Ver-

luste bei. Aber kaum war die dringendste Persergefahr beseitigt,
als unter den sich selbst überlassenen Heerführern des Ostens
zwei der namhaftesten, der die Kasse und das Depot der Armee
in Samosata verwaltende Offizier Fulvius Macrianus und der oben-
genannte Kallistos dem Sohne und Mitregenten und jetzt alleinigen Herrscher Gallienus, für den freilich der Osten und die
Perser nicht da waren, den Gehorsam aufkündigten und, selbst
die Annahme des Purpurs verweigernd, die beiden Söhne des
ersteren Fulvius Macrianus und Fulvius Quietus zu Kaisern ausriefen (261). Dies Auftreten der beiden angesehenen Feldherren
bewirkte, daß in Ägypten und im ganzen Osten, mit Ausnahme
von Palmyra, dessen Fürst für Gallienus eintrat, die beiden jungen
Kaiser zur Anerkennung gelangten. Der eine von ihnen, Macrianus, ging mit seinem Vater nach dem Westen ab, um auch hier
dies neue Regiment einzusetzen. Aber bald wandte sich das Glück:
in Illyricum verlor Macrianus, nicht gegen Gallienus, sondern
gegen einen anderen Prätendenten Schlacht und Leben. Gegen
den in Syrien zurückgebliebenen Bruder wandte sich Odaenathos;
bei Hemesa, wo die Heere aufeinandertrafen, antworteten die Soldaten des Quietus auf die Aufforderung sich zu ergeben, daß sie
alles eher über sich ergehen lassen würden, als einem Barbaren
sich in die Hände zu liefern. Nichtsdestoweniger verriet der Feldherr des Quietus Kallistos seinen Herrn an den Palmyrener und
also endete auch dessen kurzes Regiment.

Damit tritt Palmyra im Orient an den ersten Platz. Gallienus,
durch die Barbaren des Westens und die überall dort ausbrechenden Militärinsurrektionen mehr als ausreichend beschäftigt, gab
dem Fürsten von Palmyra, der in der eben erzählten Krise allein
ihm die Treue bewahrt hatte, eine beispiellose, indes unter den
obwaltenden Umständen wohl erklärliche Ausnahmestellung: er
wurde als Erbfürst oder, wie er jetzt heißt, König von Palmyra
zugleich zwar nicht Mitherrscher, aber selbständiger Statthalter
des Kaisers für den Osten. Die örtliche Verwaltung von Palmyra
führte unter ihm ein anderer Palmyrener, zugleich als kaiserlicher
Prokurator und als sein Stellvertreter. Somit lag die gesamte
Reichsgewalt, soweit sie überhaupt im Osten noch bestand, in
der Hand des ‚Barbaren‘, und so rasch wie glänzend stellte dieser
mit seinen Palmyrenern, welche durch die Trümmer der römischen Heerkörper und das Aufgebot des Landes verstärkt wurden, die Herrschaft Roms wieder her. Asien und Syrien waren
schon vom Feinde geräumt. Odaenathos ging über den Euphrat,
machte endlich den tapferen Edessenern Luft und nahm den
Persern die eroberten Städte Nisibis und Karrhae wieder ab (264).

Wahrscheinlich ist auch Armenien damals wieder unter römische
Botmäßigkeit zurückgebracht worden. Sodann ergriff er, zuerst
wieder seit Gordianus, die Offensive gegen die Perser und marschierte auf Ktesiphon. In zwei verschiedenen Feldzügen wurde
die Hauptstadt des persischen Reiches von ihm umstellt und die
Umgegend verheert, mit den Persern unter den Mauern derselben
glücklich gefochten. Selbst die Gothen, deren Raubzüge bis in das
Binnenland sich erstreckten, wichen zurück, als er nach Kappadokien aufbrach. Eine Machtentwickelung dieser Art war ein
Segen für das bedrängte Reich und zugleich eine ernste Gefahr.
Odaenathos beobachtete freilich gegen den römischen Oberherrn
alle schuldigen Formen und sandte die gefangenen feindlichen
Offiziere und die Beutestücke nach Rom an den Kaiser, der es
nicht verschmähte daraufhin zu triumphieren; aber in der Tat
war der Orient unter Odaenathos nicht viel weniger selbständig
als der Westen unter Postumus, und es begreift sich, daß die
römisch gesinnten Offiziere dem palmyrenischen Vizekaiser Opposition machten, und einerseits die Rede ist von Versuchen des
Odaenathos sich den Persern anzuschließen, die nur an Sapors
Übermut gescheitert sein sollen, andererseits Odaenathos Ermordung in Hemesa im J. 266/7 auf Anstiften der römischen Regierung zurückgeführt ward*. Indes der eigentliche Mörder war ein
Brudersohn des Odaenathos und Beweise für die Beteiligung der
Regierung liegen nicht vor. Auf jeden Fall änderte das Verbrechen
in der Lage der Dinge nichts. Die Gattin des Verstorbenen, die
Königin Bat Zabbai oder griechisch Zenobia, eine schöne und
kluge Frau von männlicher Tatkraft**, nahm kraft des erblichen
Fürstenrechts für ihren und Odaenathos noch im Knabenalter
stehenden Sohn Vaballathos oder Athenodoros — der ältere,
Herodes war mit dem Vater umgekommen — die Stellung des

---

* Die Erzählung des Fortsetzers des Dio fr. 7, daß der alte Odaenathos
als des Hochverrats verdächtig von einem (sonst nicht erwähnten) Rufinus
getötet und der jüngere, als er diesen bei dem Kaiser Gallienus verklagt habe,
auf die Erklärung des Rufinus, daß der Kläger das gleiche Schicksal verdiene,
abgewiesen sei, kann so wie sie liegt nicht richtig sein. Aber Waddingtons
Vorschlag dem Gallienus den Gallus zu substituieren und in dem Kläger den
Gatten Zenobias zu erkennen, ist nicht statthaft, da der Vater dieses Odaenathos Hairanes war, bei diesem für eine derartige Exekution gar kein Grund
vorliegt und das Exzerpt in seiner ganzen Beschaffenheit unzweifelhaft auf
Gallienus geht. Vielmehr wird der alte Odaenathos der Gemahl der Zenobia
sein und der Schriftsteller dem Vaballathos, auf dessen Namen geklagt ward,
irrig den Vaternamen beigelegt haben.

** Alle Einzelheiten, die in unseren Erzählungen über die Zenobia umlaufen,
stammen aus den Kaiserbiographien; und wiederholen wird sie nur, wer diese
Quelle nicht kennt.

Verstorbenen in Anspruch und drang in der Tat damit sowohl in
Rom wie im Orient durch; die Regierungsjahre des Sohnes werden gezählt vom Tode des Vaters. Für den nicht regierungsfähigen
Sohn trat die Mutter in Rat und Tat ein und sie beschränkte sich
auch nicht darauf, den Besitzstand zu wahren, sondern ihr Mut
oder ihr Übermut strebte nach der Herrschaft über das gesamte
Reichsgebiet griechischer Zunge. In dem Kommando über den
Orient, welches dem Odaenathos übertragen und von ihm auf
seinen Sohn vererbt war, mag wohl dem Rechte nach die Obergewalt über Kleinasien und Ägypten mit begriffen gewesen sein;
aber tatsächlich hatte Odaenathos nur Syrien und Arabien und
etwa noch Armenien, Kilikien, Kappadokien in der Gewalt gehabt. Jetzt forderte ein einflußreicher Ägypter Timagenes die
Königin auf Ägypten zu besetzen; dementsprechend entsandte sie
ihren Oberfeldherrn Zabdas mit einem Heer, angeblich 70000 Mann,
an den Nil. Das Land widersetzte sich energisch; aber die Palmyrener schlugen das ägyptische Aufgebot und bemächtigten sich
Ägyptens. Ein römischer Admiral Probus versuchte sie wieder zu
vertreiben und überwand sie auch, so daß sie nach Syrien auf-
brachen; aber als er ihnen bei dem ägyptischen Babylon unweit
Memphis den Weg zu verlegen suchte, wurde er durch die bessere
Ortskunde des palmyrenischen Feldherrn Timagenes geschlagen
und gab sich selber den Tod. Als um die Mitte des J. 270 nach
Kaiser Claudius' Tode Aurelianus an seine Stelle trat, geboten die
Palmyrener über Alexandreia. Auch in Kleinasien machten sie
Anstalt sich festzusetzen; ihre Besatzungen waren bis nach An-
kyra in Galatien vorgeschoben und selbst in Kalchedon, Byzanz
gegenüber hatten sie versucht die Herrschaft ihrer Königin zur
Geltung zu bringen. Alles dies geschah, ohne daß die Palmyrener
der römischen Regierung absagten, ja wahrscheinlich in der Weise,
daß das von der römischen Regierung dem Fürsten von Palmyra
übertragene Regiment des Ostens auf diese Weise verwirklicht
ward und man die römischen Offiziere, die sich der Ausdehnung
der palmyrenischen Herrschaft widersetzten, der Auflehnung
gegen die kaiserlichen Anordnungen zieh; die in Alexandreia geschlagenen Münzen nennen Aurelianus und Vaballathos nebeneinander und geben nur dem ersteren den Augustustitel. Der
Sache nach löste freilich hier der Osten sich vom Reiche ab und
in Ausführung einer dem elenden Gallienus durch die Not ab-
gezwungenen Anordnung wurde dasselbe gehälftet.

Der kräftige und umsichtige Kaiser, dem jetzt die Herrschaft
zugefallen war, brach sofort mit der palmyrenischen Nebenregie-
rung, was dann zur Folge haben mußte und hatte, daß Vaballa-

thos von den Seinen selber zum Kaiser ausgerufen ward. Ägypten wurde schon im Ausgang des J. 270 durch den tapferen Feldherrn Probus, den späteren Nachfolger Aurelians, nach harten Kämpfen wieder zum Reiche gebracht. Freilich zahlte diesen Sieg die zweite Stadt des Reiches Alexandreia fast mit ihrer Existenz, wie dies in einem folgenden Abschnitt dargelegt werden soll. Schwieriger war die Bezwingung der entlegenen syrischen Oase. Alle anderen orientalischen Kriege der Kaiserzeit sind hauptsächlich von dort heimischen Reichstruppen geführt worden; hier, wo der Okzident den abgefallenen Osten abermals zu unterwerfen hatte, schlugen wieder einmal, wie in der Zeit der freien Republik, Okzidentalen gegen Orientalen, die Soldaten vom Rhein und der Donau mit denen der syrischen Wüste. Gegen den Ausgang des J. 271, wie es scheint, begann die gewaltige Expedition. Ohne auf Gegenwehr zu treffen, gelangte das römische Heer bis an die Grenze von Kappadokien; hier leistete die Stadt Tyana, die die kilikischen Pässe sperrte, ernstlichen Widerstand. Nachdem sie gefallen war und Aurelian durch milde Behandlung der Bewohner sich den Weg zu weiteren Erfolgen geebnet hatte, überschritt er den Taurus und gelangte durch Kilikien nach Syrien. Wenn Zenobia, wie nicht zu bezweifeln ist, auf tätige Unterstützung von seiten des Perserkönigs gerechnet hatte, so fand sie sich getäuscht. Der hochbetagte König Schapur griff nicht in diesen Krieg ein und die Herrscherin des römischen Ostens blieb auf ihre eigenen Streitkräfte angewiesen, von denen vielleicht auch noch ein Teil auf die Seite des legitimen Augustus trat. In Antiocheia vertrat die palmyrenische Hauptmacht unter dem Feldherrn Zabdas dem Kaiser den Weg; auch Zenobia selbst war anwesend. Ein glückliches Gefecht gegen die überlegene palmyrenische Reiterei am Orontes lieferte Aurelian die Stadt in die Hände, welche nicht minder wie Tyana volle Verzeihung empfing — gerechterweise erkannte er an, daß die Reichsuntertanen kaum eine Schuld traf, wenn sie dem von der römischen Regierung selbst zum Oberkommandanten bestellten palmyrenischen Fürsten sich gefügt hatten. Die Palmyrener zogen ab, nachdem sie bei der Vorstadt von Antiocheia Daphne ein Rückzugsgefecht geliefert hatten und schlugen die große Straße ein, die von der Hauptstadt Syriens nach Hemesa und von da durch die Wüste nach Palmyra führt. Aurelianus forderte die Königin auf sich zu unterwerfen, hinweisend auf die namhaften in den Kämpfen am Orontes erlittenen Verluste. Es seien das ja nur Römer, antwortete die Königin; noch gaben die Orientalen sich nicht überwunden. Bei Hemesa stellte sie sich zu der entscheidenden Schlacht. Sie war lang und

blutig; die römische Reiterei unterlag und löste flüchtend sich
auf; aber die Legionen entschieden und der Sieg blieb den Römern. Schwieriger als der Kampf war der Marsch. Die Entfernung
von Hemesa nach Palmyra beträgt in gerader Richtung 18 deutsche Meilen, und wenn auch in jener Epoche der hochgesteigerten
syrischen Zivilisation die Gegend nicht in dem Grade wüst war
wie heutzutage, so bleibt der Zug Aurelians dennoch eine bedeutende Leistung, zumal da die leichten Reiter des Feindes das
römische Heer auf allen Seiten umschwärmten. Indes Aurelian
gelangte zum Ziel und begann die Belagerung der festen und
wohlverproviantierten Stadt; schwieriger als diese selbst war die
Herbeiführung der Lebensmittel für das belagernde Heer. Endlich
sank der Fürstin der Mut und sie entwich aus der Stadt, um Hilfe
bei den Persern zu suchen. Doch das Glück stand dem Kaiser
weiter bei. Die nachsetzenden römischen Reiter nahmen sie mit
ihrem Sohne gefangen, als sie eben am Euphrat angelangt das
rettende Boot besteigen wollte, und die durch ihre Flucht ent-
mutigte Stadt kapitulierte (272). Aurelianus gewährte auch hier,
wie in diesem ganzen Feldzug, den unterworfenen Bürgerschaften
volle Verzeihung. Aber über die Königin und ihre Beamten und
Offiziere erging ein strenges Strafgericht. Zenobia verschmähte es
nicht, nachdem sie mit männlicher Tatkraft jahrelang die Herrschaft geführt hatte, jetzt die Frauenprivilegien anzurufen und
die Verantwortung auf ihre Berater zu werfen, von denen nicht
wenige, unter ihnen der gefeierte Gelehrte Cassius Longinus, unter
dem Henkerbeil endigten. Sie selbst durfte in dem Triumphzug
des Kaisers nicht fehlen, und sie ging nicht den Weg Kleopatras,
sondern zog in goldenen Ketten zur Schau der römischen Menge
vor dem Wagen des Siegers auf das römische Capitol. Aber bevor
Aurelianus seinen Sieg feiern konnte, hatte er ihn zu wiederholen.
Wenige Monate nach der Übergabe erhoben sich die Palmyrener
abermals, erschlugen die kleine dort garnisonierende römische Besatzung und riefen einen gewissen Antiochos zum Herrscher aus,
indem sie zugleich versuchten den Statthalter von Mesopotamien
Marcellinus zur Auflehnung zu bestimmen. Die Kunde erreichte
den Kaiser, als er eben den Hellespont überschritten hatte. Er
kehrte sofort um und stand, früher als es Freund oder Feind ge-
ahnt hatte, abermals vor den Mauern der insurgierten Stadt. Die
Empörer waren darauf nicht gefaßt gewesen; es gab diesmal keine
Gegenwehr, aber auch keine Gnade. Palmyra wurde zerstört, das
Gemeinwesen aufgelöst, die Mauern geschleift, die Prunkstücke
des herrlichen Sonnentempels in den Tempel übertragen, den in
Erinnerung an diesen Sieg der Kaiser dem Sonnengott des Ostens

in Rom erbaute. Nur die verlassenen Hallen und Mauern blieben, wie sie zum Teil noch heute stehen. Das geschah im J. 273. Die Blüte Palmyras war eine künstliche, erzeugt durch die dem Handel gewiesenen Straßen und die großen dadurch bedingten öffentlichen Bauten. Jetzt zog die Regierung von der unglücklichen Stadt ihre Hand ab. Der Handel suchte und fand andere Bahnen; da Mesopotamien damals als römische Provinz betrachtet ward und bald auch wieder zum Reich kam, ebenfalls das Nabatäergebiet bis zu dem Hafen von Aelana in römischer Hand war, so konnte diese Zwischenstation entbehrt werden und mag der Verkehr sich dafür nach Bostra oder Beroea (Aleppo) gezogen haben. Dem kurzen meteorartigen Aufleuchten Palmyras und seiner Fürsten folgte unmittelbar die Öde und Stille, die seither bis auf den heutigen Tag über dem kümmerlichen Wüstendorf und seinen Kolonnadenruinen lagert.

*

Das ephemere Reich von Palmyra ist in seinem Entstehen wie in seinem Fall eng mit den Beziehungen der Römer zu dem nichtrömischen Osten verwachsen, aber nicht minder ein Stück der allgemeinen Reichsgeschichte. Denn wie das Westreich des Postumus, so ist das Ostreich der Zenobia eine jener Massen, in die damals das gewaltige Ganze sich schien auflösen zu sollen. Wenn während seines Bestehens seine Leiter dem Ansturm der Perser ernstlich Schranken zu setzen versuchten, ja ihre Machtentwickelung eben darauf beruhte, so hat es bei seinem Zusammenbrechen nicht bloß bei denselben Persern Rettung gesucht, sondern wahrscheinlich sind infolge des Abfalls der Zenobia Armenien und Mesopotamien den Römern verlorengegangen und hat auch nach der Unterwerfung Palmyras der Euphrat wieder eine Zeitlang die Grenze gemacht. An ihm angelangt hoffte die Königin Aufnahme bei den Persern zu finden; und über ihn hinüber die Legionen zu führen unterließ Aurelianus, da Gallien nebst Britannien und Spanien damals noch der Regierung die Anerkennung verweigerten. Er und sein Nachfolger Probus kamen nicht dazu diesen Kampf aufzunehmen. Aber als im J. 282 nach dem vorzeitigen Ende des letzteren die Truppen den nächsthöchsten Befehlshaber Marcus Aurelius Carus zum Kaiser ausriefen, war es das erste Wort des neuen Herrschers, daß die Perser dieser Wahl gedenken sollten, und er hat es gehalten. Sogleich rückte er mit dem Heere in Armenien ein und stellte dort die frühere Ordnung wieder her. An der Landesgrenze kamen ihm persische Gesandte entgegen, die sich bereit erklärten alles Billige zu gewähren; aber sie wurden kaum angehört und der Marsch ging unaufhaltsam weiter.

Auch Mesopotamien wurde abermals römisch und die parthischen
Residenzstädte Seleukeia und Ktesiphon einmal mehr von den
Römern besetzt, ohne daß diese auf nachhaltigen Widerstand ge-
troffen wären, wozu der damals im persischen Reiche wütende
Bruderkrieg das Seinige beitrug. Der Kaiser war eben über den
Tigris gegangen und im Begriff in das Herz des feindlichen Lan-
des einzudringen, als er auf gewaltsame Weise, vermutlich durch
Mörderhand, den Tod und damit auch der Feldzug sein Ende
fand. Sein Nachfolger aber erlangte im Frieden die Abtretung von
Armenien und Mesopotamien; obwohl Carus wenig über ein Jahr
den Purpur trug, wurde die Reichsgrenze des Severus durch ihn
wiederhergestellt.

Einige Jahre darauf (J. 293) bestieg ein neuer Herrscher Narseh, des Königs Schapur Sohn, den Thron von Ktesiphon und
erklärte im J. 296 wegen des Besitzes von Mesopotamien und
Armenien den Römern den Krieg. Diocletianus, der damals die
oberste Leitung wie des Reiches überhaupt, so namentlich des
Orients hatte, beauftragte mit der Führung desselben seinen
Reichsgehilfen Galerius Maximianus, einen rohen, aber tapferen
Feldherrn. Der Anfang war ungünstig. Die Perser fielen in Mesopotamien ein und gelangten bis nach Karrhae; gegen sie führte
der Caesar die syrischen Legionen bei Nikephorion über den
Euphrat; zwischen diesen beiden Positionen stießen die Armeen
aufeinander und die weit schwächere römische unterlag. Es war
ein harter Schlag und der junge Feldherr mußte schwere Vor-
würfe über sich ergehen lassen; aber er verzagte nicht. Für den
nächsten Feldzug wurden aus dem ganzen Reich Verstärkungen
herangezogen und beide Regenten rückten persönlich in das Feld;
Diocletian nahm Stellung in Mesopotamien mit der Hauptmacht,
während Galerius, verstärkt durch die inzwischen herangezogenen
illyrischen Kerntruppen, mit einem Heer von 25000 Mann in Armenien dem Feind entgegentrat und ihm eine entscheidende Niederlage beibrachte. Das Lager und der Schatz, ja selbst der Harem
des Großkönigs fielen den Kriegern in die Hände und mit Not
entging Narseh selbst der Gefangenschaft. Um nur die Frauen
und die Kinder wieder zu erlangen, erklärte der König sich bereit
auf jede Bedingung Frieden zu schließen; sein Abgesandter Aphar-
ban beschwor den Römer des Persers zu schonen: die beiden
Reiche, das römische und das persische, seien gleichsam die beiden
Augen der Welt und keines könne des anderen entbehren. Es
hätte in der Macht der Römer gestanden ihren orientalischen Provinzen eine mehr hinzuzufügen; der vorsichtige Herrscher begnügte sich mit der Regulierung der Besitzverhältnisse im Nord-

osten. Mesopotamien blieb selbstverständlich im römischen Besitz; der wichtige Handelsverkehr mit dem benachbarten Ausland
wurde unter strenge staatliche Kontrolle gestellt und wesentlich
nach der festen Stadt Nisibis gewiesen, dem Stützpunkt der römischen Grenzwacht im östlichen Mesopotamien. Als Grenze der
unmittelbaren römischen Herrschaft wurde der Tigris anerkannt,
jedoch in der Ausdehnung, daß das ganze südliche Armenien bis
zum See Thospitis (Wansee) und zum Euphrat, also das gesamte
obere Tigristal zum römischen Reich gehören solle. Eigentliche
Provinz ward dies Vorland von Mesopotamien nicht, sondern nach
der bisherigen Weise als römische Satrapie Sophene verwaltet.
Einige Dezennien später ward hier die starke Festung Amida
(Diabekr) angelegt, seitdem die Hauptburg der Römer im Gebiet
des oberen Tigris. Zugleich ward die Grenze zwischen Armenien
und Medien neu reguliert und die Lehnsherrlichkeit Roms über
jenes Land wie über Iberien abermals bestätigt. Bedeutende Gebietsabtretungen legte der Friede den Besiegten nicht auf, aber
er stellte eine den Römern günstige Grenze her, welche auf längere
Zeit hinaus in diesen vielumstrittenen Gebieten die beiden Reiche
schied. Die Politik Traians erhielt damit ihre vollständige Durchführung; allerdings verschob sich auch eben damals der Schwerpunkt der römischen Herrschaft aus dem Westen nach dem Osten.

KAPITEL XI

SYRIEN UND DAS NABATAEERLAND

Sehr allmählich haben die Römer sich dazu entschlossen nach
der westlichen auch der östlichen Hälfte der Küsten des Mittelmeeres sich zu bemächtigen; nicht an dem Widerstand, auf den
sie hier verhältnismäßig in geringem Maße trafen, sondern an
der wohlbegründeten Scheu vor den denationalisierenden Konsequenzen dieser Eroberungen hat es gelegen, daß sie solange
wie möglich sich nur bemühten in jenen Gegenden den entscheidenden politischen Einfluß zu bewahren, und daß die eigentliche Einverleibung wenigstens Syriens und Ägyptens erst stattfand, als der Staat schon fast eine Monarchie war. Wohl wurde
dadurch das Römerreich geographisch geschlossen, das Mittelmeer, Roms eigentliche Basis, seit es eine Großmacht war, nach
allen Seiten hin ein römischer Binnensee, Schiffahrt und Handel.
auf und an demselben zum Segen aller Anwohner staatlich geeinigt. Aber der geographischen Geschlossenheit zur Seite ging
die nationale Zweiteilung. Durch Griechenland und Makedonien

wäre der Römerstaat nie binational geworden, so wenig wie die
Griechenstädte Neapolis und Massalia Campanien und die Pro-
vence hellenisiert haben. Aber wenn in Europa und Afrika das
griechische Gebiet gegenüber der geschlossenen Masse des lateinischen verschwindet, so gehört was von dem dritten Erdteil
mit dem von Rechts wegen dazu gehörigen Niltal in diesen Kultur-
kreis hineingezogen ward, ausschließlich den Griechen und namentlich Antiocheia und Alexandreia sind die rechten Träger
der in Alexander ihren Höhepunkt erreichenden hellenischen Entwickelung, Mittelpunkte hellenischen Lebens und hellenischer
Bildung und Großstädte wie Rom auch. Nachdem in dem vorhergehenden Kapitel der die ganze Kaiserzeit ausfüllende Kampf
des Ostens und des Westens in und um Armenien und Mesopotamien dargestellt worden ist, wenden wir uns dazu, die Verhältnisse der syrischen Landschaften zu schildern, wie sie gleichzeitig sich gestalteten. Gemeint ist das Gebiet, das der Berg-
stock Pisidiens, Isauriens und Westkilikiens von Kleinasien, die
östliche Fortsetzung desselben Gebirges und der Euphrat von
Armenien und Mesopotamien, die arabische Wüste von dem parthischen Reiche und von Ägypten scheiden; nur schien es angemessen die eigenartigen Schicksale Judäas in einem besonderen
Abschnitt zu behandeln. Der Verschiedenheit der politischen Entwickelung unter dem Kaiserregiment entsprechend soll zunächst
von dem eigentlichen Syrien, dem nördlichen Teil dieses Gebiets und von der unter dem Libanos sich hinziehenden phönikischen Küste, weiter von dem Hinterlande Palästinas, dem Gebiet der Nabatäer gesprochen werden. Was über Palmyra zu
sagen war, hat schon im vorigen Kapitel seinen Platz gefunden.

Seit der Teilung der Provinzen zwischen dem Kaiser und dem
Senat hat Syrien unter kaiserlicher Verwaltung gestanden und
ist im Orient, wie Gallien im Westen, der Schwerpunkt der kaiserlichen zivilen und militärischen Verwaltung gewesen. Diese Statthalterschaft war von Anfang an von allen die angesehenste und
wurde dies im Lauf der Zeit nur noch in höherem Grade. Ihr
Inhaber führte, gleich den Statthaltern der beiden Germanien,
das Kommando über vier Legionen, und während den Kommandanten der Rheinarmee die Verwaltung der inneren gallischen
Landschaften abgenommen ward und schon in ihrem Neben-
einanderstehen eine gewisse Beschränkung lag, behielt der Statthalter von Syrien auch die Zivilverwaltung der ganzen großen
Provinz ungeschmälert und führte lange Zeit in ganz Asien allein
ein Kommando ersten Ranges. Unter Vespasian erhielt er zwar
an den Statthaltern von Palästina und von Kappadokien zwei

ebenfalls Legionen befehligende Kollegen; andererseits aber wuchsen durch die Einziehung des Königreichs Kommagene und bald darauf auch der Fürstentümer im Libanos deren Gebiete seiner Verwaltung zu. Erst im Laufe des zweiten Jahrhunderts trat eine Schmälerung seiner Befugnisse ein, indem Hadrian eine der vier Legionen dem Statthalter von Syrien nahm und sie dem von Palästina überwies. Den ersten Platz in der römischen Militärhierarchie hat erst Severus dem syrischen Statthalter entzogen. Nachdem dieser die Provinz, die wie einst ihren Statthalter Vespasian, so damals den Niger zum Kaiser hatte machen wollen, unter Widerstreben namentlich der Hauptstadt Antiocheia unterworfen hatte, verfügte er die Teilung derselben in eine nördliche und eine südliche Hälfte und gab dem Statthalter jener, der sogenannten Syria Coele, zwei, dem Statthalter dieser, der Provinz Syrophoenicia, eine Legion. — Auch insofern darf Syrien mit Gallien zusammengestellt werden, als dieser kaiserliche Verwaltungsbezirk schärfer als die meisten sich in befriedete Landschaften und schutzbedürftige Grenzdistrikte schied. Wenn die ausgedehnte Küste Syriens und die westlichen Landschaften überhaupt feindlichen Angriffen nicht ausgesetzt waren und die Dekkung an der Wüstengrenze gegen die schweifenden Beduinen den arabischen und den jüdischen Fürsten und späterhin den Truppen der Provinz Arabien, auch den Palmyrenern mehr oblag als den syrischen Legionen, so erforderte, namentlich bevor Mesopotamien römisch ward, die Euphratgrenze eine ähnliche Bewachung gegen die Parther wie der Rhein gegen die Germanen. Aber wenn die syrischen Legionen an der Grenze zur Verwendung kamen, so konnte man doch auch in dem westlichen Syrien ihrer nicht entraten. Die Rheintruppen waren allerdings auch der Gallier wegen da; dennoch durften die Römer mit berechtigtem Stolz sagen, daß für die große Hauptstadt Galliens und die drei gallischen Provinzen eine unmittelbare Besatzung von 1200 Mann ausreiche. Aber für die syrische Bevölkerung und insbesondere für die Hauptstadt des römischen Asiens genügte es nicht die Legionen am Euphrat aufzustellen. Nicht bloß am Saum der Wüste, sondern auch in den Schlupfwinkeln der Gebirge hausten in der Nachbarschaft der reichen Äcker und der großen Städte, nicht in dem Grade wie heutzutage, aber doch auch damals stetig, verwegene Räuberbanden und plünderten, oft als Kaufleute oder Soldaten verkleidet, die Landhäuser und die Dörfer. Aber auch die Städte selbst, vor allem Antiocheia, verlangten, wie Alexandreia, eigene Besatzung. Ohne Zweifel ist dies der Grund gewesen, weshalb eine Teilung in Zivil- und Militärbezirke, wie sie für Gallien schon Augustus verfügte, in Syrien niemals auch nur versucht worden ist und weshalb die großen auf sich selbst stehenden Lageransiedlungen, aus denen zum Beispiel Mainz am Rhein, Leon in Spanien, Chester in England hervorgegangen sind, im römischen Orient gänzlich fehlen. Ohne Zweifel aber ist dies auch der Grund, weshalb die syrische Armee in Zucht und Geist so sehr zurück stand gegen die der Westprovinzen; weshalb die stramme Disziplin, wie sie in den militärischen Standlagern des Okzidents gehandhabt ward, in den städtischen Kantonnements des Ostens nie Fuß fassen konnte. Wo der stehenden Truppe neben ihrer nächsten Bestimmung noch die Aufgabe der Polizei zufällt, wirkt dies an sich demoralisierend, und nur zu oft wird, wo sie unruhige städtische Massen in Zucht halten soll, vielmehr ihre eigene Disziplin dadurch untergraben. Die früher geschilderten syrischen Kriege liefern dazu den unerfreulichen Kommentar; keiner derselben fand eine kriegsfähige Armee vor und regelmäßig bedurfte es erst herangezogener okzidentalischer Truppen, um dem Kampfe die Wendung zu geben.

Syrien im engeren Sinne und seine Nebenländer, das ebene Kilikien und Phönike haben unter den römischen Kaisern eine Geschichte im eigentlichen Sinne nicht gehabt. Die Bewohner dieser Landschaften gehören dem gleichen Stamme an wie die Bewohner Judäas und Arabiens und die Stammväter der Syrer und der Phöniker haben in ferner Zeit an einem Orte gesessen mit denen der Juden und der Araber und eine Sprache geredet. Aber wenn die letzteren an ihrer Eigenart und an ihrer Sprache festgehalten haben, so haben die Syrer und die Phöniker sich hellenisiert, schon bevor sie unter römische Herrschaft gelangten. Es vollzog sich diese Hellenisierung durchgängig in der Bildung von hellenischen Politien. Den Grund dazu hatte freilich die einheimische Entwickelung gelegt, namentlich an der phönikischen Küste die alten und großen Kaufstädte. Aber vor allem hat die Staatenbildung Alexanders und der Alexandriden, eben wie die der römischen Republik, zu ihrem Fundament nicht den Stamm, sondern die Stadtgemeinde; nicht das altmakedonische Erbfürstentum, sondern die griechische Politie hat Alexander in den Osten getragen und nicht aus Stämmen, sondern aus Städten gedachte er und gedachten die Römer ihr Reich zusammenzusetzen. Der Begriff der autonomen Bürgerschaft ist ein sehr dehnbarer und die Autonomie Athens und Thebens eine andere als die der makedonischen und der syrischen Stadt, eben wie im römischen Kreis die Autonomie des freien Capua einen anderen Inhalt hatte als die der latinischen Pflanzstädte der Republik oder gar der Stadtgemeinden des Kaiserreichs; aber der Grundgedanke ist überall das sich selbst verwaltende in seinem Mauerring souveräne Bürgertum. Nach dem Sturz des Perserreichs ist Syrien nebst dem benachbarten Mesopotamien als die militärische Verbindungsbrücke zwischen dem Westen und dem Osten wie kein anderes Land mit makedonischen Ansiedelungen bedeckt worden; die dort in weitester Ausdehnung übernommenen, sonst im ganzen Alexanderreich nirgends also sich wiederfindenden makedonischen Ortsnamen beweisen es, daß hier der Kern der hellenischen Eroberer des Ostens angesiedelt wurde und daß Syrien für diesen Staat das Neu-Makedonien werden sollte; wie denn auch, solange das Reich Alexanders eine Zentralregierung behielt, diese dort ihren Sitz gehabt hat. Den syrischen Reichsstädten hatten dann die Wirren der letzten Seleukidenzeit zu größerer Selbständigkeit verholfen. Diese Einrichtungen fanden die Römer vor. Unmittelbar vom Reich verwaltete nicht städtische Distrikte gab es schon nach der von Pompeius vorgenommenen Organisation in Syrien wahrscheinlich gar nicht, und wenn die abhängigen Fürstentümer in der ersten Epoche der römischen Herrschaft einen großen Teil des südlichen Binnenlandes der Provinz umfaßten, so waren diese meist gebirgigen und schwach bewohnten Distrikte doch von untergeordneter Bedeutung. Im ganzen genommen blieb den Römern in Syrien für die Hebung der städtischen Entwickelung nicht viel zu tun übrig, weniger als in Kleinasien. Eigentliche Städtegründung ist daher aus der Kaiserzeit für Syrien kaum zu berichten. Die wenigen Kolonien, welche hier angelegt worden sind, wie unter Augustus Berytus und wahrscheinlich auch Heliupolis, haben keinen anderen Zweck gehabt als die nach Makedonien geführten, nämlich die Unterbringung der Veteranen.

Wie sich die Griechen und die ältere Bevölkerung in Syrien zu einander stellten, läßt sich schon an den örtlichen Benennungen deutlich verfolgen. Landschaften und Städte tragen hier der Mehrzahl nach griechische Namen, großenteils, wie bemerkt, der makedonischen Heimat entlehnte, wie Pieria, Anthemus, Arethusa, Beroea, Chalkis, Edessa, Europos, Kyrrhos, Larisa, Pella, andere benannt nach Alexander oder den Gliedern des seleukidischen Hauses, wie Alexandreia, Antiocheia, Seleukis und Seleukeia, Apameia, Laodikeia, Epiphaneia. Die alten einheimischen Namen behaupten sich wohl daneben, wie Beroea, zuvor aramäisch Chaleb, auch Chalybon, Edessa oder Hierapolis, zuvor Mabog, auch Bambyke, Epiphaneia, zuvor Hamat, auch Amathe genannt wird. Aber meistens traten die älteren Benennungen vor

den fremden zurück und nur wenige Landschaften und größere
Orte, wie Kommagene, Samosata, Hemesa, Damaskos entbehren
neu geschöpfter griechischer Namen. Das östliche Kilikien hat
wenig makedonische Gründungen aufzuweisen; aber die Hauptstadt Tarsos hat sich früh und vollständig hellenisiert und ist
lange vor der römischen Zeit eines der Zentren der hellenischen
Bildung geworden. Etwas anders ist es in Phönike: die altbe-
rühmten Kaufstädte Arados, Byblos, Berytos, Sidon, Tyros, haben
die einheimischen Namen nicht eigentlich abgelegt; aber wie auch
hier das Griechische die Oberhand gewann, zeigt die hellenisierende Umbildung eben dieser Namen, und noch deutlicher, daß
Neu-Arados uns nur unter dem griechischen Namen Antarados
bekannt ist, ebenso die von den Tyriern, den Sidoniern und den
Aradiern gemeinschaftlich an dieser Küste gegründete neue Stadt
nur unter dem Namen Tripolis, und beide ihre heutigen Benennungen Tartus und Tarabulus aus den griechischen entwickelt
haben. Schon in der Seleukidenzeit tragen die Münzen im eigentlichen Syrien ausschließlich, die der phönikischen Städte weit
überwiegend griechische Aufschrift; und von Anfang der Kaiserzeit an steht die Alleinherrschaft des Griechischen hier fest. —
Nur die nicht bloß durch weite Wüstenstrecken geschiedene,
sondern auch eine gewisse politische Selbständigkeit bewahrende
Oase Palmyra macht, wie wir sahen, hierin eine Ausnahme. Aber
in dem Verkehr blieben die einheimischen Idiome. In den Bergen
des Libanos und des Antilibanos, wo auch in Hemesa (Homs),
Chalkis, Abila (beide zwischen Berytus und Damaskos) kleine
Fürstenhäuser einheimischen Ursprungs bis gegen das Ende des
ersten Jahrhunderts n. Chr. schalteten, hat die einheimische Sprache
in der Kaiserzeit wahrscheinlich die Alleinherrschaft gehabt, wie
denn in den schwer zugänglichen Gebirgen der Drusen die Sprache
Arams erst in neuerer Zeit dem Arabischen gewichen ist. Aber
vor zwei Jahrtausenden war dieselbe in der Tat in ganz Syrien
die Sprache des Volkes. Daß bei den doppelnamigen Städten
im gewöhnlichen Leben die syrische Benennung ebenso überwog
wie in der Literatur die griechische, zeigt sich darin, daß heute
Beroea-Chalybon Haleb (Aleppo), Epiphaneia-Amathe Hama,
Hierapolis-Bambyke-Mabog Membidj, Tyros mit seinem phönikischen Namen Sur genannt wird; daß die uns aus den Urkunden
und den Schriftstellern nur als Heliupolis bekannte syrische Stadt
ihren uralten einheimischen Namen Baalbek noch heute führt,
überhaupt allgemein die heutigen Ortsnamen nicht aus den griechischen, sondern aus den aramäischen hervorgegangen sind. —
Ebenso zeigt der Kultus das Fortleben des syrischen Volkstumes.

Die Syrer von Beroea bringen ihre Weihgeschenke mit griechischer Aufschrift dem Zeus Malbachos, die von Apameia dem Zeus
Belos, die von Berytus als römische Bürger dem Jupiter Bal-
marcodes, alles Gottheiten, an denen weder Zeus noch Jupiter
wirklichen Teil hatten. Jener Zeus Belos ist kein anderer als der
in Palmyra in syrischer Sprache verehrte Malach Belos. Wie
lebendig die heimische Götterverehrung in Syrien gewesen und
geblieben ist, dafür legt das deutlichste Zeugnis ab, daß die
Dame von Hemesa, die durch ihre Verschwägerung mit dem
severischen Hause für ihren Tochtersohn im Anfang des 3. Jahrhunderts die Kaiserwürde erlangte, nicht damit zufrieden, daß
der Knabe Oberpontifex des römischen Volkes hieß, ihn auch
anhielt sich den Oberpriester des heimischen Sonnengottes Ela-
gabalus vor allen Römern zu titulieren. Die Römer mochten die
Syrer besiegen; aber die römischen Götter haben in ihrer eigenen
Heimat vor den syrischen das Feld geräumt. — Nicht minder
sind die zahlreichen auf uns gekommenen syrischen Eigennamen
überwiegend ungriechisch und Doppelnamen nicht selten; der
Messias heißt auch Christos, der Apostel Thomas auch Didymos,
die von Petrus wiedererweckte Frau aus Ioppe das ‚Reh‘, Tabitha
oder Dorkas. Aber für die Literatur und vermutlich auch für
den Geschäftsverkehr und den Verkehr der Gebildeten war das
syrische Idiom so wenig vorhanden wie im Westen das keltische;
in diesen Kreisen herrschte ausschließlich das Griechische, abgesehen von dem auch im Osten für das Militär geforderten Latein.
Ein Literat aus der zweiten Hälfte des zweiten Jahrhunderts,
den der früher erwähnte König von Armenien Sohaemos an
seinen Hof zog, hat in einen Roman, der in Babylon spielt,
einiges über seine eigene Lebensgeschichte eingelegt, das diese
Verhältnisse erläutert. Er sei, sagt er, ein Syrer, aber nicht
von den eingewanderten Griechen, sondern von Vater- und Mutter-
seite einheimischer Abkunft, Syrer nach Sprache und Sitte, auch
babylonischer Sprache und persischer Magie kundig. Aber eben
dieser, das hellenische Wesen in gewissem Sinne ablehnende
Mann fügt hinzu, daß er hellenische Bildung sich angeeignet
habe und ist ein angesehener Jugendlehrer in Syrien und ein
namhafter Romanschriftsteller der späteren griechischen Literatur
geworden*. — Wenn späterhin das syrische Idiom wieder zur

* Der Auszug des Photios aus dem Roman des Jamblichos c. 11, welcher
den Verfasser irrig zu einem Babylonier macht, wird durch das Scholion dazu
wesentlich berichtigt und ergänzt. Der Geheimschreiber des Großkönigs, der
unter den trainischen Gefangenen nach Syrien kommt, dort des Jamblichos
Erzieher wird und ihn in der ‚barbarischen Weisheit‘ unterweist, ist natürlich

Schriftsprache geworden ist und eine eigene Literatur entwickelt hat, so ist dies nicht auf eine Ermannung des Nationalgefühls zurückzuführen, sondern auf das unmittelbare Bedürfnis der christlichen Propaganda: jene syrische Literatur, ausgegangen von der Übersetzung der christlichen Bekenntnisschriften in das Syrische, blieb gebannt in den Kreis der spezifischen Bildung des christlichen Klerus und nahm daher von der allgemeinen hellenischen Bildung nur den kleinen Bruchteil auf, den die Theologen jener Zeit ihren Zwecken zuträglich oder doch damit verträglich fanden*; ein höheres Ziel als die Übertragung der griechischen Klosterbibliothek auf die Maronitenklöster hat diese Schriftstellerei nicht erreicht und wohl auch nicht erstrebt. Sie reicht auch schwerlich weiter zurück als in das zweite Jahrhundert unserer Zeitrechnung und hat ihren Mittelpunkt nicht in Syrien, sondern in Mesopotamien, namentlich in Edessa**, wo wahrscheinlich, anders als in dem älteren römischen Gebiet, sich die Anfänge einer vorchristlichen Literatur in der Landessprache entwickelt hatten.

Unter den mannigfaltigen Bastardformen, welche der Hellenismus in seiner zugleich zivilisierenden und degenerierenden Propaganda angenommen hat, ist die syrohellenische wohl diejenige, in welcher die beiden Elemente am meisten im Gleichgewicht standen, vielleicht aber zugleich diejenige, die die Gesamtentwickelung des Reiches am entschiedensten beeinflußt hat. Die Syrer empfingen wohl die griechische Städteordnung und eigneten sich hellenische Sprache und Sitte an; dennoch hörten sie nie auf sich als Orientalen zu fühlen, oder vielmehr als Träger einer doppelten Zivilisation. Nirgends vielleicht ist dies schärfer ausgesprochen als in dem kolossalen Grabtempel, welchen im

---

eine Figur des in Babylon spielenden Romans, den Jamblichos von diesem seinem Lehrmeister vernommen haben will; aber charakteristisch für die Zeit ist der armenische Hofliterat und Prinzenerzieher (denn als ‚guten Rhetor' hat ihn doch wohl Sohaemos nach Valarschapat berufen) selbst, der kraft seiner magischen Kunst nicht bloß den Fliegenzauber und die Geisterbeschwörung versteht, sondern auch dem Verus den Sieg über Vologasos vorhersagt und zugleich Geschichten, wie sie auch in Tausendundeiner Nacht stehen könnten, den Griechen griechisch erzählt.

* Die syrische Literatur besteht fast ausschließlich aus Übersetzungen griechischer Werke. Unter den Profanschriften stehen in erster Reihe aristotelische und plutarchische Traktate, dann praktische Schriften juristischen oder agronomischen Inhalts und populäre Unterhaltungsbücher, wie der Alexanderroman, Aesops Fabeln, Menanders Sentenzen.

** Die syrische Übersetzung des Neuen Testaments, der älteste uns bekannte syrische Sprachtext, ist wahrscheinlich in Edessa entstanden; die στρατιῶται der Apostelgeschichte heißen hier ‚Römer'.

ersten Anfang der Kaiserzeit König Antiochos von Kommagene sich auf einem einsamen Berggipfel unweit des Euphrat errichtet hat. Er nennt in der ausführlichen Grabschrift sich einen Perser; im persischen Gewande, wie das Herkommen seines Geschlechts es erheischt, soll der Priester des Heiligtums ihm die Gedächtnisopfer darbringen; aber wie die Perser nennt er auch die Hellenen die gesegneten Wurzeln seines Geschlechts und fleht den Segen aller Götter der Persis wie der Meketis, das heißt des persischen wie des makedonischen Landes auf seine Nachkommen herab. Denn er ist der Sohn eines einheimischen Königs vom Geschlecht der Achaemeniden und einer griechischen Fürstentochter aus dem Hause des Seleukos, und dementsprechend schmückten das Grabmal in langer Doppelreihe die Abbilder einerseits seiner väterlichen Ahnen bis auf den ersten Dareios, andrerseits seiner mütterlichen bis zu dem Marschall Alexanders. Die Götter aber, die er verehrt, sind zugleich persisch und griechisch, Zeus Oromasdes, Apollon Mithras Helios Hermes, Artagnes Herakles Ares und dieses letzteren Bild zum Beispiel trägt die Keule des griechischen Heros und zugleich die persische Tiara. Dieser persische Fürst, der zugleich sich einen Freund der Hellenen und als loyaler Untertan des Kaisers einen Freund der Römer nennt, wie nicht minder jener von Marcus und Lucius auf den Thron von Armenien berufene Achaemenide Sohaemos sind rechte Vertreter der einheimischen die persischen Erinnerungen und die römisch-hellenische Gegenwart gleichmäßig im Sinne tragenden Aristokratie des kaiserlichen Syriens. Aus solchen Kreisen ist der persische Mithraskult in den Okzident gelangt. Aber die Bevölkerung, welche zugleich unter diesem persischen oder sich persisch nennenden Großadel und unter dem Regiment der makedonischen und später der italischen Herren stand, war in Syrien wie in Mesopotamien und in Babylonien aramäisch; sie erinnert vielfach an die heutigen Rumänen gegenüber den vornehmen Sachsen und Magyaren. Sicher waren sie das verderbteste und das verderbendste Element in dem römisch-hellenischen Völkerkonglomerat. Von dem sogenannten Caracalla, der als Sohn eines afrikanischen Vaters und einer syrischen Mutter in Lyon geboren war, wird gesagt, daß er die Laster dreier Stämme in sich vereinigt habe, die gallische Leichtfertigkeit, die afrikanische Wildheit und die syrische Spitzbüberei.

Diese Durchdringung des Orients und des Hellenismus, die nirgends so vollständig wie in Syrien sich vollzogen hat, tritt uns überwiegend in der Gestalt entgegen, daß in der Mischung das Gute und Edle zugrunde geht. Indes ist dies nicht überall

der Fall; die spätere Entwickelung der Religion wie der Spekulation, das Christentum und der Neuplatonismus sind aus der
gleichen Paarung hervorgegangen; wenn mit jenem der Osten
in den Westen dringt, so ist dieser die Umgestaltung der okzidentalischen Philosophie im Sinn und Geist des Ostens, eine Schöpfung zunächst des Ägyptiers Plotinos (204 bis 270) und seines
bedeutendsten Schülers, des Tyriers Malchos oder Porphyrios
(233 bis nach 300) und dann vorzugsweise in den Städten Syriens
gepflegt. Beide welthistorischen Bildungen zu erörtern ist hier
nicht der Platz; vergessen aber dürfen sie auch bei der Würdigung der syrischen Verhältnisse nicht werden.

Die syrische Art findet ihren eminenten Ausdruck in der Hauptstadt des Landes und vor Konstantinopels Gründung des römischen Ostens überhaupt, der Volkszahl nach in dieser Epoche
nur hinter Rom und Alexandreia und etwa noch dem babylonischen Seleukeia zurückstehend, Antiocheia, bei welchem es erforderlich scheint einen Augenblick zu verweilen. Die Stadt, eine
der jüngsten Syriens und heutzutage von geringer Bedeutung,
ist nicht durch die natürlichen Verkehrsverhältnisse Großstadt
geworden, sondern eine Schöpfung monarchischer Politik. Die
makedonischen Eroberer haben sie ins Leben gerufen zunächst
aus militärischen Rücksichten, als geeignete Zentralstelle für eine
Herrschaft, die zugleich Kleinasien, das Euphratgebiet und Ägypten umspannte und auch dem Mittelmeer nahe sein wollte. Das
gleiche Ziel und die verschiedenen Wege der Seleukiden und der
Lagiden finden ihren treuen Ausdruck in der Gleichartigkeit und
dem Gegensatz von Antiocheia und Alexandreia; wie dieses für
die Seemacht und die maritime Politik der ägyptischen Herrscher, so ist Antiocheia der Mittelpunkt für die kontinentale
Orientmonarchie der Herrscher Asiens. Zu verschiedenen Malen
haben die späteren Seleukiden hier große Neugründungen vor-
genommen, so daß die Stadt, als sie römisch wurde, aus vier
selbständigen und ummauerten Bezirken bestand, die wieder alle
eine gemeinsame Mauer einschloß. Auch an Einwanderern aus
der Ferne fehlte es nicht. Als das eigentliche Griechenland unter
die Herrschaft der Römer geriet und Antiochos der Große vergeblich versucht hatte diese dort zu verdrängen, gewährte er
wenigstens den auswandernden Euboeern und Aetolern in seiner
Residenz eine Freistatt. Wie in der Hauptstadt Ägyptens ist
auch in derjenigen Syriens den Juden ein gewissermaßen selbständiges Gemeinwesen und eine privilegierte Stellung eingeräumt
worden, und ihre Stellung als Zentren der jüdischen Diaspora
ist nicht das schwächste Element in der Entwickelung beider

Städte geworden. Einmal zur Residenz und zum Sitz der obersten
Verwaltung eines großen Reiches gemacht, blieb Antiocheia auch
in römischer Zeit die Hauptstadt der asiatischen Provinzen
Roms. Hier residierten die Kaiser, wenn sie im Orient verweilten,
und regelmäßig der Statthalter von Syrien; hier wurde die Reichs-
münze für den Osten geschlagen und hier vornehmlich, daneben
in Damaskos und in Edessa, befanden sich die Reichswaffen-
fabriken. Freilich hatte die Stadt für das Römerreich ihre militärische Bedeutung verloren und unter den veränderten Verhältnissen wurde die schlechte Verbindung mit dem Meer als ein
großer Übelstand empfunden, nicht so sehr wegen der Entfernung
als weil der Hafen, die zugleich mit Antiocheia angelegte Stadt
Seleukeia, für den großen Verkehr wenig geeignet war. Ungeheure
Summen haben die römischen Kaiser von den Flaviern an bis
auf Constantius aufgewandt, um in die diese Örtlichkeit um-
gebenden Felsenmassen die erforderlichen Docks mit den Zu-
zugskanälen zu brechen und genügende Molen herzustellen; aber
die Kunst der Ingenieure, welcher an der Mündung des Nil die
höchsten Würfe glücklich gelangen, rang in Syrien vergeblich
mit den unüberwindlichen Schwierigkeiten des Terrains. Selbstverständlich hat die größte Stadt Syriens an der Fabrikation
und dem Handel dieser Provinz, wovon noch weiter die Rede
sein wird, sich lebhaft beteiligt; dennoch war sie mehr ein Sitz
der Verzehrenden als der Erwerbenden. Im ganzen Altertum
gab es keine Stadt, in welcher das Genießen des Lebens so sehr
die Hauptsache und dessen Pflichten so beiläufig waren wie in
‚Antiocheia bei Daphne‘, wie die Stadt bezeichnend genannt
wird, etwa wie wenn wir sagen würden ‚Wien beim Prater‘.
Denn Daphne ist der Lustgarten, eine deutsche Meile von der
Stadt, von zwei Meilen im Umkreis, berühmt durch seine Lorbeer-
bäume, wonach er heißt, durch seine alten Zypressen, die noch
die christlichen Kaiser zu schonen befahlen, seine fließenden und
springenden Wasser, seinen glänzenden Apollotempel und die
prachtvolle vielbesuchte Festfeier des 10. August. Die ganze Umgegend der Stadt, die zwischen zwei bewaldeten Bergzügen in
dem Tale des wasserreichen Orontes, drei deutsche Meilen aufwärts von der Mündung desselben liegt, ist noch heute trotz
aller Vernachlässigung ein blühender Garten und einer der anmutigsten Flecke der Erde. Der Stadt selbst tat es an Pracht
und Glanz der öffentlichen Anlagen im ganzen Reiche keine
zuvor. Die Hauptstraße, welche in der Ausdehnung von 36 Sta-
dien, nahezu einer deutschen Meile, mit einer bedeckten Säulenhalle zu beiden Seiten und in der Mitte einem breiten Fahrweg,

die Stadt in gerader Richtung längs des Flusses durchschnitt, ist in vielen antiken Städten nachgeahmt worden, aber hat ihresgleichen nicht einmal in dem kaiserlichen Rom. Wie in jedem guten Hause in Antiocheia das Wasser lief*, so wandelte man in jenen Hallen durch die ganze Stadt zu allen Jahrzeiten geschützt vor Regen wie vor Sonnenglut, auch des Abends in erleuchteten Straßen, was sonst von keiner Stadt des Altertums berichtet wird**.

Aber in diesem üppigen Treiben fanden die Musen sich nicht zurecht; der Ernst der Wissenschaft und die nicht minder ernste Kunst haben in Syrien und namentlich in Antiocheia niemals rechte Pflege gefunden. Wie vollkommen analog Ägypten und Syrien sonst sich entwickelt hatten, so scharf war ihr Gegensatz in literarischer Hinsicht: diesen Teil der Erbschaft des großen Alexanders traten die Lagiden allein an. Pflegten sie die hellenische Literatur und förderten wissenschaftliche Forschung in aristotelischem Sinne und Geist, so haben die besseren Seleu-

---

* ‚Womit wir vornehmlich alle schlagen‘, sagt der Antiochener Libanios in der unter Constantius gehaltenen Lobrede auf seine Heimat‘, nachdem er die Quellen der Daphne und die von dort nach der Stadt geführten Leitungen geschildert hat, ‚das ist die Bewässerung unserer Stadt; wenn sonst auch jemand es mit uns aufnehmen mag, so geben sie alle nach, sowie die Rede kommt auf das Wasser, seine Fülle wie seine Trefflichkeit. In den öffentlichen Bädern hat jeder Strom das Maß eines Flusses, in den privaten manche das Gleiche, die übrigen nicht viel weniger. Wer die Mittel hat, ein neues Bad anzulegen, tut dies unbesorgt um hinreichenden Zufluß und braucht nicht zu fürchten, daß wenn fertig, es ihm trocken liegen werde. Deshalb ist jeder Stadtbezirk [es gab deren achtzehn] auf die besondere Eleganz seiner Badeanstalt bedacht; es sind diese Bezirkbadeanstalten um soviel schöner als die allgemeinen, als sie kleiner sind als diese und die Bezirksgenossen wetteifern immer die einen die anderen zu übertreffen. Man ermißt die Fülle der fließenden Wasser an der Menge der (guten) Wohnhäuser; denn soviel der Wohnhäuser, soviel sind auch der fließenden Wasser, ja sogar in den einzelnen Häusern oft mehrere; und auch die Mehrzahl der Werkstätten hat den gleichen Vorzug. Darum schlagen wir uns auch nicht an den öffentlichen Brunnen darum, wer zuerst zum Schöpfen kommt, an welchem Übelstand so viele ansehnliche Städte leiden, wo um die Brunnen ein heftiges Gedränge ist und Lärm um die zerbrochenen Krüge. Bei uns fließen die öffentlichen Brunnen zur Zierde, da jeder innerhalb der Türen sein Wasser hat. Und es ist dies Wasser so klar, daß der Eimer leer scheint, und so anmutend, daß es zum Trinken einladet‘.

** ‚Das Sonnenlicht‘, sagt derselbe Redner, ‚lösen andere Lichter ab, Leuchten, die das ägyptische Illuminationsfest hinter sich lassen; und bei uns unterscheidet sich die Nacht vom Tage nur durch die Verschiedenheit der Beleuchtung; die fleißigen Hände finden keinen Unterschied und schmieden weiter und wer da will, singt und tanzt, so daß Hephaestos und Aphrodite hier in die Nacht sich teilen‘. Bei dem Straßensport, den der Prinz Gallus sich gestattete, waren die antiochenischen Laternen ihm sehr unbequem (Ammian 14, 1, 9).

kiden wohl durch ihre politische Stellung den Griechen den Orient
erschlossen — Seleukos I. Sendung des Megasthenes nach Indien
an König Tschandragupta und die Erkundung des kaspischen
Meeres durch seinen Zeitgenossen, den Admiral Patrokles haben
in dieser Hinsicht Epoche gemacht; aber von unmittelbarem Eingreifen in die literarischen Interessen von seiten der Seleukiden
weiß die Geschichte der griechischen Literatur nichts weiter zu
melden, als daß Antiochos der sogenannte Große den Dichter
Euphorion zu seinem Bibliothekar gemacht hat. Vielleicht darf
die Geschichte der lateinischen Literatur für Berytus, die lateinische Insel im Meer des orientalischen Hellenismus, den Ernst
wissenschaftlicher Arbeit in Anspruch nehmen. Es ist vielleicht
kein Zufall, daß die Reaktion gegen die literarisch modernisie-
rende Tendenz der julisch-claudischen Epoche und die Zurückführung der Sprache und der Schriften der republikanischen Zeit
in die Schule wie in die Literatur ausgegangen ist von einem dem
Mittelstand angehörigen Berytier, dem Marcus Valerius Probus,
welcher in den zurückgebliebenen Schulen seiner entlegenen Heimat noch an den alten Klassikern sich gebildet hatte und dann
in energischer, mehr kritisch schriftstellerischer als eigentlich
lehrender Tätigkeit für den Klassizismus der späteren Kaiserzeit den Grund legte. Dasselbe Berytos ist später der Sitz des
Studiums der für die Beamtenlaufbahn erforderlichen Rechts-
wissenschaft für den ganzen Osten geworden und die ganze Kaiserzeit hindurch geblieben. In der hellenischen Literatur sind freilich die Poesie des Epigramms und der Witz des Feuilletons in
Syrien zu Hause; mehrere der namhaftesten griechischen Klein-
dichter, wie Meleagros und Philodemos von Gadara und Antipatros von Sidon, sind Syrer und in sinnlichem Reiz wie in raf-
finierter Verskunst unübertroffen; und der Vater der Feuilleton-
literatur ist Menippos von Gadara. Aber diese Leistungen liegen
meistens vor und zum Teil beträchtlich vor der Kaiserzeit. In
der griechischen Literatur dieser Epoche ist keine Landschaft
so geringfügig vertreten wie die syrische, und Zufall ist dies
schwerlich, wenn gleich bei der universalen Stellung des Hellenismus in der Kaiserzeit auf die Heimat der einzelnen Schriftsteller nicht allzu viel Gewicht gelegt werden darf. Dagegen
hatte die in dieser Epoche um sich greifende untergeordnete
Schriftstellerei, die gedanken- und formlosen Liebes-, Räuber-,
Piraten-, Kuppler-, Wahrsager- und Traumgeschichten und die
Fabelreisen wahrscheinlich eben hier ihren Hauptsitz. Unter den
Kollegen des schon genannten Iamblichos, Verfassers der babylonischen Geschichte werden die Landsleute desselben zahlreich

gewesen sein; die Berührung dieser griechischen Literatur mit
der gleichartigen orientalischen ist wohl ohne Zweifel durch die
Syrer vermittelt worden. Das Lügen brauchten die Griechen
freilich nicht von den Orientalen zu lernen; aber die nicht mehr
plastische, sondern phantastische Fabulierung ihrer späteren Zeit
ist aus Scheherazades Füllhorn, nicht aus dem Scherz der Cha-
riten erwachsen. Vielleicht nicht zufällig macht die Satire dieser
Zeit, indem sie den Homer als den Vater der Lügenreisen betrachtet, denselben zu einem Babylonier mit eigentlichem Namen
Tigranes. Abgesehen von dieser Unterhaltungslektüre, deren auch
die sich einigermaßen schämten, die damit schreibend oder lesend
die Zeit verdarben, ist aus diesen Gegenden kaum ein anderer
hervorragender Name zu nennen als der Zeitgenosse jenes Iamblichos, der Kommagener Lukianos. Auch er hat nichts geschrieben als in Nachahmung des Menippos Essays und Feuilletons,
recht nach syrischer Art, witzig und lustig in der persönlichen
Persiflage, aber wo diese zu Ende ist, unfähig die ernste Wahrheit lachend zu sagen oder gar die Plastik der Komik zu handhaben. Diesem Volke galt nur der Tag. Keine griechische Landschaft hat so wenig Denksteine aufzuweisen wie Syrien; das
große Antiocheia, die dritte Stadt des Reiches hat, um von
dem Lande der Hieroglyphen und der Obelisken nicht zu reden,
weniger Inschriften hinterlassen als manches kleine afrikanische
oder arabische Dorf. Mit Ausnahme des Rhetors Libanios aus
der Zeit Iulians, welcher auch mehr bekannt ist als bedeutend,
hat diese Stadt der Literatur keinen einzigen Schriftstellernamen
geliefert. Nicht mit Unrecht nannte der tyanitische Messias des
Heidentums oder sein für ihn redender Apostel die Antiochener
ein ungebildetes und halb barbarisches Volk und meinte, daß
Apollon wohl tun werde sie auch wie ihre Daphne zu verwandeln: denn in Antiocheia verständen wohl die Zypressen zu
flüstern, aber nicht die Menschen zu reden. In dem künstlerischen Kreis hat Antiocheia eine führende Stellung nur gehabt
in betreff des Theaters und der Spiele überhaupt. Die Vorstellungen, welche das antiochenische Publikum fesselten, waren,
nach der Sitte dieser Zeit, weniger eigentlich dramatische als
rauschende Musikaufführungen, Ballette, Tierhetzen und Fechterspiele. Das Klatschen oder Zischen dieses Publicums entschied
den Ruf des Tänzers im ganzen Reich. Die Jockeys und die
sonstigen Zirkus- und Theaterhelden kamen vorzugsweise aus
Syrien. Die Ballettänzer und die Musiker sowie die Gaukler
und Possenreißer, welche Lucius Verus von der — seinerseits
in Antiocheia abgemachten — orientalischen Kampagne nach

Rom zurückbrachte, haben in der Geschichte des italischen
Schauspielwesens Epoche gemacht. Mit welcher Leidenschaft das
Publikum in Antiocheia diesem Vergnügen sich hingab, dafür
ist charakteristisch, daß der Überlieferung nach die schwerste
Katastrophe, welche in dieser Periode über Antiocheia gekommen
ist, die Einnahme durch die Perser im J. 260, die Bürger der
Stadt im Theater überraschte und von der Höhe des Berges,
an welchen dasselbe angelehnt war, die Pfeile in die Reihen der
Zuschauer flogen. In Gaza, der südlichsten Stadt Syriens, wo
das Heidentum an dem berühmten Marnas-Tempel eine feste
Burg besaß, liefen am Ende des vierten Jahrhunderts bei den
Rennspielen die Pferde eines eifrigen Heiden und eines eifrigen
Christen und als dabei ‚Christus den Marnas schlug', da, erzählt
der heilige Hieronymus, ließen zahlreiche Heiden sich taufen.

In Zügellosigkeit der Sitte wetteiferten zwar die Großstädte
des römischen Reiches alle; aber der Preis gebührt hierin wahrscheinlich Antiocheia. Der ehrbare Römer, den der derbe Sitten-
maler der traianischen Zeit schildert, wie er seiner Heimat den
Rücken wendet, weil sie eine Griechenstadt geworden, setzt hinzu, daß von dem Unrat die Achaeer der geringste Teil seien;
längst habe der syrische Orontes sich in den Tiberfluß ergossen
und seine Sprache und seine Art, seine Musikanten, Harfeni-
stinnen, Triangelschlägerinnen und die Scharen seiner Freuden-
mädchen über Rom ergossen. Von der syrischen Flötistin, der
Ambubaia*, sprachen die Römer Augusts wie wir von der Pariser
Kokotte. In den syrischen Städten, sagt schon in der letzten Zeit
der römischen Republik Poseidonios, ein bedeutender selbst in
dem syrischen Apameia heimischer Schriftsteller, haben die Bürger der harten Arbeit sich entwöhnt; man denkt dort nur an
Schmausen und Zechen und alle Reunionen und Kränzchen dienen diesem Zweck; an der königlichen Tafel wird jedem Gast
ein Kranz aufgesetzt und dieser dann mit babylonischen Parfums
besprengt; Flötenspiel und Harfenschlagen schallt durch die
Gassen: die Turnanstalten sind in Warmbäder verwandelt —
mit letzterem ist die wahrscheinlich in Syrien zuerst aufgekom-
mene und späterhin allgemein gewordene Einrichtung der sogenannten Thermen gemeint, die im wesentlichen eine Verbindung von Turn- und Warmbadanstalten waren. Vierhundert
Jahre später ging es in Antiocheia nicht anders zu. Nicht so sehr
um des Kaisers Bart entspann sich der Zank zwischen Julian
und diesen Städtern, sondern weil er in dieser Stadt der Kneipen,
die, wie er sich ausdrückt, nichts im Sinne habe als Tanzen und

---

* Von dem syrischen Wort *abbuba* Pfeife.

Trinken, den Wirten die Preise regulierte. Von dieser wüsten und sinnlichen Wirtschaft ist auch und vor allem das religiöse Wesen der syrischen Landschaft durchdrungen. Der Kultus der syrischen Götter war oft eine Succursale des syrischen Bordells*. Es würde ungerecht sein, die römische Regierung für diese syrischen Zustände verantwortlich zu machen; sie sind dieselben unter dem Diadochenregiment gewesen und auf die Römer nur vererbt. Aber in der Geschichte dieser Zeit ist das syro-hellenische Element ein wesentlicher Faktor, und obwohl sein indirekter Einfluß bei weitem mehr ins Gewicht fällt, hat dasselbe doch auch mehrfach unmittelbar in der Politik sich bemerklich gemacht. Von eigentlicher politischer Parteiung kann bei den Antiochenern dieser und jeder Zeit noch weniger die Rede sein als bei den Bürgerschaften der übrigen Großstädte des Reiches; aber im Moquieren und Räsonnieren haben sie es allem Anschein nach allen übrigen, selbst den auch hierin mit ihnen wetteifernden Alexandrinern zuvorgetan. — Revolution gemacht haben sie nie, aber jeden Prätendenten, den die syrische Armee aufstellte, bereitwillig und ernstlich unterstützt, den Vespasianus gegen Vitellius, den Cassius gegen Marcus, den Niger gegen Severus, immer bereit, wo sie Rückhalt zu haben meinten, der bestehenden Regierung den Gehorsam aufzukündigen. Das einzige Talent, das ihnen unwidersprochen zukommt, die Meisterschaft des Spottens, übten sie nicht bloß gegen die Schauspieler ihrer Bühne, sondern nicht minder gegen die in der Residenz des Orients verweilenden Herrscher, und der Spott war ganz der gleiche gegen den Akteur wie gegen den Kaiser: er galt der persönlichen Erscheinung und den individuellen Eigentümlichkeiten, gleich als ob ihr Landesherr auch nur da sei, um sie mit seiner Rolle zu amüsieren. So bestand zwischen dem Publikum von Antiocheia und den Herrschern, namentlich denjenigen, die längere Zeit daselbst verweilten, Hadrian, Verus, Marcus, Severus, Julian, sozusagen, ein dauernder Hohnkrieg, aus welchem ein Aktenstück, die Replik des letztgenannten Kaisers gegen die antiochenischen ‚Bartspötter' noch heute erhalten ist. Wenn dieser kaiserliche Literat den Spottreden mit Spottschriften begegnete, so haben zu anderen Zeiten die Antiochener ihre schlimmen Reden und ihre übrigen Sünden schwerer zu büßen gehabt.

---

* Das Schriftchen Lucians von der zu Hierapolis vom ganzen Orient verehrten syrischen Göttin gibt eine Probe der wilden und wollüstigen Fabulierung, welche dem syrischen Kultus eigen ist. In dieser Erzählung — der Quelle von Wielands Kombabus — wird die Selbstverstümmelung ironisiert, wie sie den Frommen als ein Akt hoher Moralität und gottseligen Glaubens galt.

So entzog ihnen Hadrian das Recht der Silberprägung, Marcus das Versammlungsrecht und schloß auf einige Zeit das Theater. Severus nahm sogar der Stadt den Primat von Syrien und übertrug diesen auf das in stetem Nachbarkrieg mit der Hauptstadt stehende Laodikeia; und wenn diese beiden Anordnungen bald wieder zurückgenommen wurden, so ist die Teilung der Provinz, welche bereits Hadrian angedroht hatte, unter Severus, wie schon gesagt ward, zur Ausführung gekommen, und nicht zum wenigsten deswegen, weil die Regierung die unbotmäßige Großstadt demütigen wollte. Selbst den schließlichen Untergang hat diese Stadt sich herangespottet. Als im J. 540 der Perserkönig Chosroes Nuschirwan vor den Mauern Antiocheias erschien, wurde er von den Zinnen derselben nicht bloß mit Pfeilschüssen empfangen, sondern mit den üblichen unflätigen Spottrufen: und dadurch gereizt erstürmte der König nicht bloß die Stadt, sondern führte auch ihre Einwohner hinweg in das von ihm unweit Ktesiphon angelegte Neu-Antiocheia.

Die glänzende Seite der syrischen Zustände ist die ökonomische; in Fabrikation und Handel nimmt Syrien neben Ägypten unter den Provinzen des römischen Kaiserreichs den ersten Platz ein und behauptet in gewisser Beziehung auch vor Ägypten den Vorrang. Die Bodenkultur gedieh unter dem dauernden Friedensstand und unter der einsichtigen namentlich auf Hebung der Bewässerung gerichteten Verwaltung in einem Umfang, der die heutige Zivilisation beschämt. Freilich sind manche Teile Syriens noch heute von üppigster Fülle; das Tal des unteren Orontes, den reichen Garten um Tripolis mit seinen Palmengruppen, Orangenhainen, Granat- und Jasmingebüschen, die fruchtbare Küstenebene nord- und südwärts von Gaza haben weder die Beduinen noch die Paschas bis jetzt vermocht zu veröden. Aber ihr Werk ist dennoch nicht gering anzuschlagen. Apameia im mittleren Tal des Orontes, jetzt eine Felsenwildnis ohne Fluren und Bäume, wo die dürftigen Herden auf den spärlichen Weideplätzen von den Räubern des Gebirges dezimiert werden, ist weit und breit mit Ruinen besät, und es ist urkundlich bezeugt, daß unter dem Statthalter Syriens Quirinius, demselben, den die Evangelien nennen, diese Stadt mit Einschluß des Gebiets 117000 freie Einwohner gezählt hat. Ohne Frage ist einst das ganze Tal des wasserreichen Orontes — schon bei Hemesa ist er 30 bis 40 m breit und 1½ bis 3 m tief — eine große Kulturstätte gewesen. Aber auch von den Strichen, die jetzt völlige Wüste sind und wo dem heutigen Reisenden das Leben und Gedeihen des Menschen unmöglich scheint, war ein beträchtlicher Teil ehemals das Ar-

beitsfeld rühriger Arme. Östlich von Hemesa, wo jetzt kein grünes
Blatt und kein Tropfen Wasser ist, haben sich massenweise die
schweren Basaltplatten ehemaliger Ölpressen gefunden. Während
heute nur in den quelligen Tälern des Libanos spärliche Oliven
wachsen, müssen einst die Ölwälder weit über das Orontestal
hinausgegangen sein. Wer jetzt von Hemesa nach Palmyra reist,
führt das Wasser auf dem Rücken der Kamele mit sich, und diese
ganze Wegstrecke ist bedeckt mit den Resten einstmaliger
Villen und Dörfer*. Den Marsch Aurelians auf dieser Strecke
vermöchte jetzt keine Armee zu unternehmen. Von dem, was heutzutage Wüste heißt, ist ein guter Teil vielmehr Verwüstung der
gesegneten Arbeit besserer Zeiten. ‚Ganz Syrien‘, sagt eine Erdbeschreibung aus der Mitte des vierten Jahrhunderts, ‚hat Über-
fluß an Getreide, Wein und Öl‘. Aber ein eigentliches Export-
land für die Bodenfrüchte, wie Ägypten und Afrika, ist Syrien
auch im Altertum nicht gewesen, wenn auch die edlen Weine,
zum Beispiel der von Damaskos nach Persien, die von Laodikeia,
Askalon, Gaza nach Ägypten und von da aus bis nach Äthiopien
und Indien versandt wurden und auch die Römer den Wein
von Byblos, von Tyros, von Gaza zu schätzen wußten.

Weit mehr ins Gewicht fielen für die allgemeine Stellung der
Provinz die syrischen Fabriken. Eine Reihe von Industrien, die
eben für den Export in Betracht kommen, sind hier heimisch,
insbesondere von Leinen, von Purpur, von Seide, von Glas.
Die Flachsweberei, von alters her in Babylonien zu Hause, ist
von da früh nach Syrien verpflanzt worden; ‚ihr Leinen‘, sagt
jene Erdbeschreibung, ‚versenden Skytopolis (in Palästina), Laodikeia, Byblos, Tyros, Berytos in die ganze Welt‘, und in dem
Tarifgesetz Diocletians werden dementsprechend als feine Leinen-
waren die der drei erstgenannten Städte neben denen des benachbarten Tarsos und ägyptischen aufgeführt und die syrischen
haben vor allen den Vorrang. Daß der Purpur von Tyros, so
viele Konkurrenten ihm auch entstanden, stets den ersten Platz
behauptet hat, ist bekannt; und neben der tyrischen gab es in
Syrien zahlreiche ebenfalls berühmte Purpurfärbereien an der

---

* Der österreichische Ingenieur Joseph Tschernik fand Basaltplatten von
Ölpressen nicht bloß auf dem wüsten Plateau bei Kala'at el-Hosn zwischen
Hemesa und dem Meer, sondern auch in der Zahl von über zwanzig östlich
von Hemesa bei el-Ferklûs, wo der Basalt selbst nicht vorkommt, sowie ebendaselbst zahlreiche gemauerte Terrassen und Ruinenhügel; Terrassierungen
auf der ganzen Strecke von 16 Meilen zwischen Hemesa und Palmyra. Sachau
fand Reste von Wasserleitungen an verschiedenen Stellen der Straße von
Damaskos nach Palmyra. Die in den Fels gehauenen Zisternen von Arados,
deren schon Strabon gedenkt, tun noch heute ihren Dienst.

Küste ober- und unterhalb Tyros, in Sarepta, Dora, Kaesareia, selbst im Binnenland, in dem palästinensischen Neapolis und in Lydda. Die Rohseide kam in dieser Epoche aus China und vorzugsweise über das kaspische Meer, also nach Syrien; verarbeitet ward sie hauptsächlich in den Fabriken von Berytos und von Tyros, in welchem letzteren Orte besonders auch die viel gebrauchte und hoch bezahlte Purpurseide hergestellt ward. Die Glasfabriken von Sidon behaupteten in der Kaiserzeit ihren uralten Ruf, und zahlreiche Glasgefäße unserer Museen tragen den Stempel eines sidonischen Fabrikanten. Zu dem Vertrieb dieser Waren, die ihrer Natur nach dem Weltmarkt angehörten, kam weiter die ganze Warenmasse, welche aus dem Orient auf den Euphratstraßen in das Abendland gelangte. Freilich wendete der arabische und der indische Import in dieser Zeit sich von dieser Straße ab und nahm hauptsächlich den Weg über Ägypten; aber nicht bloß der mesopotamische Verkehr blieb notwendig den Syrern, sondern es standen auch die Emporien der Euphratmündung in regelmäßigem Karawanenverkehr mit Palmyra und bedienten sich also der syrischen Häfen. Wie bedeutend dieser Verkehr mit den östlichen Nachbaren war, zeigt nichts so deutlich wie die gleichartige Silberprägung im römischen Orient und im parthischen Babylonien; in den Provinzen Syrien und Kappadokien prägte die römische Regierung Silber abweichend von der Reichswährung auf die Sorten und auf den Fuß des Nachbarreiches. Die syrische Fabrikation selbst, zum Beispiel von Leinen und Seide, ist eben durch den Import der gleichartigen babylonischen Handelsartikel angeregt worden, und wie diese, so sind auch die Leder- und die Pelzwaren, die Salben, die Spezereien, die Sklaven des Orients während der Kaiserzeit zu einem sehr beträchtlichen Teil über Syrien nach Italien und überhaupt dem Westen gekommen. Das aber ist diesen Ursitzen des Handelsverkehrs immer geblieben, daß die sidonischen Männer und ihre Landesgenossen, hierin sehr verschieden von den Ägyptiern, ihre Waren nicht bloß den Ausländern verkaufen, sondern sie ihnen selber brachten, und wie die Schiffskapitäne in Syrien einen hervorragenden und geachteten Stand bildeten, so waren syrische Kaufleute und syrische Faktoreien in der Kaiserzeit ungefähr ebenso überall zu finden, wie in den fernen Zeiten, von denen Homer erzählt. Die Tyrier hatten derzeit Faktoreien in den beiden großen Importhäfen Italiens Ostia und Puteoli, und wie diese selbst in ihren Urkunden ihre Anstalten als die größten und stattlichsten dieser Art bezeichnen, so wird in der öfter angeführten Erdbeschreibung Tyros für Handel und Verkehr der erste Platz

des Orients genannt; ebenso hebt Strabon bei Tyros und bei
Arados die ungewöhnlich hohen aus vielen Stockwerken bestehenden Häuser als eine Besonderheit hervor. Ähnliche Faktoreien
haben auch Berytos und Damaskos und gewiß noch viele andere
syrische und phönikische Handelsstädte in den italischen Häfen
gehabt. Dementsprechend finden wir namentlich in der späteren
Kaiserzeit syrische, vornehmlich apamenische Kaufleute nicht
bloß in ganz Italien ansässig, sondern ebenso in allen größeren
Emporien des Okzidents, in Salonae in Dalmatien, Apulum in
Dacien, Malaca in Spanien, vor allem aber in Gallien und Germanien, zum Beispiel in Bordeaux, Lyon, Paris, Orleans, Trier,
so daß wie die Juden so auch diese syrischen Christen nach ihren
Gebräuchen leben und in ihren Konventen sich ihres Griechischen
bedienen. Nur auf dieser Grundlage werden die früher geschilderten Zustände der Antiochener und der syrischen Städte überhaupt verständlich. Die vornehme Welt daselbst besteht aus
den reichen Fabrikanten und Kaufleuten, die Masse der Bevölkerung sind die Arbeiter und die Schiffer, und wie später der im
Orient erworbene Reichtum nach Genua und Venedig, so strömte
damals der Handelsgewinn des Okzidents zurück nach Tyros
und Apameia. Bei dem ausgedehnten Handelsgebiet, welches
diesen Großhändlern offenstand, und bei den im ganzen mäßigen
Grenz- und Binnenzöllen brachte schon der syrische, einen großen
Teil der gewinnbringendsten und transportabelsten Artikel umfassende Export ungeheure Kapitalien in ihre Hände; und ihr
Geschäft beschränkte sich nicht auf die heimatlichen Waren.
Welches Wohlleben einstmals hier geherrscht hat, das lehren
nicht die dürftigen Überbleibsel der untergegangenen großen
Städte, aber die mehr verlassene als verwüstete Landschaft am
rechten Ufer des Orontes von Apameia an bis zu der Wendung
des Flusses gegen das Meer. In diesem Strich von etwa 20 bis
25 deutschen Meilen Länge stehen heute noch die Ruinen von
gegen hundert Ortschaften, ganze noch erkennbare Straßen die
Gebäude mit Ausnahme der Dächer ausgeführt in massivem
Steinbau, die Wohnhäuser von Säulenhallen umgeben, mit Galle-
rien und Balkonen geschmückt, Fenster und Portale reich und
oft geschmackvoll dekoriert mit Steinarabesken, dazu Garten-
und Badeanlagen, Wirtschaftsräume im Erdgeschoß, Ställe, in
den Felsen gehauene Wein- und Ölpressen, auch große ebenfalls
in den Felsen gehauene Grabkammern mit Sarkophagen gefüllt
und mit säulengeschmückten Eingängen. Spuren öffentlichen Lebens begegnen nirgends; es sind die Landwohnungen der Kaufleute und der Industriellen von Apameia und Antiocheia, deren

gesicherter Wohlstand und solider Lebensgenuß aus diesen Trümmern spricht. Es gehören diese Ansiedelungen völlig gleichförmigen Charakters durchaus der späten Kaiserzeit an, die ältesten dem Anfang des vierten Jahrhunderts, die spätesten der Mitte des sechsten, unmittelbar vor dem Ansturm des Islam, dem auch dieses blühende und gedeihliche Leben erlegen ist. Christliche Symbole und biblische Sprüche begegnen überall und ebenso stattliche Kirchen und kirchliche Anlagen. Indes hat diese Kulturentwicklung nicht erst unter Constantin begonnen, sondern in jenen Jahrhunderten nur sich gesteigert und konsolidiert. Sicher sind jenen Steinbauten ähnliche weniger dauerhafte Villen- und Gartenanlagen voraufgegangen. Die Regeneration des Reichsregiments nach den wüsten Wirren des dritten Jahrhunderts drückt in dem Aufschwung sich aus, den die syrische Kaufmannswelt damals nahm; aber bis zu einem gewissen Grade wird dies uns gebliebene Abbild derselben auch auf die frühere Kaiserzeit bezogen werden dürfen.

*

Die Verhältnisse der Juden in der römischen Kaiserzeit sind so eigenartig und man möchte sagen so wenig abhängig von der Provinz, die in der früheren Kaiserzeit mit ihrem, in der späteren vielmehr mit dem wiedererweckten Namen der Philistäer oder Palästinenser benannt ward, daß es, wie schon gesagt ward, angemessen erschien, diese in einem besonderen Abschnitt zu behandeln. Das wenige, was über das Land Palästina zu bemerken ist, insbesondere die nicht unbedeutende Beteiligung der Küsten- und zum Teil auch der binnenländischen Städte an der syrischen Industrie und dem syrischen Handel, ist in der darüber gegebenen Auseinandersetzung mit erwähnt worden. Die jüdische Diaspora hatte schon vor der Zerstörung des Tempels sich in einer Weise erweitert, daß Jerusalem, auch als es noch stand, mehr ein Symbol als eine Heimat war, ungefähr wie die Stadt Rom für die sogenannten römischen Bürger der späteren Zeit. Die Juden von Antiocheia und Alexandreia und die zahlreichen ähnlichen Gemeinschaften minderen Rechts und geringeren Ansehens haben sich selbstverständlich an dem Handel und Verkehr ihrer Wohnsitze beteiligt. Ihr Judentum kommt dabei nur etwa insofern in Betracht, als die Gefühle gegenseitigen Hasses und gegenseitiger Verachtung, wie sie seit Zerstörung des Tempels und den mehrfach sich wiederholenden national-religiösen Kriegen zwischen Juden und Nichtjuden sich entwickelt oder vielmehr gesteigert hatten, auch in diesen Kreisen ihre Wirkung geübt haben werden. Da die im Ausland sich aufhaltenden syri-

schen Kaufleute sich zunächst für den Kultus ihrer heimatlichen
Gottheiten zusammenfanden, so kann der syrische Jude in Puteoli den dortigen syrischen Kaufmannsgilden nicht wohl angehört
haben; und wenn der Kult der syrischen Götter im Ausland
mehr und mehr Anklang fand, so zog, was den übrigen Syrern
zugute kam, zwischen den mosaischgläubigen Syrern und den
Italikern eine Schranke mehr. Schlossen sich diejenigen Juden,
die eine Heimat außer Palästina gefunden hatten, außerhalb
derselben nicht ihren Wohnsitz-, sondern ihren Religionsgenossen
an, wie das nicht hat anders sein können, so verzichteten sie
damit auf die Geltung und die Duldung, welche den Alexandrinern und den Antiochenern und so weiter im Ausland entgegenkam, und wurden genommen wie sie sich gaben, als Juden.
Die palästinensischen Juden des Okzidents aber waren zum größten
Teil nicht hervorgegangen aus der kaufmännischen Emigration,
sondern kriegsgefangene Leute oder Nachkommen solcher und
in jeder Hinsicht heimatlos; die Pariastellung, welche die Kinder
Abrahams vor allem in der römischen Hauptstadt einnahmen,
der Betteljude, dessen Hausrat in dem Heubündel und dem
Schacherkorb besteht und dem kein Verdienst zu gering und zu
gemein ist, knüpft an den Sklavenmarkt an. Unter diesen Umständen begreift es sich, weshalb im Okzident die Juden während
der Kaiserzeit neben den Syrern eine untergeordnete Rolle gespielt haben. Die religiöse Gemeinschaft der kaufmännischen und
der Proletariereinwanderung drückte auf die Gesamtheit der
Juden noch neben der allgemeinen mit ihrer Stellung verbundenen
Zurücksetzung. Mit Palästina aber hat jene wie diese Diaspora
wenig zu schaffen.

*

Es bleibt noch ein Grenzgebiet zu betrachten, von dem nicht
häufig die Rede ist und das dennoch wohl Berücksichtigung
verdient: es ist die römische Provinz Arabia. Sie führt ihren
Namen mit Unrecht; der Kaiser, der sie eingerichtet hat, Traianus,
war ein Mann großer Taten, aber noch größerer Worte. Die arabische Halbinsel, welche das Euphratgebiet wie das Niltal voneinander scheidet, regenarm, ohne Flüsse, allerseits mit felsiger
und hafenarmer Küste, ist für den Ackerbau wie für den Handel
wenig geeignet und in alter Zeit zum weitaus größten Teil den
nicht seßhaften Wüstenbewohnern zum unbestrittenen Erbteil
verblieben. Insonderheit die Römer, welche überhaupt in Asien
wie in Ägypten besser als irgendeine andere der wechselnden
Vormächte es verstanden haben ihren Besitz zu beschränken,
haben niemals auch nur versucht die arabische Halbinsel zu unter-

werfen. Ihre wenigen Unternehmungen gegen den südöstlichen
Teil derselben, den produktenreichsten und wegen der Beziehung
zu Indien auch für den Handel wichtigsten, werden bei der Erörterung der ägyptischen Verkehrsverhältnisse ihre Darstellung
finden. Das römische Arabien umfaßt schon als römischer Klientelstaat und vor allem als römische Provinz nur einen mäßigen
Teil vom Norden der Halbinsel, außerdem aber das Land südlich und östlich von Palästina zwischen diesem und der großen
Wüste bis über Bostra hinaus. Mit diesem zugleich betrachten
wir die zu Syrien gehörige Landschaft zwischen Bostra und Damaskos, die jetzt nach dem Haurângebirge benannt zu werden
pflegt, nach der alten Bezeichnung Trachonitis und Batanaea.
Diese ausgedehnten Gebiete sind für die Zivilisation nur unter
besonderen Verhältnissen zu gewinnen. Das eigentliche Steppen-
land (Hamâd) östlich von der Gegend, mit der wir uns hier
beschäftigen, bis zum Euphrat ist nie von den Römern in Besitz
genommen worden und aller Kultur unfähig; nur die schweifenden Wüstenstämme, wie heute zum Beispiel die Aneze, durchziehen dasselbe, um ihre Rosse und ihre Kamele im Winter am
Euphrat, im Sommer in den Gebirgen südlich von Bostra zu
weiden und oft mehrmals im Jahre die Trift zu wechseln. Schon
auf einem höheren Grade der Kultur stehen westwärts der Steppe
die seßhaften Hirtenstämme, die namentlich Schafzucht in großer
Ausdehnung betreiben. Aber auch für den Ackerbau ist in diesen
Strecken vielfach Raum. Die rote Erde des Haurân, zersetzte
Lava, erzeugt im Urzustand viel wilden Roggen, wilde Gerste
und wilden Hafer und bestellt den schönsten Weizen. Einzelne
Tieftäler mitten zwischen den Steinwüsten, wie das ‚Saatfeld‘,
die Ruhbe in der Trachonitis, sind die fruchtbarsten Strecken
in ganz Syrien; ohne daß gepflügt, geschweige denn gedüngt
wird, trägt der Weizen durchschnittlich achtzig-, die Gerste
hundertfältig und 26 Halme von einem Weizenkorn sind keine
Seltenheit. Dennoch bildet sich hier kein fester Wohnsitz, da
in den Sommermonaten die große Hitze und der Mangel an Wasser
und Weide die Bewohner zwingt nach den Gebirgsweiden des
Haurân zu wandern. Aber auch an Gelegenheit zu fester Ansiedelung fehlt es nicht. Das von dem Baradâfluß in vielfachen Armen
durchströmte Gartenrevier um die Stadt Damaskos und die fruchtbaren noch heute volkreichen Bezirke, die dasselbe nach Osten,
Norden und Süden einschließen, waren in alter wie in neuer
Zeit die Perle Syriens. Die Ebene um Bostra, namentlich westlich davon die sogenannte Nukra, ist heute für Syrien die Korn-
kammer, obgleich durch Regenmangel durchschnittlich jede vierte

Ernte verlorengeht und die aus der nahen Wüste oftmals einbrechenden Heuschrecken eine unvertilgbare Landplage bleiben.
Wo immer die Wasserläufe der Gebirge in die Ebene geführt
werden, blüht unter ihnen das frische Leben auf. ‚Die Fruchtbarkeit dieser Landschaft‘, sagt ein genauer Kenner, ‚ist unerschöpf-
lich; und noch heutigentags, wo die Nomaden dort weder Baum
noch Strauch übrig gelassen haben, gleicht das Land, soweit das
Auge reicht, einem Garten.‘ Auch auf den Lavaplateaus der gebirgigen Strecken haben die Lavaströme nicht wenige Stellen
(Kâ’ im Haurân genannt) für den Anbau freigelassen. — Diese
Naturbeschaffenheit hat regelmäßig die Landschaft den Hirten
und den Räubern überliefert. Die notwendige Unstetigkeit eines
großen Teils der Bevölkerung führt zu ewigen Fehden namentlich
um die Weideplätze und zu stetigen Überfällen derjenigen Gegenden, die sich für feste Ansiedelung eignen; mehr noch als
anderswo bedarf es hier der Bildung solcher staatlicher Gewalten,
die imstande sind in weiterem Umfange Ruhe und Frieden zu
schaffen, und für diese fehlt in der Bevölkerung die rechte Unter-
lage. Es gibt in der weiten Welt kaum eine Landschaft, wo gleich
wie in dieser die Zivilisation nicht aus sich selbst erwachsen,
sondern allein durch übermächtige Eroberung von außen her
ins Leben gerufen werden kann. Wenn Militärstationen die schweifenden Stämme der Wüste eindämmen und diejenigen innerhalb
der Kulturgrenze zum friedlichen Hirtenleben zwingen, wenn
in die kulturfähigen Gegenden Kolonisten geführt und die Wasser
der Berge von Menschenhand in die Ebene geleitet werden, so,
aber auch nur so, gedeiht hier fröhliches und reichliches Leben.
Die vorrömische Zeit hatte diesen Landschaften solchen Segen
nicht gebracht. Die Bewohner des gesamten Gebiets gehören
bis gegen Damaskos hin zu dem arabischen Zweig des großen
semitischen Stammes; die Personennamen wenigstens sind durchgängig arabisch. Es begegneten sich in demselben, wie in dem
nördlichen Syrien, orientalische und okzidentalische Zivilisation;
doch hatten bis zu der Kaiserzeit beide nur geringe Fortschritte
gemacht. Die Sprache und die Schrift, deren die Nabataeer sich
bedienen, sind die Syriens und der Euphratländer und können
nur von dort her den Eingeborenen zugekommen sein. Andererseits erstreckte die griechische Festsetzung in Syrien sich zum
Teil wenigstens auch auf diese Landschaften. Die große Handelsstadt Damaskos war mit dem übrigen Syrien griechisch geworden.
Auch in das transjordanische Gebiet, insbesondere in die nördliche
Dekapolis hatten die Seleukiden die griechische Städtegründung
getragen; weiter südlich war hier wenigstens das alte Rabbath

Ammon durch die Lagiden die Stadt Philadelpheia geworden. Aber weiter abwärts und in den östlichen an die Wüste grenzenden Strichen hatten die nabatäischen Könige nicht viel mehr als dem Namen nach den syrischen oder den ägyptischen Alexandriden gehorcht, und Münzen oder Inschriften und Bauwerke, welche dem vorrömischen Hellenismus beigelegt werden könnten, sind hier nirgends zum Vorschein gekommen.

Als Syrien römisch ward, war Pompeius bemüht das hellenische Städtewesen, das er vorfand, zu festigen; wie denn die Städte der Dekapolis späterhin von dem Jahre 64/3, in dem Palästina zum Reich gekommen war, ihre Jahre zählten. Hauptsächlich aber blieb in diesem Gebiet das Regiment wie die Zivilisierung den beiden Vasallenstaaten, dem jüdischen und dem arabischen überlassen.

Von dem König der Juden, Herodes und seinem Hause wird anderweitig noch die Rede sein; hier haben wir seiner Tätigkeit zu gedenken für die Ausdehnung der Zivilisation gegen Osten. Sein Herrschaftsgebiet erstreckte sich über beide Ufer des Jordan in seiner ganzen Ausdehnung, nordwärts bis wenigstens nach Chelbon nordwestlich von Damaskos, südlich bis an das Tote Meer, während die Landschaft weiter östlich zwischen seinem Reich und der Wüste dem Araberkönig überwiesen war. Er und seine Nachkommen, die hier noch nach der Einziehung der Herrschaft von Jerusalem bis auf Traian das Regiment führten und späterhin in Caesarea Paneas im südlichen Libanos residierten, waren energisch bemüht die Eingeborenen zu zähmen. Die ältesten Zeugnisse einer gewissen Kultur in diesen Gegenden sind wohl die Höhlenstädte, von denen im Buch der Richter die Rede ist, große unterirdische durch Luftlöcher bewohnbar gemachte Sammtverstecke mit Gassen und Brunnen, geeignet Menschen und Herden zu bergen, schwer zu finden und auch gefunden schwer zu bezwingen. Ihr bloßes Dasein zeigt die Vergewaltigung der friedlichen Bewohner durch die unsteten Söhne der Steppe. ‚Diese Striche‘, sagt Josephus, wo er die Zustände im Haurân unter Augustus schildert, ‚wurden bewohnt von wilden Stämmen ohne Städte und ohne feste Äcker, welche mit ihren Herden unter der Erde in Höhlen mit schmalem Eingang und weiten verschlungenen Gassen hausten, aber mit Wasser und Vorräten reichlich versehen schwer zu bezwingen waren.‘ Einzelne dieser Höhlenstädte fassen bis 400 Köpfe. Ein merkwürdiges Edikt des ersten oder zweiten Agrippa, wovon sich Bruchstücke in Kanatha (Kanawât) gefunden haben, fordert die Einwohner auf, von ihren ‚Tierzuständen‘ zu lassen und das Höhlenleben mit zivilisierter Existenz zu ver-

tauschen. Die nicht ansässigen Araber lebten hauptsächlich vom
Ausplündern teils der benachbarten Bauern, teils der durch-
ziehenden Karawanen; die Unsicherheit wurde dadurch gesteigert, daß der kleine Fürst Zenodoros von Abila nordwärts Damaskos im Antilibanos, dem Augustus die Aufsicht über den Trachon
übertragen hatte, es vorzog mit den Räubern gemeinschaftliche
Sache zu machen und sich an ihrem Gewinn im Stillen beteiligte.
Eben infolgedessen wies der Kaiser dies Gebiet dem Herodes zu,
und dessen rücksichtsloser Energie gelang einigermaßen die Bän-
digung dieser Räuberwirtschaft. Der König scheint an der Ostgrenze eine Linie befestigter und königlichen Kommandanten
(ἔπαρχοι) unterstellter Militärposten eingerichtet zu haben. Er
hätte noch mehr erreicht, wenn das nabataeische Gebiet den
Räubern nicht eine Freistatt geboten hätte; es war dies eine der
Ursachen der Entzweiung zwischen ihm und seinem arabischen
Kollegen*. Die hellenisierende Tendenz tritt auf diesem Gebiete
ebenso stark und minder unerfreulich hervor wie in seinem Regiment in der Heimat. Wie alle Münzen des Herodes und der
Herodeer griechisch sind, so trägt im transjordanischen Land
zwar das älteste Denkmal mit Inschrift, das wir kennen, der
Tempel des Baalsamin bei Kanatha, eine aramäische Dedikation;
aber die dort aufgestellten Ehrenbasen, darunter eine für Herodes
den Großen, sind zweisprachig oder bloß griechisch; unter seinen
Nachfolgern herrscht das Griechische allein.

Neben dem jüdischen stand der schon früher erwähnte ‚König
von Nabat‘, wie er selber sich nennt. Die Residenz dieser Araber-
fürsten war die ‚Felsenstadt‘, aramäisch Sela, griechisch Petra,
eine mittwegs zwischen dem Toten Meere und der nordöstlichen
Spitze des Arabischen Meerbusens gelegene Felsenburg, von jeher
ein Stapelplatz für den Verkehr Indiens und Arabiens mit dem
Mittelmeergebiet. Von der arabischen Halbinsel besaßen diese
Herrscher die nördliche Hälfte; ihre Gewalt erstreckte sich am
Arabischen Meerbusen bis nach Leuke Kome gegenüber der
ägyptischen Stadt Berenike, im Binnenland wenigstens bis in
die Gegend des alten Thaema. Nördlich von der Halbinsel reichte
ihr Gebiet bis nach Damaskos, das unter ihrem Schutze stand,
und selbst über Damaskos hinaus und umschloß wie mit einem
Gürtel das gesamte palästinensische Syrien. Nach der Besitznahme Judäas stießen die Römer feindlich mit ihnen zusammen

---

* Die ‚flüchtigen Leute aus der Tetrarchie des Philippos‘, welche im Heer
des Tetrarchen von Galilaea Herodes Antipas dienen und in der Schlacht
gegen den Araber Aretas zum Feinde übergehen (Josephus 18, 5, 1), sind ohne
Zweifel auch aus der Trachonitis ausgetriebene Araber.

und Marcus Scaurus führte eine Expedition gegen Petra. Damals ist es nicht zu ihrer Unterwerfung gekommen; aber bald nachher muß dieselbe erfolgt sein. Unter Augustus ist ihr König Obodas ebenso reichsuntertänig wie der Judenkönig Herodes und leistet gleich diesem Heerfolge bei der römischen Expedition gegen das südliche Arabien. Seit jener Zeit muß der Schutz der Reichsgrenze im Süden wie im Osten von Syrien bis hinauf nach Damaskos zunächst in der Hand dieses Araberkönigs gelegen haben. Mit dem jüdischen Nachbar lag er in beständiger Fehde. Augustus, erzürnt darüber, daß der Araber statt bei dem Lehnsherrn gegen Herodes Recht zu suchen, diesem mit den Waffen entgegengetreten war und daß des Obodas Sohn Harethath oder griechisch Aretas nach dem Tode des Vaters, statt die Belehnung abzuwarten, ohne weiteres die Herrschaft angetreten hatte, war im Begriff diesen abzusetzen und sein Gebiet mit dem jüdischen zu vereinigen; aber das Mißregiment des Herodes in seinen späteren Jahren hielt ihn davon zurück und so wurde (um 747 d. St.) Aretas bestätigt. Einige Dezennien später begann derselbe wieder auf eigene Hand Krieg gegen seinen Schwiegersohn, den Fürsten von Galiläa, Herodes Antipas wegen der Verstoßung seiner Tochter zugunsten der schönen Herodias. Er behielt die Oberhand, aber der erzürnte Lehnsherr Tiberius befahl dem Statthalter von Syrien die Exekution gegen ihn. Schon waren die Truppen auf dem Marsche, als Tiberius starb (37); und sein Nachfolger Gaius, der dem Antipas nicht wohlwollte, verzieh dem Araber. Des Aretas Nachfolger König Maliku oder Malchos focht unter Nero und Vespasian in dem jüdischen Krieg als römischer Vasall und vererbte die Herrschaft auf seinen Sohn Rabel, den Zeitgenossen Traians, den letzten dieser Regenten. Namentlich nach der Einziehung des Staates von Jerusalem und der Reduzierung der ansehnlichen Herrschaft des Herodes auf das wenig schlagfertige Königreich von Caesarea Paneas war unter den syrischen Klientelstaaten der arabische der ansehnlichste, wie er denn auch zu dem Jerusalem belagernden Römerheere unter den königlichen das stärkste Kontingent stellte. Des Gebrauchs der griechischen Sprache hat dieser Staat sich auch unter römischer Oberhoheit enthalten; die unter der Herrschaft seiner Könige geschlagenen Münzen tragen, von Damaskos abgesehen, nur aramäische Aufschrift. Aber es zeigen sich die Anfänge geordneter Zustände und zivilisierten Regiments. Die Prägung selbst hat wahrscheinlich erst begonnen, nachdem der Staat unter römische Klientel gekommen war. Der arabisch-indische Verkehr mit dem Mittelmeergebiet bewegt sich zum großen Teil auf der von Leuke Kome über Petra nach Gaza laufenden von den Römern überwachten Karawanenstraße. Die Fürsten des Nabatäerreiches bedienen sich, ähnlich wie die Gemeinde Palmyra, für ihre Beamten griechischer Ämterbezeichnungen, wie zum Beispiel des Eparchen- und des Strategentitels. Wenn unter Tiberius die durch die Römer bewirkte gute Ordnung Syriens und die durch die militärische Besetzung herbeigeführte Sicherheit der Ernten rühmend hervorgehoben wird, so ist dies zunächst zu beziehen auf die in den Klientelstaaten von Jerusalem oder nachher von Caesarea Paneas und von Petra getroffenen Einrichtungen.

Unter Traianus trat an die Stelle dieser beiden Klientelstaaten die unmittelbare römische Herrschaft. Im Anfang seiner Regierung starb König Agrippa II. und es wurde sein Gebiet mit der Provinz Syrien vereinigt. Nicht lange darauf im J. 106 löste der Statthalter Aulus Cornelius Palma das bisherige Reich der Könige von Nabat auf und machte aus dem größeren Teil desselben die römische Provinz Arabia, während Damaskos zu Syrien kam und was der Nabatäerkönig im Binnenland Arabiens besessen hatte, von den Römern aufgegeben ward. Die Einrichtung Arabiens wird als Unterwerfung bezeichnet und auch die Münzen, welche die Besitzergreifung von Arabien feiern, sprechen dafür, daß die Nabatäer sich zur Wehr setzten, wie denn überhaupt die Beschaffenheit ihres Gebiets sowie ihr bisheriges Verhalten eine relative Selbständigkeit dieser Fürsten annehmen lassen. Aber nicht in dem Kriegserfolg darf die geschichtliche Bedeutung dieser Vorgänge gesucht werden; die beiden ohne Zweifel zusammengehörigen Einziehungen waren nicht mehr als vielleicht mit militärischer Gewalt durchgeführte Verwaltungsakte, und die Tendenz diese Gebiete der Zivilisation und speziell dem Hellenismus zu gewinnen wird dadurch nur gesteigert, daß die römische Regierung die Arbeit selbst auf sich nimmt. Der Hellenismus des Orients, wie ihn Alexander zusammengefaßt hat, war eine streitende Kirche, eine politisch, religiös, wirtschaftlich, literarisch vordringende durchaus erobernde Macht. Hier an dem Saum der Wüste, unter dem Druck des antihellenischen Judentums und gehandhabt von dem geistlosen und unsteten Seleukidenregiment, hatte er bisher wenig ausgerichtet. Aber jetzt das Römertum durchdringend, entwickelt er eine treibende Kraft, welche sich zu der früheren verhält wie die Macht der jüdischen und der arabischen Lehnsfürsten zu derjenigen des römischen Reiches. In diesem Lande, wo alles darauf ankam und ankommt durch Aufstellung einer überlegenen und ständigen Militärmacht den Friedensstand zu schirmen, war die Einrichtung eines Legionslagers in Bostra unter einem Kommandanten senatorischen Ranges ein epochemachendes Ereignis. Von diesem Mittelpunkt aus wurden an den zweckmäßigen Stellen die erforderlichen Posten eingerichtet und mit Besatzung versehen. Niemals war eine solche Ägide über dieses Land gebreitet worden. Es wurde nicht eigentlich denationalisiert. Die arabischen Namen bleiben bis in die späteste Zeit hinab, wenngleich nicht selten, eben wie in Syrien, dem örtlichen ein römisch-hellenischer beigefügt wird: so nennt sich ein Scheich ‚Adrianos oder Soaidos, Sohn des Malechos‘. Auch der einheimische Kultus bleibt unangetastet: die Hauptgottheit der Nabatäer, der Dusaris, wird wohl mit dem Dionysos geglichen, aber regelmäßig unter seinem örtlichen Namen auch ferner verehrt und bis in die späte Zeit feiern die Bostrener zu seinen Ehren die Dusarien. In gleicher Weise werden in der Provinz Arabia dem Aumu oder dem Helios, dem Vasaeathu, dem Theandritos, dem Ethaos auch ferner Tempel geweiht und Opfer dargebracht. Die Stämme und die Stammordnung bleiben nicht minder: die Inschriften nennen Reihen von ‚Phylen‘ einheimischen Namens und öfter Phylarchen oder Ethnarchen. Aber neben der hergebrachten Weise schreitet die Zivilisierung und die Hellenisierung vorwärts. Wenn aus vortraianischer Zeit im Bereich des Nabatäerstaats kein griechisches Denkmal nachgewiesen werden kann, so ist umgekehrt daselbst kein nachtraianisches in der Landessprache gefunden worden; allem Anschein nach hat die Reichsregierung den Schriftgebrauch des Aramäischen gleich bei der Einziehung unterdrückt, obwohl dasselbe sicher die eigentliche Landessprache blieb, wie dies außer den Eigennamen auch der ‚Dolmetsch der Steuereinnehmer‘ bezeugt.

Über die Hebung des Ackerbaues fehlen uns redende Zeugen; aber wenn auf der ganzen östlichen und südlichen Abdachung des Haurân von den Spitzen des Gebirges bis zur Wüste hin die Steine, mit denen diese vulkanische Ebene einst besät war, zu Haufen geworfen oder in langen Zeilen geschichtet und so die herrlichsten Äcker gewonnen sind, so darf man darin die Hand der einzigen Regierung erkennen, die dieses Land so regiert hat, wie es regiert werden kann und regiert werden sollte. In der Ledjâ, einem 13 Stunden langen und 8—9 breiten Lavaplateau, das jetzt fast menschenleer ist, wuchsen einst Reben und Feigen zwischen den Lavaströmen; quer durch dasselbe führt die Bostra mit Damaskos verbindende Römerstraße; in der Ledjâ und um sie zählt man die Ruinen von 12 größeren und 39 kleineren Ortschaften. Erweislich ist auf Geheiß desselben Statthalters, der die Provinz

Arabia eingerichtet hat, der mächtige Aquädukt angelegt worden, welcher das Wasser vom Gebirge des Haurân nach Kanatha (Kerak) in der Ebene führte, und nicht weit davon ein ähnlicher in Arrha (Rahâ); Bauten Traians, die neben dem Hafen von Ostia und dem Forum von Rom genannt werden dürfen. Für das Aufblühen des Handelsverkehrs spricht die Wahl selbst der Hauptstadt der neuen Provinz. Bostra bestand unter der nabatäischen Regierung und es hat sich dort eine Inschrift des Königs Malichu gefunden; aber seine militärische und kommerzielle Bedeutung beginnt mit dem Eintritt des unmittelbaren römischen Regiments. ‚Bostra‘, sagt Wetzstein, ‚hat unter allen ostsyrischen Städten die günstigste Lage; selbst Damaskos, welches seine Größe der Menge seines Wassers und seiner durch den östlichen Trachon geschützten Lage verdankt, wird Bostra nur unter einer schwachen Regierung überstrahlen, während letzteres unter einem starken und weisen Regiment sich in wenigen Jahrzehnten zu einer märchenhaften Blüte emporschwingen muß. Es ist der große Markt für die syrische Wüste, das arabische Hochgebirge und die Peräa und seine langen Reihen steinerner Buden legen noch jetzt in der Verödung Zeugnis ab von der Realität einer früheren und der Möglichkeit einer künftigen Größe.‘ Die Reste der von dort über Salchat und Ezrak zum Persischen Meerbusen führenden römischen Straße beweisen, daß Bostra neben Petra und Palmyra den Verkehr vom Osten zum Mittelmeer vermittelte. Diese Stadt hat wahrscheinlich schon Traian hellenisch konstituiert; wenigstens heißt sie seitdem ‚das neue traianische Bostra‘ und die griechischen Münzen beginnen mit Pius, während später infolge der Erteilung des Kolonialrechts durch Alexander die Aufschrift lateinisch wird. — Auch Petra hat schon unter Hadrian griechische Stadtverfassung gehabt und noch einzelne andere Ortschaften späterhin Stadtrecht empfangen; überwogen aber hat in diesem Arabergebiet bis in die späteste Zeit der Stamm und das Stammdorf.

Aus der Mischung nationaler und griechischer Elemente entwickelte sich in diesen Landschaften in dem halben Jahrtausend zwischen Traian und Mohammed eine eigenartige Zivilisation. Es ist uns davon ein volleres Abbild erhalten als von anderen Gestaltungen der antiken Welt, indem die zum großen Teil aus dem Felsen herausgearbeiteten Anlagen von Petra und die bei dem Mangel des Holzes ganz aus Stein aufgeführten Bauwerke im Haurân, verhältnismäßig wenig beschädigt durch die mit dem Islam hier wieder in ihr altes Unrecht eingesetzte Beduinenherrschaft, zu einem beträchtlichen Teil noch heute vorhanden sind

und auf die Kunstfertigkeit und Lebensweise jener Jahrhunderte
helles Licht werfen. Der oben erwähnte Tempel des Baalsamin
von Kanatha, sicher unter Herodes gebaut, zeigt in seinen ursprünglichen Teilen eine völlige Verschiedenheit von der griechischen Architektur und in der architektonischen Anlage merkwürdige Analogien mit dem Tempelbau desselben Königs in Jerusalem, während die bei diesem vermiedenen bildlichen Darstellungen hier keineswegs fehlen. Ähnliches ist auch bei den in Petra
gefundenen Denkmälern beobachtet worden. Später ging man
weiter. Wenn unter den jüdischen und den nabatäischen Herrschern die Kultur nur langsam sich von den Einflüssen des Orients
löste, so scheint mit der Verlegung der Legion nach Bostra hier
eine neue Zeit begonnen zu haben. ‚Das Bauen‘, sagt ein vortreff-
licher französischer Beobachter Melchior de Vogüé, ‚erhielt damit
einen Anstoß, der nicht wieder zum Stillstand kam. Überall erhoben sich Häuser, Paläste, Bäder, Tempel, Theater, Aquädukte,
Triumphbogen; Städte stiegen aus dem Boden binnen weniger
Jahre mit der regelmäßigen Anlage, den symmetrisch geführten
Säulenreihen, die die Städte ohne Vergangenheit bezeichnen und
für diesen Teil Syriens während der Kaiserzeit gleichsam die unvermeidliche Uniform sind.‘ Die östliche und südliche Abdachung
des Haurân weist ungefähr dreihundert derartige verödete Städte
und Dörfer auf, während dort jetzt nur fünf neue Ortschaften
vorhanden sind; einzelne von jenen, zum Beispiel Bûsân, zählen
bis 800 ein- bis zweistöckige Häuser, durchaus aus Basalt gebaut,
mit wohlgefügten ohne Zement verbundenen Quadermauern,
meist ornamentierten, oft auch mit Inschriften versehenen Türen,
die flache Decke gebildet durch Steinbalken, welche von Stein-
bogen getragen und oben durch eine Zementlage regenfrei gestellt
werden. Die Stadtmauer wird gewöhnlich nur durch die zusam-
mengeschlossenen Rückseiten der Häuser gebildet und ist durch
zahlreiche Türme geschützt. Die dürftigen Rekolonisierungsver-
suche der neuesten Zeiten finden die Häuser bewohnbar vor; es
fehlt nur die fleißige Menschenhand oder vielmehr der starke Arm,
der sie beschützt. Vor den Toren liegen die oft unterirdischen oder
mit künstlichem Steindach versehenen Zisternen, von denen
manche noch heute, wo diese Städtewüste zum Weideland geworden ist, von den Beduinen im Stande gehalten werden, um
daraus im Sommer ihre Herden zu tränken. Die Bauweise und
die Kunstübung haben wohl einzelne Überreste der älteren orientalischen Weise bewahrt, zum Beispiel die häufige Grabform des
mit einer Pyramide gekrönten Würfels, vielleicht auch die oft
dem Grabmal beigefügten noch heute in ganz Syrien häufigen

Taubentürme, ist aber im ganzen genommen die gewöhnliche griechische der Kaiserzeit. Nur hat das Fehlen des Holzes hier eine Entwickelung des Steinbogens und der Kuppel hervorgerufen, die technisch wie künstlerisch diesen Bauten einen originellen Charakter verleiht. Im Gegensatz zu der anderswo üblichen gewohnheitsmäßigen Wiederholung der überlieferten Formen herrscht hier eine den Bedürfnissen und den Bedingungen selbständig genügende, in der Ornamentik maßhaltende, durchaus gesunde und rationelle und auch der Eleganz nicht entbehrende Architektur. Die Grabstätten, welche in die östlich und westlich von Petra aufsteigenden Felswände und in deren Seitentäler eingebrochen sind, mit ihren oft in mehreren Reihen übereinandergestellten dorischen oder korinthischen Säulenfassaden und ihren an das ägyptische Theben erinnernden Pyramiden und Propyläen sind nicht künstlerisch erfreulich, aber imponierend durch Masse und Reichtum. Nur ein reges Leben und ein hoher Wohlstand hat also für seine Toten zu sorgen vermocht. Diesen architektonischen Denkmälern gegenüber befremdet es nicht, wenn die Inschriften eines Theaters in dem ‚Dorf‘ (κώμη) Sakkäa, eines ‚theaterförmigen Odeons‘ in Kanatha Erwähnung tun und ein Lokalpoet von Namara in der Batanäa sich selber feiert als den ‚Meister der herrlichen Kunst stolzen ausonischen Lieds‘. Also ward an dieser Ostgrenze des Reiches der hellenischen Zivilisation ein Grenzgebiet gewonnen, das mit dem romanisierten Rheinland zusammengestellt werden darf; die Bogen- und Kuppelbauten Ostsyriens halten wohl den Vergleich aus mit den Schlössern und Grabmälern der Edlen und der Kaufherren der Belgica.

Aber es kam das Ende. Von den aus dem Süden hierher einwandernden Araberstämmen schweigt die geschichtliche Überlieferung der Römer und was die späten Aufzeichnungen der Araber über die der Ghassaniden und deren Vorläufer berichten, ist wenigstens chronologisch kaum zu fixieren. Aber die Sabäer, nach denen der Ort Borechath (Brèka nördlich von Kanawat) genannt wird, scheinen in der Tat südarabische Auswanderer zu sein; und diese saßen hier bereits im dritten Jahrhundert. Sie und ihre Genossen mögen in Frieden gekommen und unter römischer Ägide seßhaft geworden sein, vielleicht sogar die hoch entwickelte und üppige Kultur des südwestlichen Arabien nach Syrien getragen haben. Solange das Reich fest zusammenhielt und jeder dieser Stämme unter seinem Scheich stand, gehorchten alle dem römischen Oberherrn. Aber um den unter einem König geeinigten Arabern oder, wie sie jetzt heißen, Sarazenen des Perserreiches besser zu begegnen, unterwarf Justinian während des persischen

Krieges im Jahre 531 sämtliche Phylarchen der den Römern untertänigen Sara enen dem Arethas des Gabala Sohn und verlieh
diesem den Königstitel, was bis dahin, wie hinzugesetzt wird,
niemals geschehen war. Dieser König der sämtlichen in Syrien
ansässigen Araberstämme war noch des Reiches Lehnsträger;
aber indem er seine Landsleute abwehrte, bereitete er zugleich
ihnen die Stätte. Ein Jahrhundert später im J. 637 unterlag
Arabien und Syrien dem Islam.

KAPITEL XII

JUDÄA UND DIE JUDEN

Die Geschichte des jüdischen Landes ist so wenig die Geschichte
des jüdischen Volkes wie die Geschichte des Kirchenstaates die
der Katholiken; es ist ebenso erforderlich beides zu sondern wie
beides zusammen zu erwägen.

Die Juden im Jordanland, mit welchen die Römer zu schaffen
hatten, waren nicht dasjenige Volk, das unter seinen Richtern und
Königen mit Moab und Edom schlug und den Reden des Amos
und Hosea lauschte. Die durch die Fremdherrschaft ausgetriebene
und durch den Wechsel der Fremdherrschaft wieder zurückge-
führte kleine Gemeinde frommer Exulanten, welche ihre neue Einrichtung damit begann die Reste der in den alten Sitzen zurückgebliebenen Stammgenossen schroff zurückzuweisen und zu der
unversöhnlichen Fehde zwischen Juden und Samaritern den Grund
zu legen, das Ideal nationaler Exklusivität und priesterlicher Gei-
stesfesselung, hatte lange vor der römischen Zeit unter dem Regiment der Seleukiden die sogenannte mosaische Theokratie entwickelt, ein geistliches Kollegium mit dem Erzpriester an der
Spitze, welches bei der Fremdherrschaft sich beruhigend und auf
staatliche Gestaltung verzichtend die Besonderheit der Seinigen
wahrte und unter der Ägide der Schutzmacht dieselben beherrschte. Dies den Staat ignorierende Festhalten der nationalen
Eigenart in religiösen Formen ist die Signatur des späteren Judentums. Wohl ist jeder Gottesbegriff in seiner Bildung volkstüm-
lich; aber kein anderer Gott ist so von Haus aus der Gott nur der
Seinen gewesen wie Jahve, und keiner es so ohne Unterschied
von Zeit und Ort geblieben. Jene in das heilige Land Zurückwan-
dernden, welche nach den Satzungen Mosis zu leben meinten und
in der Tat lebten nach den Satzungen Ezras und Nehemias, waren
von den Großkönigen des Orients und später von den Seleukiden
gerade ebenso abhängig geblieben, wie sie es an den Wassern Ba-

bylons gewesen waren. Ein politisches Element haftet dieser Organisation nicht mehr an als der armenischen oder der griechischen Kirche unter ihren Patriarchen im türkischen Reich; kein freier Luftzug staatlicher Entwickelung geht durch diese klerikale Restauration; keine der schweren und ernsten Verpflichtungen des auf sich selbst gestellten Gemeinwesens behinderte die Priester des Tempels von Jerusalem in der Herstellung des Reiches Jahves auf Erden.

Der Gegenschlag blieb nicht aus. Jener Kirchenunstaat konnte nur dauern, so lange eine weltliche Großmacht ihm als Schirmherr oder auch als Büttel diente. Als das Reich der Seleukiden verfiel, ward durch die Auflehnung gegen die Fremdherrschaft, die eben aus dem begeisterten Volksglauben ihre besten Kräfte zog, wieder ein jüdisches Gemeinwesen geschaffen. Der Erzpriester von Salem wurde vom Tempel auf das Schlachtfeld gerufen. Das Geschlecht der Hasmonäer stellte nicht bloß das Reich Sauls und Davids ungefähr in seinen alten Grenzen wieder her, sondern diese kriegerischen Hohenpriester erneuerten auch einigermaßen das ehemalige wahrhaft staatliche den Priestern gebietende Königtum. Aber dasselbe, von jener Priesterherrschaft zugleich das Erzeugnis und der Gegensatz, war nicht nach dem Herzen der Frommen. Die Pharisäer und die Sadducäer schieden sich und begannen sich zu befehden. Weniger Glaubenssätze und rituelle Differenzen standen hier sich einander entgegen als einerseits das Verharren bei einem lediglich die religiösen Ordnungen und Interessen festhaltenden, im übrigen für die Unabhängigkeit und die Selbstbestimmung der Gemeinde gleichgültigen Priesterregiment, andererseits das Königtum, hinstrebend zu staatlicher Entwickelung und bemüht in dem politischen Ringen, dessen Schauplatz damals das syrische Reich war, dem jüdischen Volke durch Schlagen und Vertragen wieder seinen Platz zu verschaffen. Jene Richtung beherrschte die Menge, diese überwog in der Intelligenz und in den vornehmen Klassen; ihr bedeutendster Vertreter ist König Iannaeos Alexandros, der während seiner ganzen Regierung nicht minder mit den syrischen Herrschern in Fehde lag wie mit seinen Pharisäern. Obwohl sie eigentlich nur der andere und in der Tat der natürlichere und mächtigere Ausdruck des nationalen Aufschwungs ist, berührte sie sich doch in ihrem freieren Denken und Handeln mit dem hellenischen Wesen und galt insbesondere den frommen Gegnern als fremdländisch und ungläubig.

Aber die Bewohner Palästinas waren nur ein Teil, und nicht der bedeutendste Teil der Juden; die babylonischen, syrischen, kleinasiatischen, ägyptischen Judengemeinden waren den palästinen-

sischen auch nach der Regeneration durch die Makkabäer weit
überlegen. Mehr als die letztere hat die jüdische Diaspora in der
Kaiserzeit zu bedeuten gehabt; und sie ist eine durchaus eigenartige Erscheinung.

Die Judenansiedelungen außerhalb Palästina sind nur in untergeordnetem Grade aus demselben Triebe entwickelt wie die der
Phöniker und der Hellenen. Von Haus aus ein ackerbauendes und
fern von der Küste wohnendes Volk sind ihre Ansiedelungen im
Ausland eine unfreie und verhältnismäßig späte Bildung, eine
Schöpfung Alexanders oder seiner Marschälle*. An jenen immen-
sen durch Generationen fortgesetzten griechischen Städtegründungen, wie sie in gleichem Umfang nie vorher und nie nachher
vorgekommen sind, haben die Juden einen hervorragenden Anteil
gehabt, so seltsam es auch war eben sie bei der Hellenisierung des
Orients zur Beihilfe zu berufen. Vor allem gilt dies von Ägypten.
Die bedeutendste unter allen von Alexander geschaffenen Städten, Alexandreia am Nil ist seit den Zeiten des ersten Ptolemäers,
der nach der Einnahme Palästinas eine Masse seiner Bewohner
dorthin übersiedelte, fast ebenso sehr eine Stadt der Juden wie
der Griechen, die dortige Judenschaft an Zahl, Reichtum, Intelligenz, Organisation der jerusalemitischen mindestens gleich zu
achten. In der ersten Kaiserzeit rechnete man auf 8 Millionen
Ägypter eine Million Juden, und ihr Einfluß reichte vermutlich
über dieses Zahlenverhältnis hinaus. Daß wetteifernd damit in
der syrischen Reichshauptstadt die Judenschaft in ähnlicher Weise
organisiert und entwickelt worden war, wurde schon bemerkt.
Von der Ausdehnung und der Bedeutung der Juden Kleinasiens zeugt unter anderem der Versuch, den unter Augustus
die ionischen Griechenstädte, es scheint nach gemeinschaftlicher
Verabredung, machten ihre jüdischen Gemeindegenossen entweder zum Rücktritt von ihrem Glauben oder zur vollen Übernahme
der bürgerlichen Lasten zu nötigen. Ohne Zweifel gab es selbständig organisierte Judenschaften in sämtlichen neuhellenischen
Gründungen und daneben in zahlreichen althellenischen Städten,
selbst im eigentlichen Hellas, zum Beispiel in Korinth. Die Organi-

---

* Ob die Rechtstellung der Juden in Alexandreia mit Recht von Josephus
(contra Ap. 2, 4) auf Alexander zurückgeführt wird, ist insofern zweifelhaft,
als, soweit wir wissen, nicht er, sondern der erste Ptolemäer massenweise
Juden dort ansiedelte (Josephus ant. 12, 1; Appian Syr. 50). Die merkwürdige
Gleichartigkeit, mit der die Judenschaften in den verschiedenen Diadochen-
staaten sich gestaltet haben, muß, wenn sie nicht auf Alexanders Anordnungen
beruht, auf das Rivalisieren und Imitieren bei der Städtegründung zurückgeführt werden. Daß Palästina bald ägyptisch, bald syrisch war, hat bei diesen
Ansiedelungen ohne Zweifel wesentlich mitgewirkt.

sierung vollzog sich durchaus in der Weise, daß den Juden ihre
Nationalität mit den von ihnen selbst daraus gezogenen weitrei-
chenden Konsequenzen gewahrt, nur der Gebrauch der griechischen Sprache von ihnen gefordert ward. So wurden bei dieser
damals von oben herab dem Orient aufgeschmeichelten oder aufgezwungenen Gräzisierung die Juden der Griechenstädte griechisch redende Orientalen.

Daß bei den Judengemeinden der makedonischen Städte die
griechische Sprache nicht bloß im natürlichen Wege des Verkehrs
zur Herrschaft gelangt, sondern eine ihnen auferlegte Zwangsbe-
stimmung ist, scheint aus der Sachlage sich mit Notwendigkeit zu
ergeben. In ähnlicher Weise hat späterhin Traian mit kleinasiatischen Kolonisten Dacien romanisiert. Ohne diesen Zwang hätte
die äußerliche Gleichförmigkeit der Städtegründung nicht durchgeführt, dies Material für die Hellenisierung überhaupt nicht verwendet werden können. Daß die heiligen Schriften der Juden
schon unter den ersten Ptolemäern in das Griechische übertragen
wurden, mag wohl so wenig Veranstaltung der Regierung gewesen
sein wie die Bibelübersetzung Luthers; aber im Sinne derselben
lag allerdings die sprachliche Hellenisierung der ägyptischen Juden, und sie vollzog sich merkwürdig rasch. Wenigstens im Anfang
der Kaiserzeit, wahrscheinlich lange vorher war die Kenntnis des
Hebräischen unter den alexandrinischen Juden ziemlich so selten
wie heutzutage in der christlichen Welt die der Ursprachen der
heiligen Originale; es wurde mit den Übersetzungsfehlern der sogenannten siebzig Alexandriner ungefähr ebenso argumentiert wie
von unseren Frommen mit den Übersetzungsfehlern Luthers. Die
nationale Sprache der Juden war in dieser Epoche überall aus
dem lebendigen Verkehr verschwunden und behauptete sich nur,
etwa wie im katholischen Religionsgebiet die lateinische, im kirch-
lichen Gebrauch. In Judäa selbst war sie ersetzt worden durch die
der hebräischen freilich verwandte aramäische Volkssprache Syriens; die Judenschaften außerhalb Judäas, mit denen wir uns
beschäftigen, hatten das semitische Idiom vollständig abgelegt,
und erst lange nach dieser Epoche ist jene Reaktion eingetreten,
welche schulmäßig die Kenntnis und den Gebrauch derselben allgemeiner bei den Juden zurückgeführt hat. Die literarischen Arbeiten, die sie während dieser Epoche in großer Zahl geliefert haben, sind in der besseren Kaiserzeit alle griechisch. Wenn die
Sprache allein die Nationalität bedingte, so wäre für diese Zeit von
den Juden wenig zu berichten.

Aber mit diesem anfänglich vielleicht schwer empfundenen
Sprachzwang verbindet sich die Anerkennung der besonderen Na-

tionalität mit allen ihren Konsequenzen. Überall in den Städten
der Alexandermonarchie bildete sich die Stadtbewohnerschaft aus
den Makedoniern, das heißt den wirklich makedonischen oder den
ihnen gleichgeachteten Hellenen. Neben diesen stehen, außer den
Fremden, die Eingeborenen, in Alexandreia die Ägypter, in Kyrene
die Libyer und überhaupt die Ansiedler aus dem Orient, welche
zwar auch keine andere Heimat haben als die neue Stadt, aber
nicht als Hellenen anerkannt werden. Zu dieser zweiten Kategorie
gehören die Juden; aber ihnen, und nur ihnen, wird es gestattet
sozusagen eine Gemeinde in der Gemeinde zu bilden und, während
die übrigen Nichtbürger von den Behörden der Bürgerschaft regiert werden, bis zu einem gewissen Grad sich selbst zu regieren*.
‚Die Juden‘, sagt Strabon, haben in Alexandreia ein eigenes ‚Volks-
haupt (ἐθνάρχης), welches dem Volke (ἔθνος) vorsteht und die
Prozesse entscheidet und über Verträge und Ordnungen verfügt,
als beherrsche es eine selbständige Gemeinde.‘ Es geschah dies,
weil die Juden eine derartige spezifische Jurisdiktion als durch
ihre Nationalität oder, was auf dasselbe hinauskommt, ihre Religion geforderte bezeichneten. Weiter nahmen die allgemeinen
staatlichen Ordnungen auf die national-religiösen Bedenken der
Juden in ausgedehntem Umfang Rücksicht und halfen nach Möglichkeit durch Exemptionen aus. Das Zusammenwohnen trat wenigstens häufig hinzu; in Alexandreia zum Beispiel waren von
den fünf Stadtquartieren zwei vorwiegend von Juden bewohnt.
Es scheint dies nicht das Ghettosystem gewesen zu sein, sondern
eher ein durch die anfängliche Ansiedlung begründetes und dann
von beiden Seiten festgehaltenes Herkommen, wodurch nachbar-
lichen Konflikten einigermaßen vorgebeugt ward.

---

* Wenn die alexandrinischen Juden später behaupteten den alexandrinischen Makedoniern rechtlich gleichgestellt zu sein (Josephus contra Ap. 2, 4,
bell. 2, 18, 7), so war dies eine Entstellung des wahren Sachverhaltes. Sie
waren Schutzgenossen zunächst der Phyle der Makedonier, wahrscheinlich der
vornehmsten von allen und darum nach Dionysos benannt (Theophilus ad
Autolycum 2, 7), und weil das Judenquartier ein Teil dieser Phyle war, macht
Josephus in seiner Weise sie selbst zu Makedoniern. Die Rechtsstellung der
Bevölkerung der Griechenstädte dieser Kategorie erhellt am deutlichsten
aus der Nachricht Strabons (bei Josephus ant. 14, 7, 2) über die vier Kategorien derjenigen von Kyrene: Stadtbürger, Landleute (γεωργοί), Fremde
und Juden. Sieht man von den Metöken ab, die ihre rechtliche Heimat auswärts haben, so bleiben als heimatberechtigte Kyrenäer die vollberechtigten
Bürger, also die Hellenen und was man als solche gelten ließ, und die zwei
Kategorien der vom aktiven Bürgerrecht Ausgeschlossenen, die Juden, die
eine eigene Gemeinde bilden, und die Untertanen, die Libyer, welchen die
Autonomie fehlt. Dies konnte leicht so verschoben werden, daß die beiden
privilegierten Kategorien auch als gleichberechtigt erschienen.

So kamen die Juden dazu bei der makedonischen Hellenisierung des Orients eine hervorragende Rolle zu spielen; ihre Gefügigkeit und Brauchbarkeit einerseits, ihre unnachgiebige Zähigkeit andererseits müssen die sehr realistischen Staatsmänner, die diese Wege wiesen, bestimmt haben sich zu solchen Einrichtungen zu entschließen. Nichts desto weniger bleibt die außerordentliche Ausdehnung und Bedeutung der jüdischen Diaspora gegenüber der engen und geringen Heimat wie einerseits eine Tatsache, so andererseits ein Problem. Man wird dabei nicht übersehen dürfen, daß die palästinischen Juden für die des Auslandes nicht mehr als den Kern geliefert haben. Das Judentum der älteren Zeit ist nichts weniger als exklusiv, vielmehr von missionarem Eifer nicht minder durchdrungen wie späterhin das Christentum und der Islam. Das Evangelium weiß von den Rabbis, welche Meer und Land durchziehen, um einen Proselyten zu machen; die Zulassung der halben Proselyten, denen die Beschneidung nicht zugemutet, aber dennoch eine religiöse Gemeinschaft gewährt wird, ist ein Zeugnis dieses Bekehrungseifers wie zu gleicher Zeit eines seiner wirksamsten Mittel. Motive sehr verschiedener Art kamen dieser Propaganda zustatten. Die bürgerlichen Privilegien, welche die Lagiden und die Seleukiden den Juden erteilten, müssen eine große Zahl nichtjüdischer Orientalen und Halbhellenen veranlaßt haben sich in den Neustädten der privilegierten Kategorie der Nichtbürger anzuschließen. In späterer Zeit kam der Verfall des traditionellen Landesglaubens der jüdischen Propaganda entgegen. Zahlreiche Personen besonders der gebildeten Stände, deren gläubige und sittliche Empfindung von dem, was die Griechen und noch mehr von dem was die Ägypter Religion nannten, sich schaudernd oder spottend abwandte, suchten Zuflucht in der einfacheren und reineren, der Vielgötterei und dem Bilderdienst absagenden jüdischen Lehre, welche den aus dem Niederschlag der philosophischen Entwickelung den gebildeten und halbgebildeten Kreisen zugeführten religiösen Anschauungen weit entgegenkam. Es gibt ein merkwürdiges griechisches Moralgedicht wahrscheinlich aus der späteren Epoche der römischen Republik, welches aus den mosaischen Büchern in der Weise geschöpft ist, daß es die monotheistische Lehre und das allgemeine Sittengesetz aufnimmt, aber alles dem Nichtjuden Anstößige und alle unmittelbare Opposition gegen die herrschende Religion vermeidet, offenbar bestimmt für dies denationalisierte Judentum weitere Kreise zu gewinnen. Insbesondere die Frauen wandten sich mit Vorliebe dem jüdischen Glauben zu. Als die Behörden von Damaskos im J. 66 die gefangenen Juden umzubringen beschlossen, wurde verabredet diesen Beschluß geheim zu halten, damit die den Juden ergebene weibliche Bevölkerung nicht die Ausführung verhindere. Sogar im Okzident, wo die gebildeten Kreise sonst dem jüdischen Wesen abgeneigt waren, machten vornehme Damen schon früh eine Ausnahme; die aus edlem Geschlecht entsprossene Gemahlin Neros Poppaea Sabina war, wie durch andere minder ehrbare Dinge, so auch stadtkundig durch ihren frommen Judenglauben und ihr eifriges Judenprotektorat. Förmliche Übertritte zum Judentum kamen nicht selten vor; das Königshaus von Adiabene zum Beispiel, König Izates und seine Mutter Helena sowie sein Bruder und Nachfolger wurden in der Zeit des Tiberius und des Claudius in aller Form Juden. Sicher gilt von allen jenen Judenschaften, was von der antiochenischen ausdrücklich bemerkt wird, daß sie zum großen Teil aus Übergetretenen bestanden.

Diese Verpflanzung des Judentums auf den hellenischen Boden unter Aneignung einer fremden Sprache, vollzog sich, wie sehr sie auch unter Festhaltung der nationalen Individualität stattfand, nicht ohne in dem Judentum selbst eine seinem Wesen zuwiderlaufende Tendenz zu entwickeln und bis zu einem gewissen Grad dasselbe zu denationalisieren. Wie mächtig die inmitten der Griechen lebenden Judenschaften von den Wellen des griechischen Geisteslebens erfaßt wurden, davon trägt die Literatur des letzten Jahrhunderts vor und des ersten nach Christi Geburt die Spuren. Sie ist getränkt von jüdischen Elementen und es sind mit die hellsten Köpfe und die geistreichsten Denker, welche entweder als Hellenen in das jüdische oder als Juden in das hellenische Wesen den Eingang suchen. Nikolaos von Damaskos, selber ein Heide und ein namhafter Vertreter der aristotelischen Philosophie, führte nicht bloß als Literat und Diplomat des Königs Herodes bei Agrippa wie bei Augustus die Sache seines jüdischen Patrons und der Juden, sondern es zeigt auch seine historische Schriftstellerei einen sehr ernstlichen und für jene Epoche bedeutenden Versuch den Orient in den Kreis der okzidentalischen Forschung hineinzuziehen, während die noch erhaltene Schilderung der Jugendjahre des ihm auch persönlich nahe getretenen Kaisers Augustus ein denkwürdiges Zeugnis der Liebe und der Verehrung ist, welche der römische Herrscher in der griechischen Welt fand. Die Abhandlung vom Erhabenen, geschrieben in der ersten Kaiserzeit von einem unbekannten Verfasser, eine der feinsten uns aus dem Altertum erhaltenen ästhetischen Arbeiten, rührt sicher wenn nicht von einem Juden, so doch von einem Manne her, der Homeros und Moses gleichmäßig verehrte*. Eine andere ebenfalls anonyme

---

* Pseudo-Longinus περὶ ὕψους 9: „Weit besser als der Götterkrieg ist bei Homeros die Schilderung der Götter in ihrer Vollkommenheit und echten

Schrift über das Weltganze, gleichfalls ein in seiner Art achtbarer
Versuch die Lehre des Aristoteles mit der der Stoa zu verschmelzen, ist vielleicht auch von einem Juden geschrieben, sicher dem
angesehensten und höchst gestellten Juden der neronischen Zeit,
dem Generalstabschef des Corbulo und des Titus, Tiberius Alexandros gewidmet. Am deutlichsten tritt uns die Vermählung der beiden Geisteswelten entgegen in der jüdisch-alexandrinischen Philosophie, dem schärfsten und greifbarsten Ausdruck einer das Wesen des Judentums nicht bloß ergreifenden, sondern auch angreifenden religiösen Bewegung. Die hellenische Geistesentwickelung
lag im Kampf mit den nationalen Religionen aller Art, indem sie
deren Anschauungen entweder negierte oder auch mit anderem
Inhalt erfüllte die bisherigen Götter, aus den Gemütern der Menschen austrieb und auf die leeren Plätze entweder nichts setzte oder
die Gestirne und abstrakte Begriffe. Diese Angriffe trafen auch die
Religion der Juden. Es bildete sich ein Neujudentum hellenischer
Bildung, das mit Jehovah nicht ganz so arg, aber doch nicht viel
anders verfuhr als die gebildeten Griechen und Römer mit Zeus
und Jupiter. Das Universalmittel der sogenannten allegorischen
Deutung, wodurch insbesondere die Philosophen der Stoa die heidnischen Landesreligionen überall in höflicher Weise vor die Türe
gesetzt hatten, paßte für die Genesis ebenso gut und ebenso
schlecht wie für die Götter der Ilias; wenn Moses mit Abraham
eigentlich den Verstand, mit Sarah die Tugend, mit Noah die Gerechtigkeit gemeint hatte, wenn die vier Ströme des Paradieses
die vier Kardinaltugenden waren, so konnte der aufgeklärteste
Hellene an die Thora glauben. Aber eine Macht war dies Pseudo-
judentum auch, und der geistige Primat der Judenschaft Ägyptens tritt vor allem darin hervor, daß diese Richtung vorzugsweise ihre Vertreter in Alexandreia gefunden hat.

Trotz der innerlichen Scheidung, welche bei den palästinensischen Juden sich vollzogen und nur zu oft geradezu zum Bürgerkrieg gesteigert hatte, trotz der Versprengung eines großen Teils
der Judenschaft in das Ausland, trotz des Eindringens fremder
Massen in dieselbe und sogar des destruktiven hellenistischen Elements in ihren innersten Kern blieb die Gesamtheit der Juden
in einer Weise vereinigt, für welche in der Gegenwart nur etwa
der Vatikan und die Kaaba eine gewisse Analogie bieten. Das heilige

---

Größe und Reinheit, wie die des Poseidon (Ilias 13, 18 fg.). Ebenso schreibt
der Gesetzgeber der Juden, kein geringer Mann (οὐχ ὁ τυχὼν ἀνήρ), nachdem er die göttliche Gewalt in würdiger Weise erfaßt und zum Ausdruck gebracht hat, gleich zu Anfang der Gesetze (Genesis 1, 3): Es sprach der Gott —
was? es werde Licht! und es ward Licht; es werde die Erde! und die Erde ward'.

JUDÄA UND DIE JUDEN

Salem blieb die Fahne, Zions Tempel das Palladium der gesamten
Judenschaft, mochten sie den Römern oder den Parthern gehorchen, aramäisch oder griechisch reden, ja an den alten Jahve glauben oder an den neuen, der keiner war. Daß der Schirmherr dem
geistlichen Oberhaupt der Juden eine gewisse weltliche Macht zugestanden hatte, bedeutete für die Judenschaft ebenso viel, der
geringe Umfang dieser Macht ebensowenig wie seiner Zeit für die
Katholiken der sogenannte Kirchenstaat. Jedes Mitglied einer jüdischen Gemeinde hatte jährlich nach Jerusalem ein Didrachmon
als Tempelschoß zu entrichten, welcher regelmäßiger einging als
die Staatsteuern; jedes war verpflichtet wenigstens einmal in seinem Leben dem Jehovah persönlich an dem Orte zu opfern, der
ihm allein in der Welt wohlgefällig war. Die theologische Wissenschaft blieb gemeinschaftlich; die babylonischen und die alexandrinischen Rabbiner haben daran sich nicht minder beteiligt wie
die von Jerusalem. Das unvergleichlich zähe Gefühl der nationalen Zusammengehörigkeit, wie es in der rückkehrenden Exulantengemeinde sich festgesetzt und dann jene Sonderstellung der
Juden in der Griechenwelt mit durchgesetzt hatte, behauptete
sich trotz Zerstreuung und Spaltung. Am bemerkenswertesten ist
das Fortleben des Judentums selbst in den davon in der inneren
Religion losgelösten Kreisen. Der namhafteste, für uns der einzige
deutlich greifbare Vertreter dieser Richtung in der Literatur, Philon, einer der vornehmsten und reichsten Juden aus der Zeit des
Tiberius, steht in der Tat zu seiner Landesreligion nicht viel anders als Cicero zu der römischen; aber er selbst glaubte nicht sie
aufzulösen, sondern sie zu erfüllen. Auch ihm ist wie jedem anderen Juden Moses die Quelle aller Wahrheit, seine geschriebene
Weisung bindendes Gesetz, seine Empfindung Ehrfurcht und Gläubigkeit. Es ist dies sublimierte Judentum dem sogenannten Götterglauben der Stoa doch nicht völlig identisch. Die Körperlichkeit
des Gottes verschwindet für Philon, aber die Persönlichkeit nicht,
und es mißlingt ihm vollständig, was das Wesen der hellenischen
Philosophie ist, die Göttlichkeit in die Menschenbrust zu verlegen;
es bleibt die Anschauung, daß der sündhafte Mensch abhänge von
einem vollkommenen außer und über ihm stehenden Wesen.
Ebenso fügt das neue Judentum sich dem nationalen Ritualgesetz
weit unbedingter als das neue Heidentum. Der Kampf des alten
und des neuen Glaubens ist in dem jüdischen Kreise deswegen von
anderer Art als in dem heidnischen, weil der Einsatz ein größerer
war; das reformierte Heidentum streitet nur gegen den alten Glauben, das reformierte Judentum würde in seiner letzten Konsequenz das Volkstum aufheben, welches in dem Überfluten des

Hellenismus mit der Verflüchtigung des Landesglaubens notwendig verschwand, und scheut deshalb davor zurück diese Konsequenz zu ziehen. Daher ist auf griechischem Boden und in griechischer Sprache, wenn nicht das Wesen, doch die Form des alten Glaubens mit beispielloser Hartnäckigkeit festgehalten und verteidigt worden, verteidigt auch von denen, die im Wesen vor dem Hellenismus kapitulieren. Philon selbst hat, wie weiterhin erzählt werden soll, für die Sache der Juden gestritten und gelitten. Darum aber hat auch die hellenistische Richtung im Judentum auf dieses selbst nie übermächtig eingewirkt, niemals vermocht dem nationalen Judentum entgegenzutreten, kaum dessen Fanatismus zu mildern und die Verkehrtheiten und Frevel desselben zu hemmen. In allen wesentlichen Dingen, insbesondere dem Druck und der Verfolgung gegenüber verschwinden die Differenzen des Judentums, und wie unbedeutend der Rabbinerstaat war, die religiöse Gemeinschaft, der er vorstand, war eine ansehnliche, unter Umständen eine furchtbare Macht.

Diesen Verhältnissen fanden die Römer sich gegenüber, als sie im Orient die Herrschaft antraten. Die Eroberung zwingt dem Eroberer nicht minder die Hand als dem Eroberten. Das Werk der Jahrhunderte, die makedonischen Stadteinrichtungen konnten weder die Arsakiden noch die Cäsaren ungeschehen machen; weder Seleukaia am Euphrat noch Antiocheia und Alexandreia konnten von den nachfolgenden Regierungen angetreten werden unter der Wohltat des Inventars. Wahrscheinlich hat der dortigen jüdischen Diaspora gegenüber der Begründer des Kaiserregiments sich, wie in so vielen anderen Dingen, die Politik der ersten Lagiden zur Richtschnur genommen und das Judentum des Orients in seiner Sonderstellung eher gefördert als gehindert; und dies Verfahren ist dann für seine Nachfolger durchgängig maßgebend gewesen. Es ist schon erzählt worden, daß die vorderasiatischen Gemeinden unter Augustus den Versuch machten ihre jüdischen Mitbürger bei der Aushebung gleichmäßig heranzuziehen und ihnen die Einhaltung des Sabbats nicht ferner zu gestatten; Agrippa aber entschied gegen sie und hielt den Status quo zugunsten der Juden aufrecht oder stellte vielmehr die bisher wohl nur von einzelnen Statthaltern oder Gemeinden der griechischen Provinzen nach Umständen zugelassene Befreiung der Juden vom Kriegsdienst und das Sabbatprivilegium vielleicht jetzt erst rechtlich fest. Augustus wies ferner die Statthalter von Asia an, die strengen Reichsgesetze über Vereine und Versammlungen gegen die Juden nicht zur Anwendung zu bringen. Aber die römische Regierung hat es nicht verkannt, daß die den Juden im Orient eingeräumte exempte

Stellung mit der unbedingten Verpflichtung der Reichsangehöri-
gen zur Erfüllung der vom Staat geforderten Leistungen sich nicht
vereinigen ließ, daß die garantierte Sonderstellung der Judenschaft den Rassenhaß und unter Umständen den Bürgerkrieg in
die einzelnen Städte trug, daß das fromme Regiment der Behörden von Jerusalem über alle Juden des Reiches eine bedenkliche
Tragweite hatte und daß in allem diesem für den Staat eine praktische Schädigung und eine prizipielle Gefahr lag. Der innerliche
Dualismus des Reiches drückt in nichts sich schärfer aus als in der
verschiedenen Behandlung der Juden in dem lateinischen und
dem griechischen Sprachgebiet. Im Okzident sind die autonomen
Judenschaften niemals zugelassen worden. Man tolerierte wohl daselbst die jüdischen Religionsgebräuche wie die syrischen und die
ägyptischen oder vielmehr etwas weniger als diese; der Judenko-
lonie in der Vorstadt Roms jenseits der Tiber zeigte Augustus sich
günstig und ließ bei seinen Spenden den, der des Sabbats wegen
sich versäumt hatte, nachträglich zu. Aber er persönlich vermied
jede Berührung wie mit dem ägyptischen so auch mit dem jüdischen Kultus, und wie er selbst in Ägypten dem heiligen Ochsen
aus dem Wege gegangen war, so billigte er es durchaus, daß sein
Sohn Gaius, als er nach dem Orient ging, bei Jerusalem vorbei-
ging. Unter Tiberius wurde sogar im J. 19 in Rom und ganz Italien der jüdische Kultus zugleich mit dem ägyptischen untersagt
und diejenigen, die sich nicht dazu verstanden ihn öffentlich zu
verleugnen und die heiligen Geräte ins Feuer zu werfen, aus Italien ausgewiesen, soweit sie nicht als tauglich für den Kriegsdienst
in Strafkompagnien verwendet werden konnten, wo dann nicht
wenige ihrer religiösen Skrupel wegen dem Kriegsgericht ver-
fielen. Wenn, wie wir nachher sehen werden, ebendieser Kaiser
im Orient jedem Konflikt mit dem Rabbi fast ängstlich aus dem
Wege ging, so zeigt sich hier deutlich, daß er, der tüchtigste Herrscher, den das Reich gehabt hat, die Gefahren der jüdischen Immigration ebenso deutlich erkannte wie die Unbilligkeit und die Un-
möglichkeit da, wo das Judentum bestand, es zu beseitigen*. Unter den späteren Regenten ändert, wie wir im weiteren Verlauf
finden werden, in der Hauptsache die ablehnende Haltung gegen

---

* Der Jude Philon schreibt die Behandlung der Juden in Italien auf Rechnung des Seianus, die der Juden im Osten auf die des Kaisers selbst. Aber
Josephus führt vielmehr was in Italien geschah zurück auf einen Skandal
in der Hauptstadt, welchen drei jüdische fromme Schwindler und eine zum
Judentum bekehrte vornehme Dame gegeben hatten, und Philon selbst gibt
zu, daß Tiberius nach Seians Sturz den Statthaltern nur gewisse Milderungen
in dem Verfahren gegen die Juden aufgegeben habe. Die Politik des Kaisers
und die seiner Minister den Juden gegenüber war im wesentlichen dieselbe.

die Juden des Okzidents sich nicht, obwohl sie im übrigen mehr
dem Beispiel des Augustus folgen als dem des Tiberius. Man hinderte die Juden nicht die Tempelsteuer in der Form freiwilliger
Beiträge einzuziehen und nach Jerusalem zu senden. Es wurde
ihnen nicht gewehrt, wenn sie einen Rechtshandel lieber vor einen
jüdischen Schiedsrichter brachten als vor ein römisches Gericht.
Von zwangsweiser Aushebung zum Dienst, wie Tiberius sie anordnete, ist auch im Okzident späterhin nicht weiter die Rede. Aber
eine öffentlich anerkannte Sonderstellung und öffentlich anerkannte Sondergerichte haben die Juden im heidnischen Rom und
überhaupt im lateinischen Westen niemals erhalten. Vor allem
aber haben im Occident, abgesehen von der Hauptstadt, die der
Natur der Sache nach auch den Orient mit repräsentierte und
schon in der ciceronischen Zeit eine zahlreiche Judenschaft in sich
schloß, die Judengemeinden in der früheren Kaiserzeit nirgends
besondere Ausdehnung oder Bedeutung gehabt*. Nur im Orient
gab die Regierung von vornherein nach oder vielmehr sie versuchte
nicht die bestehenden Verhältnisse zu ändern und den daraus re-
sultierenden Gefahren vorzubeugen; und so haben denn auch, wie
die heiligen Bücher der Juden der lateinischen Welt erst in lateinischer Sprache durch die Christen bekannt geworden sind, die
großen Judenbewegungen der Kaiserzeit sich durchaus auf den
griechischen Osten beschränkt. Hier wurde kein Versuch gemacht
mit der rechtlichen Sonderstellung des Juden die Quelle des Ju-
denhasses allmählich zu verstopfen, aber ebensowenig, von Laune
und Verkehrtheiten einzelner Regenten abgesehen, dem Judenhaß und den Judenhetzen von seiten der Regierung Vorschub getan. In der Tat ist die Katastrophe des Judentums nicht aus der
Behandlung der jüdischen Diaspora im Orient hervorgegangen.
Lediglich die in verhängnisvoller Weise sich entwickelnden Beziehungen des Reichsregiments zu dem jüdischen Rabbistaat haben nicht bloß die Zerstörung des Gemeinwesens von Jerusalem
herbeigeführt, sondern weiter die Stellung der Juden im Reiche
überhaupt erschüttert und verschoben. Wir wenden uns dazu,
die Vorgänge in Palästina unter der römischen Herrschaft zu
schildern.

Die Zustände im südlichen Syrien waren von den Feldherrn der
Republik, Pompeius und seinen nächsten Nachfolgern, in der
Weise geordnet worden, daß die größeren Gewalten, die dort an-

---

* Agrippa II, der die jüdischen Ansiedelungen im Ausland aufzählt, nennt
keine Landschaft westlich von Griechenland, und unter den in Jerusalem
weilenden Fremden, die die Apostelgeschichte (2, 5f.) verzeichnet, sind aus
dem Westen nur Römer genannt.

fingen sich zu bilden, wieder herabgedrückt und das ganze Land
in einzelne Stadtgebiete und Kleinherrschaften aufgelöst wurde.
Am schwersten waren davon die Juden betroffen worden; nicht
bloß hatten sie allen hinzugewonnenen Besitz, namentlich die
ganze Küste herausgeben müssen, sondern Gabinius hatte sogar
den alten Bestand des Reiches in fünf selbständig sich verwaltende
Kreise aufgelöst und dem Hohenpriester Hyrkanos seine weltlichen Befugnisse entzogen. Damit war also wie einerseits die Schutzmacht, so andererseits die reine Theokratie wiederhergestellt. Indes änderte dies sich bald. Hyrkanos oder vielmehr der für ihn regierende Minister, der Idumaeer Antipatros gelangte wohl schon
durch Gabinius selbst, dem er bei seinen parthischen und ägyptischen Unternehmungen sich unentbehrlich zu machen verstand,
wiederum zu der führenden Stellung im südlichen Syrien. Nach
der Plünderung des Tempels von Jerusalem durch Crassus ward
der dadurch veranlaßte Aufstand der Juden hauptsächlich durch
ihn gedämpft. Es war für ihn eine günstige Fügung, daß die jüdische Regierung nicht genötigt ward in die Krisis zwischen Caesar
und Pompeius, für welchen sie wie der ganze Osten sich erklärt
hatte, handelnd einzugreifen. Dennoch wäre wohl, nachdem der
Bruder und Rivale des Hyrkanos Aristobulos sowie dessen Sohn
Alexander, wegen ihres Eintretens für Caesar, durch die Pompeianer ihr Leben verloren hatten, nach Caesars Sieg der zweite Sohn
Antigonos von diesem in Judäa als Herrscher eingesetzt worden.
Aber als Caesar nach dem entscheidenden Sieg nach Ägypten gekommen sich in Alexandreia in einer gefährlichen Lage befand,
war es vornehmlich Antipatros, der ihn aus dieser befreite, und
dies schlug durch; Antigonos mußte zurückstehen hinter der neueren, aber wirksameren Treue. Nicht am wenigsten hat Caesars
persönliche Dankbarkeit die förmliche Restauration des Juden-
staates gefördert. Das jüdische Reich erhielt die beste Stellung,
die dem Klientelstaat gewährt werden konnte, völlige Freiheit
von Abgaben an die Römer und von militärischer Besatzung und
Aushebung, wogegen allerdings auch die Pflichten und die Kosten
der Grenzverteidigung von der einheimischen Regierung zu übernehmen waren. Die Stadt Ioppe und damit die Verbindung mit
dem Meer wurde zurückgegeben, die Unabhängigkeit der inneren
Verwaltung sowie die freie Religionsübung garantiert, die bisher
verweigerte Wiederherstellung der von Pompeius geschleiften Fe-
stungswerke Jerusalems gestattet (47). Also regierte unter dem
Namen des Hasmonaeerfürsten ein Halbfremder — denn die Idumäer standen zu den eigentlichen von Babylon zurückgewanderten
Juden ungefähr wie die Samariter — den Judenstaat unter dem

Schutz und nach dem Willen Roms. Die national gesinnten Juden
waren dem neuen Regiment nichts weniger als geneigt. Die alten
Geschlechter, die im Rat von Jerusalem führten, hielten im Herzen zu Aristobulos und nach dessen Tode zu seinem Sohn Antigonos. In den Bergen Galiläas fochten die Fanatiker ebenso gegen
die Römer wie gegen die eigene Regierung; als Antipatros' Sohn
Herodes den Führer dieser wilden Schar Ezekias gefangengenom-
men und hatte hinrichten lassen, zwang der Priesterrat von Jerusalem unter dem Vorwand verletzter Religionsvorschriften den
schwachen Hyrkanos den Herodes zu verbannen. Dieser trat darauf in das römische Heer ein und leistete dem caesarischen Statthalter von Syrien gegen die Insurrektion der letzten Pompeianer
gute Dienste. Aber als nach der Ermordung Caesars die Republikaner im Osten die Oberhand gewannen, war Antipatros wieder
der erste, der dem Stärkeren nicht bloß sich fügte, sondern sich
die neuen Machthaber verpflichtete durch rasche Beitreibung der
von ihnen auferlegten Kontribution. So kam es, daß der Führer
der Republikaner, als er aus Syrien abzog, den Antipatros in seiner Stellung beließ und dem Sohne desselben, Herodes, sogar ein
Kommando in Syrien anvertraute. Als dann Antipatros starb, wie
man sagt, von einem seiner Offiziere vergiftet, glaubte Antigonos,
der bei seinem Schwager, dem Fürsten Ptolemaeos von Chalkis,
Aufnahme gefunden hatte, den Augenblick gekommen, um den
schwachen Oheim zu beseitigen. Aber die Söhne des Antipatros
Phasael und Herodes schlugen seine Schar aufs Haupt und Hyrkanos verstand sich dazu ihnen die Stellung des Vaters zu gewähren, ja sogar den Herodes, indem er ihm seine Enkelin Mariamme
verlobte, gewissermaßen in das regierende Haus aufzunehmen. Inzwischen unterlagen die Führer der republikanischen Partei bei
Philippi. Die Opposition in Jerusalem hoffte nun den Sturz der
verhaßten Antipatriden bei den Siegern zu erwirken; aber Antonius, dem das Schiedsgericht zufiel, wies deren Deputationen
erst in Ephesos, dann in Antiocheia, zuletzt in Tyros entschieden
ab, ja ließ die letzten Gesandten hinrichten, und bestätigte Phasael und Herodes förmlich als ‚Vierfürsten'* der Juden (41).

---

* Dieser Titel, der zunächst das kollegialische Vierfürstentum bezeichnet,
wie es bei den Galatern herkömmlich war, ist dann allgemeiner für die Samt-,
ja auch für die Einherrschaft, immer aber als im Rang dem königlichen nachstehend verwendet worden. In dieser Weise erscheint er außer in Galatien
auch in Syrien vielleicht seit Pompeius, sicher seit Augustus. Die Nebeneinanderstellung eines Ethnarchen und zweier Tetrarchen, wie sie im J. 713 für
Judaea nach Josephus (ant. 14, 13, 1; bell. 1, 12, 5) angeordnet ward, begegnet
sonst nicht wieder; analog ist Pheroras Tetrarch der Peraea unter seinem
Bruder Herodes (bell. 1, 24, 5).

Bald rissen die Wendungen der großen Politik den jüdischen Staat noch einmal in ihre Wogen. Der Herrschaft der Antipatriden machte im folgenden Jahre (40) die Invasion der Parther zunächst ein Ende. Der Prätendent Antigonos schlug sich zu ihnen und bemächtigte sich Jerusalems und fast des ganzen Gebiets. Hyrkanos ging als Gefangener zu den Parthern, Phasael, Antipatros' ältester Sohn, gleichfalls gefangen, gab sich im Kerker den Tod. Mit genauer Not barg Herodes die Seinigen in einem Felsenschloß am Saume Judäas und ging selbst flüchtig und Hilfe bittend zuerst nach Ägypten und, da er hier Antonius nicht mehr fand, zu den beiden eben damals in neuer Eintracht schaltenden Machthabern (40) nach Rom. Bereitwillig gestattete man ihm, was ja nur im römischen Interesse lag, das jüdische Reich für sich zurückzugewinnen; er kam nach Syrien zurück, soweit es auf die Römer ankam, als anerkannter Herrscher und sogar ausgestattet mit dem königlichen Titel. Aber gleich wie ein Prätendent hatte er das Land nicht so sehr den Parthern als den Patrioten zu entreißen. Vorzugsweise mit Samaritern und Idumäern und gedungenen Soldaten schlug er seine Schlachten und gelangte endlich durch die Unterstützung der römischen Legionen auch in den Besitz der lange verteidigten Hauptstadt. Die römischen Henker befreiten ihn gleichfalls von seinem langjährigen Nebenbuhler Antigonos, seine eigenen räumten auf unter den vornehmen Geschlechtern des Rats von Jerusalem.

Aber die Tage der Bedrängnis waren mit seiner Installation noch keineswegs vorüber. Antonius' unglückliche Expedition gegen die Parther blieb für Herodes ohne Folgen, da die Sieger es nicht wagten in Syrien einzurücken; aber schwer litt er unter den immer sich steigernden Ansprüchen der ägyptischen Königin, die damals mehr als Antonius den Osten beherrschte; ihre frauenhafte Politik, zunächst gerichtet auf die Erweiterung ihrer Hausmacht und vor allem ihrer Einkünfte, erreichte zwar bei Antonius bei weitem nicht alles, was sie begehrte, aber sie entriß dem König der Juden doch einen Teil seiner wertvollsten Besitzungen an der syrischen Küste und in dem ägyptisch-syrischen Zwischengebiet, ja selbst die reichen Balsampflanzungen und Palmenhaine von Jericho und legte ihm schwere finanzielle Lasten auf. Um den Rest seiner Herrschaft zu behaupten, mußte er die neuen syrischen Besitzungen der Königin entweder selber abpachten oder für andere minder zahlungsfähige Pächter garantieren. Nach all diesen Bedrängnissen und in Erwartung noch ärgerer und ebensowenig abweisbarer Anforderungen war der Ausbruch des Krieges zwischen Antonius und Caesar für ihn eine Hoffnung, und daß Kleopatra in ihrer egoisti-

schen Verkehrtheit ihm die tätige Teilnahme an dem Kriege erließ, weil er seine Truppen brauche, um ihre syrischen Einkünfte
beizutreiben, ein weiterer Glücksfall, da dies ihm die Unterwerfung unter den Sieger erleichterte. Das Glück kam ihm noch weiter bei dem Parteiwechsel entgegen: er konnte eine Schar getreuer
Gladiatoren des Antonius abfangen, die aus Kleinasien durch Syrien nach Ägypten marschierten, um ihrem Herrn Beistand zu
leisten. Indem er, bevor er sich zu Caesar nach Rhodos begab, um
seine Begnadigung zu erwirken, den letzten männlichen Sproß
des Makkabaeerhauses, den achtzigjährigen Hyrkanos, dem das
Haus des Antipatros seine Stellung verdankte, für alle Fälle hinrichten ließ, übertrieb er in der Tat die notwendige Vorsicht. Caesar tat, was die Politik ihn tun ließ, zumal da für die beabsichtigte
ägyptische Expedition die Unterstützung des Herodes von Wichtigkeit war; er bestätigte den gern Besiegten in seiner Herrschaft
und erweiterte sie teils durch die Rückgabe der von Kleopatra
ihm entrissenen Besitzungen, teils durch weitere Gaben: die ganze
Küste von Gaza bis zum Stratonsturm, dem späteren Caesarea,
die zwischen Judäa und Galiläa sich einschiebende samaritanische
Landschaft und eine Anzahl von Städten östlich vom Jordan gehorchten seitdem dem Herodes. Mit der Konsolidierung der römischen Monarchie war auch das jüdische Fürstentum weiteren
äußeren Kreisen entzogen.

Vom römischen Standpunkt aus erscheint das Verhalten der
neuen Dynastie in einer Weise korrekt, daß dem Betrachtenden
dabei die Augen übergehen. Sie tritt ein zuerst für Pompeius, dann
für Caesar den Vater, dann für Cassius und Brutus, dann für die
Triumvirn, dann für Antonius, endlich für Caesar den Sohn; die
Treue wechselt wie die Parole. Dennoch ist diesem Verhalten die
Folgerichtigkeit und Festigkeit nicht abzusprechen. Die Parteiungen, die die herrschende Bürgerschaft zerrissen, ob Republik
oder Monarchie, ob Caesar oder Antonius, gingen die abhängigen
Landschaften, vor allem die des griechischen Ostens, in der Tat
nichts an. Die Entsittlichung, die mit allem revolutionären Regi-
mentswechsel verbunden ist, die entweihende Vermengung der
inneren Treue und des äußeren Gehorsams, kam in diesem Fall in
grellster Weise zum Vorschein; aber der Pflichterfüllung, wie sie
das römische Gemeinwesen von seinen Untertanen beanspruchte,
hatte König Herodes in einer Ausdehnung genügt, welcher edlere
und großartigere Naturen allerdings nicht fähig gewesen sein würden. Den Parthern gegenüber hat er stets, auch in bedenklichen
Lagen fest zu den einmal erkorenen Schutzherren gehalten. —
Vom Standpunkt der inneren jüdischen Politik aus ist das Regi-

ment des Herodes die Beseitigung der Theokratie und insofern eine Fortsetzung, ja eine Steigerung des Regiments der Makkabäer, als die Trennung des staatlichen und des Kirchenregiments in schneidendster Schärfe durchgeführt wird in den Gegensatz zwischen dem allmächtigen, aber fremdgeborenen König, und dem machtlosen oft und willkürlich gewechselten Erzpriester. Freilich wurde dem jüdischen Hochpriester die königliche Stellung eher verziehen als dem fremden und priesterlicher Weihe unfähigen Mann; und wenn die Hasmonäer die Unabhängigkeit des Judentums nach außen hin vertraten, trug der Idumäer seine königliche Macht über die Juden von dem Schirmherrn zu Lehen. Die Rückwirkung dieses unlösbaren Konflikts auf eine tief leidenschaftliche Natur tritt in dem ganzen Lebenslauf des Mannes uns entgegen, der viel Leid bereitet, aber vielleicht nicht weniger empfunden hat. Immer sichern die Energie, die Stetigkeit, die Fügsamkeit in das Unvermeidliche, die militärische und politische Geschicklichkeit, wo dafür Raum war, dem Judenkönig einen gewissen Platz in dem Gesamtbild einer merkwürdigen Epoche.

Das fast vierzigjährige Regiment des Herodes — er starb im J. 4 — im einzelnen zu schildern, wie es die dafür in großer Ausführlichkeit erhaltenen Berichte gestatten, ist nicht die Aufgabe des Geschichtschreibers von Rom. Es gibt wohl kein Königshaus irgendeiner Zeit, in welchem die Blutfehde zwischen Eltern und Kindern, zwischen Gatten und Geschwistern in gleicher Weise gewütet hat; Kaiser Augustus und seine Statthalter in Syrien wandten schaudernd sich ab von dem Anteil an dem Mordwerk, der ihnen angesonnen ward; nicht der mindest entsetzliche Zug in diesem Greuelbild ist die völlige Zwecklosigkeit der meisten in der Regel auf grundlosen Verdacht verfügten Exekutionen und die stetig nachfolgende verzweifelnde Reue des Urhebers. Wie kräftig und verständig der König das Interesse seines Landes, so weit er konnte und durfte, wahrnahm, wie energisch er nicht bloß in Palästina, sondern im ganzen Reich mit seinen Schätzen und mit seinem nicht geringen Einfluß für die Juden eintrat, — die den Juden günstige Entscheidung Agrippas in dem großen kleinasiatischen Reichshandel hatten sie wesentlich ihm zu verdanken —, Liebe und Treue fand er wohl in Idumäa und Samaria, aber nicht bei dem Volke Israel; hier war und blieb er nicht so sehr der mit vielfacher Blutschuld beladene, als vor allem der fremde Mann. Wie es eine der Haupttriebfedern jenes Hauskrieges ist, daß er in seiner Gattin aus hasmonäischem Geschlecht, der schönen Mariamme, und in deren Kindern mehr die Juden als die Seinen sah und fürchtete, so hat er es selbst ausgesprochen, daß er sich zu

den Griechen ebenso hingezogen fühle, wie von den Juden abge-
stoßen. Es ist bezeichnend, daß er die Söhne, denen er zunächst
die Nachfolge zudachte, in Rom erziehen ließ. Während er aus
seinen unerschöpflichen Reichtümern die Griechenstädte des Auslandes mit Gaben überhäufte und mit Tempeln schmückte, baute
er für die Juden wohl auch, aber nicht im jüdischen Sinne. Die
Zirkus- und Theaterbauten in Jerusalem selbst wie die Tempel für
den Kaiserkultus in den jüdischen Städten galten den frommen
Israeliten als Aufforderung zur Gotteslästerung. Daß er den Tempel in Jerusalem in einen Prachtbau verwandelte, geschah halb
gegen den Willen der Frommen; wie sehr sie den Bau bewunderten, daß er an demselben einen goldenen Adler anbrachte, wurde
ihm mehr verübelt als alle von ihm verfügten Todesurteile und
führte zu einem Volksaufstand, dem der Adler zum Opfer fiel und
dann freilich auch die Frommen, die ihn abrissen. Herodes kannte
das Land genug, um es nicht auf das äußerste kommen zu lassen;
wenn es möglich gewesen wäre dasselbe zu hellenisieren, der Wille
dazu hätte ihm nicht gefehlt. An Tatkraft stand der Idumäer
hinter den besten Hasmonäern nicht zurück. Der große Hafenbau
bei Stratonsturm oder, wie die von Herodes völlig umgebaute
Stadt seitdem heißt, bei Caesarea gab der hafenarmen Küste zuerst das, was sie brauchte, und die ganze Kaiserzeit hindurch ist
die Stadt ein Hauptemporium des südlichen Syriens geblieben.
Was sonst die Regierung zu leisten vermag, Entwickelung der natürlichen Hilfsquellen, Eintreten bei Hungersnot und anderen Kalamitäten, vor allen Dingen Sicherheit des Landes nach innen und
außen, das hat Herodes geleistet. Der Räuberunfug wurde abge-
stellt und die in diesen Gegenden so ungemein schwierige Verteidigung der Grenze gegen die streifenden Stämme der Wüste mit
Strenge und Folgerichtigkeit durchgeführt. Dadurch wurde die
römische Regierung bewogen ihm noch weitere Gebiete zu unter-
stellen, Ituraea, Trachonitis, Auranitis, Batanaea. Seitdem erstreckte sich seine Herrschaft, wie dies schon erwähnt ward, geschlossen über das transjordanische Land bis gegen Damaskos und
zum Hermongebirge; so viel wir erkennen können, hat es nach
jenen weiteren Zuweisungen in dem ganzen bezeichneten Gebiet
keine Freistadt und keine von Herodes unabhängige Herrschaft
mehr gegeben. Die Grenzverteidigung selbst traf mehr den arabischen König als den der Juden; aber so weit sie ihm oblag, bewirkte die Reihe wohl versehener Grenzkastelle auch hier einen
Landfrieden, wie man ihn bisher in diesen Gegenden nicht ge-
kannt hatte. Man begreift es, daß Agrippa, nachdem er die Hafen-
und die Kriegsbauten des Herodes besichtigt hatte, in ihm einen

gleichstrebenden Gehilfen bei dem großen Organisationswerk des
Reiches erkannte und ihn in diesem Sinne behandelte.
Dauernden Bestand hatte sein Reich nicht. Herodes selbst teilte
es in seinem Testament unter drei seiner Söhne und Augustus bestätigte die Verfügung im wesentlichen, indem er nur den wichtigen Hafen Gaza und die transjordanischen Griechenstädte unmittelbar unter den syrischen Statthalter stellte. Die nördlichen
Reichsteile wurden von dem Hauptland abgetrennt; das zuletzt
von Herodes erworbene Gebiet südlich von Damaskus, die Batanaea mit den dazugehörigen Distrikten erhielt Philippos, Galiläa und die Peraea, das heißt das transjordanische Gebiet, so
weit es nicht griechisch war, Herodes Antipas, beide als Tetrarchen; diese beiden Kleinfürstentümer haben anfangs getrennt,
dann unter Herodes' ‚des Großen' Urenkel Agrippa II. vereinigt,
mit geringen Unterbrechungen bis unter Traianus fortbestanden.
Wir haben ihres Regiments bei der Schilderung des östlichen Syriens und Arabiens bereits gedacht. Hier mag nur hinzugefügt
werden, daß diese Herodeer, wenn nicht mit der Energie, doch
im Sinn und Geist des Stifters der Dynastie weiter regierten. Die
von ihnen eingerichteten Städte Caesarea, das alte Paneas, im
nördlichen Gebiet und Tiberias in Galiläa sind ganz in der Art
des Herodes hellenisch geordnet; charakteristisch ist die Ächtung,
welche die jüdischen Rabbis wegen eines bei der Anlage von Tiberias gefundenen Grabes über die unreine Stadt verhängten.
Das Hauptland, Judäa nebst Samaria nördlich und Idumäa
südlich, bekam nach dem Willen des Vaters Archelaos. Aber den
Wünschen der Nation entsprach diese Erbfolge nicht. Die Orthodoxen, das heißt die Pharisäer beherrschten so gut wie ausschließlich die Masse und wenn bisher die Furcht des Herrn einigermaßen
niedergehalten war durch die Furcht vor dem rücksichtslos energischen König, so stand doch der Sinn der großen Majorität der
Juden darauf unter der Schirmherrschaft Roms das reine gott-
selige Priesterregiment wieder herzustellen, wie es einst die persischen Beamten eingerichtet hatten. Unmittelbar nach dem Tode
des alten Königs hatten die Massen in Jerusalem sich zusammen-
gerottet, um die Beseitigung des von Herodes ernannten Hohenpriesters und die Ausweisung der Ungläubigen aus der heiligen
Stadt zu verlangen, wo eben das Passah gefeiert werden sollte;
Archelaos hatte sein Regiment damit beginnen müssen auf diese
Massen einhauen zu lassen; man zählte eine Menge Tote und die
Festfeier unterblieb. Der römische Statthalter von Syrien — derselbe Varus, dessen Unverstand bald darauf den Römern Germanien kostete — dem es zunächst oblag während des Inter-

regnums die Ordnung im Lande aufrecht zu halten, hatte diesen
in Jerusalem meuternden Haufen gestattet nach Rom, wo eben
über die Besetzung des jüdischen Thrones verhandelt ward, eine
Deputation von fünfzig Personen zu entsenden, um die Abschaffung des Königtums zu erbitten, und als Augustus diese vor-
ließ, gaben achttausend hauptstädtische Juden ihr das Geleit zum
Tempel des Apollo. Die fanatisierten Juden daheim fuhren inzwischen fort sich selber zu helfen; die römische Besatzung, die
in den Tempel gelegt war, wurde mit stürmender Hand angegriffen und fromme Räuberscharen erfüllten das Land; Varus
mußte die Legionen ausrücken lassen und mit dem Schwert die
Ruhe wieder herstellen. Es war eine Warnung für den Oberherrn,
eine nachträgliche Rechtfertigung für König Herodes' gewalt-
tätiges, aber wirksames Regiment. Aber mit der ganzen Schwäch-
lichkeit, welche er namentlich in späteren Jahren so oft bewies,
wies Augustus allerdings die Vertreter jener fanatischen Massen
mit ihrem Begehren ab, übergab aber, im Wesentlichen das Testament des Herodes ausführend, die Herrschaft in Jerusalem dem
Archelaos, gemindert um den königlichen Titel, den Augustus
dem unerprobten jungen Mann zur Zeit nicht zugestehen mochte,
ferner gemindert um die nördlichen Gebiete und mit der Abnahme
der Grenzverteidigung auch in der militärischen Stellung herabgedrückt. Daß auf Augustus' Veranlassung die unter Herodes hoch-
gespannten Steuern herabgesetzt wurden, konnte die Stellung des
Vierfürsten wenig bessern. Archelaos' persönliche Unfähigkeit und
Unwürdigkeit brauchten kaum noch hinzuzutreten, um ihn unmöglich zu machen; wenige Jahre darauf (6 n. Chr.) sah Augustus
selbst sich genötigt ihn abzusetzen. Nun tat er nachträglich jenen
Meuterern ihren Willen: das Königtum wurde abgeschafft und das
Land einerseits in unmittelbare römische Verwaltung genommen,
andererseits, soweit neben dieser ein inneres Regiment zugelassen
ward, dasselbe dem Senat von Jerusalem übergeben. Bei diesem
Verfahren mögen allerdings teils früher in Betreff der Erbfolge
von Augustus dem Herodes gegebene Zusicherungen mitbestim-
mend gewesen sein, teils die mehr und mehr hervortretende und
im allgemeinen wohl gerechtfertigte Abneigung der Reichsregierung gegen größere einigermaßen selbständig sich bewegende
Klientelstaaten. Was in Galatien, in Kappadokien, in Mauretanien kurz vorher oder bald nachher geschah, erklärt, warum
auch in Palästina das Reich des Herodes ihn selbst kaum über-
dauerte. Aber wie in Palästina das unmittelbare Regiment geordnet ward, war es auch administrativ ein arger Rückschritt
gegen das herodische; vor allem aber lagen hier die Verhältnisse

so eigenartig und so schwierig, daß die allerdings von der Priesterpartei selbst hartnäckig erstrebte und schließlich erlangte unmittelbare Berührung der regierenden Römer und der regierten Juden weder diesen noch jenen zum Segen gereichte. Judäa wurde somit im J. 6 n. Chr. eine römische Provinz zweiten Ranges und ist, abgesehen von der ephemeren Restauration des jerusalemischen Königreichs unter Claudius in den J. 41—44, seitdem römische Provinz geblieben. An die Stelle des bisherigen lebenslänglichen und, unter Vorbehalt der Bestätigung durch die römische Regierung, erblichen Landesfürsten trat ein vom Kaiser auf Widerruf ernannter Beamter aus dem Ritterstand. Der Sitz der römischen Verwaltung wurde, wahrscheinlich sofort, die von Herodes nach hellenischem Muster umgebaute Hafenstadt Caesarea. Die Befreiung des Landes von römischer Besatzung fiel selbstverständlich weg, aber, wie durchgängig in den Provinzen zweiten Ranges, bestand die römische Truppenmacht nur aus einer mäßigen Zahl von Reiter- und Fußabteilungen der geringeren Kategorie; späterhin lagen dort eine Ala und fünf Kohorten, etwa 3000 Mann. Diese Truppen wurden vielleicht von dem früheren Regiment übernommen, wenigstens zum großen Teil im Lande selbst, jedoch meist aus Samaritern und syrischen Griechen gebildet. Legionarbesatzung erhielt die Provinz nicht, und auch in den Judäa benachbarten Gebieten stand höchstens eine von den vier syrischen Legionen. Nach Jerusalem kam ein ständiger römischer Kommandant, der in der Königsburg seinen Sitz nahm, mit einer schwachen ständigen Besatzung; nur während der Passahzeit, wo das ganze Land und unzählige Fremde nach dem Tempel strömten, lag eine stärkere Abteilung römischer Soldaten in einer zum Tempel gehörigen Halle. Daß mit der Einrichtung der Provinz die Steuerpflichtigkeit Rom gegenüber eintrat, folgt schon daraus, daß die Kosten der Landesverteidigung damit auf die Reichsregierung übergingen. Nachdem diese bei der Einsetzung des Archelaos eine Herabsetzung der Abgaben veranlaßt hatte, ist es wenig wahrscheinlich, daß sie bei der Einziehung des Landes eine sofortige Erhöhung derselben in Aussicht nahm; wohl aber wurde, wie in jedem neu erworbenen Gebiet, zu einer Revision der bisherigen Katastrierung geschritten.

Für die einheimischen Behörden wurden in Judäa, wie überall, soweit möglich die Stadtgemeinden zum Fundament genommen. Samaria oder, wie die Stadt jetzt heißt, Sebaste, das neu angelegte Caesarea und die sonstigen in dem ehemaligen Reich des Archelaos enthaltenen städtischen Gemeinden verwalteten unter Aufsicht der römischen Behörde sich selbst. Auch das Regiment der Haupt-

stadt mit dem großen dazu gehörigen Gebiet wurde in ähnlicher
Weise geordnet. Schon in vorrömischer Zeit unter den Seleukiden
hatte sich, wie wir sahen, in Jerusalem ein Rat der Ältesten gebildet, das Synhedrion oder judaisiert der Sanhedrin. Den Vorsitz
darin führte der Hochpriester, welchen der jedesmalige Herr des
Landes, wenn er nicht etwa selber Hochpriester war, auf Zeit bestellte. Dem Kollegium gehörten die gewesenen Hochpriester und
angesehene Gesetzeskundige an. Diese Versammlung, in der das
aristokratische Element überwog, funktionierte als höchste geistliche Vertretung der gesamten Judenschaft, und, soweit diese
davon nicht zu trennen war, auch als die weltliche Vertretung
insbesondere der Gemeinde von Jerusalem. Zu einer geistlichen
Institution mosaischer Satzung hat das Synhedrion von Jerusalem
erst der spätere Rabbinismus durch fromme Fiktion umgestempelt.
Er entsprach wesentlich dem Rat der griechischen Stadtverfassung, trug aber allerdings seiner Zusammensetzung wie seinem
Wirkungskreise nach einen mehr geistlichen Charakter, als er den
griechischen Gemeindevertretungen zukommt. Diesem Synhedrion
und seinem Hochpriester, den jetzt als Vertreter des kaiserlichen
Landesherrn der Prokurator ernannte, ließ oder übertrug die
römische Regierung diejenige Kompetenz, welche in den hellenischen Untertanengemeinden den städtischen Behörden und den
Gemeinderäten zukam. Sie ließ mit gleichgültiger Kurzsichtigkeit
dem transzendentalen Messianismus der Pharisäer freien Lauf
und dem bis zum Eintreffen des Messias fungierenden keineswegs
transzendentalen Landeskonsistorium ziemlich freies Schalten in
Angelegenheiten des Glaubens, der Sitte und des Rechts, wo die
römischen Interessen dadurch nicht geradezu berührt wurden.
Insbesondere betraf dies die Rechtspflege. Zwar so weit es sich
dabei um römische Bürger handelte, wird die Justiz in Zivil- wie
in Kriminalsachen den römischen Gerichten sogar schon vor der
Einreihung des Landes vorbehalten gewesen sein. Aber die Zivil-
justiz über die Juden blieb auch nach derselben hauptsächlich der
örtlichen Behörde. Die Kriminaljustiz über dieselben übte diese
wahrscheinlich im allgemeinen konkurrierend mit dem römischen
Prokurator; nur Todesurteile konnte sie nicht anders vollstrecken
lassen als nach Bestätigung durch den kaiserlichen Beamten.
    Im wesentlichen waren diese Anordnungen die unabweisbaren
Konsequenzen der Abschaffung des Fürstentums, und indem die
Juden diese erbaten, erbaten sie in der Tat jene mit. Gewiß war
es auch die Absicht der Regierung Härte und Schroffheit bei der
Durchführung soweit möglich zu vermeiden. Publius Sulpicius
Quirinius, dem als Statthalter von Syrien die Einrichtung der

neuen Provinz übertragen ward, war ein angesehener und mit den
Verhältnissen des Orients genau vertrauter Beamter, und alle
Einzelberichte bestätigen redend oder schweigend, daß man die
Schwierigkeiten der Verhältnisse kannte und darauf Rücksicht
nahm. Die örtliche Prägung der Kleinmünze, wie sie früher die
Könige geübt hatten, ging jetzt auf den Namen des römischen
Herrschers; aber der jüdischen Bilderscheu wegen wurde nicht
einmal der Kopf des Kaisers auf die Münzen gesetzt. Das Betreten
des inneren Tempelraumes blieb jedem Nichtjuden untersagt bei
Todesstrafe*. Wie ablehnend Augustus sich persönlich gegen die
orientalischen Kulte verhielt, er verschmähte es hier so wenig wie
in Ägypten sie in ihrer Heimat mit dem Kaiserregiment zu ver-
knüpfen; prachtvolle Geschenke des Augustus, der Livia und
anderer Glieder des kaiserlichen Hauses schmückten das Heiligtum der Juden und nach kaiserlicher Stiftung rauchte dort dem
‚höchsten Gott‘ das Opfer eines Stiers und zweier Lämmer. Die
römischen Soldaten wurden angewiesen, wenn sie in Jerusalem
Dienst hatten, die Feldzeichen mit den Kaiserbildern in Caesarea
zu lassen, und als ein Statthalter unter Tiberius davon abging,
entsprach die Regierung schließlich den flehenden Bitten der
Frommen und ließ es bei dem Alten. Ja, als auf einer Expedition
gegen die Araber die römischen Truppen durch Jerusalem marschieren sollten, erhielten sie infolge der Bedenken der Priester
gegen die Bilder an den Feldzeichen eine andere Marschroute.
Als eben jener Statthalter dem Kaiser an der Königsburg in
Jerusalem Schilde ohne Bildwerke weihte und die Frommen auch
daran Ärgernis nahmen, befahl Tiberius dieselben abzunehmen
und an dem Augustustempel in Caesarea aufzuhängen. Das Fest-
gewand des Hohenpriesters, das sich auf der Burg in römischem
Gewahrsam befand und daher vor der Anlegung erst sieben Tage

---

* An der Marmorschranke (δρύφακτος), welche den inneren Tempelraum
abgrenzte, standen deswegen Warnungstafeln in lateinischer und griechischer
Sprache (Josephus bell. 5, 5, 2. 6, 2, 4; ant. 15, 11, 5). Eine der letzteren, die
kürzlich wiedergefunden ist und jetzt in dem öffentlichen Museum von Konstantinopel sich befindet, lautet: μήθ᾽ ἕνα ἀλλογενῆ εἰσπορεύεσθαι ἐντὸς τοῦ
περὶ τὸ ἱερὸν τρυφάκτου καὶ περιβόλου. ὃς δ᾽ ἂν ληφθῇ, ἑαυτῷ αἴτιος ἔσται
διὰ τὸ ἐξακολουθεῖν θάνατον. Das Iota im Dativ ist vorhanden, die Schrift gut
passend für frühe Kaiserzeit. Diese Tafeln sind schwerlich von den jüdischen
Königen gesetzt, die kaum einen lateinischen Text hinzugefügt haben würden
und auch keine Ursache hatten mit dieser sonderbaren Anonymität den Tod
in Aussicht zu stellen. Wenn sie von der römischen Regierung aufgestellt wurden, erklärt sich beides; auch sagt Titus bei Josephus bell. 6, 2, 4 in einer
Ansprache an die Juden: οὐχ ἡμεῖς τοὺς ὑπερβάντας ὑμῖν ἀναιρεῖν ἐπετρέψαμεν,
κἂν ῾Ρωμαῖός τις ᾖ; — Trägt die Tafel wirklich Spuren von Axthieben, so
stammen diese von den Soldaten des Titus.

lang von solcher Entweihung gereinigt werden mußte, wurde den
Gläubigen auf ihre Beschwerde ausgeliefert und der Kommandant
der Burg angewiesen sich nicht weiter um dasselbe zu bekümmern.
Allerdings konnte von der Menge nicht verlangt werden, daß sie
darum die Folgen der Einverleibung weniger schwer empfand,
weil sie selbst dieselbe herbeigeführt hatte. Auch soll nicht behauptet werden, daß die Einziehung des Landes für die Bewohner
ohne Bedrückung abging und daß sie keinen Grund hatten sich zu
beschweren; diese Einrichtungen sind nirgends ohne Schwierigkeiten und Ruhestörungen durchgeführt worden. Ebenso wird die
Anzahl der Unrechtfertigkeiten und Gewalttätigkeiten, welche
einzelne Statthalter begingen, in Judäa nicht geringer gewesen
sein als anderswo. Schon im Anfang der Regierung des Tiberius
klagten die Juden wie die Syrer über Steuerdruck; insbesondere
der langjährigen Verwaltung des Pontius Pilatus werden von einem
nicht unbilligen Beurteiler alle üblichen Beamtenfrevel zur Last
gelegt. Aber Tiberius hat, wie derselbe Jude sagt, in den dreiund-
zwanzig Jahren seiner Regierung die althergebrachten heiligen
Gebräuche aufrecht gehalten und in keinem Teile sie beseitigt oder
verletzt. Es ist dies um so mehr anzuerkennen, als derselbe Kaiser
im Okzident so nachdrücklich wie kein anderer gegen die Juden
einschritt und also die in Judäa von ihm bewiesene Langmut und
Zurückhaltung nicht auf persönliche Begünstigung des Judentums
zurückgeführt werden kann.

Trotz allem dem entwickelten sich gegen die römische Regierung
die prinzipielle Opposition wie die gewaltsame Selbsthilfe der
Gläubigen beide schon in dieser Zeit des Friedens. Die Steuerzahlung ward nicht etwa bloß, weil sie drückte, sondern als gott-
los angefochten. ,Ist es erlaubt‘, fragt der Rabbi im Evangelium,
,dem Caesar den Zensus zu zahlen?‘ Die ironische Antwort, die
er empfing, genügte doch nicht allen; es gab Heilige, wenn auch
wohl nicht in großer Zahl, welche sich verunreinigt meinten,
wenn sie eine Münze mit dem Kaiserbild anrührten. Dies war etwas
Neues, ein Fortschritt der Oppositionstheologie; die Könige Seleukos und Antiochos waren doch auch nicht beschnitten gewesen
und hatten ebenfalls Tribut empfangen in Silberstücken ihres
Bildnisses. Also war die Theorie; die praktische Anwendung davon
machte allerdings nicht der hohe Rat von Jerusalem, in welchem
unter dem Einfluß der Reichsregierung die gefügigeren Vornehmen
des Landes stimmführend waren, aber Judas der Galiläer aus
Gamala am See von Genezareth, welcher, wie Gamaliel diesem
hohen Rat später in Erinnerung brachte, ,in den Tagen der
Schatzung aufstand und hinter ihm erhob sich das Volk zum Ab-

fall'. Er sprach es aus, was alle dachten, daß die sogenannte Schatzung die Knechtschaft und es eine Schande sei für den Juden einen anderen Herrn über sich zu erkennen als den Herrn Zebaoth; dieser aber helfe nur denen, die sich selber hülfen. Wenn nicht viele seinem Ruf zu den Waffen folgten und er nach wenigen Monaten auf dem Blutgerüst endigte, so war der heilige Tote den unheiligen Siegern gefährlicher als der Lebende. Er und die Seinigen gelten den späteren Juden neben den Sadduzäern, Pharisäern und Essäern als die vierte ‚Schule'; damals hießen sie die Eiferer, später nennen sie sich die Sicarier, die Messermänner. Ihre Lehre ist einfach: Gott allein ist Herr, der Tod gleichgültig, die Freiheit eines und alles. Diese Lehre blieb und des Judas Kinder und Enkel wurden die Führer der späteren Insurrektionen.

Wenn die römische Regierung der Aufgabe diese explosiven Elemente nach Möglichkeit niederzuhalten unter den ersten beiden Regenten im ganzen genommen geschickt und geduldig genügt hatte, so führte der zweite Thronwechsel hart an die Katastrophe. Derselbe ward wie im ganzen Reich, so auch von den Juden in Jerusalem wie in Alexandreia mit Jubel begrüßt und nach dem menschenscheuen und unbeliebten Greise der neue jugendliche Herrscher Gaius dort wie hier in überschwenglicher Weise gefeiert. Aber rasch entwickelte sich aus nichtswürdigen Anlässen ein furchtbares Zerwürfnis. Ein Enkel des ersten Herodes und der schönen Mariamme, nach dem Beschützer und Freunde seines Großvaters Herodes Agrippa genannt, unter den zahlreichen in Rom lebenden orientalischen Fürstensöhnen ungefähr der geringfügigste und heruntergekommenste, aber dennoch oder eben darum der Günstling und der Jugendfreund des neuen Kaisers, bis dahin lediglich bekannt durch seine Liederlichkeit und seine Schulden, hatte von seinem Beschützer, dem er zuerst die Nachricht von dem Tode des Tiberius hatte überbringen können, eines der vakanten jüdischen Kleinfürstentümer zum Geschenk und dazu den Königstitel erhalten. Dieser kam im J. 38 auf der Reise in sein neues Reich nach der Stadt Alexandreia, wo er wenige Monate vorher als ausgerissener Wechselschuldner versucht hatte bei den jüdischen Bankiers zu borgen. Als er im Königsgewand mit seinen prächtig staffierten Trabanten sich dort öffentlich zeigte, regte dies begreiflicherweise die nichtjüdische und den Juden nichts weniger als wohlwollende Bewohnerschaft der großen spott- und skandallustigen Stadt zu einer entsprechenden Parodie an, und bei dieser blieb es nicht. Es kam zu einer grimmigen Judenhetze. Die zerstreut liegenden Judenhäuser wurden ausgeraubt und verbrannt, die im Hafen liegenden jüdischen Schiffe geplün-

dert, die in den nicht jüdischen Quartieren betroffenen Juden
mißhandelt und erschlagen. Aber gegen die rein jüdischen Quartiere vermochte man mit Gewalt nichts auszurichten. Da gerieten
die Führer auf den Einfall die Synagogen, auf die es vor allem
abgesehen war, so weit sie noch standen, sämtlich zu Tempeln
des neuen Herrschers zu weihen und Bildsäulen desselben in allen,
in der Hauptsynagoge eine solche auf einem Viergespann, aufzustellen. Daß Kaiser Gaius so ernsthaft, wie sein verwirrter Geist
es vermochte, sich für einen wirklichen und leibhaften Gott hielt,
wußte alle Welt, und die Juden und der Statthalter auch. Dieser,
Avillius Flaccus, ein tüchtiger Mann und unter Tiberius ein vor-
trefflicher Verwalter, aber jetzt gelähmt durch die Ungnade, in
welcher er bei dem neuen Kaiser stand und jeden Augenblick der
Abberufung und der Anklage gewärtig, verschmähte es nicht die
Gelegenheit zu seiner Rehabilitierung zu benutzen*. Er befahl
nicht bloß durch Edikt der Aufstellung der Statuen in den
Synagogen kein Hindernis in den Weg zu legen, sondern er ging
geradezu auf die Judenhetze ein. Er verordnete die Abschaffung
des Sabbaths. Er erklärte weiter in seinen Erlassen, daß diese
geduldeten Fremden sich unerlaubter Weise des besten Teils der
Stadt bemächtigt hatten; sie wurden auf ein einziges der fünf
Quartiere beschränkt und alle übrigen Judenhäuser dem Pöbel
preisgegeben, während die ausgetriebenen Bewohner massenweise
obdachlos am Strande lagen. Kein Widerspruch wurde auch nur
angehört; achtunddreißig Mitglieder des Rats der Ältesten, welcher
damals anstatt des Ethnarchen der Judenschaft vorstand, wurden
im offenen Zirkus vor allem Volke gestäupt. Vierhundert Häuser
lagen in Trümmern; Handel und Wandel stockte; die Fabriken

---

* Der besondere Haß des Gaius gegen die Juden (Philo leg. 20) ist nicht die
Ursache, sondern die Folge der alexandrinischen Judenhetze gewesen. Da
also auch das Einverständnis der Führer der Judenhetze mit dem Statthalter
(Philo in Flacc. 4) so, wie die Juden meinten, nicht bestanden haben kann,
weil der Statthalter nicht füglich glauben konnte durch Preisgebung der Juden sich dem neuen Kaiser zu empfehlen, so entsteht allerdings die Frage,
warum die Führer der Judenfeinde eben diesen Moment für die Judenhetze
wählten und vor allem warum der Statthalter, dessen Trefflichkeit Philo so
nachdrücklich anerkennt, dieselbe zuließ und wenigstens in ihrem weiteren
Verlauf sich an ihr beteiligte. Wahrscheinlich sind die Dinge so hergegangen
wie sie oben erzählt sind: der Judenhaß und Judenneid gärten seit langem
in Alexandreia (Josephus b. 2, 18, 9; Philo leg. 18); der Wegfall des alten
strengen Regiments und die augenscheinliche Ungnade, in welcher der Prä-
fekt bei Gaius stand, gaben Raum für den Krawall; die Ankunft Agrippas
gab den Anlaß; die geschickte Verwandlung der Synagogen in Tempel des
Gaius stempelte die Juden zu Kaiserfeinden, und nachdem dies geschehen
war, wird Flaccus allerdings die Verfolgung aufgegriffen haben, um sich dadurch bei dem Kaiser zu rehabilitieren.

standen still. Es blieb keine Hilfe als bei dem Kaiser. Vor ihm
erschienen die beiden alexandrinischen Deputationen, die der
Juden geführt von dem früher erwähnten Philon, einem Gelehrten
der neujüdischen Richtung und mehr sanftmütigen als tapferen
Herzens, der aber doch für die Seinen in dieser Bedrängnis ge-
treulich eintrat; die der Judenfeinde geführt von Apion, auch
einem alexandrinischen Gelehrten und Schriftsteller, der ‚Welt-
schelle‘, wie Kaiser Tiberius ihn nannte, voll großer Worte und
noch größerer Lügen, von dreistester Allwissenheit* und unbe-
dingtem Glauben an sich selbst, wenn nicht der Menschen, doch
ihrer Nichtswürdigkeit kundig, ein gefeierter Meister der Rede wie
der Volksverführung, schlagfertig, witzig, unverschämt und unbedingt loyal. Das Ergebnis der Verhandlung stand von vornherein fest; der Kaiser ließ die Parteien vor, während er die Anlagen in seinen Gärten besichtigte, aber statt den Flehenden Ge-
hör zu geben, legte er ihnen spöttische Fragen vor, die die Judenfeinde, aller Etikette zum Trotz, mit lautem Gelächter begleiteten,
und da er bei guter Laune war, beschränkte er sich darauf sein
Bedauern auszusprechen, daß diese im Übrigen guten Leute so
unglücklich organisiert seien seine angeborene Gottesnatur nicht
begreifen zu können, womit es ihm ohne Zweifel ernst war. Apion
also bekam Recht und überall, wo es den Judenfeinden beliebte,
wandelten die Synagogen sich um in Tempel des Gaius.

Aber es blieb nicht bei diesen durch die alexandrinische Straßen-
jugend eingeleiteten Dedikationen. Im J. 39 bekam der Statthalter von Syrien Publius Petronius vom Kaiser den Befehl mit
seinen Legionen in Jerusalem einzurücken und in dem Tempel die
Bildsäule des Kaisers aufzurichten. Der Statthalter, ein ehrbarer
Beamter aus der Schule des Tiberius, erschrak; die Juden aus dem
ganzen Lande, Männer und Frauen, Greise und Kinder, strömten
zu ihm, erst nach Ptolemais in Syrien, dann nach Tiberias in
Galiläa, ihn um seine Vermittlung anzuflehen, daß das Entsetzliche unterbleiben möge; die Äcker im ganzen Lande wurden nicht

---

* Apion redete und schrieb über alles und jedes, über die Metalle und die
römischen Buchstaben, über die Magie und von den Hetaeren, über ägyptische Urgeschichte und Apicius Kochrezepte, vor allem aber machte er Glück
mit seinen Vorträgen über Homer, die ihm das Ehrenbürgerrecht in zahlreichen
griechischen Städten erwarben. Er hatte entdeckt, daß Homeros darum mit
dem unpassenden Worte μῆνις (‚Zorn‘) seine Ilias begonnen habe, weil die ersten
beiden Buchstaben als Ziffern die Bücherzahl der beiden von ihm zu schreibenden Epen darstellen; er nannte den Gastfreund in Ithaka, bei dem er das
Brettspiel der Freier erkundet habe; ja er hatte Homeros selbst aus der Unterwelt beschworen, um ihn um seine Heimat zu befragen, derselbe sei auch gekommen und habe sie ihm gesagt, aber ihn verpflichtet, sie andern nicht zu
verraten.

bestellt und die verzweifelten Massen erklärten, lieber den Tod durch das Schwert oder den Hunger dulden als diesen Gräuel mit Augen sehen zu wollen. In der Tat wagte der Statthalter die Ausführung zu verzögern und Gegenvorstellungen zu machen, obwohl er wußte, daß es dabei um seinen Kopf ging. Zugleich ging jener König Agrippa persönlich nach Rom, um von seinem Freunde die Rücknahme des Befehls zu erwirken. In der Tat stand der Kaiser von seinem Begehren ab, man sagt infolge einer von dem jüdischen Fürsten geschickt benutzten Weinlaune. Aber er beschränkte zugleich die Konzession auf den einzigen Tempel von Jerusalem und sandte nichtsdestoweniger dem Statthalter wegen seines Ungehorsams das Todesurteil zu, das allerdings zufällig verspätet nicht mehr zur Ausführung kam. Gaius war entschlossen die Renitenz der Juden zu brechen; das angeordnete Einrücken der Legionen zeigt, daß er diesmal die Folgen seines Befehls im voraus erwogen hatte. Seit jenen Vorgängen hatten die bereitwillig gottgläubigen Ägyptier seine volle Liebe so wie die störrigen und einfältigen Juden den entsprechenden Haß; hinterhältig wie er war und gewohnt zu begnadigen, um später zu widerrufen, mußte das Ärgste nur verschoben erscheinen. Er war im Begriff nach Alexandreia abzugehen, um dort persönlich den Weihrauch seiner Altäre entgegenzunehmen und an der Statue, die er in Jerusalem sich aufzustellen gedachte, wurde, so sagt man, in aller Stille gearbeitet, als im Januar 41 der Dolch des Chaerea unter anderem auch den Tempel des Jehova von dem Unhold befreite.

Äußere Folgen hinterließ die kurze Leidenszeit nicht; mit dem Gott sanken seine Altäre. Aber dennoch sind die Spuren davon nach beiden Seiten hin geblieben. Die Geschichte, die hier erzählt wird, ist die des steigenden Hasses zwischen Juden und Nichtjuden, und darin bezeichnet die dreijährige Judenverfolgung unter Gaius einen Abschnitt und einen Fortschritt. Der Judenhaß und die Judenhetzen sind so alt wie die Diaspora selbst; diese privilegierten und autonomen orientalischen Gemeinden innerhalb der hellenischen mußten sie so notwendig entwickeln wie der Sumpf die böse Luft. Aber eine Judenhetze wie die alexandrinische des Jahres 38, motiviert durch das mangelhafte Hellenentum und dirigiert zugleich von der höchsten Behörde und dem niedrigen Pöbel, hat die ältere griechische wie römische Geschichte nicht aufzuweisen. Der weite Weg vom bösen Wollen des Einzelnen zur bösen Tat der Gesamtheit war hiermit durchschritten und es war gezeigt, was die also Gesinnten zu wollen und zu tun hatten und unter Umständen auch zu tun vermochten. Daß diese Offenbarung auch auf jüdischer Seite empfunden ward, ist nicht zu bezweifeln,

obwohl wir dies mit Dokumenten nicht zu belegen vermögen*.
Aber weit tiefer als die alexandrinische Judenhetze haftete in den
Gemütern der Juden die Bildsäule des Gottes Gaius im Allerheiligsten. Es war das schon einmal dagewesen: auf das gleiche
Unterfangen des Königs von Syrien Antiochos Epiphanes war die
Makkabäererhebung gefolgt und die siegreiche Wiederherstellung
des freien nationalen Staats. Jener Epiphanes, der Antimessias,
welcher den Messias herbeiführt, wie der Prophet Daniel ihn, allerdings nachträglich, gezeichnet hatte, war seitdem jedem Juden
das Urbild der Gräuel; es war nicht gleichgültig, daß die gleiche
Vorstellung mit gleichem Recht sich an einen römischen Kaiser
knüpfte, oder vielmehr an das Bild des römischen Herrschers
überhaupt. Seit jenem verhängnisvollen Erlaß kam die Sorge nicht
zur Ruhe, daß ein anderer Kaiser das Gleiche befehlen könne, und
insofern allerdings mit Recht, als nach der Ordnung des römischen
Staatswesens diese Verfügung lediglich von dem augenblicklichen
Gutfinden des augenblicklich Regierenden abhing. Mit glühenden
Farben zeichnet sich dieser jüdische Haß des Kaiserkultus und
des Kaisertums selbst in der Apokalypse Johannis, für die hauptsächlich deßwegen Rom das feile Weib von Babylon und der gemeine Feind der Menschheit ist**. Noch minder gleichgültig war

---

* Die Schriften Philons, welche diese ganze Katastrophe uns mit unver-
gleichlicher Aktualität vorführen, schlagen diesen Ton nirgends an; aber auch
abgesehen davon, daß dieser reiche und bejahrte Mann mehr ein guter Mensch
als ein guter Hasser war, versteht es sich von selbst, daß diese Konsequenzen
der Vorgänge von jüdischer Seite nicht öffentlich dargelegt wurden. Was die
Juden dachten und fühlten, wird man nicht nach dem beurteilen dürfen, was
sie namentlich in ihren griechisch geschriebenen Schriften zu sagen zweckmäßig fanden. Wenn das Buch der Weisheit und das dritte Makkabäerbuch
in der Tat gegen die alexandrinische Judenverfolgung gerichtet sind (Hausrat neutestam. Zeitgesch. 2, 259 fg.), was übrigens nichts weniger als gewiß
ist, so sind sie womöglich noch zahmer gehalten als die Schriften Philons.
** Dies dürfte die richtige Auffassung der jüdischen Vorstellungen sein,
in denen überhaupt die positiven Tatsachen regelmäßig ins Allgemeine ver-
fließen. In den Erzählungen vom Antimessias und vom Antichrist finden sich
keine positiven Momente, die auf Kaiser Gaius paßten; den Namen Armillus,
den der Targum jenem beilegt, darauf zurückzuführen, daß Kaiser Gaius zuweilen Frauenarmbänder (armillae) trug (Sueton Gai. 52), kann ernsthaft
nicht vertreten werden. In der johanneischen Apokalypse, der klassischen
Offenbarung jüdischen Selbstgefühls und Römerhasses, knüpft sich das Bild
des Antimessias vielmehr an Nero, der sein Bild nicht ins Allerheiligste hat
stellen lassen. Diese Schrift gehört bekanntlich einer Zeit und einer Richtung
an, für die das Christentum noch wesentlich eine jüdische Sekte war; die Auserwählten und vom Engel Gezeichneten sind alle Juden, je 12000 aus jedem
der zwölf Stämme, und haben den Vortritt vor der ‚großen Menge der sonstigen
Gerechten', das heißt der Judengenossen (c. 7; vgl. c. 12, 1). Geschrieben ist
sie erwiesenermaßen nach Neros Sturz und als dessen Rückkehr aus dem Orient

die naheliegende Parallele der Konsequenzen. Mattathias von Modeïn war auch nicht mehr gewesen als Judas der Galiläer, die

---

erwartet wurde. Nun trat freilich ein falscher Nero unmittelbar nach dem Tode des wirklichen auf und wurde im Anfang des folgenden Jahres hingerichtet (Tacitus hist. 2, 8. 9); aber an diesen denkt Johannes nicht, da der recht genaue Bericht nicht wie Johannes dabei der Parther erwähnt und für Johannes zwischen dem Sturze Neros und seiner Rückkehr ein beträchtlicher Zeitraum, auch die letztere noch in der Zukunft liegt. Sein Nero ist derjenige, der unter Vespasian im Euphratgebiet Anhang fand, den König Artabanos unter Titus anerkannte und sich anschickte mit Heeresmacht in Rom wieder einzusetzen und den endlich die Parther um das J. 88 nach längeren Verhandlungen an Domitian auslieferten. Auf diese Vorgänge paßt die Apokalypse mit völliger Genauigkeit. Andrerseits kann in einer Schrift dieses Schlages daraus, daß nach c. 11, 1. 2 nur der Vorhof, nicht aber das Allerheiligste des Tempels von Jerusalem in die Gewalt der Heiden gegeben ist, unmöglich auf den damaligen Stand der Belagerung geschlossen werden; hier ist im einzelnen alles Phantasmagorie und dies gewiß entweder beliebig gegriffen, oder, wenn man das vorzieht, angesponnen etwa an eine den römischen Soldaten, die nach der Zerstörung in Jerusalem lagerten, gegebene Ordre das ehemalige Allerheiligste nicht zu betreten. Die Grundlage der Apokalypse ist unbestritten die Zerstörung des irdischen Jerusalem und die dadurch erst gegebene Aussicht auf dessen dereinstige ideale Wiederherstellung; unmöglich läßt sich an die Stelle der erfolgten Schleifung der Stadt die bloße Erwartung der Einnahme setzen. Wenn also es von den sieben Köpfen des Drachen heißt: βασιλεῖς ἑπτά εἰσιν. οἱ πέντε ἔπεσαν, ὁ εἷς ἔστιν, ὁ ἄλλος οὔπω ἦλθεν, καὶ ὅταν ἔλθῃ ὀλίγον αὐτὸν δεῖμεῖναι (c. 17,10), so sind vermutlich die fünf August, Tiberius, Gaius, Claudius, Nero, der sechste Vespasian, der siebente unbestimmt; ‚das Tier, welches war und nicht ist und selber der achte, aber aus den sieben ist‘, ist natürlich Nero. Der unbestimmte Siebente ist ungeschickt, wie so vieles in dieser grandiosen, aber widerspruchsvollen und oft sich übel verwickelnden Phantasmagorie, ist aber hingesetzt, nicht, weil die Siebenzahl gebraucht ward, die ja leicht durch Caesar zu gewinnen war, sondern weil der Schreiber Bedenken trug das kurze Regiment des letzten Herrschers und dessen Sturz durch den rückkehrenden Nero unmittelbar von dem regierenden Kaiser auszusagen. Unmöglich aber kann man, wie es nach andern Renan tut, mit Einrechnung Caesars in dem sechsten Kaiser, ‚welcher ist‘, Nero erkennen, der gleich nachher bezeichnet wird als der, welcher ‚war und nicht ist‘, und in dem siebenten, welcher ‚noch nicht gekommen ist und nicht lange herrschen wird‘, sogar den nach Renans Ansicht zur Zeit herrschenden hochbejahrten Galba. Daß dieser überhaupt so wenig, wie Otho und Vitellius, in eine solche Reihe gehört, leuchtet ein. — Aber wichtiger ist es der gangbaren Auffassung entgegenzutreten, als richte sich die Polemik gegen die neronische Christenverfolgung und die Belagerung oder die Zerstörung Jerusalems, während sie doch durchaus ihre Spitze kehrt gegen das römische Provinzialregiment überhaupt und insbesondere den Kaiserkultus. Wenn von den sieben Kaisern Nero allein (mit seinem Zahlenausdruck) genannt wird, so geschieht dies nicht, weil er der schlimmste der sieben war, sondern weil die Nennung des regierenden Kaisers unter Prophezeihung eines baldigen Endes seiner Regierung in einer publizierten Schrift ihr Bedenkliches hatte und einige Rücksicht gegen den einen ‚der ist‘ sich auch für einen Propheten ziemt. Neros Name war preisgegeben, überdies die Legende seiner Heilung und seiner Wiederkehr in aller Munde; dadurch

Erhebung der Patrioten gegen den Syrerkönig ungefähr ebenso
hoffnungslos wie die Insurrektion gegen das Untier jenseits des

---

ist er für die Apokalypse der Repräsentant der römischen Kaiserherrschaft
und der Antichrist geworden. Was das Untier des Meeres und sein Ebenbild
und Werkzeug, das Untier des Landes, verschulden, ist nicht die Vergewaltigung der Stadt Jerusalem (c. 11, 2), welche nicht als ihre Missetat erscheint,
sondern vielmehr als ein Stück des Weltgerichts (wobei auch die Rücksicht
auf den regierenden Kaiser im Spiel gewesen sein kann), sondern die göttliche
Verehrung, welche die Heiden dem Untier des Meeres zollen (c. 13, 8: προσκυνήσουσιν αὐτὸν πάντες οἱ κατοικ οῖντες ἐπὶ γῆς) und welche das Untier des
Landes — das darum auch der Pseudoprophet heißt — für das des Meeres
fordert und erzwingt (c. 13, 12: ποιεῖ τὴν γῆν καὶ τοὺς κατοικοῦντας ἐν αὐτῇ
ἵνα προσκυνήσουσιν τὸ θηρίον τὸ πρῶτον, οὗ ἐθεραπεύθη ἡ πληγὴ τοῦ θανάτου
αὐτοῦ); vor allem wird ihm vorgerückt das Begehren jenem ein Bild zu machen
(c. 13 14: λέγων τοῖς κατοικοῦσιν ἐπὶ τῆς γῆς ποιῆσαι εἰκόνα τῷ θηρίῳ ὃς
ἔχει τὴν πληγὴν τῆς μαχαίρης καὶ ἔζησεν, vgl. 14, 9. 16, 2. 19, 20). Das
ist deutlich teils das Kaiserregiment jenseit des Meeres, teils die Statthalterschaft auf dem asiatischen Kontinent, nicht dieser oder jener Provinz
oder gar dieser oder jener Person, sondern die Kaiservertretung überhaupt, wie die Provinzialen Asiens und Syriens sie kannten. Wenn Handel
und Wandel geknüpft erscheint an den Gebrauch des χάραγμα des Untiers
des Meeres (c. 13, 16. 17), so liegt der Abscheu gegen Bild und Schrift
des Kaisergeldes deutlich zugrunde, allerdings phantastisch umgestaltet,
wie ja auch der Satanas das Kaiserbildnis reden macht. Eben diese
Statthalter erscheinen nachher (c. 17) als die zehn Hörner, welche dem Untier
an seinem Abbild beigelegt werden, und heißen hier ganz richtig die ‚zehn
Könige, welche die Königswürde nicht haben, aber Macht wie die Könige‘;
mit der Zahl, die aus der Vision Daniels übernommen ist, darf man es freilich
nicht genau nehmen. Bei den Blutgerichten, die über die Gerechten ergangen
sind, denkt Johannes an die reguläre Justiz wegen verweigerter Anbetung des
Kaiserbildes, wie die Briefe des Plinius sie schildern (c. 13, 15: ποιήσῃ ἵνα ὅσοι
ἐὰν μὴ προσκυνήσωσιν τὴν εἰκόνα τοῦ θηρίου ἀποκτανθῶσιν; vgl. 6, 9. 20, 4).
Wenn hervorgehoben wird, daß diese Blutgerichte besonders häufig in Rom
vollzogen wurden (c. 17, 6. 18, 24), so ist damit die Vollstreckung der Ver-
urteilung zum Fecht- oder zum Tierkampf gemeint, welche am Gerichts-
ort oft nicht stattfinden konnte und bekanntlich vorzugsweise eben in Rom
erfolgte (Modestinus Dig. 48, 19, 31); die neronischen Hinrichtungen wegen
angeblicher Brandstiftung gehören formell nicht einmal zu den Religions-
prozessen und nur Voreingenommenheit kann das in Rom vergossene Mär-
tyrerblut, von dem Johannes spricht, auf diese Vorgänge ausschließlich oder
vorzugsweise beziehen. Die gangbaren Vorstellungen von den sogenannten
Christenverfolgungen leiden unter der mangelhaften Anschauung der im römischen Reich bestehenden Rechtsnorm und Rechtspraxis; in der Tat war
die Verfolgung der Christen stehend wie die der Räuber, und kamen nur diese
Bestimmungen bald milder oder auch nachlässiger, bald schärfer zur Anwendung, wurden auch wohl einmal von oben herab besonders eingeschärft.
Den ‚Krieg gegen die Heiligen‘ haben erst die späteren, denen Johannes Worte
nicht genügten, hineininterpoliert (c. 13, 7). Die Apokalypse ist ein merkwürdiges Zeugnis des nationalen und religiösen Hasses der Juden gegen das
okzidentalische Regiment; aber man verschiebt und verflacht die Tatsachen,
wenn man, wie dies namentlich Renan tut, den neronischen Schauerroman mit

Meeres. Historische Parallelen in praktischer Anwendung sind
gefährliche Elemente der Opposition; nur zu rasch geriet der Bau
langjähriger Regierungsweisheit ins Schwanken.

Die Regierung des Claudius lenkte nach beiden Seiten hin in
die Bahnen des Tiberius ein. In Italien wiederholte sich zwar
nicht gerade die Ausweisung der Juden, da man von der Undurch-
führbarkeit dieser Maßregel sich überzeugen mußte, aber doch
das Verbot der gemeinschaftlichen Ausübung ihres Kultus*, was
freilich ungefähr auf dasselbe hinaus und wohl ebenso wenig zur
Durchführung kam. Neben diesem Intoleranzedikt wurden im
entgegengesetzten Sinn durch eine das ganze Reich umfassende
Verfügung die Juden von denjenigen öffentlichen Verpflichtungen
befreit, welche mit ihren religiösen Überzeugungen sich nicht vertrugen, womit namentlich hinsichtlich des Kriegsdienstes wohl
nur nachgegeben ward, was auch bisher schon nicht hatte erzwungen werden können. Die in diesem Erlaß am Schluß ausge-
sprochene Mahnung an die Juden nun auch ihrerseits größere
Mäßigung zu beobachten und sich der Beschimpfung Anders-
gläubiger zu enthalten zeigt, daß es auch von jüdischer Seite an
Ausschreitungen nicht gefehlt hatte. In Ägypten wie in Palästina
wurden die religiösen Ordnungen wenigstens im Ganzen so, wie
sie vor Gaius bestanden hatten, wiederum hergestellt, wenn auch
in Alexandreia die Juden schwerlich alles was sie besessen hatten
zurück erhielten**; die aufständischen Bewegungen, die dort wie
hier ausgebrochen oder doch im Ausbrechen waren, verschwanden
damit von selbst. In Palästina ging Claudius sogar über das System
des Tiberius hinaus und überwies wieder das ganze ehemalige
Gebiet des Herodes einem einheimischen Fürsten, eben jenem

<hr>

diesen Farben illustriert. Der jüdische Volkshaß wartete, um zu entstehen,
nicht auf die Eroberung von Jerusalem und machte, wie billig, keinen Unterschied zwischen dem guten und dem schlechten Caesar; sein Antimessias heißt
wohl Nero, aber nicht minder Vespasianus oder Marcus.

* Daß Suetonius (Claud. 25) als Anstifter der beständigen Unruhen in Rom,
die diese Maßregel (nach ihm die Ausweisung aus Rom; im Gegensatz zu
Dio 60, 6) zunächst hervorgerufen hätten, einen gewissen Chrestus nennt, ist
aufgefaßt worden als Mißverständnis der durch Christus unter Juden und
Judengenossen hervorgerufenen Bewegung, ohne zureichenden Grund. Die
Apostelgeschichte 18, 2 spricht nur von Ausweisung der Juden. Allerdings ist
es nicht zu bezweifeln, daß bei der damaligen Stellung der Christen zum Judentum auch sie unter das Edikt fielen.

** Wenigstens scheinen die Juden daselbst später nur das vierte der fünf
Stadtquartiere in Besitz gehabt zu haben (Josephus bell. 2, 18, 8). Auch würden wohl, wenn die geschleiften 400 Häuser ihnen in so eklatanter Weise wieder
zurückgegeben worden wären, die alle den Juden erwiesenen kaiserlichen Begünstigungen betonenden jüdischen Schriftsteller Philon und Josephus darüber nicht schweigen.

Agrippa, der zufällig auch mit Claudius befreundet und bei den Krisen seines Antritts ihm nützlich geworden war. Es war sicher Claudius' Absicht das zur Zeit des Herodes befolgte System wieder aufzunehmen und die Gefahren der unmittelbaren Berührung zwischen Römern und Juden zu beseitigen. Aber Agrippa, leichtlebig und auch als Fürst in steter Finanzbedrängnis, übrigens gutmütig und mehr darauf bedacht es seinen Untertanen als dem fernen Schutzherrn recht zu machen, gab mehrfach bei der Regierung Anstoß, zum Beispiel durch die Verstärkung der Mauern von Jerusalem, deren Weiterführung ihm untersagt ward; und die mit den Römern haltenden Städte Caesarea und Sebaste sowie die römisch organisierten Truppen waren ihm abgeneigt. Als er früh und plötzlich im J. 44 starb, erschien es bedenklich die politisch wie militärisch wichtige Stellung seinem einzigen siebzehnjährigen Sohn zu übertragen, und die einträglichen Prokurationen aus der Hand zu geben entschlossen die Mächtigen des Kabinetts sich auch nicht gern. Die claudische Regierung hatte hier, wie anderswo, das Richtige gefunden, aber nicht die Energie dasselbe von Nebenrücksichten absehend durchzuführen. Ein jüdischer Fürst mit jüdischen Soldaten konnte das Regiment in Judäa für die Römer handhaben; der römische Beamte und die römischen Soldaten verletzten wahrscheinlich noch öfter durch Unkunde der jüdischen Anschauungen als durch absichtliches Zuwiderhandeln, und was sie immer beginnen mochten, von ihnen war es den Gläubigen ein Ärgernis und der gleichgültigste Vorgang ein Religionsfrevel. Die Forderung sich gegenseitig zu verstehen und zu vertragen war nach beiden Seiten hin eben so gerechtfertigt an sich wie die Ausführung unmöglich. Vor allen Dingen aber war ein Konflikt zwischen dem jüdischen Landesherrn und seinen Untertanen für das Reich ziemlich indifferent; jeder Konflikt zwischen den Römern und den Juden in Jerusalem erweiterte den Abgrund, der sich zwischen den Völkern des Okzidents und den mit ihnen zusammen lebenden Hebräern auftat; und nicht in den Händeln Palästinas, sondern in der Unverträglichkeit der vom Schicksal nun doch einmal zusammengekoppelten Reichsgenossen verschiedener Nationalität lag die Gefahr.

So trieb das Schiff unaufhaltsam in den Strudel hinein. Bei dieser unseligen Fahrt halfen alle Beteiligten, die römische Regierung und ihre Verwalter, die jüdischen Behörden und das jüdische Volk. Die erstere bewies freilich fortwährend den Willen allen billgen und unbilligen Ansprüchen der Juden so weit wie möglich entgegenzukommen. Als im J. 44 der Prokurator wieder in Jerusalem eintrat, wurde die Ernennung des Hohenpriesters

und die Verwaltung des Tempelschatzes, die mit dem Königtum
und insofern auch mit der Prokuratur verbunden waren, ihm abgenommen und einem Bruder des verstorbenen Königs Agrippa,
dem König Herodes von Chalkis so wie nach dessen Tode im J. 48
seinem Nachfolger, dem schon genannten jüngeren Agrippa übertragen. Einen römischen Soldaten, der bei der befohlenen Plünderung eines jüdischen Dorfes eine Thorarolle zerrissen hatte, ließ
der römische Oberbeamte auf die Klage der Juden hin hinrichten.
Selbst die höheren Beamten traf nach Umständen die ganze
Schwere der römischen Kaiserjustiz; als zwei nebeneinander fun-
gierende Prokuratoren bei dem Hader der Samariter und der
Galiläer sich für und wider beteiligt und ihre Soldaten gegeneinander gefochten hatten, wurde der kaiserliche Statthalter von
Syrien Ummidius Quadratus mit außerordentlicher Vollmacht
nach Palästina geschickt, um zu strafen und zu richten und in
der Tat der eine der Schuldigen in die Verbannung gesandt, ein
römischer Kriegstribun namens Celer in Jerusalem selbst öffentlich enthauptet. Aber neben diesen Exempeln der Strenge stehen
andere der mitschuldigen Schwäche; in eben diesem Prozeß entging der zweite mindestens ebenso schuldige Prokurator Antonius
Felix der Bestrafung, weil er der Bruder des mächtigen Bedienten
Pallas war und der Gemahl der Schwester des Königs Agrippa.
Mehr noch als die Amtsmißbräuche einzelner Verwalter muß es
der Regierung zur Last gelegt werden, daß sie die Beamtenmacht
und die Truppenzahl in einer so beschaffenen Provinz nicht verstärkte und fortfuhr die Besatzung fast ausschließlich aus der
Provinz zu rekrutieren. Unbedeutend wie die Provinz war, war
es eine arge Kopflosigkeit und eine übel angebrachte Sparsamkeit
sie nach der hergebrachten Schablone zu behandeln; rechtzeitige
Entfaltung einer erdrückenden Übermacht und unnachsichtliche
Strenge, ein Statthalter höheren Ranges und ein Legionslager
hätten der Provinz wie dem Reiche große Opfer an Geld und Blut
und Ehre erspart.

Aber mindestens nicht geringer ist die Schuld der Juden. Das
Hohenpriesterregiment, so weit es reichte — und die Regierung
war nur zu geneigt in allen inneren Angelegenheiten ihm freie
Hand zu lassen — ist, auch nach den jüdischen Berichten, zu
keiner Zeit so gewalttätig und nichtswürdig geführt worden wie
in der von Agrippas Tod bis zum Ausbruch des Krieges. Der be-
kannteste und einflußreichste dieser Priesterherrscher ist Ananias
des Nebedaeus Sohn, die ‚übertünchte Wand‘, wie Paulus ihn
nannte, als dieser geistliche Richter seine Schergen ihn auf den
Mund schlagen hieß, weil er sich vor dem Gericht zu verteidigen

wagte. Es wird ihm zur Last gelegt, daß er den Statthalter bestach und daß er durch entsprechende Interpretation der Schrift den niedrigen Geistlichen die Zehntgarben entfremdete*. Als einer der Hauptanstifter des Krieges zwischen den Samaritern und den Galiläern hat er vor dem römischen Richter gestanden. Nicht weil die rücksichtslosen Fanatiker in den herrschenden Kreisen überwogen, sondern weil diesen Anzettlern der Volksaufläufe und Anordnern der Ketzergerichte die moralische und religiöse Autorität abging, wodurch die Gemäßigten in besseren Zeiten die Menge gelenkt hatten, und weil sie die Nachgiebigkeit der römischen Behörden in den inneren Angelegenheiten mißverstanden und mißbrauchten, vermochten sie es nicht zwischen der Fremdherrschaft und der Nation in friedlichem Sinn zu vermitteln. Eben unter ihrem Schalten wurden die römischen Behörden mit den wildesten und unvernünftigsten Forderungen bestürmt und kam es zu Volksbewegungen von grausiger Lächerlichkeit. Derart ist jene Sturmpetition, welche das Blut eines römischen Soldaten wegen einer zerrissenen Gesetzesrolle verlangte und erhielt. Ein anderes Mal entstand ein Volksauflauf, der vielen Menschen das Leben kostete, weil ein römischer Soldat dem Tempel einen Körperteil in unschicklicher Entblößung gezeigt hatte. Auch der beste der Könige hätte dergleichen Wahnwitz nicht unbedingt abwenden können; aber selbst der geringste Fürst würde der fanatischen Menge nicht so völlig steuerlos gegenüber gestanden haben, wie diese Priester. — Das eigentliche Ergebnis war das stetige Anschwellen der neuen Makkabäer. Man hat sich gewöhnt den Ausbruch des Krieges in das Jahr 66 zu setzen; mit gleichem und vielleicht besserem Recht könnte man dafür das Jahr 44 nennen. Seit dem Tode Agrippas haben die Waffen in Judäa nicht geruht, und neben den örtlichen Fehden, die Juden und Juden miteinander ausfechten, geht beständig der Krieg her der römischen Truppen gegen die ausgetretenen Leute in den Gebirgen, die Eifrigen, wie die Juden sie nannten, nach römischer Bezeichnung die Räuber. Die Benennungen trafen beide zu; auch hier spielten neben den Fanatikern die verkommenen oder verkommenden Elemente der Gesellschaft ihre Rolle — war es doch nach dem Sieg einer der ersten Schritte der Zeloten die im Tempel bewahrten Schuldbriefe zu verbrennen. Jeder der tüchtigeren Prokuratoren, von dem ersten Cuspius Fadus an, säubert von ihnen das Land und immer ist die Hydra gewaltiger wieder da. Fadus' Nachfolger Tiberius Julius Alexander,

---

* Es handelte sich, wie es scheint, darum, ob die Gabe der zehnten Garbe an Aaron den Priester dem Priester überhaupt oder dem Hohenpriester zukomme.

selbst einer jüdischen Familie entsprossen, ein Neffe des oben genannten alexandrinischen Gelehrten Philon, ließ zwei Söhne Judas des Galiläers Jakob und Simon an das Kreuz schlagen; das war der Same des neuen Mattathias. Auf den Gassen der Städte predigten die Patrioten laut den Krieg und nicht wenige folgten in die Wüste; den Friedfertigen aber und Verständigen, die sich weigerten mitzutun, zündeten diese Banden die Häuser an. Griffen die Soldaten dergleichen Banditen auf, so führten sie wieder angesehene Leute als Geiseln in die Berge; und sehr oft verstand die Behörde sich dazu jene zu entlassen, um diese zu befreien. Gleichzeitig begannen in der Hauptstadt die ‚Messermänner' ihr unheimliches Handwerk; sie mordeten wohl auch um Geld — als ihr erstes Opfer wird der Priester Jonathan genannt, als ihr Auftraggeber dabei der römische Prokurator Felix —, aber womöglich zugleich als Patrioten römische Soldaten oder römisch gesinnte Landsleute. Wie hätten bei diesen Stimmungen die Wunder und Zeichen ausbleiben sollen und diejenigen, die betrogen oder betrügend die Massen damit fanatisierten? Unter Cuspius Fadus führte der Wundermann Theudas seine Getreuen dem Jordan zu, versichernd, daß die Wasser vor ihnen sich spalten würden und die nachsetzenden römischen Reiter verschlingen, wie zu den Zeiten des Königs Pharao. Unter Felix verhieß ein anderer Wundertäter, nach seiner Heimat der Ägypter genannt, daß die Mauern Jerusalems einstürzen würden, wie auf Josuas Posaunenstoß die von Jericho; und daraufhin folgten ihm 4000 Messermänner bis auf den Ölberg. Eben in der Unvernunft lag die Gefahr. Die große Masse der jüdischen Bevölkerung waren kleine Bauern, die im Schweiße ihres Angesichts ihre Felder pflügten und ihr Öl preßten, mehr Dorfleute als Städter, von geringer Bildung und gewaltigem Glauben, eng verwachsen mit den Freischaren in den Gebirgen und voll Ehrfurcht vor Jehova und seinen Priestern in Jerusalem wie voll Abscheu gegen die unreinen Fremden. Der Krieg war da, nicht ein Krieg zwischen Macht und Macht um die Übergewalt, nicht einmal eigentlich ein Krieg der Unterdrückten gegen die Unterdrücker um Wiedergewinnung der Freiheit; nicht verwegene Staatsmänner*, fanatische Bauern haben ihn begonnen und ge-

---

* Es ist nichts als eitel Schwindel, wenn der Staatsmann Josephus in der Vorrede zu seiner Geschichte des Krieges so tut, als hätten die Juden Palästinas einerseits auf die Erhebung der Euphratländer, andrerseits auf die Unruhen in Gallien und die drohende Haltung der Germanen und auf die Krisen des Vierkaiserjahrs gerechnet. Der jüdische Krieg war längst in vollem Gange, als Vindex gegen Nero auftrat und die Druiden wirklich taten, was hier den Rabbis beigelegt wird; und wie viel auch die jüdische Diaspora in den Euphratländern bedeutete, eine jüdische Expedition von dort gegen die Römer

führt und mit ihrem Blute bezahlt. Es ist eine weitere Etappe in der Geschichte des nationalen Hasses; auf beiden Seiten schien das fernere Zusammenleben unmöglich und begegnete man sich in dem Gedanken der gegenseitigen Ausrottung.

Die Bewegung, durch welche die Aufläufe zum Krieg wurden, ging von Caesarea aus. In dieser ursprünglich griechischen, dann von Herodes nach dem Muster der Alexanderkolonien umgeschaffenen und zur ersten Hafenstadt Palästinas entwickelten Stadtgemeinde wohnten Griechen und Juden, ohne Unterschied der Nation und der Konfession bürgerlich gleich berechtigt, die letzteren an Zahl und Besitz überlegen. Aber die Hellenen daselbst, nach dem Muster der Alexandriner und ohne Zweifel unter dem unmittelbaren Eindruck der Vorgänge des J. 38, bestritten im Wege der Beschwerde bei der obersten Stelle den jüdischen Gemeindegenossen das Bürgerrecht. Der Minister Neros* Burrus († 62) gab ihnen Recht. Es war arg in einer auf jüdischem Boden und von einer jüdischen Regierung geschaffenen Stadt das Bürgerrecht zum Privilegium der Hellenen zu machen; aber es darf nicht vergessen werden, wie sich die Juden gegen die Römer eben damals verhielten, und wie nahe sie es den Römern legten, die römische Hauptstadt und das römische Hauptquartier der Provinz in eine rein hellenische Stadtgemeinde umzuwandeln. Die Entscheidung führte, wie begreiflich, zu heftigen Straßentumulten, wobei hellenischer Hohn und jüdischer Übermut namentlich in dem Kampf um den Zugang zur Synagoge sich ungefähr die Waage gehalten zu haben scheinen; die römischen Behörden griffen ein, selbstverständlich zu ungunsten der Juden. Diese verließen die Stadt, wurden aber von dem Statthalter genötigt zurückzu-

des Ostens war ungefähr ebenso undenkbar wie aus Ägypten und Kleinasien. Es sind wohl einige Freischärler von da gekommen, wie zum Beispiel einige Fürstensöhne des eifrig jüdischen Königshauses von Adiabene und von den Insurgenten Bittgesandtschaften dorthin gegangen; aber selbst Geld ist von daher den Juden schwerlich in bedeutendem Umfang zugeflossen. Dies charakterisiert den Verfasser mehr als den Krieg. Wenn es begreiflich ist, daß der jüdische Insurgentenführer und spätere Hofmann der Flavier sich gern den in Rom internierten Parthern gleichstellte, so ist es weniger zu entschuldigen, daß die neuere Geschichtschreibung ähnliche Wege wandelt und indem sie diese Vorgänge als Bestandteile der römischen Hof- und Stadtgeschichte oder auch der römisch-parthischen Händel aufzufassen bemüht ist, durch dieses stumpfe Hineinziehen der sogenannten großen Politik die furchtbare Notwendigkeit dieser tragischen Entwickelung verdunkelt.

* Josephus (ant. 20, 8, 9) macht ihn freilich zum Sekretar Neros für die griechische Korrespondenz, obwohl er ihn, wo er römischen Quellen folgt (20, 8, 2) richtig als Präfekten bezeichnet; aber sicher ist derselbe gemeint. Παιδαγωγός heißt er bei ihm wie bei Tacitus ann. 13, 2 *rector imperatoriae iuventae*.

kehren und dann in einem Straßenauflauf sämtlich erschlagen
(6. Aug. 66). Dies hatte die Regierung allerdings nicht befohlen
und sicher auch nicht gewollt; es waren Mächte entfesselt, denen
sie selbst nicht mehr zu gebieten vermochte.
Wenn hier die Judenfeinde die Angreifenden waren, so waren
dies in Jerusalem die Juden. Allerdings versichern deren Vertreter
in der Erzählung dieser Vorgänge, daß der derzeitige Prokurator
von Palästina Gessius Florus, um der Anklage wegen seiner Miß-
verwaltung zu entgehen, durch das Übermaß der Peinigung eine
Insurrektion habe hervorrufen wollen; und es ist kein Zweifel,
daß die damaligen Statthalter in Nichtswürdigkeit und Bedrük-
kung das übliche Maß beträchtlich überschritten. Aber wenn
Florus einen solchen Plan in der Tat verfolgt hat, so mißlang er.
Denn nach eben diesen Berichten beschwichtigten die Besonnenen
und Besitzenden unter den Juden und mit ihnen der mit dem
Tempelregiment betraute und eben damals in Jerusalem an-
wesende König Agrippa II — er hatte inzwischen die Herrschaft
von Chalkis mit derjenigen von Batanaea vertauscht, — die Massen
insoweit, daß die Zusammenrottungen und das Einschreiten dagegen sich innerhalb des seit Jahren landesüblichen Maßes hielten.
Aber gefährlicher als der Straßenunfug und die Räuberpatrioten
der Gebirge waren die Fortschritte der jüdischen Theologie. Das
frühere Judentum hatte in liberaler Weise den Fremden die Pforten seines Glaubens geöffnet; es wurden zwar in den inneren
Tempel nur die eigentlichen Religionsgenossen, aber als Proselyten
des Tores in die äußeren Hallen jeder ohne weiteres zugelassen
und auch dem Nichtjuden gestattet hier zum Herrn Jehova seinerseits zu beten und Opfer darzubringen. So wurde, wie schon erwähnt ward, auf Grund einer Stiftung des Augustus täglich daselbst für den römischen Kaiser geopfert. Diese Opfer von Nichtjuden untersagte der derzeitige Tempelmeister, des oben genannten
Erzpriesters Ananias Sohn Eleazar, ein junger vornehmer leidenschaftlicher Mann, persönlich unbescholten und brav und insofern
der volle Gegensatz seines Vaters, aber durch seine Tugenden gefährlicher als dieser durch seine Laster. Vergeblich wies man ihm
nach, daß dies ebenso beleidigend für die Römer wie gefährlich
für das Land und dem Herkommen schlechterdings zuwider sei;
es blieb bei der verbesserten Frömmigkeit und der Ausschließung
des Landesherrn vom Gottesdienst. Seit langem hatte das gläubige
Judentum sich gespalten in diejenigen, die ihr Vertrauen auf den
Herrn Zebaoth allein setzten und die Römerherrschaft ertrugen,
bis es ihm gefallen werde das Himmelreich auf Erden zu verwirklichen, und in die praktischeren Männer, welche dieses Himmel-

reich mit eigener Hand zu begründen entschlossen waren und des
Beistandes des Herrn der Heerscharen bei dem frommen Werke
sich versichert hielten, oder mit den Schlagwörtern in die Pharisäer und die Zeloten. Die Zahl und das Ansehen der letzteren war
in beständigem Steigen. Es wurde ein alter Spruch entdeckt, daß
um diese Zeit ein Mann von Judäa ausgehen werde und die Welt-
herrschaft gewinnen; man glaubte das um so eher, weil es so sehr
absurd war und das Orakel trug nicht wenig dazu bei die Massen
weiter zu fanatisieren.

Die gemäßigte Partei erkannte die Gefahr und entschloß sich
die Fanatiker mit Gewalt niederzuschlagen; sie bat um Truppen
bei den Römern in Caesarea und bei König Agrippa. Von dort kam
keine Unterstützung; Agrippa sandte eine Anzahl Reiter. Dagegen
strömten die Patrioten und die Messermänner in die Stadt, unter
ihnen der wildeste Manahem, auch einer der Söhne des oft genannten Judas von Galiläa. Sie waren die Stärkeren und bald
Herren in der ganzen Stadt. Auch die Handvoll römischer Soldaten, welche die an den Tempel anstoßende Burg besetzt hielten,
wurde rasch überwältigt und niedergemacht. Der benachbarte
Königspalast, mit den dazugehörigen gewaltigen Türmen, wo der
Anhang der Gemäßigten, eine Anzahl Römer unter dem Tribunen
Metilius und die Soldaten des Agrippa lagen, hielt ebensowenig
stand. Den letzteren wurde auf ihr Verlangen zu kapitulieren der
freie Abzug bewilligt, den Römern aber verweigert; als sie sich
endlich gegen Zusicherung des Lebens ergaben, wurden sie erst
entwaffnet und dann niedergemacht mit einziger Ausnahme des
Offiziers, der sich beschneiden zu lassen versprach und so als
Jude begnadigt ward. Auch die Führer der Gemäßigten, unter
ihnen der Vater und der Bruder Eleazars, wurden die Opfer der
Volkswut, die den Römergenossen noch grimmiger grollte als den
Römern. Eleazar selbst erschrak vor seinem Siege; zwischen den
beiden Führern der Fanatiker, ihm und Manahem kam es nach
dem Sieg, vielleicht wegen der gebrochenen Kapitulation, zum
blutigen Handgemenge; Manahem wurde gefangen und hingerichtet. Aber die heilige Stadt war frei und das in Jerusalem
lagernde römische Detachement vernichtet; die neuen Makkabäer
hatten gesiegt wie die alten.

So hatten, angeblich am selben Tag, dem 6. August 66, die
Nichtjuden in Caesarea die Juden, die Juden in Jerusalem die
Nichtjuden niedergemetzelt; und damit war nach beiden Seiten
hin das Signal gegeben in diesem patriotischen und gottgefälligen
Werke fortzufahren. In den benachbarten griechischen Städten
entledigten sich die Hellenen der Judenschaften nach dem Muster

von Caesarea. Beispielsweise wurden in Damaskos sämtliche Juden zunächst ins Gymnasium gesperrt und auf die Kunde von einem Mißerfolg der römischen Waffen vorsichtigerweise sämtlich umgebracht. Gleiches oder Ähnliches geschah in Askalon, in Skytopolis, Hippos, Gadara, überall wo die Hellenen die Stärkeren waren. In dem überwiegend von Syrern bewohnten Gebiet des Königs Agrippa rettete dessen energisches Dazwischentreten den Juden von Caesarea Paneas und sonst das Leben. In Syrien folgten Ptolemais, Tyros und mehr oder minder die übrigen griechischen Gemeinden; nur die beiden größten und zivilisiertesten Städte Antiocheia und Apameia sowie Sidon schlossen sich aus. Dem ist es wohl zu verdanken, daß diese Bewegung sich nicht nach Vorderasien fortpflanzte. In Ägypten kam es nicht bloß zu einem Volksauflauf, der zahlreiche Opfer forderte, sondern die alexandrinischen Legionen selbst mußten auf die Juden einhauen. — Im notwendigen Rückschlag dieser Judenvesper ergriff die in Jerusalem siegreiche Insurrektion sofort ganz Judäa und organisierte sich überall unter ähnlicher Mißhandlung der Minoritäten, übrigens aber mit Raschheit und Energie.

Es war notwendig schleunigst einzuschreiten und die weitere Ausbreitung des Brandes zu verhindern; auf die erste Kunde marschierte der römische Statthalter von Syrien Gaius Cestius Gallus mit seinen Truppen gegen die Insurgenten. Er führte etwa 20000 Mann römischer Soldaten und 13000 der Klientelstaaten heran, ungerechnet die zahlreichen syrischen Milizen, nahm Ioppe ein, dessen ganze Bürgerschaft niedergemacht ward, und stand schon im September vor, ja in Jerusalem selbst. Aber die gewaltigen Mauern des Königspalastes und des Tempels vermochte er nicht zu brechen und nutzte ebensowenig die mehrfach gebotene Gelegenheit durch die gemäßigte Partei in den Besitz der Stadt zu gelangen. Ob nun die Aufgabe unlösbar oder er ihr nicht gewachsen war, er gab bald die Belagerung auf und erkaufte sogar den beschleunigten Rückzug mit der Aufopferung seines Gepäcks und seiner Nachhut. Zunächst blieb also oder kam Judäa mit Einschluß von Idumäa und Galiläa in die Hand der erbitterten Juden; auch die samaritanische Landschaft ward zum Anschluß genötigt. Die überwiegend hellenischen Küstenstädte Anthedon und Gaza wurden zerstört, Caesarea und die anderen Griechenstädte mit Mühe behauptet. Wenn der Aufstand nicht über die Grenzen Palästinas hinausging, so war daran nicht die Regierung schuld, sondern die nationale Abneigung der Syrohellenen gegen die Juden.

Die Regierung in Rom nahm die Dinge ernst, wie sie es waren.

Anstatt des Prokurators wurde ein kaiserlicher Legat nach Palästina gesandt, Titus Flavius Vespasianus, ein besonnener Mann
und ein erprobter Soldat. Er erhielt für die Kriegführung zwei
Legionen des Westens, welche infolge des parthischen Krieges
sich zufällig noch in Asien befanden und diejenige syrische, die
bei der unglücklichen Expedition des Cestius am wenigsten gelitten hatte, während die syrische Armee unter dem neuen Statthalter Gaius Licinius Mucianus — Gallus war rechtzeitig gestorben
— durch Zuteilung einer anderen Legion auf dem Stande blieb,
den sie vorher hatte. Zu diesen Bürgertruppen und deren Auxilien
kam die bisherige Besatzung von Palästina, endlich die Mannschaften der vier Klientelkönige der Kommagener, der Hemesener,
der Juden und der Nabatäer zusammen etwa 50000 Mann, darunter 15000 Königssoldaten. Im Frühling des J. 67 wurde dieses
Heer bei Ptolemais zusammengezogen und rückte in Palästina ein.
Nachdem die Insurgenten von der schwachen römischen Besatzung
der Stadt Askalon nachdrücklich abgewiesen waren, hatten sie
nicht weiter die Städte angegriffen, die es mit den Römern hielten;
die Hoffnungslosigkeit, welche die ganze Bewegung durchdringt,
drückt sich aus in dem sofortigen Verzicht auf jede Offensive. Als
dann die Römer zum Angriff übergingen, traten sie ihnen gleichfalls nirgends im offnen Felde entgegen, ja sie machten nicht
einmal Versuche den einzelnen angegriffenen Plätzen Entsatz zu
bringen. Allerdings teilte auch der vorsichtige Feldherr der Römer
seine Truppen nicht, sondern hielt wenigstens die drei Legionen
durchaus zusammen. Dennoch war, da in den meisten einzelnen
Ortschaften die oft wohl nur kleine Zahl der Fanatiker die Bürgerschaften terrorisierte, der Widerstand hartnäckig und die römische
Kriegführung weder glänzend noch rasch. Vespasian verwendete
den ganzen ersten Feldzug (67) darauf die Festungen der kleinen
Landschaft Galiläa und die Küste bis nach Askalon in seine Gewalt zu bringen; allein vor dem Städtchen Jotapata lagerten die
drei Legionen fünfundvierzig Tage. Den Winter 67/8 lag eine
Legion in Skytopolis an der Südgrenze von Galiläa, die beiden
anderen in Caesarea. Inzwischen waren in Jerusalem die verschiedenen Faktionen aneinander geraten und lagen im heftigsten
Kampf; die guten Patrioten, die zugleich für bürgerliche Ordnung
waren, und die noch besseren, welche das Schreckensregiment
teils in fanatischer Spannung, teils in Gesindellust herbeiführen
und ausnutzen wollten, schlugen sich in den Gassen der Stadt
und waren nur darin einig, daß jeder Versuch der Versöhnung
mit den Römern ein todeswürdiges Verbrechen sei. Der römische
Feldherr, vielfach aufgefordert diese Zerrüttung zu benutzen,

blieb dabei nur schrittweise vorzugehen. Im zweiten Kriegsjahr ließ er zunächst das transjordanische Gebiet, namentlich die wichtigen Städte Gadara und Gerasa besetzen und setzte sich dann bei Emmaus und Jericho, von wo aus er im Süden Idumäa, im Norden Samaria okkupieren ließ, so daß Jerusalem im Sommer des Jahres 68 von allen Seiten umstellt war. Die Belagerung sollte eben beginnen, als die Nachricht von dem Tode Neros eintraf. Damit war von Rechts wegen das dem Legaten erteilte Mandat erloschen und Vespasian stellte in der Tat, politisch nicht minder vorsichtig wie militärisch, bis auf neue Verhaltungsbefehle die Operationen ein. Bevor diese von Galba eintrafen, war die gute Jahreszeit zu Ende. Als das Frühjahr 69 herankam, war Galba gestürzt und schwebte die Entscheidung zwischen dem Kaiser der römischen Leibgarde und dem der Rheinarmee. Erst nach Vitellius' Sieg, im Juni 69 nahm Vespasian die Operationen wieder auf und besetzte Hebron; aber sehr bald kündigten die sämtlichen Heere des Ostens jenem die Treue auf und riefen den bisherigen Legaten von Judäa zum Kaiser aus. Den Juden gegenüber wurden zwar die Stellungen bei Emmaus und Jericho behauptet, allein wie die germanischen Legionen den Rhein entblößt hatten, um ihren Feldherrn zum Kaiser zu machen, so ging auch der Kern der Armee von Palästina teils mit dem Legaten von Syrien Mucianus nach Italien ab, teils mit dem neuen Kaiser und dessen Sohn Titus nach Syrien und weiter nach Ägypten, und erst nachdem Ende 69 der Sukzessionskrieg beendigt und Vespasians Herrschaft im ganzen Reiche anerkannt war, beauftragte dieser seinen Sohn mit der Beendigung des jüdischen Krieges.

So hatten die Insurgenten in Jerusalem vom Sommer 66 bis zum Frühling 70 völlig freies Schalten. Was die Vereinigung von religiösem und nationalem Fanatismus, das edle Verlangen den Sturz des Vaterlandes nicht zu überleben und das Bewußtsein begangener Verbrechen und unausbleiblicher Strafe, das wilde Durcheinanderwogen aller edelsten und aller gemeinsten Leidenschaften in diesen vier Jahren des Schreckens über die Nation gebracht hat, wird dadurch vor allem entsetzlich, daß die Fremden dabei nur die Zuschauer gewesen sind, unmittelbar alles Unheil durch Juden über Juden gekommen ist. Die gemäßigten Patrioten wurden von den Eiferern mit Hilfe des Aufgebotes der rohen und fanatischen Bewohner der idumäischen Dörfer bald (Ende 68) überwältigt und ihre Führer erschlagen. Die Eiferer herrschten seitdem und es lösten sich alle Bande bürgerlicher, religiöser und sittlicher Ordnung. Den Sklaven wurde die Freiheit gewährt, die Hohenpriester durch das Los bestellt, die Ritualgesetze eben von

diesen Fanatikern, deren Kastell der Tempel war, mit Füßen getreten und verhöhnt, die Gefangenen in den Kerkern niedergemacht und bei Todesstrafe untersagt die Umgebrachten zu bestatten. Die verschiedenen Führer fochten mit ihren Sonderhaufen
gegeneinander: Johannes von Giskala mit seiner aus Galiläa
herangeführten Schar; Simon des Gioras Sohn aus Gerasa, der
Führer einer in dem Süden gebildeten Patriotenschar und zugleich der gegen Johannes sich auflehnenden Idumäer; Eleazar
Simons Sohn, einer der Vorkämpfer gegen Cestius Gallus. Der
erste behauptete sich in der Tempelhalle, der zweite in der Stadt,
der dritte im Allerheiligsten des Tempels, und täglich ward in
den Straßen der Stadt zwischen Juden und Juden gefochten.
Die Eintracht kam einzig durch den gemeinsamen Feind; als der
Angriff begann, stellte sich Eleazars kleine Schar unter die Befehle des Johannes, und obwohl Johannes im Tempel, Simon in
der Stadt fortfuhren die Herren zu spielen, stritten sie unter sich
hadernd Schulter an Schulter gegen die Römer. Die Aufgabe auch
für die Angreifer war nicht leicht. Zwar genügte das Heer, das
anstatt der nach Italien entsendeten Detachements bedeutenden
Zuzug aus den ägyptischen und den syrischen Truppen erhalten
hatte, für die Einschließung vollauf; und trotz der langen Frist,
welche den Juden gewährt worden war um sich auf die Belagerung
vorzubereiten, waren die Vorräte unzureichend, um so mehr als
ein Teil derselben in den Straßenkämpfen zugrunde gegangen
war und, da die Belagerung um das Passahfest begann, zahlreiche
deswegen nach Jerusalem gekommene Auswärtige mit eingeschlossen waren. Indes wenn auch die Masse der Bevölkerung bald Not
litt, was die Wehrmannschaften brauchten, nahmen sie, wo sie
es fanden, und wohl versehen wie sie waren, führten sie den Kampf
ohne Rücksicht auf die hungernden und bald verhungernden Massen. Zu bloßer Blokade konnte der junge Feldherr sich nicht entschließen; eine mit vier Legionen in dieser Weise zu Ende geführte
Belagerung brachte ihm persönlich keinen Ruhm und auch das
neue Regiment brauchte eine glänzende Waffentat. Die Stadt,
sonst überall durch unzugängliche Felsenhänge verteidigt, war
allein an der Nordseite angreifbar; auch hier war es keine leichte
Arbeit die dreifache aus den reichen Tempelschätzen ohne Rücksicht auf die Kosten hergestellte Wallmauer zu bezwingen und
weiter innerhalb der Stadt die Burg, den Tempel und die gewaltigen drei Herodestürme einer starken, fanatisierten und verzweifelten Besatzung abzuringen. Johannes und Simon schlugen
nicht bloß die Stürme entschlossen ab, sondern griffen oft die
schanzenden Mannschaften mit gutem Erfolg an und zerstörten

oder verbrannten die Belagerungsmaschinen. Aber die Überzahl und die Kriegskunst entschieden für die Römer. Die Mauern wurden erstürmt, darauf die Burg Antonia; sodann gingen nach langem Widerstand erst die Tempelhallen in Flammen auf und weiter am 10. Ab (August) der Tempel selbst mit allen darin seit sechs Jahrhunderten aufgehäuften Schätzen. Endlich wurde nach monatelangem Straßenkampf am 8. Elul (September) auch in der Stadt der letzte Widerstand gebrochen und das heilige Salem geschleift. Fünf Monate hatte die Blutarbeit gewährt. Das Schwert und der Pfeil und mehr noch der Hunger hatten zahllose Opfer gefordert; die Juden erschlugen jeden des Überlaufens auch nur Verdächtigen und zwangen Weiber und Kinder in der Stadt zu verhungern; ebenso erbarmungslos ließen auch die Römer die Gefangenen über die Klinge springen oder kreuzigten sie. Die übrig gebliebenen Kämpfer und namentlich die beiden Führer wurden einzeln aus den Kloaken, in die sie sich gerettet hatten, hervorgezogen. Am Toten Meer, eben da wo einstmals König David und die Makkabäer in höchster Bedrängnis eine Zuflucht gefunden hatten, hielten sich die Reste der Insurgenten noch auf Jahre hinaus in den Felsenschlössern Machärus und Massada, bis endlich als die letzten der freien Juden Judas des Galiläers Enkel Eleazar und die Seinigen erst ihren Frauen und Kindern und dann sich selbst den Tod gaben. Das Werk war getan. Daß Kaiser Vespasianus, ein tüchtiger Soldat, es nicht verschmäht hat wegen eines solchen unvermeidlichen Erfolgs über ein kleines längst untertäniges Volk als Sieger auf das Capitol zu ziehen und daß der aus dem Allerheiligsten des Tempels heimgebrachte siebenarmige Kandelaber auf dem Ehrenbogen, den der Reichssenat dem Titus auf dem Markte der Kampfstadt errichtete, noch heute zu schauen ist*, gibt keine hohe Vorstellung von dem kriegerischen Sinn dieser Zeit. Freilich ersetzte der tiefe Widerwille, den die Okzidentalen gegen das Judenvolk hegten, einigermaßen was der kriegerischen Glorie mangelte, und wenn den Kaisern der Juden-

---

* Dieser Bogen ist dem Titus nach seinem Tode vom Reichssenat gesetzt. Ein anderer ihm während seiner kurzen Regierung von demselben Senat im Zirkus gewidmeter gibt sogar mit ausdrücklichen Worten als Grund der Denkmalerrichtung an: ‚weil er nach Vorschrift und Anweisung und unter der Oberleitung des Vaters das Volk der Juden bezwang und die bis auf ihn von allen Feldherren, Königen und Völkern entweder vergeblich belagerte oder gar nicht angegriffene Stadt Hierusolyma zerstört hat‘. Die historische Kunde dieses seltsamen Schriftstückes, welches nicht bloß Nebukadnezar und Antiochos Epiphanes, sondern den eigenen Pompeius ignoriert, steht auf gleicher Höhe mit der Überschwenglichkeit des Preises einer recht gewöhnlichen Waffentat.

name zu schlecht war um ihn so sich beizulegen wie die der
Germanen und der Parther, so hielten sie es nicht unter ihrer
Würde dem Pöbel der Hauptstadt die Siegesschadenfreude dieses
Triumphes zu bereiten. Dem Werk des Schwertes folgte die politische Wendung. Die
von den früheren hellenistischen Staaten eingehaltene und von
den Römern übernommene in der Tat über die bloße Toleranz
gegen fremde Art und fremden Glauben weit hinausgehende Politik
die Judenschaft insgemein als nationale und religiöse Samtgemein-
schaft anzuerkennen war unmöglich geworden. Zu deutlich waren
in der jüdischen Insurrektion die Gefahren zutage getreten, welche
diese national-religiöse, einerseits streng konzentrierte, andererseits über den ganzen Osten sich verbreitende und selbst in den
Westen verzweigte Vergesellschaftung in sich trug. Der zentrale
Kultus wurde demzufolge ein für allemal beseitigt. Dieser Entschluß der Regierung steht zweifellos fest und hat nichts gemein
mit der nicht mit Sicherheit zu beantwortenden Frage, ob die
Zerstörung des Tempels absichtlich oder zufällig erfolgt ist; wenn
auf der einen Seite die Unterdrückung des Kultus nur die Schließung des Tempels erforderte und das prächtige Bauwerk verschont werden konnte, so hätte andererseits, wäre der Tempel zufällig zugrunde gegangen, der Kultus auch in einem wiedererbauten
fortgeführt werden können. Freilich wird es immer wahrscheinlich
bleiben, daß hier nicht der Zufall des Krieges gewaltet hat, sondern
für die veränderte Politik der römischen Regierung gegenüber dem
Judentum die Flammen des Tempels das Programm waren*. Deutlicher noch als in den Vorgängen in Jerusalem zeichnet sich dieselbe in der gleichzeitig auf Anordnung Vespasians erfolgten Schließung des Zentralheiligtums der ägyptischen Judenschaft, des
Oniastempels unweit Memphis im heliupolitanischen Distrikt, welcher seit Jahrhunderten neben dem von Jerusalem stand etwa wie
neben dem alten Testament die Übersetzung durch die alexandrinischen Siebzig; auch er wurde seiner Weihgeschenke entkleidet
und die Gottesverehrung in demselben untersagt.

---

* Die Erzählung des Josephus, daß Titus mit seinem Kriegsrat beschloß
den Tempel nicht zu zerstören, erregt durch ihre offenbare Absichtlichkeit
Bedenken, und da die Benutzung des Tacitus in Sulpicius Severus' Chronik
von Bernays vollständig erwiesen ist, so kann allerdings wohl in Frage kommen,
ob nicht dessen gerade entgegengesetzter Bericht (chron. 2, 30, 6), daß der
Kriegsrat beschlossen habe den Tempel zu zerstören, aus Tacitus herrührt
und ihm, obwohl er Spuren christlicher Überarbeitung zeigt, der Vorzug zu
geben ist. Dies empfiehlt sich weiter dadurch, daß die an Vespasian gerichtete
Dedikation der Argonautika des Dichters Valerius Flaccus den Sieger von
Solyma feiert, der die Brandfackeln schleudert.

In weiterer Ausführung der neuen Ordnung der Dinge verschwanden das Hohepriestertum und das Synhedrion von Jerusalem und verlor damit die Judenschaft des Reiches ihr äußerliches Oberhaupt und ihre bis dahin in religiösen Fragen allgemein kompetente Oberbehörde. Die bisher wenigstens tolerierte Jahressteuer eines jeden Juden ohne Unterschied des Wohnorts an den Tempel fiel allerdings nicht weg, wurde aber mit bitterer Parodie auf den capitolinischen Jupiter und dessen Vertreter auf Erden, den römischen Kaiser übertragen. Bei der Beschaffenheit der jüdischen Einrichtungen schloß die Unterdrückung des zentralen Kultus die Auflösung der Gemeinde Jerusalem in sich. Die Stadt ward nicht bloß zerstört und niedergebrannt, sondern blieb auch in Trümmern liegen, wie einst Karthago und Korinth; ihre Feldmark, Gemeinde- wie Privatland, wurde kaiserliche Domäne. Was von der Bürgerschaft der volkreichen Stadt dem Hunger oder dem Schwert entgangen war, kam unter den Hammer des Sklavenmarktes. In den Trümmern der zerstörten Stadt schlug die Legion ihr Lager auf, welche mit ihren spanischen und thrakischen Auxilien fortan im jüdischen Lande garnisonieren sollte. Die bisherigen in Palästina selbst rekrutierten Provinzialtruppen wurden anderswohin verlegt. In Emmaus in der nächsten Nähe von Jerusalem wurde eine Anzahl römischer Veteranen angesiedelt, Stadtrecht aber auch dieser Ortschaft nicht verliehen. Dagegen wurde das alte Sichem, der religiöse Mittelpunkt der samaritanischen Gemeinde, vielleicht schon seit Alexander dem Großen eine griechische Stadt, jetzt in den Formen der hellenischen Politie unter dem Namen Flavia Neapolis reorganisiert. Die Landeshauptstadt Caesarea, bis dahin griechische Stadtgemeinde, erhielt als ‚erste flavische Kolonie‘ römische Ordnung und lateinische Geschäftssprache. Es waren dies Ansätze zur okzidentalischen Munizipalisierung des jüdischen Landes. Nichtsdestoweniger blieb das eigentliche Judäa, wenn auch entvölkert und verarmt, nach wie vor jüdisch; wessen die Regierung sich zu dem Lande versah, zeigt schon die durchaus anormale dauernde militärische Belegung, die, da Judäa nicht an der Reichsgrenze lag, nur zur Niederhaltung der Einwohner bestimmt gewesen sein kann.

Auch die Herodeer überdauerten nicht lange den Untergang Jerusalems. König Agrippa II, der Herr von Caesarea Paneas und von Tiberias, hatte den Römern in dem Krieg gegen seine Landsleute getreue Heerfolge geleistet und selbst aus demselben wenigstens militärisch ehrenvolle Narben aufzuweisen; überdies hielt seine Schwester Berenike, eine Kleopatra im kleinen, mit dem Rest ihrer viel in Anspruch genommenen Reize das Herz des

Bezwingers von Jerusalem gefangen. So blieb er persönlich im Besitz der Herrschaft; aber nach seinem Tode, etwa dreißig Jahre später ging auch diese letzte Erinnerung an den jüdischen Staat in die römische Provinz Syrien auf.

In der Ausübung ihrer Religionsgebräuche wurden den Juden weder in Palästina noch anderswo Hindernisse in den Weg gelegt. Selbst ihren religiösen Unterricht und die daran sich anknüpfenden Versammlungen ihrer Gesetzlehrer und Gesetzkundigen ließ man in Palästina wenigstens gewähren und hinderte nicht, daß diese Rabbinervereinigungen versuchten sich einigermaßen an die Stelle des ehemaligen Synhedrion von Jerusalem zu setzen und in den Anfängen des Talmud ihre Lehre und ihre Gesetze zu fixieren. Obwohl einzelne nach Ägypten und Kyrene geflüchtete Teilnehmer an dem jüdischen Aufstand dort Unruhen hervorriefen, wurden die Judenschaften außerhalb Palästina, so viel wir sehen, in ihrer bisherigen Stellung belassen. Gegen die Judenhetze, welche eben um die Zeit der Zerstörung Jerusalems in Antiocheia dadurch hervorgerufen ward, daß die dortigen Juden von einem ihrer abgefallenen Glaubensgenossen öffentlich der Absicht geziehen worden waren die Stadt anzuzünden, schritt der Vertreter des Statthalters von Syrien energisch ein und gestattete nicht, wie es im Werke war, daß man die Juden nötigte den Landesgöttern zu opfern und den Sabbath nicht zu halten. Titus selbst, als er nach Antiocheia kam, wies die dortigen Führer der Bewegung mit ihrer Bitte die Juden auszuweisen oder mindestens ihre Privilegien zu kassieren, auf das Bestimmteste ab. Man scheute davor zurück dem jüdischen Glauben als solchem den Krieg zu erklären und die weit verzweigte Diaspora auf das Äußerste zu treiben; es war genug, daß das Judentum in seiner politischen Repräsentation aus dem Staatswesen getilgt war.

Die Wendung in der seit Alexander gegen das Judentum eingehaltenen Politik lief im wesentlichen darauf hinaus dieser religiösen Gemeinschaft die einheitliche Leitung und die äußerliche Geschlossenheit zu entziehen und ihren Leitern eine Macht aus der Hand zu winden, welche sich nicht bloß über das Heimatland der Juden, sondern über die Judenschaften insgemein innerhalb und außerhalb des römischen Reiches erstreckte und allerdings im Orient dem einheitlichen Reichsregiment Eintrag tat. Die Lagiden wie die Seleukiden und nicht minder die römischen Kaiser der julisch-claudischen Dynastie hatten sich dies gefallen lassen; aber die unmittelbare Herrschaft der Occidentalen über Judäa hatte den Gegensatz der Reichs- und dieser Priestergewalt in dem Grade verschärft, daß die Katastrophe mit unausbleiblicher Not-

wendigkeit eintrat und ihre Konsequenzen zog. Vom politischen
Standpunkt aus kann wohl die Schonungslosigkeit der Kriegführung getadelt werden, welche übrigens diesem Krieg ziemlich
mit allen ähnlichen der römischen Geschichte gemein ist, aber
schwerlich die infolge desselben verfügte religiös-politische Auflösung der Nation. Wenn den Institutionen, welche zur Bildung
einer Partei, wie die der Zeloten war, geführt hatten und mit einer
gewissen Notwendigkeit führen mußten, die Axt an die Wurzel
gelegt ward, so geschah nur was richtig und notwendig war, wie
schwer und individuell ungerecht auch der Einzelne davon getroffen werden mochte. Vespasianus, der die Entscheidung gab,
war ein verständiger und maßhaltender Regent. Es handelte sich
nicht um eine Glaubens-, sondern um eine Machtfrage; der jüdische Kirchenstaat als Haupt der Diaspora vertrug sich nicht
mit der Unbedingtheit des weltlichen Großstaates. Von der
allgemeinen Norm der Toleranz hat die Regierung sich auch in
diesem Fall nicht entfernt, nicht gegen das Judentum, sondern
gegen den Hohenpriester und das Synhedrion den Krieg geführt.

Ganz hat auch die Tempelzerstörung diesen ihren Zweck nicht
verfehlt. Es gab nicht wenige Juden und noch mehr Judengenossen
namentlich in der Diaspora, welche mehr an dem jüdischen Sittengesetz und an dem jüdischen Monotheismus hielten als an der
streng nationalen Glaubensform; die ganze ansehnliche Sekte der
Christen hatte sich innerlich vom Judentum gelöst und stand zum
Teil in offener Opposition zu dem jüdischen Ritus. Für diese war
der Fall Jerusalems keineswegs das Ende der Dinge, und innerhalb dieser ausgedehnten und einflußreichen Kreise erreichte die
Regierung einigermaßen, was sie mit der Auflösung der Zentralstelle der jüdischen Gottesverehrung beabsichtigte. Die Scheidung des den Nationen gemeinen Christenglaubens von dem na-
tional-jüdischen, der Sieg der Anhänger des Paulus über diejenigen
des Petrus wurde durch den Wegfall des jüdischen Zentralkults
wesentlich gefördert.

Aber bei den Juden von Palästina, da wo man zwar nicht he-
bräisch, aber doch aramäisch sprach, und bei dem Teil der Diaspora, der fest an Jerusalem hing, wurde durch die Zerstörung
des Tempels der Riß zwischen dem Judentum und der übrigen
Welt vertieft. Die national-religiöse Geschlossenheit, die die Regierung beseitigen wollte, wurde in diesem verengten Kreis durch
den gewaltsamen Versuch sie zu zerschlagen vielmehr neu ge-
festigt und zunächst zu weiteren verzweifelten Kämpfen getrieben.

Nicht volle fünfzig Jahre nach der Zerstörung Jerusalems, im
J. 116* erhob sich die Judenschaft am östlichen Mittelmeer gegen
die Reichsregierung. Der Aufstand, obwohl von der Diaspora unternommen, war rein nationaler Art, in seinen Hauptsitzen Kyrene, Kypros, Ägypten, gerichtet auf die Austreibung der Römer
wie der Hellenen und, wie es scheint, die Begründung eines jüdischen Sonderstaats. Er verzweigte sich bis in das asiatische Gebiet und ergriff Mesopotamien und Palästina selbst. Wo die Auf-
ständigen siegreich waren, führten sie den Krieg mit derselben
Erbitterung wie die Sicarier in Jerusalem; sie erschlugen wen sie
ergriffen — der Geschichtschreiber Appian, ein geborener Alexandriner, erzählt, wie er vor ihnen um sein Leben laufend mit genauer Not nach Pelusion entkam — und oftmals töteten sie die
Gefangenen unter qualvollen Martern oder zwangen sie, gleich
wie einst Titus die in Jerusalem gefangenen Juden, als Fechter
im Kampfspiel zur Augenweide der Sieger zu fallen. In Kyrene
sollen also 220000, auf Kypros gar 240000 Menschen von ihnen
umgebracht worden sein. Andererseits erschlugen in Alexandreia,
das selbst nicht in die Hände der Juden gefallen zu sein scheint,
die belagerten Hellenen was von Juden damals in der Stadt war.
Die nächste Ursache der Erhebung ist nicht klar. Das Blut der
Zeloten, die nach Alexandreia und Kyrene sich geflüchtet und
dort ihre Glaubenstreue mit dem Tode unter dem römischen Henkerbeil besiegelt hatten, mag nicht umsonst geflossen sein; der
parthische Krieg, während dessen der Aufstand begann, hat ihn
insofern gefördert, als die in Ägypten stehenden Truppen wahrscheinlich auf den Kriegsschauplatz berufen wurden. Allem Anschein nach war es ein Ausbruch der seit der Tempelzerstörung
gleich dem Vulkan im Verborgenen glühenden und in unberechenbarer Weise in Flammen aufschlagenden religiösen Erbitterung der
Judenschaft, von der Art wie der Orient sie zu allen Zeiten erzeugt
hat und erzeugt; wenn wirklich die Insurgenten einen Juden zum
König ausriefen, so hat diese Erhebung sicher, wie die in der Heimat, in der großen Masse der geringen Leute ihren Herd gehabt.
Daß diese Judenerhebung zum Teil zusammenfiel mit dem früher
erzählten Befreiungsversuch der kurz vorher von Kaiser Traianus
unterworfenen Völkerschaften, während dieser im fernen Osten
an der Euphratmündung stand, gab ihr sogar eine politische Bedeutung; wenn die Erfolge dieses Herrschers ihm am Schluß seiner
Laufbahn unter den Händen zerrannen, so hat die jüdische In-

* Eusebius h. e. 4, 2 setzt den Ausbruch in das 18., also nach seiner Rechnung (in der Chronik) das vorletzte Jahr Traians, und damit stimmt auch
Dio 68, 32.

surrektion namentlich in Palästina und Mesopotamien dazu das ihrige beigetragen. Um den Aufstand niederzuschlagen, mußten überall die Truppen marschieren; gegen den ‚König‘ der kyrenäischen Juden Andreas oder Lukuas und die Insurgenten in Ägypten sandte Traianus den Quintus Marcius Turbo mit Heer und Flotte, gegen die Aufständischen in Mesopotamien, wie schon gesagt ward, den Lusius Quietus, zwei seiner erprobtesten Feldherren. Den geschlossenen Truppen Widerstand zu leisten, vermochten die Aufständischen nirgends, wenn gleich der Kampf in Afrika wie in Palästina sich bis in die erste Zeit Hadrians fortspann, und es ergingen über diese Diaspora ähnlicheStrafgerichte wie früher über die Juden Palästinas. Daß Traianus die Juden in Alexandreia vernichtet hat, wie Appian sagt, ist schwerlich ein unrichtiger, wenn auch vielleicht ein allzu schroffer Ausdruck dessen, was dort geschah; für Kypros ist es bezeugt, daß seitdem kein Jude die Insel auch nur betreten durfte und selbst den schiffbrüchigen Israeliten dort der Tod erwartete. Wäre über diese Katastrophe unsere Überlieferung so ausgiebig wie über die jerusalemische, so würde sie wohl als deren Fortsetzung und Vollendung erscheinen, und gewissermaßen auch als ihre Erklärung; dieser Aufstand zeigt das Verhältnis der Diaspora zu dem Heimatland und den Staat im Staate, zu dem das Judentum sich entwickelt hatte.

Zu Ende war auch mit dieser zweiten Niederwerfung die Auflehnung des Judentums gegen die Reichsgewalt nicht. Man kann nicht sagen, daß diese dasselbe weiter provoziert hat; gewöhnliche Verwaltungsakte, wie sie im ganzen Reiche unweigerlich hingenommen wurden, trafen die Hebräer da, wo die volle Widerstandskraft des nationalen Glaubens ihren Sitz hatte, und riefen dadurch, wahrscheinlich zur Überraschung der Regierenden selbst, eine Insurrektion hervor, die in der Tat ein Krieg war. Wenn Kaiser Hadrianus, als seine Rundreise durch das Reich ihn auch nach Palästina führte, im J. 130 die zerstörte heilige Stadt der Juden als römische Kolonie wieder aufzurichten beschloß, tat er sicher diesen nicht die Ehre an sie zu fürchten und dachte nicht an religiöspolitische Propaganda, sondern er verfügte für dies Legionslager, was kurz vorher oder bald nachher auch am Rhein, an der Donau, in Afrika geschah, die Verknüpfung desselben mit einer zunächst aus den Veteranen sich rekrutierenden Stadtgemeinde, welche ihren Namen Aelia Capitolina teils von ihrem Stifter, teils von dem Gott empfing, welchem damals statt des Jehova die Juden zinsten. Ähnlich verhält es sich mit dem Verbot der Beschneidung: es erging, wie später bemerkt werden wird, wahrscheinlich gar

JUDÄA UND DIE JUDEN 353

nicht in der Absicht damit dem Judentum als solchem den Krieg
zu machen. Begreiflicherweise fragten die Juden nicht nach den
Motiven jener Stadtgründung und dieses Verbots, sondern empfanden beides als einen Angriff auf ihren Glauben und ihr Volkstum, und antworteten darauf mit einem Aufstand, der, anfangs
von den Römern vernachlässigt, dann durch Intensität und Dauer
in der Geschichte der römischen Kaiserzeit seinesgleichen nicht
hat. Die gesamte Judenschaft des In- und des Auslandes geriet in
Bewegung und unterstützte mehr oder minder offen die Insurgenten am Jordan; sogar Jerusalem fiel ihnen in die Hände* und
der Statthalter Syriens, ja Kaiser Hadrianus selbst erschienen auf
dem Kampfplatz. Den Krieg leiteten bezeichnend genug, der Priester Eleazar und der Räuberhauptmann Simon, zubenannt Bar-
Kokheba, das ist der Sternensohn, als der Bringer himmlischer
Hilfe, vielleicht als Messias. Von der finanziellen Macht und der
Organisation der Insurgenten zeugen die durch mehrere Jahre
auf den Namen dieser beiden geschlagenen Silber- und Kupfermünzen. Nachdem eine genügende Truppenzahl zusammengezogen war, gewann der erprobte Feldherr Sextus Julius Severus die
Oberhand, aber nur in allmählichem und langsamem Vorschreiten
ganz wie in dem vespasianischen Krieg kam es zu keiner Feldschlacht, aber ein Platz nach dem andern kostete Zeit und Blut,
bis endlich nach dreijähriger Kriegführung** die letzte Burg der
Insurgenten, das feste Bether unweit Jerusalem von den Römern
erstürmt ward. Die in guten Berichten überlieferten Zahlen von
50 genommenen Festungen, 985 besetzten Dörfern, 580000 Gefallenen sind nicht unglaublich, da der Krieg mit unerbittlicher
Grausamkeit geführt und die männliche Bevölkerung wohl überall
niedergemacht ward.

Infolge dieses Aufstandes ward selbst der Name des besiegten
Volkes beseitigt: die Provinz hieß fortan nicht mehr, wie früher,
Judäa, sondern mit dem alten herodotischen Namen das Syrien
der Philistäer oder Syria Palaestina. Das Land blieb verödet; die

---

* Wenn nach dem Zeitgenossen Appian (Syr. 50) Hadrian abermals die
Stadt zerstörte (χατέσχαψε), so beweist das sowohl die vorhergehende wenigstens einigermaßen vollendete Anlage der Kolonie wie auch deren Einnahme
durch die Insurgenten. Nur dadurch auch erklärt sich der große Verlust, den
die Römer erlitten und es paßt wenigstens gut dazu, daß der Statthalter von
Syrien Publicius Marcellus seine Provinz verließ, um seinem Kollegen Tineius
Rufus (Eusebius h. e. 4, 6; Borghesi opp. 3, 64) in Palästina Hilfe zu bringen.
** Dio (69, 12) nennt den Krieg langwierig (σῦτ ὀλιγοχρόνιος); Eusebius
setzt in der Chronik den Anfang auf das 16., das Ende auf das 18. oder 19. Jahr
Hadrians; die Insurgentenmünzen sind datiert vom ersten oder vom zweiten
Jahr ‚der Befreiung Israels'. Zuverlässige Daten haben wir nicht; die rabbi-
nische Tradition (Schürer Handb. S. 361) ist dafür nicht brauchbar.

neue Hadriansstadt bestand, aber gedieh nicht. Den Juden wurde
bei Todesstrafe untersagt Jerusalem auch nur zu betreten, die Besatzung verdoppelt; das beschränkte Gebiet zwischen Ägypten und
Syrien, zu dem von dem transjordanischen nur ein kleiner Streifen
am Toten Meer gehörte und das nirgends die Reichsgrenze berührte,
war seitdem mit zwei Legionen belegt. Trotz aller dieser Gewalt-
maßregeln blieb die Landschaft unruhig, zunächst wohl infolge
des mit der Nationalsache längst verflochtenen Räuberwesens;
Pius ließ gegen die Juden marschieren und auch unter Severus ist
die Rede von einem Krieg gegen Juden und Samariter. Aber zu
größeren Bewegungen unter den Juden ist es nach dem hadrianischen Krieg nicht wieder gekommen.

Es muß anerkannt werden, daß diese wiederholten Ausbrüche
des in den Gemütern der Juden gärenden Grolls gegen die gesamte nichtjüdische Mitbürgerschaft die allgemeine Politik der
Regierung nicht änderten. Wie Vespasian so hielten auch die folgenden Kaiser den Juden gegenüber nicht bloß im wesentlichen
den allgemeinen Standpunkt der politischen und religiösen Toleranz fest, sondern die für die Juden erlassenen Ausnahmegesetze
waren und blieben hauptsächlich darauf gerichtet sie von denjenigen allgemeinen Bürgerpflichten, welche mit ihrer Sitte und ihrem
Glauben sich nicht vertrugen, zu entbinden und werden darum
auch geradezu als Privilegien bezeichnet.

Rechtlich scheint seit Claudius' Zeit, dessen Unterdrückung des
jüdischen Kultus in Italien wenigstens die letzte derartige Maßregel ist, von der wir wissen, den Juden der Aufenthalt und die
freie Religionsübung in dem gesamten Reich zugestanden zu haben. Es wäre kein Wunder gewesen, wenn jene Aufstände in den
afrikanischen und syrischen Landschaften zur Austreibung der
dort ansässigen Juden überhaupt geführt hätten; aber dergleichen
Beschränkungen sind, wie wir sahen, nur lokal, zum Beispiel für
Kypros verfügt worden. Der Hauptsitz der Juden blieben immer
die griechischen Provinzen; auch in der einigermaßen zweispra-
chigen Hauptstadt, deren zahlreiche Judenschaft eine Reihe von
Synagogen umfaßte, bildete diese einen Teil der griechischen Bevölkerung Roms. Ihre Grabschriften in Rom sind ausschließlich
griechisch; in der aus dieser Judenschaft entwickelten römischen
Christengemeinde ist das Taufbekenntnis bis in späte Zeit hinab
griechisch gesprochen worden und die ersten drei Jahrhunderte
hindurch die Schriftstellerei ausschließlich griechisch gewesen.
Aber restriktive Maßregeln gegen die Juden scheinen auch in den
lateinischen Provinzen nicht getroffen worden zu sein; durch und
mit dem Hellenismus ist das jüdische Wesen in den Okzident ein-

gedrungen und es fanden auch in diesem sich Judengemeinden, obwohl sie an Zahl und Bedeutung selbst jetzt noch, wo die gegen die Diaspora gerichteten Schläge die Judengemeinden des Ostens schwer beschädigt hatten, weit hinter diesen zurückstanden. Politische Privilegien folgten aus der Tolerierung des Kultus an sich nicht. An der Anlegung ihrer Synagogen und Proseuchen wurden die Juden nicht gehindert, ebensowenig an der Bestellung eines Vorstehers für dieselbe (ἀρχισυναγωγός) sowie eines Kollegiums der Ältesten (ἄρχοντες) mit einem Oberältesten (γερουσιάρχης) an der Spitze. Obrigkeitliche Befugnisse sollten mit diesen Stellungen nicht verknüpft sein; aber bei der Untrennbarkeit der jüdischen Kirchenordnung und der jüdischen Rechtspflege übten die Vorsteher, wie im Mittelalter die Bischöfe, wohl überall eine wenn auch nur faktische Jurisdiktion. Auch waren die Judenschaften der einzelnen Städte nicht allgemein als Körperschaften anerkannt, sicher zum Beispiel die römische nicht; doch bestanden an vielen Orten auf Grund lokaler Privilegien dergleichen korporative Verbände mit Ethnarchen oder, wie sie jetzt meistens heißen, Patriarchen an der Spitze. Ja in Palästina finden wir im Anfang des dritten Jahrhunderts wiederum einen Vorsteher der gesamten Judenschaft, der kraft erblichen Priesterrechts über seine Glaubensgenossen fast wie ein Herrscher schaltet und selbst über Leib und Leben Gewalt hat und welchen die Regierung wenigstens toleriert*. Ohne Frage war dieser Patriarch für die Juden der alte Hohepriester, und es hatte also unter den Augen und unter dem Druck der Fremdherrschaft das hartnäckige Volk Gottes sich abermals rekonstruiert und insoweit Vespasians Werk zuschanden gemacht.

In betreff der Heranziehung der Juden zu den öffentlichen Leistungen war die Befreiung vom Kriegsdienst als unvereinbar mit ihren religiösen Grundsätzen längst anerkannt und blieb es. Die besondere Kopfsteuer, welcher sie unterlagen, die alte Tempelab-

* Um zu erhärten, daß auch in der Knechtschaft die Juden eine gewisse Selbstverwaltung haben führen können, schreibt Origenes (um das J. 226) an Africanus c. 14: ‚Wieviel vermag auch jetzt, wo die Römer herrschen und die Juden ihnen den Zins (τὸ δίδραχμον) zahlen, der Volksvorsteher (ὁ ἐθνάρχης) bei ihnen mit Zulassung des Kaisers (συγχωροῦντος Καίσαρος). Auch Gerichte finden heimlich statt nach dem Gesetze und es wird sogar manchmal auf den Tod erkannt. Das habe ich, der ich lange im Lande dieses Volkes gelebt, selber erfahren und erkundet.‘ Der Patriarch von Judäa tritt schon in dem auf Hadrians Namen gefälschten Briefe in der Biographie des Tyrannen Saturninus auf (c. 8), in den Verordnungen zuerst im J. 392 (C. Th. 16, 8, 8). Patriarchen als Vorsteher einzelner jüdischer Gemeinden, wofür das Wort seiner Bedeutung nach besser paßt, begegnen schon in den Verordnungen Constantins des Ersten (C. Th. 16, 8, 1. 2).

gabe, konnte als Kompensation für diese Befreiung angesehen werden, wenn sie auch nicht in diesem Sinn auferlegt worden war. Für andere Leistungen, wie zum Beispiel für Übernahme von Vormundschaften und Gemeindeämtern, werden sie wenigstens seit Severus Zeit im allgemeinen als fähig und pflichtig betrachtet, diejenigen aber, welche ihrem ‚Aberglauben' zuwiderlaufen, ihnen erlassen; wobei in Betracht kommt, daß der Ausschluß von den Gemeindeämtern mehr und mehr aus einer Zurücksetzung zu einem Privilegium ward. Selbst bei Staatsämtern mag in späterer Zeit ähnlich verfahren worden sein.

Der einzige ernstliche Eingriff der Staatsgewalt in die jüdischen Gebräuche betrifft die Zeremonie der Beschneidung; indes ist gegen diese wahrscheinlich nicht vom religiös-politischen Standpunkt aus eingeschritten worden, sondern es sind diese Maßnahmen mit dem Verbot der Kastrierung verknüpft gewesen und zum Teil wohl aus Mißverständnis der jüdischen Weise hervorgegangen. Die immer mehr um sich greifende Unsitte der Verstümmelung zog zuerst Domitian in den Kreis der strafbaren Verbrechen; als Hadrian die Vorschrift schärfend die Kastrierung unter das Mordgesetz stellte, scheint auch die Beschneidung als Kastrierung aufgefaßt worden zu sein[*], was allerdings von den Juden als ein Angriff auf ihre Existenz empfunden werden mußte und empfunden ward, obwohl dies vielleicht nicht damit beabsichtigt war. Bald nachher, wahrscheinlich infolge des dadurch mit veranlaßten Aufstandes, gestattete Pius die Beschneidung für Kinder jüdischer Herkunft, während übrigens selbst die des unfreien Nichtjuden und des Proselyten nach wie vor für alle dabei Beteiligten die Strafe der Kastration nach sich ziehen sollte. Dies war insofern auch von politischer Wichtigkeit, als dadurch der förmliche Übertritt zum Judentum ein strafbares Verbrechen wurde; und wahrscheinlich ist das Verbot eben in diesem Sinne nicht erlassen, aber aufrechterhalten worden[**]. Zu dem schroffen Abschließen der Judenschaft gegen die Nichtjuden wird dasselbe das Seinige beigetragen haben.

Blicken wir zurück auf die Geschicke des Judentums in der

---

[*] Die analoge Behandlung der Kastration in dem hadrianischen Erlaß Dig. 48, 8, 4, 2 und der Beschneidung bei Paulus sent. 5, 22, 3. 4 und Modestinus Dig. 48, 8, 11 pr. legen diese Auffassung nahe. Auch daß Severus *Iudaeos fieri sub gravi poena vetuit* — ‚jüdisch zu werden, stellt er unter schwere Strafe' (vita 17), wird wohl nichts sein als die Einschärfung dieses Verbots.

[**] Die merkwürdige Nachricht bei Origenes gegen Celsus 2, 13 (geschrieben um 250) zeigt, daß die Beschneidung des Nichtjuden von Rechts wegen die Todesstrafe nach sich zog, obwohl es nicht klar ist, inwiefern dies auf Samariter oder Sicarier Anwendung fand.

Epoche von Augustus bis auf Diocletian, so erkennen wir eine durchgreifende Umgestaltung seines Wesens wie seiner Stellung. Dasselbe tritt in diese Epoche ein als eine um das beschränkte Heimatland fest geschlossene nationale und religiöse Macht, welche selbst dem Reichsregiment in und außerhalb Judäa mit der Waffe in der Hand sich entgegenstellt und auf dem Gebiet des Glaubens eine gewaltige propagandistische Macht entwickelt. Man kann es verstehen, daß die römische Regierung die Verehrung des Jahve und den Glauben des Moses nicht anders dulden wollte, als wie auch der Kultus des Mithra und der Glaube des Zoroaster Duldung fand. Die Reaktion gegen dies geschlossene und auf sich selbst stehende Judentum waren die von Vespasian und Hadrian gegen das jüdische Land, von Traianus gegen die Juden der Diaspora geführten zerschmetternden Schläge, deren Wirkung weit hinaus reicht über die unmittelbare Zerstörung der bestehenden Gemeinschaft und die Herabdrückung des Ansehens und der Macht der Judenschaft. In der Tat sind das spätere Christentum wie das spätere Judentum die Konsequenzen dieser Reaktion des Westens gegen den Osten. Die große propagandistische Bewegung, welche die tiefere religiöse Anschauung vom Osten in den Westen trug, ward auf diese Weise, wie schon gesagt ward, aus den engen Schranken der jüdischen Nationalität befreit; wenn sie die Anlehnung an Moses und die Propheten keineswegs aufgab, löste sie sich doch notwendig von dem in Scherben gegangenen Regiment der Pharisäer. Die christlichen Zukunftsideale wurden universell, seit es ein Jerusalem auf Erden nicht mehr gab. Aber wie der erweiterte und vertiefte neue Glaube, der mit seinem Wesen auch den Namen wechselte, aus diesen Katastrophen hervorging, so nicht minder die verengte und verstockte Altgläubigkeit, die sich, wenn nicht mehr in Jerusalem, so in dem Haß gegen diejenigen zusammenfand, die dasselbe zerstört hatten und mehr noch in dem gegen die freiere und höhere aus dem Judentum das Christentum entwickelnde geistige Bewegung. Die äußere Macht der Judenschaft war gebrochen und Erhebungen, wie sie in der mittleren Kaiserzeit stattgefunden haben, begegnen späterhin nicht wieder; mit dem Staat im Staate waren die römischen Kaiser fertig geworden, und indem das eigentlich gefährliche Moment, die propagandistische Ausbreitung auf das Christentum überging, waren die Bekenner des alten Glaubens, die dem neuen Bunde sich verschlossen, für die weitere allgemeine Entwickelung beseitigt. Aber wenn die Legionen Jerusalem zerstören konnten, das Judentum selbst konnten sie nicht schleifen; und was nach der einen Seite Heilmittel war, übte nach der andern die Wirkung des Giftes. Das Judentum

blieb nicht bloß, sondern es ward auch ein anderes. Es liegt eine
tiefe Kluft zwischen dem Judentum der älteren Zeit, das für seinen Glauben Propaganda macht, dessen Tempelvorhof die Heiden
erfüllen, dessen Priester täglich für Kaiser Augustus opfern, und
dem starren Rabbinismus, der außer Abrahams Schoß und dem
mosaischen Gesetz von der Welt nichts weiß noch wissen will.
Fremde waren die Juden immer gewesen und hatten es sein wollen; aber das Gefühl der Entfremdung steigerte sich jetzt in ihnen
selbst wie gegen sie in entsetzlicher Weise und schroff zog man
nach beiden Seiten hin dessen gehässige und schädliche Konsequenzen. Von dem geringschätzigen Spott des Horatius gegen den
aufdringlichen Juden aus dem römischen Ghetto ist ein weiter
Schritt zu dem feierlichen Groll, welchen Tacitus hegt gegen diesen
Abschaum des Menschengeschlechts, dem alles Reine unrein und
alles Unreine rein ist; dazwischen liegen jene Aufstände des ver-
achteten Volkes und die Notwendigkeit dasselbe zu besiegen und
für seine Niederhaltung fortwährend Geld und Menschen aufzu-
wenden. Die in den kaiserlichen Verordnungen stets wiederkeh-
renden Verbote der Mißhandlung des Juden zeigen, daß jene Worte
der Gebildeten, wie billig, von den Niederen in Taten übersetzt worden. Die Juden ihrerseits machten es nicht besser. Sie wendeten
sich ab von der hellenischen Literatur, die jetzt als befleckend
galt, und lehnten sogar sich auf gegen den Gebrauch der griechischen Bibelübersetzung; die immer steigende Glaubensreinigung
wandte sich nicht bloß gegen die Griechen und die Römer, sondern
ebensosehr gegen die ‚halben Juden‘ von Samaria und gegen die
christlichen Ketzer; die Buchstabengläubigkeit gegenüber den
heiligen Schriften stieg bis in die schwindelnde Höhe der Absurdi-
tät, und vor allem stellte ein womöglich noch heiligeres Herkommen sich fest, in dessen Fesseln alles Leben und Denken erstarrte.
Die Kluft zwischen jener Schrift vom Erhabenen, die den Land
und Meer erschütternden Poseidon Homers und den die leuchtende
Sonne erschaffenden Jehovah nebeneinander zu stellen wagt, und
den Anfängen des Talmud, welche dieser Epoche angehören, bezeichnet den Gegensatz zwischen dem Judentum des ersten und
dem des dritten Jahrhunderts. Das Zusammenleben der Juden
und Nichtjuden erwies sich mehr und mehr als ebenso unvermeidlich wie unter den gegebenen Verhältnissen unerträglich; der Gegensatz in Glaube, Recht und Sitte verschärfte sich und die gegenseitige Hoffart wie der gegenseitige Haß wirkten nach beiden Seiten hin sittlich zerrüttend. Die Ausgleichung wurde in diesen
Jahrhunderten nicht bloß nicht gefördert, sondern ihre Verwirklichung immer weiter in die Ferne gerückt, je mehr ihre Notwen-

digkeit sich herausstellte. Diese Erbitterung, diese Hoffart, diese Verachtung, wie sie damals sich festsetzten, sind freilich nur das unvermeidliche Aufgehen einer vielleicht nicht minder unvermeidlichen Saat; aber die Erbschaft dieser Zeiten lastet auf der Menschheit noch heute.

KAPITEL XIII
ÄGYPTEN

Die beiden Reiche von Ägypten und Syrien, die so lange in jeder Hinsicht miteinander gerungen und rivalisiert hatten, fielen ungefähr um die gleiche Zeit widerstandslos in die Gewalt der Römer. Wenn dieselben auch von dem angeblichen oder wirklichen Testament Alexanders II († 81) keinen Gebrauch machten und das Land damals nicht einzogen, so standen doch die letzten Herrscher des Lagidenhauses anerkanntermaßen in römischer Klientel; bei Thronstreitigkeiten entschied der Senat, und seit der römische Statthalter von Syrien Aulus Gabinius den König Ptolemaeos Auletes mit seinen Truppen nach Ägypten zurückgeführt hatte (55), haben die römischen Legionen das Land nicht wieder verlassen. Wie die übrigen Klientelkönige nahmen auch die Herrscher Ägyptens an den Bürgerkriegen auf Mahnung der von ihnen anerkannten oder ihnen mehr imponierenden Regierung teil; und wenn es unentschieden bleiben muß, welche Rolle Antonius in dem phantastischen Ostreich seiner Träume dem Heimatland des allzusehr von ihm geliebten Weibes zugedacht hat, so gehört doch Antonius' Regiment in Alexandreia sowohl wie der letzte Kampf in dem letzten Bürgerkrieg vor den Toren dieser Stadt ebensowenig zu der Spezialgeschichte Ägyptens wie die Schlacht von Aktion zu der von Epirus. Wohl aber gab diese Katastrophe und der damit verknüpfte Tod der letzten Fürstin der Lagidendynastie den Anlaß dazu, daß Augustus den erledigten Thron nicht wieder besetzte, sondern das Königreich Ägypten in eigene Verwaltung nahm. Diese Einziehung des letzten Stückes der Küste des Mittelmeeres in die unmittelbare römische Administration und der zeitlich und pragmatisch damit zusammenfallende Abschluß der neuen Monarchie bezeichnen dieser für die Verfassung, jene für die Verwaltung des ungeheuren Reiches den Wendepunkt, das Ende des alten und den Anfang einer neuen Epoche.

Die Einverleibung Ägyptens in das römische Reich vollzog sich insofern in abweichender Weise, als das sonst den Staat beherrschende Prinzip der Dyarchie, das heißt des gemeinschaftlichen Regiments der beiden höchsten Reichsgewalten, des Prinzeps und des Senats, von einigen untergeordneten Bezirken abgesehen, allein auf Ägypten keine Anwendung fand, sondern in diesem Land dem Senat als solchem sowie jedem einzelnen seiner Mitglieder jede Beteiligung bei dem Regiment abgeschnitten, ja sogar den Senatoren und den Personen senatorischen Ranges das Betreten dieser Provinz untersagt ward. Man darf dies nicht etwa in der Art auffassen, als wäre Ägypten mit dem übrigen Reich nur durch eine Personalunion verknüpft; der Prinzeps ist nach dem Sinn und Geist der augustischen Ordnung ein integrierendes und dauernd funktionierendes Element des römischen Staatswesens ebenso wie der Senat, und seine Herrschaft über Ägypten geradeso ein Teil der Reichsherrschaft wie die Herrschaft des Prokonsuls von Afrika. Eher mag man sich das staatsrechtliche Verhältnis in der Weise verdeutlichen, daß das Britische Reich in derselben Verfassung sich befinden würde, wenn Ministerium und Parlament nur für das Mutterland in Betracht kämen, die Kolonien dagegen dem absoluten Regiment der Kaiserin von Indien zu gehorchen hätten. Welche Motive den neuen Monarchen dazu bestimmten, gleich im Beginn seiner Alleinherrschaft diese tief einschneidende und zu keiner Zeit angefochtene Einrichtung zu treffen und wie dieselbe in die allgemeinen politischen Verhältnisse eingegriffen hat, gehört der allgemeinen Geschichte des Reiches an; hier haben wir darzulegen, wie unter der Kaiserherrschaft die inneren Verhältnisse Ägyptens sich gestalteten.

Was im allgemeinen von allen hellenischen oder hellenisierten Gebieten gilt, daß die Römer, indem sie sie zum Reiche zogen, die einmal bestehenden Einrichtungen konservierten und nur, wo es schlechterdings notwendig erschien, Modifikationen eintreten ließen, das findet in vollem Umfang Anwendung auf Ägypten.

Wie Syrien so war Ägypten, als es römisch ward, ein Land zwiefacher Nationalität; auch hier stand neben und über dem Einheimischen der Grieche, jener der Knecht, dieser der Herr. Aber rechtlich und tatsächlich waren die Verhältnisse der beiden Nationen in Ägypten von denen Syriens völlig verschieden.

Syrien stand wesentlich schon in der vorrömischen und durchaus in der römischen Epoche nur mittelbar unter der Landesregierung; es zerfiel teils in Fürstentümer, teils in autonome Stadtbezirke und wurde zunächst von den Landesherren oder Gemeindebehörden verwaltet. In Ägypten dagegen gibt es weder Landesfürsten noch Reichsstädte nach griechischer Art. Die beiden Verwaltungskreise, in welche Ägypten zerfällt, das ‚Land‘ (ἡ χώρα) der Ägypter mit seinen ursprünglich sechsunddreißig Bezirken (νομοί) und die beiden griechischen Städte Alexandreia in Unter-

und Ptolemais in Oberägypten sind streng gesondert und scharf
sich entgegengesetzt und doch eigentlich kaum verschieden. Der
Land- wie der Stadtbezirk ist nicht bloß territorial abgegrenzt,
sondern jener wie dieser auch Heimatbezirk; die Zugehörigkeit zu
einem jeden ist unabhängig vom Wohnort und erblich. Der Ägypter aus dem chemmitischen Nomos gehört demselben mit den Seinigen ebenso an, wenn er seinen Wohnsitz in Alexandreia hat, wie
der in Chemmis wohnende Alexandriner der Bürgerschaft von
Alexandreia. Der Landbezirk hat zu seinem Mittelpunkt immer
eine städtische Ansiedelung, der chemmitische zum Beispiel die um
den Tempel des Chemmis oder des Pan erwachsene Stadt Pano-
polis, oder, wie dies in griechischer Auffassung ausgedrückt wird,
es hat jeder Nomos seine Metropolis; insofern kann jeder Landbezirk auch als Stadtbezirk gelten. Wie die Städte sind auch die
Nomen in der christlichen Epoche die Grundlage der episkopalen
Sprengel geworden. Die Landbezirke ruhen auf den in Ägypten
alles beherrschenden Kultusordnungen; Mittelpunkt für einen jeden ist das Heiligtum einer bestimmten Gottheit und gewöhnlich
führt er von dieser oder von dem heiligen Tier derselben den Namen; so heißt der chemmitische Bezirk nach dem Gott Chemmis
oder nach griechischer Gleichung dem Pan, andere Bezirke nach
dem Hund, dem Löwen, dem Krokodil. Aber auch umgekehrt
fehlt den Stadtbezirken der religiöse Mittelpunkt nicht; Alexandreias Schutzgott ist Alexander, der Schutzgott von Ptolemais der
erste Ptolemäos, und die Priester, die dort wie hier für diesen Kult
und den ihrer Nachfolger eingesetzt sind, sind für beide Städte
die Eponymen. Dem Landbezirk fehlt völlig die Autonomie: die
Verwaltung, die Besteuerung, die Rechtspflege liegt in der Hand
der königlichen Beamten und die Kollegialität, das Palladium des
griechischen wie des römischen Gemeinwesens, ist hier in allen
Stufen schlechthin ausgeschlossen. Aber in den beiden griechischen Städten ist es auch nicht viel anders. Es gibt wohl eine in
Phylen und Demen eingeteilte Bürgerschaft, aber keinen Gemeinderat; die Beamten sind wohl andere und anders benannte als die
der Nomen, aber auch durchaus Beamte königlicher Ernennung
und ebenfalls ohne kollegialische Einrichtung. Erst Hadrian hat
einer ägyptischen Ortschaft, dem von ihm zum Andenken an seinen im Nil ertrunkenen Liebling angelegten Antinoupolis, Stadtrecht nach griechischer Art gegeben und späterhin Severus, vielleicht ebensosehr den Antiochenern zum Trutz als zu Nutz der
Ägypter, der Hauptstadt Ägyptens und der Stadt Ptolemais und
noch mehreren anderen ägyptischen Gemeinden zwar keine städtischen Magistrate, aber doch einen städtischen Rat bewilligt.

Bis dahin nennt sich zwar im offiziellen Sprachgebrauch die ägyptische Stadt Nomos, die griechische Polis, aber eine Polis ohne Archonten und Buleuten ist ein inhaltloser Name. So ist es auch in der Prägung. Die ägyptischen Nomen haben das Prägerecht nicht gehabt; aber noch weniger hat Alexandreia jemals Münzen geschlagen. Ägypten ist unter allen Provinzen der griechischen Reichshälfte die einzige, welche keine andere Münze als Königsmünze kennt. Auch in römischer Zeit war dies nicht anders. Die Kaiser stellten die unter den letzten Lagiden eingerissenen Mißbräuche ab: Augustus beseitigte die unreelle Kupferprägung derselben und als Tiberius die Silberprägung wieder aufnahm, gab er dem ägyptischen Silbergeld ebenso reellen Wert wie dem übrigen Provinzialkurant des Reiches. Aber der Charakter der Prägung blieb im wesentlichen der gleiche. Es ist ein Unterschied zwischen Nomos und Polis wie zwischen dem Gott Chemmis und dem Gott Alexander; in administrativer Hinsicht ist eine Verschiedenheit nicht da. Ägypten bestand aus einer Mehrzahl ägyptischer und einer Minderzahl griechischer Ortschaften, welche sämtlich der Autonomie entbehrten und sämtlich unter unmittelbarer und absoluter Verwaltung des Königs und der von diesem ernannten Beamten standen.

Aber wenn die kommunale Selbstverwaltung in Ägypten keine Stätte hat und in dieser Hinsicht zwischen den beiden Nationen, aus welchen dieser Staat ebenso wie der syrische sich zusammensetzt, eine reale Verschiedenheit nicht besteht, so ist zwischen ihnen in anderer Beziehung eine Schranke aufgerichtet, wozu Syrien keine Parallele bietet. Nach der Ordnung der makedonischen Eroberer disqualifizierte die ägyptische Ortsangehörigkeit für sämtliche öffentliche Ämter und für den besseren Kriegsdienst. Wo der Staat seinen Bürgern Zuwendungen machte, beschränkten sich diese auf die der griechischen Gemeinden; die Kopfsteuer dagegen zahlten lediglich die Ägypter und auch von den Gemeindelasten, die die Eingesessenen des einzelnen ägyptischen Bezirkes treffen, sind die daselbst ansässigen Alexandriner befreit. Obwohl im Fall des Vergehens der Rücken des Ägypters wie des Alexandriners büßte, so durfte doch dieser sich rühmen, und tat es auch, daß ihn der Stock treffe und nicht wie jenen die Peitsche. Sogar die Gewinnung des besseren Bürgerrechts war den Ägyptern untersagt. Die Bürgerverzeichnisse der zwei großen von den beiden Reichsgründern geordneten und benannten Griechenstädte in Unter- und Oberägypten faßten die herrschende Bevölkerung in sich und der Besitz des Bürgerrechts einer dieser Städte war in dem Ägypten der Ptolemäer dasselbe was der Besitz des römischen Bürger-

rechts im römischen Reich. Was Aristoteles dem Alexander emp-
fahl, den Hellenen ein Herrscher (ἡγεμών), den Barbaren ein Herr
zu sein, jene als Freunde und Genossen zu versorgen, diese wie die
Tiere und die Pflanzen zu nutzen, das haben die Ptolemäer in
vollem Umfang praktisch durchgeführt. Der König, größer und
freier als sein Lehrmeister, trug den höheren Gedanken im Sinne
der Umwandlung der Barbaren in Hellenen oder wenigstens der
Ersetzung der barbarischen Ansiedelungen durch hellenische, und
diesem gewährten die Nachfolger fast überall und namentlich in
Syrien breiten Spielraum*. In Ägypten geschah das gleiche nicht.
Wohl suchten dessen Herrscher mit den Eingeborenen namentlich
auf dem religiösen Gebiet Fühlung zu halten und wollten nicht
als Griechen über die Ägypter, viel eher als irdische Götter über die
Untertanen insgemein herrschen; aber damit vertrug sich die ungleiche Berechtigung der Untertanen durchaus, eben wie die rechtliche und faktische Bevorzugung des Adels ein ebenso wesentlicher
Teil des friderizianischen Regiments war wie die gleiche Gerechtigkeit gegen Vornehme und Geringe.
   Wie die Römer im Orient überhaupt das Werk der Griechen
fortsetzten, so blieb auch die Ausschließung der einheimischen
Ägypter von der Gewinnung des griechischen Bürgerrechts nicht
bloß bestehen, sondern wurde auf das römische Bürgerrecht ausgedehnt. Der ägyptische Grieche dagegen konnte das letztere
ebenso wie jeder andere Nichtbürger gewinnen. Der Eintritt freilich in den Senat wurde ihm so wenig gestattet wie dem römischen
Bürger aus Gallien, und diese Beschränkung ist viel länger für
Ägypten als für Gallien in Kraft geblieben; erst im Anfang des
dritten Jahrhunderts wurde in einzelnen Fällen davon abgesehen
und als Regel hat sie noch im fünften gegolten. In Ägypten selbst
wurden die Stellungen der Oberbeamten, das heißt der für die
ganze Provinz fungierenden, und ebenso die Offizierstellen den römischen Bürgern in der Form vorbehalten, daß als Qualifikation
dafür das Ritterpferd verlangt ward; es war dies durch die allgemeine Reichsordnung gegeben und ähnliche Privilegien hatten ja
in Ägypten unter den früheren Lagiden die Makedonier gegenüber
den sonstigen Griechen besessen. Die Ämter zweiten Ranges blieben unter römischer Herrschaft wie bisher den ägyptischen Ägyp-

---

* Auch die alexandrinische Wissenschaft hat im Sinne des Königs gegen
diesen Satz (Plutarch de fort. Alex. 1, 6) protestiert; Eratosthenes bezeichnete
die Zivilisation als nicht den Hellenen allein eigen und nicht allen Barbaren
abzusprechen, zum Beispiel nicht den Indern, den Arianern, den Römern, den
Karthagern; die Menschen seien vielmehr zu teilen in ‚gute‘ und ‚schlechte‘
(Strabon 1. fin. p. 66). Aber von dieser Theorie ist auf die ägyptische Rasse
auch unter den Lagiden keine praktische Anwendung gemacht worden.

tern verschlossen und wurden mit Griechen besetzt, zunächst den Bürgern von Alexandreia und Ptolemais. Wenn im Reichskriegsdienst für die erste Klasse das römische Bürgerrecht gefordert wurde, so ließ man doch bei den in Ägypten selbst stationierten Legionen auch den ägyptischen Griechen nicht selten in der Weise zu, daß ihm bei der Aushebung das römische Bürgerrecht verliehen ward. Für die Kategorie der Auxiliartruppen unterlag die Zulassung der Griechen keiner Beschränkung; die Ägypter aber sind auch hierfür wenig oder gar nicht, dagegen für die unterste Klasse, die in der ersten Kaiserzeit noch aus Sklaven gebildete Flottenmannschaft späterhin in beträchtlicher Zahl verwendet worden. Im Lauf der Zeit hat die Zurücksetzung der eingeborenen Ägypter wohl in ihrer Strenge nachgelassen und sind dieselben öfter zum griechischen und mittelst dessen auch zum römischen Bürgerrecht gelangt; im ganzen aber ist das römische Regiment einfach die Fortsetzung wie der griechischen Herrschaft so auch der griechischen Exclusivität gewesen. Wie das makedonische Regiment sich mit Alexandreia und Ptolemais begnügt hatte, so hat auch das römische einzig in dieser Provinz nicht eine einzige Kolonie gegründet*.

Auch die Sprachordnung ist in Ägypten wesentlich unter den Römern geblieben, wie die Ptolemäer sie festgestellt hatten. Abgesehen von dem Militär, bei dem das Lateinische allein herrschte, ist für den Verkehr der oberen Stellen die Geschäftssprache die griechische. Der einheimischen Sprache, die von den semitischen wie von den arischen Sprachen radikal verschieden, am nächsten vielleicht derjenigen der Berber in Nordafrika verwandt ist, und der einheimischen Schrift haben die römischen Herrscher und ihre Statthalter sich nie bedient, und wenn schon unter den Ptolemäern den ägyptisch geschriebenen Aktenstücken griechische Übersetzung beigefügt werden mußte, so gilt für diese ihre Nachfolger mindestens dasselbe. Allerdings blieb es den Ägyptern unverwehrt, so weit es ihnen nach dem Ritual erforderlich oder sonst zweckmäßig erschien, sich der Landessprache und ihrer altgeheiligten Schriftzeichen zu bedienen; es mußte auch in diesem alten Heim des Schriftgebrauchs im gewöhnlichen Verkehr nicht bloß bei Privatkontrakten, sondern selbst bei Steuerquittungen und ähnlichen Schriftstücken die dem großen Publikum allein geläufige Landes-

---

* Wenn die Worte des Plinius 5, 31, 128 genau sind, daß die Pharos-Insel vor dem Hafen von Alexandreia eine *colonia Caesaris dictatoris* sei (vgl. 3, 555), so hat der Diktator auch hier über Aristoteles hinaus wie Alexander gedacht. Darüber aber kann kein Zweifel sein, daß nach der Einziehung Ägyptens es dort nie eine römische Kolonie gegeben hat.

sprache und die übliche Schrift zugelassen werden. Aber es war dies eine Konzession und der herrschende Hellenismus bemüht sein Reich zu erweitern. Das Bestreben den im Lande herrschenden Anschauungen und Überlieferungen auch im Griechischen einen allgemeingültigen Ausdruck zu schaffen hat der Doppelnamigkeit in Ägypten eine Ausdehnung gegeben wie nirgend sonst. Alle ägyptischen Götter, deren Namen nicht selbst den Griechen geläufig wurden, wie der der Isis, wurden mit entsprechenden oder auch nicht entsprechenden griechischen geglichen; vielleicht die Hälfte der Ortschaften, eine Menge von Personen führen sowohl eine einheimische wie eine griechische Benennung. Allmählich drang hierin die Hellenisierung durch. Die alte heilige Schrift begegnet auf den erhaltenen Denkmälern zuletzt unter Kaiser Decius um die Mitte des 3., ihre geläufigere Abart zuletzt um die Mitte des 5. Jahrhunderts; aus dem gemeinen Gebrauch sind beide beträchtlich früher verschwunden. Die Vernachlässigung und der Verfall der einheimischen Elemente der Zivilisation drückt sich darin aus. Die Landessprache selbst behauptete sich noch lange nachher in den abgelegenen Orten und den niederen Schichten und ist erst im 17. Jahrhundert völlig erloschen, nachdem sie, die Sprache der Kopten, gleich wie die syrische, infolge der Einführung des Christentums und der auf die Hervorrufung einer volkstümlich-christlichen Literatur gerichteten Bemühungen, in der späteren Kaiserzeit eine beschränkte Regeneration erfahren hatte.

In dem Regiment kommt vor allem in Betracht die Unterdrückung des Hofes und der Residenz, die notwendige Folge der Einziehung des Landes durch Augustus. Es blieb wohl, was bleiben konnte. Auf den in der Landessprache, also bloß für die Ägypter geschriebenen Inschriften heißen die Kaiser wie die Ptolemäer Könige von Ober- und Unterägypten und die Auserwählten der ägyptischen Landesgötter, daneben freilich auch, was bei den Ptolemäern nicht geschehen war, Großkönige*. Die Zeiten zählte

---

* Augustus' Titulatur lautet bei den ägyptischen Priestern folgendermaßen: ,Der schöne Knabe, lieblich durch Liebenswürdigkeit, der Fürst der Fürsten, auserwählt von Ptah und Nun dem Vater der Götter, König von Oberägypten und König von Unterägypten, Herr der beiden Länder, Autokrator, Sohn der Sonne, Herr der Diademe, Kaisar, ewig lebend, geliebt von Ptah und Isis'; wobei die beiden Eigennamen Autokrator Kaisar aus dem Griechischen beibehalten sind. Der Augustustitel kommt zuerst bei Tiberius in ägyptischer Übersetzung (nti χu), mit beibehaltenem griechischem Σεβαστός zuerst unter Domitian vor. Die Titulatur des schönen lieblichen Knaben, welche in besserer Zeit nur den zu Mitregenten erklärten Kindern gegeben zu werden pflegt, ist späterhin stereotyp geworden und findet sich wie für Caesarion und Augustus, so auch für Tiberius, Claudius, Titus, Domitian verwendet. Wichtiger ist es, daß abweichend von der älteren Titulatur, wie sie zum Beispiel griechisch auf

man in Ägypten wie bisher nach dem landüblichen Kalender und
seinem auf die römischen Herrscher übergehenden Königsjahr;
den goldenen Becher, den in jedem Juni der König in den schwel-
lenden Nil warf, warf jetzt der römische Vizekönig. Aber damit
reichte man nicht weit. Der römische Herrscher konnte die mit
seiner Reichsstellung unvereinbare Rolle des ägyptischen Königs
nicht durchführen. Mit der Vertretung durch einen Untergebenen
machte der neue Landesherr gleich bei dem ersten nach Ägypten
gesandten Statthalter unbequeme Erfahrungen; der tüchtige Offizier und talentvolle Poet, der es nicht hatte lassen können auch
seinen Namen den Pyramiden einzuschreiben, wurde deswegen
abgesetzt und ging daran zugrunde. Es war unvermeidlich hier
Schranken zu setzen. Die Geschäfte, deren Erledigung nach dem
Alexandersystem nicht minder dem Fürsten persönlich oblag*
wie nach der Ordnung des römischen Prinzipats, mochte der römische Statthalter führen wie der einheimische König; König
durfte er weder sein noch scheinen. Es ward das in der zweiten
Stadt der Welt sicher tief und schwer empfunden. Der bloße Wechsel der Dynastie wäre nicht allzu sehr ins Gewicht gefallen. Aber
ein Hof wie der der Ptolemäer, geordnet nach dem Zeremoniell
der Pharaonen, König und Königin in ihrer Göttertracht, der
Pomp der Festzüge, der Empfang der Priesterschaften und der
Gesandten, die Hofbankette, die großen Zeremonien der Krönung,
der Eidesleistung, der Vermählung, der Bestattung, die Hofämter der Leibwächter und des Oberleibwächters (ἀρχισωματοφύλαξ),
des einführenden Kammerherrn (εἰσαγγελεύς), des Obertafelmei-
sters (ἀρχεδέατρος), des Oberjägermeisters (ἀρχικυνηγός), die
Vettern und Freunde des Königs, die Dekorierten — das alles
ging für die Alexandriner ein für allemal unter mit der Verlegung
des Herrschersitzes vom Nil an die Tiber. Nur die beiden berühmten alexandrinischen Bibliotheken blieben dort mit allem ihrem
Zubehör und Personal als Rest der alten königlichen Herrlichkeit.
Ohne Frage büßte Ägypten bei der Depossedierung seiner Regenten sehr viel mehr ein als Syrien; freilich waren beide Völkerschaften in der machtlosen Lage, daß sie hinnehmen mußten, was
ihnen angesonnen ward, und an eine Auflehnung für die verlorene
Weltmachtstellung ist hier so wenig wie dort auch nur gedacht
worden.

---

der Inschrift von Rosette sich findet (C. I. Gr. 4697), bei den Caesaren von
Augustus an der Titel hinzutritt ‚Fürst der Fürsten', womit ohne Zweifel deren
den früheren Königen fehlende Großkönigstellung ausgedrückt werden soll.
  * Wenn die Leute wüßten, pflegte König Seleukos zu sagen (Plutarch an
seni 11), was es für eine Last ist so viele Briefe zu schreiben und zu lesen, so
würden sie das Diadem, wenn es zu ihren Füßen läge, nicht aufheben.

Die Verwaltung des Landes liegt, wie schon gesagt ward, in den Händen des ‚Stellvertreters‘, das heißt des Vizekönigs; denn obwohl der neue Landesherr, mit Rücksicht auf seine Stellung im Reiche, sowohl für sich wie für seine höhergestellten Vertreter der königlichen Benennungen auch in Ägypten sich enthielt, so hat er doch der Sache nach durchaus als Nachfolger der Ptolemäer die Herrschaft geführt und die gesamte zivile wie militärische Obergewalt ist in seiner und seines Vertreters Hand vereinigt. Daß weder Nichtbürger noch Senatoren diese Stellung bekleiden durften, ist schon bemerkt worden; Alexandrinern, wenn sie zum Bürgerrecht und ausnahmsweise zum Ritterpferd gelangt waren, ist sie zuweilen übertragen worden*. Im übrigen stand dieses Amt unter den nicht senatorischen an Rang und Einfluß anfänglich allen übrigen voran und späterhin einzig der Kommandantur der kaiserlichen Garde nach. Außer den eigentlichen Offizieren, wobei nur der Ausschluß des Senators und die dadurch bedingte niedrigere Titulatur des Legionskommandanten (*praefectus* statt *legatus*) von der allgemeinen Ordnung sich entfernt, fungieren neben und unter dem Statthalter, und gleichfalls für ganz Ägypten, ein oberster Beamter für die Justiz und ein oberster Finanzverwalter, beide ebenfalls römische Bürger vom Ritterrang und wie es scheint, nicht dem Verwaltungsschema der Ptolemäer entlehnt, sondern nach einem auch in anderen kaiserlichen Provinzen angewandten Verfahren dem Statthalter zu- und untergeordnet. — Alle übrigen Beamten fungieren nur für einzelne Bezirke und sind in der Hauptsache aus der ptolemäischen Ordnung übernommen. Daß die Vorsteher der drei Provinzen Unter-, Mittel- und Oberägypten, abgesehen vom Kommando mit dem gleichen Geschäftskreis wie der Statthalter ausgestattet, in augustischer Zeit aus den ägyptischen Griechen, späterhin wie die eigentlichen Oberbeamten aus der römischen Ritterschaft genommen wurden, ist bemerkenswert als ein Symptom der im Verlauf der Kaiserzeit sich steigernden Zurückdrängung des einheimischen Elements in der Magistratur. — Unter diesen oberen und mittleren Behörden stehen die Lokalbeamten, die Vorsteher der ägyptischen wie der griechischen Städte nebst den sehr zahlreichen bei dem Hebungs-

---

* So hat Tiberius Julius Alexander, ein alexandrinischer Jude, in den letzten Jahren Neros diese Statthalterschaft geführt; allerdings gehörte er einer sehr reichen und vornehmen, selbst mit dem kaiserlichen Hause verschwägerten Familie an und hatte im Partherkrieg sich als Generalstabschef Corbulos ausgezeichnet, welche Stellung er bald nachher in dem jüdischen Krieg des Titus abermals übernahm. Er muß einer der tüchtigsten Offiziere dieser Epoche gewesen sein. Ihm ist die pseudo-aristotelische offenbar von einem andern alexandrinischen Juden verfaßte Schrift περ ἰκόσμου gewidmet.

wesen und den mannigfaltigen auf den Geschäftsverkehr gelegten Abgaben beschäftigten Subalternen und wieder in dem einzelnen Bezirk die Vorsteher der Unterbezirke und der Dörfer, welche Stellungen mehr als Lasten denn als Ehren angesehen und den Ortsangehörigen oder Ortsansässigen, jedoch mit Ausschluß der Alexandriner, durch den Oberbeamten auferlegt werden; die wichtigste darunter, die Vorstandschaft des Nomos, wird auf je drei Jahre von dem Statthalter besetzt. Die örtlichen Behörden der griechischen Städte waren der Anzahl wie der Titulatur nach andere; in Alexandreia namentlich fungierten vier Oberbeamten, der Priester Alexanders, der Stadtschreiber (ὑπομνηματογάφος), der Oberrichter (ἀρχιδικαρτής) und der Nachtwächtermeister (νυκτερινός στρατηγός). Daß sie angesehener waren als die Strategen der Nomen, versteht sich von selbst und zeigt deutlich das dem ersten alexandrinischen Beamten zustehende Purpurgewand. Übrigens rühren sie ebenfalls aus der Ptolemäerzeit her und werden wie die Nomenvorsteher aus den Eingesessenen von der römischen Regierung auf Zeit ernannt. Römische Beamte kaiserlicher Ernennung finden sich unter diesen städtischen Vorstehern nicht. Aber der Priester der Museion, der zugleich der Präsident der alexandrinischen Akademie der Wissenschaften ist und auch über die bedeutenden Geldmittel dieser Anstalt verfügt, wird vom Kaiser ernannt; ebenso werden die Aufsicht über das Alexandergrab und die damit verbundenen Baulichkeiten und einige andere wichtige Stellungen in der Hauptstadt Ägyptens von der Regierung in Rom mit Beamten von Ritterrang besetzt.

Selbstverständlich sind Alexandriner und Ägypter in diejenigen Prätendentenbewegungen hineingezogen worden, die vom Orient ausgingen, und haben dabei regelmäßig mitgemacht; auf diese Weise sind hier Vespasian, Cassius, Niger, Macrianus, Vaballathus der Sohn der Zenobia, Probus zu Herrschern ausgerufen worden. Die Initiative aber haben in allen diesen Fällen weder die Bürger von Alexandreia ergriffen noch die wenig angesehenen ägyptischen Truppen, und die meisten dieser Revolutionen, auch die mißlungenen, haben für Ägypten keine besonders empfindlichen Folgen gehabt. Aber die an den Namen der Zenobia sich knüpfende Bewegung ist für Alexandreia und für ganz Ägypten fast ebenso verhängnisvoll geworden wie für Palmyra. In Stadt und Land standen die palmyrenisch und die römisch Gesinnten mit den Waffen und der Brandfackel in der Hand sich gegenüber. An der Südgrenze rückten die barbarischen Blemyer ein, wie es scheint im Einverständnis mit dem palmyrenisch gesinnten Teil der Bewohner Ägyptens, und bemächtigten sich eines großen Teils von Oberägypten. In Alexandreia war der Verkehr zwischen den beiden feindlichen Quartieren aufgehoben, selbst Briefe zu befördern war schwierig und gefährlich. Die Gassen starrten von Blut und von unbegrabenen Leichen. Die dadurch erzeugten Seuchen wüteten noch ärger als das Schwert; und damit keines der vier Rosse des Verderbens mangele, versagte auch der Nil und gesellte sich die Hungersnot zu den übrigen Geißeln. Die Bevölkerung schmolz in der Weise zusammen, daß, wie ein Zeitgenosse sagt, es früher in Alexandreia mehr Greise gab als nachher Bürger. Als der von Claudius gesandte Feldherr Probus endlich die Oberhand gewann, warfen sich die palmyrenisch Gesinnten, darunter die Mehrzahl der Ratsmitglieder, in das feste Kastell Prucheion in der unmittelbaren Nähe der Stadt; und obwohl, als Probus den Austretenden Schonung des Lebens verhieß, die große Mehrzahl sich unterwarf, harrte doch ein beträchtlicher Teil der Bürgerschaft bis zum äußersten aus in dem Kampf der Verzweiflung. Die Festung, endlich durch Hunger bezwungen (270), wurde geschleift und lag seitdem öde; die Stadt aber verlor ihre Mauern. In dem Lande haben die Blemyer sich noch jahrelang behauptet; erst Kaiser Probus hat Ptolemais und Koptos ihnen wieder entrissen und sie aus dem Lande hinausgeschlagen. Der Notstand, den diese durch eine Reihe von Jahren sich hinziehenden Unruhen hervorgerufen haben müssen, mag dann wohl die einzige nachweislich in Ägypten entstandene Revolution zum Ausbruch gebracht haben. Unter der Regierung Diocletians lehnten sich, wir wissen nicht warum und wozu, sowohl die eingeborenen Ägypter wie die Bürgerschaft von Alexandreia gegen die bestehende Regierung auf. Es wurden Gegenkaiser aufgestellt, Lucius Domitius Domitianus und Achilleus, falls nicht etwa beide Namen dieselbe Persönlichkeit bezeichnen; die Empörung währte drei bis vier Jahre; die Städte Busiris im Delta und Koptos unweit Theben wurden von den Truppen der Regierung zerstört und schließlich unter der eigenen Führung Diocletians im Frühjahr 297 die Hauptstadt nach achtmonatlicher Belagerung bezwungen. Von dem Herunterkommen des reichen, aber durchaus auf den inneren und äußeren Frieden angewiesenen Landes zeugt nichts so deutlich wie die im J. 302 erlassene Verfügung desselben Diocletian, daß ein Teil des bisher nach Rom gesandten ägyptischen Getreides in Zukunft der alexandrinischen Bürgerschaft zugute kommen solle. Allerdings gehört dies zu den Maßregeln, welche die Dekapitalisierung Roms bezweckten; aber den Alexandrinern, die zu begünstigen dieser Kaiser wahrlich keine Ursache hatte, wäre die Lieferung nicht zugewandt worden, wenn sie sie nicht dringend gebraucht hätten.

Wirtschaftlich ist Ägypten bekanntlich vor allem das Land des Ackerbaues. Zwar ist die ‚schwarze Erde‘ — das bezeichnet der einheimische Landesname Chemi — nur ein schmaler Doppelstreifen zu beiden Seiten des mächtigen von der letzten Stromschnelle bei Syene, der Südgrenze des eigentlichen Ägyptens, auf 120 Meilen in breiter Fülle durch die rechts und links sich ausdehnende gelbe Wüste zum mittelländischen Meer strömenden Nil; nur an seinem letzten Ende breitet die ‚Gabe des Flusses‘, das Nildelta zwischen den mannigfaltigen Armen seiner Mündung sich zu beiden Seiten wieder aus. Auch der Ertrag dieser Strecken hängt Jahr für Jahr ab von dem Nil und den sechzehn Ellen seiner Schwelle, den den Vater umspielenden sechzehn Kindern, wie die Kunst der Griechen den Flußgott darstellt; mit gutem Grund nennen die Araber die niedrigen Ellen mit den Namen der Engel des Todes, denn erreicht der Fluß die volle Höhe nicht, so trifft das ganze ägyptische Land Hunger und Verderben. Im allgemeinen aber vermag Ägypten, wo die Bestellungskosten verschwindend niedrig sind, der Weizen hundertfältig trägt und auch die Gemüsezucht, der Weinbau, die Baumkultur, namentlich die Dattelpalme, und die Viehzucht guten Ertrag bringen, nicht bloß eine dichte Bevölkerung zu ernähren, sondern auch reichlich Getreide in das Ausland zu senden. Dies führte dazu, daß nach der Einsetzung der Fremdherrschaft dem Lande selbst von seinem Reichtum nicht viel verblieb. Ungefähr wie in persischer Zeit und wie heutzutage schwoll damals der Nil und fronten die Ägypter hauptsächlich für das Ausland und zunächst dadurch spielt Ägypten in der Geschichte des kaiserlichen Rom eine wichtige Rolle. Nachdem Italiens eigener Getreidebau gesunken und Rom die größte Stadt der Welt geworden war, bedurfte dasselbe der stetigen Zufuhr billigen überseeischen Getreides; und vor allem durch die Lösung der nicht leichten wirtschaftlichen Aufgabe die hauptstädtische Zufuhr finanziell möglich zu machen und sicher zu stellen hat der Prinzipat sich befestigt. Diese Lösung ruhte auf dem Besitz Ägyptens, und insofern hier der Kaiser ausschließlich gebot, hielt er durch Ägypten das Land Italien mit seinen Dependenzen in Schach. Als Vespasianus die Herrschaft ergriff, sandte er seine Truppen nach Italien, er selbst aber ging nach Ägypten und bemächtigte sich Roms durch die Kornflotte. Wo immer ein römischer Regent daran gedacht hat oder haben soll den Sitz der Regierung nach dem Osten zu verlegen, wie uns von Caesar, Antonius, Nero, Geta erzählt wird, da richten sich die Gedanken wie von selber nicht nach Antiocheia, obwohl dies damals die regelmäßige Residenz des Ostens war, sondern nach der Geburtsstätte und der festen Burg des Prinzipats, nach Alexandreia. — Deshalb war denn auch die römische Regierung auf die Hebung des Feldbaues in Ägypten eifriger bedacht als irgendwo sonst. Da derselbe von der Nilüberschwemmung abhängig ist, ward es möglich durch systematisch durchgeführte Wasserbauten, künstliche Kanäle, Dämme, Reservoirs die für den Feldbau geeignete Fläche bedeutend zu erweitern. In den guten Zeiten Ägyptens, des Heimatlandes der Meßschnur und des Kunstbaues, war dafür viel geschehen, aber diese segensreichen Anlagen unter den letzten elenden und finanziell bedrängten Regierungen in argen Verfall geraten. So führte die römische Besitznahme sich würdig damit ein, daß Augustus durch die in Ägypten stehenden Truppen die Nilkanäle einer durchgreifenden Reinigung und Erneuerung unterwarf. Wenn zur Zeit der römischen Besitzergreifung die volle Ernte einen Stand des Flusses von vierzehn Ellen erfordert hatte und bei acht Ellen Mißernte eintrat, so genügten später, nachdem die Kanäle instand gesetzt waren, schon zwölf Ellen für eine volle Ernte und gaben acht Ellen noch einen genügenden Ertrag. Jahrhunderte nachher hat Kaiser Probus Ägypten nicht bloß von den Äthiopiern befreit, sondern auch die Wasserbauten am Nil wieder instand gesetzt. Es darf überhaupt angenommen werden, daß die besseren Nachfolger Augusts in ähnlichem Sinne administrierten und daß, zumal bei der durch Jahrhunderte kaum unterbrochenen inneren Ruhe und Sicherheit, der ägyptische Ackerbau unter dem römischen Prinzipat in dauerndem Flor gestanden hat. Welche Rückwirkung diese Verhältnisse auf die Ägypter selbst hatten, vermögen wir genauer nicht zu verfolgen. Zu einem großen Teil beruhten die Einkünfte aus Ägypten auf dem kaiserlichen Domanialbesitz, welcher in römischer wie in früherer Zeit einen beträchtlichen Teil des ganzen Areals ausmachte; hier wird, zumal bei der wenig kostspieligen Bestellung, den Kleinpächtern, die dieselbe beschafften, nur eine mäßige Quote des Ertrags geblieben oder eine hohe Geldpacht auferlegt worden sein. Aber auch die zahlreichen und durchgängig kleineren Eigentümer werden eine hohe Grundsteuer in Getreide oder in Geld entrichtet haben. Die ackerbauende Bevölkerung, genügsam wie sie war, blieb in der Kaiserzeit wohl zahlreich; aber sicher lastete der Steuerdruck, sowohl an sich wie wegen der Verwendung des Ertrags im Ausland, schwerer auf Ägypten unter der römischen Fremdherrschaft als unter dem keineswegs schonenden Regiment der Ptolemäer.

Von der Wirtschaft Ägyptens bildete der Ackerbau nur einen Teil; wie dasselbe in dieser Hinsicht Syrien weit voranstand, so hatte es vor dem wesentlich agrikolen Afrika die hohe Blüte der

Fabriken und des Handels voraus. Die Linnenfabrikation in Ägypten steht an Alter und Umfang und Ruhm der syrischen mindestens gleich und hat, wenn auch die feineren Sorten in dieser Epoche vorzugsweise in Syrien und Phönikien fabriziert wurden, sich durch die ganze Kaiserzeit gehalten; als Aurelian die Lieferungen aus Ägypten andie Reichshauptstadt auf andere Gegenstände als Getreide erstreckte, fehlte unter diesen die Leinwand und der Werg nicht. In feinen Glaswaren behaupteten, sowohl in der Färbung wie in der Formung, die Alexandriner entschieden den ersten Platz, ja, wie sie meinten, insofern das Monopol, als gewisse beste Sorten nur mit ägyptischem Material herzustellen seien. Unbestritten hatten sie ein solches in dem Papyrus. Diese Pflanze, die im Altertum massenweise auf den Flüssen und Seen Unterägyptens kultiviert ward und sonst nirgends gedieh, lieferte den Eingeborenen sowohl Nahrung wie das Material für Stricke, Körbe und Kähne, das Schreibmaterial aber damals für die ganze schreibende Welt. Welchen Ertrag sie gebracht haben muß, ermißt man aus den Maßregeln, die der römische Senat ergriff, als einmal auf dem römischen Platz der Papyrus knapp ward und zu fehlen drohte; und da die mühsame Zubereitung nur an Ort und Stelle erfolgen kann, müssen zahllose Menschen davon in Ägypten gelebt haben. Auf Glas und Papyrus* erstreckten sich neben dem Leinen die von Aurelian zugunsten der Reichshauptstadt eingeführten alexandrinischen Warenlieferungen. Vielfach muß der Verkehr mit dem Osten auf die ägyptische Fabrikation bietend und verlangend eingewirkt haben. Gewebe wurden daselbst für den Export nach dem Orient fabriziert, und zwar in der durch den Landesgebrauch geforderten Weise: die gewöhnlichen Kleider der Bewohner von Habesch waren ägyptisches Fabrikat; nach Arabien und Indien gingen die Prachtstoffe besonders der in Alexandreia kunstvoll betriebenen Bunt- und Goldwirkerei. Ebenso spielten die in Ägypten angefertigten Glaskorallen in dem Handel der afrikanischen Küste dieselbe Rolle wie heutzutage. Indien bezog teils Glasbecher, teils unverarbeitetes Glas zur eigenen Fabrikation; selbst am chinesischen Hof sollen die Glasgefäße, mit welchen die römischen Fremden dem Kaiser huldigten, hohe Bewunderung erregt haben. Ägyptische Kaufleute brachten dem König der Axomiten (Habesch) als stehende Geschenke nach dortiger Landesart angefertigte Gold- und Silbergefäße, den zivilisierten Herrschern der südarabischen und der indischen Küste unter anderen Gaben auch

---

* Einem reichen Mann in Ägypten wurde nachgesagt, daß er seinen Palast mit Glas statt mit Marmor getäfelt habe und Papyrus und Leim genug besitze, um ein Heer damit zu füttern (vita Firmi 3).

Statuen, wohl von Bronze, und musikalische Instrumente. Dagegen sind die Materialien der Luxusfabrikation, die aus dem Orient
kamen, insbesondere Elfenbein und Schildpatt, schwerlich vorzugsweise in Ägypten, hauptsächlich wohl in Rom verarbeitet
worden. Endlich kam in einer Epoche, welche in öffentlichen Pracht-
bauten ihresgleichen niemals in der Welt gehabt hat, das kostbare
Baumaterial, welches die ägyptischen Steinbrüche lieferten, in
ungeheuren Massen auch außerhalb Ägyptens zur Verwendung:
der schöne rote Granit von Syene, die Breccia verde aus der Gegend von Kosêr, der Basalt, der Alabaster, seit Claudius der graue
Granit und besonders der Porphyr der Berge oberhalb Myos Hormos. Die Gewinnung derselben ward allerdings größtenteils für
kaiserliche Rechnung durch Strafkolonisten bewirkt; aber wenigstens der Transport muß dem ganzen Lande und namentlich der
Stadt Alexandreia zugute gekommen sein. Welchen Umfang der
ägyptische Verkehr und die ägyptische Fabrikation gehabt hat,
zeigt eine zufällig erhaltene Notiz über die Ladung eines durch
seine Größe ausgezeichneten Lastschiffes (ἄκατος), das unter Augustus den jetzt an der Porta del Popolo stehenden Obelisken mit
seiner Basis nach Rom brachte; es führte außerdem 200 Matrosen,
1200 Passagiere, 400000 röm. Scheffel (34000 Hektoliter) Weizen
und eine Ladung von Leinwand, Glas, Papier und Pfeffer. ‚Alexandreia‘, sagt ein römischer Schriftsteller des 3. Jahrhunderts*, ‚ist
eine Stadt der Fülle, des Reichtums und der Üppigkeit, in der niemand müßig geht; dieser ist Glasarbeiter, jener Papierfabrikant,
der dritte Leinweber; der einzige Gott ist das Geld.‘ Es gilt dies
verhältnismäßig von dem ganzen Lande.

Von dem Handelsverkehr Ägyptens mit den südlich angrenzenden Landschaften sowie mit Arabien und Indien wird weiterhin
eingehend die Rede sein. Derjenige mit den Ländern des Mittelmeers tritt in der Überlieferung weniger hervor, zum Teil wohl
weil er zu dem gewöhnlichen Gang der Dinge gehörte und nicht
oft sich Veranlassung fand seiner besonders zu gedenken. Das
ägyptische Getreide wurde von alexandrinischen Schiffern nach
Italien geführt und infolgedessen entstand in Portus bei Ostia
ein dem alexandrinischen Sarapistempel nachgebildetes Heiligtum
mit einer Schiffergemeinde; aber an dem Vertrieb der aus Ägypten

---

* Daß der angebliche Brief Hadrians (vita Saturnini 8) ein spätes Mach-
werk ist, zeigt zum Beispiel, daß der Kaiser sich in diesem an seinen Schwager
Servianus gerichteten höchst freundschaftlichen Brief beklagt über die In-
jurien, mit denen die Alexandriner bei seiner ersten Abreise seinen Sohn Verus
überhäuft hätten, während andrerseits feststeht, daß dieser Servianus neunzig-
jährig im J. 136 hingerichtet ward, weil er die kurz zuvor erfolgte Adoption
des Verus gemißbilligt hatte.

nach dem Westen gehenden Waren werden diese Lastschiffe
schwerlich in bedeutendem Umfang beteiligt gewesen sein. Dieser
lag wahrscheinlich ebensosehr und vielleicht mehr in der Hand der
italischen Reeder und Kapitäne als der ägyptischen; wenigstens
gab es schon unter den Lagiden eine ansehnliche italische Nieder-
lassung in Alexandreia und haben im Okzident die ägyptischen
Kaufleute nicht die gleiche Verbreitung gehabt wie die syrischen.
Die später zu erwähnenden Anordnungen Augusts, welche auf
dem Arabischen und dem Indischen Meer den Handelsverkehr um-
gestalteten, fanden auf die Schiffahrt des mittelländischen keine
Anwendung; die Regierung hatte kein Interesse daran hier die
ägyptischen Kaufleute vor den übrigen zu begünstigen. Es blieb
dort der Verkehr vermutlich wie er war.

Ägypten war also nicht bloß in seinen anbaufähigen Teilen mit
einer dichten ackerbauenden Bevölkerung besetzt, sondern auch,
wie schon die zahlreichen und zum Teil sehr ansehnlichen Flecken
und Städte dies erkennen lassen, ein Fabrikland, und daher denn
auch weitaus die am stärksten bevölkerte Provinz des römischen
Reiches. Das alte Ägypten soll eine Bevölkerung von 7 Millionen
gehabt haben; unter Vespasian zählte man in den offiziellen
Listen 7½ Million kopfsteuerpflichtiger Einwohner, wozu die von
der Kopfsteuer befreiten Alexandriner und sonstigen Griechen,
sowie die wahrscheinlich nicht sehr zahlreichen Sklaven hinzu-
treten, so daß die Bevölkerung mindestens auf 8 Millionen Köpfe
anzusetzen ist. Da das anbaufähige Areal heutzutage auf 500
deutsche Quadratmeilen, für die römische Zeit höchstens auf 700
veranschlagt werden kann, so wohnten damals in Ägypten auf der
Quadratmeile durchschnittlich etwa 11000 Menschen.

Wenn wir den Blick auf die Bewohner Ägyptens richten, so sind
die beiden das Land bewohnenden Nationen, die große Masse der
Ägypter und die kleine Minderzahl der Alexandriner, durchaus
verschiedene Kreise*, wenngleich zwischen beiden die Anstek-
kungskraft des Lasters und die allem Laster eigene Gleichartigkeit eine schlimme Gemeinschaft des Bösen gestiftet hat.

Die eingeborenen Ägypter werden von ihren heutigen Nachkommen weder in der Lage noch in der Art sich weit entfernt
haben. Sie waren genügsam, nüchtern, arbeitsfähig und tätig, ge-

---

* Nachdem Juvenal die wüsten Zechgelage der eingeborenen Ägypter zu
Ehren der Lokalgötter der einzelnen Nomen geschildert hat, fügt er hinzu,
daß darin die Eingeborenen dem Kanopos, das heißt dem durch seine zügel-
lose Ausgelassenheit berüchtigten alexandrinischen Sarapisfest (Strabon 17,
1, 17 p. 801) in keiner Hinsicht nachständen: *horrida sane Aegyptus, sed lu-
xuria, quantum ipse notavi, barbara famoso non cedit turba Canopo* (sat. 15, 44).

schickte Handwerker und Schiffer und gewandte Kaufleute, festhaltend am alten Herkommen und am alten Glauben. Wenn die Römer versichern, daß die Ägypter stolz seien auf die Geißelmale wegen begangener Steuerdefrauden, so sind dies Anschauungen vom Standpunkt aus des Steuerbeamten. Es fehlte in der nationalen Kultur nicht an guten Keimen; bei aller Überlegenheit der Griechen auch in dem geistigen Kampfe der beiden so völlig verschiedenen Rassen hatten die Ägyptier wieder manche und wesentliche Dinge vor den Hellenen voraus, und sie empfanden dies auch. Es ist schließlich doch der Rückschlag ihrer eigenen Empfindung, wenn die ägyptischen Priester der griechischen Unterhaltungsliteratur die von den Hellenen sogenannte Geschichtsforschung und ihre Behandlung poetischer Märchen als wirklicher Überlieferung aus vergangenen Urzeiten verspotten; in Ägypten mache man keine Verse, aber ihre ganze alte Geschichte sei eingeschrieben auf den Tempeln und Gedächtnissteinen; freilich seien jetzt nur noch wenige derselben kundig, da viele Denkmale zerstört seien und die Überlieferung zugrunde gehe durch die Unwissenheit und die Gleichgültigkeit der Späteren. Aber diese berechtigte Klage trägt in sich selbst die Hoffnungslosigkeit; der ehrwürdige Baum der ägyptischen Zivilisation war längst zum Niederschlagen gezeichnet. Der Hellenismus drang zersetzend bis an die Priesterschaft selbst. Ein ägyptischer Tempelschreiber Chaeremon, der als Lehrer der griechischen Philosophie an den Hof des Claudius für den Kronprinzen berufen ward, legte in seiner ‚ägyptischen Geschichte‘ den alten Landesgöttern die Elemente der stoischen Physik unter und die in der Landesschrift geschriebenen Urkunden in diesem Sinne aus. In dem praktischen Leben der Kaiserzeit kam das alte ägyptische Wesen fast nur noch in Betracht auf dem religiösen Gebiet. Religion war diesem Volke eins und alles. Die Fremdherrschaft an sich wurde willig ertragen, man möchte sagen kaum empfunden, solange sie die heiligen Gebräuche des Landes und was damit zusammenhing nicht antastete. Freilich hing damit in dem inneren Landesregiment so ziemlich alles zusammen, Schrift und Sprache, Priesterprivilegien und Priesterhoffart, Hofsitte und Landesart; die Fürsorge der Regierung für den derzeit lebenden heiligen Ochsen, die Leistungen für dessen Bestattung bei seinem Ableben und für die Auffindung des geeigneten Nachfolgers galten diesen Priestern und diesem Volke als das Kriterium der Tüchtigkeit des jedesmaligen Landesherrn und als der Maßstab für die ihm schuldige Achtung und Treue. Der erste Perserkönig führte sich damit in Ägypten ein, daß er das Heiligtum der Neith in Sais seiner Bestimmung, das heißt den Priestern zurück-

gab; der erste Ptolemäos brachte, noch als makedonischer Statthalter, die nach Asien entführten ägyptischen Götterbilder an
ihre alte Stätte zurück und restituierte den Göttern von Pe und
Tep die ihnen entfremdeten Landschenkungen; für die bei dem
großen Siegeszuge des Euergetes aus Persien heimgebrachten
heiligen Tempelbilder statten die Landespriester in dem berühmten
kanopischen Dekret vom J. 238 vor Chr. dem König ihren Dank
ab; die landübliche Einreihung der lebenden Herrscher und Herr-
scherinnen in den Kreis der Landesgötter haben diese Ausländer
ebenso mit sich vornehmen lassen wie die ägyptischen Pharaonen.
Die römischen Herrscher sind diesem Beispiel nur in beschränktem
Maße gefolgt. In der Titulatur gingen sie wohl, wie wir sahen,
einigermaßen auf den Landeskultus ein, vermieden aber doch,
selbst in ägyptischer Fassung, die mit den okzidentalischen Anschauungen in allzu grellem Kontrast stehenden landüblichen
Prädikate. Da diese Lieblinge des Ptah und der Isis in Italien
gegen die ägyptische Götterverehrung ähnlich wie gegen die
jüdische einschritten, ließen sie von solcher Liebe sich erklärlicher-
weise außerhalb der Hieroglyphen nichts merken und beteiligten
sich auch in Ägypten in keiner Weise an dem Dienst der Landesgötter. Wie hartnäckig immer die Landesreligion noch unter der
Fremdherrschaft bei den eigentlichen Ägyptern festgehalten ward,
die Pariastellung, in welcher diese selbst neben den herrschenden
Griechen und Römern sich befanden, drückte notwendig auf den
Kultus und die Priester, und von der führenden Stellung, dem
Einflusse, der Bildung des alten ägyptischen Priesterstandes sind
unter dem römischen Regiment nur dürftige Reste wahrzunehmen.
Dagegen diente die von Hause aus schöner Gestaltung und geisti-
ger Verklärung abgewandte Landesreligion in und außer Ägypten
als Ausgangs- und Mittelpunkt für allen erdenklichen frommen
Zauber und heiligen Schwindel — es genügt dafür zu erinnern
an den in Ägypten heimischen dreimal größten Hermes mit der
an seinen Namen sich knüpfenden Literatur von Traktätchen
und Wunderbüchern sowie der entsprechenden weitverbreiteten
Praxis. In den Kreisen aber der Eingeborenen knüpften sich in
dieser Epoche an den Kultus die ärgsten Mißbräuche — nicht
bloß viele Tage hindurch fortgesetzte Zechgelage zu Ehren der
einzelnen Ortsgottheiten mit der dazugehörigen Unzucht, sondern
auch dauernde Religionsfehden zwischen den einzelnen Sprengeln
um den Vorrang des Ibis vor der Katze, des Krokodils vor dem
Pavian. Im J. 127 n. Chr. wurden wegen eines solchen Anlasses
die Ombiten im südlichen Ägypten von einer benachbarten Gemeinde bei einem Festgelage überfallen und es sollen die Sieger

einen der Erschlagenen gefressen haben. Bald nachher verzehrte
die Hundegemeinde der Hechtgemeinde zum Trotz einen Hecht
und diese jener zum Trotz einen Hund und es brach darüber
zwischen diesen beiden Nomen ein Krieg aus, bis die Römer einschritten und beide Parteien abstraften. Dergleichen Vorgänge
waren in Ägypten an der Tagesordnung. Auch sonst fehlte es an
Unruhen im Lande nicht. Gleich der erste von Augustus bestellte
Vizekönig von Ägypten mußte wegen vermehrter Steuern Truppen
nach Oberägypten senden, nicht minder, vielleicht ebenfalls infolge des Steuerdrucks, nach Heroonpolis am oberen Ende des
Arabischen Meerbusens. Einmal, unter Kaiser Marcus, nahm ein
Aufstand der eingeborenen Ägypter sogar einen bedrohlichen
Charakter an. Als in den schwer zugänglichen Küstensümpfen
ostwärts von Alexandreia, der sogenannten ‚Rinderweide' (bucolia),
welche den Verbrechern und den Räubern als Zufluchtsort diente
und eine Art Kolonie derselben bildete, einige Leute von einer
römischen Truppenabteilung aufgegriffen wurden, erhob sich zu
deren Befreiung die ganze Räuberschaft und die Landbevölkerung
schloß sich an. Die römische Legion aus Alexandreia ging ihnen
entgegen, aber sie wurde geschlagen und fast wäre Alexandreia
selbst den Aufständischen in die Hände gefallen. Der Statthalter
des Ostens Avidius Cassius rückte wohl mit seinen Truppen ein,
wagte aber auch nicht gegen die Überzahl den Kampf, sondern
zog es vor, in dem Bunde der Aufständischen Zwietracht hervorzurufen; nachdem die eine Bande gegen die andere stand, wurde
die Regierung leicht ihrer aller Herr. Auch dieser sogenannte
Rinderhirtenaufstand hat wahrscheinlich, wie dergleichen Bauern-
kriege meistens, einen religiösen Charakter getragen; der Führer
Isidoros, der tapferste Mann Ägyptens, war seinem Stande nach
ein Priester, und daß zur Bundesweihe nach Ableistung des Eides
ein gefangener römischer Offizier geopfert und von den Schwören-
den gegessen ward, paßt sowohl dazu wie zu dem Kannibalismus
des Ombitenkrieges. Einen Nachklang dieser Vorgänge bewahren
die ägyptischen Räubergeschichten der spätgriechischen untergeordneten Literatur. Wie sehr übrigens dieselben der römischen
Verwaltung zu schaffen gemacht haben mögen, einen politischen
Zweck haben sie nicht gehabt und auch die allgemeine Ruhe des
Landes nur partiell und temporär unterbrochen.

Neben den Ägyptern stehen die Alexandriner, einigermaßen
wie in Ostindien die Engländer neben den Landeseingeborenen.
Allgemein gilt Alexandreia in der vorconstantinischen Kaiserzeit
als die zweite Stadt des römischen Reiches und die erste Handelsstadt der Welt. Sie zählte am Ende der Lagidenherrschaft über

300000 freie Einwohner, in der Kaiserzeit ohne Zweifel noch mehr. Die Vergleichung der beiden großen im Wetteifer miteinander erwachsenen Kapitalen am Nil und am Orontes ergibt ebenso viele Gleichartigkeiten wie Gegensätze. Beides sind verhältnismäßig neue Städte, monarchische Schöpfungen aus dem Nichts, von planmäßiger Anlage und regelmäßiger städtischer Einrichtung; das Wasser läuft in jedem Hause wie in Antiocheia so auch in Alexandreia. An Schönheit der Lage und Pracht der Gebäude war die Stadt im Orontestal der Rivalin ebenso überlegen wie diese ihr in der Gunst der Örtlichkeit für den Großhandel und an Volkszahl. Die großen öffentlichen Bauten der ägyptischen Hauptstadt, der königliche Palast, das der Akademie gewidmete Museion, vor allem der Tempel des Sarapis waren Wunderwerke einer früheren architektonisch hoch entwickelten Epoche; aber der großen Zahl kaiserlicher Anlagen in der syrischen Residenz hat die von wenigen der Caesaren betretene ägyptische Hauptstadt nichts Entsprechendes entgegenzustellen.

In der Unbotmäßigkeit und der Oppositionslust gegen das Regiment stehen Antiochener und Alexandriner einander gleich; man kann hinzusetzen auch darin, daß beide Städte, und namentlich Alexandreia eben unter der römischen Regierung und durch dieselbe blühten und viel mehr Ursache hatten zu danken als zu frondieren. Wie die Alexandriner sich zu ihren hellenischen Regenten verhielten, davon zeugt die lange Reihe zum Teil noch heute gebräuchlicher Spottnamen, welche die königlichen Ptolemeer ohne Ausnahme dem Publikum ihrer Hauptstadt verdankten. Auch Kaiser Vespasianus empfing von den Alexandrinern für die Einführung einer Steuer auf Salzfisch den Titel des Sardellensäcklers (Κυβιοσάκτης), der Syrer Severus Alexander den des Oberrabbiners; aber die Kaiser kamen selten nach Ägypten und die fernen und fremden Herrscher boten diesem Spott keine rechte Zielscheibe. In ihrer Abwesenheit widmete das Publikum wenigstens den Vizekönigen die gleiche Aufmerksamkeit mit beharrlichem Eifer; selbst die Aussicht auf unausbleibliche Züchtigung vermochte die oft witzige und immer freche Zunge dieser Städter nicht zum Schweigen zu bringen. Vespasian begnügte sich in Vergeltung jener ihm bewiesenen Aufmerksamkeit die Kopfsteuer um sechs Pfennige zu erhöhen und bekam dafür den weiteren Namen des Sechspfennigmanns; aber ihre Reden über Severus Antonus, den kleinen Affen des großen Alexander und den Geliebten der Mutter Iokaste, sollten ihnen teurer zu stehen kommen. Der tückische Herrscher erschien in aller Freundschaft und ließ sich vom Volke feiern, dann aber seine Soldaten auf die festliche Menge einhauen, so daß tagelang die Plätze und Straßen der großen Stadt in Blut schwammen; ja er ordnete die Auflösung der Akademie an und die Verlegung der Legion in die Stadt selbst, was freilich beides nicht zur Ausführung kam. Aber wenn es in Antiocheia in der Regel bei den Spottreden blieb, so griff der alexandrinische Pöbel bei dem geringsten Anlaß zum Stein und zum Knittel. Im Krawallieren, sagt ein selbst alexandrinischer Gewährsmann, sind die Ägypter allen anderen voraus; der kleinste Funken genügt hier um einen Tumult zu entfachen. Wegen versäumter Visiten, wegen Konfiskation verdorbener Lebensmittel, wegen Ausschließung aus einer Badeanstalt, wegen eines Streites zwischen dem Sklaven eines vornehmen Alexandriners und einem römischen Infanteristen über den Wert oder Unwert der beiderseitigen Pantoffel haben die Legionen auf die Bürgerschaft von Alexandreia einhauen müssen. Es kam hier zum Vorschein, daß die niedere Schicht der alexandrinischen Bevölkerung zum größeren Teil aus Eingeborenen bestand; bei diesen Aufläufen spielten die Griechen freilich die Anstifter, wie denn die Rhetoren, das heißt hier die Hetzredner, dabei ausdrücklich erwähnt werden*, aber im weiteren Verlauf tritt dann die Tücke und die Wildheit des eigentlichen Ägypters ins Gefecht. Die Syrer sind feige und als Soldaten sind es die Ägypter auch; aber im Straßentumult sind sie imstande einen Mut zu entwickeln, der eines besseren Zieles würdig wäre**. An den Rennpferden ergötzten sich die Antiochener wie die Alexandriner; aber hier endigte kein Wagenrennen ohne Steinwürfe und Messerstiche. Von der Judenhetze unter Kaiser Gaius wurden beide Städte ergriffen; aber in Antiocheia genügte ein ernstes Wort der Behörde, um ihr ein Ende zu machen, während der alexandrinischen, von einigen Bengeln durch eine Puppenparade angezettelten, Tausende von Menschenleben zum Opfer fielen. Die Alexandriner, heißt es, gaben, wenn ein Auflauf entstand, nicht Frieden, bevor sie Blut gesehen hatten. Die römischen

---

* Dio Chrysostomus sagt in seiner Ansprache an die Alexandriner (or. 32 p. 663 Reiske): ‚Weil nun (die Verständigen) zurücktreten und schweigen, daher entstehen bei euch die ewigen Streitigkeiten und Händel und das wüste Geschrei und die schlimmen und zügellosen Reden, die Ankläger, die Verdächtigungen, die Prozesse, der Rednerpöbel.‘ In der alexandrinischen Judenhetze, die Philon so drastisch schildert, sieht man diese Volksredner an der Arbeit.

** Dio Cassius 39, 58: ‚Die Alexandriner leisten in aller Hinsicht das Mögliche an Dreistigkeit und reden heraus, was ihnen in den Mund kommt. Im Krieg und seinen Schrecken benehmen sie sich feige; bei den Aufläufen aber, die bei ihnen sehr häufig und sehr ernst sind, greifen sie ohne weiteres zum Totschlagen und achten um des augenblicklichen Erfolgs willen das Leben für nichts, ja sie gehen in ihr Verderben, als handelte es sich um die höchsten Dinge.‘

Beamten und Offiziere hatten daselbst einen schweren Stand. ‚Alexandreia‘, sagt ein Berichterstatter aus dem 4. Jahrhundert, ‚betreten die Statthalter mit Zittern und Zagen, denn sie fürchten die Volksjustiz; wo ein Statthalter ein Unrecht begeht, da folgt sofort das Anstecken des Palastes und die Steinigung‘. Das naive Vertrauen auf die Gerechtigkeit dieser Prozedur bezeichnet den Standpunkt des Schreibers, der zu diesem ‚Volke‘ gehört hat. Die Fortsetzung dieses die Regierung wie die Nation gleich entehrenden Lynchsystems liefert die sogenannte Kirchengeschichte, die Ermordung des den Heiden und den Orthodoxen gleich mißliebigen Bischofs Georgios und seiner Genossen unter Julian und die der schönen Freidenkerin Hypatia durch die fromme Gemeinde des Bischofs Kyrillos unter Theodosius II. Tückischer, unberechenbarer, gewalttätiger waren diese alexandrinischen Aufläufe als die antiochenischen, aber ebenso wie diese weder für den Bestand des Reiches gefährlich noch auch nur für die einzelne Regierung. Leichtfertige und bösartige Buben sind recht unbequem, aber auch nur unbequem, im Hause wie im Gemeinwesen.

Auch in dem religiösen Wesen haben beide Städte eine analoge Stellung. Den Landeskultus, wie die einheimische Bevölkerung ihn in Syrien wie in Ägypten festhielt, haben in seiner ursprünglichen Gestalt wie die Antiochener so auch die Alexandriner abgelehnt. Aber wie die Seleukiden, so haben auch die Lagiden sich wohl gehütet an den Grundlagen der alten Landesreligion zu rütteln und nur die älteren nationalen Anschauungen und Heiligtümer mit den schmiegsamen Gestalten des griechischen Olymp verquickend sie äußerlich einigermaßen hellenisiert, zum Beispiel den griechischen Gott der Unterwelt, den Pluton unter dem bis dahin wenig genannten ägyptischen Götternamen Sarapis in den Landeskultus eingeführt und auf diesen dann den alten Osiriskult allmählich übertragen. So spielten die echt ägyptische Isis und der pseudo-ägyptische Sarapis in Alexandreia eine ähnliche Rolle wie in Syrien der Belos und der Elagabalos, und drangen auch in ähnlicher Weise wie diese, wenngleich weniger mächtig und heftiger angefochten, in der Kaiserzeit allmählich in den okzidentalischen Kultus ein. In der bei Gelegenheit dieser religiösen Gebräuche und Feste entwickelten Unsittlichkeit und der durch priesterlichen Segen approbierten und stimulierten Unzucht hatten beide Städte sich einander nichts vorzuwerfen. — Bis in späte Zeit hinab hat der alte Kultus in dem frommen Lande Ägypten seine festeste Burg behauptet. *Die Restauration des alten Glau-

* Der oft angeführte anonyme Verfasser einer Reichsbeschreibung aus der Zeit des Constantius, ein guter Heide, preist Ägypten namentlich auch

bens sowohl wissenschaftlich in der an denselben sich anlehnenden
Philosophie wie auch praktisch in der Abwehr der von den Christen
gegen den Polytheismus gerichteten Angriffe und in der Wiederbelebung des heidnischen Tempeldienstes und der heidnischen
Mantik hat ihren rechten Mittelpunkt in Alexandreia. Als dann
der neue Glaube auch diese Burg eroberte, blieb die Landesart
sich dennoch treu; die Wiege des Christentums ist Syrien, die des

wegen seiner musterhaften Frömmigkeit: ‚Nirgends werden die Mysterien der
Götter so gut gefeiert wie dort von alters her und noch heute‘. Freilich, fügt
er hinzu, meinten einige, daß die Chaldäer — er meint den syrischen Kult —
die Götter besser verehrten; aber er halte sich an das, was er mit Augen gesehen. ‚Hier gibt es Heiligtümer aller Art und prächtig geschmückte Tempel
und in Menge finden sich Küster und Priester und Propheten und Gläubige
und treffliche Theologen, und alles geht nach seiner Ordnung, du findest die
Altäre immer von Flammen lodern und die Priester mit ihren Binden und die
Weihrauchfässer mit herrlich duftenden Spezereien‘. Aus derselben Zeit etwa
(nicht von Hadrian) und offenbar auch von kundiger Hand rührt eine andere
boshaftere Schilderung her (vita Saturnini 8): ‚Wer in Ägypten den Sarapis
verehrt, ist auch Christ, und die sich christliche Bischöfe nennen, verehren
gleichfalls den Sarapis; jeder Großrabbi der Juden, jeder Samariter, jeder
christliche Geistliche ist da zugleich ein Zauberer, ein Prophet, ein Quacksalber (aliptes). Selbst wenn der Patriarch nach Ägypten kommt, fordern die
einen, daß er zum Sarapis, die andern, daß er zu Christus bete‘. Diese Diatribe
hängt sicher damit zusammen, daß die Christen den ägyptischen Gott für den
Joseph der Bibel erklärten, den Urenkel der Sara und mit Recht den Scheffel
tragend. In ernsterem Sinn faßt die Lage der ägyptischen Altgläubigen der vermutlich dem 3. Jahrhundert angehörige Verfasser des in lateinischer Übersetzung unter den dem Apuleius beigelegten Schriften erhaltenen Götter-
gesprächs, in welchem der dreimal größte Hermes dem Asklepios die zukünf-
tigen Dinge verkündet: ‚Du weißt doch, Asklepios, daß Ägypten ein Abbild
des Himmels oder, um richtiger zu reden, eine Übersiedelung und Niederfahrt
der ganzen himmlischen Waltung und Tätigkeit ist; ja, um noch richtiger zu
reden, unser Vaterland ist der Tempel des gesamten Weltalls. Und dennoch:
eintreten wird eine Zeit, wo es den Anschein gewinnt, als hätte Ägypten vergeblich mit frommem Sinn in emsigem Dienst das Göttliche gehegt, wo alle
heilige Verehrung der Götter erfolglos und verfehlt sein wird. Denn die Gottheit wird zurück in den Himmel sich begeben, Ägypten wird verlassen und das
Land, welches der Sitz der Götterdienste war, wird der Anwesenheit göttlicher
Macht beraubt und auf sich selbst angewiesen sein. Dann wird dieses geweihte
Land, die Stätte der Heiligtümer und Tempel, dicht mit Gräbern und Leichen
angefüllt sein. O Ägypten, Ägypten, von deinen Götterdiensten werden nur
Gerüchte sich erhalten und auch diese werden deinen kommenden Geschlechtern unglaublich dünken, nur Worte werden sich erhalten auf den Steinen,
die von deinen frommen Taten erzählen, und bewohnen wird Ägypten der
Skythe oder Inder oder sonst einer aus dem benachbarten Barbarenland. Neue
Rechte werden eingeführt werden, neues Gesetz, nichts heiliges, nichts gottes-
fürchtiges, nichts des Himmels und der Himmlischen würdiges wird gehört
noch im Geiste geglaubt werden. Eine schmerzliche Trennung der Götter von
den Menschen tritt ein; nur die bösen Engel bleiben da, die unter die Menschheit sich mengen‘.

Mönchtums Ägypten. Von der Bedeutung und der Stellung der Judenschaft, in welcher ebenfalls beide Städte sich gleichen, ist schon in anderer Verbindung die Rede gewesen. Von der Regierung ins Land gerufene Einwanderer wie die Hellenen, standen sie wohl diesen nach und waren kopfsteuerpflichtig wie die Ägypter, aber hielten sich und galten mehr als diese. Ihre Zahl betrug unter Vespasian eine Million, etwa den achten Teil der Gesamtbevölkerung Ägyptens, und wie die Hellenen wohnten sie vorzugsweise in der Hauptstadt, von deren fünf Vierteln zwei jüdisch waren. An anerkannter Selbständigkeit, an Ansehen, Bildung und Reichtum war die alexandrinische Judenschaft schon vor dem Untergang Jerusalems die erste der Welt; und infolgedessen hat ein guter Teil der letzten Akte der jüdischen Tragödie, wie dies früher dargelegt worden ist, auf ägyptischem Boden sich abgespielt.

Alexandreia wie Antiocheia sind vorzugsweise Sitze der wohlhabenden Handels- und Gewerbetreibenden; aber in Antiocheia fehlt der Seehafen und was daran hängt, und wie rege es dort auf den Gassen herging, sie hielten doch keinen Vergleich aus gegen das Leben und Treiben der alexandrinischen Fabrikarbeiter und Matrosen. Dagegen hatte für den Lebensgenuß, das Schauspiel, das Diner, die Liebesfreuden Antiocheia mehr zu bieten als die Stadt, in der ‚niemand müßig ging'. Auch das eigentliche vorzugsweise an die rhetorischen Exhibitionen anknüpfende Literatentreiben, welches wir in der Schilderung Kleinasiens skizzierten, trat in Ägypten zurück*, wohl mehr im Drang der Geschäfte des Tages als durch den Einfluß der zahlreichen und gut bezahlten in Alexandreia lebenden und großenteils auch dort heimischen Gelehrten. Für den Gesamtcharakter der Stadt kamen diese Männer des Museums, von denen noch weiter die Rede sein wird, vor allem wenn sie in fleißiger Arbeit ihre Schuldigkeit taten, nicht in hervorragender Weise in Betracht. Die alexandrinischen Ärzte aber galten als die besten im ganzen Reich; freilich war Ägypten nicht minder die rechte Heimstätte der Quacksalber und der Geheimmittel und jener wunderlichen zivilisierten Form der Schäfermedizin, in welcher fromme Einfalt und spekulierender Betrug sich im Mantel der Wissenschaft drapieren. Des dreimal größten

---

* Als die Römer von dem berühmten Rhetor Proaeresios (Ende 3., Anf. 4. Jh.) einen seiner Schüler für einen Lehrstuhl erbitten, sendet er ihnen den Eusebios aus Alexandreia; ‚hinsichtlich der Rhetorik', heißt es von diesem ‚genügt es zu sagen, daß er ein Ägyptier war; denn dieses Volk treibt zwar mit Leidenschaft das Versemachen, aber die ernste Redekunst (ὁ σπουδαῖος Ἑρμῆς) ist bei ihnen nicht zu Hause'. Die merkwürdige Wiederaufnahme der griechischen Poesie in Ägypten, der zum Beispiel das Epos des Nonnos angehört, liegt jenseit der Grenzen unserer Darstellung.

Hermes haben wir schon gedacht; auch der alexandrinische Sarapis hat im Altertum mehr Wunderkuren verrichtet als irgendeiner seiner Kollegen und selbst den praktischen Kaiser Vespasian angesteckt, daß auch er die Blinden und Lahmen heilte, jedoch nur in Alexandreia.

Obgleich der Platz, welchen Alexandreia in der geistigen und literarischen Entwickelung des späteren Griechenlands und der okzidentalischen Kultur überhaupt einnimmt oder einzunehmen scheint, nicht in einer Schilderung der örtlichen Zustände Ägyptens, sondern nur in derjenigen dieser Entwickelung selbst entsprechend gewürdigt werden kann, ist das alexandrinische Gelehrtenwesen und dessen Fortdauer unter dem römischen Regiment eine allzu merkwürdige Erscheinung, um nicht auch in dieser Verbindung in seiner allgemeinen Stellung berührt zu werden. Daß die Verschmelzung der orientalischen und der hellenischen Geisteswelt neben Syrien vorzugsweise in Ägypten sich vollzog, wurde schon bemerkt; und wenn der neue Glaube, der den Okzident erobern sollte, von Syrien ausging, so kam die ihm homogene Wissenschaft, diejenige Philosophie, welche neben dem Menschengeist und außerhalb desselben den überweltlichen Gott und die göttliche Offenbarung anerkennt und verkündet, vorzugsweise aus Ägypten, wahrscheinlich schon der neue Pythagoreismus, sicher das philosophische Neujudentum, von dem früher die Rede war sowie der neue Platonismus, dessen Begründer, der Ägypter Plotinos, ebenfalls schon erwähnt ward. Auf dieser vorzugsweise in Alexandreia sich vollziehenden Durchdringung der hellenischen und der orientalischen Elemente beruht es hauptsächlich, daß, wie dies in der Darstellung der italischen Verhältnisse näher darzulegen ist, der dortige Hellenismus in der früheren Kaiserzeit vorzugsweise ägyptische Form trägt. Wie die an Pythagoras, Moses, Platon anknüpfenden altneuen Weisheiten von Alexandreia aus in Italien eindrangen, so spielte die Isis und was dazu gehört die erste Rolle in der bequemen Modefrömmigkeit, welche die römischen Poeten der augustischen Zeit und die pompeianischen Tempel aus der des Claudius uns zeigen. Die ägyptische Kunstübung herrscht vor in den campanischen Fresken derselben Epoche wie in der tiburtinischen Villa Hadrians. Dem entspricht die Stellung, welche das alexandrinische Gelehrtenwesen in dem geistigen Leben der Kaiserzeit einnimmt. Nach außen hin beruht dasselbe auf der staatlichen Pflege der geistigen Interessen und würde mit mehr Recht an den Namen Alexanders anknüpfen als an den Alexandreias; es ist die Realisierung des Gedankens, daß in einem gewissen Stadium der Zivilisation Kunst und Wissenschaft durch das Ansehen und die Machtmittel des Staats gestützt und gefördert werden müssen, die Konsequenz des genialen Moments der Weltgeschichte, welcher Alexander und Aristoteles nebeneinander stellte. Es soll hier nicht gefragt werden, wie in dieser mächtigen Konzeption Wahrheit und Irrtum, Beschädigung und Hebung des geistigen Lebens sich miteinander mischen, nicht die dürftige Nachblüte des göttlichen Singens und des hohen Denkens der freien Hellenen einmal mehr gestellt werden neben den üppigen und doch auch großartigen Ertrag des späteren Sammelns, Forschens und Ordnens. Konnten die Institutionen, welche diesem Gedanken entsprangen, der griechischen Nation unwiederbringlich Verlorenes nicht oder, was schlimmer ist, nur scheinhaft erneuern, so haben sie ihr auf dem noch freien Bauplatz der geistigen Welt den einzig möglichen und auch einen herrlichen Ersatz gewährt. Für unsere Erwägung kommen vor allem die örtlichen Verhältnisse in Betracht. Kunstgärten sind einigermaßen unabhängig vom Boden, und nicht anders ist es mit diesen wissenschaftlichen Institutionen, nur daß sie ihrem Wesen nach an die Höfe gewiesen sind. Die materielle Unterstützung kann ihnen auch anderswo zuteil werden; aber wichtiger als diese ist die Gunst der höchsten Kreise, die ihnen die Segel schwellt, und die Verbindungen, welche in den großen Zentren zusammenlaufend diese Kreise der Wissenschaft füllen und erweitern. In der besseren Zeit der Alexandermonarchien hatte es solcher Centren so viele gegeben als es Staaten gab, und dasjenige des Lagidenhofs war nur das angesehenste unter ihnen gewesen. Die römische Republik hatte die übrigen eines nach dem andern in ihre Gewalt gebracht und mit den Höfen auch die dazugehörigen wissenschaftlichen Anstalten und Kreise beseitigt. Daß der künftige Augustus, als er den letzten dieser Höfe aufhob, die damit verknüpften gelehrten Institute bestehen ließ, ist die rechte und nicht die schlechteste Signatur der veränderten Zeit. Der energischere und höhere Philhellenismus des Caesarenregiments unterschied sich zu seinem Vorteil von dem republikanischen dadurch, daß er nicht bloß griechischen Literaten in Rom zu verdienen gab, sondern die große Tutel der griechischen Wissenschaft als einen Teil der Alexanderherrschaft betrachtete und behandelte. Freilich war, wie in dieser gesamten Regeneration des Reiches, der Bauplan großartiger als der Bau. Die königlich patentierten und pensionierten Musen, welche die Lagiden nach Alexandreia gerufen hatten, verschmähten es nicht die gleichen Bezüge auch von den Römern anzunehmen; und die kaiserliche Munifizenz stand hinter der früheren königlichen nicht zurück. Der Bibliothekfonds von Alexandreia und der Fonds der Freistellen für Philosophen, Poeten, Ärzte und Gelehrte aller Art sowie die diesen gewährten Immunitäten wurden von Augustus nicht vermindert, von Kaiser Claudius vermehrt, freilich mit der Auflage, daß die neuen claudischen Akademiker die griechischen Geschichtswerke des wunderlichen Stifters Jahr für Jahr in ihren Sitzungen zum Vortrag zu bringen hatten. Mit der ersten Bibliothek der Welt behielt Alexandreia zugleich durch die ganze Kaiserzeit einen gewissen Primat der wissenschaftlichen Arbeit, bis das Museion zugrunde ging und der Islam die antike Zivilisation erschlug. Es war auch nicht bloß die damit gebotene Gelegenheit, sondern zugleich die alte Tradition und die Geistesrichtung dieser Hellenen, welche der Stadt jenen Vorrang bewahrte, wie denn unter den Gelehrten die geborenen Alexandriner an Zahl und Bedeutung hervorragen. Auch in dieser Epoche sind zahlreiche und achtbare gelehrte Arbeiten, namentlich philologische und physikalische, aus dem Kreise der Gelehrten ,vom Museum', wie sie gleich den Parisern ,vom Institut' sich titulierten, hervorgegangen; aber die literarische Bedeutung, welche die alexandrinische und die pergamenische Hofwissenschaft und Hofkunst in der besseren Epoche des Hellenismus für die gesamte hellenische und hellenisierende Welt gehabt hat, knüpfte nie auch nur entfernt sich an die römisch-alexandrinische. Die Ursache liegt nicht in dem Mangel an Talenten oder anderen Zufälligkeiten, am wenigsten daran, daß der Platz im Museum vom Kaiser zuweilen nach Gaben und immer nach Gunst vergeben ward und die Regierung damit völlig schaltete wie mit dem Ritterpferd und den Hausbeamtenstellungen; das war auch an den älteren Höfen nicht anders gewesen. Hofphilosophen und Hofpoeten blieben in Alexandreia, aber nicht der Hof; es zeigte sich hier recht deutlich, daß es nicht auf die Pensionen und Gratifikationen ankam, sondern auf die für beide Teile belebende Berührung der großen politischen und der großen wissenschaftlichen Arbeit. Diese stellte wohl für die neue Monarchie sich ein und damit auch ihre Konsequenzen; aber die Stätte dafür war nicht Alexandreia: diese Blüte der politischen Entwickelung gehörte billig den Lateinern und der lateinischen Hauptstadt. Die augustische Poesie und die augustische Wissenschaft sind unter ähnlichen Verhältnissen zu ähnlicher bedeutender und erfreulicher Entwickelung gelangt wie die hellenistische an dem Hof der Pergamener und der früheren Ptolemaeer. Sogar in dem griechischen Kreise knüpfte, soweit die römische Regierung auf denselben im Sinne der Lagiden einwirkte, mehr als an Alexandreia sich dies an Rom an. Die griechischen Bibliotheken der Hauptstadt standen freilich der alexandrinischen nicht gleich und ein dem alexandrinischen Museum vergleichbares Institut gab es in Rom nicht. Aber die Stellung an den römischen Bibliotheken öffnete die Beziehungen zu dem Hofe. Auch die von Vespasian eingerichtete von der Regierung besetzte und besoldete hauptstädtische Professur der griechischen Rhetorik gab ihrem Inhaber, wenn er gleich nicht in dem Sinne Hausbeamter war wie der kaiserliche Bibliothekar, eine ähnliche Stellung und galt, ohne Zweifel deswegen, als der vornehmste Lehrstuhl des Reiches. Vor allem aber war das kaiserliche Kabinettssekretariat in seiner griechischen Abteilung die angesehenste und einflußreichste Stellung, zu der ein griechischer Literat überhaupt gelangen konnte. Versetzung von der alexandrinischen Akademie in ein derartiges hauptstädtisches Amt war nachweislich Beförderung. Auch abgesehen von allem, was die griechischen Literaten sonst allein in Rom fanden, genügten die Hofstellungen und die Hofämter, um den angesehensten von ihnen den Zug vielmehr dahin zu geben als an den ägyptischen ‚Freitisch'. Das gelehrte Alexandreia dieser Zeit ward eine Art Witwensitz der griechischen Wissenschaft, achtungswert und nützlich, aber auf den großen Zug der Bildung wie der Verbildung der Kaiserzeit von keinem durchschlagenden Einfluß; die Plätze im Museum wurden, wie billig, nicht selten an namhafte Gelehrte von auswärts vergeben und für das Institut selbst kamen die Bücher der Bibliothek mehr in Betracht als die Bürger der großen Handels- und Fabrikstadt.

*

Die militärischen Verhältnisse Ägyptens stellten, eben wie in Syrien, den Truppen daselbst eine zwiefache Aufgabe: den Schutz der Südgrenze und der Ostküste, der freilich mit dem für die Euphratlinie erforderlichen nicht entfernt verglichen werden kann, und die Aufrechterhaltung der inneren Ordnung im Lande wie in der Hauptstadt. Die römische Besatzung bestand, abgesehen von den bei Alexandreia und auf dem Nil stationierten Schiffen, die hauptsächlich für die Zollkontrolle gedient zu haben scheinen, unter Augustus aus drei Legionen nebst den dazugehörigen nicht zahlreichen Hilfstruppen, zusammen etwa 20000 Mann. Es war dies etwa halb soviel, als er für die sämtlichen asiatischen Provinzen bestimmte, was der Wichtigkeit dieser Provinz für die neue Monarchie entsprach. Die Besatzung wurde aber wahrscheinlich noch unter Augustus selbst um ein Drittel und dann unter Domitian um ein weiteres Drittel vermindert. Anfänglich waren zwei Legionen außerhalb der Hauptstadt stationiert; das Hauptlager aber und bald das einzige lag vor den Toren derselben, da wo Caesar der Sohn den letzten Kampf mit Antonius ausgefochten hatte, in der danach benannten Vorstadt Nikopolis. Diese hatte ihr eigenes Amphitheater und ihr eigenes kaiserliches Volksfest und war völlig selbständig eingerichtet, so daß eine Zeitlang die öffentlichen Lustbarkeiten von Alexandreia durch die ihrigen in Schatten gestellt wurden. Die unmittelbare Bewachung der Grenze fiel den Auxilien zu. Dieselben Ursachen also, welche in Syrien die Disziplin lockerten, die zunächst polizeiliche Aufgabe und die unmittelbare Berührung mit der großen Hauptstadt, kamen auch für die ägyptischen Truppen ins Spiel; hier trat noch hinzu, daß die üble Gewohnheit der Soldaten bei der Fahne das eheliche Leben oder doch ein Surrogat desselben zu gestatten und die Truppe aus diesen Lagerkindern zu ergänzen bei den makedonischen Regimentern der Ptolemäer seit langem einheimisch war und rasch auch bei den Römern sich wenigstens bis zu einem gewissen Grade einbürgerte. Dementsprechend scheint das ägyptische Korps, in welchem die Okzidentalen noch seltener dienten als in den übrigen Armeen des Ostens und das zum großen Teil aus der Bürgerschaft und dem Lager von Alexandreia sich rekrutierte, unter allen Armeekorps das am wenigsten angesehene gewesen zu sein, wie denn auch die Offiziere dieser Legion, wie schon bemerkt ward, im Rang denen der übrigen nachstanden.

Die eigentlich militärische Aufgabe der ägyptischen Truppen hängt eng zusammen mit den Maßregeln für die Hebung des ägyptischen Handels. Es wird angemessen sein beides zusammenzufassen und zunächst die Beziehungen zu den kontinentalen Nachbarn im Süden, sodann diejenigen zu Arabien und Indien im Zusammenhang darzulegen.

Ägypten reicht nach Süden, wie schon bemerkt, bis zu der Schranke, welche der letzte Katarakt unweit Syene (Assuân) der Schiffahrt entgegenstellt. Jenseit Syene beginnt der Stamm der Kesch, wie die Ägypter sie nennen, oder, wie die Griechen übersetzen, der Dunkelfarbigen, der Äthiopen, wahrscheinlich den später zu erwähnenden Urbewohnern Abessiniens stammverwandt und wenn auch vielleicht aus der gleichen Wurzel wie die Ägypter entsprungen, doch in der geschichtlichen Entwickelung als fremdes Volk ihnen gegenüberstehend. Weiter südwärts folgen die Nahsiu der Ägypter, das heißt die Schwarzen, die Nubier der Griechen, die heutigen Neger. Die Könige Ägyptens hatten in besseren Zeiten ihre Herrschaft weit in das Binnenland hinein ausgedehnt oder es hatten wenigstens auswandernde Ägypter hier sich eigene Herrschaften gegründet; die schriftlichen Denkmäler des pharaonischen Regiments gehen bis oberhalb des dritten Katarakts nach Dongola hinein, wo Nabata (bei Nûri) der Mittelpunkt ihrer Niederlassungen gewesen zu sein scheint; und noch beträchtlich weiter stromaufwärts, etwa sechs Tagereisen nördlich von Chartum, bei Schendi im Sennaar, in der Nähe der früh verschollenen Äthiopenstadt Meroe finden sich Gruppen freilich schriftloser Tempel und Pyramiden. Als Ägypten römisch ward, war es mit dieser Machtentwickelung längst vorbei und herrschte jenseit Syene ein äthiopischer Stamm unter Königinnen, die stehend den Namen oder den Titel Kandake führten* und in jenem einst ägyptischen Nabata in Dongola residierten; ein Volk auf niedriger Stufe der Zivilisation, überwiegend Hirten, imstande ein Heer von 30000 Mann aufzubringen, aber gerüstet mit Schilden von Rindshäuten, bewehrt meist nicht mit Schwertern, sondern mit Beilen oder Lanzen und eisenbeschlagenen Keulen; räuberische Nachbarn, im Gefecht den Römern nicht gewachsen. Diese fielen im J. 24 oder 23 in das römische Gebiet ein, wie sie behaupteten, weil die Vorsteher der nächsten Nomen sie geschädigt hätten, wie die Römer meinten, weil die ägyptischen Truppen damals großenteils in Arabien beschäftigt waren und sie hofften ungestraft plündern zu können. In der Tat überwanden sie die drei Kohorten, die die Grenze deckten und schleppten aus den nächsten ägyptischen Distrikten Philae, Elephantine, Syene die Bewohner als Sklaven fort und als Siegeszeichen die Statuen des Kaisers, die sie dort vorfanden. Aber der Statthalter, der eben damals die Verwaltung des Landes übernahm, Gaius Petronius vergalt den Angriff rasch; mit 10000 Mann zu Fuß und 800 Reitern trieb er sie nicht bloß zum Lande hinaus, sondern folgte ihnen den Nil entlang in ihr eigenes Land, schlug sie nachdrücklich bei Pselchis (Dakke) und erstürmte ihre feste Burg Premis (Ibrim) sowie die Hauptstadt selbst, die er zerstörte. Zwar erneuerte die Königin, ein tapferes Weib, im nächsten Jahre den Angriff und versuchte Premis, wo römische Besatzung geblieben war, zu erstürmen; aber Petronius brachte rechtzeitig Entsatz und so entschloß sich die Äthiopin Gesandte zu senden und um Frieden zu bitten. Der Kaiser gewährte ihn nicht bloß, sondern befahl das unterworfene Gebiet zu räumen und wies den Vorschlag seines Statthalters ab die Besiegten tributpflichtig zu machen. Insofern ist dieser sonst nicht bedeutende Vorgang bemerkenswert, als gleich damals der bestimmte Entschluß der römischen

---

* Der Eunuch der Kandake, der im Jesaias liest (Apostelgesch. 8, 27), ist bekannt; eine Kandake regierte auch zu Neros Zeit (Plinius n. h. 6, 29, 182) und spielt eine Rolle im Alexanderroman (3, 18 f.)

Regierung sich zeigte zwar das Niltal, soweit der Fluß schiffbar
ist, unbedingt zu behaupten, aber von der Besitznahme der weiten
Landschaften am oberen Nil ein für allemal abzusehen. Nur die
Strecke von Syene, wo unter Augustus die Grenztruppen standen,
bis nach Hiera Sykaminos (Maharraka), das sogenannte Zwölfmeilenland (Δωδεκασχοινος) ist zwar niemals als Nomos eingerichtet und nie als ein Teil Ägyptens, aber doch als zum Reiche
gehörig betrachtet worden; und spätestens unter Domitian wurden selbst die Posten bis nach Hiera Sykaminos vorgerückt. Dabei ist es im wesentlichen geblieben. Die von Nero geplante orientalische Expedition sollte allerdings auch Äthiopien umfassen;
aber es blieb bei der vorläufigen Erkundung des Landes durch
römische Offiziere bis über Meroe hinauf. Das nachbarliche Verhältnis muß an der ägyptischen Südgrenze bis in die Mitte des
dritten Jahrhunderts im ganzen friedlicher Art gewesen sein, wenn
es auch an kleineren Händeln mit jener Kandake und mit ihren
Nachfolgerinnen, die längere Zeit sich behauptet zu haben scheinen, später vielleicht mit anderen jenseit der Reichsgrenze zur
Vormacht gelangenden Stämmen, nicht gefehlt haben wird. Erst
als das Reich in der valerianisch-gallienischen Zeit aus den Fugen
ging, brachen die Nachbarn auch über diese Grenze. Es ist schon
erwähnt worden, daß die in den Gebirgen an der Südostgrenze
ansässigen früher den Äthiopiern gehorchenden Blemyer, ein Bar-
barenvolk von entsetzlicher Roheit, welches noch Jahrhunderte
später sich der Menschenopfer nicht entwöhnt hatte, in dieser
Epoche selbständig gegen Ägypten vorging und im Einverständnis
mit den Palmyrenern einen guten Teil Oberägyptens besetzte und
eine Reihe von Jahren behauptete. Der tüchtige Kaiser Probus
vertrieb sie; aber die einmal begonnenen Einfälle hörten nicht auf,
und Kaiser Diocletianus entschloß sich die Grenze zurückzuneh-
men. Das schmale Zwölfmeilenland forderte starke Besatzung und
trug dem Staate wenig ein. Die Nubier, welche in der lybischen
Wüste hausten und besonders die große Oase stetig heimsuchten,
gingen darauf ein ihre alten Sitze aufzugeben und sich in dieser
Landschaft anzusiedeln, die ihnen förmlich abgetreten ward; zugleich wurden ihnen sowohl wie ihren östlichen Nachbarn, den
Blemyern, feste Jahrgelder ausgesetzt, dem Namen nach um sie
für die Grenzbewachung zu entschädigen, in der Tat ohne Zweifel
als Abkaufsgelder für ihre Plünderzüge, die natürlich dennoch
nicht aufhörten. Es war ein Schritt zurück, der erste, seit Ägypten
römisch war.

Von dem kaufmännischen Verkehr an dieser Grenze ist aus dem
Altertum wenig überliefert. Da die Katarakten des oberen Nils

den unmittelbaren Wasserweg sperrten, hat sich der Verkehr zwischen dem inneren Afrika und den Ägyptern, namentlich der Elfenbeinhandel in römischer Zeit mehr über die abessinischen Häfen als am Nil hin bewegt; aber gefehlt hat er auch in dieser Richtung nicht. Die auf der Insel Philae zahlreich neben den Ägyptern wohnenden Äthiopiern sind offenbar meistens Kaufleute gewesen und der hier vorwaltende Grenzfrieden wird das Seinige beigetragen haben zum Aufblühen der oberägyptischen Grenzstädte und des ägyptischen Handels überhaupt.

Die Ostküste Ägyptens stellt der Entwickelung des Weltverkehrs eine schwer zu lösende Aufgabe. Der durchgängig öde und felsige Strand ist eigentlicher Kultur unfähig und in alter wie in neuer Zeit eine Wüste. Dagegen nähern die beiden für die Kulturentwickelung der Alten Welt vorzugsweise wichtigen Meere, das Mittelländische und das Rote oder Indische sich einander am meisten an den beiden nördlichsten Spitzen des letzteren, dem Persischen und dem Arabischen Golf; jener nimmt den Euphrat in sich auf, der in seinem mittleren Lauf dem Mittelländischen Meere nahekommt; dieser ist nur wenige Tagemärsche entfernt von dem in dasselbe Meer fließenden Nil. Daher nimmt in alter Zeit der Handelsverkehr zwischen dem Osten und dem Westen überwiegend entweder die Richtung auf dem Euphrat zu der syrischen und der arabischen Küste oder er wendet sich von der Ostküste Ägyptens nach dem Nil. Die Verkehrswege vom Euphrat her sind älter als die über den Nil; aber die letzteren haben den Vorzug der besseren Schiffbarkeit des Stromes und des kürzeren Landtransports; die Beseitigung des letzteren durch Herstellung einer künstlichen Wasserstraße ist bei dem Euphratweg ausgeschlossen, bei dem ägyptischen in alter wie in neuer Zeit wohl schwierig, aber nicht unmöglich befunden. Sonach ist dem Land Ägypten von der Natur selbst vorgeschrieben die Ostküste mit dem Nillauf und der nördlichen Küste durch Land- oder Wasserstraßen zu verbinden; und es gehen auch die Anfänge derartiger Anlagen bis zurück in die Zeit derjenigen einheimischen Herrscher, welche zuerst Ägypten dem Ausland und dem großen Handelsverkehr erschlossen. Auf den Spuren, wie es scheint, älterer Anlagen der großen Regenten Ägyptens Sethi I und Rhamses II begann der Sohn Psammetichs König Necho (610—594 vor Chr.) den Bau eines Kanals, der in der Nähe von Kairo vom Nil abzweigend eine Wasserverbindung mit den Bitterseen bei Ismailîe und durch diese mit dem Roten Meer herstellen sollte, ohne indes das Werk vollenden zu können. Daß er dabei nicht bloß die Beherrschung des Arabischen Golfs und den Handelsverkehr mit den Arabern in das Auge faßte, sondern das Persische und das Indische Meer und der entlegenere Osten bereits in den Horizont dieses Ägypterkönigs getreten waren, ist deswegen wahrscheinlich, weil derselbe Herrscher die einzige im Altertum ausgeführte Umschiffung Afrikas veranlaßt hat. Außer Zweifel ist dies für König Dareios I, den Herrn sowohl Persiens wie Ägyptens; er vollendete den Kanal, aber, wie seine an Ort und Stelle aufgefundenen Denksteine melden, ließ er ihn selbst wieder verschütten, wahrscheinlich weil seine Ingenieure befürchteten, daß das Meerwasser, eingelassen in den Kanal, die Gefilde Ägyptens überschwemmen werde.

Der Wettkampf der Lagiden und der Seleukiden, welcher die Politik der nachalexandrinischen Zeit überhaupt beherrscht, war zugleich ein Kampf zwischen dem Euphrat und dem Nil. Jener war im Besitz, dieser der Prätendent; und in der besseren Zeit der Lagiden ist die friedliche Offensive mit großer Energie geführt worden. Nicht bloß wurde jener von Necho und Dareios unternommene Kanal, jetzt der ‚Fluß Ptolemäos' genannt, durch den zweiten Ptolemäer Philadelphos († 247 vor Chr.) zum erstenmal der Schiffahrt eröffnet, sondern es wurden auch an den für die Sicherheit der Schiffe und für die Verbindung mit dem Nil am besten geeigneten Punkten der schwierigen Ostküste umfassende Hafenbauten ausgeführt. Vor allem geschah dies an der Mündung des zum Nil führenden Kanals, bei den Ortschaften Arsinoe, Kleopatris, Klysma, alle drei in der Gegend des heutigen Suez. Weiter abwärts entstanden außer manchen kleineren Anlagen die beiden bedeutenden Emporien Myos Hormos, etwas oberhalb des heutigen Koser, und Berenike im Trogodytenland, ungefähr in gleicher Breite mit Syene am Nil sowie mit dem arabischen Hafen Leuke Kome, von der Stadt Koptos, bei der der Nil am weitesten östlich vorspringt, jenes 6—7, dieses 11 Tagemärsche entfernt und durch quer durch die Wüste angelegte mit großen Zisternen versehene Straßen mit diesem Hauptemporium am Nil verbunden. Der Warenverkehr der Ptolemäerzeit ist wahrscheinlich weniger durch den Kanal gegangen als über diese Landwege nach Koptos.

Über jenes Berenike im Trogodytenland hinaus hat sich das eigentliche Ägypten der Lagiden nicht erstreckt. Die weiter gegen Süden liegenden Ansiedelungen Ptolemais ‚für die Jagd' unterhalb Suâkin, und die südlichste Ortschaft des Lagidenreichs, das spätere Adulis, damals vielleicht ‚Berenike die goldene' oder ‚be Saba' genannt, Zula unweit des heutigen Massaua, bei weitem der beste Hafen an dieser ganzen Küste, sind nicht mehr gewesen

als Küstenforts und haben mit Ägypten nicht in Landverbindung
gestanden. Auch sind diese entlegenen Ansiedelungen ohne Zweifel
unter den späteren Lagiden entweder verlorengegangen oder freiwillig aufgegeben worden, und war in der Epoche, wo die römische
Herrschaft eintritt, wie im Binnenland Syene, so an der Küste
das trogodytische Berenike die Reichsgrenze.

In diesem von den Ägyptern nie besetzten oder früh geräumten
Gebiet bildete sich, sei es am Ausgang der Lagidenepoche, sei es
in der ersten Kaiserzeit ein unabhängiger Staat von Ausdehnung
und Bedeutung, derjenige der Axomiten, entsprechend dem heutigen Habesch. Er führt seinen Namen von der im Herzen dieses
Alpenlandes acht Tagereisen vom Meer in der heutigen Landschaft Tigre gelegenen Stadt Axômis, dem heutigen Axum; als
Hafen dient ihm das schon erwähnte beste Emporium an dieser
Küste, Adulis in der Bucht von Massaua. Die ursprüngliche Bevölkerung dieser Landschaft mag wohl das Agau gesprochen haben, von welcher Sprache sich noch heute in einzelnen Strichen
des Südens reine Überreste behaupten und die dem gleichen hami-
tischen Kreise mit den heutigen Bedscha, Dankali, Somali, Galla
angehört; der ägyptischen Bevölkerung scheint dieser Sprach-
kreis in ähnlicher Weise verwandt wie die Griechen mit den Kelten
und den Slawen, so daß hier wohl für die Forschung eine Ver-
wandtschaft, für das geschichtliche Dasein aber vielmehr allein
der Gegensatz besteht. Aber bevor unsere Kunde von diesem
Lande auch nur beginnt, müssen überlegene semitische zu den
himjaritischen Stämmen des südlichen Arabiens gehörige Einwanderer den schmalen Meerbusen überschritten und ihre Sprache
wie ihre Schrift dort einheimisch gemacht haben. Die alte, erst
lange nach römischer Zeit im Volksgebrauch erloschene Schriftsprache von Habesch, das Gelez oder, wie sie fälschlich meist genannt wird, die äthiopische* ist rein semitisch und die jetzt noch
lebenden Dialekte, namentlich das Tigriña sind es im wesentlichen
auch, nur durch die Einwirkung des älteren Agau getrübt. —
Über die Anfänge dieses Gemeinwesens hat sich keine Überlieferung erhalten. Am Ausgang der neronischen Zeit und vielleicht
schon lange vorher herrschte der König der Axomiten an der
afrikanischen Küste etwa von Suâkin bis zur Straße Bab el Man-
deb. Einige Zeit darauf — näher läßt sich die Epoche nicht be-

---

* Der Name der Äthiopier haftet in besserer Zeit an dem Land am oberen
Nil, insbesondere den Reichen von Meroe und Nabata, also an dem Gebiet,
das wir jetzt Nubien nennen. Im späteren Altertum, zum Beispiel von Pro-
kopios, wird die Benennung auf den Staat von Axomis bezogen und daher
bezeichnen die Abessinier seit langem ihr Reich mit diesem Namen.

stimmen — finden wir ihn als Grenznachbar der Römer an der
Südgrenze Ägyptens, auch an der anderen Küste des Arabischen
Meerbusens in dem Zwischengebiet zwischen dem römischen Besitz und dem der Sabäer in kriegerischer Tätigkeit, also nach
Norden mit dem römischen Gebiet auch in Arabien sich unmittelbar berührend, überdies die afrikanische Küste außerhalb des
Busens vielleicht bis zum Kap Guardafui beherrschend. Wie weit
sich sein Gebiet von Axomis landeinwärts erstreckt hat, erhellt
nicht; Äthiopien, das heißt Sennaar und Dongola, haben wenigstens in der früheren Kaiserzeit schwerlich dazu gehört; vielmehr
mag zu der Zeit das Reich von Nabata neben dem axomitischen
bestanden haben. Wo uns die Axomiten entgegentreten, finden
wir sie auf einer verhältnismäßig vorgeschrittenen Stufe der Entwickelung. Unter Augustus hob sich der ägyptische Handelsverkehr nicht minder wie mit Indien so mit diesen afrikanischen
Häfen. Der König gebot nicht bloß über ein Heer, sondern, wie
dies schon seine Beziehungen zu Arabien voraussetzen, auch über
eine Flotte. Den König Zoskales, der in Vespasians Zeit in Axomis
regierte, nennt ein griechischer Kaufmann, der in Adulis gewesen
war, einen rechtschaffenen und des Griechischen schriftkundigen
Mann; einer seiner Nachfolger hat an Ort und Stelle eine in ge-
läufigem Griechisch verfaßte Denkschrift aufgestellt, die seine
Taten den Fremden erzählte; er selbst nennt sich in derselben
einen Sohn des Ares, welchen Titel die Könige der Axomiten bis
in das vierte Jahrhundert hinab beibehielten und widmet den
Thron, der jene Denkschrift trägt, dem Zeus, dem Ares und dem
Poseidon. Schon zu Zoskales' Zeit nennt jener Fremde Adulis
einen wohlgeordneten Handelsplatz; seine Nachfolger nötigten
die schweifenden Stämme der arabischen Küste zu Lande wie
zur See Frieden zu halten und stellten eine Landverbindung her
von ihrer Hauptstadt bis an die römische Grenze, was bei der
Beschaffenheit dieser zunächst auf Seeverbindung angewiesenen
Landschaft nicht gering anzuschlagen ist. Unter Vespasian dienten Messingstücke, die nach Bedürfnis geteilt wurden, den Eingeborenen statt des Geldes und zirkulierte die römische Münze
nur bei den in Adulis ansässigen Fremden; in der späteren Kaiserzeit haben die Könige selber geprägt. Daneben nennt der axomi-
tische Herrscher sich König der Könige und keine Spur deutet
auf römische Klientel; er übt die Prägung in Gold, was die Römer
nicht bloß in ihrem Gebiet, sondern auch in ihrem Machtbereich
nicht zuließen. Es gibt in der Kaiserzeit außerhalb der römisch-
hellenischen Grenzen kaum ein anderes Land, welches in gleicher
Selbständigkeit dem hellenischen Wesen bei sich eine Stätte be-

reitet hätte wie der Staat von Habesch. Daß im Lauf der Zeit
die einheimische oder vielmehr aus Arabien eingebürgerte Volkssprache die Alleinherrschaft zurückgewann und das Griechische
verdrängte, ist wahrscheinlich teils auf arabischen Einfluß zurückzuführen, teils auf den des Christentums und die damit zusammenhängende Wiederbelebung der Volksdialekte, wie wir sie auch
in Syrien und in Ägypten fanden, und schließt nicht aus, daß die
griechische Sprache in Axomis und Adulis im 1. und 2. Jahrhundert unserer Zeitrechnung eine ähnliche Stellung gehabt hat wie
in Syrien und in Ägypten, soweit es eben gestattet ist Kleines mit
Großem zu vergleichen.

Von politischen Beziehungen der Römer zu dem Staat von
Axomis wird aus den ersten drei Jahrhunderten unserer Zeitrechnung, auf welche unsere Erzählung sich beschränkt, kaum
etwas gemeldet. Mit dem übrigen Ägypten nahmen sie auch die
Häfen der Ostküste in Besitz bis hinab zu dem abgelegenen und
darum in römischer Zeit unter einen eigenen Kommandanten gestellten trogodytischen Berenike. An Gebietserweiterung in die
unwirtlichen und wertlosen Küstengebirge hinein ist hier nie gedacht worden; auch kann die dünne und auf der niedrigsten Stufe
der Entwickelung stehende Bevölkerung des nächst angrenzenden
Gebiets den Römern niemals ernsthaft zu schaffen gemacht haben.
Ebensowenig haben die Caesaren so, wie es die früheren Lagiden
getan hatten, sich der Emporien der axomitanischen Küste zu bemächtigen versucht. Ausdrücklich gemeldet wird nur, daß Gesandte des Axomitenkönigs mit Kaiser Aurelian verhandelten.
Aber eben dieses Stillschweigen sowie die früher bezeichnete
unabhängige Stellung des Herrschers* führen darauf, daß
hier die geltenden Grenzen beiderseits dauernd respektiert wurden und ein gutes nachbarliches Verhältnis bestand, welches
den Interessen des Friedens und vornehmlich dem ägyptischen Handelsverkehr zugute kam. Daß dieser, insbesondere
der wichtige Elfenbeinhandel, in welchem Adulis für das innere Afrika das hauptsächliche Entrepot war, überwiegend von
Ägypten aus und auf ägyptischen Schiffen geführt worden ist,
kann bei der überlegenen Zivilisation Ägyptens schon für die
Lagidenzeit keinem Zweifel unterliegen, und auch in römischer

---

* Auch das Schreiben, das Kaiser Constantinus im J. 356 an den damaligen
König von Axomis Aeizanas richtet, ist das eines Herrschers an einen andern
gleichgestellten: er ersucht ihn um freundnachbarlichen Beistand gegen die
Ausbreitung der athanasischen Ketzerei und um Absetzung und Auslieferung
eines derselben verdächtigen axomitischen Geistlichen. Die Kulturgemein-
schaft tritt hier nur um so bestimmter hervor, als der Christ gegen den Christen
den Arm des Heiden anruft.

Zeit hat dieser Verkehr sich wohl nur gesteigert, nicht weiter geändert.

Bei weitem wichtiger als der Verkehr mit dem afrikanischen Süden war für Ägypten und das römische Reich überhaupt der Verkehr mit Arabien und den weiter östlich gelegenen Küsten. Die arabische Halbinsel ist dem hellenischen Kulturkreise ferngeblieben. Es wäre wohl anders gekommen, wenn König Alexander ein Jahr länger gelebt hätte; der Tod raffte ihn weg mitten in den Vorbereitungen die bereits erkundete arabische Südküste vom Persischen Meerbusen aus zu umfahren und zu bestzen. Aber die Fahrt, die der große König nicht hatte antreten können, hat nach ihm ein Grieche unternommen. Seit fernster Zeit hat dagegen zwischen den beiden Küsten des arabischen Meerbusens ein lebhafter Verkehr über das mäßig breite Wasser hinüber stattgefunden. In den ägyptischen Berichten aus der Pharaonenzeit spielen die Seefahrten nach dem Land Punt, die von dort heimgebrachte Beute an Weihrauch, Ebenholz, Smaragden, Leopardenfellen eine bedeutende Rolle. Daß späterhin der nördliche Teil der arabischen Westküste zu dem Gebiet der Nabatäer gehörte und mit diesem in die Gewalt der Römer kam, ist schon angegeben worden. Es war dies ein ödes Gestade; nur das Emporium Leuke Kome, die letzte Stadt der Nabatäer und insofern auch des römischen Reiches, stand nicht bloß mit dem gegenüberliegenden Berenike in Seeverkehr, sondern war auch der Ausgangspunkt der nach Petra und von da zu den Häfen des südlichen Syriens führenden Karawanenstraße und insofern einer der Knotenpunkte des orientalisch-okzidentalischen Handels. Die südlich angrenzenden Gebiete, nord- und südwärts von dem heutigen Mekka, entsprachen in ihrer Naturbeschaffenheit dem gegenüberliegenden Trogodytenland und sind gleich diesem im Altertum weder politisch noch kommerziell von Bedeutung, auch dem Anschein nach nicht unter einem Szepter geeinigt, sondern von schweifenden Stämmen besetzt gewesen. Aber am Südende des Busens ist der einzige arabische Stamm zu Hause, welcher in der vorislamischen Zeit zu größerer Bedeutung gelangt ist. Die Griechen und die Römer nennen diese Araber in älterer Zeit nach der damals am meisten hervortretenden Völkerschaft Sabäer, in späterer nach einer anderen gewöhnlich Homeriten, wir nach der neu-arabischen Form des letzteren Namens jetzt meistens Himjariten. Die Entwickelung dieses merkwürdigen Volkes hatte lange vor Beginn der römischen Herrschaft über Ägypten eine bedeutende Stufe erreicht. Seine Heimstatt, das ‚glückliche Arabien' der Alten, die Gegend von Mocha und Aden, ist von einer schmalen glühendheißen und öden Strandebene umsäumt, aber das gesunde und temperierte Innere von Jemen und Hadramaut erzeugt an den Gebirgshängen und in den Tälern eine üppige Vegetation und die zahlreichen Bergwässer gestatten bei sorgfältiger Wirtschaft vielfach eine gartenartige Kultur. Von der reichen und eigenartigen Zivilisation dieser Landschaft geben noch heute ein redendes Zeugnis die Reste von Stadtmauern und Türmen, von Nutz-, namentlich Wasserbauten und mit Inschriften bedeckten Tempeln, welche die Schilderung der alten Schriftsteller von der Pracht und dem Luxus dieser Landschaft vollkommen bestätigen; über die Burgen und Schlösser der zahlreichen Kleinfürsten Jemens haben die arabischen Geographen Bücher geschrieben. Berühmt sind die Trümmer des mächtigen Dammes, welcher einst in dem Tal bei Mariaba den Danafluß staute und es möglich machte die Fluren aufwärts zu bewässern und von dessen Durchbruch und der dadurch angeblich veranlaßten Auswanderung der Bewohner von Jemen nach Norden die Araber lange Zeit ihre Jahre gezählt haben. Vor allem aber ist dieser Bezirk einer der Ursitze des Großhandels zu Lande wie zur See, nicht bloß weil seine Produkte, der Weihrauch, die Edelsteine, das Gummi, die Kassia, Aloe, Senna, Myrrhe und zahlreiche andere Drogen den Export hervorrufen, sondern auch weil dieser semitische Stamm, ähnlich wie der der Phöniker, seiner ganzen Art nach für den Handel geschaffen ist; eben wie die neueren Reisenden sagt auch Strabon, daß die Araber alle Händler und Kaufleute sind. Die Silberprägung ist hier alt und eigenartig; die Münzen sind anfänglich athenischen Stempeln, später römischen des Augustus nachgeprägt, aber auf einen selbständigen wahrscheinlich babylonischen Fuß. Aus dem Land dieser Araber führten die uralten Weihrauchstraßen quer durch die Wüste nach den Stapelplätzen am Arabischen Meerbusen Aelana und dem schon genannten Leuke Kome und den Emporien Syriens Petra und Gaza; diese Wege des Landhandels, welche neben denen des Euphrat und des Nil den Verkehr zwischen Orient und Okzident seit ältester Zeit vermitteln, sind vermutlich die eigentliche Grundlage des Aufblühens von Jemen. Aber der Seeverkehr gesellte ebenfalls bald sich dazu; der große Stapelplatz dafür ward Adane, das heutige Aden. Von hier aus gingen die Waren zu Wasser, sicher überwiegend auf arabischen Schiffen, entweder nach eben jenen Stapelplätzen am Arabischen Meerbusen und also nach den syrischen Häfen oder nach Berenike und Myos Hormos und von da nach Koptos und Alexandreia. Daß dieselben Araber ebenfalls in sehr früher Zeit sich der gegenüberliegenden Küste bemächtigten und ihre

Sprache und Schrift und ihre Zivilisation nach Habesch verpflanzten, wurde schon gesagt. Wenn Koptos, das Nil-Emporium
für den östlichen Handel, ebensoviel Araber wie Ägypter zu Bewohnern hatte, wenn sogar die Smaragdgruben oberhalb Berenike
(bei Djebel Zebâra) von den Arabern ausgebeutet wurden, so
zeigt dies, daß sie im Lagidenstaat selbst den Handel bis zu
einem gewissen Grad in der Hand hatten; und dessen passives
Verhalten in betreff des Verkehrs auf dem arabischen Meer, wohin höchstens einmal ein Zug gegen die Piraten unternommen
wurde, wird eher begreiflich, wenn ein seemächtiger und geordneter Staat diese Gewässer beherrschte. Auch außerhalb ihres
eigenen Meeres begegnen wir den Arabern des Jemen. Adane blieb
bis in die römische Kaiserzeit hinein Stapelplatz des Verkehrs
einerseits mit Indien, andrerseits mit Ägypten und gedieh trotz
seiner eigenen ungünstigen Lage an dem baumlosen Strand zu
solcher Blüte, daß die Benennung des ‚glücklichen Arabien‘ zunächst auf diese Stadt sich bezieht. Die Herrschaft, die in unseren
Tagen der Imam von Maskat im Südosten der Halbinsel über die
Inseln Sokotra und Zanzibar und die afrikanische Ostküste vom
Cap Guardafui südlich ausgeübt hat, stand in vespasianischer
Zeit ‚von alters her‘ den Fürsten Arabiens zu: die Dioskorides-
Insel, eben jenes Sokotra, gehorchte damals dem König von
Hadramaut, Azania, das heißt die Küste Somal und weiter südlich, einem der Unterkönige seines westlichen Nachbarn, des
Königs der Homeriten. Die südlichste Station an der ostafrika-
nischen Küste, von welcher die ägyptischen Kaufleute wußten,
Rhapta in der Gegend von Zanzibar pachteten von diesem Scheich
die Kaufleute von Muza, das ist ungefähr das heutige Mocha,
‚und senden dorthin ihre Handelsschiffe, meistens bemannt mit
arabischen Kapitänen und Matrosen, welche mit den Eingeborenen zu verkehren gewohnt und oft durch Heirat verknüpft und
der Örtlichkeiten und der Landessprachen kundig sind‘. Die Bodenkultur und die Industrie reichten dem Handel die Hand: in den
vornehmen Häusern Indiens trank man neben dem italischen Falerner und dem syrischen Laodikener auch arabischen Wein; und
die Lanzen und die Schusterpfriemen, welche die Eingeborenen
der Küste von Zanzibar von den fremden Händlern kauften,
waren Fabrikat von Muza. So ward diese Landschaft, die zudem
viel verkaufte und wenig kaufte, eine der reichsten der Welt. —
Wieweit die politische Entwickelung derselben mit der wirtschaftlichen Schritt gehalten hatte, läßt sich für die vorrömische und
die frühere Kaiserzeit nicht bestimmen; nur soviel scheint sowohl
aus den Berichten der Okzidentalen wie aus den einheimischen

Inschriften sich zu ergeben, daß diese Südwestspitze Arabiens unter mehrere selbständige Herrscher mit Gebieten von mäßiger Größe geteilt war. Es standen dort neben den am meisten hervortretenden Sabäern und Homeriten die schon genannten Chatramotiten in Hadramaut und nördlich im Binnenland die Minäer, alle unter eigenen Fürsten.

Den Arabern Jemens gegenüber haben die Römer die gerade entgegengesetzte Politik befolgt wie gegenüber den Axomiten. Augustus, für den die Nichterweiterung der Grenzen der Ausgangspunkt des Reichsregiments war und der die Eroberungspläne seines Vaters und Meisters beinahe alle fallen ließ, hat eine Ausnahme mit der arabischen Südwestküste gemacht und ist hier nach freiem Entschluß angreifend vorgegangen. Es geschah dies wegen der Stellung, welche diese Völkergruppe in dem indisch-ägyptischen Handelsverkehr damals einnahm. Um die politisch und finanziell wichtigste Landschaft seines Herrschaftsgebiets wirtschaftlich auf die Höhe zu bringen, welche seine Vorherrscher herzustellen versäumt hatten oder hatten verfallen lassen, bedurfte er vor allem der Gewinnung des Zwischenverkehrs zwischen Arabien und Indien einer- und Europa andererseits. Der Nilweg konkurrierte seit langem erfolgreich mit den arabischen und den Euphratstraßen; aber Ägypten spielte dabei, wie wir sahen, wenigstens unter den späteren Lagiden eine untergeordnete Rolle. Nicht mit den Axomiten, aber wohl mit den Arabern bestand Handelskonkurrenz; sollte der ägyptische Verkehr aus einem passiven ein aktiver, aus einem indirekten ein direkter werden, so mußten die Araber niedergeworfen werden; und dies ist es, was Augustus gewollt und das römische Regiment einigermaßen auch erreicht hat.

Im sechsten Jahre seiner Regierung in Ägypten (Ende 25) entsandte Augustus eine eigens für diese Expedition hergestellte Flotte von 80 Kriegs- und 130 Transportschiffen und die Hälfte der ägyptischen Armee, ein Korps von 10000 Mann, ungerechnet die Zuzüge der beiden nächsten Klientelkönige, des Nabatäers Obodas und des Juden Herodes, gegen die Staaten der Jemen, um dieselben entweder zu unterwerfen oder wenigstens zugrunde zu richten, woneben die dort aufgehäuften Schätze sicher auch in Rechnung kamen. Aber das Unternehmen schlug vollständig fehl, und zwar durch die Unfähigkeit des Führers, des damaligen Statthalters von Ägypten Gaius Aelius Gallus. Da auf die Besetzung und den Besitz der öden Küste von Leuke Kome abwärts bis an die Grenze des feindlichen Gebiets gar nichts ankam, so mußte die Expedition unmittelbar gegen dieses gerichtet

und aus dem südlichsten ägyptischen Hafen die Armee sofort in
das glückliche Arabien eingeführt werden. Statt dessen wurde die
Flotte in dem nördlichsten, dem von Arsinoe (Suez) fertiggestellt
und das Heer in Leuke Kome ans Land gesetzt, gleich als wäre
es darauf angekommen die Fahrt der Flotte und den Marsch der
Truppen möglichst zu verlängern. Überdies waren die Kriegs-
schiffe überflüssig, da die Araber keine Kriegsflotte besaßen, die
römischen Seeleute mit der Fahrt an der arabischen Küste unbekannt und die Fahrzeuge, obwohl besonders für diese Expedition gebaut, für ihre Bestimmung ungeeignet. Die Piloten fanden
sich nicht zurecht zwischen den Untiefen und Klippen, und schon
die Fahrt auf den römischen Gewässern von Arsinoe nach Leuke
Kome kostete viele Schiffe und Leute. Hier wurde überwintert;
im Frühjahr 730 begann der Zug in Feindesland. Die Araber hin-
derten ihn nicht, aber wohl Arabien. Wo einmal die Doppeläxte
und die Schleudern und Bogen mit dem Pilum und dem Schwert
zusammenstießen, stoben die Eingeborenen auseinander wie die
Spreu vor dem Winde; aber die Krankheiten, die im Lande endemisch sind, der Skorbut, der Aussatz, die Gliederlähmung dezi-
mierten die Soldaten ärger als die blutigste Schlacht, und um so
mehr, als der Feldherr es nicht verstand die schwerfällige Heermasse rasch vorwärtszubringen. Dennoch gelangte die römische
Armee bis vor die Mauern der Hauptstadt der zunächst von dem
Angriff betroffenen Sabäer Mariaba. Aber da die Einwohner die
Tore ihrer mächtigen heute noch stehenden Mauern schlossen und
energische Gegenwehr leisteten, verzweifelte der römische Feldherr an der Lösung der ihm gestellten Aufgabe und trat, nachdem
er sechs Tage vor der Stadt gelegen hatte, den Rückzug an, den
die Araber kaum ernstlich störten und der im Drang der Not,
freilich unter schlimmer Einbuße an Mannschaften, verhältnismäßig schnell gelang.

Es war ein übler Mißerfolg; aber Augustus gab die Eroberung
Arabiens nicht auf. Es ist schon erzählt worden, daß die Orient-
fahrt, die der Kronprinz Gaius im Jahre 753 antrat, in Arabien
endigen sollte; es war diesmal im Plan nach der Unterwerfung
Armeniens im Einverständnis mit der parthischen Regierung,
oder nötigenfalls nach Niederwerfung ihrer Armeen, an die
Euphratmündung zu gelangen und von da aus den Seeweg, den
einst der Admiral Nearchos für Alexander erkundet hatte, nach
dem glücklichen Arabien zu nehmen. In anderer, aber nicht
minder unglücklicher Weise endigten diese Hoffnungen durch den
parthischen Pfeil, der den Kronprinzen vor den Mauern von Arta-
geira traf. Mit ihm ward der arabische Eroberungsplan für alle

Zukunft begraben. Die große Halbinsel ist in der ganzen Kaiserzeit, abgesehen von dem nördlichen und nordwestlichen Küsten-
striche, in derjenigen Freiheit verblieben, aus welcher seinerzeit der Henker des Hellenentums, der Islam hervorgehen
sollte.

Aber gebrochen ward der arabische Handel allerdings, teils
durch die weiterhin zu erörternden Maßregeln der römischen Regierung zum Schutz der ägyptischen Schiffahrt, teils durch einen
gegen den Hauptstapelplatz des indisch-arabischen Verkehrs von
den Römern geführten Schlag. Sei es unter Augustus selbst, mög-
licherweise bei den Vorbereitungen zu der von Gaius auszufüh-
renden Invasion, sei es unter einem seiner nächsten Nachfolger,
es erschien eine römische Flotte vor Adane und zerstörte den
Platz; in Vespasians Zeit war er ein Dorf und seine Blüte vorüber.
Wir kennen nur die nackte Tatsache, aber sie spricht für sich
selber. Ein Seitenstück zu der Zerstörung Korinths und Karthagos
durch die Republik, hat sie wie diese ihren Zweck erreicht und
dem römisch-ägyptischen Handel die Suprematie im Arabischen
Meerbusen und im Indischen Meere gesichert.

Indes die Blüte des gesegneten Landes von Jemen war zu fest
begründet, um diesem Schlag zu erliegen; politisch hat es sogar
vielleicht erst in dieser Epoche sich straffer zusammengefaßt.
Mariaba war, als die Waffen des Gallus an seinen Mauern scheiterten, vielleicht nicht mehr als die Hauptstadt der Sabäer; aber
schon damals war die Völkerschaft der Homeriten, deren Hauptstadt Sapphar etwas südlich von Mariaba auch im Binnenland
liegt, die stärkste des glücklichen Arabiens. Ein Jahrhundert
später finden wir beide vereinigt unter einem in Sapphar regierenden König der Homeriten und der Sabäer, dessen Herrschaft
bis Mocha und Aden und, wie schon gesagt ward, über die Insel
Sokotra und die Küste von Somal und Zanzibar sich erstreckt;
und wenigstens von dieser Zeit an kann von einem Reich der
Homeriten die Rede sein. Die Wüstenei nördlich von Mariaba bis
zur römischen Grenze gehörte damals nicht dazu und stand überhaupt unter keiner geordneten Gewalt; die Fürstentümer der
Minäer und der Chatramotiten blieben auch ferner unter eigenen
Landesherren. Die östliche Hälfte Arabiens hat beständig einen
Teil des persischen Reiches gebildet und niemals unter dem Zepter
der Beherrscher des glücklichen Arabien gestanden. Auch jetzt
also waren die Grenzen enge und sind es wohl geblieben; es ist
wenig über die weitere Entwickelung der Verhältnisse bekannt.
In der Mitte des 4. Jahrhunderts war das Reich der Homeriten
mit dem der Axomiten vereinigt und wurde von Axomis aus be-

herrscht, welche Untertänigkeit indes späterhin sich wieder gelöst hat. Sowohl das Reich der Homeriten wie das vereinigte axomitisch-homeritische stand als unabhängiger Staat in der späteren Kaiserzeit mit Rom in Verkehr und Vertrag. In dem Handel und der Schiffahrt haben die Araber des Südwestens der Halbinsel auch später noch, wenn nicht mehr den Platz der Vormacht, doch die ganze Kaiserzeit hindurch eine hervorragende Stelle eingenommen. Nach der Zerstörung von Adane ist Muza die Handelsmetropole dieser Landschaft geworden. Noch für die vespasianische Zeit trifft die früher gegebene Darstellung im wesentlichen zu. Der Ort wird uns in dieser Zeit geschildert als ausschließlich arabisch, bewohnt von Reedern und Seeleuten und voll rührigen kaufmännischen Treibens; mit ihren eigenen Schiffen befahren die Muzaiten die ganze afrikanische Ost- und die indische Westküste und verfrachten nicht bloß die Waren des eigenen Landes, sondern bringen auch die nach orientalischem Geschmack in den Fabriken des Okzidents gefertigten Purpurstoffe und Goldstickereien und die feinen Waren Syriens und Italiens den Orientalen, hinwiederum den Westländern die edlen Waren des Ostens. In dem Weihrauch und den sonstigen Aromen müssen Muza und das Emporium des benachbarten Reiches von Hadramaut Kane östlich von Aden eine Art tatsächlichen Monopols immer behalten haben; erzeugt wurde diese im Altertum sehr viel mehr als heute gebrauchte Ware wie auf der südlichen arabischen, so auch auf der afrikanischen Küste von Adulis bis zum ‚Vorgebirge der Arome‘, dem Cap Guardafui, aber von hier holten sie die Kaufleute von Muza und sie brachten sie in den Welthandel. Auf der schon erwähnten Dioskorides-Insel war eine gemeinschaftliche Handelsniederlassung der drei großen seefahrenden Nationen dieser Meere, der Hellenen, das heißt der Ägypter, der Araber und der Inder. Von Beziehungen aber zum Hellenismus, wie wir sie auf der gegenüberliegenden Küste bei den Axomiten fanden, begegnet im Lande Jemen keine Spur; wenn die Münzprägung durch okzidentalische Stempel bestimmt ist, so waren diese eben im ganzen Orient gangbar. Sonst haben sich Schrift und Sprache und Kunstübung, soweit wir zu urteilen vermögen, hier ebenso selbständig entwickelt wie Handel und Schiffahrt, und sicher ist es dadurch mit bewirkt worden, daß die Axomiten, während sie politisch die Homeriten sich unterwarfen, später aus der hellenischen Bahn in die arabische zurücklenkten.

In dem gleichen Sinn, wie für die Beziehungen zu dem südlichen Afrika und zu den arabischen Staaten, und in erfreulicherer

Weise ist in Ägypten selbst für die Wege des Handelsverkehrs
zunächst von Augustus und ohne Zweifel von allen verständigen
Regenten gesorgt worden. Das von den früheren Ptolemäern
auf den Spuren der Pharaonen eingerichtete Straßen- und Hafen-
system war, wie die gesamte Verwaltung, in den Wirren der
letzten Lagidenzeit arg heruntergekommen. Es wird nicht ausdrücklich gemeldet, daß Augustus die Land- und die Wasser-
wege und die Häfen Ägyptens wieder instand gesetzt hat; aber
daß es geschehen, ist darum nicht minder gewiß. Koptos ist
die ganze Kaiserzeit hindurch der Knotenpunkt dieses Verkehrs
geblieben. Aus einer kürzlich aufgefundenen Urkunde hat sich
ergeben, daß in der ersten Kaiserzeit die beiden von da nach
den Häfen von Myos Hormos und von Berenike führenden Straßen
durch die römischen Soldaten repariert und an den geeigneten
Stellen mit den erforderlichen Zisternen versehen worden sind.
Der Kanal, der das Rote Meer mit dem Nil und also mit dem
Mittelländischen Meer verband, ist auch in römischer Zeit nur
in zweiter Reihe, hauptsächlich vielleicht für den Transport der
Marmor- und Porphyrblöcke von der ägyptischen Ostküste an
das Mittelmeer benutzt worden; aber fahrbar blieb er durch die
ganze Kaiserzeit. Kaiser Traianus hat ihn erneuert und wohl
auch erweitert — vielleicht ist er es gewesen, der ihn mit dem
noch ungeteilten Nil bei Babylon (unweit Kairo) in Verbindung
gesetzt und dadurch seine Wassermenge verstärkt hat — und
ihm den Namen des Traianus- oder des Kaiserflusses (*Augustus
amnis*) beigelegt, von welchem in späterer Zeit dieser Teil Ägyptens benannt wurde (*Augustamnica*). — Auch für die Unterdrückung der Piraterie auf dem Roten und dem Indischen Meer
ist Augustus ernstlich tätig gewesen; die Ägypter dankten es
ihm noch lange nach seinem Tode, daß durch ihn die Piraten-
segel vom Meer verschwanden und den Handelsschiffen wichen.
Freilich geschah dafür bei weitem nicht genug. Daß die Regierung in diesen Gewässern wohl von Zeit zu Zeit Schiffsgeschwader
in Tätigkeit setzte, aber eine ständige Kriegsflotte nicht daselbst
stationierte; daß die römischen Kauffahrer regelmäßig im Indischen Meer Schützen an Bord nahmen, um die Angriffe der
Piraten abzuweisen, würde befremden, wenn nicht die relative
Gleichgültigkeit gegen die Unsicherheit der Meere überall, hier
so gut wie an der belgischen Küste und an denen des Schwarzen
Meeres, wie eine Erbsünde dem römischen Kaiserregiment oder
vielmehr dem römischen Regiment überhaupt anhaftete. Freilich waren die Regierungen von Axomis und von Sapphar durch
ihre geographische Lage noch mehr als die Römer in Berenike

und Leuke Kome dazu berufen der Piraterie zu steuern und es
mag diesem Umstand mit zuzuschreiben sein, daß die Römer
mit diesen teils schwächeren, teils unentbehrlichen Nachbarn im
ganzen in gutem Einvernehmen geblieben sind.
Daß der Seeverkehr Ägyptens, wenn nicht mit Adulis, so doch
mit Arabien und Indien in derjenigen Epoche, welche der Römerherrschaft unmittelbar vorherging, in der Hauptsache nicht
durch die Ägyptier vermittelt ward, ist früher gezeigt worden.
Den großen Seeverkehr nach Osten erhielt Ägypten erst durch
die Römer. ,Nicht zwanzig ägyptische Schiffe im Jahr', sagt
ein Zeitgenosse des Augustus, ,wagten unter den Ptolemäern
sich aus dem Arabischen Golf hinaus; jetzt fahren jährlich 120
Kauffahrer allein aus dem Hafen von Myos Hormos nach Indien.'
Der Handelsgewinn, den der römische Kaufmann bis dahin mit
dem persischen oder arabischen Zwischenhändler hatte teilen
müssen, floß seit der Eröffnung der direkten Verbindung mit
dem ferneren Osten ihm in seinem ganzen Umfang zu. Dies ist
wahrscheinlich zunächst dadurch erreicht worden, daß den arabischen und indischen Fahrzeugen die ägyptischen Häfen wenn
nicht geradezu gesperrt, so doch durch Differentialzölle tatsächlich geschlossen wurden; nur durch die Voraussetzung einer
solchen Navigationsakte zugunsten der eigenen Schiffahrt konnte
diese plötzliche Umgestaltung der Handelsverhältnisse herbeigeführt werden. Aber der Verkehr wurde nicht bloß gewaltsam
aus einem passiven in einen aktiven umgewandelt; er wurde
auch absolut gesteigert, teils infolge der vermehrten Nachfrage
im Okzident nach den Waren des Ostens, teils auf Kosten der
übrigen Verkehrsstraßen durch Arabien und Syrien. Für den
arabischen und den indischen Handel mit dem Okzident erwies
sich der Weg über Ägypten mehr und mehr als der kürzeste
und der billigste. Der Weihrauch, der in älterer Zeit großenteils
auf dem Landweg durch das innere Arabien nach Gaza ging,
kam späterhin meistens zu Wasser über Ägypten. Einen neuen
Aufschwung nahm um die Zeit Neros der indische Verkehr, indem ein kundiger und mutiger ägyptischer Kapitän Hippalos
es wagte, statt an der langgestreckten Küste hin vielmehr vom
Ausgang des Arabischen Golfs durch das offene Meer geradeswegs
nach Indien zu steuern; er kannte den Monsun, den seitdem
die Schiffer, die nach ihm diese Straße befuhren, den Hippalos
nannten Seitdem war die Fahrt nicht bloß wesentlich kürzer,
sondern auch den Land- und den Seepiraten weniger ausgesetzt.
In welchem Umfang der sichere Friedensstand und der zunehmende
Luxus den Verbrauch orientalischer Waren im Okzident steigerte,

lassen einigermaßen die Klagen erkennen, welche in der Zeit Vespasians laut wurden über die ungeheuren Summen, welche dafür aus dem Reiche hinausgingen. Den Gesamtbetrag der jährlich den Arabern und den Indern gezahlten Kaufgelder schlägt Plinius auf 100 (= 22 Mill. M.), für Arabien allein auf 55 Mill. Sesterzen (= 12 Mill. M.) an, wovon freilich ein Teil durch Warenexport gedeckt ward. Die Araber und die Inder kauften wohl die Metalle des Okzidents, Eisen, Kupfer, Blei, Zinn, Arsenik, die früher erwähnten ägyptischen Artikel, den Wein, den Purpur, das Gold- und Silbergerät, auch Edelsteine, Korallen, Krokusbalsam; aber sie hatten dem fremden Luxus immer weit mehr zu bieten als für ihren eigenen zu empfangen. Daher ging nach den großen arabischen und indischen Emporien das römische Gold- und Silbergeld in ansehnlichen Quantitäten. In Indien hatte dasselbe schon unter Vespasian sich so eingebürgert, daß man es mit Vorteil dort ausgab. Von diesem orientalischen Verkehr kam der größte Teil auf Ägypten; und wenn die Steigerung des Verkehrs durch die vermehrten Zolleinnahmen der Regierungskasse zugute kam, so hob die Nötigung zu eigenem Schiffbau und eigener Kauffahrt den Wohlstand der Privaten.

Während also die römische Regierung ihre Herrschaft in Ägypten auf den engen Raum beschränkte, den die Schiffbarkeit des Nils abgrenzt und sei es nun in Kleinmut oder in Weisheit, auf jeden Fall mit folgerichtiger Energie weder Nubien noch Arabien jemals zu erobern versuchte, erstrebte sie mit gleicher Energie den Besitz des arabischen und des indischen Großverkehrs und erreichte wenigstens eine bedeutende Beschränkung der Konkurrenten. Die rücksichtslose Verfolgung der Handelsinteressen bezeichnet wie die Politik der Republik, so nicht minder, und vor allem in Ägypten, die des Prinzipats.

Wie weit überhaupt gegen Osten der direkte römische Seeverkehr gegangen ist, läßt sich nur annähernd bestimmen. Zunächst nahm er die Richtung auf Barygaza (Barôtsch am Meerbusen von Cambay oberhalb Bombay), welcher große Handelsplatz durch die ganze Kaiserzeit der Mittelpunkt des ägyptisch-indischen Verkehrs geblieben sein wird; mehrere Orte auf der Halbinsel Gudjerat führen bei den Griechen griechische Benennungen, wie Naustathmos und Theophila. In der flavischen Zeit, in welcher die Monsun-Fahrten schon stehend geworden waren, ist die ganze Westküste Vorderindiens den römischen Kaufleuten erschlossen bis hinab zu der Küste von Malabar, der Heimat des hoch geschätzten und teuer bezahlten Pfeffers, dessentwegen sie die Häfen von Muziris (wahrscheinlich Mangaluru) und Nel-

kynda (indisch wohl Nîlakantha, von einem der Beinamen des
Gottes Shiwa; wahrscheinlich das heutige Nîlêswara) besuchten;
etwas weiter südlich bei Kananor haben sich zahlreiche römische
Goldmünzen der julisch-claudischen Epoche gefunden, einst ein-
getauscht gegen die für die römischen Küchen bestimmten Ge-
würze. Auf der Insel Salike, der Taprobane der älteren griechischen Schiffer, dem heutigen Ceylon, hatte in Claudius' Zeit ein
römischer Angestellter, der von der arabischen Küste durch
Stürme dorthin verschlagen worden war, freundliche Aufnahme
bei dem Landesherrn gefunden und es hatte dieser, verwundert,
wie der Bericht sagt, über das gleichmäßige Gewicht der römischen Münzstücke trotz der Verschiedenheit der Kaiserköpfe,
mit dem Schiffbrüchigen zugleich Gesandte an seinen römischen
Kollegen geschickt. Dadurch erweiterte sich zunächst nur der
Kreis der geographischen Kunde; erst später, wie es scheint,
wurde die Schiffahrt bis nach jener großen und produktenreichen
Insel ausgedehnt, auf der auch mehrfach römische Münzen zum
Vorschein gekommen sind. Aber über das Kap Komorin und
Ceylon gehen die Münzfunde nur ausnahmsweise hinaus und
schwerlich hat auch nur die Küste von Koromandel und die
Gangesmündung, geschweige denn die hinterindische Halbinsel
und China ständigen Handelsverkehr mit den Okzidentalen unterhalten. Die chinesische Seide ist allerdings schon früh regelmäßig
nach dem Westen vertrieben worden, aber wie es scheint ausschließlich auf dem Landweg und durch Vermittelung teils der
Inder von Barygaza, teils und vornehmlich der Parther: die
Seidenleute oder die Serer (von dem chinesischen Namen der
Seide Ser) der Okzidentalen sind die Bewohner des Tarim-Beckens
nordwestlich von Tibet, wohin die Chinesen ihre Seide brachten,
und auch den Verkehr dorthin hüteten eifersüchtig die parthischen Zwischenhändler. Zur See sind allerdings einzelne Schiffer
zufällig oder erkundend wenigstens an die hinterindische Ostküste und vielleicht noch weiter gelangt; der im Anfang des
zweiten Jahrhunderts n. Chr. den Römern bekannte Hafenplatz
Kattigara ist eine der chinesischen Küstenstädte, vielleicht Hang-
tschau-fu an der Mündung des Yang-tse-kiang. Der Bericht der
chinesischen Annalen, daß im J. 166 n. Chr. eine Gesandtschaft
des Kaisers An-tun von Ta- (das ist Groß) Tsin (Rom) in Ji-
Nan (Tongking) gelandet und von da auf dem Landweg in die
Hauptstadt Lo-yang (oder Ho-nan-fu am mittleren Hoang-ho)
zum Kaiser Hwan-ti gelangt sei, mag mit Recht auf Rom und
den Kaiser Marcus Antoninus bezogen werden. Indes dieser Vor-
fall und was die chinesischen Quellen von ähnlichem Auftreten

der Römer in ihrem Lande im Lauf des dritten Jahrhunderts
melden, wird kaum von öffentlichen Sendungen verstanden werden können, da hierüber römische Angaben schwerlich fehlen
würden; wohl aber mögen einzelne Kapitäne dem chinesischen
Hof als Boten ihrer Regierung gegolten haben. Bemerkbare Folgen haben diese Verbindungen nur insofern gehabt, als über die
Gewinnung der Seide die früheren Märchen allmählich besserer
Kunde wichen.

KAPITEL XIV

DIE AFRIKANISCHEN PROVINZEN

Nordafrika steht physisch und ethnographisch inselartig auf
sich selbst. Die Natur hat es nach allen Seiten hin isoliert, teils
durch das Atlantische und das Mittelländische Meer, teils durch
den weitgedehnten des Anbaus unfähigen Strand der großen
Syrte unter dem heutigen Fezzan und im Anschluß daran durch
die ebenfalls der Kultur verschlossene Wüste, welche das Steppen-
land und die Oasen der Sahara südlich abschließt. Ethnographisch
bildet die Bevölkerung dieses weiten Gebiets eine große Völker-
familie, aufs schärfste geschieden von den Schwarzen des Südens,
aber ebenfalls streng gesondert von den Ägyptern, wenn auch
vielleicht mit diesen einstmals eine Urgemeinschaft bestanden
haben mag. Sie selber nennen sich im Rif bei Tanger Amâzigh,
in der Sahara Imôschagh und der gleiche Name begegnet, auf
einzelne Stämme bezogen, mehrfach bei den Griechen und Römern, so als Maxyer bei der Gründung Karthagos, als Maziken
in der Römerzeit an verschiedenen Stellen der mauretanischen
Nordküste; die den zerstreuten Überresten gebliebene gleichartige
Benennung beweist, daß diesem großen Volke seine Zusammengehörigkeit einmal aufgegangen ist und sich dem Bewußtsein
dauernd eingeprägt hat. Den Völkern, die mit ihnen in Berührung
kamen, ist dieselbe wenig deutlich geworden; auch sind die Verschiedenheiten, die zwischen ihren einzelnen Teilen obwalten,
nicht bloß heutzutage grell, nachdem in den vergangenen Jahrtausenden die Mischung mit den Nachbarvölkern, namentlich
den Negern im Süden und den Arabern im Norden, auf sie eingewirkt hat, sondern sicher auch schon vor diesen fremden Ein-
wirkungen so bedeutend gewesen, wie die räumliche Ausdehnung es verlangt. Ein allgemein gültiger Ausdruck für die Nation
als solche fehlt allen übrigen Idiomen; auch wo die Benennung
über die Stammbezeichnung hinausgeht, beschreibt sie dennoch

nicht den vollen Kreis. Die der Libyer, welche die Ägypter und
nach ihrem Vorgang die Griechen brauchen, gehört ursprünglich den östlichsten mit Ägypten sich berührenden Stämmen
und ist denen der Osthälfte stets vorzugsweise eigen geblieben.
Die der Nomaden, griechischen Ursprungs, drückt zunächst nur
die mangelnde Seßhaftigkeit aus und hat dann in der römischen
Umgestaltung als Numidier an demjenigen Gebiet gehaftet, welches König Massinissa unter seiner Herrschaft vereinigte. Die
der Mauren, einheimischen Ursprungs und den späteren Griechen
wie den Römern geläufig, beschränkt sich auf die westlichen
Landesteile und bleibt den hier gebildeten Königreichen und
den daraus hervorgegangenen römischen Provinzen. Die Stämme
des Südens werden unter dem Namen der Gätuler zusammengefaßt, welchen indes der strengere Sprachgebrauch auf das Gebiet am Atlantischen Meer südwärts von Mauretanien beschränkt.
Wir sind gewohnt die Nation mit dem Namen der Berber zu bezeichnen, mit welchem die Araber die nördlichen Stämme belegen. Ihrer Art nach stehen sie den indogermanischen bei weitem
näher als den semitischen und bilden noch heute, wo seit der
Invasion des Islam Nordafrika der semitischen Rasse anheim-
gefallen ist, gegen die Araber den schärfsten Kontrast. Nicht
mit Unrecht haben manche Geographen des Altertums Afrika
als dritten Erdteil überhaupt nicht gelten lassen, sondern Ägypten
zu Asien, das Berbergebiet zu Europa gestellt. Wie die Pflanzen
und die Tiere Nordafrikas im wesentlichen denen der gegenüberliegenden südeuropäischen Küste entsprechen, so weist auch der
Menschenschlag, wo er sich unvermischt erhalten hat, durchaus
nach Norden: die blonden Haare und die blauen Augen eines
beträchtlichen Teils, die hohe Statur, der schlanke Wuchs, der
kräftige Gliederbau, die durchgängige Monogamie und die ge-
achtete Stellung der Frau, das lebendige und bewegliche Tem-
perament, die Neigung zu seßhaftem Leben, die auf volle Gleichberechtigung der erwachsenen Männer gegründete Gemeinde,
welche in der üblichen Konföderation mehrerer Gemeinden auch
zu weiterer staatlicher Gestaltung das Fundament bietet*. Zu

---

* Ein guter Beobachter Charles Tissot (géogr. de la province romaine de
l'Afrique 1 p. 403) bezeugt, daß über ein Drittel der Marokkaner blondes oder
braunes Haar hat, in der Kolonie der Rifbewohner in Tanger zwei Drittel.
Die Frauen machten ihm den Eindruck wie die des Berry und der Auvergne.
Sur les hauts sommets de la chaîne atlantique, d'après les renseignements qui m'ont
été fournis, la population tout entière serait remarquablement blonde. Elle aurait
les yeux bleus, gris ou 'verts, comme ceux des chats', pour reproduire l'expression
même dont s'est servi le cheikh qui me renseignait. Dieselbe Erscheinung begegnet in den Gebirgsmassen Großkabyliens und des Aures sowie auf der tune-

eigentlich politischer Entwickelung und zu voller Zivilisierung ist diese von Negern, Ägyptiern, Phönikern, Römern, Arabern umdrängte Nation zu keiner Zeit gelangt; genähert muß sie sich derselben haben unter dem Regiment des Massinissa. Das aus dem phönikischen selbständig abgeleitete Alphabet, dessen die Berbern sich unter römischer Herrschaft bedienten und das diejenigen der Sahara heute noch gebrauchen, so wie das, wie bemerkt, einstmals ihnen gewordene Gefühl der nationalen Zusammengehörigkeit mögen wohl zurückgehen auf den großen numidischen König und seine Nachkommen, welche die späteren Geschlechter als Götter verehrten. Trotz aller Invasionen haben sie ihr ursprüngliches Gebiet zu einem beträchtlichen Teil behauptet: man rechnet jetzt in Marokko etwa zwei Drittel, in Algier etwa die Hälfte der Einwohner als berberischer Herkunft.

Die Immigration, welcher alle Küsten des Mittelmeeres in frühester Zeit unterlegen haben, hat Nordafrika phönikisch gemacht. An die Phöniker haben die Eingeborenen den größten und besten Teil der Nordküste verloren; die Phöniker haben ganz Nordafrika der griechischen Zivilisierung entzogen. Die sprachliche wie die politische Scheide macht wieder die große Syrte; wie östlich die Pentapolis von Kyrene zu dem griechischen Kreis gehört, so ist westlich die Tripolis (Tripoli) von Groß-Leptis phönikisch geworden und geblieben. Wie dann die Phöniker nach mehrhundertjährigen Kämpfen den Römern unterlagen, ist früher erzählt worden. Hier haben wir die Schicksale Afrikas zu berichten, nachdem die Römer das karthagische Gebiet besetzt und die benachbarten Landschaften von sich abhängig gemacht hatten.

Die Kurzsichtigkeit und die Engherzigkeit, man darf hier sagen die Verkehrtheit und die Brutalität des auswärtigen Regiments der römischen Republik hat nirgends so voll geschaltet wie in Afrika. Im südlichen Gallien und mehr noch in Spanien verfolgt das römische Regiment wenigstens eine konsolidierte Gebietserweiterung und halb unfreiwillig die Anfänge der Latinisierung; im griechischen Osten wird die Fremdherrschaft gemildert und oft fast ausgeglichen durch die selbst der harten Politik die Hand zwingende Gewalt des Hellenismus. Über diesen dritten Weltteil aber scheint noch über das Grab der Vaterstadt Hannibals hinaus der alte Nationalhaß gegen die Pöner zu walten. Man hielt das Gebiet fest, welches Karthago bei sei-

<hr>

sischen Insel Djerba und den kanarischen. Auch die ägyptischen Abbildungen zeigen uns die Libu nicht rot, wie die Ägypter, sondern weiß und mit blondem oder braunem Haar.

nem Untergange besessen hatte, aber weniger um es zu eigenem
Nutzen zu entwickeln als um es anderen nicht zu gönnen, nicht
um dort neues Leben zu erwecken, sondern um die Leiche zu
hüten; nicht Herrsch- und Habsucht, Furcht und Neid haben
die Provinz Afrika geschaffen. Eine Geschichte hat sie unter der
Republik nicht; der Jugurtha-Krieg ist für Afrika nichts als
eine Löwenjagd und seine historische Bedeutung liegt in seiner
Verknüpfung mit den republikanischen Parteikämpfen. Das Land
wurde selbstverständlich von der römischen Spekulation ausgenutzt; aber weder durfte die zerstörte Großstadt wieder erstehen
noch eine Nachbarstadt sich zu ähnlicher Blüte entwickeln; es
gab hier auch keine ständigen Lager wie in Spanien und Gallien;
die engbegrenzte römische Provinz war auf allen Seiten umschlos-
sen von relativ zivilisiertem Gebiet des abhängigen Königs von
Numidien, der an dem Werk der Zerstörung Karthagos mit geholfen hatte und nun als Lohn dafür weniger die Beute empfing
als die Aufgabe dieselbe vor den Einfällen der wilden Horden
des Binnenlandes zu schützen. Daß dadurch diesem eine politische und militärische Bedeutung gegeben ward, wie sie nie ein
anderer römischer Klientelstaat besessen hat und daß auch nach
dieser Seite hin die römische Politik, um nur den Schemen Karthagos zu bannen, ernsthafte Gefahren heraufbeschwor, das hat
der Anteil Numidiens an den Bürgerkriegen Roms bewiesen;
nie hat während aller inneren Krisen des Reiches vorher oder
nachher ein Klientelfürst eine solche Rolle gespielt wie der letzte
König von Numidien in dem Kriege der Republikaner gegen
Caesar.

Um so notwendiger verwandelte durch diese Waffenentschei-
dung sich in Afrika die Lage der Dinge. In den übrigen Provinzen
wechselte infolge der Bürgerkriege die Herrschaft, in Afrika das
System. Schon der afrikanische Besitz der Phöniker ist keine
eigentliche Herrschaft über Afrika; er kann einigermaßen verglichen werden mit dem kleinasiatischen der Hellenen vor Alexander. Von dieser Herrschaft hatten dann die Römer nur einen
kleinen Teil übernommen und diesem das Herzblatt ausgebrochen.
Jetzt steht Karthago wieder auf und, als wenn der Boden nur
auf den Samen gewartet hätte, bald wieder in voller Blüte. Das
gesamte Hinterland, das große Königreich Numidien wird römische Provinz und den Grenzschutz gegen die Barbaren übernehmen die römischen Legionare. Das Königreich Mauretanien
wird zunächst römische Dependenz, bald auch Teil des römischen
Reiches. Mit dem Diktator Caesar tritt die Zivilisierung und die
Latinisierung Nordafrikas unter die Aufgaben der römischen Re-

gierung ein. Wie dieselbe durchgeführt worden ist, soll hier dargelegt werden, zunächst die äußere Organisation, sodann die für die einzelnen Landschaften getroffenen Ordnungen und erzielten Erfolge.

Die Territorialhoheit über ganz Nordafrika hat wohl schon die römische Republik in Anspruch genommen, vielleicht als einen Teil der karthagischen Erbschaft, vielleicht weil ‚unser Meer' früh einer der Grundgedanken des römischen Staatswesens ward und insofern alle Küsten desselben den Römern schon der entwickelten Republik als ihr rechtes Eigentum galten. Es ist auch dieser Anspruch Roms von den größeren Staaten Nordafrikas nach der Zerstörung Karthagos nie eigentlich bestritten worden; wenn vielerorts die Anwohner sich der Herrschaft nicht fügten, gehorchten sie eben auch ihren örtlichen Herrschern nicht. Daß die Silbermünzen des Königs Juba I. von Numidien und des Königs Bogud von Mauretanien auf römischen Fuß geprägt sind und die den damaligen Sprach- und Verkehrsverhältnissen Nordafrikas wenig angemessene lateinische Aufschrift nie auf ihnen fehlt, ist die direkte Anerkennung der römischen Oberhoheit, vermutlich eine Konsequenz der im J. 80 durch Pompeius vollzogenen Neuordnung Nordafrikas. Der überhaupt geringfügige Widerstand, den die Afrikaner, von Karthago abgesehen, den Römern entgegenstellten, kam von den Nachkommen Massinissas; nachdem König Jugurtha und später König Juba überwunden waren, fanden sich die Fürsten des Westlandes ohne weiteres in die von ihnen geforderte Abhängigkeit. Die Anordnungen, welche die Kaiser trafen, vollzogen sich wie in dem unmittelbaren Gebiet so auch in dem lehnsfürstlichen völlig auf gleiche Weise; es ist die römische Regierung, welche in ganz Nordafrika die Grenzen reguliert und in dem Königreich Mauretanien nicht minder wie in der Provinz Numidien nach Ermessen römische Bürgergemeinden konstituiert. Es kann darum auch nicht eigentlich von einer römischen Unterwerfung Nordafrikas gesprochen werden. Die Römer haben dasselbe nicht erobert wie die Phöniker oder die Franzosen, sondern über Numidien wie über Mauretanien erst als Suzeraine, dann als Nachfolger der einheimischen Regierungen geherrscht. Es fragt sich um so mehr, ob der Begriff der Grenze auf Afrika in dem gewöhnlichen Sinne Anwendung leidet. Die Staaten des Massinissa, des Bocchus, des Bogud, auch der karthagische gingen aus von dem Nordrand und alle Zivilisation Nordafrikas ruht vorzugsweise auf dieser Küste; aber soviel wir erkennen können, haben sie sämtlich die im Süden sitzenden oder schweifenden Stämme

als botmäßig und, wenn sie sich der Botmäßigkeit entzogen, als
Aufrührer betrachtet, soweit nicht die Ferne und die Wüste mit
der Berührung auch die Beherrschung aufhob. Benachbarte Staaten, mit denen ein Rechts- und Vertragsverhältnis bestanden
hätte, lassen sich im Süden Nordafrikas kaum nachweisen, oder
wo ein solcher hervortritt, wie namentlich das Königreich der
Garamanten, ist seine Stellung nicht streng zu unterscheiden
von der der Stammfürstentümer innerhalb des zivilisierten Gebiets. Dies gilt auch für das römische Afrika; wie für ihre Vorherrscher ist auch wohl für die römische Zivilisation, aber kaum
für die römische Territorialhoheit die Grenze nach Süden zu
finden. Von einer formalen Erweiterung oder Zurücknahme der
Grenzen ist in Afrika niemals die Rede; die Insurrektionen in
dem römischen Gebiet und die Einfälle der Nachbarvölker sehen
hier um so mehr sich ähnlich, als auch in den unzweifelhaft im
römischen Besitz stehenden Landschaften mehr noch als in Syrien
und in Spanien mancher abgelegene und unwegsame Distrikt
von römischer Besteuerung und römischer Rekrutierung nichts
wußte.

＊

In der Bodenwirtschaft rivalisiert die östliche Hälfte von Afrika
mit Ägypten. Allerdings ist der Boden ungleich und Felsen und
Steppen nehmen wie die westliche Hälfte zum größeren Teil,
so auch in der östlichen beträchtliche Strecken ein; auch hier
gab es manche unzugängliche Gebirgsgegend, welche sich der
Zivilisation nur langsam oder gar nicht fügte; namentlich in den
Felsriffen an der Küste hat die römische Herrschaft geringe oder
keine Spuren hinterlassen. Auch die Byzakene, der südöstliche
Teil der Prokonsularprovinz, wird nur durch falsche Verallgemeinerung dessen, was von einzelnen Küstenstrichen und Oasen
gilt, als eine besonders ertragsfähige Gegend bezeichnet; von
Sufetula (Sbitla) westlich ist das Land wasserlos und felsig; im
fünften Jahrhundert n. Chr. rechnete man prozentuell auf die
Byzakene etwa die Hälfte weniger an kulturfähigem Lande als
auf die übrigen afrikanischen Provinzen. Aber der nördliche und
nordwestliche Teil der Prokonsularprovinz, vor allem das Tal
des größten nordafrikanischen Flusses, des Bagradas (Medjerda),
und nicht minder ein beträchtlicher Teil Numidiens, liefern reich-
liche Halmfrüchte, fast wie das Niltal. In den bevorzugten Distrikten lagen die nach Ausweis ihrer Trümmer großenteils fre-
quenten Landstädte so nahe aneinander, daß die Bevölkerung
hier nicht viel weniger dicht gewesen sein kann als im Nilland,
und nach allen Spuren betrieb sie vorzugsweise den Feldbau.

Die gewaltigen Heermassen, mit denen nach der Niederlage bei Pharsalos die Republikaner in Afrika den Kampf gegen Caesar aufnahmen, wurden aus diesen Bauern gebildet, so daß in dem Kriegsjahr die Äcker unbestellt lagen. Seit Italien mehr Getreide brauchte als es erzeugte, war es neben den italischen Inseln zunächst auf das fast ebenso nahe Afrika angewiesen; und nachdem dasselbe den Römern untertänig geworden war, ging sein Getreide nicht mehr bloß im Handelsweg dahin, sondern vor allem als Steuer. Schon in der ciceronischen Zeit hat die Hauptstadt des Reiches wohl zum größten Teil von afrikanischem Korn gelebt; durch den Zutritt Numidiens unter Caesars Diktatur mehrte sich das von daher als Steuer einlaufende Getreide der Angabe nach um jährlich 1200000 römische Scheffel (200000 Hektoliter). Nachdem unter Augustus die ägyptischen Getreidelieferungen eingerichtet waren, rechnete man für den dritten Teil des in Rom verbrauchten Getreides auf Nordafrika und für ebensoviel auf Ägypten, während das verödete Sizilien, ferner Sardinien und Baetica nebst der eigenen Produktion Italiens den übrigen Bedarf deckten. In welchem Maß das Italien der Kaiserzeit für seine Subsistenz auf Afrika angewiesen war, zeigen die während der Kriege zwischen Vitellius und Vespasian und zwischen Severus und Pescennius ergriffenen Maßregeln: Vespasian gedachte Italien zu erobern, indem er Ägypten und Afrika besetzte; Severus sandte ein starkes Heer nach Afrika, um Pescennius an dessen Besetzung zu hindern. — Auch Öl und Wein hatten schon in dem alten karthagischen Feldbau einen hervorragenden Platz gehabt und Klein-Leptis (bei Susa) zum Beispiel konnte von Caesar eine jährliche Abgabe von 3 Mill. Pf. Öl (ungefähr 10000 Hektoliter) für die römischen Bäder auferlegt werden; wie denn Susa noch heute jährlich 40000 Hektoliter Öl exportiert. Dennoch nennt der Geschichtsschreiber des jugurthinischen Krieges Afrika reich an Getreide, arm an Öl und Wein, und noch in Vespanians Zeit gab die Provinz in dieser Hinsicht nur mittelmäßigen Ertrag. Erst als mit dem Kaiserreich der Friede dauernd ward, dessen der Fruchtbaum noch viel mehr bedarf als die Feldfrucht, dehnte die Olivenkultur sich aus; im vierten Jahrhundert lieferte keine Provinz solche Quantitäten Öl wie Afrika und wurde für die Bäder in Rom überwiegend das afrikanische verwendet. In der Qualität freilich stand dasselbe immer hinter dem Italiens und Spaniens zurück, nicht weil die Natur dort weniger günstig war, sondern weil die Bereitung es an Geschick und Sorgfalt fehlen ließ. Der Weinbau hat in Afrika für den Export keine hervorragende Bedeutung gewonnen. Dagegen blühte die Pferde- und Viehzucht besonders in Numidien und Mauretanien.

Die Fabriken und der Handelsverkehr haben in den afrikanischen Provinzen niemals die Bedeutung gehabt wie im Orient und in Ägypten. Die Purpurbereitung hatten die Phöniker aus ihrer Heimat an diese Küsten verpflanzt, wo die Insel Girba (Djerba) das afrikanische Tyros ward und nur diesem selbst in der Qualität nachstand. Diese Fabrikation blühte durch die ganze Kaiserzeit. Zu den wenigen Taten, welche König Juba II. aufzuweisen hat, gehört die Einrichtung der Purpurgewinnung an der Küste des atlantischen Meeres und auf den vorliegenden Inseln. Wollstoffe geringer Qualität und Lederwaren wurden in Mauretanien, wie es scheint von den Eingeborenen, auch für den Export fabriziert. Sehr ansehnlich war der Sklavenhandel. Die Produkte des inneren Landes sind natürlich auch über Nordafrika in den Weltverkehr gelangt, doch nicht in dem Umfange wie über Ägypten. Der Elefant ist zwar das Wappen insbesondere Mauretaniens und ist dort, wo er jetzt längst verschwunden ist, noch bis in die Kaiserzeit hinein gejagt worden; aber es sind wahrscheinlich nur geringe Quantitäten Elfenbeins von dort in den Handel gekommen.

Der Wohlstand, in welchem sich der überhaupt kultivierte Teil Afrikas befunden hat, redet deutlich aus den Ruinen seiner zahlreichen Städte, die trotz ihrer engbegrenzten Gebiete überall Bäder, Theater, Triumphbogen, Prunkgräber, überhaupt Luxusbauten aller Art aufweisen, meistens von mäßiger Kunst, oft von unmäßiger Pracht. Nicht gerade in den Villen des vornehmen Adels wie im gallischen Land, sondern in der mittleren Klasse der Ackerbürger muß die ökonomische Kraft dieser Landschaften gelegen haben. Die Frequenz des Verkehrs, soweit aus unserer Kunde des Straßennetzes sich darüber urteilen läßt, muß innerhalb des zivilisierten Gebietes der Dichtigkeit der Bevölkerung entsprochen haben. Während des ersten Jahrhunderts entstanden die Reichsstraßen, die das damalige Hauptquartier Theveste teils mit der Küste der kleinen Syrte verbanden, was mit der früher erzählten Befriedung des Distrikts zwischen dem Aures und dem Meer in deutlichem Zusammenhang steht, teils mit den großen Städten der Nordküste Hippo regius (Bone) und Karthago. Vom zweiten Jahrhundert an finden wir alle größeren Städte und manche kleinere tätig innerhalb ihres Territoriums die nötigen Verbindungen herzustellen; indes gilt dies wohl von den meisten Reichslanden und tritt nur deshalb in Afrika deutlicher hervor, weil hier fleißiger als anderswo diese Gelegenheit benutzt worden ist um dem regierenden Kaiser zu huldigen. Über das Wegewesen der wenn auch römischen, doch nicht romanisierten Distrikte und über die Wege, welche den wichtigen Verkehr durch die Wüste vermittelten, fehlt jede allgemeine Kunde. Wahrscheinlich ist aber in dem Wüstenverkehr während jener Zeit ein folgenreicher Umschwung eingetreten durch die Einführung des Kamels. In älterer Zeit begegnet dies bekanntlich nur in Asien bis nach Arabien hin, während Ägypten und ganz Afrika lediglich das Pferd kennen. Während der ersten drei Jahrhunderte unserer Zeitrechnung haben die Länder getauscht und ist wie das arabische Roß so das libysche Kamel, man darf wohl sagen, in die Geschichte eingetreten. Zuerst geschieht des letzteren Erwähnung in der Geschichte des von dem Diktator Caesar in Afrika geführten Krieges: wenn hier unter der Beute neben gefangenen Offizieren 22 Kamele des Königs Juba aufgeführt werden, so muß ein solcher Besitz damals in Afrika außergewöhnlicher Art gewesen sein. Im vierten Jahrhundert fordern die römischen Generale bereits von den Städten der Tripolis Tausende von Kamelen für den Transport des Wassers und der Lebensmittel, bevor sie den Zug in die Wüste antreten. Dies gibt eine Ahnung von der inzwischen eingetretenen Revolution in den Verkehrsverhältnissen zwischen dem Norden und dem Süden Afrikas; ob sie von Ägypten ausgegangen ist oder von Kyrene und Tripolis, läßt sich nicht sagen, aber dem gesamten Norden dieses Erdteils ist sie zugute gekommen.

Also für die Finanzen des Reiches war Nordafrika ein wertvoller Besitz. Ob die römische Nation überhaupt durch die Assimilierung Nordafrikas mehr gewonnen oder mehr eingebüßt hat, ist weniger ausgemacht. Die Abneigung, welche die Italiener von jeher gegen die Afrikaner empfanden, hat sich nicht geändert, nachdem Karthago eine römische Großstadt geworden war und ganz Afrika lateinisch sprach; wenn Severus Antoninus die Laster dreier Nationen in sich vereinigte, so wurde seine wilde Grausamkeit auf den afrikanischen Vater zurückgeführt, und der Schiffskapitän des vierten Jahrhunderts, welcher meinte, daß Afrika ein schönes Land sei, aber die Afrikaner dessen nicht wert, denn sie seien hinterlistig und wortlos und es möchten wohl einige gute Leute darunter sein, aber viele nicht, dachte wenigstens nicht an den schlimmen Hannibal, sondern sprach aus, was das große Publikum damals empfand. Soweit in der römischen Literatur der Kaiserzeit sich die Einwirkung afrikanischer Elemente erkennen läßt, treffen wir in dem überhaupt wenig erfreulichen Buche auf besonders unerfreuliche Blätter. Das neue Leben,

welches den Römern aus den Ruinen der von ihnen ausgetilgten
Nationen erblühte, ist nirgends voll und frisch und schön; auch
die beiden Schöpfungen Caesars, das Keltenland und Nordafrika
— denn das lateinische Afrika ist nicht viel weniger sein Werk
als das lateinische Gallien — sind Trümmerbauten geblieben.
Aber dem Neurömer von der Rhone und der Garonne steht doch
die Toga besser als den ,Seminumidiern und Semigätulern'. Wohl
blieb Karthago an Volkszahl und Reichtum nicht viel zurück
hinter Alexandreia und war unbestritten die zweite Stadt der
lateinischen Reichshälfte, nächst Rom die lebhafteste, vielleicht
auch die verdorbenste Stadt des Okzidents und der bedeutendste
Mittelpunkt der lateinischen Bildung und Literatur. Augustinus
schildert mit lebhaften Farben, wie mancher rechtschaffene Jüng-
ling aus der Provinz in dem wüsten Treiben des Zirkus dort unterging und wie ihn, den siebzehnjährigen Studenten, als er von
Madaura nach Karthago kam, das Theater mit seinen Liebes-
stücken wie mit der Tragödie packte. Auch an Fleiß und Talent
fehlte es den Afrikanern nicht; im Gegenteil wurde auf den
lateinischen und daneben den griechischen Unterricht und auf
dessen Ziel, die allgemeine Bildung, in Afrika vielleicht mehr
Wert gelegt als irgendwo sonst im Reiche, und das Schulwesen
ist hoch entwickelt. Der Philosoph Appuleius unter Pius, der
berühmte christliche Schriftsteller Augustinus, beide guten Bür-
gerfamilien — jener von Madaura, dieser von dem benachbarten
kleineren Orte Thagaste — entstammend, empfingen die erste
Bildung in der Schule der Heimatstadt; dann studierte Appuleius
in Karthago und vollendete seine Bildung in Athen und Rom;
Augustinus ging von Thagaste zuerst nach Madaura, dann ebenfalls nach Karthago; in dieser Weise vollzog sich die Jugendbildung in den besseren Häusern durchgängig. Iuvenalis rät dem
Professor der Rhetorik, welcher Geld verdienen will, nach Gallien
oder besser noch nach Afrika zu gehen, ,der Amme der Advokaten'. Auf einem Edelsitz im Gebiet von Cirta ist vor kurzem
ein mit fürstlicher Pracht ausgestattetes Privatbad aus später
Kaiserzeit zum Vorschein gekommen, dessen Mosaikfußboden im
Bilde darstellt, wie es einst auf dem Schlosse zuging: die Paläste, der ausgedehnte Jagdpark mit den Hunden und Hirschen,
die Ställe mit den edlen Rennpferden nehmen freilich den meisten
Platz ein, aber es fehlt auch nicht die ,Gelehrtenecke' (*filosofi
locus*) und dabei die unter den Palmen sitzende Edelfrau. Aber
eben die Schulmäßigkeit ist der schwarze Punkt des afrikanischen
Literatentums. Dasselbe beginnt erst spät; vor der Zeit des
Hadrian und des Pius weist die lateinische Schriftstellerwelt

keinen afrikanischen Namen von Ruf auf und auch nachher
sind die namhaften Afrikaner durchgängig zunächst Schulmeister
und als solche zum Schriftstellern gekommen. Unter jenen Kaisern sind die gefeiertsten Lehrer und Gelehrten der Hauptstadt
geborene Afrikaner, der Rhetor Marcus Cornelius Fronto aus
Cirta, Prinzenerzieher am Hof des Pius, und der Philologe Gaius
Sulpicius Apollinaris aus Karthago. Darum herrscht in diesen
Kreisen bald der törichte das Lateinische in die altfränkischen
Bahnen des Ennius und des Cato zurückzwängende Purismus,
wodurch Fronto und Apollinaris ihren Ruf gemacht haben, bald
das gänzliche Vergessen der dem Latein eingeborenen ernsten
Strenge und eine, üble griechische Muster übler nachahmende,
Leichtfertigkeit, wie sie in dem seinerzeit viel bewunderten Esel-
roman jenes Philosophen von Madaura ihren Gipfel erreicht.
Die Sprache wimmelte teils von schulmäßigen Reminiszenzen,
teils von unklassischen oder neu gebildeten Worten und Wendungen. Wie man dem Kaiser Severus, einem Afrikaner aus guter
Familie und selber einem Gelehrten und Schriftsteller, im Ton
der Rede immer den Afrikaner anhörte, so hat der Stil dieser
Afrikaner, auch der geistreichen und von Haus aus lateinisch
erzogenen, wie des Karthagers Tertullianus, regelmäßig etwas
Fremdartiges und Inkongruentes, mit seiner gespreizten Klein-
krämerei, seinen zerhackten Sätzen, seinen Gedankenspielen und
Gedankensprüngen. Es fehlt beides, die Anmut des Griechen und
die Würde des Römers. Bezeichnenderweise begegnet in der gesamten afrikanisch-lateinischen Schriftstellerwelt nicht ein einziger Dichter, der auch nur genannt zu werden verdiente. Erst
in der christlichen Zeit ist es anders geworden. In der Entwickelung des Christentums spielt Afrika geradezu die erste Rolle;
wenn dasselbe in Syrien entstanden ist, so ist es in und durch
Afrika Weltreligion geworden. Wie die Übertragung der heiligen
Bücher aus der hebräischen Sprache in die griechische, und zwar
in die Volkssprache der ansehnlichsten Judengemeinde außerhalb Judäa, dem Judentum seine Weltstellung gegeben hat, so
ist in ähnlicher Weise für die Übertragung des Christentums aus
dem dienenden Osten in den herrschenden Westen die Übertragung seiner Bekenntnisschriften in dessen Sprache von ent-
scheidender Bedeutung geworden, und um so mehr, als auch diese
Bücher übertragen wurden nicht in die Sprache der gebildeten
Kreise des Okzidents, welche früh aus dem gewöhnlichen Leben
schwand und in der Kaiserzeit überall schulmäßig gelernt ward,
sondern in das aufgelöste schon den romanischen Sprachbau vorbereitende den großen Massen geläufige damalige Latein des ge-

meinen Verkehrs. Wenn das Christentum durch den Untergang des jüdischen Kirchenstaats von seiner jüdischen Grundlage sich löste, so wurde es dadurch, daß es in dem großen Weltreich die allgemein gültige Reichssprache zu reden begann, die Religion der Welt; und jene namenlosen Männer, die seit dem zweiten Jahrhundert die christlichen Schriften latinisierten, haben für diese Epoche eben das geleistet, was heute, in der durch den erweiterten Völkerhorizont geforderten Steigerung, auf Luthers Spuren die Bibelmissionen durchführen. Diese Männer aber waren zum Teil Italiener, jedoch vor allem Afrikaner*. In Afrika war allem Anschein nach diejenige Kenntnis des Griechischen, welche Übersetzungen entbehrlich macht, bei weitem seltener anzutreffen als wenigstens in Rom; und andererseits fand das namentlich in den Anfängen des Christentums übermächtige orientalische Element hier bereitwilligere Aufnahme als in den übrigen lateinisch redenden Ländern des Ostens. Auch in der durch den neuen

---

* Inwiefern unsere lateinischen Bibeltexte auf mehrere ursprünglich verschiedene Übersetzungen zurückgehen oder, was Lachmann annahm, die verschiedenen Rezensionen aus einer und derselben Grundübersetzung durch mannigfache Überarbeitung mit Zuziehung der Originale hervorgegangen sind, wird, zur Zeit wenigstens, schwerlich nach der einen oder nach der anderen Seite hin mit Bestimmtheit entschieden werden können. Aber daß an dieser sei es nun übersetzenden, sei es korrigierenden Arbeit sowohl Italiener wie Afrikaner sich beteiligt haben, beweisen die berühmten Worte Augustins de doctr. Christ. 2, 15, 22: *in ipsis autem interpretationibus Itala ceteris praeferatur, nam est verborum tenacior cum perspicuitate sententiae,* an denen zwar von großen Autoritäten, aber gewiß mit Unrecht, gerüttelt worden ist. Es ist richtig, daß die christliche Gemeinde in Rom in den ersten drei Jahrhunderten durchaus sich der griechischen Sprache bedient hat und hier die an der lateinischen Bibel beteiligten *Itali* nicht gesucht werden dürfen. Aber daß außerhalb Rom in Italien, namentlich Oberitalien die Kunde des Griechischen nicht viel mehr verbreitet war als in Afrika, zeigen die Freigelassenen-Namen auf das deutlichste; und eben auf das nicht römische Italien führt die von Augustinus gebrauchte Bezeichnung; vielleicht darf auch daran erinnert werden, daß Augustinus für das Christentum durch Ambrosius in Mailand gewonnen ward. In dem, was uns von vorhieronymischen Bibelübersetzungen geblieben ist die Spuren der nach Augustinus italischen Rezension zu identifizieren wird allerdings schwerlich je gelingen; aber noch viel weniger wird es sich erweisen lassen, daß an den vorhieronymischen lateinischen Bibeltexten nur Afrikaner gearbeitet haben. Daß sie großen-, vielleicht größtenteils in Afrika entstanden sind, hat allerdings große Wahrscheinlichkeit. Der Gegensatz der einen *Itala* können füglich nur mehrere *Afrae* gewesen sein; und das vulgäre Latein, in welchem diese Texte sämtlich geschrieben sind, ist in voller Übereinstimmung mit dem Vulgärlatein, wie es nachweislich in Afrika gesprochen ward. Freilich ist dabei nicht zu übersehen, daß wir das Vulgärlatein überhaupt vorzugsweise aus afrikanischen Quellen kennen und daß der Nachweis der Beschränkung der einzelnen Spracherscheinung auf Afrika ebenso notwendig wie größtenteils unerbracht ist.

Glauben ins Leben gerufenen vorzugsweise polemischen Literatur ist, da die römische Kirche in dieser Epoche dem griechischen
Kreise angehört, in lateinischer Zunge Afrika durchaus führend.
Die gesamte christliche Schriftstellerei bis zum Ausgang dieser
Periode ist, soweit sie lateinisch ist, afrikanisch; Tertullianus
und Cyprianus waren aus Karthago, Arnobius aus Sicca, auch
Lactantius und wahrscheinlich desgleichen Minucius Felix trotz
ihres klassischen Latein Afrikaner, nicht minder der schon genannte etwas spätere Augustinus. In Afrika fand die werdende
Kirche die eifrigsten Bekenner, die begabtesten Vertreter. Für
den literarischen Glaubenskampf stellte Afrika weitaus die meisten und tüchtigsten Streiter, deren Eigenart bald in beredter
Erörterung, bald in witziger Fabelverspottung, bald in leiden-
schaftlichem Zorn in der Fehde gegen die alten Götter rechten
und mächtigen Spielraum fand. Ein erst von wildem Lebens-
taumel, dann von flammender Glaubensbegeisterung trunkenes
Gemüt, wie es aus Augustinus' Konfessionen spricht, hat seinesgleichen nicht im übrigen Altertum.